Kulturpsychologie

Uwe Wolfradt · Lars Allolio-Näcke ·
Paul Sebastian Ruppel
(Hrsg.)

Kulturpsychologie

Eine Einführung

Springer

Hrsg.
Uwe Wolfradt
Institut für Psychologie
Martin-Luther-Universität Halle-Wittenberg
Halle (Saale), Sachsen-Anhalt, Deutschland

Lars Allolio-Näcke
Friedrich-Alexander-Universität Erlangen-
Nürnberg
Erlangen, Deutschland

Paul Sebastian Ruppel
LS für Sozialtheorie und -psychologie
Ruhr-Universität Bochum
Bochum, Nordrhein-Westfalen, Deutschland

ISBN 978-3-658-37917-9   ISBN 978-3-658-37918-6   (eBook)
https://doi.org/10.1007/978-3-658-37918-6

Die Deutsche Nationalbibliothek verzeichnet diese Publikation in der Deutschen Nationalbibliografie;
detaillierte bibliografische Daten sind im Internet über http://dnb.d-nb.de abrufbar.

Titelbild: Menschen profilieren Köpfe im Dialog © iStock

Planung/Lektorat: Eva Brechtel-Wahl
Springer ist ein Imprint der eingetragenen Gesellschaft Springer Fachmedien Wiesbaden GmbH und ist ein Teil
von Springer Nature.
Die Anschrift der Gesellschaft ist: Abraham-Lincoln-Str. 46, 65189 Wiesbaden, Germany

Vorwort

Das vorliegende Buch *Kulturpsychologie: Eine Einführung* füllt eine Lücke im Spektrum der deutschsprachigen Psychologie-Lehrbücher, indem es versucht, die Kulturpsychologie als Wissens- und Handlungsbereich in ihrer Breite darzustellen. Nach einer theoretisch und historisch konturierenden Einleitung wird in drei Abschnitten eine Vielfalt der in der und für die Kulturpsychologie bedeutsamen *theoretischen Perspektiven*, *methodischen Ansätze* sowie *Handlungsfelder* beschrieben, eingeordnet, reflektiert und entlang der Darstellung exemplarischer Forschungsprojekte oder Fallbeispiele veranschaulicht.

Diese drei den Aufbau des Buches strukturierenden Abschnitte umfassen insgesamt 40 Kapitel und geben Antworten u. a. auf die folgenden Fragen:

- Welche theoretischen Perspektiven haben sich wissenschaftshistorisch in der Kulturpsychologie entwickelt bzw. erweisen sich für diese als anschlussfähig?
- Welche methodischen Ansätze haben sich in der Kulturpsychologie etabliert bzw. erlauben vielversprechende Einsatzweisen?
- Welche Handlungsfelder der Kulturpsychologie wurden bereits intensiv beforscht bzw. finden aktuell Beachtung?

Wie im Einleitungskapitel und im Ausblick, wird auch in den einzelnen Kapiteln selbst immer wieder der Frage nachgegangen, was Kulturpsychologie ist und sein könne. So werden vielfältige Bestimmungsversuche unternommen und es erfolgen vielfache theoretische Verortungen.

Das vorliegende Buch hat nicht den Anspruch *die* Kulturpsychologie in Gänze und in strenger Systematisierung zu präsentieren – nicht zuletzt mit Blick auf die Ausdifferenzierung der Kulturpsychologie, ihre plurale Verfasstheit und ihre Binnendifferenzierung auf lokaler, nationaler und internationaler Ebene, wäre dies in diesem Rahmen wohl auch ein kaum zu bewältigendes Unterfangen. In der Gesamtschau behandelt das vorliegende Buch indes eine Vielzahl für die Kulturpsychologie zentraler theoretischer Perspektiven, methodologischer Orientierungen, methodischer Zugänge sowie Gegenstandbereiche bzw. Handlungsfelder. Psycholog:innen sowie

Wissenschaftler:innen aus den benachbarten sozial-, kultur- und geisteswissenschaftlichen Disziplinen, vornehmlich aus Deutschland und Österreich, aber auch aus Dänemark, Großbritannien, der Schweiz und Serbien haben mit ihren Beiträgen die Realisierung dieses Buchvorhabens ermöglicht. Viele von ihnen sind Mitglieder der Gesellschaft für Kulturpsychologie, in deren Kontext die Idee zu diesem Buch entstanden ist. Wir möchten allen Autor:innen herzlich für ihre Beiträge danken – ihr Engagement erlaubt es, die interdisziplinär verankerte und thematisch weit gefächerte Vielfalt kulturpsychologischer Forschung zu kulturellen Ausdrucksformen psychischer Phänomene in einem Buch zu präsentieren.

Unser Dank gilt ebenso dem Springer-Verlag, dieses Buchprojekt vom Moment der initialen Idee unterstützt zu haben und namentlich Frau Brechtel-Wahl für die Begleitung dieses Projekts bis zu seiner Finalisierung.

Wir wünschen allen Leser:innen eine erkenntnisreiche Lektüre und neue Einsichten in ein spannendes emergentes Wissenschaftsfeld.

Uwe Wolfradt
Lars Allolio-Näcke
Paul Sebastian Ruppel

Inhaltsverzeichnis

Kulturpsychologie: Theoretische und historische Betrachtungen

Uwe Wolfradt ⓘ

Zusammenfassung

Die Kulturpsychologie vertritt einen Ansatz, in dem der kulturelle Kontext als bedeutsam für das Erleben und die Sinndeutung aufgefasst wird. Im Gegensatz zur kulturvergleichenden Psychologie fungiert Kultur hierbei nicht als externale Variable, sondern bildet einen internalen Rahmen für die Interpretation von individuellen und kollektiven Erfahrungen. In diesem Beitrag werden die theoretischen und historischen Traditionen der Kulturpsychologie kurz vorgestellt und eingeordnet. Kultur (Struktur und Bedeutung) und menschliches Erleben werden als wichtige Komponenten einer Kulturpsychologie herausgestellt: Ausgehend von verschiedenen theoretischen Beiträgen bei Wilhelm Dilthey, William Stern, Susanne K. Langer, Michel Henry und Aron Gurwitsch wird eine Kulturpsychologie skizziert, die Denken und Fühlen mit dem Erlebensbegriff verbinden möchte.

Schlüsselwörter

Kulturpsychologie · Kulturvergleichende Psychologie · Geschichte · Erleben · Fühlen

U. Wolfradt (✉)
Martin-Luther-Universität Halle-Wittenberg, Halle, Deutschland
E-Mail: uwe.wolfradt@psych.uni-halle.de

© Der/die Autor(en), exklusiv lizenziert an Springer Fachmedien Wiesbaden GmbH, ein Teil von Springer Nature 2022
U. Wolfradt et al. (Hrsg.), *Kulturpsychologie*,
https://doi.org/10.1007/978-3-658-37918-6_1

1   Einleitung

Die Psychologie ist ebenso wie andere Human-, Geistes- und Sozialwissenschaften eine Kulturwissenschaft, auch wenn es kulturelle Phänomene als Gegenstand der psychologischen Forschung stets schwer hatten. Im historischen Selbstverständnis der vorherrschenden Psychologie sollte aber eine naturwissenschaftliche Ausrichtung das Ideal der Disziplin werden. Dies wurde mit den historischen Wurzeln in der Physiologie und der Präferenz für das Experiment als naturwissenschaftliche Methode begründet. Dabei war es ein entscheidendes Missverständnis in der Geschichte der Psychologie zu glauben, dass die Methode allein und nicht der Gegenstandsbereich für eine akademische Disziplin bestimmend sei. Eine naturwissenschaftliche Methodik macht die Psychologie genauso wie alle anderen Disziplinen noch nicht zu einer Naturwissenschaft, sondern nur ihr Forschungsgegenstand. Seele oder gar kulturelle Phänomene als Untersuchungsgegenstände entsprachen aber nicht dem objektiven Wissensanspruch der jungen Disziplin zu Anfang des 20. Jahrhunderts, erinnerten diese doch daran, dass neben der Physiologie auch die Philosophie und die Ethnologie wichtige Impulse zur Entwicklung der Psychologie geliefert haben (Wolfradt 2017). Die strikte Gegenüberstellung von Natur- und Kulturwissenschaften entsprach dem damaligen Zeitgeist, in dem das Erschließen der Gegenstandsbereiche durch ein idiographisches Verstehen und/oder ein nomothetisches Erklären als unvereinbar betrachtet wurden. Seinerzeit war aber bereits klar, dass beide wissenschaftstheoretischen Positionen lediglich verschiedene Perspektiven auf den Gegenstand widerspiegeln und Natur- und Kulturwissenschaften eher in einem komplementären Verhältnis zueinanderstehen.

2   Zum Kulturbegriff

Dass psychische Phänomene in ihrer kulturellen Ausprägung nicht zu einem prominenten Gegenstandsbereich in der Psychologie wurden, liegt auch an der semantischen Breite und Ambiguität des Kulturbegriffs. Die Tendenz, den Kulturbegriff immer stärker zu erweitern, führte dazu, Kultur mit dem alltäglichen Leben gleichzusetzen. Der Philosoph Christian Thies (2016) verweist darauf, dass Kultur kein empirischer Allgemeinbegriff oder Gegenstandsbegriff (wie Stuhl oder Baum) sein kann, sondern eher als ein Reflexionsbegriff zu verstehen ist. Er kommt zu folgender Definition:

> Kultur ist das, was wir verstehen können und was somit sinnvoll ist. Kulturelle Phänomene sind entweder selbst symbolischer Art im weitesten Sinne (Worte, Zeichen, Gebärden usw.) oder sie sind (wie menschliche Handlungen und ihre Produkte) zweckhaft angelegt. Prinzipiell ist unsere gesamte Lebenswelt auf diese Weise interpretierbar. Dagegen haben Naturphänomene (wie ein Gebirge oder ein Orkan) von sich aus keine Bedeutung. Jedoch kann Natur zur Kultur werden – durch uns, die wir ihr einen Sinn geben. (S. 11)

Zudem stellt Thies heraus, dass Kultur stets das Produkt von Menschen ist und aus Regeln und Mustern besteht Kulturelle Phänomene sind dynamisch und damit veränderlich, sie sind zudem den Menschen meist nicht vollständig bewusst. Das Verständnis von Kultur wird deutlicher, wenn man explizit formuliert, was Kultur nicht ist (Gegenbegriffe), nämlich bloße Natur. Kultur wird als ‚man made environment', also eine durch den Menschen gestaltete Umwelt (z. B. Kulturlandschaften oder angelegte Gärten) verstanden und einer von Menschen unbeeinflussten originären Natur gegenübergestellt. Es bleibt grundsätzlich schwierig eine Kulturdefinition zu finden, die alle relevanten Aspekte des sozialen Lebens abbildet. Zudem stehen verschiedene Definitionen von Kultur sogar im Widerspruch zueinander, z. B. wenn Kultur als etwas Internales oder Externales verstanden wird (Jahoda 2012).

Willy Hellpach (1877–1955) fasst in seinem Werk *Kulturpsychologie* Kultur als „die Ordnung aller Lebensinhalte und Lebensformen einer Menschengemeinschaft unter einem obersten, alles bestimmenden Wert (oder einer Wertegruppe)" zusammen (1953, S. 2). An dieser Stelle sind schon zwei zentrale Wesensmerkmale von Kultur genannt: *Struktur* (Ordnung) und *Bedeutung* (Wert). Einer semiotischen Perspektive folgend, scheint Kultur daher ein Prozess zu sein, der über die Vermittlung von Zeichen und Symbolen das menschliche Leben strukturiert und ihm Bedeutung verleiht. Dies wird auch deutlich in der Definition von Rohner, der Kultur als ein kollektives Deutungsmuster versteht, das über den Sozialisationsprozess durch relevante Bezugspersonen symbolisch vermittelt wird. Es konstituiert – ihm zufolge – eine valide und konstante Realität, in der Handlungen und deren Interpretation eine soziale Bedeutung gewinnen können (1984, S. 119/120).

3   Theoretische und Historische Grundlagen

Die theoretischen Wurzeln der Kulturpsychologie sind sehr heterogen. Daher müsste man im eigentlichen Sinne von ‚Kulturpsychologien' sprechen. Die Kulturpsychologie ist daher interdisziplinär ausgerichtet und erfährt aus den *cultural studies* wie z. B. der Kultursoziologie, Ethnologie, interkulturelle Philosophie und Kulturgeschichte wichtige Impulse, die zu einer breiten erkenntnistheoretischen Basis führen. Weiterhin reflektiert sie kritisch die lebens- und weltanschaulichen Grundlagen jeder Wissenschaft, die einen integralen Bestandteil zeithistorischer Fragestellungen und methodischer Verfahrensweisen bilden. Kulturpsychologie versteht sich daher nicht als eine ‚objektive' Wissenschaft ohne Berücksichtigung des kultur- und zeithistorischen Kontextes, sondern als eine Wissenschaft, die mit einem Gegenstandsbegriff und diesem Gegenstand angemessenen Methoden zu nachvollziehbaren Erkenntnissen über die Bedeutung, Struktur und Funktion psychischer Prozesse und kultureller Phänomene gelangen möchte. Sie steht zur vorherrschenden eher naturwissenschaftlich ausgerichteten Psychologie in einem kritischen Spannungsverhältnis, indem sie sich kulturspezifischen Fragen der Psychologie annimmt und diese auf der breiten Basis erkenntnistheoretischer Grundlagen und methodischer Konzepte zu beantworten versucht.

Kulturpsychologie *(Cultural Psychology)* grenzt sich von der in der Psychologie vorherrschenden kulturvergleichenden Psychologie *(Cross-Cultural Psychology)* allerdings deutlich ab. Letztere konzeptualisiert Kultur als eine mögliche unabhängige Einflussvariable und untersucht komparativ, wie sich z. B. bestimmte Erlebens- und Verhaltensweisen zwischen Personen verschiedener Kulturgruppen (Ethnien, Nationen) unterscheiden. Das Vorgehen ist hierbei einem Kulturuniversalismus verpflichtet, in dem vornehmlich kulturinvariante Phänomene in der Psychologie (z. B. Emotionen) erforscht werden. Vorherrschend wird die menschliche Psyche metaphorisch als Zwiebel aufgefasst, bei der man lediglich die kulturelle Schale entfernen muss, um an den universellen Kern zu gelangen (Poortinga et al. 1987). Problematisch erscheint zudem, wie Kultur operationalisiert wird, ohne den jeweiligen kulturellen Kontext ausreichend zu berücksichtigen. Hierbei wird häufig zu wenig reflektiert, dass die meisten Theorien und Modelle der Psychologie in einem europäisch-amerikanischen Mittelschichtskontext entstanden sind und eine mögliche Übertragung auf nicht-westliche Kulturen aus theoretischen und methodischen Gründen problematisch ist (Billmann-Mahecha 2003, S. 97). Psycholog:innen aus nicht-westlichen Ländern fordern daher eine indigene Perspektive in der Psychologie und kritisieren die kulturvergleichende Psychologie nachdrücklich dafür, eine solche unberücksichtigt zu lassen (Ellis und Stam 2015).

Was sind nun die grundlegenden Unterschiede zwischen kulturvergleichender Psychologie und Kulturpsychologie? Ellis und Stam (2015) sehen in der kulturvergleichenden Psychologie eine individualistische Epistemologie vorherrschend, die von Individuen als autonom, kognitiv Handelnde einer externalen sozialen Welt ausgeht, denen eine universelle menschliche Natur gemeinsam ist. Psychische Phänomene sind hierbei nur mit spezifischen wissenschaftlichen Methoden (Experimente, Tests) über die Ermittlung objektiver empirischer Daten zugänglich. Demgegenüber vertritt die Kulturpsychologie die Auffassung, dass das menschliche Leben durch kulturelle Bedeutungen und Traditionen geformt wird, d. h. Kultur bildet ein internales Lebens- und Handlungsfeld, in dem Menschen sehr unterschiedliche Erfahrungen und Wahrnehmungen machen. Formen des Erlebens und Erkennens mit ihren heterogenen Bedeutungen sind stets kontextspezifisch und nicht -invariant oder universell. Es geht deshalb bei der Kulturpsychologie nicht um den erkenntnistheoretischen Anspruch nach objektiver Wahrheit, sondern um die Erforschung kulturspezifischer Formen des Wirklichkeitsverständnisses, die in Interpretationen und Praktiken zum Ausdruck kommen. Theoretische Überlegungen und methodisches Vorgehen bilden daher eine Einheit, um den kulturspezifischen Fragen und Gegenstandsbereichen gerecht zu werden. Hier überwiegen ideographische Methoden vor nomothetischen Methoden. Jede Form des wissenschaftlichen Vorgehens in der Kulturpsychologie (und nicht nur dort) lässt sich als historisch entstandene soziale Praktik mit in weiten Teilen impliziten zeithistorisch-abhängigen Annahmen (wie Menschen- und Weltbildern) verstehen, die eine Explikation und fortwährende, kritische Reflexion erfordern. Eine Stärke der Kulturpsychologie liegt folglich darin, die Grenzen wissenschaftlicher Erkenntnis klarer bestimmen zu können und ihre Ergebnisse daher vorsichtiger zu formulieren und selbstkritischer zu reflektieren.

Billmann-Mahecha (2001) stellt verschiedene Denktraditionen in der Kulturpsychologie heraus und nennt exemplarisch Weiterentwicklungen der kulturvergleichenden Psychologie (Gustav Jahoda, Lutz Eckensberger), der Handlungspsychologie (Ernst E. Boesch, Hans Werbik), der Tiefen- und Gestaltpsychologie (Wilhelm Salber), der ökologischen Psychologie und der Semiotik (Alfred Lang) oder der Sprach- und Kognitionspsychologie (Jerome Bruner) (vgl. eine ausführliche Darstellung bei Boesch und Straub 2007).

Die Kulturpsychologie als ein Wissenschaftsbereich der Psychologie hat ihre historischen Wurzeln im 18. und 19. Jahrhundert. Obwohl der Begriff ‚Kulturpsychologie' erst in der ersten Hälfte des 20. Jahrhunderts aufkam, bezeichneten Anthropologie, Ethnopsychologie, psychologische Ethnologie oder Völkerpsychologie bereits Inhalte der heutigen Kulturpsychologie. Insbesondere die Entstehung der Völkerpsychologie durch das Werk *Anthropologie der Naturvölker* von Theodor Waitz (1821–1864) und die Veröffentlichung der *Zeitschrift für Völkerpsychologie und Sprachwissenschaft* durch Moritz Lazarus (1824–1903) und Heymann (Hajim) Steinthal (1823–1899) können als wichtiger Impuls für die Psychologie als Kulturwissenschaft angeführt werden. In enger Anlehnung an Johann Friedrich Herbart (1776–1841) wird in der Völkerpsychologie die Annahme formuliert, dass sich Kultur über die Sprache vermittelt. In den Realisierungen des ‚Volksgeistes' durch die Akteure einer Gemeinschaft treten die Objektivierungen der immateriellen (Sprache, Religion, Mythen), der materiellen (Bauwerke und Kulturgüter), der instrumentalen (Werkstätten, Industrien), der institutionellen (öffentliche Behörden) und der alltäglichen Kultur in Erscheinung. Jenseits dieser sich in Objektivierungen manifestierenden Kultur existiert eine subjektive Kultur, welche die Reaktionen in Form von Emotionen, Denkweisen und Praktiken widerspiegelt. Durch die Realisierungen von kulturellen Leistungen wird von den Akteuren dem der Kultur inhärenten Sinn eine Form gegeben, der sich nur durch Rekonstruktion von Strukturen und Formen der Kultur erschließen lässt. Sinn ist folglich die Grundlage von objektiver und subjektiver Kultur (Berek 2020).

Schon im Jahr 1860 sah der Begründer des ersten psychologischen Institutes in Leipzig, Wilhelm Wundt (1832–1920), die Völkerpsychologie als einen notwendigen und ergänzenden Zweig zur experimentellen Psychologie, um soziale und entwicklungsbezogene Bedingungen individuellen Verhaltens und Erlebens zu untersuchen (Wolfradt 2011). Wundt (1911) lehnt die Völkerpsychologie von Steinthal und Lazarus als ‚individualistisch' und zu nah an der Herbartschen Seelenatomistik ausgerichtet ab. Er unterteilt die Völkerpsychologie nunmehr in eine (1) völkergeschichtliche Psychologie, welche die allgemeinen Bedingungen und Gesetze des ‚Volksgeistes' ohne Berücksichtigung der einzelnen Völker und ihrer Geschichte erforscht, und in eine (2) psychologische Ethnologie, welche die besonderen Entwicklungsformen bestimmter Völker charakterisiert. In der neu konzipierten Völkerpsychologie möchte er nur Kulturphänomene wie Sprache, Mythos und Sitte (einschl. der Bereiche Gemeinschaft, Geschichte, Kunst und Recht) einer psychologischen Betrachtung unterziehen. Er folgt der evolutionistischen Auffassung einer 4-Stufenlehre von einem primitiven Stadium, über das Stadium des totemistischen Zeitalters und das Stadium des Zeitalters von Göttern und Helden zu einem Stadium der Humanität. Die Völkerpsychologie Wilhelm Wundts beansprucht, eine Allgemeine Psychologie kultureller Phänomene zu sein, bleibt aber tatsächlich nur eine psychologische Kulturgeschichte (siehe Überblick bei Allolio-Näcke 2019).

Dabei war es durchaus ein Wunsch, innerhalb der Psychologie eine Kulturpsychologie zu etablieren: Erich Stern (1889–1959) führt den Begriff ‚Kulturpsychologie' 1920 ein und kritisiert die isolierte Betrachtung des Menschen in der vorherrschenden naturwissenschaftlichen experimentellen Psychologie (1920, S. 286). Er betont, dass Denken und Fühlen, Streben und Werden des Menschen neben seiner biologischen Ausstattung als Ergebnis der Prägung durch eine kulturelle Gemeinschaft aufzufassen sind (1920, S. 273). Stern kommt zur Feststellung: „Alle Kultur ist letzten Endes ein psychischer Vorgang, und alle Kulturwissenschaft führt auf psychische Geschehnisse zurück" (1920, S. 284). Eine Kulturpsychologie, die sich wieder auf ihre geisteswissenschaftlich-hermeneutischen Traditionen bezieht, konnte sich erst spät etablieren (Shweder und Sullivan 1993). Aus verschiedenen interdisziplinären Perspektiven wurde eine *Cultural Psychology* entwickelt (Bruner 1990; Valsiner 1987; Boesch und Straub 2007), die trotz unterschiedlicher wissenschaftstheoretischer Ursprünge Kultur als einen Bedeutungs- und Handlungskontext für das individuelle Erleben und Handeln versteht. Dieser Kontext nimmt über die Einübung sozialer Praktiken Einfluss auf die Weltinterpretation der Individuen einer Gemeinschaft.

Hierbei wäre es wünschenswert, die präreflexiv-gefühlsbetonten Formen neben den kognitiv-reflexiven kulturellen Formen des Erlebens stärker in das Zentrum der Kulturpsychologie zu rücken. Einer zu stark kognitiv ausgerichteten Kulturpsychologie würde es an Möglichkeiten der Wirklichkeitserkenntnis mangeln: Emotion (präreflexiv) und Kognition (reflexiv) sollten wieder eine bedeutungsgebende Einheit des menschlichen Erlebens bilden. Es empfiehlt sich daher kulturphilosophische Quellen zu befragen, welchen Beitrag sie leisten können, die Kulturpsychologie auf lebensphilosophische Grundlagen zu stellen.

4 Erleben, Struktur und Bedeutung als Komponenten einer Kulturpsychologie

In den gängigen Lehrbüchern der Psychologie findet man die beiden Begriffe ‚Verhalten' und ‚Erleben' als Gegenstandsbereiche der Psychologie. Mit Verhalten *(behavior)* wird die objektiv von außen ermittelbare manifeste Lebensäußerung (Aktion) beschrieben, während Erlebnis oder Erleben *(‚lived' experience)* für die inhärent subjektiv vollzogene Lebensäußerung steht. Bei Verhalten wird Bedeutung von einer äußeren Beobachtungsposition zugeschrieben, demgegenüber konstituiert Erleben unmittelbar sinnhafte Lebensbezüge. Erleben ist dem Erfahren nicht gleichzusetzen. Während man Erfahrungen sammeln kann (z. B. bei einem Handwerk), gilt dies für Erlebnisse nicht. So setzt Erfahrung Erleben voraus, nicht umgekehrt. „Erlebnisse reihen sich ein-fach aneinander, Erfahrungen können dagegen widersprüchlich sein und müssen in Anbetracht von Inkonsistenzen überdacht werden". Erfahrungen erfordern das „aktive produktive Erkunden und Erforschen von Wirklichkeit" (Junge et al. 2008, S. 17).

Erleben hat im Gegensatz zu Verhalten als Gegenstandsbereich in der Psychologie-geschichte aufgrund des dominanten Behaviorismus zu wenig Beachtung erfahren (siehe Überblick zum Erlebensbegriff, Sichler 1998). Das Erleben ist grundsätzlich an Gefühle gebunden, jedes Erlebnis hat einen Gefühlshintergrund. Gefühle wie auch Empfindungen waren wichtige Quellen der Selbsterkenntnis und des Selbsterlebens, wie Beispiele des 18. Jahrhunderts im Rahmen der Erfahrungsseelenlehre zeigten (z. B. Karl Philipp Moritz, Wolfradt 2021). Gefühle und Empfindungen galten lange als ‚niedere' psychische Phänomene, die beherrscht werden mussten, da sie der kulturellen Etikette und den dominierenden kulturellen Normen widersprachen (Affektkontrolle). Dabei gab es stets höhere Gefühle wie ästhetische Empfindungen, z. B. beim Hören eines Musikkonzertes.

Es scheint so, dass die erlebensbezogen-sinnliche Hinwendung auf die äußere Welt als der Akt zu verstehen ist, der im eigentlichen Sinne der Gegenstand der Psycho-logie sein könnte. Traxel versucht aus einer phänomenologischen Perspektive folgende Definition: „Gegenstand der Psychologie ist die Art und Weise, wie das Ich mit der äußeren Welt in Beziehung tritt" (1968, S. 87). Weder das Ich noch die äußere Welt können im eigentlichen Sinne Gegenstandsbereiche der Psychologie sein, sie sind ledig-lich Bezugspunkte, so Traxel. Für die äußere Welt sind Physik und weitere Naturwissen-schaften zuständig. Mit dem Ich-Begriff wird nur ausgedrückt, dass eine Person, ein Akteur die Bezugnahme zur äußeren Welt herstellt. Wahrnehmen, Fühlen, Bemerken, Wollen als Formen des Erlebens sind psychische Vorgänge, die als intentionale Bezug-nahmen zur äußeren Welt zu verstehen sind (*sensu* der Deskriptiven Psychologie von Franz Brentano, 1838–1917). Dabei sind die gewonnen Sinnesdaten keine Grundlage für ein getreues Abbild der äußeren Welt, da die menschlichen Sinnesmodalitäten natür-lichen Beschränkungen unterliegen (*kritischer Realismus*). Eine Psychologie, die eine Erkenntnis über die äußere Welt gewinnen möchte, muss daher eine auf dem Realis-mus begründete sein. Die äußere Welt weist eine inhärente Struktur von Relationen und Bedingungen auf, die aufgrund der Akte (Bezugnahmen) bemerkt und analysiert werden. So entstehen Bedeutungen und eine Wirklichkeit, die wiederum auf den Menschen ‚zurückwirkt'. Eine auf dem Idealismus basierende Psychologie, in der Menschen ihre Welt apriorisch konstruieren, bedarf keiner Wirklichkeit. Dann ist alle Welt das bloße Ergebnis von Konstruktionen. Realismus, Erleben und Kultur (Struktur und Bedeutung) sind in ihrem Zusammenwirken m. E. die entscheidenden Komponenten einer weg-weisenden Kulturpsychologie.

Wilhelm Dilthey (1833–1911) hat sich in seinen Arbeiten schon früh mit Struktur beschäftigt. Den holistischen Überlegungen Goethes folgend, verbindet er den Struktur-mit dem Erlebensbegriff innerhalb seiner deskriptiven Psychologie. Es war allerdings der Biologe und Mediziner Caspar Friedrich Wolff (1734–1794), der den Begriff ‚Struktur' erstmals in Zusammenhang mit dem Organismus und seiner Differenzierung in der Natur verwendete. Die strukturelle Differenzierung des Organischen fand dann in der britischen Psychologie Niederschlag bei Herbert Spencer (1820–1903). Im Jahr 1877 kam Dilthey mit dem Begriff erstmals in Berührung (siehe hierzu Rodi 2016). Das Leben und Erleben ist nach Dilthey bestimmt durch die Bedingungen der Zeitlichkeit *(Kontinuitätsbezug des Erlebens)*, der Geschichtlichkeit *(kultureller und anthropologischer Erlebensbezug)* und der Unmittelbarkeit *(emotionaler, selbstbezogener und ursprünglicher Erlebensbezug)* (Wolfradt 2014). Hierbei ist ihm zufolge die psychische Struktur als ein innerer Zusammenhang von Teilen seelischer Vorgänge und damit des Erlebens zu verstehen:

> Sie [die psychische Struktur] ist die Anordnung, nach welcher psychische Tatsachen von verschiedener Beschaffenheit im entwickelten Seelenleben durch eine innere erlebbare Beziehung miteinander verbunden sind. Die Grundform dieses seelischen Zusammenhangs ist dadurch bestimmt, dass sich alles psychische Leben von seinem Milieu bedingt findet und rückwärts auf dies Milieu zweckmäßig einwirkt (1894/1924, S. 66).

Es war der Ganzheitspsychologe Felix Krueger (1874–1948), der aufbauend auf strukturalistischen Überlegungen u. a. von Dilthey eine Gefühlstheorie vorstellte, die Erleben und Gefühl als eine Ganzheit zusammenfügte (Krueger 1930). Nur eine Tiefe der Gefühle ermöglicht ihm zufolge eine Tiefe des Erlebens: „Die Tiefe der Gefühle reicht in eine andere Schicht hinab als der gesamte übrige Farben- und Gestaltenreichtum der Erlebnisse" (1930, S. 36). Krueger erkannte, dass Gefühle eine strukturelle Verankerung als Erlebnisqualitäten im Erleben haben.

Die nun folgenden Ausführungen zu William Stern (1871–1938), Susanne K. Langer (1895–1985), Michel Henry (1922–2002) und Aron Gurwitsch (1901–1973) sollen verdeutlichen, dass dem Erleben als unmittelbare Form der Wirklichkeitserkenntnis eine größere Bedeutung in der Psychologie bzw. Kulturpsychologie zukommen sollte. Stern versteht Psychologie als „die Wissenschaft von der erlebenden und erlebnisfähigen Person" (1950, S. 99) – denn „nur was lebt, kann auch er-leben" (1950, S. 99). Die Person bildet eine Ganzheit, die im Zusammenwirken von vielen inneren Zuständen, Phasen und Schichten als personales Ganzes *(unitas multiplex)* menschliches Leben erst ermöglicht. Hier führt Stern den Strukturgedanken in seine personalistische Konzeption ein: Die Ganzheit setzt sich aus isolierbaren Momenten zusammen, welche in einem Gefüge (Struktur) aufeinander bezogen sind. Diese personale Ganzheit ist aber nach Stern nicht als feste Struktur zu verstehen, sondern zeichnet sich auch durch Vagheit und Diffusität aus (Wolfradt 2014). Ziel ist es durch ‚Introzeption' eine „Einschmelzung der objektiven Weltgehalte in seinen Selbstgehalt" zu ermöglichen, d. h. Erlebnisse in das personale Ganze sinnhaft und reflektiert zu integrieren (Stern 1950, S. 102). Diesen Zustand der Introzeption zu einer Persönlichkeit hat der Mensch noch nicht erreichen können. Erleben als vitaler Lebensvollzug ist nach Stern daher ein dynamisches Geschehen zwischen den Polen Spaltung und Spannung. Spaltung bezeichnet den Prozess der Abhebung aus der personalen Ganzheit (z. B. Gefühle der Gefahr lassen klare Gedanken und geordnete Willensregungen unmöglich erscheinen), während

Spannung durch Einbettung in die personale Ganzheit (z. B. durch Trauergefühle, die in eine vage Wehmut abgleiten lassen) reduziert wird (1950, S. 103). Erleben ist nach Stern stets transitiv, unvollständig und hat als Gegenstandsbereiche entweder die äußeren Vorgänge (z. B. Objekte, Zustände, Gesetze) oder sich selbst (z. B. eigene Strebungen, früheres Gewesensein, Zukunftsmöglichkeiten): „Niemals aber wird das eine oder andere Ziel des Erlebens ganz erreicht, weil die völlige Aufspaltung von Person und Welt das personale Leben – und damit das Erleben – ertöten müsste", so Stern weiter (1950, S. 104). Zwischen Erleben und Gegenstand besteht daher eine Distanz, im Erlebnis wird dennoch ein außenweltliches und eigenpersonales Sein im Reflektieren deutlich (z. B. in der Erinnerung an eine gewesene Wirklichkeit). Erleben kann sich ungestaltet als kontinuierliches Geschehen zeigen, aber auch als eine Erlebensgestalt geformt mit einem Anfang, einem Höhepunkt und Ende. Inhalte des aktuellen Erlebens sind ihm zufolge die psychischen Phänomene (Bewusstseinserscheinungen wie Vorstellung, Gefühl, Gedanken, Wille etc.). Der Begriff ‚Lebnis‘ bildet die Teilganzheit (z. B. geschlossene Willenshandlung) innerhalb eines Willenserlebnisses.

Kulturpsychologie kann als eine Wissenschaft charakterisiert werden, welche annimmt, dass in einem kulturellen Kontext durch Formen der Symbolisierung dem menschlichen Erleben Struktur und Bedeutung vermittelt werden. Hierbei ist Erleben wiederum als eine Aktivität zu verstehen, die Struktur und Bedeutung erzeugt und nicht nur das Ergebnis von Kultur ist. Alfred North Whitehead (1861–1947) bemerkt hierzu: „Ein aktuales Ereignis entsteht als das Zusammenbringen verschiedener Wahrnehmungen, verschiedener Gefühle, verschiedener Absichten und verschiedener anderer Aktivitäten, die aus jenen primären Wahrnehmungen hervorgehen, in einem realen Zusammenhang. Aktivität ist hier ein anderes Wort für Selbst-Erzeugung" (2000, S. 68).

Ausgehend von Whitehead und der symbolischen Kulturphilosophie Ernst Cassirers (1874–1945) entwirft Susanne K. Langer eine Kulturtheorie des Erlebens und Fühlens, die eine hohe Affinität zu semiotischen Überlegungen in der Kulturpsychologie aufweist (siehe Innis 2020, Kap. 4). Im Zentrum ihres Denkens, auf das jetzt ausführlicher eingegangen wird, steht das natürliche Ausdrucksbedürfnis des Menschen, die Symbolbildung als ununterbrochener Prozess der Transformationen von Erfahrungsdaten (Langer 1984, S. 51). Cassirer folgend kommt sie zur Unterscheidung von *diskursiver* und *präsentativer* Symbolisierung und bezieht sich hierbei auf Beispiele der Sprach- und Kunstwissenschaften. Zentral ist der Gedanke, dass Wahrnehmung stets symbolischer Natur ist und unsere Gefühle einschließt. Während diskursive Symbole, wie z. B. Worte in der Sprache, mittels eines klaren Regelwerkes (Vokabular) von kontextinvarianten Bedeutungen interpretiert werden können, sind präsentative Symbole anderer Art. Letztere sind wie Bildwerke bezüglich ihrer Bedeutung mit ihrer individuell anschaulichen Realisierung durch die Kunstschaffenden verbunden. Für die Analyse von Bildern gibt es folglich kein klares Regelwerk von Bildelementen, die eine entsprechende Interpretation ermöglichen. Weitere Beispiele für präsentative Symbole sind Musik, Tanz, Rituale, aber auch bilderreiche anschauungsnahe Symbolisierungen wie Metaphern, Gedichte, Romane, Mythen und Märchen. Im Mythos werden menschliche Grundkonflikte (z. B. Leben und Tod) bildhaft ausgedrückt und sind somit frühe Formen der kulturellen Objektivierung in der menschlichen Evolution. Im Zentrum, so Langer, stehen die primären präsentativen Symbole, die noch anschauungsnah erfasst werden müssen (z. B. abstrakte Bildwerke) im Gegensatz zu den sekundären präsentativen Symbolen, die schon auf der Basis diskursiven Wissens Sachverhalte veranschaulichen (z. B. Diagramme, Graphiken). In der Interpretation primärer präsentativer Symbole kommen Formen des unmittelbaren Fühlens und Erlebens zum Tragen, da die im Bild dargestellten Symbole keine stabile Eigenbedeutung aufweisen und nur über ihre genaue relationale Komposition analysiert werden können.

Kunst wird in den Überlegungen von Langer (*Feeling and Form: A Theory of Art,* 1953 und *Mind: An Essay on Human Feeling,* 1967/1972/1982) zu einer Form der Erkenntnis. Ihr zufolge kann der künstlerische Ausdruck als objektiv charakterisiert werden, da Bildwerke eine Realität und erkennbare Identität aufweisen. Langer vertritt eine naturalistische Theorie, ohne hierbei einen biologischen Reduktionismus postulieren zu wollen, indem sie herausstellt, dass der menschliche Geist, Denken und Fühlen natürliche Phänomene sind, die in der menschlichen Evolution entstanden. Sie vermeidet zudem die metaphysischen Spekulationen des Idealismus. An dem vorherrschenden Behaviorismus in der Psychologie kritisiert sie, dass die objektivistische Methodik die Erforschung des eigentlichen Gegenstandsbereiches, die menschliche Subjektivität, unmöglich mache. Sie fordert eine historische Rückbesinnung auf die Anfänge der Psychologie und ist der Überzeugung, dass die Psychologie keine strenge Naturwissenschaft werden könne, sondern eine interpretative Kulturwissenschaft bleibe (1967, S. 53). Das Erleben hat nach Langer eine Unmittelbarkeit, in der Gegenstände als symbolische Ausdrucksformen von Bedeutungen aufgefasst werden. Die Welt wird als belebt aufgefasst, in dem durch Projektion eine ‚Objektivierung des Subjektiven‘ und/ oder eine ‚Subjektivierung des Objektiven‘ stattfindet.

Lachmann weist in diesem Kontext auf das Grundproblem des Erlebens hin:

> Wir haben zwar alle eine unmittelbare Bekanntschaft mit Strukturen unseres Innenlebens, nicht aber ein Wissen darüber. Die Prozessualität und Dynamik unseres Fühlens ist zugleich zu ephemer und uns zu nahe. Es verschwindet im Strom unserer jeweils gegenwärtigen Präsenz, ohne daß es von uns mit eigener Aufmerksamkeit bedacht wird oder eine Objektivierung findet, in der es fixiert und eingehender Betrachtung zugänglich wäre (1993, S. 112/113).

Nach Langer liegt in Kunstwerken objektiviertes Wissen über die Struktur des Psychischen und deren zugrundeliegende vitalen Zusammenhänge vor, d. h. Kulturgegenstände können aufgrund ihrer Herstellung, ihrer Form und ihres symbolischen Ausdruckes etwas über das Innere des menschlichen Erlebens und Fühlens vermitteln (s. hierzu auch Lachmann, 2000).

Eine neuere Weiterentwicklung des Gedankens, dem Fühlen und Erleben eine größere Bedeutung für kulturelle Phänomene einzuräumen, kommt aus der Lebensphänomenologie des französischen Philosophen Michel Henry, die er in seinem Werk *L'essence de la manifestation* (2019) ausformuliert hat. In Kritik an dem Intentionalitätsbegriff der klassischen Phänomenologie von Edmund Husserl (1859–1938), der Annahme eines grundlegenden Verhältnisses zwischen Akt (Erscheinen) und erscheinendem Gegenstand, sucht Henry das vitale Lebensphänomen, das dem Akt präreflexiv vorausgeht. Er findet es im passiven Charakter von Stimmungen und Gefühlen. Im gefühlshaften Erleben (z. B. von Angst, Freude und Schmerz) kommt ein unsichtbarer Lebensvollzug zum Ausdruck, der unmittelbar und ohne Gegenstand ist. Das Wesen dieser Affektivität ist ein bloßes ‚Sich-selbst-Fühlen' (z. B. man fühlt nur Angst). Henry konstatiert eine Selbstbezüglichkeit und Ungegenständlichkeit aller Stimmungen und Gefühle, die als Affektivität einer Gegenstands-Intentionalität *sensu* Husserl gegenübergestellt wird. Und Henry geht weiter, indem er die Stimmungen als Grundbedingung für die Empfänglichkeit für die Widerfahrnisse der Welt annimmt, und nicht umgekehrt. Er formuliert die Idee der Selbstaffektion des Lebens, da sich das Leben in den Stimmungen und affektiven Zuständen unmittelbar selbst erfährt. Diese Selbstoffenbarung in den Gefühlen und Stimmungen hat einen unbedingten Wirklichkeitscharakter, die passive Affektivität als Folge der Selbstbezüglichkeit formt zum einen die menschliche Subjektivität und zum anderen fordert sie zur Selbstüberschreitung (ekstatischer Weltbezug). In seinem kulturkritischen Werk *Die Barbarei* (2016) sieht Henry in dem Kulturschaffen eine radikale Lebenspraxis, die ihren Ursprung in einem Entlastungsversuch von aufgestauter Energie, von Last und Leid hat. Hieraus entsteht ihm zufolge das Selbstbedürfnis, sich kulturell auszudrücken, d. h. Zu-sich-Kommen in der Selbststeigerung der absoluten Subjektivität (2016, S. 178). Kultur als Lebenspraxis steigert die Selbstaffizierung der Subjektivität und vermag grundlegende Gefühle, wie Leid in Freude, das Leid am Sein in reiner Passivität in Aktivität zu transformieren.

Die Ausführungen verdeutlichen den Stellenwert des präreflexiven Erlebens für eine Kulturpsychologie, die bisher einem Intellektualismus und einer kognitivistischen Orientierung zu starke Bedeutung einräumte. Erleben ist aber kein solipsistischer Akt, der das Individuum allein betrifft – Kultur als Lebenspraxis vollzieht sich stets in einer sozialen Mitwelt. Aron Gurwitsch entwirft in seinem Werk *Die mitmenschlichen Begegnungen in der Milieuwelt* (1977) einen sozialen Erlebensbegriff: „alles, wovon wir wissen, was in irgendeinem Sinne für uns in Betracht kommt, ist uns in Erlebnissen gegeben" (S. 3). Diese Erlebnisse sind meine Erlebnisse (Ich-Bezogenheit): „Jede Wahrnehmung, Erinnerung, jeden Schmerz, jede Trauer usw. erlebe ich als meine Wahrnehmung" (S. 4). Hierbei konstituiert sich die Person im konkreten Erleben und nicht das konkrete Erleben in der Person. Die Objekte meiner Wahrnehmung sind unmittelbar-leibhaftig gegeben, nicht bloß vorgestellt. Mitmenschen sind auch Objekte meiner Wahrnehmung, so Gurwitsch, die man in ihren physischen Qualitäten und Veränderungen erfasst (z. B. Bewegungen des Körper oder der Mimik). Seelische Vorgänge anderer Menschen können nur aus der eigenen Innenerfahrung erschlossen werden, d. h. man glaubt zu wissen, was in anderen seelisch vorgeht, aufgrund der eigenen inneren Erfahrungen. Analogie-Schlüsse oder Einfühlungen sind ihm zufolge nicht die Zugangsweisen zum Seelischen des fremden Anderen. Entscheidend ist die Annahme von Gurwitsch, dass die natürliche Umwelt (das Milieu) eine wechselseitige Bezogenheit von Individuen schafft und die eigentliche Isolation zwischen den Individuen aufhebt. Wir begegnen Mitmenschen immer in einem bestimmten ‚Horizont' in Bezirken unseres natürlichen Lebens, aus dem sich der Sinn der Begegnung bestimmt. So schafft die Umwelt eine soziale Bezogenheit von fremden Personen durch drei Modi der Begegnung: Partnerschaft, Zugehörigkeit und Verschmelzung. Man kann daher annehmen, dass der kulturelle Kontext eine Bezogenheit des Erlebens schafft, indem sich Personen intersubjektiv als bedeutungsschaffende Individuen konstituieren.

Auf den besonderen unmittelbaren Charakter des Erlebens verweist schliesslich Ernst E. Boesch (1983):

> Das momentane Erleben ist fließend, verflüchtigt sich, wandelt sich, kann überraschen, verwirren; wir sind gezwungen, darin nach Konstanzen zu suchen, nach einer Ordnung, die das sich Wandelnde als ein kontinuierliches, ja, als ein sich identisch Bleibendes verstehen läßt. Die Ordnungen, die wir schaffen, strukturieren nicht nur – oft nicht einmal vordringlich – das Selbsterleben, sondern auch die Beziehung des Erlebens zu seiner Umwelt (1983, S. 62).

Die Kulturpsychologie ist der Aufgabe nicht enthoben, sich auf den Weg zu machen, dem menschlichen Erleben in den kulturellen Äußerungen mit ganzer Kraft nachzuspüren.

Literatur

Allolio-Näcke, L. (2019). Roots and rise of cultural psychology. In G. Jovanovic, L. Allolio-Näcke, & C. Ratner (Hrsg.), *The challenges of cultural psychology. Historical legacies and future responsibilities* (S. 111–124). New York, NY: Routledge.

Berek, M. (2020). *Moritz Lazarus. Deutsch-jüdischer Idealismus im 19. Jahrhundert.* Göttingen: Wallstein.

Billmann-Mahecha, E. (2001). Kulturpsychologie. In G. Wenninger (Hrsg.), *Lexikon der Psychologie* (S. 405–408). Heidelberg: Spektrum Akad. Verlag.

Billmann-Mahecha, E. (2003). Kulturpsychologie. In *Psychologie von A-Z. Die sechzig wichtigsten Disziplinen* (S. 96–99). München: Spektrum.

Boesch, E. E. (1983). *Das Magische und das Schöne. Zur Symbolik von Objekten und Handlungen.* Stuttgart-Bad Cannstatt: frommann-holzboog.

Boesch, E. E., & Straub, J. (2007). Kulturpsychologie – Prinzipien, Orientierungen, Konzeptionen. In G. Trommsdorff & H. J. Kornadt (Hrsg.), *Theorien und Methoden der kulturvergleichenden Psychologie* (Enzyklopädie der Psychologie) (S. 25–95). Göttingen: Hogrefe.

Bruner, J. S. (1990). *Acts of meaning.* Cambridge, MA: Harvard University Press.

Dilthey. W. (1894/1924). Ideen über eine beschreibende und zergliedernde Psychologie. In *Wilhelms Diltheys Gesammelte Schriften, V. Band* (S. 139–240). Leipzig & Berlin: Teubner.

Ellis, B. D., & Stam, H. J. (2015). Crisis? What crisis? Cross-cultural psychology's appropriation of cultural psychology. *Culture & Psychology, 21*(3), 293–317.

Gurwitsch, A. (1977). *Die mitmenschlichen Begegnungen in der Milieuwelt,* (hrsg. von A. Métraux). Berlin: De Gruyter. (Original: 1931).

Hellpach, W. (1953). *Kulturpsychologie. Eine Darstellung der seelischen Ursprünge und Antriebe, Gestaltungen und Zerrüttungen, Wandlungen und Wirkungen menschheitlicher Wertordnungen und Güterschöpfungen.* Stuttgart: Enke.

Henry, M. (2016). *Die Barbarei. Eine phänomenologische Kulturkritik.* Freiburg i. Br.: Alber (Original: 1987).

Henry, M. (2019). *Das Wesen des In-Erscheinung-Tretens*, hrsg. v. S. Grätzel. Freiburg i. Br.: Alber (Original: 1963).

Innis, R. E. (2020). *Between philosophy and cultural psychology.* Cham: Springer.

Jahoda, G. (2012). Critical reflections on some recent definitions of „culture". *Culture & Psychology, 18*(3), 289–303.

Junge, K., Suber, D., & Gerber, G. (2008). (Hrsg.). *Erleben, Erleiden, Erfahren. Die Konstitution sozialen Sinns jenseits instrumenteller Vernunft.* Bielefeld: transcript.

Krueger, F. (1930). *Das Wesen der Gefühle. Entwurf einer systematischen Theorie.* Leipzig: Akademische Verlagsgesellschaft.

Lachmann, R. (1993). Susanne K. Langers Konzeption der Begründung von Psychologie und Kulturwissenschaften. In D. Ginev (Hrsg.), *Die Verschmelzung der Untersuchungsbereiche. Formen des Dialogs zwischen Kulturwissenschaften und Wissenschaftstheorie* (S. 105–126). Frankfurt/Main: Lang.

Lachmann, R. (2000). *Susanne K. Langer. Die lebendige Form menschlichen Fühlens und Verstehens.* München: Fink.

Langer, S. K. (1953). *Feeling and form. The theory of art.* New York, NY: Scribner's Sons.

Langer, S. K. (1967). *Mind: An essay of human feeling (Volume 1).* Baltimore, MD: The John Hopkins University Press.

Langer, S. K. (1984). *Philosophie auf neuem Wege. Das Symbol im Denken, im Ritus und in der Kunst.* Frankfurt/Main: Fischer (Original: 1942).

Poortinga, Y. H., van de Vijer, F. J. R., Joe, R. C., & van de Koppel, J. M. H. (1987). Peeling the onion called culture: A synopsis. In C. Kagitcibasi (Hrsg.), *Growth and progress in cross-cultural research* (S. 22–34). Lisse: Swets & Zeitlinger.

Rodi, F. (2016). *Diltheys Philosophie des Lebenszusammenhangs. Strukturtheorie – Hermeneutik – Anthropologie.* Freiburg i. Br.: Alber.

Rohner, R. P. (1984). Toward a conception of culture for cross-cultural psychology. *Journal of Cross-Cultural Psychology, 15*(2), 111–138.

Sichler, R. (1998). William Stern und das menschliche Erleben. Historische und terminologische Anmerkungen zu einem vergessenen Grundbegriff der Psychologie. *Psychologie und Geschichte, 8* (1–2), 68–84.

Shweder, R. A., & Sullivan, M. A. (1993). Cultural psychology. Who needs it? *Annual Review of Psychology, 44,* 497–523.

Stern, E. (1920). Probleme der Kulturpsychologie. *Zeitschrift für die gesamte Staatswissenschaft, 75*(3), 267–301.

Stern, W. (1950). *Allgemeine Psychologie auf personalistischer Grundlage* (2. Aufl.). Haag: Nijhoff.

Thies, C. (2016). *Alles Kultur? Eine kritische Bestandsaufnahme.* Stuttgart: Reclam.

Traxel, W. (1968). *Über Gegenstand und Methode der Psychologie.* Bern/Stuttgart: Huber.

Valsiner, J. (1987). *Culture and the development of children's action.* Chichester, NY: Wiley

Whitehead, A. N. (2000). *Kulturelle Symbolisierung.* Frankfurt/Main: Suhrkamp.

Wolfradt, U. (2011). *Ethnologie und Psychologie. Die Leipziger Schule der Völkerpsychologie.* Berlin: Reimer.

Wolfradt, U. (2014). Ganzheit und Erkenntnis: Zum Strukturbegriff bei Wilhelm Dilthey, Felix Krueger und William Stern. In E. Aschermann & M. Kaiser-El-Safti (Hrsg.), *Gestalt und*

Gestaltung in interdisziplinärer Perspektive. Schriftenreihe der Carl Stumpf Gesellschaft, Band 3 (S. 137–154). Frankfurt/Main: Lang.

Wolfradt, U. (2017). Seele zwischen Psychologie, Philosophie und Esoterik. *Berliner Theologische Zeitschrift, 34*(2), 1–30.

Wolfradt, U. (2021). Gefühl und Empfindung in der Erfahrungsseelenlehre des 18. Jahrhunderts. In D. Cyranka, T. Ruhland, C. Soboth & F. Stengel (Hrsg.), *Gefühl und Norm. Religion und Gefühlskulturen im 18. Jahrhundert* (Hallesche Forschungen, 61/1+2). Halle (Saale): Verlag der Franckeschen Stiftungen.

Wundt, W. (1911). *Probleme der Völkerpsychologie*. Leipzig: Kröner.

Theoretische Perspektiven der Kulturpsychologie

Die kulturhistorische Perspektive

Carlos Kölbl

Zusammenfassung

Nach einer Besprechung unterschiedlicher Bezeichnungen für die kulturhistorische Perspektive in der Psychologie wird eine psychologie- und wissenschaftsgeschichtliche, aber auch eine allgemeinere historische Einordnung der Kulturhistorischen Psychologie vorgenommen. In dieser Einordnung spielen die russische Oktoberrevolution 1917 und ihre Folgen sowie Psychologie in Zeiten des Kalten Krieges eine wichtige Rolle. Als wesentliche theoretische und methodologisch-methodische Grundlagen werden sodann die drei Entwicklungslinien und die Zeichenvermitteltheit des Psychischen sowie die Bedeutung ‚genetischer‘ Experimente und kasuistischer Analysen herausgestellt. Als ein konkretes Beispiel, in dem die Kulturhistorische Psychologie fruchtbar gemacht wurde und wird, werden abschließend entsprechend profilierte wegweisende Beiträge zur Literalitätsforschung präsentiert.

Schlüsselwörter

Kulturhistorische Psychologie · Vygotskij · Lurija · Leont'ev · Psychologie des gesellschaftlichen Menschen · Zeichenvermitteltheit · Historizität · Sinn- und Bedeutungsanalysen · Literalitätsforschung

C. Kölbl (✉)
Universität Bayreuth, Bayreuth, Deutschland
E-Mail: carlos.koelbl@uni-bayreuth.de

1   Einleitung, Gegenstandsbereich und Definition

Mit der Bezeichnung kulturhistorische Perspektive ist in der Psychologie gemeinhin diejenige Strömung gemeint, die mit den bahnbrechenden Arbeiten des Kreises um die russischen bzw. sowjetischen Psychologen Lev S. Vygotskij (1896–1934) und Aleksandr R. Lurija (1902–1977) in den 1920er und 1930er Jahren inauguriert wurde. Die genaue Rolle des später gerade auch durch seine Tätigkeitstheorie bekannt gewordenen Aleksej N. Leont'ev (1903–1979) ist in diesem Zusammenhang umstritten. Schlagwortartig kann hier zunächst einmal festgehalten werden, dass es dieser psychologischen Strömung um die Schaffung einer differenzierten Psychologie des gesellschaftlichen Menschen geht, die Naturalisierungen meidet und gleichzeitig nicht in Kulturalisierungen abgleitet.

Es kursieren unterschiedliche Etikettierungen für das fragliche wissenschaftliche Unternehmen, im angloamerikanischen Raum etwa *socio-cultural* oder *socio-historical psychology*, aber auch *cultural-historical activity theory* (CHAT). Der zuletzt genannten Begrifflichkeit liegt die voraussetzungsvolle Überzeugung zugrunde, es gebe eine Einheit zwischen der ursprünglichen Theorie Vygotskijs und der Tätigkeitstheorie Leont'evs. Bisweilen ist von einer Schule die Rede, was aber auch auf Kritik stößt, da hiermit die unzulässige Vorstellung eines vergleichsweise homogenen Zusammenhangs suggeriert würde. Obwohl sie zunächst einmal als eher pejorative Fremdetikettierung verwendet wurde, ist die Bezeichnung *cultural-historical psychology* weit verbreitet – so beispielsweise zu finden als Name eines einschlägigen Fachjournals (https://psyjournals. ru/en/kip/) und als Titel eines neueren Handbuchs (Yasnitsky et al. 2014) – bzw. im deutschsprachigen Raum Kulturhistorische Psychologie. Im Folgenden wird dieser Begriff synonym mit dem der kulturhistorischen Perspektive verwendet und von einem dynamischen und spannungsreichen wissenschaftlichen Arbeitszusammenhang ausgegangen, in dem bestimmte epistemologische, programmatische, theoretische und methodologisch-methodische Prämissen geteilt werden – ganz so wie dies etwa auch im Genetischen Strukturalismus, der Gestaltpsychologie oder der Psychoanalyse der Fall ist.

Das von der Kulturhistorischen Psychologie bearbeitete Themenspektrum ist außerordentlich breit und reicht weit in alle klassischen grundlegenden und angewandten Teildisziplinen der Psychologie hinein. Am offensichtlichsten sind vielleicht die Beiträge zur Sprach-, Entwicklungs- und Pädagogischen Psychologie, zur Arbeits- und Organisationspsychologie sowie zur Neuropsychologie. Letztere ist von Aleksandr Lurija in wesentlichen Hinsichten mitbegründet und jahrzehntelang vorangetrieben worden. Ferner finden Teile der Kulturhistorischen Psychologie – etwa ihr weiter Begriff von Entwicklung, ihr spezifischer historischer Zugang oder ihr methodologisch-methodisches Instrumentarium – auch Eingang in andere übergreifende psychologische Orientierungen, wie in unterschiedliche Spielarten der Kulturpsychologie, in Varianten des sozialen Konstruktionismus sowie in die Kritische Psychologie *sensu* Klaus Holzkamp (1927–1995), aber auch in andere kritische Psychologien (siehe hier Kap. Die subjektwissenschaftliche Perspektive).

Für erste Orientierungen sowie weiterführende Auseinandersetzungen liegen neben Handbüchern, wie dem bereits erwähnten, auch monographische Arbeiten zu den Gründungsfiguren der Kulturhistorischen Psychologie und ihrer psychologiegeschichtlichen, aber auch außerwissenschaftlichen historischen Einbettung vor, etwa Keiler (2002), Kölbl (2022), Mecacci (2017), Proctor (2020) und Yasnitsky (2018).

2 Historische Grundlagen

Die Kulturhistorische Psychologie stellt eine Antwort auf innerdisziplinäre bzw. innerwissenschaftliche, aber auch auf gesellschaftliche Anforderungen und Umbrüche dar. Ihre Entstehung ist undenkbar ohne ihre intensive und kritische Auseinandersetzung mit den seinerzeit kanonischen Inhalten des Faches, Entwicklungen der Psychologie (einschließlich der Psychoanalyse) in Westeuropa und den USA sowie spezifischen Traditionen der russischen Psychologie, Physiologie, Pädagogik und Philosophie. Ihr Erscheinen ist aber auch nicht denkbar ohne das – hier ist das Adjektiv mit vollem Recht angebracht – welterschütternde Ereignis der Oktoberrevolution 1917 in Russland und ihre tiefgreifenden Folgen.

In der jungen und damals noch vergleichsweise experimentierfreudigen Sowjetunion wurde der Psychologie in jenen Jahren für die Umgestaltung des Lebens auch von hohen Parteiführer:innen, wie Lev D. Trockij (1879–1940), Nikolaj I. Bucharin (1888–1938), Nadežda K. Krupskaja (1869–1939) und Anatolij V. Lunačarskij (1875–1933) viel zugetraut und die genannten Personen nahmen regen Anteil an der Entwicklung des Faches. Auch die Kulturhistorische Psychologie profitierte zunächst hiervon und war ihrerseits integraler Teil der sowjetischen Experimentierfreude in solchen Bereichen wie Kunst, Film, Literatur, Architektur, Philosophie und Wissenschaft (Kölbl 2021a; Métraux 2006). Im Laufe der Zeit wurde sie aber gemeinsam mit anderen psychologischen Strömungen zunehmend an den Rand gedrängt, wohingegen der Physiologie Ivan P. Pavlovs (1849–1936) viele Jahre lang eine dominante Stellung auch im Hinblick auf die Psychologie eingeräumt wurde. Umbrüche in der Psychologie äußerten sich nicht zuletzt im Wechsel von Menschenbildern – vom mechanistischen Persönlichkeitsmodell zum ,neuen Menschen' –, der seinerseits durch vielfältige ökonomische, politische und gesellschaftliche Faktoren bestimmt war (Kölbl 2021b). In der poststalinistischen ,Tauwetterperiode' erfuhren dann wichtige Richtungen der Psychologie in der Sowjetunion einen erneuten Aufschwung, so auch die Kulturhistorische Psychologie. Die Ausrichtung des Internationalen Kongresses für Psychologie in Moskau 1966 markiert unter den schwierigen Bedingungen des Kalten Krieges den Höhepunkt der erneuten (partiellen) Öffnung der sowjetischen Psychologie gegenüber dem Westen. Die Öffnung in den 1960er Jahren, aber auch schon frühere internationale Disseminationsversuche von Arbeiten der Kulturhistorischen Psychologie, führte dazu, dass diese kein nur sowjetisches Unternehmen blieb. Sehr bedeutsam ist etwa Michael

Cole, dessen einjähriger Forschungsaufenthalt (1962–1963) an der Moskauer Universität (insbesondere bei Lurija) für die Aneignung der Kulturhistorischen Psychologie im angloamerikanischen Raum folgenreich wurde (siehe auch weiter unten). *Das sowjetische Jahrhundert* (Schlögel 2017) bleibt aber dennoch für die Entwicklung der Kulturhistorischen Psychologie wesentlich, wie sich etwa in Westeuropa, aber auch Lateinamerika zeigt, wo sowjetische Arbeiten im Rahmen einer in einem weiten Sinne gesprochen ‚kommunistischen Kultur' zirkulieren. Natürlich heißt dies nicht, dass diese Perspektive in der Psychologie mit dem Ende der Sowjetunion ebenfalls an ein Ende gelangt wäre. Das Gegenteil ist vielmehr der Fall, wovon vielfältige transnationale Weiterentwicklungen dieses psychologischen Ansatzes bis zum heutigen Tag zeugen.

3 Theoretische und methodologisch-methodische Grundlagen

Die Kulturhistorische Psychologie rekonstruiert im Hinblick auf die Historizität des Psychischen drei Entwicklungslinien:

1. die Naturgeschichte
2. die Gesellschafts- und Kulturgeschichte
3. die Individualgeschichte

Die wohl ausführlichste Auseinandersetzung der kulturhistorischen Perspektive mit Fragen der *naturgeschichtlichen Entwicklung* des Psychischen in monographischer Form liegt mit Leont'evs *opus magnum* „Probleme der Entwicklung des Psychischen" vor (Leontjew[1] 1971 [1959]). Es wird dort unter anderem eine Schrittfolge herausgearbeitet, in der die Reizbarkeit eines Organismus allein nicht ausreicht, sondern Empfindungsfähigkeit und Sensibilität dazu kommen müssen, um ihm eine ‚Psyche' zuschreiben zu können. Solchen empfindungsfähigen Organismen sei dann eine ‚sensorische Psyche' eigen. Eine ‚perzeptive Psyche' erfolge im Zuge des Übergangs vom Wasser zum Land. Das ‚Stadium des Intellekts' erreichten manche Organismen schließlich im Laufe des Werkzeuggebrauchs.

Werkzeuggebrauch und die Zusammenarbeit der Menschen stellen im Laufe der *Gesellschafts- bzw. Kulturgeschichte* einen wichtigen Umschlagspunkt für die Entwicklung des Bewusstseins dar. Mit Werkzeugen sind hier nicht allein Handwerkzeuge im Wortsinne gemeint, also Hämmer, Sägen, Bohrer und dergleichen mehr, sondern gerade auch ‚psychische Werkzeuge'. Als solche gelten alle möglichen Zeichensysteme, allen voran die Sprache. Die Nutzung dieser Systeme sei insofern besonders

---

[1] Bei der Schreibung russischer Namen halte ich mich an die wissenschaftlichen Transliterationsregeln, zitiere aber Namen selbstverständlich so, wie sie publiziert wurden.

wichtig, als mit ihr eine Transformation von bloß ‚niederen' zu ‚höheren' Formen des Psychischen vollzogen wird. Von da an kann man von einer Zeichenvermitteltheit des Psychischen sprechen. Der Unterscheidung zwischen ‚niederen' und ‚höheren' psychischen Funktionen – bisweilen ist auch von ‚natürlichen' oder ‚biologischen' und ‚kulturellen' oder ‚künstlichen' Funktionen die Rede – kommt in einer frühen Phase der Kulturhistorischen Psychologie der Status einer Grundbegrifflichkeit zu. Sie erfährt im weiteren Verlauf ihrer Geschichte allerdings starke Kritik von außen, aber auch vom inneren Arbeitszusammenhang der kulturhistorischen Perspektive heraus.

In *individualgeschichtlicher*, also *ontogenetischer Hinsicht* wird Entwicklung als Enkulturation große Aufmerksamkeit zuteil. Diese vollzieht sich gemäß eines der berühmt gewordenen ‚kulturhistorischen Gesetze' so:

> Jede Funktion in der kulturellen Entwicklung des Kindes erscheint zweimal, auf zwei Ebenen – zuerst auf der sozialen, dann auf der psychologischen Ebene, zuerst als Form der zwischenmenschlichen Zusammenarbeit, als kollektive, interpsychische Kategorie, dann als Mittel des individuellen Verhaltens, als intrapsychische Kategorie (Vygotskij 2003 [1931], S. 629).

Dabei wird aber nicht die Untersuchung isolierter psychischer Funktionsbereiche anvisiert, vielmehr geht es um das Studium interfunktioneller Beziehungen, um den systemhaften Charakter der Ontogenese. So ist in Vygotskijs berühmtesten, erst posthum erschienenen Buch *Denken und Sprechen* bei der Analyse dieser beiden Funktionsbereiche gerade ihre ‚Verknotung' von Interesse, also das Sprachlich-Werden des Denkens und das Intelligent-Werden des Sprechens (Vygotskij, 2002 [1934]).

Mit den hier angedeuteten theoretischen gehen auch bestimmte methodologisch-methodische Grundlagen einher. Experimente etwa sollen so angelegt werden, dass dem Aspekt der Zeitlichkeit des Psychischen, seiner Geschichtlichkeit, Dynamik und Prozessualität dezidiert Rechnung getragen wird. Beispiele für solche Experimente, die man als ‚genetische' Experimente bezeichnen kann, finden sich in zahlreichen Publikationen, die der kulturhistorischen Perspektive zugerechnet werden, unter anderem in den bereits erwähnten Monographien von Vygotskij und Leont'ev. In erstgenannter sind dies beispielsweise Untersuchungen zur Begriffsbildung, in zweitgenannter etwa Experimente zur Lichtsensibilität der Hand.

Die oben erwähnte Zeichenvermitteltheit des Psychischen kann gerade auch als hermeneutisch aufzuklärende Struktur des Psychischen begriffen werden, bei der mit Sinn- und Bedeutungsanalysen gearbeitet werden muss: „Der wirkliche Sinn jedes Wortes wird letzten Endes durch den ganzen Reichtum der im Bewusstsein existierenden Momente bestimmt, die sich auf das beziehen, was dieses Wort ausdrückt" (Vygotskij, 2002 [1934], S. 450). Freilich liegt der angesprochene Reichtum nicht einfach offen zutage: „In unserer Rede gibt es immer einen Hintergedanken, einen verborgenen Subtext" (ebd., S. 460). Das ruft natürlich nach komplexen qualitativ-methodischen Verfahren im Rahmen einer psychologischen Hermeneutik (s. hierzu auch Kap. Relationale Hermeneutik: Theoretisch-methodologische Systematisierungen interpretativer Forschung).

Selbstverständlich findet sich in der Kulturhistorischen Psychologie eine Vielzahl an Studien, die mit großen Stichproben operieren. Zugleich erfahren kasuistische Analysen eine besondere Wertschätzung. Sehr deutlich wird dies bei Lurijas Fallgeschichten zum ehemaligen Rotarmisten Lev A. Zaseckij (1920–1993) und zum Gedächtniskünstler Solomon V. Šereševskij (1886–1958), die er dem Projekt einer *Romantischen Wissenschaft* (Lurija 1993 [1982]) zurechnet und die etwa für den bekannten Neurologen Oliver Sacks (1933–2015) eine wichtige Inspirationsquelle für seine eigenen Fallgeschichten dargestellt haben.

4   Beispiel: Literalitätsforschung

Lurija hat in den Jahren 1931 und 1932 Feldforschung in Usbekistan und Kirgisien betrieben – bis auf wenige Zeitschriftenartikel konnten seine diesbezüglichen Studien allerdings erst in der Brežnev-Ära publiziert werden (Lurija 1986 [1974]). Die Forschung erfolgte in direkter Absprache mit Vygotskij, den Lurija auch brieflich über den Fortgang der Untersuchungen auf dem Laufenden hielt, und gemeinsam mit einer Reihe von Mitarbeiter:innen. Außerdem nahm der Gestaltpsychologe Kurt Koffka (1886–1941) an der zweiten Forschungsreise teil. In der gesamten Forschung ging es darum herauszuarbeiten, welchen Einfluss der zu jener Zeit stattfindende drastische sozio-kulturelle Wandel in diesen beiden Gebieten Zentralasiens auf unterschiedliche psychische Prozesse ausübte. Dieser Wandel äußerte sich etwa in der Technologisierung, Rationalisierung und Kollektivierung der Landwirtschaft, Alphabetisierungskampagnen und der Formalisierung von Bildungsprozessen. Da nicht alle Gesellschaftsmitglieder gleichermaßen von diesen Entwicklungen betroffen waren, ergab sich aus Vygotskijs und Lurijas Sicht eine geradezu ideale Situation, um ihre These einer „gesellschaftlich-historischen Entstehung der Psyche" (ebd., S. 18) empirisch zu konkretisieren. Als ‚Versuchspersonen' fungierten Personen, die den folgenden fünf Kategorien entsprachen:

1. Frauen, deren Radius auf den Haushalt beschränkt war, die Analphabetinnen waren und deren gesellschaftliche Partizipationsmöglichkeiten als außerordentlich gering angesehen wurden. Diese Frauen wurden ausschließlich von Forscherinnen befragt, da ihnen allein der Zugang zu den Frauen gewährt wurde.
2. Bauern, die weder schreiben noch lesen konnten und die ihre individuelle Landwirtschaft weiterführten, von den Kollektivierungsmaßnahmen also noch nicht erreicht worden waren.
3. Zukünftige Kindergärtnerinnen, die einen Schnellkurs hierzu absolvierten.
4. Personen, die innerhalb eines Kolchos leitende Funktionen übernahmen, also administrative Aufgaben wahrnahmen und Kontakte zu anderen Kolchosmitgliedern hatten, weshalb ihr „Gesichtskreis […] erheblich weiter war als der der Einzelbauern" (ebd., S. 38).

5. Studentinnen, die in eine pädagogische Fachschule aufgenommen worden waren. Sie hatten zu diesem Zeitpunkt einen zwei- bis dreijährigen Schul- oder Lehrgangsbesuch absolviert.

Bei diesen fünf Gruppen wurden Untersuchungen durchgeführt, in denen es um Wahrnehmung, Abstraktion und Verallgemeinerung, Schlussfolgern, Urteilen und Lösen von Aufgaben, Fantasie sowie Selbstanalyse und Selbstbewusstsein ging. Lurija und sein Team trugen eine Fülle an empirischem Material zusammen, das sie gerade auch qualitativ-methodisch gewannen. Im Zusammenhang mit den Studien zum Schlussfolgern legten sie ihren ‚Versuchspersonen' unter anderem Syllogismen vor (ebd., S. 125–139). Dabei sollten die Befragten ihre jeweiligen Lösungsmöglichkeiten begründen und mit den Versuchsleiter:innen diskutieren. Zwei Fragen waren hierbei von besonderem Interesse:

1. Inwiefern würden die Befragten erkennen, dass es sich bei den Bestandteilen des Syllogismus um ein einheitliches System und nicht allein um drei isolierte Aussagen handelte?
2. Würden die ‚Versuchspersonen' auch solche Syllogismen lösen können, deren Problematik nicht in ihrer unmittelbaren Erfahrungswirklichkeit verankert, sondern ausschließlich aufgrund logischen Denkens zu begreifen war?

Für Lurija zeigten die Untersuchungsprotokolle, dass die Personen ohne jegliche formale Schulbildung große Schwierigkeiten hatten, Prämissen und Explanandum eines Syllogismus als Einheit wahrzunehmen. Darüber hinaus lösten sie insbesondere die nicht in ihrer Lebenswirklichkeit verwurzelten Syllogismen so gut wie nicht. Bei den Befragten, die eine schulische Bildung erhalten hatten – wie geringfügig auch immer – verhielt es sich anders. Weder schien es für sie ein Problem zu sein, den Syllogismus als solchen zu erkennen, noch schien ihnen dessen Lösung Schwierigkeiten zu bereiten. Diese und andere Befunde wurden in der Literalitätsforschung streckenweise als Belege dafür genommen, dass Literalität, d. h. die Fähigkeit zu lesen und zu schreiben, ein entscheidender – oder gar *der* entscheidende – Faktor bei der Ausbildung abstrakten Denkens sei.

In Würdigungen dieser kulturpsychologischen Pionierarbeit wird unter anderem auf das innovative Forschungsdesign, das multimethodische Vorgehen und die wegweisenden empirischen Befunde hingewiesen. Für die inter-, multi- und transdisziplinäre Literalitätsforschung kann zudem festgehalten werden, dass die Lurija'sche Arbeit für eine soziokulturelle Forschungslinie innerhalb der Literalitätsforschung einen zentralen Stellenwert einnimmt. Allerdings werden auch unterschiedliche kritische Einwände formuliert. Diese beziehen sich etwa auf das den empirischen Untersuchungen zugrunde liegende teleologische Fortschrittsmodell einer linearen Kulturentwicklung. Dieses Modell gehe von einer ‚Höherentwicklung' durch den Sozialismus aus, der die ‚kulturelle Zurückgebliebenheit' des islamisch geprägten Usbekistan zu überwinden helfen werde. Kritisiert wird ferner, dass Lurija das schwierige Verhältnis zwischen der Sowjetmacht – aber auch schon des zaristischen Russlands – und der usbekischen Gesellschaft nicht hinreichend reflektiert, überhaupt der komplexen Geschichte und (damaligen) politischen und religiösen Gegenwart Usbekistans zu wenig Aufmerksamkeit gewidmet habe. Dies führe gerade auch dazu, dass er alternativen Interpretationsmöglichkeiten seines Datenmaterials nicht hinreichend nachgegangen sei. So seien wesentliche Ausführungen der Befragten möglicherweise auch eher ihrer Angst vor der Sowjetmacht – als deren Repräsentant:innen sie Lurija und sein Team angesehen hätten – geschuldet und weniger Artikulationen eines kognitiven Unvermögens im Hinblick auf die ‚richtige‘ Lösung bzw. Beantwortung der ihnen gestellten Aufgaben und Fragen. Für diese und andere kritische Einwände vergleiche etwa Brockmeier (1998, S. 95 ff.), Proctor (2020, S. 71–116) und Yasnitsky (2018, S. 95–101).

Die Lurija'sche Arbeit reiht sich in eine Fülle an Arbeiten ein, die von einer „starken Literalitätshypothese" ausgehen, wie Brockmeier das in seiner seinerseits gerade auch von Vygotskij zehrenden differenzierten Studie zum „literalen Bewusstsein" genannt hat (Brockmeier, 1998, S. 169–178). Diese Hypothese besagt, dass Literalität als ein exzeptionell wichtiger Faktor für die Ausbildung abstrakten Denkens, aber auch als ein ausgesprochen zentraler Faktor für Entwicklungen in einer Vielzahl gesellschaftlicher Bereiche (z. B. Recht, Wirtschaft, Religion) anzusehen sei. Wenngleich in der Literalitätsforschung die Wichtigkeit von Literalität nicht bestritten wird, ist die „starke Literalitätshypothese" doch im Laufe der Zeit zunehmend zugunsten einer „schwachen Literalitätshypothese" zurückgedrängt worden (ebd., S. 178–195).

Studien um das Forschungsteam von Michael Cole und Sylvia Scribner, die diese in den 1960er und 1970er Jahren durchgeführt haben, schienen die Befunde Lurijas zu bestätigen (Scribner und Cole 1981). Tatsächlich waren die (vorzugsweise experimentellen) Untersuchungen von Cole, Scribner und anderen bei den Kpelle und den Vai in Liberia direkt von Lurija inspiriert: Cole hatte wie bereits erwähnt in der ersten Hälfte der 1960er Jahre einen Forschungsaufenthalt in Moskau bei ihm absolviert, in dessen Verlauf sie auch über Lurijas Feldforschung in Zentralasien sprachen und diskutierten. Im Unterschied zu Lurija versuchten Cole, Scribner und ihre Kolleg:innen aber formale Bildung und Literalität als getrennte Faktoren zu untersuchen. Dies bot sich an, da ein Teil der von ihnen untersuchten Vai-Bevölkerung eine indigene Silbenschrift, ein anderer Teil Arabisch und ein weiterer Teil Englisch lesen und schreiben konnte. Während Arabisch und Englisch in der Schule gelehrt wurden, wurde die indigene Silbenschrift informell vermittelt. Die angedeuteten Gegebenheiten bildeten für das Forschungsteam eine Art ‚natürliches Experiment‘ – ganz so wie die damalige Situation in Usbekistan und Kirgisien für Lurija –, um die vielfältigen Beziehungen zwischen schulischer Bildung, Literalität, Denken und Kultur analysieren zu können. Eines der zentralen Ergebnisse besagt, dass zwar schulische Bildung bis zu einem gewissen Grade einen Einfluss auf die Ausbildung abstrakten Denkens habe, das ‚bloße‘ Lesen und Schreiben-Lernen aber eher nicht. Vielmehr wurde dafür argumentiert, dass individuelle intellektuelle Fähigkeiten in hohem Maße von den jeweiligen sozio-kulturellen und praktischen Kontexten abhängig seien, in welchen Lese- und Schreibfähigkeiten gelehrt, gelernt und genutzt würden.

Auch die Arbeiten von Cole, Scribner und deren Kolleg:innen sind für den soziokulturellen bzw. kontextualistischen Ansatz in der Literalitätsforschung sehr bedeutsam. Allerdings können diese Arbeiten so kritisiert werden, wie auch sonst Studien aus der Kulturvergleichenden Psychologie kritisiert werden: Dass sie nämlich zu unreflektiert westliche Denkmodelle, Begriffe und Forschungsmethoden auf einen nicht-westlichen Kontext übertragen und damit eine adäquate Beschreibung und Erklärung der untersuchten psychologischen Phänomene mindestens partiell verfehlen würden (z. B. Brockmeier 1998, S. 94). Der ,spätere' dezidiert kulturpsychologisch orientierte Cole hat dann auch ausgiebig Selbstkritik an seinen früheren Arbeiten geübt.

5   Fazit

Auch wenn es überspitzt klingen mag, so ist es doch nicht falsch zu behaupten, dass sich die aktuelle Psychologie in weiten Bereichen zu einer geschichts- und gesellschaftsvergessenen akademischen Disziplin entwickelt hat. Die Kulturhistorische Psychologie stellt einen anspruchsvollen Ansatz dar, dieser Geschichts- und Gesellschaftsvergessenheit theoretisch, methodologisch-methodisch und empirisch fundiert etwas entgegenzusetzen, indem sie die kulturellen und historischen Bedingungen der Verinnerlichung psychischer Funktionen nachzeichnet. Es ist daher nicht verwunderlich, dass sie in der Pädagogischen und Entwicklungspsychologie bei den Entstehungsprozessen des Denk- und Sprachvermögens von Kindern stark rezipiert wurde. Dabei kann man sich an den klassischen Autor:innen orientieren, deren Texte im Übrigen speziell in jüngerer Zeit intensiven philologisch-kritischen Revisionen ausgesetzt werden (Yasnitsky 2018, S. 79–105), aber auch an diversen Weiterentwicklungen. Für all diejenigen, die an einer differenzierten Psychologie des gesellschaftlichen Menschen interessiert sind, dürfte jedenfalls gerade auch die Kulturhistorische Psychologie eine große Anziehungskraft entfalten können.

Literatur

Brockmeier, J. (1998). *Literales Bewußtsein. Schriftlichkeit und das Verhältnis von Sprache und Kultur*. München: Fink.

Keiler, P. (2002). *Lev Vygotskij – ein Leben für die Psychologie*. Weinheim: Beltz.

Kölbl, C. (2021a). On methodology and method in acmeist psychology. *Integrative Psychological and Behavioral Science, 55*, 719–727.

Kölbl, C. (2021b). Menschenbilder in der Psychologie. Raymond A. Bauers sowjetische Lektionen. In M. Dietrich, I. Leser, K. Mruck, P. S. Ruppel, A. Schwentesius & R. Vock (Hrsg.), *Begegnen, Bewegen und Synergien stiften: Transdisziplinäre Beiträge zu Kulturen, Performanzen und Methoden* (S. 407–422). Wiesbaden: VS Springer.

Kölbl, C. (2022). *Kulturhistorische Psychologie. Vygotskij, Lurija, Leont'ev* (mit einem Nachwort von und einem Interview mit Alexandre Métraux; 2., überarb., korr. u. erw. Aufl.) (in Vorb.).

Leontjew, A. N. (1971). *Probleme der Entwicklung des Psychischen.* Berlin (Ost): Volk und Wissen (Original: 1959).

Lurija, A. R. (1986). *Die historische Bedingtheit individueller Erkenntnisprozesse.* Weinheim: VCH/Berlin (Ost): Deutscher Verlag der Wissenschaften (Original: 1974).

Lurija, A. R. (1993). *Romantische Wissenschaft. Forschungen im Grenzbezirk von Seele und Gehirn.* Reinbek: Rowohlt (Original: 1982).

Mecacci, L. (2017). *Lev Vygotskij. Sviluppo, educazione e patologia della mente.* Firenze: Giunti.

Métraux, A. (2006). Zeichen und Experimentalkulturen. Ein Nachwort. In C. Kölbl, *Die Psychologie der kulturhistorischen Schule. Vygotskij, Lurija, Leont'ev* (S. 173–182). Göttingen: Vandenhoeck & Ruprecht.

Proctor, H. (2020). *Psychologies in revolution. Alexander Luria's 'Romantic science' and Soviet social history.* London: Palgrave Macmillan.

Schlögel, K. (2017). *Das sowjetische Jahrhundert. Archäologie einer untergegangenen Welt.* München: Beck.

Scribner, S., & Cole, M. (1981). *The psychology of literacy.* Cambridge, MA: Harvard University Press.

Vygotskij, L. S. (2002). *Denken und Sprechen. Psychologische Untersuchungen.* Weinheim: Beltz (Original: 1934).

Vygotskij L. S. (2003). Pädologie des frühen Jugendalters (Ausgewählte Kapitel). In L. S. Vygotskij, *Ausgewählte Schriften, Band 2. Arbeiten zur Entwicklung der Persönlichkeit* (S. 307–658). Berlin: Lehmanns.

Yasnitsky, A. (2018). *Vygotsky. An intellectual biography.* London: Routledge.

Yasnitsky, A., van der Veer, R., & Ferrari, M. (Hrsg.). (2014). *The Cambridge handbook of cultural-historical psychology.* Cambridge: Cambridge University Press.

Die subjektwissenschaftliche Perspektive

Wolfgang Maiers und Katrin Reimer-Gordinskaya

Zusammenfassung

Konstitutiv für die subjektwissenschaftliche Perspektive der Kritischen Psychologie sind zum einen historisch-empirisch gewonnene Gegenstandsbestimmungen wie ihre Rekonstruktion menschlicher Natur als gesellschaftlicher Natur, ihr materialistischer Begriff menschlicher Subjekte als sozial situierter leiblicher Akteure sowie ihre Bestimmung der in der praktischen Möglichkeitsbeziehung der Individuen zu den gesellschaftlichen Bedeutungsstrukturen zur Geltung kommenden Intentionalität menschlichen Handelns, zum anderen methodologische Prinzipien aktualempirischer Forschung, die den konsequenten Übergang auf einen verallgemeinerten Subjektstandpunkt als Erkenntnisstandpunkt anzeigen. Damit kann sie prinzipiell an kulturpsychologische Programme anschließen, die individuelles Handeln und psychische Phänomene in ihrem Konstitutionsverhältnis zu sozial-kulturell tradierten Artefakten, Diskursen und Lebensformen analysieren und Menschen als begründet handelnde Subjekte in die Forschung gleichberechtigt einbeziehen. Wie psychologische Forschung und Praxis in emanzipatorischer Perspektive subjektive Möglichkeitsräume erschließen können, wird unter Bezug auf die kritisch-psychologische Theoriebildung skizziert und beispielhaft anhand eines Forschungsprojektes zur Subjektentwicklung in der frühen Kindheit veranschaulicht.

W. Maiers (✉) · K. Reimer-Gordinskaya
Hochschule Magdeburg-Stendal, Hansestadt Stendal, Deutschland
E-Mail: wolfgang.maiers@h2.de

K. Reimer-Gordinskaya
E-Mail: katrin.reimer@h2.de

Schlüsselwörter

Subjektwissenschaft · Kritische Psychologie · Kulturpsychologie · Klaus Holzkamp · Aktualempirische Forschung

1   Psychologie vom Subjektstandpunkt

Dass die *Kritische Psychologie* mit ihrer *subjektwissenschaftlichen Ausrichtung* als eine *Art von Kulturpsychologie* verortet werden kann, scheint außer Frage zu stehen. Bei ihrer Überführung radikaler Psychologiekritik in die Ausarbeitung einer positiven Psychologiekonzeption auf Basis des dialektischen Geschichtsmaterialismus knüpfte sie an die *kulturhistorische Schule* der sowjetischen Psychologie an, die in einschlägigen kulturpsychologischen Abhandlungen als prononcierter Beitrag zu einer Kulturpsychologie gewürdigt wird (s. hierzu das Kapitel Kulturhistorische Perspektive in diesem Band; für eine kritische Relativierung dieser Zuordnungen s. Keiler 2012).

Der Ausdruck *Subjektwissenschaft* wurde im Kontext der Kritischen Psychologie erstmals 1977 auf deren 1. Internationalen Kongress in Marburg verwendet, als es darum ging, in kritischer Zurückweisung ökonomistisch-reduktionistischer Fehldeutungen des Marxismus sowohl die Möglichkeit als auch die Notwendigkeit dessen inneren Ausbaus durch eine individualwissenschaftliche Theorie menschlicher Subjektivität zu begründen. Als „*besondere Subjektwissenschaft'* innerhalb des Wissenschaftlichen Sozialismus", so Klaus Holzkamp (1927–1995), hätten marxistische Ansätze einer kritischen, emanzipatorischen Psychologie „das Verhältnis zwischen objektiver Bestimmtheit und subjektiver Bestimmung in der Lebenstätigkeit konkreter Individuen" zum Gegenstand und „die Entwicklung der subjekthaft-aktiven Komponente, also der Selbstbestimmung, in der individuellen Lebenstätigkeit zum praktischen Ziel" (1977 [2015], S. 232 f.).

Unter der Voraussetzung der vorherrschenden *nomologisch-funktionalistischen Variablenpsychologie,* in ihren experimentell-statistischen Bedingungsanalysen menschliches Verhalten und Erleben als Effekte/Korrelate von als Einwirkung konzipierten situativen Bedingungen erfassen zu wollen, wird Subjektivität in der historischen Konkretheit jeweiliger Lebenssituationen naturalistisch verfehlt. Will die programmatische Kritik dieser verdinglichenden Verkürzung nicht nur die Alltagserfahrung menschlicher Intentionalität und Reflexivität als unhintergehbaren thematischen Ausgangspunkt der Forschung rehabilitieren, sondern eine durchgreifende methodologische Alternative entwickeln, benötigt sie andere, inhaltlich tragfähigere Begriffe menschlicher Subjektivität. Die in der Kritischen Psychologie von *aktualempirischer Forschungsmethodik* unterschiedene *historisch-empirische Kategorialanalyse* erfüllt nun gerade diese Funktion, wissenschaftliche Grundbegriffe psychologischer Theoriebildung methodisch, und d. h. empirisch überprüfbar gehalten, zu entwickeln, in denen in einer Spezialisierung dialektisch-materialistischer Entwicklungserkenntnis die wesentlichen Verhältnisse des psychologischen Gegenstandes (Psychisches/Bewusstsein) in ihrer historischen Bestimmtheit und

Konkretheit aus der Entwicklungslogik seines Gewordenseins hergeleitet sind (Holzkamp 1983, S. 48 ff., S. 207 ff., S. 249 ff.; Maiers 1999; Markard 2009, S. 106 ff.).

Im Besonderen muss diese Begrifflichkeit das mit der Durchsetzung des gesellschaftlich-historischen Prozesses verbundene spezifische Mensch-Welt-Verhältnis erfassen, das durch eine für menschliches Bewusstsein fundamentale *gnostische Distanz* charakterisiert ist: Die gegenständlich-sozialen Bedeutungen verweisen auf historisch produzierte Praxisformen, die vom Standort der Einzelnen nur mehr *verallgemeinerte Handlungsmöglichkeiten* repräsentieren, zu denen sie sich (in historisch objektiv gesetzten Grenzen) prinzipiell bewusst – und das beinhaltet: mit Alternativen – verhalten können. Gegen die traditionelle naturalistische Reduktion individueller Subjektivität auf ihre bloße Bedingtheit durch die Lebensumstände wie gegen die idealistische Überhöhung der diesbezüglichen Autonomie der Subjekte geht es darum, die Doppelseitigkeit menschlichen Handelns im materiellen Vermittlungszusammenhang von Individuum und Gesellschaft – das eingangs zitierte Verhältnis von *objektiver Bestimmtheit* und *subjektiver Bestimmung* – in den psychologischen Kategorien abzubilden.

Das *reflexive Verhältnis menschlicher Subjekte zur Welt und sich selbst* beinhaltet keine Preisgabe jeglicher Determinationsidee: Individuelles Handeln ist zwar nicht durch die Verhältnisse kausal bedingt, aber doch hierin *begründet*. Die Gegebenheiten des sachlich-sozialen Lebenszusammenhangs liefern so, wie sie in ihrer Bedeutung als gegenständliche Handlungsvoraussetzungen am jeweiligen Standort der Individuen und nach Maßgabe ihrer aktuellen Bedürfnis- und Interessenlage *erfahren* werden, die wesentlichen *Prämissen* für jemandes *Gründe*, so und nicht anders zu handeln. Für andere sind solche Handlungsgründe prinzipiell dadurch nachvollziehbar, dass Menschen nicht den erlebten eigenen Lebensinteressen bewusst zuwiderhandeln können. Dies ist das *materiale Apriori* menschlichen Selbstbewusstseins, zwischenmenschlicher Verständigung – und damit auch subjektwissenschaftlicher Erkenntnis.

Für sie kennzeichnend sind zum einen *kategoriale Gegenstandsbestimmungen,* in denen menschliche Subjektivität in Konkretisierung des dem Marxismus inhärenten *wissenschaftlichen Humanismus* und zwecks Überwindung sowohl des naturalistischen Objektivismus der herrschenden Psychologie als auch der in diversen subjektorientierten Kritiken der *subjektlosen Psychologie* anzutreffenden abstrakten Entgegensetzung von Natürlichem und Gesellschaftlichem bzw. Kulturellem begriffen wird (Maiers 1993; 2019). Hierzu gehören wesentlich ein empirisch gestütztes humanwissenschaftliches Konzept menschlicher Natur, die als *gesellschaftliche Natur* die Möglichkeit individueller Vergesellschaftung unter konkret-historischen gesellschaftlichen Verhältnissen begründet; ferner ein *dezentrierter materialistischer Subjektbegriff,* der das seine Welt und sich selbst erfahrende Individuum „in seiner wirkliche(n), sinnliche(n) Tätigkeit" (Marx 1845, MEW 3, S. 5) als objektiv und personal-biographisch *situiertes,* an seine *Leiblichkeit* gebundenes Subjekt erfasst (Holzkamp 1983, S. 336 ff.). Konstitutiv für menschliche Subjektivität ist das Bestimmungsstück der *Intentionalität:* Stets sind Handeln und Erleben auf eine gegenständlich-bedeutungsvolle Wirklichkeit gerichtet und verhält sich der Mensch als *Intentionalitätszentrum* zu seinen Lebensbedingungen in subjektiv begründeter Weise (*bewusstes Verhalten zu:* ebd., S. 237 ff.); diese praktische *Möglichkeitsbeziehung* der Individuen zu den gesellschaftlichen Bedeutungsstrukturen wird subjektwissenschaftlich näher bestimmt als *doppelte Möglichkeit* des Handelns in Richtung der Sicherung *restriktiver* oder der Gewinnung *verallgemeinerter Handlungsfähigkeit* (Holzkamp 1983, S. 342 ff.; Markard 2009, S. 180 ff.), u. ä. m.

Aus diesen inhaltlichen subjekttheoretischen Bestimmungen ergeben sich zum anderen *methodologische Folgerungen* für die aktualempirische Forschung. Es versteht sich, dass der Anspruch, die Welt- und Selbsterfahrung individueller Subjekte ohne Ermäßigung von methodischer Strenge, vielmehr in der Perspektive objektiver Erklärung und Verallgemeinerung psychologisch zu begreifen, unvereinbar mit jeglicher *Psychologie vom Drittstandpunkt* ist, in der (andere) Subjekte aus einer distanzierten Beobachterperspektive *beforscht* werden. Wenn subjektwissenschaftliche Psychologie speziell auf die subjektive Erfahrungsweise objektiver gesellschaftlicher Handlungsmöglichkeiten und -beschränkungen abzielt, können die Subjekte als Ursprung solcher Erfahrung nicht auf die Gegenstandsseite gerückt werden, sondern müssen sie auf der Seite der Forschenden stehen. Einige der hierbei zu beachtenden methodologischen Forschungsprinzipien und Objektivierungskriterien kommen in ähnlicher Weise auch anderen subjektorientierten Positionen zu, andere stellen kritisch-psychologische Spezifika dar. Mit der *qualitativen Forschung* teilt subjektwissenschaftliche Aktualempirie die Maxime, sich nicht durch einen vorab feststehenden Methodenkanon zu fesseln, sondern die methodische Entwicklung selbst als Teil der Forschungssituation aufzufassen. Namentlich mit der *Handlungsforschung* verbindet sie die Orientierung auf ein als *metasubjektiver wissenschaftlicher Verständigungsrahmen* angelegtes Forschungssetting, in dem das Erkenntnisinteresse professioneller Forscher:innen methodologisch reflektiert einzubeziehen ist und Betroffene, deren Herausforderungen lebenspraktischer (Selbst-) Klärungen zu einem wissenschaftlich zu fassenden allgemeineren Problem subjektiver Handlungsweisen und Befindlichkeiten erhoben werden, als *Mitforscher:innen* aktiv teilhaben und qualifiziert werden (Holzkamp 1983, S. 540 ff.; Markard 2009, S. 263 ff.).

Die *spezifische Differenz* subjektwissenschaftlicher aktual-empirischer Methodik liegt in der methodologischen Fundierung der Empirie durch Gegenstandskategorien, die geeignet sind, die *Erscheinungsformen subjektiver Handlungsfähigkeit/Befindlichkeit* und die *widersprüchlichen Bedeutungs-Begründungs-Zusammenhänge menschlichen Handelns* unter den historisch-konkreten Lebensbedingungen der bürgerlichen Gesellschaft aufzuschließen, und daraus abgeleiteten Leitlinien zur *Verallgemeinerbarkeit subjektiver Erfahrungsdaten.* Daraus, dass Handlungsbegründungen, in deren Medium menschliche Lebenstätigkeit in ihrer Spezifik vollzogen wird, *erster Person* sind und sich nur von *je meinem* Standpunkt aus verhandeln lassen, folgt zwingend, dass der Subjektstandpunkt epistemologisch – als wissenschaftlicher Erkenntnisstandpunkt – zur Geltung zu bringen ist. Das heißt, sowohl in der Theoriebildung als auch forschungspraktisch ist der entsprechende *Begründungsdiskurs* als „Diskursform intersubjektiven Umgangs, die zentral durch den Nexus zwischen Bedeutungen, Begründungen und Handlungsintentionen/Handlungen spezifiziert ist" – in Abhebung vom *Bedingtheitsdiskurs,* „dessen Nexus […] als ‚Ursache-Wirkungs-Zusammenhang' spezifiziert ist" (Holzkamp 1996, S. 64) – durchzuhalten.

In der mit dem Forschungszusammenhang vermittelten praktischen Entwicklung und Validierung einer subjektiv befriedigenderen alltäglichen Lebensgestaltung (*Einheit von Begreifen und Verändern:* Holzkamp 1983, S. 560 ff.) liegt zugleich ein Ansatz zur verallgemeinerten Kennzeichnung von Handlungsmöglichkeiten auch für andere in vergleichbarer Lebenslage.

Subjektwissenschaft/subjektwissenschaftlich impliziert eine Subjektorientierung in der radikalen Weise eines konsequenten Übergangs der Forschung von einem vermeintlich unbeteiligten Außenstandpunkt und seiner Beobachtungsperspektive 3. Person auf den verallgemeinerten Subjektstandpunkt und seiner Perspektive 1. Person – und dieser *Wechsel des Erkenntnisstandpunkts* bildet ein Alleinstellungsmerkmal der Kritischen Psychologie.

2 Kulturpsychologie als Subjektwissenschaft

Versucht man, aus einschlägigen Darstellungen (z. B. Boesch 1991; Billmann-Mahecha 2003; Cole 1996; Shweder 1990; Chakkarath und Straub 2020) ein die verschiedenen kulturpsychologischen Strömungen verbindendes (meta-)theoretisches und methodisches Grundverständnis zu gewinnen, so lässt sie sich als eine interdisziplinäre allgemeine Perspektive umreißen, die psychische Phänomene (Strukturen, Prozesse, Funktionen) in ihrem *Konstitutionsverhältnis* zu den in einem historisch spezifischen sozial-kulturellen Umfeld tradierten Bedeutungen in den Blick nimmt. Kulturen werden als Zeichen-, Wissens-, Regel- und Symbolsysteme konzeptualisiert, die Orientierungsfunktionen für leibliche, sprach-, empfindungs- und handlungsfähige Subjekte erfüllen, indem sie es ihnen gestatten, ihrer Welt und ihrem Selbst Sinn und Bedeutung zu verleihen. Die An-/ Ordnungen handlungsleitender Diskurse, Praktiken, Lebensformen werden von jeweiligen individuellen Standpunkten aus in unterschiedlichen Perspektiven wahrgenommen. Sie bilden dynamische Erfahrungsräume und Erwartungshorizonte, die Angehörige jeweiliger kultureller Kollektive teilen, wobei multiple (u. U. konfliktuöse) Kulturzugehörigkeiten nicht nur möglich, sondern in, nicht zuletzt kulturell differenzierten, komplexen Gesellschaften zu erwarten sind. Insofern das Verhältnis der einzelnen Subjekte einer kulturellen Gruppe (auch) zur (jeweils eigenen) Kultur nicht harmonistisch (i. S. des traditionellen strukturfunktionalistischen Konzepts der *Enkulturation*) als unproblematische Anpassung an die kulturellen Bedeutungen/Mittel unterstellt wird, können Macht- und Herrschaftsbeziehungen thematisiert werden.

Dieses kulturelle Wissen, das zum einen Erlebnis- und Handlungsräume von Menschen eröffnet und begrenzt, zum anderen im Vollzug individueller Lebensführung und sozialen Austauschs (re-)konstruiert und verändert wird, kann verschiedene

Gestalten annehmen: Es kann explizit, artikuliert und reflektiert sein oder implizit bleiben, leiblich verkörpert sein und performativ inszeniert werden, in Institutionen objektiviert, in nicht-sprachlichen Dingen, Räumen und Plätzen materialisiert, in Symboldarstellungen (wie z. B. Vereinsabzeichen) verkörpert oder in Spuren (etwa in ‚narrativen Abbreviaturen', wie z. B. *9/11,* die auf identitätsstiftende und -tradierende Geschichten verweisen) präsent sein. Hieran setzt die kulturpsychologische Handlungs-interpretation an.

Bei ihrer *methodologischen* Begründung lassen sich kulturpsychologische Forschungs-programme daher von einem Subjektmodell leiten, das die Menschen als sozial situierte, reflexive und intentionale Akteure unterstellt, die in ihrem Handeln Ziele und weiter-gespannte Lebensorientierungen verfolgen und all ihrem Erleben und Tun sowie den Wider-fahrnissen des Lebens Sinn und Bedeutung verleihen. Kulturelles Wissen wird hierbei nicht als kausal wirksame Bedingung menschlichen Handelns, sondern als ein Reservoir vielfältiger, systematisch unterscheidbarer Typen von *Bestimmungsgründen* betrachtet, denen sich die stets *polyvalente* Sinn- und Bedeutungsstruktur von Handlungen verdanke (Boesch 1991). Handlungen (wie z. B. das rituelle Verspeisen einer Hostie) verweisen auf kulturelle (im Beispielfalle: religiöse) Repräsentationen von Welt und Praktiken, durch die ihr Zustandekommen überhaupt erst verständlich wird. Sie sind demgemäß gerade nicht als davon logisch unabhängige und in rein empirisch-kontingenten Beziehungen zu ihnen stehende diskrete Variable konzeptualisierbar, ihre Zusammenhänge lassen sich nicht nach dem kausalistischen Modell als Naturgesetze beschreiben – weder im streng deduktiv-deterministischen noch im abgeschwächten induktiv-statistischen Sinne, in dem strikte Naturgesetze durch probabilistische Aussagen ersetzt werden. Da sich Sinn- und Bedeutungskonstruktionen nur rekonstruktiv und interpretativ erschließen lassen, steht die hermeneutische Problematik des Sinnverstehens im Zentrum der methodo-logischen Reflexionen der Kulturpsychologie. Generell folgt ihre Empirie dem Grundsatz, an die alltags- oder lebensweltlich gelebten Erfahrungen und Praktiken der Sinngebung anzuschließen und ihre methodischen Instrumente der jeweils interessierenden Forschungs-thematik anzupassen, gegebenenfalls auch erst im Zuge der Forschung zu entwickeln.

Die vorstehend skizzierten Leitaspekte des kulturpsychologischen Erkenntnisansatzes geben verschiedene Affinitäten zu den kritisch-psychologischen Bestimmungen der subjektwissenschaftlichen Perspektive zu erkennen, die deren Rubrizierung unter Kultur-psychologie rechtfertigen – sofern beachtet wird, dass der *Kulturbegriff den Gesell-schaftsbegriff nicht erübrigt.* Marxistische Psychologie ist wesentlich an die vorgängige Analyse des die individuellen Lebensprozesse übergreifenden gesellschaftlichen Prozesses in seiner historischen Spezifik gebunden. Insofern lässt sich eine subjektwissenschaft-liche Perspektive innerhalb der Kulturpsychologie nur unter der *doppelten Voraussetzung* aufrechterhalten, dass diese Kultur nicht als externe Randbedingung des Handelns und Erlebens von Individuen missversteht, sondern als deren Medium fasst (Cole 1996), das sowohl die Gegenstände als auch die Mittel der psychischen Entwicklung beinhaltet, zu denen die Individuen in ein aktives Aneignungsverhältnis treten; und dass sie zugleich diese historische sozio-kulturelle Welt nicht idealistisch verkürzt auf ein System von

Symbolbedeutungen, deren intersubjektiver Sinn in kommunikativen Aushandlungs-
prozessen gestiftet und gesichert wird, sondern materialistisch als eine im historischen
Prozess gesellschaftlicher Arbeit geschaffene Totalität vergegenständlichter Bedeutungen,
die die Ausdifferenzierung der Ebene des Symbolisch-Sprachlichen einbezieht, begreift.

Bei Anerkennung der relativen Autonomie und Eigenlogik kultureller Prozesse und
Formen gilt es einzusehen, dass diese durch die Produktivkräfte und Produktionsver-
hältnisse einer gesellschaftlichen Formation determiniert werden. Zur Verankerung
einer subjektwissenschaftlichen Perspektive in der Kulturpsychologie gehört es mithin,
in deren Diskurs die fortgeschrittensten klassentheoretischen und -politischen Begriffe
für die rapide voranschreitenden Umgestaltungen der kapitalistischen Gesellschaft mitsamt ihren intersektionalen strukturellen Ungleichheits-, Unterdrückungs- und Dis-
kriminierungsverhältnissen (Candeias 2021) einzubringen, um eine differenzierte,
empiriegesättigte theoretische Erklärung der Diversität sozial-kultureller Lebensbezüge zu gewinnen. Dies dient zugleich der Schärfung der subjektwissenschaftlichen
Perspektive auf das aktive Moment menschlicher Subjektivität: das begründete Handeln,
insofern die psychologische *Begründungsanalyse* menschlichen Handelns an konkretere
bedeutungsanalytische Befunde anschließen kann. *Bedeutungs- und Begründungsana-
lysen* zielen als miteinander verschränkte systematische Erkenntnisaufgaben im aktual-
empirischen Forschungsprozess darauf ab, die subjektive Funktionalität restriktiver
Bewältigungsstrategien zu begreifen, indem sie zum Ersten die unterschiedlichen
Handlungsmöglichkeiten und -grenzen bestimmen, die in einer historisch-konkreten
Konstellation von ökonomischen, politischen, rechtlichen, ideologischen und kulturellen
Bedingungen objektiv für die Individuen an ihren jeweiligen lebensweltlichen Stand-
orten gegeben sind, und zum Zweiten erfassen, wie und aufgrund welcher Prämissenlage
diese objektiven Möglichkeitsräume individuell realisiert werden und sich subjektive
Handlungsfähigkeit und Befindlichkeit ausprägen (Holzkamp 1983, S. 349 ff.; Markard
2009, S. 160 ff., S. 180 ff.).

3 Aktualempirische subjektwissenschaftliche Forschung – Überblick und Beispiel

In ihrer aktualempirischen Forschung und Praxis spürt die Kritische Psychologie
den psychischen Spuren der Vergesellschaftung in kapitalistischen, patriarchalen und
weiteren historisch-spezifischen Formen vom Standpunkt des Subjekts nach. Angesichts der (nicht nur) psychischen Kosten des Lebens in einer von Herrschaft durch-
setzten Gesellschaft betont sie das emanzipatorische Potenzial psychologischer
Forschung und professioneller Praxis. Während *traditionelle* Psychologien mit ihren
individualisierenden Konzepten, passivierenden Forschungsmethoden und Technologien
der Differenzierung und Auslese Herrschaft stabilisieren, können Psycholog:innen auch
Bedingungen mitgestalten, in der „die freie Entwicklung eines Jeden die Voraussetzung
der freien Entwicklung aller" (Marx und Engels 1848, MEW 4, S. 482) ist.

In diesem Sinne sind über einen Zeitraum von mehr als 40 Jahren von nunmehr vier Generationen Kritischer Psycholog:innen theoretische und praktische Alternativen auf nahezu allen Feldern der Psychologie vorgelegt worden (s. Markard 2020, für einige exemplarische Beispiele). Ungeachtet ihrer inhaltlichen Spannbreite liegt der gemeinsame Impetus subjektwissenschaftlicher Forschung darin, Zusammenhänge zwischen scheinbar rein individuellen Phänomenen mit sozialen Kontexten und den sie strukturierenden Verhältnissen zu rekonstruieren. Dabei wird Kultur als widersprüchliche Bedeutung der Produktions- und Lebensweise für die gesellschaftlichen Individuen so aufgeschlüsselt, dass diese äußere und innere Handlungsbehinderungen begreifen und Möglichkeitsräume für individuelles und kollektives Handeln in emanzipatorischer Perspektive erschließen können (Markard 2009, S. 64 ff. u. S. 92 ff.). Die zu berücksichtigenden gesellschaftlichen Verhältnisse unterliegen dabei einer bisweilen dramatischen Transformation, an die eine Psychologie, die das Psychische als gesellschaftlich vermittelt begreift, unter Bezug auf Gesellschaftstheorie Anschluss halten muss. Tatsächlich hat sich die Kritische Psychologie – dem *Prinzip der Kritik und Weiterentwicklung* folgend – immer wieder um entsprechende Aktualisierungen bemüht (ebd., S. 152 ff. u. S. 209 ff.).

Auch hinsichtlich ihrer aktual-empirischen Methodik lässt sich die breit gefächerte Forschung Kritischer Psycholog:innen nicht auf einen einfachen Nenner bringen. Spezifisch ist für sie allerdings, Konzepte der Handlungsforschung subjektwissenschaftlich konkretisiert zu haben, wie mit Blick auf das Konzept der *Entwicklungsfigur* als Bewegungsform der kategorial fundierten, datengegründeten Theoriebildung verdeutlicht werden soll.

In diesem Konzept ist der Anspruch, eine in problematische Verhältnisse eingreifende Forschung in emanzipatorischer Absicht zu realisieren, methodisch konkretisiert worden. Entstanden ist es im *Projekt Subjektentwicklung in der frühen Kindheit* (SUFKI) (Markard 2009, S. 279 ff.). Dass sich zwölf Forscher:innen und Eltern zwischen 1977 und 1983 in etwa vierzehntägigen Abständen trafen, um kritische Situationen im Zusammenleben von Erwachsenen und ihren Kindern gemeinsam zu analysieren, deutet drei wesentliche Charakteristika dieser Art von Handlungsforschung an: 1. geht es um das Erkennen und Verändern von lebenspraktischen und nicht zu Forschungszwecken konstruierten Problemen; 2. sind die (traditionell) *Beforschten* (hier: Eltern) *Mitforschende,* die als Betroffene ein praktisches Interesse am Forschungsprozess haben, das mit dem wissenschaftlichen Interesse der Forscher:innen an einem allgemein klärungsbedürftigen Phänomen (hier: Ontogenese) konvergiert; und schließlich geht es 3. um eine Entprivatisierung und Veröffentlichung scheinbar individueller Probleme des Lebens in einer kapitalistischen Gesellschaft (hier: die Kind-Erwachsenen-Koordination in der Institution der privatförmigen Familie). Im SUFKI ermöglichten die zeitlichen und finanziellen Ressourcen sowie habituellen Ähnlichkeiten der Beteiligten eine solche Forschungspraxis, die kritisches Regulativ für subjektwissenschaftliche Forschung in anderen Settings ist und zugleich selbst der Modifikation, Erweiterung und Konkretisierung bedarf (ebd., S. 277 ff.).

Eine Entwicklungsfigur durchläuft idealiter vier Instanzen: 1. Es gilt zunächst eine subjektive Handlungsproblematik zu bestimmen, an deren Analyse und praktischen Überwindung die Beteiligten interessiert sind. Im SUFKI wurden dazu etwa aus dem umfangreichen Datenmaterial von Eltern-Tagebüchern über die Interaktion von Kindern und Erwachsenen relevante Szenen herausgehoben – beispielsweise der Umstand, dass Konflikte zwischen Kindern und Eltern sich daran entzündeten, dass mehrere Kinder gleichzeitig dasselbe haben oder tun wollten, auch wenn das objektiv unmöglich war (z. B. in der Mitte zu sitzen). 2. Daran schließt an, eine im Begründungsdiskurs formulierte, begrifflich fundierte und im Datenmaterial verankerte sog. Problemtheorie zu generieren, die Prämissen und Gründe der Genese und Reproduktion der Ausgangsproblematik erfasst. Dabei wird begrifflich vorausgesetzt, dass die Betroffenen im Rahmen der Gewinnung restriktiver Handlungsfähigkeit an der Reproduktion ihrer Probleme beteiligt sind. Im genannten Kontext des SUFKI war dies etwa dadurch der Fall, dass Eltern das Konzept der Gleichheitsregulation selbst zur Handlungsprämisse machten und meinten, dadurch Gerechtigkeit in ihrer Beziehung zu ihren Kindern walten zu lassen und Konflikten vorzubeugen. 3. Insoweit die betroffenen Mitforscher:innen sich als Fall des vermuteten Prämisse-Gründe-Zusammenhangs verstehen, können in sog. Lösungstheorien Handlungsalternativen generiert und praktisch erprobt werden. Im SUFKI-Fall wurde angenommen, dass das Konzept der Gleichheitsregulation von den Kindern übernommen und zum bestimmenden Modus der Artikulation von Bedürfnissen gemacht wurde, wodurch die Entwicklung eines an wirklichen Bedürfnissen orientierten Umgangs miteinander behindert wurde; die – nicht ohne Konflikte – zu erreichende Alternative bestand darin, Ersteres aufzugeben und Letzteres zu ermöglichen. 4. Die veränderte Praxis wird dokumentiert und ausgewertet und, sofern es gelungen ist, Handlungsmöglichkeiten zu erweitern, kommt die Entwicklungsfigur zu einem vorläufigen Ende. Scheitern die Versuche der Veränderung einer problematischen Praxis, werden die Prämissen und Gründe dieses Scheiterns im Durchlauf durch alle Instanzen untersucht (sog. *Stagnationsfigur*). Inwieweit es den Betroffenen in SUFKI gelang, die Geltung des problematischen Zusammenhangs – ‚wenn wir Gleichheitsregulation zum Leitprinzip unserer Beziehungen zu Kindern erheben, reproduzieren wir ein Problem, das dadurch entschärft werden sollte' – durch die praktische Veränderung ihrer alltäglichen Praxis außer Kraft zu setzen, wurde nicht öffentlich zugänglich dokumentiert.

In Bezug auf diese ursprüngliche Fassung der Entwicklungsfigur ist selbstkritisch bemerkt worden, dass das SUFKI sich zwar de facto auf eine spezifische gesellschaftlich-soziale Konstellation (Kind-Erwachsenen-Interaktionen in der Institution Familie im Fordismus etc.) bezog, diesen Bedingungen in ihrer (möglichen) Bedeutung für die Handlungsproblematiken und deren Veränderung indes nicht hinreichend Rechnung trug (Holzkamp 1996, S. 159). Adäquater ist eine Methodik, in der die Genese (inter-)individueller Handlungsproblematiken und Veränderungsperspektiven nicht lediglich kontextualisiert gedacht werden, sondern danach gefragt wird, wie die sozialen Kontexte institutionell eingebunden und gesellschaftlich strukturiert sind. In diesem Sinne wird in einem subjekt- und kindheitswissenschaftlichen Forschungsprojekt jüngeren Datums etwa die – bundesweit auftretende – Problematik von Kita-Kindern, vom Mittagessen ausgeschlossen zu werden, wenn ihre Eltern das Essensgeld schuldig bleiben, nicht allein als Folge eines konformen Handelns von erwachsenen Fachkräften in einer klassistisch-adultistischen Alltagskultur verstanden, sondern als Variante restriktiver Handlungsfähigkeit daraufhin befragt, inwieweit es die durch die neoliberale Deregulierung und Flexibilisierung geschürte Konkurrenz zwischen prekären und exkludierten Klassensegmenten zur Prämisse und die Distinktion der trotz Arbeit Armen von den ohne Arbeit Armen zum Grunde hat (Reimer-Gordinskaya 2020). Wie Kinder und Erwachsene eine demgegenüber widerständige und auf solidarische Transformation zielende Alltagskultur in der frühen Bildung entwickeln könnten, gilt es im Sinne der skizzierten Entwicklungsfigur theoretisch und praktisch weiter zu eruieren.

4   Fazit

Um den Ertrag einer subjektwissenschaftlichen Perspektive für die kulturpsychologische Erforschung von erlebnis- und handlungsrelevanten kulturellen Sinn- und Bedeutungsstrukturen zu klären, haben wir Eckpunkte des kritisch-psychologischen Verständnisses von (marxistischer) Psychologie als besonderer Subjektwissenschaft umrissen und exemplarisch ihre aktualempirische Forschung verdeutlicht, die mit ihren methodologischen Prinzipien konsequent einen verallgemeinerten Subjektstandpunkt als Erkenntnisstandpunkt einnimmt. Dies erweist sich als prinzipiell anschlussfähig gegenüber kulturpsychologischen Erkenntnisprogrammen, die individuelles Handeln und psychische Phänomene in ihrem Konstitutionsverhältnis zu den in einer spezifischen gesellschaftlich-historischen Konstellation sozial-kulturell tradierten Artefakten, Diskursen und Lebensformen in den Blick nehmen, dabei von Menschen als reflexive Subjekte ausgehen und in ihren Forschungssettings die sog. Anderen als Erkenntnisproduzent:innen einbeziehen.

Indem sie kulturelle Prozesse und Formen als durch die Produktionsweise einer gesellschaftlichen Formation determiniert erkennt, vermag eine in marxistischer Gesellschaftstheorie fundierte subjektwissenschaftliche Orientierung der Kulturpsychologie in besonderer Weise Tendenzen gewisser sozial-/geisteswissenschaftlicher Diskurse (etwa poststrukturalistischer Provenienz) vorzubeugen, Kultur und sozio-kulturelle Prägung als unscharfe *Omnibusbegriffe* für alles Gesellschaftliche und die gesellschaftliche Bestimmtheit menschlicher Subjektivität einzusetzen. Die Einbringung avancierter *klassentheoretischer und -politischer Konzepte* in die kulturpsychologische Diskussion ermöglicht eine differenzierte theoretische Erklärung für die durch strukturelle Ungleichheit und Gewalt gekennzeichnete Diversität sozial-kultureller Konstellationen und das subjektiv begründete Handeln in damit verbundenen widersprüchlichen Lebenslagen. Als Produkt menschlicher Praxis, mithin im historischen Maßstab veränderlich, bestimmen die gesellschaftlichen Strukturverhältnisse die Möglichkeitsräume personaler

Handlungsfähigkeit – ein Tatbestand, der in idealistisch-sozialkonstruktivistischen Konzeptionen von Kultur leicht überspielt wird.

Materialistisch ins richtige Verhältnis gesetzt, kann der *Begriff von Kultur als intentionaler Welt den Gesellschaftsbegriff um eine handlungsrelevante Dimension erweitern,* indem er einen Zugang zur Perspektive der Akteure, dem Welt- und Selbstverständnis sozialer Gruppen und der Vielfalt und Veränderlichkeit soziokultureller Kodierungen von Lebenswelten und Subjektivitäten eröffnet. Kulturtheorien verweisen insofern auf eine Ebene der Theoriebildung und empirischen Forschung, die in der Kritischen Psychologie mit ihrem Konzept der Bedeutungsanalyse zwar systematisch angelegt, aber nicht hinlänglich ausgearbeitet ist. Diese Differenzierung zu leisten, erfordert freilich systematisch die weitere Elaboration eines *marxistischen Kulturbegriffs,* von dem aus verfügbare Kulturtheorien sich reinterpretieren lassen.

Literatur

Billmann-Mahecha, E. (2003). Kulturpsychologie. In *Psychologie von A-Z. Die sechzig wichtigsten Disziplinen* (S. 96–99). München: Spektrum.

Boesch, E. E. (1991). *Symbolic action theory and cultural psychology.* New York, NY: Springer.

Candeias, M. (Hrsg.). (2021). *Klassentheorie. Vom Making und Remaking.* Hamburg: Argument.

Chakkarath, P., & Straub, J. (2020). Kulturpsychologie. In G. Mey & K. Mruck (Hrsg.), *Handbuch Qualitative Forschung in der Psychologie, Bd. 1: Ansätze und Anwendungsfelder* (S. 283–304). Wiesbaden: Springer.

Cole, M. (1996). *Cultural psychology: A once and future discipline.* Cambridge, MA: Harvard University Press.

Holzkamp, K. (1983). *Grundlegung der Psychologie.* Frankfurt/Main: Campus.

Holzkamp, K. (1996). Psychologie: Selbstverständigung über Handlungsbegründungen alltäglicher Lebensführung. *Forum Kritische Psychologie, 36,* 7–112.

Keiler, P. (2012). ‚Kulturhistorische Theorie' und ‚Kulturhistorische Schule': vom Mythos (zurück) zur Wirklichkeit. *Forum Kritische Psychologie, 56,* 114–128.

Maiers, W. (1993). Historische Psychologie und das Problem der menschlichen Natur: Kommt eine psychologische Subjektwissenschaft ohne Naturgeschichte aus? In G. Jüttemann & M. Sonntag (Hrsg.), *Individuum und Geschichte. Beiträge zur Diskussion um eine ‚Historische Psychologie'* (S. 49–72). Heidelberg: Asanger.

Maiers, W. (1999). Funktional-historische Analyse. In W. F. Haug (Hrsg.), *Historisch-kritisches Wörterbuch des Marxismus, Bd. 4* (S. 1133–1143). Hamburg: Argument.

Maiers, W. (2019). Menschliche Subjektivität und Natur. Wissenschaftlicher Humanismus bei Karl Marx und in der Kritischen Psychologie. In W. Maiers & R. Schenkel (Hrsg.), *Marx bleibt aktuell. Perspektiven für die Einzelwissenschaften* (S. 131–148). Halle (Saale): Mitteldeutscher Verlag.

Markard, M. (2009). *Einführung in die Kritische Psychologie: Grundlagen, Methoden und Problemfelder marxistischer Subjektwissenschaft.* Hamburg: Argument.

Markard, M. (2020). Kritische Psychologie. In G. Mey & K. Mruck (Hrsg.), *Handbuch Qualitative Forschung in der Psychologie, Bd. 1: Ansätze und Anwendungsfelder* (S. 163–184). Wiesbaden: Springer.

Marx, K. (1843/44). Zur Kritik der Hegelschen Rechtsphilosophie. Einleitung. *Karl Marx/ Friedrich Engels – Werke (MEW) Bd. 1* (S. 378–391). Berlin/DDR: Dietz.

Marx, K. (1845). Thesen über Feuerbach. *Karl Marx/Friedrich Engels – Werke (MEW), Bd. 3.* (S. 5–7). Berlin/DDR: Dietz.

Marx, K., & Engels, F. (1848). Manifest der Kommunistischen Partei. *Karl Marx/Friedrich Engels – Werke (MEW), Bd. 4* (S. 459–493). Berlin/DDR: Dietz.

Reimer-Gordinskaya, K. (2020). Kinder und Kindertagesstätten: Die Gestaltung demokratischer Alltagskultur in der ‚Vielfachkrise'. In O. Decker & E. Brähler (Hrsg.), *Autoritäre Dynamiken. Leipziger Autoritarismusstudie 2020* (S. 311–326). Gießen: Psychosozial.

Shweder, R. A. (1990). Cultural psychology – What is it? In J. W. Stigler, R. A. Shweder & G. Herdt (Hrsg.), *Cultural psychology: Essays on comparative human development* (S. 1–43). Cambridge: Cambridge University Press.

Die symbolische Handlungsperspektive

Lars Allolio-Näcke

Zusammenfassung

In dem Beitrag wird die symbolische Handlungsperspektive von Ernst E. Boesch vorgestellt und ihre Bedeutung für die Kulturpsychologie herausgestellt. Zunächst wird Handlung selbst definiert und von Verhalten abgegrenzt. Danach werden wichtige Konzepte für Boeschs Theorie sowie deren Herkunft erläutert. Im Anschluss zeige ich anhand der Entwicklung des Kindes, wie Handlungen zu symbolischen Handlungen werden. Dabei ist zunächst wichtig, wie aus Zeichen Symbole entstehen und wie diese dann mit Handlungen verknüpft werden. Im Spiel und in der alltäglichen Praxis reichern sich allmählich die Bedeutungen an, die mit einer Handlung verbunden sind, sodass diese überdeterminiert werden. Sie reichert sich aber auch mit affektiven Erfahrungen an, sodass diese polyvalent werden. Wie diese individuellen symbolischen Handlungen mit Kultur verknüpft sind, soll an den Konzepten Fantasma und Mythos verdeutlicht werden. Abschließend gebe ich ein Beispiel für die Anwendung der symbolischen Handlungsperspektive im Sinne Boeschs: Lesen als kulturelle Handlung.

Schlüsselwörter

Handlung · Symbol · Überdetermination · Polyvalenz · Handlungsfeld · Bedeutung

L. Allolio-Näcke (✉)
Friedrich-Alexander-Universität Erlangen-Nürnberg, Erlangen, Deutschland
E-Mail: lars.allolio-naecke@fau.de

© Der/die Autor(en), exklusiv lizenziert an Springer Fachmedien Wiesbaden GmbH, ein Teil von Springer Nature 2022
U. Wolfradt et al. (Hrsg.), *Kulturpsychologie,*
https://doi.org/10.1007/978-3-658-37918-6_4

1 Einleitung, Gegenstandsbereich und Definition

„Handlung bezeichnet eine zeitlich in sich geschlossene, auf ein Ziel gerichtete sowie inhaltlich und zeitlich gegliederte Einheit der Tätigkeit, nämlich die kleinste psychologisch relevante Einheit *willentlich gesteuerter Tätigkeiten* von Individuen, Gruppen und Organisationen" (Hacker, 1999, S. 275) Das heißt, jede Handlung lässt sich durch Intentionalität, Zielorientierung und Prozesshaftigkeit charakterisieren. Gegenüber einfachen Operationen oder Tätigkeiten lässt sich die Handlung auch als bewusst charakterisieren, denn durch die Intention, etwas tun zu wollen, wird das Ziel bereits antizipiert, das erreicht werden soll. Operationen sind demnach die nichtbewussten Glieder einer Handlung, die notwendigerweise nichtbewusst sein müssen, da sonst eine Handlung nicht vollzogen werden kann. Man stelle sich vor, man wolle die Handlung ‚Autofahren' als Kulturtechnik ausführen und müsste sich jeden einzelnen Schritt bewusst machen: Kupplung treten, Gang einlegen, langsam Gas geben, blinken, abbiegen… Die Handlung würde dann verunmöglicht. Tätigkeiten sind auch keine bewussten Handlungen, da sie nicht intentional sind, sondern gesellschaftliche Motive erfüllen, die durch die Handlung ‚nebenbei' realisiert werden. So trägt mein Ziel, Arzt zu werden, dazu bei, das gesellschaftliche Motiv der Gesundheitsversorgung der Bevölkerung zu realisieren.

In der Forschungsliteratur wird neben dem Handlungsbegriff auch der des Verhaltens angeführt, der zum einem als der umfassendere Begriff verstanden wird, denn intentionales Handeln ist nur ein kleiner Ausschnitt aus dem Verhaltensspektrum des Menschen (Kochinka 2020, S. 125). So denke man an Gewohnheiten, die keines Ziels bedürfen oder an Reaktionen, die durch Reize ausgelöst werden. Zum anderen findet er sich auch als Oppositionsbegriff gegenüber der Handlung, indem Verhalten dem Bereich der Kausalität zugeordnet wird. Man spricht dann von Verhalten, wenn nach Ursachen des Verhaltens gefragt wird, während man von einer Handlung spricht, wenn nach den Gründen einer Handlung gefragt wird (Kaiser und Werbik 2012, S. 41).

Die einfachste Form der Handlung lässt sich in der Abfolge: Intention, Antizipation, Prozess und Zielerreichung beschreiben. Allerdings wäre dies unterkomplex, um die Vielfalt menschlichen Handelns zu bestimmt: „Die Mehrzahl von Handlungen entspricht nicht dem bisher gezeichneten einfachen Modell der Bewegung zu *einem* Ziel. Viel häufiger sind Zielkombinationen oder Zielverschachtelungen" (Boesch 1980, S. 141). So kommt es durchaus vor, dass man mit einem Ziel beginnt, plötzlich unterbrochen wird und dann mit einem neuen Ziel eine andere Handlung ausführt, weil man das vorherige Ziel vergessen hat oder es durch die Unterbrechung sinnlos geworden ist. Auch muss man bei Handlungsbeschreibungen im Kopf behalten, dass das, „[w]as innerhalb des unbeschreiblich komplexen Geschehensstroms, als der sich menschlicher Lebensvollzug der Beobachtung darbietet, (selektiv) als ‚Handlung' oder ‚Handeln' aufgefasst wird und was an dieser Geschehensvielfalt alles ‚übersehen', ignoriert wird, ist jeweils durch ein spezifisches Handlungskonzept prädeterminiert, das offenbar um bestimmter Interessen willen zweckentsprechend ausgestaltet wurde" (Kaiser und Werbik 2012, S. 40).

2   Historische und theoretische Grundlagen

Im Folgenden werde ich deshalb eingehend die *Symbolische Handlungstheorie* von
Ernst E. Boesch (1916–2014) behandeln, da sie einen eigenständigen Beitrag in der
sonst recht konformen Landschaft der handlungstheoretischen Ansätze darstellt. Seine
erste Berührung mit der Handlungstheorie machte Boesch in den Schriften Pierre
Janets (1859–1947), der basierend auf seinen Überlegungen Gefühle als Handlungs-
Regulationen verstand, die einen Akt einschränken, vermindern oder anhalten können. Er
führt vier gefühlshafte Kräfte auf, die Handlungen bezüglich Intensität und Schnelligkeit
regulieren: Anstrengung als Beschleunigung, Ermüdung als Einengung, Angst als Furcht
vor Handlungen und Triumph als Vermeidung von Handlungen (Schwartz 1951, S. 131).
Die sehr mechanistische Handlungsregulationstheorie von Janet inspirierte Boesch auf
zweifache Weise: „Nun besitzen die kybernetischen Modelle zweifelsohne eine große
heuristische, ebenso wie didaktische Bedeutung: sie zwingen zur Konsistenzkontrolle
und präzisieren dadurch theoretisch mögliche Zusammenhänge, weisen auf Lücken
hin und stimulieren die weitere kognitive Durchdringung der Wirklichkeit; die visuelle
Prägnanz der Algorithmen macht sie didaktisch fruchtbar. Sie sind zugleich aber ver-
führerische Vereinfacher: in ihren Kästchen, Pfeilen und Schaltknoten lassen sich, analog zur früheren ‚black-box‘ der S-R-Theorien, jene Prozesse verstecken, die oft gerade
die eigentlich relevanten Aspekte der Handlung ausmachen: die Entscheidungen, Transformationen, Antizipationen, die emotionale Dynamik, die symbolischen und kognitiven
Verarbeitungen und anderes mehr", die man den „dynamischen Austausch zwischen
Mensch und Umwelt" nennt (Boesch 1980, S. 12).

Diese Handlungstheorie verknüpft Boesch mit der Idee des Handlungsfeldes, die
er Kurt Lewins (1890–1947) Feldtheorie entlehnt. Neben dem Wort ‚Handlungsfeld‘
benutzt Boesch das Wort ‚Biotop‘ synonym. Ein Handlungsfeld ist zunächst einmal
eine Umwelt, die menschliches Handeln ermöglich oder verhindert. Es vorstrukturiert
sozusagen schon einmal, was in dem Handlungsfeld möglich und was unmöglich
ist. Handelnd kann der Mensch aber die Bedingungen, die sein Handeln behindern,
beseitigen, aber „der sein Biotop gestaltende Mensch ist zugleich von diesem mit-
geformt" (Boesch 1980, S. 28). In einem solchen Denken, macht eine Unterscheidung
von Natur und Kultur keinen Sinn. Das Handlungsfeld umfasst deshalb aber auch nicht
nur die Umwelt des Menschen, sondern auch seine psychischen Reaktionen auf das im
Handlungsfeld Angetroffene. So haben wir in unserem Leben gelernt, bestimmte Dinge
zu mögen oder zu hassen, bestimmt Handlungen zu bevorzugen oder zu vermeiden.
Diese Valenzen bestimmen wesentlich mit, wie sich ein Mensch in seinem Handlungsfeld bewegt. Aber auch Vertrautheit mit dem Gegebenen, das Wünschen, wie Dinge
sein sollten, sowie die Ziele, die erreicht werden sollen, strukturieren das Handlungsfeld. Richard Shweder spricht deshalb von der Interaktion „semiotischer Subjekte"
und „intentionalen Umwelten" (1990, S. 2, 22), deren Grenzen immer wieder neu ausgehandelt werden müssen.

Und schließlich nimmt bei Boesch die Sprache eine ganz wesentliche Rolle in seiner Handlungstheorie ein, denn schließlich lässt sich hierbei von einer *symbolischen* Handlungstheorie sprechen. Ähnlich der sowjetischen Tätigkeitspsychologie (s. auch Kap. Die kulturhistorische Perspektive) unterscheidet man innerhalb der Kulturpsychologie zwischen *Bedeutung* und *Sinn* (vgl. Leontjew 1982, S. 101 ff. u. S. 144 ff.). Bedeutungen stellen den gemeinsamen Interpretationszusammenhang einer Kultur dar (Mythos), sodass diesem eine realitätsstiftende Funktion zukommt. Das deshalb, weil die Symbolsysteme – und damit auch die Sprache –, die die Menschen benutzen, nicht ‚zusätzliche‘ Instrumente sind, die eine ‚natürliche‘ Psyche erwirbt, sondern konstitutive Bedingungen für sie darstellen (vgl. Bruner 1997, S. 1 ff.). Das heißt: Der Begriff ‚Psyche‘ hat stets kulturellen Bezug und verhält sich zu seiner Umwelt über sprachlich vermittelte Bedeutungen. Der Sinn dagegen stellt die je individuelle Ausprägung der Lebensbewältigung dar (Fantasma), die zwar in Bezug zu den jeweiligen kulturellen *Bedeutungen* steht (Mythos), sich jedoch nicht auf diese reduzieren lässt. Hinzufügen sei, dass gerade Bruner immer wieder darauf hinweist, nicht zwischen Sprache und Handlung zu unterscheiden: „Sagen und Tun", so Bruner, bilden „eine untrennbare Einheit" (1997, S. 37).

Will man verstehen, wie diese drei Felder zusammenwirken und symbolische Handlungen eines kulturell geprägten Menschen entstehen, so muss man sich dem Thema aus einer genetischen Perspektive nähern und sich die kindliche Entwicklung anschauen.

2.1   Vorsemantische Entwicklung

Auch wenn wir von symbolischer Handlungstheorie sprechen, lohnt es sich zunächst auch den vorsemantischen Bereich der kindlichen Entwicklung anzuschauen, da hier die Grundlagen gelegt werden, sich mittels der Sprache die Welt später anzueignen.

Da in der Säuglingszeit die Sprache noch nicht ausgebildet ist, „kommt man zu dem Ergebnis, dass in einer vorsprachlichen *Praxis* vom Organismus selbst erste Regeln entwickelt werden müssen. Genau diese Regelausbildung vollzieht sich in der Produktion von Gewissheiten" (Gebauer 2002, S. 138). Die Ausbildung einer regelhaften vorsprachlichen Praxis ist dem Psychologen nicht fremd, finden sich solche Überlegungen doch schon bei Jean Piaget (1896–1980), z. B. in seinen Studien zum Saug- oder zum Greifreflex des Kindes (Piaget und Inhelder 1972, S. 18). Bereits darin lässt sich die „Tendenz erkennen, ‚von den Anfängen ihres primitiven Funktionierens‘ an *Systematisierungen* herzustellen, ‚die ihren Automatismus bei weitem überschreiten‘. Die Systematisierungen bestehen in einer Einordnung von Gegebenheiten der Erfahrung in herausgebildete Schemata" (Gebauer 2002, S. 134). Gebauer beschreibt – ohne auf Piaget Bezug zu nehmen – die Entwicklung auf senso-motorischer Stufe (Stadien I–VI). Nach Piaget finden sich im Stadium I nicht die reinen Reflexe, sondern spontane und ‚totale‘ Tätigkeiten des Säuglings, die Reflexe aufgreifen und diese zur Integration in spätere Handlungen vorbereiten. Diese basalen Handlungen werden durch funktionelle Übung konsolidiert: es entstehen die ersten Gewohnheiten (Stadium II; vgl. Piaget und

Inhelder 1972, S. 19 f.). Schließlich gehört in diese Phase auch das Stadium III, in dem es zur ersten Koordination von Sehen und Greifen kommt.

Dabei handelt es sich um leibliche, vorsemantische Schemata – oder, wie Piaget sagen würde, ‚Gewohnheitsschemata‘. Damit ist das erste menschliche Handeln eine vorsemantische Körpertätigkeit. Sie besteht darin, „den Körper [und die Umwelt – der Autor] regelhaft in Gebrauch zu nehmen. Die *Form des regelhaften Gebrauchs* ist wesentlich von der *materiellen Form des Körpers* abhängig. […] Handeln beginnt (genetisch) damit, dass man eine Hand, einen Mund, Augen, Ohren, Füße hat. Wissen wird möglich aufgrund der Organstruktur des menschlichen Körpers" (Gebauer 2002, S. 135).

Wie muss man sich das vorstellen? Zu Beginn sieht der Säugling nicht, der Geruchssinn des Menschen ist bekanntlich schlecht und selbst der Gehörsinn bildet noch keine verlässliche Quelle. Noch sind Sprache und Denken nicht zusammengefallen (vgl. Wygotski 1972), um eine semiotische Struktur der Welt aufzubauen. Was bleibt? Das Handeln selbst als „eine Praxis des Körpers. Die Praxis wird anfangs noch nicht durch Wissen geleitet; sie ist bloß Tätigkeit, die eine besondere Eigenschaft hat: Sie bildet die elementaren […] Regeln heraus. Die Tätigkeit [sic!] z. B. der Hand, ihr Greifen, Berühren, Schlagen, entwickeln ein regelhaftes Verhalten gegenüber allem, was von der Hand erfasst ist, und erzeugt eine verhaltensstrukturierte Umwelt des menschlichen Organismus" (Gebauer 2002, S. 134).

Das Kind versichert sich zunächst seiner Hände, seiner Füße, seines Mundes, seiner Haut, seines Körpers – mit Wittgenstein nennt Gebauer dies Gewissheiten. Diese Gewissheiten des Körpers aber sind strukturell „Erkenntnisbedingungen, nicht selbst Erkenntnisse. Daher *haben* wir sie; wir wissen oder kennen sie nicht" (Gebauer 2002, S. 135). Doch das Kind vergewissert sich mittels seines Körpers bzw. seiner Hände nicht nur seiner selbst, sondern „der Handgebrauch erarbeitet sich Eigenschaften der unmittelbaren Körperumgebung" (ebd.). Ausgehend von den Gewissheiten des Körpers wird somit eine Art Vorsemantik der Umwelt erarbeitet und die grundsätzliche Relationalität des Menschen zu seiner gegenständlichen wie sozialen Umwelt erlebt und eingeübt – und damit das Handlungsfeld erstmals expansiv erschlossen.

Die Vorsemantik dient zu allererst dazu, sich nicht nur seiner selbst gewiss zu sein, sondern sich dessen auch im Gebrauch gegenüber seiner Umgebung zu werden. Sie dient der Herstellung von fundamentalen Gewissheiten von sich selbst und von sich in der Interaktion mit der Umwelt. „In der Gewissheitserzeugung liegt der Initialzustand des Denkens" (Gebauer 2002, S. 136), denn „[w]enn ein Kind beginnt, mit Wörtern umzugehen, hat es vorher schon die Gewissheiten festgesetzt, die für den Umgang mit Gegenständen nötig sind" (Gebauer 2002, S. 137). Erst dies befähigt es zum Sprachgebrauch, denn die Sprache ist in ihrer deiktischen Funktion mit dem Greifen *nach* Gegenständen und in ihrer semantischen Funktion mit dem *Be*greifen von Zusammenhängen bzw. Verhältnissen vergleichbar: Sprache und später Denken übernehmen die Funktionen des gegenständlichen Greifens, indem sie zunächst eingeübte, später auch antizipierte Situationen zu lösen in der Lage sind, ohne auch nur eine Hand gebrauchen zu müssen.

Auch diese Überlegung findet sich bereits bei Piaget, nämlich in den Stadien IV bis VI, in denen die Aneignung der Welt und damit das Erwachen der Intelligenz erfolgt. Im vierten senso-motorischen Stadium drängen sich dem Kind Ziele auf, ohne dass hierfür schon geeignete Mittel im Blick seien. Diese werden spontan gesucht und ausprobiert. Im Stadium V kommt es zur Ausweitung der Aktivitäten, wobei das Kind „neue Mittel durch Differenzierung der bekannten Schemata" sucht (Piaget und Inhelder 1972, S. 21). Letztlich – und hier findet sich die Geburtsstunde der Intelligenz bzw. des Denkens – werden neue Mittel durch „innere Kombination" (Piaget und Inhelder 1972, S. 22) und nicht mehr durch Suchbewegungen gefunden.

Den Gewissheiten bzw. Gewohnheiten des Kindes ist also eine praktische Intelligenz bzw. Logik des Handelns inhärent, die das Fundament für künftige Denkoperationen darstellt (vgl. Piaget und Inhelder 1972, S. 23). Wie wichtig und tiefgreifend diese Gewohnheitsschemata sind, hat Gebauer daran festgestellt, dass Erkenntnis*bedingungen* und keine Erkenntnisse geschaffen werden. Die senso-motorische Intelligenz „organisiert das Wirkliche, indem sie durch eben ihr Funktionieren die großen Kategorien des Tuns aufbaut, nämlich die Schemata des permanenten Gegenstandes, des Raumes, der Zeit und der Kausalität, Substrukturen der entsprechenden künftigen Begriffe. Keine dieser Kategorien ist am Anfang gegeben, und das ursprüngliche Universum ist ganz auf den Körper und das Tun zentriert" (Piaget und Inhelder 1972, S. 23).

Es wäre nun einfach, an dieser Stelle zu behaupten, dass die als Gewissheit bzw. Gewohnheit vorliegende Vorsemantik später durch Sprache umstrukturiert, modifiziert oder vom Denken verworfen wird. Dies würde jedoch ihre Bedeutung verkennen, denn das Kind erschließt sich die Welt mit den sich entwickelnden Sinnesorganen jeweils neu. Die frühkindlichen Erfahrungen, z. B. des Handgebrauchs, werden *nicht* transformiert; sie bleiben als Erkenntnis*bedingungen* bestehen und bilden das Fundament von dem aus jede weitere Weltaneignung möglich wird. Sprache bzw. Denken werden diese Funktion zwar weitgehend übernehmen, jedoch greifen Menschen in Situationen, die ihnen unbekannt sind, nicht selten auf die basale Heuristik des Tastens oder Hörens und die damit verbundenen Gewohnheitsschemata zurück.

2.2 Übergang vom Vorsemantischen zu den Zeichen

Im Übergangsfeld zwischen Gewohnheiten durch körperliche Aneignung und durch Sprache ist mit Piaget die *Nachahmung* anzusiedeln (vgl. Piaget und Inhelder 1972, S. 64), die die Voraussetzung für jede sprachliche Aneignung von Welt darstellt. Auf Nachahmung basieren die ersten Anzeichen sich entwickelnden Denkens, die Piaget mit (1) aufgeschobener Nachahmung, (2) symbolischem Spiel, (3) Zeichnung und (4) innerem Bild klassifiziert. Nicht zuletzt die (5) verbale Erwähnung von nicht-aktuellen Ereignissen, die letztlich zur Sprache führt, entspringt der Nachahmung und entspricht später der Iteration.

Das auf körperlicher Ebene anzutreffende Phänomen der Vergewisserung durch Gebrauch lässt sich damit auch für die Sprache zeigen. Die von Piaget sogenannte *egozentrische Sprache* entspricht dem funktionalen Einüben und Vergewissern seiner selbst und der Umwelt. Begriffe und Sprachspiele werden eingeübt und solange erprobt, bis das Kind diese sicher beherrscht und sie nicht mehr lautlich zu benutzen braucht, weil sie zu Denkwerkzeugen geworden sind. So wie die zuvor gegenständliche Tätigkeit des Greifens zum innerlichen Begreifen geworden ist, verschwindet die lautliche Seite der Sprache, die zum Denken wird und mit der Funktion des Begreifens zusammenfällt. Solange aber die lautliche Seite der Sprache nur in der Iteration besteht, ist sie reines Wort (Zeichen) und noch nicht zum Symbol geworden, sprich noch nicht mit der semantischen Seite der Sprache zusammengefallen (vgl. Wygotski 1972, S. 300 ff.).

Zunächst besteht aber die Sprachfunktion, die im Anschluss an die senso-motorische Phase folgt, darin, undifferenziertes Zeichen zu sein. „Es gibt […] von vornherein Bedeutung, also Dualität zwischen ‚Bezeichnetem' (= die Schemata selbst mit ihren auf die im Gange befindlichen Handlungen bezogenen Inhalte) und dem ‚Zeichen', aber diese sind immer perzeptiv und folglich von dem, was sie bezeichnen, nicht verschieden, so dass man auf dieser Stufe unmöglich von semiotischer Funktion sprechen kann" (Piaget und Inhelder 1972, S. 61). Nach Boesch unterscheiden sich Zeichen und Symbol sowohl genetisch wie funktional: Zeichen „sind Medien der Kommunikation und Orientierung, Symbole dagegen Valenzträger" (Boesch 1980, S. 209) und haben ihre Geschichte.

2.3   Übergang von Zeichen zu Symbolen

Wie werden nun aus Zeichen Symbole? Schlicht dadurch, dass sie in Handlungsvollzügen benutzt werden und dadurch Bedeutung erlangen (vgl. Wittgenstein 2003, § 43). Dies geschieht weitgehend ‚automatisch' durch Mitmachen, Teilnehmen an sozialen Handlungen oder in Sprachspielen. Verfeinert und eingeübt werden Symbole dann im kindlichen Spiel.

In der Fiktionalität des Spiels können Handlungen realisiert und ausprobiert werden, ohne dass sie in der Realität Folgen haben; es kann mit Gegenständen gespielt werden, die symbolisch ‚für etwas stehen' und die rituellen Charakter haben, denn beim Einüben von Handlungen, die im Zentrum der Lebensführung stehen, geht es gerade darum, dass sie sicher, reibungslos und ausgeführt werden können. Ebenso werden hier bestimmte Rollenangebote ausprobiert und eingeübt. Im Spiel reichern sich die Handlungsoptionen an, verschiedene Handlungsfelder werden erprobt, erhalten ‚gleiche' Situationen andere Bedeutungen, sodass Bedeutungen nicht nur eingeübt, sondern auch verändert und angereichert werden (vgl. Boesch 1980, S. 83). Diese multiplen Bedeutungen – die nicht nur im Spiel, sondern auch in der Alltagspraxis entstehen – führen schließlich zur Überdetermination der Handlungen, sodass diese in sozialen Interaktionen ‚funktionieren'.

Die Überdetermination schafft nämlich erst „die Möglichkeit, gleiche Handlungen trotz unterschiedlicher Motivation zu tun, gleiche Dinge aus unterschiedlichen Gründen zu erstreben oder zu verwerfen. […] Die einigende Kraft von Symbolen beruht gerade nicht auf der Eindeutigkeit, sondern auf der Variationsbreite ihrer Konnotationen" (Boesch 1980, S. 212). Dabei ist mit Variationen zwischen unterschiedlichen Symbolsystemen zu rechnen. Worte, Metaphern, Bilder und Gesten etc. unterscheiden sich wesentlich nach intendierter Eindeutigkeit – und damit in ihrem Einsatzgebiet. Ebenso verhält es sich mit den die Handlungen begleitenden emotionalen Erfahrungen, auch diese reichern sich an und machen Handlungen polyvalent.

Mit Boesch (1980, S. 67 f.) lassen sich zwei gegenläufige Prozesse bestimmen, wie Zeichen in Handlungen integriert und zu Symbolen werden. Da ist zunächst der von Piaget beschriebene Prozess der Objektivierung, also der Entwicklung vom konkreten praxischen Gebrauch (konkret-operationale Phase) hin zur weiteren Ausdifferenzierung und Abstraktion (formal-operationale Phase). Diesem Prozess gegenläufig erkennt Boesch eine zweite Handlungsform (Schemabildung), die er ‚sekundäre Subjektivierung' nennt. Das meint, dass im Gebrauch der Objekte, diese subjektive Bedeutungen erhalten, die mit sie begleitenden Gefühlen verknüpft werden. Boesch nennt diese ‚subjektiv-funktionale' Schemata. Damit haben die Dinge selbst Bedeutung erlangt und bieten von sich aus Handlungsmöglichkeiten an. (Boesch 1980, S. 67 f.). „[U]nd je intimer sie in ein Handlungsschema eingebettet sind, je wesentlicher sie für den Erfolg einer Handlung erscheinen, um so gewichtiger werden dabei die subjektiv-funktionalen Wahrnehmungs-anteile" (Boesch 1980, S. 65).

2.4   Zwischen Fantasma und Mythos

Die beiden Prozesse Abstraktion und sekundäre Subjektivierung sind auch der Grund dafür, dass Menschen Situationen immer doppelt wahrnehmen: faktisch wie symbolisch; wobei dies eher einer analytischen Trennung entspricht, da „jede Wahrnehmung immer auch schon in diesem Sinne eine benannte Wahrnehmung, also ein klassifikatorischer Akt ist" (Boesch 1980, S. 85). Boesch nimmt jedoch an, dass in den meisten Fällen die symbolische Wahrnehmung und nicht die ‚objektiv' gegebenen Objekteigenschaften den Handlungsanreiz bietet. Für diesen Fall wird mit dem Wahrnehmungsakt und der Ein-ordnung in ein Schema durch Benennung auch eine Regel(mäßigkeit) aktiviert, die aus der verdichteten Erfahrung resultiert und in der Vergangenheit zu einem ‚guten' Hand-lungsausgang geführt hat (Boesch 1980, S. 86). Boesch nennt den dahinterstehenden Mechanismus ‚subjektiv-funktionales Sollwertsystem' oder Fantasma. Fantasmen stellen komplexe Handlungsregulationssysteme dar, die aus kumulierten Erfahrungen Regeln erstellen, mit deren Hilfe Situationen interpretiert werden. Zwar lassen sich diese Systeme nicht vollends verbal erklären, „aber durch die Systematik, die sie dem Handeln und Denken auferlegen, werden sie trotzdem kommuniziert und tradiert und wirken somit normierend auf die Mitglieder einer Gruppe ein; dadurch aber bilden sie Kultur"

(Boesch 1980, S. 100). Wenn Fantasmen innere Regulierungssysteme sind, so lassen sich Rituale als äußere Regeln charakterisieren. Sie stellen in ihrer immer wiederkehrenden und unveränderlichen Abfolge nicht nur eine gemeinsame „Macht dar, Ordnungen zu bewahren, wiederherzustellen" (Boesch 1980, S. 227), sondern garantieren auch die Einfügung des Individuums in die Gemeinschaft und Geborgenheit in zweifacher Hinsicht: Teil einer Gemeinschaft zu sein und Handlungssicherheit zu haben (Relationalität auf körperlicher wie affektiver Ebene).

Rituale folgen nur solange demselben Ablauf, wie die Teilnehmenden der Ausübung zustimmen und diesen als Konsens begreifen (vgl. Boesch 1980, S. 227). Rituale werden zudem oft von symbolischen Erklärungen begleitet, womit die praxischen Vollzüge in einen Sinnzusammenhang gestellt werden (Boesch 1980, S. 228 f.). Diese besonders dichte Verschränkung von körperlicher Symboltätigkeit wie sprachlich -symbolischer Erklärung trägt in ihrer Doppelstruktur zur Festigkeit der symbolischen Überzeugungen bei, die Grundlage des Rituals sind. „Die gemeinsame Valenz kollektiver Symbole scheint somit aus dreierlei zu entspringen: aus der Vieldeutigkeit des Rituals, was erlaubt, individuelle Fantasmen darin einzubringen; aus Bekräftigungen durch gemeinsames Handeln und aus Analogien oder Komplementarität privater Fantasmen, die konvergente Deutungen von symbolischen Handlungen erleichtern" (Boesch 1980, S. 230).

Ungeachtet der individuellen Fantasmen, die in das Ritual eingebracht werden können, besteht das Zentrum des Rituals jedoch in einem Mythos. Der Mythos stellt die kollektive Ebene des Fantasmas wie des Symbolgehalts dar. Es liegt in der Natur der Sache, dass Mythos und Fantasma nicht immer übereinstimmen, sondern in einem Spannungsverhältnis stehen. Dies resultiert zwangsläufig aus der menschlichen Selbstwahrnehmung als einzigartig individuelles Wesen und dem Sozialen als dem Anderen, dem Gegenüber. Je nach Lebensalter ist die Konformität zwischen Mythos und Fantasma unterschiedlich. Das Zusammenspiel beider garantiert die Zugehörigkeit des Individuums zur Gruppe und damit einer geteilten Kultur.

3   Beispiel: Lesen als kulturelle Handlung

Boesch hat seine *Symbolische Handlungstheorie* an vielen Beispielen verdeutlicht, so u. a. anhand des Baus einer Geige, dem Töpfern oder dem Basteln. Als Beispiel wollen wir uns aber dem Lesen zuwenden. Bei der Beantwortung der Frage, welche Handlung das Lesen sei (Boesch 1998), beobachtet sich Boesch selbst beim Lesen von Ernesto Grassis *Reisen ohne Anzukommen*. Dabei stellt er fest, das Lesen eine aktive Handlung ist, die er als Verstehenshandlung klassifiziert. Dabei geht es umfassend um Verstehen, die Gedanken des Autors aber auch seiner Selbst sowie sein Verhältnis zum Kollektiv. So beginnt das Lesen mit der Auswahl des Buches, wobei Verschiedenes den Anreiz bieten mag, warum man sich genau dieses Buch aussucht: Titel, Klappentext, Autor etc. Man beginnt zu lesen und es scheint „eine Zielvorstellung […] aufgebaut zu werden, die dem Lesen die notwendige Konstanz verleiht, die Handlungsspannung aufrecht erhält" (Boesch 1998, S. 232). Das Lesen dient laut Boesch nicht dazu, sich zu informieren, sondern der Selbstreflexion (Boesch 1998, S. 237), indem man das Gelesene in Widerspruch und Zustimmung abwägt, mit der eigenen Erfahrung abgleicht und somit sich mit all den Gedanken auseinandersetzt, die einem beim Lesen des Texts in den Kopf schießen. Jeder Gedanke, jedes Bild stellt dabei eine Teilhandlung dar, da er oder es einen abgeschlossenen Reflexionsakt darstellt. Diese sind Akte des Ordnens und Einordnens seiner Selbst in die soziale Ordnung. Da jede Handlung auch eine Antizipation bzw. Motivation braucht, fragt Boesch nach dem Sinn des Lesens und antwortet: „Könnte es aber sein, daß es letztlich eine besondere Art der Sehnsucht ist, die uns dazu treibt, immer wieder Bücher in die Hand zu nehmen, mit Lesen nie aufzuhören: nämlich die, den Sinn des Eigenen zu entdecken – ja, vielleicht sogar zu konstituieren? Sinn: Dieses eigenartige Bewusstsein, in unserem Leben unsere Fantasmen mit den Mythen unserer Gemeinschaft in Einklang gebracht zu haben" (Boesch 1998, S. 241).

Will man abschließend eine symbolische Handlung nach Boesch definieren, so zeichnet sie sich durch eine äußere oder sachlich-instrumentelle Valenz (Nutzen der Handlung), eine ihr korrespondierende innere oder subjektiv-funktionale Valenz (Lust, Unlust etc.) aus und „sie repräsentiert Bezüge [Konnotationen – der Autor], die über den aktuellen Handlungsinhalt hinausreichen" (Boesch 1983, S. 13). Über die zweite Valenz ist die Handlung polyvalent, über die enthaltenen vielfältigen Bezüge überdeterminiert.

4   Fazit

Zweifelsohne ist Boeschs *Symbolische Handlungstheorie* ein Meilenstein in der Kulturpsychologie, da sie die idealistisch-apriorische Struktur der kognitiven Entwicklung, wie sie in der genetischen Epistemologie von Piaget vorgegeben ist, überwindet, indem sie emotionale und motivationale Faktoren, die auf Handlungen einwirken, stärker gewichtet und diesen den wahrscheinlichen Primat für menschliches Handeln zuschreibt. Zudem wird individuelles Handeln an den sozialen und kulturellen Kontext zurückgebunden, sodass eine individualistische Verkürzung menschlichen Handelns, wie sie sonst in der Psychologie vertreten wird (z. B. in Handlungsregulationstheorien), vermieden wird.

Allerdings lassen sich auch Kritikpunkte anführen, die hier nur knapp angerissen werden sollen. (1) Bis zum Schluss hielt Boesch an der Zielgerichtetheit und Sinnhaftigkeit von Handlungen fest, bei der das Handelnde Subjekt Agens ist. Jedoch hat der Poststrukturalismus zeigen können, dass solche Ziele durch gesellschaftliche Diskurse zumindest mitbestimmt sind. Und Individuen handeln auch gegen die eigenen Überzeugungen, z. B. in der Zerstörung des Planeten durch den menschengemachten Klimawandel. (2) Seine theoretischen Formulierungen zu Handlungen sind meist sehr statisch und mechanistisch und man merkt ihnen ihre zeithistorische Herkunft aus dem Janetschen Kontext um 1900 an. Interessanterweise zeigen viele seine Beispiele genau das Gegenteil: sie sind flüssig, geschmeidig und nehmen unerwartete Wendungen. (3) Schließlich ist Boesch in einer Zeit aufgewachsen, die durch ein patriarchal-androzentrisches Weltbild geprägt war, was u. a. in der Darstellung seiner Beispiele seinen Niederschlag findet (der Mann ist hier stets der kulturelle Akteur und weniger die Frau, siehe Kap. Die Feministische Perspektive).

Literatur

Boesch, E. E. (1980). *Kultur und Handlung: Einführung in die Kulturpsychologie.* Bern: Huber.

Boesch, E. E. (1983). *Von der Handlungstheorie zur Kulturpsychologie (Abschiedsvorlesung vor der Philosophischen Fakultät der Universität des Saarlandes, gehalten am 28. Juni 1982).* Saarbrücken: Universität des Saarlandes.

Boesch, E. E. (1998). Was für ein Handeln ist das Lesen? In ders., *Sehnsucht. Von der Suche nach Glück und Sinn* (S. 229–242). Bern, Göttingen, Toronto, Seattle: Huber.

Bruner, J. S. (1997). *Sinn, Kultur und Ich-Identität. Zur Kulturpsychologie des Sinns.* Heidelberg: Auer.

Gebauer, G. (2002). Hand und Gewissheit. In C. Wulf & D. Kamper (Hrsg.), *Logik und Leidenschaft. Erträge Historischer Anthropologie* (S. 127–145). Berlin: Reimer.

Hacker, W. (1999): Handlung. In R. Asanger & G. Wenninger (Hrsg.), *Handwörterbuch Psychologie* (S. 275–281). Weinheim: Beltz.

Kaiser, H. J., & Werbik, H. (2012). *Handlungspsychologie. Eine Einführung.* Göttingen: Vandenhoeck & Rupprecht.

Kochinka, A. (2020). Symbolische Handlungstheorie. In J. Straub, P. Chakkarath, & S. Salzmann (Hrsg.), *Psychologie der Polyvalenz. Ernst Boeschs Kulturpsychologie in der Diskussion* (S. 121–145). Bochum: Westdeutscher Universitätsverlag.

Leontjew, A. N. (1982). *Tätigkeit, Bewusstsein, Persönlichkeit.* Köln: Pahl-Rugenstein.

Piaget, J., & Inhelder, B. (1972). *Die Psychologie des Kindes.* Olten und Freiburg i. Br.: Walter.

Schwartz, L. (1951). *Die Neurosen und die dynamische Psychologie von Pierre Janet.* Basel: Schwabe.

Shweder, R. A. (1990). Cultural Psychology – what is it? In G. J. Stigler, R. A. Shweder & G. H. Herdt (Eds.), *Cultural Psychology: Essays on comparative human development* (S. 1–46). Cambridge, MA: Cambridge University Press.

Wittgenstein, L. (2003). *Philosophische Untersuchungen.* Frankfurt/Main: Suhrkamp.

Wygotski, L. S. (1972). *Denken und Sprechen.* Frankfurt/Main: Fischer.

Die phänomenologische Perspektive

Alexander Nicolai Wendt

Zusammenfassung

Phänomenologie und Kulturpsychologie weisen konzeptuelle Parallelen und gemeinsame geistesgeschichtliche Bezugspunkte auf, eine vollständige und selbstständige phänomenologische Kulturpsychologie gibt es allerdings noch nicht. Das vorliegende Kapitel stellt die Phänomenologie in ihrer philosophischen und psychologischen Ausrichtung in historischer sowie systematischer Hinsicht dar. Phänomenologische Psychologie ist im Gegensatz zur psychologischen Phänomenologie ein genuin psychologischer Ansatz, der sich dem Aufbau und der Konstitution der Erfahrung widmet. Somit kann die Phänomenologie die Grundlagen und Methoden der Kulturpsychologie erweitern. Anhand eines Beispiels soll aufgezeigt werden, wie das Zusammenwirken beider Forschungsweisen fruchtbar wird. Das Kapitel schließt mit einem kurzen Ausblick auf das Erfordernis der methodologischen und systematischen Erneuerung der phänomenologischen Psychologie als Bedingung für eine phänomenologische Kulturpsychologie.

Schlüsselwörter

Phänomenologische Kulturpsychologie · Phänomenologie · Kultur · Intentionalität · Werterleben

A. N. Wendt (✉)
Ruprecht-Karls-Universität Heidelberg, Heidelberg, Deutschland
E-Mail: alexander.wendt@psychologie.uni-heidelberg.de

A. N. Wendt
Università degli Studi di Verona, Verona, Italy

U. Wolfradt et al. (Hrsg.), *Kulturpsychologie,*
https://doi.org/10.1007/978-3-658-37918-6_5

1   Einleitung, Gegenstandsbereich und Definition

Der Begriff ‚Phänomenologie' fasst eine reiche Denktradition zusammen, deren Teile heterogen sind und sich nur auf wenige gemeinsame Nenner bringen lassen. Es kann von einer „ausgesprochenen Heterodoxie" (Waldenfels 1987, S. 47) gesprochen werden. Ihr geistesgeschichtlicher Kern ist die Strukturanalyse der Erfahrung. Das bedeutet, dass phänomenologische Forschung das Wesen der Erfahrung und ihre Struktur zu bestimmen versucht, d. h. zu erkennen strebt, wie das subjektive Bewusstsein die Dinge seiner Welt als Gegebenes wahrnehmen kann. Das Verhältnis zwischen Immanenz (Die Gegebenheit der Erfahrung) und Transzendenz (Der Verweis der Erfahrung auf Sein) ist eines ihrer zentralen Probleme. Genauer: „Die Phänomene sind die Dinge in ihrem (möglichen) Erscheinen", „Gegenständlichkeit ist von Denkbezüglichkeit nicht abzulösen" (Schnell 2019, S. 29/30, S. 30). Eine gewisse Schwierigkeit besteht nun darin, dass sich historisch verschiedene theoretische Strömungen in der Phänomenologie etablierten, sodass eigentlich von ‚Phänomenologien' gesprochen werden muss. Ferner sind der methodologische und theoretische Teil der Phänomenologie nicht streng getrennt, was es erschwert, wissenschaftlich an sie anzuschließen.

Es ist nicht ohne Vermittlung möglich, das phänomenologische Denken auf die Psychologie im Allgemeinen und auf die Kulturpsychologie im Besonderen zu übertragen. Der Begriff der ‚phänomenologischen Psychologie' lässt sich nämlich in zwei verschiedenen Bedeutungen verwenden. Einerseits handelt es sich tatsächlich um einen Bestandteil der philosophischen Phänomenologie, nämlich um eine Reflexion bezüglich psychischer Phänomene. In diesem Sinne hat bspw. Edmund Husserl (1859–1938) von *phänomenologischer Psychologie* (1917) gesprochen, die nur eine Propädeutik der Transzendentalanalyse ist. Ein präziserer Ausdruck für diese philosophische Denkart wäre jedoch *psychologische Phänomenologie*. So kommt zum Ausdruck, dass aus dieser Perspektive die Psychologie von der Philosophie abhängig ist.

Andererseits kann der Begriff jedoch auch als eine innerpsychologische Forschungstradition verstanden werden. Ihr Untersuchungsfeld ist keine reine Begriffsanalyse, sondern mit der empirischen Methodologie vereinbar: „Phänomenologische Psychologie ist nicht identisch mit nichtexperimenteller Psychologie" (Herzog 1992, S. 489). Um sie vom ambivalenten Gebrauch des Begriffs ‚psychologischen Phänomenologie' zu unterscheiden, kann die Bezeichnung ‚phänomenologische Orientierung in der Psychologie' (Graumann und Métraux 1977) aufgegriffen werden. Im Folgenden soll zwar auch der philosophische Hintergrund als Ursprung und Quelle thematisiert werden, doch phänomenologische Forschung sollte nicht als bloß interdisziplinäre Anregung für die Arbeit von Psycholog:innen missverstanden werden. Es handelt sich vielmehr um eine Forschungseinstellung innerhalb der empirischen Psychologie selbst.

Den Schwerpunkt der phänomenologischen Forschung in der Psychologie bildet die Untersuchung der Erlebniskonstitution. Damit ist gemeint, dass – im Gegensatz zum verhaltenswissenschaftlichen Selbstverständnis in der Psychologie – Grundbegriffe wie derjenige des Verhaltens in der Beschreibung nicht vorausgesetzt, sondern bestimmt

werden. Anstelle der Präsupposition von Beschreibungskategorien werden die Erlebnisse der psychischen Subjekte als Erfahrung schlechthin daraufhin untersucht, welche
Strukturzusammenhänge gegeben sind, die allererst ermöglichen, dass sich von Verhalten sprechen lässt. Das kann an einem Beispiel verdeutlicht werden: Gallagher
(2007) differenziert phänomenologisch zwischen der leiblichen Erfahrung des Besitzes
(‚sense of ownership‘) und des Vollzugs (‚sense of agency‘). So ist die Erfahrung, den
eigenen Arm zu heben, merklich von derjenigen unterschieden, dass dieser Arm von
jemand anderem angehoben wird. Im ersten Fall zeigt sich ein Erlebnis, das sich durch
‚Jemeinigkeit‘ charakterisieren lässt und wesentlich daher rührt, dass die Bewegung
und Bewegungsrichtung des Armes dem eigenen Willen und der eigenen Beherrschung
unterstehen. Der raum-zeitliche Ablauf der Bewegung mag derselbe sein, doch er wird
jeweils anders erlebt. Allein, die Beschreibung dieses Unterschieds ist nicht ausreichend
in Begrifflichkeiten des Verhaltens möglich, sondern betrifft die Ebene des Bewusst-
seinszusammenhangs, die etwas zunächst zum Verhalten werden lässt. Zusammenhänge
dieser Art sind im Leben der Menschen keine Ausnahmen, sondern allgegenwärtig und
die verhaltenswissenschaftliche Psychologie ihnen gegenüber entweder konzeptuell
verschlossen (Behaviorismus) oder methodologisch kritikwürdig. Hier nimmt die
phänomenologische Psychologie ihren Ausgang.

2 Von der ‚psychologischen Phänomenologie‘ zur ‚phänomenologischen Psychologie‘

Die *philosophische* Phänomenologie (oder kürzer: Phänomenologie), die im Hintergrund der phänomenologischen Psychologie steht, ist kein einheitliches Denkgebäude.
Mindestens vier verschiedene Forschungsrichtungen, namentlich die transzendentale,
existenzielle, hermeneutische sowie die Gegenstandsphänomenologie, stehen in
einem dynamischen Verhältnis zueinander, das je nach Vertreter:in als komplementär
oder antagonistisch beschrieben werden kann. Dieses Spannungsverhältnis bildet den
geistesgeschichtlichen Ursprung der Phänomenologie ab, denn es gab keinen einzelnen Gründer phänomenologischen Denkens. Vielmehr ist die phänomenologische
Bewegung aus der fruchtbaren und kontroversen geistigen Atmosphäre des späten 19.
Jahrhunderts entstanden. Von Einfluss für die Bewegung waren bspw. Bernard Bolzano
(1781–1848), Franz Brentano (1838–1917) und Theodor Lipps (1851–1914). Nichtsdestoweniger bildet Edmund Husserls Werk einen zentralen Referenzpunkt, der sich
mit einer gewissen Überspitzung als phänomenologische Orthodoxie bezeichnen lässt.
Der Zusammenhang der phänomenologischen Bewegung schlechthin ist jedoch gerade
angesichts dieser Orthodoxie umso mehr durch Häresie und Dissidenz gekennzeichnet:
„Entweder man versteht die Phänomenologie als eine Sekte, d. h. als eine geschlossene
– dogmatisch begründete – Gemeinschaft oder als eine Bewegung, als ein geistig
dynamisches Phänomen, eine Konkretion der Vernunft" (Fraisopi 2020, S. 6). So lässt
sich sagen, dass die Phänomenologie nichts weniger als Formalismus auszeichnet und

in ihr dem Verständnis der Sache stets der Vorrang gegenüber der Methodentreue eingeräumt wird.

Die philosophische Auseinandersetzung mit dem Seelenleben, die psychologische
Phänomenologie also, ist integraler Bestandteil der Phänomenologie. Dabei können
drei verschiedene Untersuchungsebenen voneinander unterschieden werden: Mit
Husserl sind dies die *konkrete,* die *tatsächliche* und die *reine* Psychologie (Drüe 1963,
S. 56 ff.). Die konkrete Psychologie (bspw. Wundt) untersucht die psychophysische
Grundlage des Seelenlebens, wobei die Physiologie in der Phänomenologie nicht
naturalistisch verstanden wird. Die tatsächliche Psychologie (bspw. Brentano) wendet
sich von dem körperlichen Substrat des Seelenlebens ab und den Erlebnissen und Erleb-
nisklassen zu. Sie „schreibt der konkreten Psychologie vor, was in ihr als Einzelerleb-
nis usw. zu gelten hat" (ebd., S. 57). Im Mittelpunkt der tatsächlichen Psychologie steht
die immanente Beschreibung des Erfahrungsstroms, weswegen sie auch als deskriptive
Psychologie bezeichnet werden kann. Die reine Psychologie zuletzt fundiert die tatsächliche Psychologie. Dies ist der eigentliche Beitrag der Phänomenologie. Das Vorgehen
der reinen Psychologie ist eidetisch, sieht also von der Tatsächlichkeit einzelner Erlebnisse oder psychophysischer Vorkommnisse ab. Konkrete und tatsächliche Psychologie
unterscheiden sich von reiner Psychologie wie Tatsachen- und Wesenswissenschaften:
„Gegenstand der eidetischen psychologischen Untersuchungen wäre also alles das, was
für Psychisches unabdenkbar oder, wie späterhin mit gutem Grund gesagt werden kann,
konstitutiv ist" (ebd., S. 58). Zuletzt muss ergänzt werden, dass es eine kontroverse Frage
innerhalb der Phänomenologie ist, ob die reine Psychologie einer weiteren Fundierung
in der Transzendentalphänomenologie bedarf. Diese Perspektive würde dabei nicht nur
von der Tatsächlichkeit des Psychischen absehen, sondern auch von ihrer individuellen
Subjektivität, um die transzendentale Struktur des reinen Bewusstseins zu thematisieren.

Für die phänomenologische Psychologie als genuin psychologische Forschungsrichtung sind die philosophischen Reflexionen durchaus von Bedeutung, stehen
allerdings im Hintergrund. Sie baut auf den phänomenologischen Diskurs auf, um
spezifische psychologische Analysen zu betreiben. Das Ziel ist dabei, den Gegenstandsbereich des Psychischen möglichst umfassend zu erschließen und zu untersuchen.
In dieser Hinsicht unterscheidet sie sich also nicht von anderen Ansätzen der psychologischen Forschung: „Phänomenologische Psychologie ist keine Anti-Position zur
traditionellen Psychologie" (Herzog 1992, S. 497). Allerdings ist die Richtung der
Interpretation nicht auf die Erklärung des empirischen Datenmaterials allein gerichtet.
Phänomenologische Psychologie ist also kein reiner Empirismus, denn „Intentionalität
lässt sich experimentell nicht erzeugen" (ebd., S. 491). Damit ist allerdings kein gegenseitiger methodischer Ausschluss von phänomenologischen und experimentellen Untersuchungen gemeint. So spricht Max Scheler (1874–1928) vom ‚phänomenologischen
Experiment' und stellt zur Bedeutung der Empirie in der phänomenologischen Psychologie fest: „Vielfach sind vielmehr diese Experimente nur ‚Veranschaulichungsexperi-
mente', durch die eine im Wesen des betreffenden Erlebnisgehaltes liegende Stufe seiner
Bildung zu unmittelbarer Anschauung gebracht wird" (1957, S. 389).

Der Unterschied zur reinen empiristischen Forschung lässt sich an einem Beispiel verdeutlichen: Aanstoos hat zur Erklärung des Verhaltens von Schachspielern eine *empirische phänomenologische Psychologie des Denkens* (1987) entwickelt. Sie unterscheidet sich von direkten Alternativen in der Psychologie wie bspw. dem Ansatz von Newell und Simon (1972) dadurch, dass Aanstoos nicht nur nach Mustern zur Erklärung seiner Messungen sucht oder eine Theorie entwickelt, die diese Muster erklärt. Stattdessen spricht er davon, dass das Schachspiel als ein bedeutungsvolles ‚Verweisungsgesamt' erlebt wird. Phänomenologische Psychologie untersucht die Relevanz der psychologischen Beobachtung und Messung für den Erfahrungs- und Bewusstseinszusammenhang.

Die Entwicklung der phänomenologischen Psychologie als Beitrag zur Disziplin der Psychologie nimmt ihren Ausgang am Anfang des 20. Jahrhunderts. Dabei kann nicht davon gesprochen werden, dass es eine einheitliche Schule gegeben hat. In den ersten Jahrzehnten des Jahrhunderts haben sich mehrere Gruppen von Psycholog:innen von der Phänomenologie beeinflussen lassen. Ein prominentes Beispiel ist die Würzburger Schule der Denkpsychologie. Die Denkpsychologie ist allerdings keine phänomenologische Psychologie im engeren Sinne. Dies gilt für die meisten Beiträge aus der ersten Hälfte des 20. Jahrhunderts für die Verwendung der phänomenologischen Methode, prominent etwa Karl Jaspers (1883–1969), dessen *Allgemeine Psychopathologie* (1913) ein Ausgangspunkt der phänomenologischen Psychodiagnose und Psychiatrie ist, oder Philipp Lersch (1898–1972), dessen Persönlichkeitspsychologie Anleihen bei der Phänomenologie Schelers macht, indem er Phänomene des seelischen Erleben des Gefühlsbereiches (endothymer Grund) beschreibt, ordnet und interpretiert. Trotz einer allgemeinen Zugehörigkeit zur phänomenologischen Bewegung haben sie sich nicht um die Etablierung einer eigenständigen phänomenologischen Methodologie für die Psychologie bemüht (für eine Übersicht siehe Spiegelberg 1972).

Die Bemühung um eine Methodologie dieser Art findet sich erst in der zweiten Hälfte des 20. Jahrhunderts. Dabei sollten vier Zusammenhänge von Forscher:innen hervorgehoben werden, die sich in zwei Ausrichtungen gliedern lassen, nämlich eine eher quantitativ-experimentelle und eine qualitativ-interpretative phänomenologische Psychologie. Zur ersten Gruppe gehören die Utrechter Schule, deren wichtigster Vertreter Johannes Linschoten (1925–1964) gewesen ist, sowie die Heidelberger ‚phänomenologische Orientierung in der Psychologie' um Carl Friedrich Graumann (1923–2007). Zur zweiten gehört die Kopenhagener Phänomenologie im Anschluss an Edgar Rubin (1886–1959) und Amadeo Georgis ‚deskriptive phänomenologische Methode' mit ihren Vertretern aus Pittsburgh (für einen Vergleich siehe Wendt 2020). Bis in die Gegenwart wirken allerdings nur die beiden letztgenannten Gruppierungen. Einfluss auf den Mainstream hat die Phänomenologie bisher ebenso wenig gewinnen können wie einen dauerhaften überregionalen Diskurs. Dennoch sind in den letzten Jahrzehnten verschiedene theoretische und methodische Innovationen mit phänomenologischem Hintergrund entstanden, etwa das Paradigma des Enaktivismus (Noë 2004; Fuchs 2008), der mikrophänomenologische Ansatz (Depraz et al. 2003) oder die Interpretative

Phänomenologische Analyse (Smith 2008). Beiträge wie diese können auch in der Kulturpsychologie von Wert sein.

3   Phänomenologie und Kulturpsychologie

Der Untersuchungsgegenstand der Kultur ist in der Phänomenologie auf eine andere Weise von Bedeutung, als es für alternative Denkarten gilt. Während Kultur in empiristischer Forschungsart als komplexes und emergentes Phänomen verstanden wird, dessen metaphysische Erklärung erst auf der Grundlage von elementaren Mechanismen möglich wird (z. B. Shteynberg 2010), erkennt die Phänomenologie in ihrer ganzheitlichen Bestimmung der Erfahrung an, dass der kulturelle Phänomenbereich wie Intersubjektivität oder Sozialität die Entstehung von Erfahrung unmittelbar betreffen. Dementsprechend bietet die phänomenologische Forschung bereits als philosophische verschiedene Anschlusspunkte für kulturpsychologische Theoriebildung. Phänomenologie der Kultur ist aber noch keine Kulturpsychologie im methodologischen Sinne, sofern in ihr vornehmlich philosophische Argumente entwickelt werden. Dies wird bei Connor deutlich, der von ‚cultural phenomenology‘ als einer Geisteshaltung des Forschens spricht: „cultural phenomenology would enlarge, diversify and particularise the study of culture. Instead of readings of abstract social and psychological structures, functions and dynamics, cultural phenomenology would home in on substances, habits, organs, rituals, obsessions, pathologies, processes and patterns of feeling" (Connor 2000, S. 3).

Zu den Schwerpunkten der jüngeren phänomenologischen Forschung in diesem Bereich gehört die Bestimmung unterschiedlicher Formen des Selbstbewusstseins. Dan Zahavi unterscheidet drei Perspektiven: Das Selbst als reiner (transzendentaler) Identitätspol, als narratives Konstrukt und als Erfahrungsdimension (Zahavi 2005, S. 104 ff.). Auch wenn für die philosophische Phänomenologie gerade die dritte Form des Selbstbewusstseins von herausragendem Interesse ist, so kann die kulturpsychologische Forschung doch von der Untersuchung der Beziehung zwischen den drei Gestalten des Selbstbewusstseins profitieren. In den letzten Jahren erfreut sich der phänomenologische Diskurs einer lebendigen und fruchtbaren Auseinandersetzung mit der Fragestellung, in welchem Verhältnis die narrative Dimension des Selbstbewusstseins zur elementaren Erfahrungsdimension *(minimal self)* steht (bspw. Belt 2019; Bortolan 2020). Das Forschungsinteresse ist dabei, aufzuklären, wie die elementare Bewusstseinskonstitution in sozial komplexe personale oder kollektive Identitäten übergeht.

Eine weitere philosophisch-phänomenologische Quelle für kulturpsychologische Theoriebildung ist der Diskurs über das Wesen des Fremden. Mithilfe des Begriffes der Alterität (Wendler 2021) wird es möglich, die Verfügbarkeit oder Verborgenheit mitmenschlicher Erfahrung zu bestimmen. Mit Waldenfels, der der Phänomenologie der Kultur wesentliche Impulse gegeben hat, wird die epistemologische Anerkennung der Fremdheit als zentralem Merkmal kultureller Erfahrung möglich:

Ohne die Wirkung transkultureller Überschüsse endet jede Kultur in einem Kulturalismus, der die alten Aporien des Historismus wiederaufleben lässt. Man steht entweder innerhalb einer Kultur oder außerhalb ihrer; es fehlt die innere Distanz, die Helmuth Plessner als ‚exzentrische Positionalität' bezeichnet hat. Die Missachtung des Außerordentlichen führt dazu, dass kulturelle Ordnungen als bloße Normalordnungen funktionieren (Waldenfels 2007, S. 364).

Philosophische Phänomenologie kann eine hilfreiche Ideengeberin für die Kulturpsychologie sein sowie ein Korrektiv für die Theoriebildung. Die Weiterentwicklung der kulturpsychologischen Methodologie ist auf Grundlage der vornehmlich reflexiven Beiträge allerdings noch nicht möglich. Dieser Übergang innerhalb des phänomenologischen Diskurses verläuft hin zur ‚phänomenologischen Psychologie' im engeren Sinne.

Die Kulturpsychologie ist eine verhältnismäßig junge Teildisziplin der Psychologie. Auch wenn ihre Entwicklung, bspw. im Wirken Ernst E. Boeschs (1916–2014), mit der Entstehung der vier erwähnten Gruppierungen der phänomenologischen Psychologie koinzidiert, ist es bisher zu keiner systematischen Wechselbeziehung gekommen. Das Zusammenwirken beider Ansätze sollte nichtsdestoweniger als hoffnungsvolle Perspektive für eine beiderseitige Weiterentwicklung betrachtet werden, da wichtige konzeptuelle Übereinstimmungen bestehen. So eint beide Strömungen etwa der Anti-Reduktionismus, die Untersuchung von Bedeutungsstrukturen als Grundlage des Verhaltens oder der Methodenpluralismus. Ferner bestehen verschiedene Anknüpfungspunkte, wie die Ethnomethodologie, deren konzeptueller Hintergrund die phänomenologische Soziologie Alfred Schütz' (1899–1959) bildet, die Feldtheorie Kurt Lewins (1890–1947), die sowohl für Boesch als auch für Graumann von Bedeutung gewesen ist, aber auch die Umweltpsychologie, insofern Willy Hellpach (1877–1955) sowohl für die phänomenologische Umwelt- als auch für die Kulturpsychologie als Vordenker zu gelten hat (Hellbrück und Fischer 1999, S. 68).

Die durch Alfred Schütz inspirierte phänomenologische Soziologie ist für die Kulturpsychologie methodologisch in verschiedener Hinsicht anschlussfähig. Schütz geht von Edmund Husserls Begriff der Lebenswelt aus, um eine Analyse der Entstehung und Struktur von alltäglichen sozialen Verhältnissen zu ermöglichen. Im Mittelpunkt seiner *Strukturen der Lebenswelt* (Schütz 2003) steht der Begriff des Wissens, von dem auch die an ihn anschließende Wissenssoziologie ausgeht, deren Hauptvertreter Thomas Luckmann (1927–2017) gewesen ist. Eine weitere durch Schütz geprägte Forschungsart ist die sog. Ethnomethodologie, die vor allem in den Vereinigten Staaten von Schütz' Schüler Harold Garfinkel (1917–2011) etabliert worden ist. Die Ethnomethodologie untersucht die impliziten Regeln der Lebenswelt, wobei ihre empirischen Untersuchungen oftmals darin bestehen, die gesellschaftlichen Konventionen auf die Probe zu stellen, um die Reaktion von Versuchspersonen zu beobachten. Diese Vorgehensweise kann auch zur Untersuchung kultureller Diversität in der Psychologie genutzt werden.

Eine Brücke zwischen der Phänomenologie der Kultur und der Kulturpsychologie wird im Werk von Aron Gurwitsch (1901–1973) geschlagen. Gurwitschs Forschungsbiografie umfasst den Kontakt mit der Gestaltpsychologie in Berlin, wo er bei Carl Stumpf

(1848–1936) lernte, mit der Neuropsychopathologie bei Kurt Goldstein (1878–1965) in Frankfurt am Main, aber auch die Ausbildung in Transzendentalphänomenologie bei Husserl in Freiburg im Breisgau. Bevor er seine Habilitation, die er bei Scheler geplant hatte, veröffentlichen konnte, musste Gurwitsch nach Frankreich und dann in die USA fliehen, wo er neben Schütz als eine der Schlüsselfiguren der Phänomenologie wirkte. Sein Schüler Lester E. Embree (1938–2017) argumentiert dafür, dass Gurwitschs Werk den Ansatz einer ‚kulturwissenschaftlichen phänomenologischen Psychologie' ermöglicht. Embree geht davon aus, dass die Phänomenologie die Ursprünglichkeit der Kultursphäre als Lebenswelt verständlich machen kann: „The cultural are prior to the naturalistic sciences because they are closer to pre-scientific life. Science in general requires adoption of the theoretical attitude. Naturalistic science additionally requires the abstraction of naturalistic objects from the concrete lifeworld, which is to say the cultural sphere" (Embree 2003, S. 55). Auch in Gurwitschs Werk ist eine phänomenologische Kulturpsychologie jedoch nur passagenweise angelegt, nicht systematisch etabliert.

Einen aktuellen Versuch, Kulturpsychologie mit phänomenologischen Überlegungen zu verbinden, hat jüngst Tateo (2016) mit der *Methode der komplementären Negation'* im Kontext seiner *‚kogenetischen Kulturpsychologie'* unternommen. Tateo greift auf Brinkmann (2016) zurück, dessen qualitativer Forschungsansatz mit der zuvor erwähnten Kopenhagener Schule der phänomenologischen Psychologie in Verbindung steht. Tatsächlich handelt es sich bei ‚komplementärer Negation' allerdings um einen formal-logischen Beschreibungsschematismus, der versucht, der Ganzheitlichkeit der Erfahrung zu entsprechen, indem kulturelle Zusammenhänge als triadische Systeme der Form ‚[A, nicht-A, Unterschied]' dargestellt werden. Die Argumentation ist stärker durch den Pragmatismus von Charles Sanders Peirce (1839–1914) als durch die kontinental-europäische Tradition der Phänomenologie geprägt.

Demgegenüber spricht Wolfradt in klarem Bezug auf diese Tradition von einer „Kulturpsychologie aus phänomenologischer Perspektive" (2021, S. 342). Er schlägt vor, anhand der Begriffe Struktur, Funktion und Wert-Erleben die Wirklichkeitserkenntnis in der intentionalen Beziehung zwischen Mensch und lebensweltlich erscheinendem Kulturobjekt (z. B. Kunstwerk) zu bestimmen. Seine drei operationalen Begriffe leitet Wolfradt aus psychologischen wie phänomenologischen Diskursen ab, wobei er sich unter den Mitgliedern der phänomenologischen Bewegung etwa auf Aron Gurwitsch und Michel Henry (1922–2002) bezieht.

Das Potenzial phänomenologischer Untersuchungen für die Erweiterung der Kulturpsychologie lässt sich am Beispiel des Werterlebens verdeutlichen, das auch von Wolfradt (2021) untersucht wird.

4   Beispiel: Werterleben und Emotionalität

Ein wichtiger Beitrag der phänomenologischen Konstitutionsanalyse zum Verständnis der Erfahrung ist, die Reduktion auf kognitive oder physiologische zu vermeiden und stattdessen die Vielfalt bedeutungsvoller Zusammenhänge als Grundlage des Erlebens zu betonen. Einer dieser Zusammenhänge ist der Wertaspekt des Seins, das Wertsein, dem das Werterleben korrespondiert. Ein schillernder Vordenker für die phänomenologische Wertlehre ist Max Scheler, dessen Einfluss auf die Psychologie und Psychiatrie seiner Zeit kaum überschätzt werden kann (Cusinato 2019). Im Mittelpunkt seiner Wertphilosophie steht die Auffassung, dass Akte des Werterlebens, insbesondere das Fühlen, Vorziehen und Lieben, andere Aktklassen, etwa kognitive, fundieren: „so erfassen wir ein Gedicht oder ein anderes Kunstwerk längst als ,schön', als ,häßlich', als ,vornehm' oder ,gemein' ohne im entferntesten zu wissen, an welchen Eigenschaften des betreffenden Bildinhaltes dies liegt" (Scheler 1916, S. 12). In seiner materialen Wertethik argumentiert Scheler, dass Unterschiede des Werterlebens auch für die Erklärung von kulturellen Eigenheiten verwendet werden können. Geschichtliche „Variationen des Fühlens (also ,Erkennens') der Werte selbst, sowie der Struktur des Vorziehens von Werten und des Liebens und Hassens" (ebd., S. 303) seien als *Ethos* zu bezeichnen und bildeten auf emotionaler Ebene, was die Weltanschauung auf intellektueller sei.

Die Kulturpsychologie lässt sich durch die phänomenologische Untersuchung von Wertverhältnissen erweitern. Kulturelle, aber auch biographische Narrative sind oftmals durch implizite Werthorizonte geprägt, deren Explikation ohne einen konzeptuellen Rahmen schwerfällt. Die Brücke zwischen Wertlehre und Kulturpsychologie schlägt die phänomenologische Psychologie. Ein gutes Beispiel für diesen Brückenschlag ist Fullers Werk *Insight into Value* (1990), das als Grundlage für phänomenologische Psychologie konzipiert ist und den Wertbegriff (im Anschluss an Viktor Frankl) in den Mittelpunkt stellt. Dabei werden Gestaltpsychologie und existenzielle Phänomenologie kombiniert. Fuller versucht die objektivistischen Tendenzen der gestaltpsychologischen Theorie durch die Phänomenologie zu korrigieren. So schreibt er:

> Feeling insight (impact-interpreting) and intrinsic requiredness (value) together are embedded in the single larger context of a bodily self-world system. Positive interest and positive meaning, desirous organism and desired banana, for example, in the classic experiments of Köhler (1927) with chimpanzees, are in mutual dependence on one another and not arbitrarily so. In the words of Merleau-Ponty, ,The ,milieu' and the ,aptitude' [are] like two poles of behavior and participate in the same structure' (Fuller, 1990, S. 257).

In dieser Hinsicht argumentiert der Autor des Weiteren, dass die werthaften Bedeutungszusammenhänge auch für die Erklärung von Unterschieden zwischen kulturellen Narrativen relevant sind (ebd., S. 130). So wird am Beispiel Werterleben ersichtlich, welche Möglichkeiten der kulturpsychologischen Forschung durch eine phänomenologische Perspektive erschlossen werden können.

5   Fazit

Eine ausformulierte phänomenologische Kulturpsychologie im eigentlichen Sinne gibt es noch nicht. Bisher ist lediglich von einem perspektivischen Beitrag der phänomenologischen Psychologie zur Kulturpsychologie zu sprechen. Neben der Überwindung institutioneller und wissenschaftspolitischer Hürden ist für die Etablierung einer phänomenologischen Kulturpsychologie jedoch zuerst der Schritt einer methodologischen und systematischen Aktualisierung zu nehmen. Die bisherigen Forschungstraditionen für die phänomenologische Orientierung in der Psychologie sind im Vergleich zu den momentan dominanten Forschungsansätzen wie Kognitivismus und Konnektionismus weder ausreichend theoretisch fundiert noch als einheitliches Konzept ausformuliert. Im derzeitigen Zustand verfügt die phänomenologische Psychologie noch nicht über die strukturelle und theoretische Durchdringung, um als gewichtige Alternative zur empirischen Analyse psychischer Phänomene beizutragen. Zur Überwindung dieses Zustands ist es erforderlich, gewohnheitsmäßige Selbstverständlichkeiten zu überwinden und innovative Verbindungen in Methode und Theorie über die Disziplingrenzen zu finden. In diesem Sinne steht vor einem essentiellen Beitrag zur Kulturpsychologie die Aufgabe, die phänomenologische Psychologie in theoretischer wie methodologischer Hinsicht zu erneuern (siehe hierzu Wendt 2022).

Literatur

Aanstoos, C. (1987). Information processing and the phenomenology of thinking. In D. Welton & H. Silverman (Hrsg.), *Critical and dialectical phenomenology* (S. 250–264). Albany, NJ: SUNY press.

Belt, J. (2019). Between minimal self and narrative self: a Husserlian analysis of person. *Journal of the British Society for Phenomenology, 50*(4), 305–323.

Brinkmann, S. (2016). Cultural psychology and its values. *Culture & Psychology, 22*(3), 376–386.

Bortolan, A. (2020). Affectivity and the distinction between minimal and narrative self. *Continental Philosophy Review, 53*, 67–84.

Connor, S. (2000). Making an issue of cultural phenomenology. *Critical Quarterly, 42*(1), 2–6.

Cusinato, G. (2019). *Biosemiotica e psicopatologia dell'ordo amoris. In dialogo con Max Scheler.* Milan: Franco Angeli.

Depraz, N. E., Varela, F. J., & Vermersch, P. E. (2003). *On becoming aware: A pragmatics of experiencing.* Amsterdam: John Benjamins Publishing Company.

Drüe, H. (1963). *Edmund Husserls System der phänomenologischen Psychologie.* Berlin: de Gruyter.

Fraisopi, F. (2020). Einleitung. Radikalität, Häresien und Horizonterweiterungen des phänomenologischen Denkens. In T. Breyer, J. Jansen & I. Römer (Hrsg.), *Phänomenologische Forschungen 2020–2* (S. 5–10). Hamburg: Meiner.

Fuchs, T. (2008). *Das Gehirn – ein Beziehungsorgan: eine phänomenologisch-ökologische Konzeption.* Stuttgart: Kohlhammer.

Fuller, A. R. (1990). *Insight into value: An exploration of the premises of a phenomenological psychology.* Albany, NJ: SUNY Press.

Gallagher, S. (2007). The natural philosophy of agency. *Philosophy Compass, 2*(2), 347–357.

Graumann, C. F., & Métraux, A. (1977). Die phänomenologische Orientierung in der Psychologie. In K. Schneewind (Hrsg.), *Wissenschaftstheoretische Grundlagen der Psychologie* (S. 27–53). München: Reinhardt.

Embree, L. E. (2003). Aron Gurwitsch's theory of cultural-scientific phenomenological psychology. *Husserl Studies, 19*(1), 43–70.

Hellbrück, J., & Fischer, M. (1999). *Umweltpsychologie: Ein Lehrbuch*. Göttingen: Hogrefe.

Herzog, M. (1992). *Phänomenologische Psychologie*. Heidelberg: Asanger.

Husserl, E. (1917). Phänomenologie und Psychologie. In T. Nenon & H. R. Sepp (Hrsg.), *Husserliana. Band 25* (S. 82–124). Den Haag: Nijhoff.

Newell, A., & Simon, H. A. (1972). *Human problem solving*. Englewood Cliffs, N.J: Prentice-Hall.

Noë, A. (2004). *Action in perception*. Cambridge, MA: MIT press.

Scheler, M. (1916). *Der Formalismus in der Ethik und die materiale Wertethik*. Halle/S.: Niemeyer.

Scheler, M. (1957). Phänomenologie und Erkenntnistheorie. In ders., *Schriften aus dem Nachlass* (Bd. I, S. 377–430). Bern: Francke.

Schütz, A. (2003). *Strukturen der Lebenswelt*. Konstanz: UVK.

Shteynberg, G. (2010). A silent emergence of culture: The social tuning effect. *Journal of Personality and Social Psychology*, *99*(4), 683–689.

Schnell, A. (2019). *Was ist Phänomenologie?* Frankfurt/Main: Klostermann.

Smith, J. A. (2008). Reflecting on the development of interpretative phenomenological analysis and its contribution to qualitative research in psychology. *Qualitative Research in Psychology*, *1*(1), 39–54.

Spiegelberg, H. (1972). *Phenomenology in psychology and psychiatry: A historical intro-duction*. Evanston, ILL: Northwestern University Press.

Tateo, L. (2016). Toward a cogenetic cultural psychology. *Culture & Psychology*, *22*(3), 433–447.

Waldenfels, B. (1987). *Phänomenologie in Frankreich*. Frankfurt/Main: Suhrkamp.

Waldenfels, B. (2007). Das Fremde denken. *Zeithistorische Forschungen – Studies in Contemporary History*, *4*(3), 361–368.

Wendler, H. (2021). Deus Absconditus! Homo Absconditus. Animal Absconditum? In E. N. Dzwiza-Ohlsen & A. Speer (Hrsg.), *Philosophische Anthropologie als interdisziplinäre Praxis* (S. 173–193). Paderborn: Brill mentis.

Wendt, A. N. (2020). Phänomenologische Psychologie. In G. Mey, & K. Mruck (Hrsg.), *Handbuch Qualitative Forschung in der Psychologie* (S. 101–124). Heidelberg: Springer.

Wendt, A. N. (2022). *Die Erneuerung der phänomenologischen Psychologie*. Freiburg: Alber.

Wolfradt, U. (2021). Der Wertbegriff in Philosophie und Psychologie – Erkenntnistheoretische und fachhistorische Perspektiven. In H. Werbik, U. Wolfradt, A. Lailach-Hennrich, & L. Allolio-Näcke (Hrsg.), *Historische Entwicklung und aktuelle Perspektiven des Verhältnisses von Philosophie und Psychologie* (S. 327–348). Würzburg: Königshausen & Neumann.

Zahavi, D. (2005). *Subjectivity and selfhood*. Cambridge, MA: MIT Press.

Die sozialkonstruktivistische Perspektive

Lars Allolio-Näcke

Zusammenfassung

Der Beitrag stellt die sozialkonstruktivistische Perspektive in der Kulturpsychologie vor. Zunächst wird der Soziale Konstruktivismus definiert und begrifflich präzisiert, was darunter zu verstehen ist und was nicht. Anschließend wird die sozialkonstruktivistische Perspektive historisch wie theoretisch verortet und kritisch gewürdigt. Es folgen zwei Beispiele zur sozialen Konstruktion von Emotionen und zur Bedeutung von Trennungs- und Beziehungserfahrungen im Kontext der Systemischen Psychotherapie. Schließlich werden Konvergenzen zwischen Kulturpsychologie und Sozialem Konstruktivismus herausgearbeitet, die darauf hinauslaufen, einen psychischen Universalismus sowie eine Psychologie vom Individuum her zu denken und zu praktizieren, abzulehnen und die Konstruktion von Sinn und Bedeutung in sozialen wie kulturellen Kontexten zum Gegenstand der Psychologie zu machen.

Schlüsselwörter

Sozialer Konstruktivismus · Radikaler Konstruktivismus · Soziale Wirklichkeitskonstruktion · Soziale Praktiken · Giovanni Battista Vico · Kenneth J. Gergen

L. Allolio-Näcke (✉)
Friedrich-Alexander-Universität Erlangen-Nürnberg, Erlangen, Deutschland
E-Mail: lars.allolio-naecke@fau.de

1 Einleitung, Gegenstandsbereich und Definition

Der soziale Konstruktivismus ist neben der Foucaultschen Diskurstheorie (siehe Kap. Diskursanalyse) eine der theoretischen Spielarten, die in den 1980er Jahren im Kontext der Psychologie auftauchen und deren Empirismus, Realismus und Individuumszentriertheit radikal infrage stellen. „Sein Ausgangspunkt ist nicht das Individuum, sondern das Soziale, die Beziehungen zwischen Menschen. Wissen, Erfahrung und das Selbst sind stets sozial verankert. Vor diesem Hintergrund geht der soziale Konstruktionismus davon aus, dass wissenschaftliche Beobachtungen nicht den Charakter der Realität enthüllen können, denn sie sind immer schon sprachlich vermittelt und verweisen auf die kulturellen und sozialen Kontexte ihrer Entstehung" (Winter 2020, S. 2). Seine Prämissen teilt der Soziale Konstruktivismus mit dem Radikalen Konstruktivismus, wobei der Unterschied zwischen beiden darin besteht, dass der Radikale Konstruktivismus auf das Individuum fokussiert (ähnlich der Leibnizschen Monade), während der Soziale Konstruktivismus die Konstitution von Wirklichkeit und Selbst in sozialen Beziehungen verortet. So werden bspw. psychische Probleme nicht im Individuum gesehen, vielmehr haben sie ihre Ursache in sozialen Beziehungen, in die das Individuum eingebettet ist. Daraus hat sich mit der Systemischen Psychotherapie auch ein eigenes psychotherapeutisches Verfahren etabliert.

Zuweilen wird der Soziale Konstruktivismus in der Psychologie auch als Sozialer Konstruktionismus bezeichnet. Dabei handelt es sich nicht um eine eigenständige Variante; vielmehr lehnt sich dieser Begriff an den englischsprachigen Begriff *construction* an. Im Folgenden wird jedoch vom Sozialen Konstruktivismus gesprochen, da dieser Begriff erstens die Bezüge zum konstruktivistischen Denkschema deutlich macht, zweitens den in der Soziologie üblichen Sprachgebrauch verwendet und so die Psychologie nicht in eine Sonderstellung gegenüber den anderen Sozialwissenschaften bringt und drittens eine Verwechslung mit der von Seymour Papert (1994) begründeten Lerntheorie des Konstruktionismus, die das aktive Handeln beim Lernen betont, vermeidet. Schließlich macht er sich viertens nicht gemein mit dem eigens von Kenneth Gergen vertretenen Konstruktionismus: „In den achtziger Jahren hat er für seinen Ansatz den Begriff Sozialkonstrukt*ion*ismus geprägt, hauptsächlich um sich gegen sozial-konstruktivistische Handlungstheorien im Sinne von Berger und Luckmann (1966) sowie gegen psychologische Konstruktivismen, etwa im Sinne Piagets (1954, 1955), abzugrenzen" (Zielke 2004, S. 204). Hauptargument dieser Abgrenzung ist, dass diese Konstruktivismen das Materielle und das Mentale „essentialisiert" hätten (Gergen 1994, S. 67). Diese Auffassung ist sehr kritisch zu sehen. Vielmehr muss man Gergen entgegenhalten, dass seine Variante des Konstruktivismus jeden Bezug auf die materielle Welt verloren hat.

2   Historische und theoretische Grundlagen

2.1   Historische Einordnung: Eine lange und eine kurze Geschichte des Konstruktivismus

Der Begriff ‚Konstruktivismus' wird in den Sozialwissenschaften zumeist auf die wissenssoziologische Arbeit von Berger und Luckmann (1966) zurückgeführt; andere verweisen auch auf die soziologischen Arbeiten von Karl Mannheim (1893–1947) und Ludwig Fleck (1896–1961) der 1920er und 1930er Jahre. Der erkenntnistheoretische Gedanke ist jedoch viel älter und verweist zurück auf das frühe 18. Jahrhundert – auf Giovanni Battista Vico (1668–1744). Dieser lehnte eine Erforschung des Menschen mittels naturwissenschaftlicher Methoden ab und wendet sich damit gegen die einseitig mathematisch-naturwissenschaftlich ausgerichtete Philosophie Descartes. Eine derartige Anthropologie und die ihr entsprechende Heuristik verkenne den Menschen als *Selbst*erzeuger kultureller Bedeutungs- und Symbolsysteme. Oder in den Worten Paul Watzlawicks (1921–2007): Der Konstruktivismus ist die „Untersuchung der Art und Weise, wie wir Menschen unsere eigenen Wirklichkeiten erschaffen" (Watzlawick 1986, S. 115).

Ein konstruktivistisches Weltbild impliziert demnach nicht *per se,* wie oft falsch gedeutet, dass eine objektive Welt, die sich nach naturwissenschaftlichen Prinzipien erklären lässt, nicht existiere – selbst im Radikalen Konstruktivismus wird lediglich davon ausgegangen, dass man über die ‚objektive' Welt keine Aussagen treffen könne. Bei Vico entspricht dem die Trennung von Natur und Geschichte. Nur für letztere und damit für den Gestaltungsraum des Menschen entwirft er einen Konstruktivismus, der sich analog zum göttlichen Handeln versteht: „Wie das göttliche Wahre das ist, das Gott, indem er es erkennt, anordnet und erzeugt, so ist das menschliche Wahre das, was der Mensch, während er Kenntnis von ihm gewinnt, zusammenfügt und zugleich auch schafft: auf diese Weise wird Wissenschaft zur Erkenntnis der Art oder der Modalität, in der die Sache zur Entwicklung kommt, zu einer Erkenntnis, in der der Geist, während er diese Modalität begreift, weil er die Elemente der Sache zusammenfügt, die Sache erschafft" (Vico 1979, S. 36 f.). So kann er sagen: „‚Verum esse ipsum factum' – Das Wahre ist das Geschaffene selber" (Vico 1979, S. 34 f.).

Dahinter steht die Grunderkenntnis, dass wir die *Wirklichkeit* (inter-)subjektiv ‚erfinden' (konstruieren) und nicht die *Realität* objektiv ‚entdecken'. Oder anders gesagt: *verum* und *factum* fallen im begrenzten menschlichen Handeln und Erkennen nicht einfach zusammen. Der Mensch erkennt das Wahre nur in dem Maße, in dem er es in Gedanken, in Sprache oder in der Geschichte erschafft. Die Begrenztheit des menschlichen Erkennens wird damit zum Ausgangspunkt der verstehenden (*percipiendi*), verbindenden und unterscheidenden (*componendi secernendique*) sowie argumentierenden (*ratiocinandi*) Wissenschaft (Vico, 1982, S. 83). Die Welt dieser Produktivität ist damit die Welt der Wahrscheinlichkeit. Sie gilt es in einer integrativen Vorgehensweise zu erschließen, womit Vico sich gegen die Dominanz der Kritik bei Descartes wendet. Vernunft *und* Fantasie, Logik *und* Handeln dürfen danach nicht voneinander geschieden werden. Die Welt – als Welt des Menschen – ist interpretierte und vom Menschen konstruierte Welt.

Neben den bereits erwähnten Entwicklungen in der Soziologie erlebte der (Soziale) Konstruktivismus in den 1980er Jahren eine Renaissance. Dabei sind die Quellen aus denen er sich speist recht vielfältig (Burr 2003; Nightingale und Cromby 1999; Zielke 2007) – wobei sich ein gemeinsamer Schwerpunkt in der linguistischen Wende, d. h. im Rekurs auf Wittgensteins späte Sprachtheorie, finden lässt.

„Hiernach verleiht Begriffen nicht ihr Bezug zur externen Realität oder zu einem Gegenstand ihre Bedeutung; sie erhalten diese im Kontext ihrer Verwendung in Sprachspielen. Wissen entsteht in sprachlichen, sozialen Praktiken", so Winter (2020, S. 4). Oder in Wittgensteins eigenen Worten: „Die Bedeutung eines Wortes ist sein Gebrauch in der Sprache" (1995, S. 262, § 43). Das viel zitierte, sich hieraus ableitende *meaning-as-use* findet in einem sozialen Kontext statt, den Gergen als ‚social practices' oder einfach ‚social use' oder ‚patterns of ongoing exchange' bezeichnet. Diese Gebrauchs- und Interaktionspraktiken sind der Ort, an dem Wörter ihre Bedeutung erhalten, und zwar „within what Wittgenstein metaphorically terms ‚language games'" (Gergen 1994, S. 52 f.).

Neben diesem gemeinsamen Bezug lassen sich nach Winter (2020, passim) weitere Einflüsse auf die aktuellen sozialkonstruktivistischen Ansätze identifizieren:

(1) Thomas Kuhns Studie *The structure of scientific revolutions* (1962), die das Denken unterschiedlicher wissenschaftlicher Realitäten ermöglichte und zeigte, dass akademische Wissensproduktion von einer sie tragenden Gemeinschaft erbracht wird. Dass dies nicht nur für das Wissen der philosophischen Fächer gilt, konnte Knorr-Cetina (1984) für naturwissenschaftliche Erkenntnisse belegen.

(2) Wie solche gemeinsamen Konstruktionen realiter entstehen, haben die beiden methodischen Zugänge der Ethnomethodologie wie der Konversationsanalyse an Alltagssituationen und -gesprächen eindrucksvoll gezeigt: Alltagshandlungen unterliegen weitgehend Konventionen und folgen Regeln, die vom Individuum nur bedingt beeinflussbar sind.

(3) Auch der vom Sozialen zu unterscheidende Radikale Konstruktivismus trug zur Renaissance bei (von Glasersfeld 1995; Maturana und Varela 1980). Zwar geht der Soziale Konstruktivismus im Gegensatz zum Radikalen Konstruktivismus – wie bereits dargelegt – nicht von der individuellen Konstruktion, sondern von der gemeinsamen also sozialen Konstruktion der Wirklichkeit aus, jedoch teilen beide Ansätze die Grundannahmen in Bezug auf das Repräsentationsproblem, den Realitätsbezug sowie die Begrenztheit menschlicher Erkenntnisfähigkeit und Weltverfügung.

2.2 Theoretische Einordnung: Prämissen des Sozialen Konstruktivismus

Im Folgenden werden thesenartig die Prämissen des Sozialen Konstruktivismus vorgestellt und kurz erläutert:

- Alles menschliche Wissen ist historisch wie kulturell variabel und wird nicht vom Individuum, sondern von sozialen Gemeinschaften erzeugt.
- Die Wissenskonstruktion ist an konkrete Sprachen und Sprachräume gebunden, sodass in ihnen formuliertes Wissen nicht verallgemeinerbar ist und keine zeitlich-überdauernde Geltung beanspruchen kann (Zielke 2007, S. 22 f.); ebenso wie damit die Behauptung wissenschaftlicher Neutralität und Objektivität zurückgewiesen werden muss (Winter 2020, S. 7).
- Die Welt kann durch Sprache nicht repräsentiert werden (Abbildtheorie), sondern Sprache erzeugt Welt im sozialen Sprechen, sodass Welt niemals essentialistisch gedacht werden kann. Bedeutungen haften weder den Dingen noch den Worten an, sie werden in sozialen Interaktionen je neu ausgehandelt. Kulturelle Traditionen garantieren dabei eine gewisse ,Verstehenssicherheit'. Damit ist der soziale Konstruktivismus in die philosophische Strömung des Idealismus einzuordnen, d. h. dem materiellen Sein liegt ein geistiges zugrunde und nicht umgekehrt.
- *Menschliches Erkennen* vollzieht sich als ein produktiver Vorgang und lässt sich nicht auf die Deduktion von Einsichten aus den materiellen Gegebenheiten oder Strukturen reduzieren. Menschliches Denken und Handeln weist demnach über die Aneignung (Widerspiegelung) von materiellen wie sozialen Gegebenheiten hinaus; es ist auch nicht notwendigerweise zweckrational.
- Die *Begrenztheit menschlichen Handelns und Erkennens* ist die fundamentale Einsicht des Konstruktivismus. Wenn der Mensch als erkennendes Subjekt ernst genommen wird, dann werden Wahrheit und Realität nur in dem Maße erkennbar, indem seine Gedanken in seiner Sprache oder in seiner Geschichte ihm erscheinen. Situation, Perspektive und Horizont bleiben demnach prinzipiell begrenzt. Das Ganze ist weder durch eine Schau oder *theoria* noch durch die Addition von Einzelperspektiven bzw. durch die Verschmelzung einzelner Horizonte zu erfassen. Daraus ergibt sich ein Relativismus hinsichtlich der Wahrheit bzw. der Geltung des Wissens. „Allein die Frage ist ausschlaggebend, welche Konstruktion sich als die nützlichste und menschlichste erweist" (Watzlawick 2001, S. 22).
- Wenn Welt gemeinsam hervorgebracht wird, dann gilt dies für alle in ihr vorhandenen Dinge, so auch individuelle Vorstellungen und Gefühle. Emotionale Zustände entstehen nicht im Kopf oder Bauch des Einzelnen, sondern werden sozial ausgehandelt bzw. aus der sozialen Praxis, an der die Individuen teilhaben (müssen), übernommen.
- Wenn Dinge nicht unverändert bleiben müssen, Gefühle nicht individuell sind und individuelle Identität erst im sozialen Netz einer Person entsteht, gibt es immer auch die Möglichkeit, auf diese Dinge Einfluss zu nehmen und diese zu verändern. Inso-

fern beanspruchen sozialkonstruktivistische Theorien für sich einen emanzipativen Anspruch.

- Die auf der Naturwissenschaft basierten Methoden und Vorstellungen sind daher zugunsten von hermeneutischen und sprachanalytischen zu vernachlässigen (vgl. Zielke 2007, S. 26).

2.3   Sozialer Konstruktivismus in der Kulturpsychologie

Die sozialkonstruktivistische Perspektive stellt *einen* Zugang in das Feld der Kulturpsychologie dar, da sie kompatibel mit grundlegenden Prämissen der Kulturpsychologie ist. Weitere anderen Zugänge sind (1) Ansätze mit Bezug zur Kulturhistorischen Schule, (2) Ansätze aus der Kulturanthropologie selbst, (3) die eigenständigen Entwicklungen in Deutschland und (4) Indigene Psychologien (Allolio-Näcke 2022, S. 170–173). So lehnt der Sozialkonstruktivismus wie auch die Kulturpsychologie einen psychischen Universalismus zugunsten eines psychischen Pluralismus ab und verortet psychische Vorgänge situational, wobei der Prozess der Ko-Konstruktion von Wirklichkeit und Selbst im Mittelpunkt steht. Kulturpsychologie ist an Sinn- und Bedeutungskonstruktionen interessiert, wobei die sozialkonstruktivistische Perspektive nicht das Ergebnis (z. B. Bedeutungszuschreibungen), sondern den Konstruktionsprozess selbst fokussiert. Beide teilen auch die Ansicht, dass Psychologie nicht nur vom Individuum her gedacht und praktiziert werden kann, sondern dass Menschen sozial wie kulturell eingebundene und deshalb nur aus ihren sozialen und kulturellen Beziehungen zu verstehen sind.

2.4   Kritik

Ähnlich wie die Verwechslung von Sprache und Sprechen, scheinen einige Spielarten des sozialen Konstruktivismus ‚das Kind mit dem Bade auszuschütten': das Subjekt – und damit die Entität der Agens, der Intentionalität und Handlungsfähigkeit. Forscher, die Sprachanalysen und kollektive Bedeutungen bevorzugen, aber kein Interesse daran haben, wie Individuen in ihrer kulturellen Gewordenheit und Intentionalität die Bedeutungen in individuellen Sinn übersetzen, sehen Individuen als nur „an diesen Praktiken Partizipierende" (Zielke 2004, S. 242). Sie „sind eher passive Übernehmer als aktive Mitgestalter" (Zielke 2004, S. 242). Ein handelndes Subjekt und daraus resultierende Subjektivität wird aber von einigen Vertretern des sozialen Konstruktivismus ausdrücklich zurückgewiesen (Gergen 1999; Zielke 2007, S. 109). „The semantic link between world and word, signifier and signified, is broken" (Gergen 1994, S. 44). So gewinnen Texte rein aus der Differenz zu anderen Zeichen Bedeutung und bedürfen somit keiner Vorstellung von Wissen, Erfahrung oder anderen psychologisch relevanten Konstrukten, denn „if the texts of the culture are without authors, actions are without underlying agents" (Gergen 1991, S. 106).

Das Wittgensteinsche *meaning-as-use* erfordert aber genuin sprechende Subjekte, die im Sprachspiel „mitmachen" (vgl. Schneider 2000, S. 313). Auf diese Weise erlernen *wir* die Bedeutung der Begriffe, die in diesem Sprachspiel eine Rolle spielen. Bedeutung ohne ein interpretierendes Subjekt wäre bedeutungs- wie sinnlos. Sprache allein jedoch bedarf keines Akteurs. Aber darauf scheint Wittgenstein eben gerade nicht abzuzielen, wenn er von ‚Gebrauch' *(use)* spricht. Die Handlungsform von Sprache ist eben nicht die formale Sprache, sondern Sprechen. Oder in Zielkes Worten: „Die komplexe Beziehung zwischen Akteur, Handlung und Interaktion ist nicht übersetzbar in die Saussuresche Opposition von Signifikant und Signifikat" (2004, S. 297, vgl. auch S. 248).

Ohne Individuum auch kein Körper. Dieser spielt im sozialen Konstruktivismus kaum eine Rolle und wenn, dann als passive Leinwand sozialer Zuschreibungen. ‚Erfahrung', Körpererleben und Körperausdruck werden nur berücksichtigt, sofern diese sprachliche wie lautliche Erzeugnisse hervorbringen. Dass der Körper aber aus der leiblich verankerten Erfahrung agiert und in seiner Expressivität und im Begehren subversiv sein kann, findet keine Berücksichtigung (Burr, 2003, S. 198).

Kann es trotz sozialer Konstruktion Gewissheiten geben? So emanzipatorisch die Zurückweisung von Wahrheit und Erkenntnisfähigkeit im Einzelfall ist, in den meisten Anwendungsfällen führt sie genau in ihr Gegenteil: Wo keine Regeln, da herrscht Willkür; wo kein handelndes Subjekt ist, da ist auch niemand, der für irgendein Leid verantwortlich gemacht werden kann. Insofern ist der oft vertretene radikale Relativismus zurückzuweisen und dem Realismus zuzustimmen, der die Option, es gäbe Welt hinter der Sprache mit einer objektiven Erkenntnis, offen vertritt. Im Realismus verankerte Tätigkeits- und Handlungstheorien (siehe Kap. Die symbolische Handlungsperspektive) verweisen unabdingbar auf die *Verantwortlichkeit* des Menschen. Damit fordern sie in der Konsequenz ein auf diese Verantwortung hin ansprechbares Subjekt. Die theoretische Begründung beider Postulate kann ausweislich der Religions- bzw. Theologie- und Philosophiegeschichte unterschiedlich erfolgen. Im Rahmen der abendländischen Tradition muss an dieser Stelle auf den Kantischen Idealismus verwiesen werden. Wird dieses *a priori* zu Gunsten des sich in Relationen auflösenden, an vielfältigen Distributionen beteiligten Subjektes oder zu Gunsten anonymer und determinierender Strukturen aufgegeben, sind wir nicht mehr in der Lage, zugefügtes Leid zu adressieren, Verantwortlichkeiten zuzuschreiben, sondern bewegen uns in einem Feld von Nichtzuständigkeit und als Konsequenz daraus in der Welt eines *anything goes*. Leid würde damit beim Opfer individualisiert und Verantwortung ausschließlich innerhalb selbstregulativer Bezugsgruppen ansprechbar.

3   Beispiel: Soziale Konstruktion von Emotionen und von Beziehungserfahrungen

Zur Verdeutlichung, wie sich die sozialkonstruktivistische Perspektive in der Psychologie anwenden lässt, möchte ich zwei kurze Beispiele wählen: eines aus der Forschungspraxis und eines aus dem Kontext Systemischer Psychotherapie.

Ähnlich der Konversationsanalyse analysiert die sozialkonstruktivistische Forschungspraxis die soziale Konstruktion von Wirklichkeit in alltäglichen Gesprächs-situationen. Sie hat sich hierfür die Selbstbezeichnung *disc(o)ursive psychology* gegeben. Hepburn (2004) hat in ihrer *discourse analysis* (nicht zu verwechseln mit der Diskurs-analyse (siehe Kap. Diskursanalyse) des Weinens sehr anschaulich gezeigt, wie sich das Weinen in verschiedenen Alltagssituationen manifestiert. Dabei fand sie spezifische Elemente, die Weinen konstituieren: zitternde Stimme, Naselaufen, Schluchzen etc. Anhand der Merkmale zeigt sie, wie diese mit spezifischen Handlungen verbunden sind (z. B. Trauer, Krisentelefon), und dass ‚Emotionen' interaktional und relational, gemeinsam konstruiert und ‚gemanagt' verstanden werden müssen, statt sie als individuelle mentale Phänomene zu begreifen.

In der Systemischen Therapie geht es u. a. darum, stigmatisierende Diagnosen zu ver-meiden und gemeinsam solche zu konstruieren, die der/die Klient:in annehmen kann. Damit wird erstens vermieden, dass eine problematische Situation ohne die Beteiligten von außenstehenden Professionellen ‚bewertet' wird, zweitens stellt eine gemeinsam erarbeitete Diagnose eine bessere Ausgangsbedingung für die Akzeptanz inter-venierenden Handelns dar. Wie so etwas vor sich gehen kann, berichtet Lynn Hoffmann in einem *Trialogue* mit Kenneth Gergen und Harlene Anderson. Im konkreten ‚Fall' (den Begriff habe sie aus ihrem Vokabular gestrichen, berichtet sie) ging es um ein Paar, das weder zusammen- noch dauerhaft getrennt leben konnte. Hoffmann diskutierte den Fall mit einem Therapeuten, verschiedenen Kleingruppen und dem betroffenen Paar selbst. „One audience group had commented that the couple seemed to have an addiction to crisis. Another group, referring to a local spot that was known as the Bungee Capital of North America, likened their relationship to a pair of married bungee jumpers. The couple objected to the first idea but warmly accepted the second. Operations like this replace the usual expert model for diagnosis with a less pejorative one" (Gergen et al. 1996, S. 109).

4   Fazit

Zunächst wurde die sozialkonstruktivistische Perspektive in der Kulturpsychologie in historischer und theoretischer Sicht dargestellt. Im Anschluss wurde erläutert, warum sich sozialkonstruktivistische Ansätze zurecht innerhalb der Kulturpsychologie finden lassen, aber es wurde auch an bestimmten Spielarten des Konstruktivismus Kritik geübt und diejenigen Aspekte benannt, die mit einer kulturpsychologischen Perspektive unver-einbar sind. Sozialkonstruktivistische Ansätze sind dann im kulturpsychologischen Kontext sinnvoll, wenn sie das aktiv handelnde Subjekt in seinen kulturellen Bezügen in den Mittelpunkt stellen, statt nur dessen sprachliche Ausdrucksformen zu analysieren. Auch sollte mit dem aktiv handelnden Subjekt die leiblich-körperlichen Bedingungen in den Blick genommen werden, wie das erste Anwendungsbeispiel der Emotionsäußerung ‚Weinen' deutlich zeigt, denn ohne diese ist eine Teilnahme an sozialen Konstruktionen nicht denkbar. Schließlich macht der Sozialkonstruktivismus im kulturpsychologischen Kontext nur dann Sinn, wenn die Existenz der materiellen und historischen Gegebenheiten als *a priori* und als Bedingungen sozialer Konstruktion akzeptiert wird.

Literatur

Allolio-Näcke, L. (2022). *Anthropologie und Kulturpsychologie religiöser Entwicklung. Eine Religionspsychologie.* Stuttgart: Kohlhammer.

Berger, P. L., & Luckmann, Th. (1966). *The social construction of reality: A Treatise in the sociology of knowledge.* Garden City, NY: Anchor Books.

Burr, V. (2003). *Social constructionism* (2nd Ed.). London: Routledge.

Gergen, K. J. (1991). *The saturated self. Dilemmas of identity in contemporary life.* New York, NY: Basic Books.

Gergen, K. J. (1994). *Realities and relationships. Soundings in social construction.* London: Sage.

Gergen, K. J. (1999). *An invitation to social construction.* New York, NY: Sage.

Gergen, K. J., Hoffman, L., & Anderson, H. (1996). Is Diagnosis a disaster?: A constructionist trialogue. In F. W. Kaslow (Hrsg.), *Handbook of relational diagnosis and dysfunctional family patterns* (S. 102–118). New York, NY: Wiley.

Glasersfeld, E. von (1995). *Radical constructivism: A way of knowing and learning.* London: Falmer Press.

Hepburn, A. (2004). Crying: Notes on description, transcription and interaction. *Research on Language and Social Interaction, 37,* 251–290.

Knorr-Cetina, K. (1984). *Die Fabrikation von Erkenntnis.* Frankfurt/Main: Suhrkamp.

Maturana, H. R., & Varela, F. J. (1980). *Autopoiesis and cognition. The realization of the living.* Dordrecht: Reidel.

Kuhn, Th. (1962). *The structure of scientific revolutions.* Chicago, IL: University of Chicago Press.

Nightingale, D. J., & Cromby, J. (Eds.). (1999). *Social constructionist psychology. A critical analysis of theory and practice.* Buckingham: Open University Press.

Papert, S. (1994). *Revolution des Lernens.* Hannover: Heise.

Schneider, H.-J. (2000). Was heißt „Explizitmachen impliziten Regelwissens"? *Handlung Kultur Interpretation. Zeitschrift für Sozial- und Kulturwissenschaften, 2,* 306–323.

Vico, G. B. (1979). *Liber metaphysicus.* München: Fink.

Vico, G. B. (1982). *Inauguralrede von 1699, Le orazioni inaugurali, I-VI.* Bologna: Il Molino.

Watzlawick, P. (1986). *Vom Schlechten des Guten oder Hekates Lösungen.* München: Piper.

Watzlawick, P. (2001). Wir können von der Wirklichkeit nur wissen, was sie nicht ist. In B. Pörksen (Hrsg.), *Die Gewissheit der Ungewissheit* (S. 211–231). Heidelberg: Auer

Winter, R. (2020). Sozialer Konstruktivismus. In G. Mey & K. Mruck (Hrsg.), *Handbuch Qualitative Forschung in der Psychologie* (S. 4–16). Wiesbaden: VS Verlag für Sozialwissenschaften.

Wittgenstein, L. (1995). *Philosophische Untersuchungen.* Frankfurt/Main: Suhrkamp.

Zielke, B. (2004). *Kognition und soziale Praxis. Der soziale Konstruktionismus und die Perspektiven einer postkognitivistischen Psychologie.* Bielefeld: transcript

Zielke, B. (2007). *Sozialer Konstruktionismus.* Göttingen: Vandenhoeck & Ruprecht.

Die kultursoziologische Perspektive

Larissa Pfaller

Zusammenfassung

Ebenso wie die Kulturpsychologie definiert die Kultursoziologie Kultur gleichzeitig als ihr zentrales Forschungsinteresse wie theoretischen Leitbegriff. Der Beitrag stellt daher zunächst heraus, wie sich kultursoziologische Ansätze in der Charakterisierung ihres Gegenstandes und der Definition und Reichweite des jeweiligen Kulturbegriffes unterscheiden. Im Mittelpunkt stehen sodann die zentralen theoretischen Grundlagen der Kultursoziologie, wie sie in Sozialkonstruktivismus, Phänomenologie, symbolischem Interaktionismus, sowie interpretativem Paradigma und den qualitativen Methoden zu finden sind. Die Verbindung dieser Perspektiven wird am Fallbeispiel von Anti-Aging-Praktiken vorgeführt: Die Anziehungskraft und der Erfolg von Anti-Aging lässt sich, so das kultursoziologische Argument, nicht aus ihrer (zudem umstrittenen) medizinischen Wirksamkeit, sondern aus einer symbolischen Wirkmacht erklären, die es den Anwender:innen ermöglicht, sich als selbstsorgende Subjekte zu präsentieren. Zusammenfassend zeigt sich das gemeinsame Anliegen von Kultursoziologie und Kulturpsychologie in der Rekonstruktion von Bedeutungen, in denen der Mensch sich und seine Welt versteht.

Schlüsselwörter

Sozialkonstruktivismus · Phänomenologie · Symbolischer Interaktionismus · Interpretatives Paradigma · Anti-Aging

L. Pfaller (✉)
Friedrich-Alexander-Universität Erlangen-Nürnberg, Erlangen, Deutschland
E-Mail: larissa.pfaller@fau.de

1   Einleitung, Gegenstandsbereich und Definition

Die Kultursoziologie untersucht nicht nur bestimmte Phänomene innerhalb des Sozialen, sondern definiert Kultur gleichzeitig als zentralen Gegenstand wie theoretischen Leitbegriff der Soziologie. Damit teilen Kultursoziologie und Kulturpsychologie nicht nur das Interesse für die gleichen empirischen Gegenstände, sondern auch zentrale theoretische Grundlagen und methodische Prinzipien. So wird in einer ersten wesentlichen Unterscheidung eine *cultural sociology* von einer *sociology of culture* abgegrenzt. Die Erstere betont prinzipiell die kulturelle Hervorbringung alles Sozialen – also etwa gesellschaftlicher Strukturen, Interaktionsordnungen und Subjektpositionen –, während die Letztere lediglich nach einer kulturellen Sphäre oder einer Art kulturellem Einfluss sozialstruktureller Zusammenhänge oder ökonomischer Mechanismen fragt (etwa Adloff et al. 2014, S. 15; Schützeichel 2019, S. 46; mit Bezug auf Alexander 2003). So spiegelt Kultur nicht etwa die Struktur ökonomischer Verhältnisse wider und liefert die passende Ideologie zu ihrer Aufrechterhaltung, sondern ganz im Gegenteil bringt sie Ökonomie und Markt als Produkte einer menschlichen Schöpfung erst hervor. Ebenso wie die Kulturpsychologie sieht die Kultursoziologie ihr zentrales Anliegen demnach in der Rekonstruktion derjenigen Prozesse, in denen Menschen ihre Lebenswirklichkeit in Bedeutungszusammenhängen strukturieren und sich selbst und ihre Welt verstehen.

Die verschiedenen Ansätze innerhalb der Kultursoziologie changieren allerdings je nach aktuellem Forschungsinteresse in der Bestimmung ihres Gegenstandes zwischen der inhaltlichen Festlegung auf ganz bestimmte (also als kulturell verstandene) Phänomene, das zur Verfügung-Stellen einer spezifischen theoretischen Sichtweise zur Beschreibung der Forschungsgegenstände der Soziologie und dem Benennen von Kultur als den eigentlichen Kern des soziologischen Interesses. Damit wird für die Kultursoziologie auch eine Abgrenzung des Kulturbegriffes gegenüber dem Gesellschaftsbegriff notwendig. Hier nehmen kultursoziologische Ansätze unterschiedliche Positionen zwischen einer relationalen Aushandlung (etwa Kultur als Teilsystem von Gesellschaft) und einer Gleichsetzung der adressierten Gegenstandsbereiche, für den die Begriffe ‚Kultur' und ‚Gesellschaft' letztlich nur unterschiedliche Beschreibungsmodi anbieten, ein (monistisches vs. dualistisches Modell bei Prisching 2019).

Eine weitere Argumentationslinie in der Charakterisierung ihres Gegenstandes stellt in der Kultursoziologie das Abarbeiten an dem in der Diskussion etablierten Gegenbegriff – dem der Natur – dar (Schützeichel 2019). So setzen theoretische Abhandlungen der (und Einführungsbücher in die) Kultursoziologie nicht selten ihren Ausgangspunkt bei den Annahmen der philosophischen Anthropologie (Gehlen 1997), welche den Menschen als instinktreduziertes und gleichzeitig weltoffenes Wesen charakterisiert. Während tierisches Verhalten durch Instinkte bestimmt wird, muss der Mensch die Ordnung, in der er lebt, und die Regeln, nach denen er handelt, selbst erschaffen. Er ist also auf Institutionen angewiesen, welche seiner Welt erst jenen Sinn verleihen, nach dem er handeln kann. Kultur ist damit als umfassendes „Bedeutungssystem" (Prisching

2019, S. 9) ein „Komplex von Sinnsystemen" und „symbolischen Ordnungen" (Reck-witz 2000, S. 84), welches menschliches Zusammenleben und Handeln grundlegend strukturiert, verfestigt und auf Dauer stellt. Damit wird ersichtlich, dass die Unter-scheidung von Natur und Kultur letztlich selbst eine kulturelle, also vom Menschen geschöpfte und bedeutungstragende Unterscheidung ist, die sich Kulturen in ihren Selbstbeschreibungen zu Eigen machen (Schützeichel 2019, S. 46).

Kultursoziologische Untersuchungen widmen sich unter diesen Prämissen einem großen Spektrum an Forschungsgegenständen und -fragen. Untersucht werden können die großen übergreifenden Wissenssysteme von ganzen Epochen, aber auch von Religionen, Wissenschaften oder einzelnen Bevölkerungsgruppen. In den Fokus gerät die Alltagskultur *(common culture)* mit ihren Praktiken und Gegenständen genauso wie populär- oder hochkulturelle Errungenschaften in Tanz, Film oder Theater. Die Ana-lysen können historisch oder kulturvergleichend vorgehen, aber auch verschiedene Sub-kulturen oder Milieus in den Blick nehmen. Forschungsgegenstände können Diskurse, Praktiken, Subjekte, Körper, oder Gegenstände sein.

2   Historische und theoretische Grundlagen

Die Kultursoziologie sieht – insbesondere im deutschsprachigen Raum – ihre Geburts-stunde in der Gründung der Soziologie selbst, denn diese verstand sich in ihren Anfängen in erster Linie als eine Kulturwissenschaft und damit genuin als Kultur-soziologie (Adloff et al. 2014, S. 12). So war für die Klassiker der Soziologie wie Max Weber (1864–1920), Georg Simmel (1858–1918) und Emile Durkheim (1858–1917) alles Soziale prinzipiell als kulturell hervorgebracht zu verstehen. Die deutschsprachige Kultursoziologie hat sich daher in dieser Tradition nie als bloße Bindestrich- oder spezielle Soziologie, sondern immer als allgemeine Soziologie verstanden (Moebius 2019, S. 63). Das Verständnis des Sozialen, auf das sich die Kultursoziologie stützt, wird in verschiedenen soziologischen Sozial-, Handlungs- und Interaktionstheorien aus-formuliert, deren zentrale Traditionslinien im Folgenden vorgestellt werden.

2.1   Sozialkonstruktivismus

Wie jede allgemeine Soziologie muss auch die Kultursoziologie zwei zentrale Fragen beantworten können: Die Erste ist die Frage nach sozialer Ordnung auf der einen, die Zweite die Frage nach sozialem Wandel auf der anderen Seite. Zur Beantwortung dieser Fragen kann die Kultursoziologie auf ein Verständnis von Institution zurückgreifen, wie es etwa von Berger und Luckmann in *Die gesellschaftliche Konstruktion der Wirk-lichkeit* dargelegt wurde. In ihrer prägnanten Formel „Gesellschaft ist ein menschliches Produkt. Gesellschaft ist eine objektive Wirklichkeit. Der Mensch ist ein gesellschaft-liches Produkt" (Berger und Luckmann 1980, S. 65) formulieren sie einen Dreischritt von

Externalisierung, Objektivation und Internalisierung. Der erste Schritt beschreibt das Entstehen von Institutionen: Der Mensch ist nicht auf ein bestimmtes Verhaltensrepertoire festgelegt, sondern bringt seine Handlungen selbst hervor und versieht diese mit Sinn. In einem zweiten Schritt werden durch Wiederholung einmal bewährte Handlungen *(etwa ein Grüßen auf der Straße)* verstetigt und sodann als typische Handlungsweisen *(man grüßt sich)* versteh- und reproduzierbar. Der Mensch schafft sich so ein eigenes Regelsystem, welches das soziale Miteinander auf Dauer stellt und dessen Bedeutung kollektiv geteilt wird. Die nächste Generation wird, so der letzte Gedankenschritt, sodann in eine schon vorstrukturierte und sinnhaft gestaltete Welt geboren, welche ihr quasi objekthaft gegenübersteht und in die sie sozialisiert wird. So werden Institutionen (re)produziert und der Mensch ein Produkt der Welt, die er selbst erschaffen hat.

Doch werden die Regeln des sozialen Miteinanders nicht nur implizit durch Nachahmung und Wiederholung gelernt, es bedarf bei der Weitergabe an die nächste Generation auch jeweils einer Erklärung, warum eine bestimmte Institution besteht, und weshalb man ihren Regeln folgen sollte: „Die Folge ist, daß die sich weitende institutionale Ordnung ein Dach aus Legitimationen erhalten muß, das sich in Form kognitiver und normativer Interpretationen schützend über sie breitet" (Berger und Luckmann 1980, S. 66). So entstehen nicht nur ein basales „System sprachlicher Objektivationen" und tradierte Narrative des Alltagslebens sowie schließlich explizite Theorien als „Bezugssysteme […] institutionalisierten Handelns", sondern ganze „symbolische Sinnwelten", also allumfassende Deutungssysteme nicht nur der Alltagswelt, sondern der menschlichen Existenz und dem menschlichen Sein in der Welt und dem Kosmos (ebd., 100 ff.). Kultur stützt sich in dieser Denkweise auf einen kollektiven Wissensvorrat, der nicht nur intersubjektiv geteilt, sondern über Zeit und Generationen hinweg tradiert wird (Kap. Die sozialkonstruktivistische Perspektive).

2.2 Phänomenologie

In *Der sinnhafte Aufbau der sozialen Welt* (Schütz 1981 [1932]) widmet sich Alfred Schütz (1899–1959) der Frage, wie genau sich individuelles Handeln in einer immer schon aus Bedeutungen und Sinnzusammenhängen konstituierenden Welt vollzieht. Um handlungsfähig zu sein, kann sich der Mensch nicht auf ein angeborenes Verhaltensrepertoire verlassen, sondern muss die jeweiligen Situationen und Kontexte, in denen er sich bewegt, die Objekte und Zeichen, die ihm gegenübertreten und die Handlungen anderer Menschen, die ihm begegnen, interpretieren, um ihren Sinn zu verstehen und damit adäquat auf sie reagieren zu können. In den Fokus treten also die Verstehens- und Fremdverstehensleistungen des Menschen, die eng mit Wahrnehmungs- und Bewusstseinsprozessen verbunden sind. Die soziale Welt ist nicht als eine objektiv messbare zu verstehen, sondern als die Welt, wie sie im Bewusstsein des und der Einzelnen erscheint und gedeutet wird. Sie zeichnet sich dadurch aus, dass sie für die in ihr Agierenden eine besondere „Sinn- und Relevanzstruktur" (Schütz 2010 [1953], S. 334) hat. Dies hat auch Auswirkungen auf die Soziologie selbst und deren Verhältnis zu ihrem Gegenstand. Anders als Naturwissenschaftler:innen, welche die sie interessierenden Phänomene ordnen und Erklärungsmodelle entwerfen (und wieder verwerfen können), wird die soziale Welt von den in ihr handelnden Akteuren und Akteurinnen selbst immer schon gedeutet: „Die Tatsachen, Daten und Ereignisse, mit denen der Naturwissenschaftler umgehen muss, sind lediglich Tatsachen, Daten und Ereignisse innerhalb seines Beobachtungsfeldes; jedoch ‚bedeutet' dieses Feld den darin befindlichen Molekülen, Atomen und Elektronen gar nichts" (ebd.). Die Soziologie hat es also immer schon mit Typisierungen zu tun, die sie wiederum rekonstruieren und damit selbst deuten muss. Sozialwissenschaftliche Modelle und Theorien sind damit „Konstruktionen zweiten Grades" (ebd.). Soziolog:innen können sich im Forschungsprozess also zwar auf die Fähigkeit zum Verstehen als Alltagsleistung stützen, müssen dieses aber methodisch kontrolliert umsetzen (siehe Kap. Die phänomenologische Perspektive).

2.3   Symbolischer Interaktionismus

Während sich die Phänomenologie im Sinne von Schütz der Funktionsweise des Sozialen über das wahrnehmende und deutend verstehende Subjekt aus nähert, denkt der symbolische Interaktionismus konsequent von der interaktionistischen Dyade aus. So formuliert der Gründungsvater des symbolischen Interaktionismus Herbert Blumer (1900–1987) in seinen drei Prämissen des symbolischen Interaktionismus, dass Menschen gegenüber den ‚Dingen' (Objekte, signifikante oder generalisierte Andere, Institutionen, Ideen etc.) auf der Grundlage der Bedeutung handeln, die diese Dinge besitzen. Der symbolische Interaktionismus geht aber zudem auch davon aus, dass diese Bedeutungen nicht einmalig gesetzt und sodann tradiert, sondern in sozialen Interaktionen jeweils (re) produziert werden. In diesem interpretativen Prozess der Person mit den ‚Dingen' können Bedeutungen nicht nur angewandt, sondern auch verändert werden (Blumer 1973, S. 81). Soziales Handeln ist damit ein interpretativer, mit den Handlungspartner:innen jeweils neu auszuhandelnder Prozess, in dem sinngebende Deutungen über Sprache, Gesten, Mimik, Objekte etc. kommuniziert werden, bestehende Erwartungen aber auch herausfordern können. Durch Interaktion wird also soziale Ordnung nicht nur verfestigt und fortgeführt, es öffnet sich auch die Möglichkeit des sozialen Wandels. Denn obwohl der Mensch als Kulturwesen in eine sinnhaft strukturierte Welt sozialisiert wird und ihre Regeln internalisiert, ist es gerade der Prozess der Sinnschöpfung, der bestehende Sinnstrukturen wieder infrage zu stellen und zu wandeln vermag.

2.4   Interpretatives Paradigma und qualitative Methoden

Methodisch ist die Kultursoziologie entsprechend dieser sozial- und erkenntnistheoretischen Grundannahmen insgesamt an einem interpretativen Paradigma (Keller

2012) orientiert. Die Analyse des Sozialen und der Kultur versteht die Kultursoziologie als einen Interpretations- und Auslegungsprozess, der die Bedeutung und den Sinn
kultureller Hervorbringungen rekonstruiert. Dieses sinnrekonstruierende Vorgehen ist
elementar an den Einsatz qualitativer Methoden geknüpft (Lamnek und Krell 2016; Flick
et al. 2013), welche ihrem Gegenstand eigene Relevanz- und Sinnstrukturen zuerkennen.
Ziel qualitativer Forschung ist die Rekonstruktion dieser bestehenden Sinnstrukturen
und damit das Verstehen und Nachvollziehen der Bedeutungen, mit welchen soziale
Akteur:innen sich selbst und ihre Welt deuten. Soziologisches Interpretieren und Verstehen muss seinem Gegenstand daher mit aller notwendigen Offenheit begegnen. Geht
die Kultursoziologie davon aus, dass Sinn in Prozessen sozialer Interaktion hergestellt
wird, führt der Weg zum Verstehen dieses Sinns über die Rekonstruktion des Prozesses
seiner Herstellung.

3   Beispiel: Symbolische Wirkmacht statt medizinische Evidenz – die Bedeutung von Anti-Aging-Praktiken im Alltag der Anwender:innen

Als Beispiel für eine spezifisch kultursoziologische Perspektive auf einen empirischen
Gegenstand soll eine eigene qualitativ-rekonstruktive Forschung zur Anwendung
moderner Anti-Aging-Medizin im Alltag (Pfaller 2016) vorgestellt werden. Unter Anti-
Aging lassen sich dabei nicht nur kosmetische Maßnahmen wie Anti-Falten-Cremes
oder Botox verstehen, sondern alle Praktiken, Produkte und Anwendungen, die auf ein
Eindämmen, Verlangsamen oder Umkehren des Alterungsprozesses zielen. Ziel von
Anti-Aging ist also nicht einfach nur ein junges Erscheinungsbild, sondern vielmehr die
Vermeidung altersassoziierter Krankheiten und die generelle Verlängerung der eigenen
Lebenserwartung. Um diese Ziele zu erreichen, setzen Anwender:innen (User) von Anti-
Aging nicht nur auf eine gesunde Lebensweise mit bewusster Ernährung und viel Sport.
Im Repertoire des Anti-Agings finden sich auch die Einnahme von Nahrungsergänzungs-
mitteln und Hormonen, denen eine altersverlangsamende Wirkung nachgesagt wird,
sowie strikte Diät-Regime wie etwa eine radikale Kalorienrestriktion.

Ausgangspunkt für die Forschung war ein auf den ersten Blick paradoxer
Zusammenhang: So findet die Anti-Aging-Medizin eine stabile Anwender:innen- und
Anhänger:innenschaft; für die tatsächliche Wirksamkeit derjenigen Maßnahmen, die
über die allgemeinbekannten (*was Oma schon wusste*) Regeln eines gesunden Lebens
(Ernährung, Bewegung, Schlaf) hinausgehen, fehlt bislang allerdings jedwede medizinische
Evidenz. Das Augenmerk des Forschungsvorhabens richtete sich also auf die Handlungspraxis der Anwender:innen, die aus einem reinen *rational-choice*-Verständnis heraus nicht
zu verstehen wären. Denn der Nutzen einer Anwendung kann nicht nur nicht belegt, er kann
nicht einmal medizinisch begründet angenommen werden.

Die Anwendung von Anti-Aging kann also nicht einfach über das ‚Ergebnis' verstanden werden (wer lange leben möchte, wendet Anti-Aging-Maßnahmen an). Vielmehr

liegt der Schlüssel zur Beantwortung dieser Frage in der Rekonstruktion der Bedeutung, die Anti-Aging im Leben eines Menschen zukommt, und die von den Anwender:innen selbst in ihrem je gelebten Alltag hergestellt wird. Es galt also zu ergründen, welchen Stellenwert Anti-Aging im Leben der Anwender:innen einnimmt, wie Anti-Aging-Praktiken sinnhaft in den gelebten Alltag integriert werden und auf welches Wissen und welche Werte sich die Anwendung von Anti-Aging stützt.

Anhand von biografisch-narrativen Interviews (als qualitative Methode) konnten Sinn- und Relevanzzusammenhänge (im Sinne eines interpretativen Paradigmas), wie sie sich aus der Perspektive der Befragten darstellen (Phänomenologie), rekonstruiert werden. Die Analyse ging dabei vom erlebenden Subjekt aus, blieb aber nicht auf dieser Ebene verhaftet, sondern konnte (den Grundannahmen eines wissenssoziologischen Sozialkonstruktivismus folgend) immer wieder herausstellen, wie im Alltag des Anti-Agings auf kollektiv geteiltes handlungspraktisches Wissen und Wertvorstellungen moderner Subjektivität Bezug genommen wird.

Die durchgeführten Praktiken sind damit nicht einfach auf ihre sichtbare Wirkung zu reduzieren, sondern weisen als sinnhafte Handlungen immer auch über sich selbst hinaus, da sie stets mit – kollektiv hergestellten und intersubjektiv verstehbaren – Deutungen und Sinnzuschreibungen verbunden sind. Sie repräsentieren die Orientierungen und Wert-haltungen der Anwender:innen, indem sie diese als selbstsorgende Subjekte ausweisen, die in der Lage sind, Verantwortung für die eigene – auch zukünftige – Gesundheit zu übernehmen. Anwender:innen zeigen sich damit als rationale Akteur:innen, die sich (beispielsweise medizinische) Wissenskonzepte aneignen und damit die eigene Lebens-führung bewusst gestalten können.

Die Anwendung von Anti-Aging kann damit auch als Praxis der Selbstsorge inter-pretiert werden. Anti-Aging-Anwender:innen präsentieren damit eine moderne Wissens- und Wertorientierung, indem sie sich bewusst für eine gesunde Lebensführung entscheiden und damit aktiv, eigenverantwortlich und selbstdiszipliniert handeln. Anti-Aging übernimmt damit neben einer alltagsstrukturierenden auch eine biografietragende und identitätsstiftende Funktion im Leben der Anwender:innen ein. Als Teil der eigenen Identität ermöglicht Anti-Aging damit auch soziale Positionierung und Distinktion, denn Anwender:innen verstehen sich als in besonderem Maße zu rationalem Handeln in der Lage und können sich so von denjenigen abgrenzen, die zu bequem oder (noch) nicht einsichtig genug sind.

Die Anwendung von Anti-Aging weist also über den bloßen Zweck (Faltenreduktion, Lebensverlängerung) hinaus, nimmt eine symbolische Bedeutung an und repräsentiert damit das grundlegende Selbstverständnis einer Person, indem es Fragen der Lebens-gestaltung und Identität nicht nur berührt, sondern auch beantwortet. Die Anziehungs-kraft und Attraktivität des Anti-Agings kann damit auch auf eine symbolische Wirkmacht zurückgeführt werden, die weit über eine rein medizinische Wirksamkeit hinausweist. Denn diese wird nicht nur in der Medizin, sondern selbst von den Anwender:innen stark in Zweifel gezogen. Mehr noch: Ob Anti-Aging ‚tatsächlich' wirkt, also einen

medizinisch nachweisbaren Effekt hat, tritt in der konkreten Anwendung in den Hintergrund zugunsten seines performativen Potenzials, also wofür Anti-Aging im Leben der
Anwender:innen steht, was sie damit sinnhaft verbinden, was sie sich und anderen mit
diesen Praktiken anzeigen und über sich und ihre Identität preisgeben.

4   Fazit

Die in Lehrbüchern und Seminaren bis heute verbreitete Annahme, dass sich die (Kultur)
Soziologie mit Gruppen, die (Kultur)Psychologie hingegen mit Individuen beschäftige,
und dies die grundlegende Unterscheidung der Disziplinen bedeute, offenbart nicht
nur Gleichgültigkeit gegenüber den wahrhaftigen Fragen Studierender, sondern auch
eine grundlegende Verkennung des gemeinsamen Erkenntnisinteresses beider Fächer.
So ist es wohl kein Zufall, dass einer der wesentlichen Begründer der Sozialpsychologie, George Herbert Mead (1863–1931), gleichzeitig als Klassiker der Soziologie
gilt. Eine an Naturwissenschaften und quantitativen Messmethoden orientierte Psychologie mag ihre geisteswissenschaftlichen Wurzeln vergessen haben. Die Kulturpsychologie hingegen bekennt sich zur Bedeutung des kulturellen und historischen Einflusses
auf psychische Phänomene. Wie die Soziologie untersucht die Kulturpsychologie die
Sozialisationsbedingungen des Menschen und beschreibt z. B. wie der Spracherwerb
zur sozialen Identität beiträgt (Lignier 2020). Meads oft zitierte Feststellung „Man lives
in a world of Meaning" (1926, S. 382) ist die zentrale Maxime von Kulturpsychologie
und Kultursoziologie. Beide verfolgen das Interesse, diese Bedeutungen zu ergründen.
Ihre gemeinsame Perspektive ist das Verstehen. Anstatt die soziale Welt in Gruppen
und Individuen zu scheiden, sehen beide Disziplinen die Genese von Subjekten mit der
Hervorbringung des Sozialen konstitutiv verbunden. Sie teilen damit nicht nur grundlegende sozialisationstheoretische und anthropologische Prämissen, sondern verstehen
den Menschen als Kulturwesen und seine Welt als kulturelle Schöpfung. In dieser Hinwendung zur *World of Meaning* können sie ihrem Interesse für die gleichen Phänomene
nachgehen und im Austausch über ihre Theorien und Methoden Gemeinsamkeiten und
Unterschiede ergründen, anstatt sie von vornherein anzunehmen.

Literatur

Adloff, F., Büttner, S. M., Moebius, S., & Schützeichel, R. (2014). Zur Einführung. In R. Schütz-
    eichel, F. Adloff, S. Büttner & S. F. Moebius (Hrsg.), *Kultursoziologie. Klassische Texte –
    Aktuelle Debatten* (S. 9–19). Frankfurt/Main-New York: Campus.
Alexander, J. C. (2003). *The meanings of social life*. Oxford: Oxford University Press.
Berger, P. L., & Luckmann, T. (1980). *Die gesellschaftliche Konstruktion der Wirklichkeit: Eine
    Theorie der Wissenssoziologie*. Frankfurt/Main: Fischer.

Blumer, H. (1973). Der methodologische Standort des Symbolischen Interaktionismus. In Arbeitsgruppe Bielefelder Soziologen (Hrsg.), *Alltagswissen, Interaktion und gesellschaftliche Wirklichkeit. Band 1: Symbolischer Interaktionismus und Ethnomethodologie* (S. 80–146). Reinbek bei Hamburg: Rowohlt.

Flick, U., Von Kardorff, E., & Steinke, I. (2013). Was ist qualitative Forschung? Einleitung und Überblick. In U. Flick, E. von Kardorff & I. Steinke (Hrsg.), *Qualitative Forschung. Ein Handbuch* (S. 11–29). Reinbek bei Hamburg: Rowohlt.

Gehlen, A. (1997). *Der Mensch. Seine Natur und seine Stellung in der Welt* (3. Aufl.) Frankfurt/Main: Klostermann.

Keller, R. (2012). *Das Interpretative Paradigma*. Wiesbaden: VS Verlag für Sozialwissenschaften.

Lamnek, S., & Krell, C. (2016). *Qualitative Sozialforschung*. Weinheim: Beltz.

Lignier, W. (2020). Words also make us: Enhancing the sociology of embodiment with cultural psychology. *European Journal of Social Theory, 23*(1), 15–32.

Mead, G. H. (1926). The nature of aesthetic experience. *International Journal of Ethics, 36*(4), 382–393.

Moebius, S. (2019). Kultursoziologie im deutschsprachigen Raum. In F. Nungesser & K. Scherke (Hrsg.), *Handbuch Kultursoziologie: Band 1: Begriffe – Kontexte – Perspektiven – Autor_innen* (S. 63–80). Wiesbaden: Springer.

Pfaller, L. (2016). *Anti-Aging als Form der Lebensführung*. Wiesbaden: Springer.

Prisching, M. (2019). Kultur – Gesellschaft. In S. Moebius, F. Nungesser & K. Scherke (Hrsg.), *Handbuch Kultursoziologie: Band 1: Begriffe – Kontexte – Perspektiven – Autor_innen* (S. 3–44). Wiesbaden: Springer.

Reckwitz, A. (2000). *Die Transformation der Kulturtheorie. Zur Entwicklung eines Theorieprogramms*. Weilerswist: Velbrück.

Schütz, A. (1981). *Der sinnhafte Aufbau der sozialen Welt. Eine Einleitung in die verstehende Soziologie*. Frankfurt/Main: Suhrkamp (Original: 1932).

Schütz, A. (2010). Wissenschaftliche Interpretation und Alltagsverständnis menschlichen Handelns. In A. Schütz, *Werkausgabe. Band IV: Zur Methodologie der Sozialwissenschaften* (S. 331–379). Konstanz: UVK (Original: 1953).

Schützeichel, R. (2019). Kultur – Natur. In S. Moebius, F. Nungesser & K. Scherke (Hrsg.), Handbuch Kultursoziologie: Band 1: Begriffe – Kontexte – Perspektiven – Autor_innen (S. 45–60). Wiesbaden: Springer.

Die indigen-psychologische Perspektive

Pradeep Chakkarath

Zusammenfassung

Unter ‚Indigener Psychologie' wird eine Forschungsausrichtung verstanden, die psychologische Theorien und darauf basierende Untersuchungs- und Behandlungspraktiken in ihrer Kulturabhängigkeit und damit einhergehend begrenzten Reichweite betrachtet. Dabei wird auch die weltweit dominierende und seit dem 19. Jahrhundert vor allem in Europa und den USA geprägte akademische Mainstreampsychologie hinsichtlich ihrer kultur- und ideengeschichtlich erwachsenen, d. h. indigenen, Merkmale erfasst und von anderen indigenen Psychologien unterschieden. In diesem Artikel wird skizziert, wie die indigen-psychologische Perspektive die Aufmerksamkeit für wissenschaftshistorische, wissenschaftspolitische und wissenschaftstheoretische Aspekte schärft, deren Reflexion für jede Form einer kulturinformierten Psychologie zwar grundlegend sein sollte, aber auch in der Kulturpsychologie noch weitgehend vernachlässigt ist.

Schlüsselwörter

Epistemische Gewalt · Ethnozentrismus · Indigene Psychologie · Individuozentrismus · Kulturabhängigkeit · Postkolonialismus · Reduktionismus

P. Chakkarath (✉)
Ruhr-Universität Bochum, Bochum, Deutschland
E-Mail: Pradeep.Chakkarath@rub.de

U. Wolfradt et al. (Hrsg.), *Kulturpsychologie,*
https://doi.org/10.1007/978-3-658-37918-6_8

83

1   Einleitung, Gegenstandsbereich und Definition

Unter indigen-psychologischen Perspektiven versteht man in einem allgemeinen Sinne kultur- und ideengeschichtlich für gewöhnlich gut dokumentierte, zumeist elaborierte, diskursiv und gesellschaftlich über längere Zeitspannen etablierte Blickweisen, die in verschiedenen soziokulturellen Kontexten von unterschiedlichen Gruppen entlang ihrer eigenen kulturhistorisch erwachsenen epistemologischen Standards entwickelt und tradiert wurden. Angenommen wird, dass die daraus hervorgegangenen jeweiligen Theorien und Praktiken für die Untersuchung und ein angemessenes Verständnis psychologischer Phänomene sowohl lokale, in mancher Hinsicht aber auch globale wissenschaftshistorische, wissenschaftstheoretische und therapeutische Relevanz haben.

Indigen-psychologische Theorien können über engere lokale Kontexte hinausgehende wissenschaftliche Relevanz besonders dann beanspruchen, wenn sich ihr begriffliches und instrumentelles Repertoire auf die Identifizierung, Beschreibung und Analyse von Phänomenen und Kategorien richtet, die auch in der globalen, vor allem akademischen Psychologie als zentrale Forschungsgegenstände gelten. Dazu gehören etwa Entwicklung, Struktur, Funktion und Regulation von Kognitionen, Emotionen, Motivationen, Einstellungen und Verhalten wie auch mit alledem zusammenhängende Konzepte, wie beispielsweise Bewusstsein, Geist, Verstand, Subjektivität, Persönlichkeit, Autonomie oder Verantwortlichkeit. Hinzu kommen Anschauungen zu psychischer Gesundheit, seelischen Erkrankungen, idealer geistiger Entwicklung und darauf bezogene Präventions- und Interventionsmaßnahmen. All diese Aspekte können mitsamt dazugehöriger Menschenbilder auch in kulturell variierenden, indigenen Klassifikationssystemen ihren Niederschlag finden.

Da der internationale psychologische Diskurs in starkem Maße von Perspektiven, Methoden und Verständnissen geprägt ist, wie sie seit dem 19. Jahrhundert vor allem an europäischen und nordamerikanischen Universitäten entwickelt und von da aus – unter anderem im Zuge der imperialistisch angelegten Kolonialisierung der Welt – auch in der restlichen Welt verankert wurden, werden indigen-psychologische Perspektiven häufig als ‚indigene Psychologien‘ (engl.: *indigenous psychologies*) von der globalen ‚Mainstream‘-Psychologie abgehoben. Seit der zweiten Hälfte des 20. Jahrhunderts hat sich die Erforschung indigener Psychologietraditionen und ihres Potenzials als eine vor allem außerhalb Europas forcierte und partiell auch politisierte subdisziplinäre Bewegung mit der international gebräuchlichen Bezeichnung ‚indigenous psychology‘ etabliert. Gelegentlich finden sich auch alternative Bezeichnungen wie etwa ‚Ethnopsychologie‘ oder ‚Autochthone Psychologie‘. Aus indigen-psychologischer Sicht impliziert die Gegenüberstellung von Mainstream-Psychologie und Indigener Psychologie, dass auch die Mainstream-Psychologie ihre eigenen kulturhistorisch, ideengeschichtlich und diskursiv geprägten spezifischen Züge trägt und sie somit selbst mit guten Gründen als eine von vielen indigenen Psychologien betrachtet, verstanden und eingeordnet werden kann.

2 Theoretische und historische Grundlagen

2.1 Psychologiegeschichte aus indigen-psychologischer Sicht

Ein genaueres Verständnis für die Entwicklung der Indigenen Psychologie als einer eigenständigen Forschungsrichtung bedarf der Einbettung in ihre ganz eigene Sicht auf die allgemeine und vergleichsweise junge Geschichte der modernen Psychologie und der ‚kultursensiblen' oder ‚kulturinformierten' Ansätze, die sich von der quasi ‚kulturblinden', primär naturwissenschaftlich ausgerichteten Mainstream-Psychologie abgrenzen. Letztere hat ihre Ursprünge vor allem an den europäischen Universitäten des 19. Jahrhunderts. Dass sich die moderne Psychologie, insbesondere was ihre Methodologie und ihre Untersuchungsmethoden anbetrifft, zunächst als Naturwissenschaft durchzusetzen versuchte, ist vor dem Hintergrund der Erklärungsmacht verstehbar, die seit der frühen Neuzeit die Physik, die Chemie und die Biologie erlangt hatten. Ausdruck fanden die naturwissenschaftlichen Ambitionen der modernen Psychologie in den bezeichnenderweise als ‚Psychophysik' ausgewiesenen Anfängen des Faches bei Gustav Theodor Fechner (1801–1887) und im experimentalpsychologischen Laborsetting, wie es von Wilhelm Wundt (1832–1920) in Leipzig eingeführt wurde. Zu den Merkmalen dieser Orientierung, von der die Mainstream-Psychologie bis heute weitreichend geprägt ist, zählen:

- ein methodologischer *Individuozentrismus*, d. h. die perspektivische Annahme, dass sich die erlebens- und verhaltensbestimmenden Faktoren im Individuum bzw. seinem Gehirn finden und letztlich auch nur dort zufriedenstellend untersuchen lassen;
- ein in erster Linie *experimentelles Paradigma*, d. h. die Fokussierung auf Laborstudien mit mathematisch-statistisch basierten Versuchsgruppenvergleichen und quantifizierenden, häufig apparategestützten Messverfahren als Königsweg der Erhebung und Interpretation von Daten;
- ein daraus resultierender *Reduktionismus*, d. h. die Beschränkung auf meist kleine Untersuchungseinheiten (bevorzugt Individuen oder Dyaden), die sich für kontrollierte Laborexperimente eher anbieten als größere Gruppen;
- ein mit alledem einhergehender *Szientismus*, der den Menschen primär als Natur- und nicht als Kulturwesen betrachtet bzw. Unterschiede zwischen Natur und Kultur zum Zwecke methodologischer Vereinfachung weitgehend bagatellisiert, zu Gunsten einer entsprechend nomothetischen Fokussierung auf die Identifizierung universeller und folglich kulturunabhängiger Gesetzmäßigkeiten.

Diese Skizze soll nicht ausblenden, dass die modernen Human- und Sozialwissenschaften im 19. Jahrhundert auch das Thema ‚Kultur' für sich entdeckt hatten und vielfältige Kulturdefinitionen wie auch Theorien zur Kulturentwicklung, zu kulturellem Wandel, zu Kulturunterschieden und zum Verhältnis von Kultur und Gesellschaft entwickelten. Das Spektrum dieser Theorien war bemerkenswert breit und durchaus wegweisend. Allerdings waren die kulturtheoretischen Betrachtungen häufig auch mit nationalistischen Attitüden und wissenschaftlichen Legitimierungsversuchen für die weltpolitische Dominanz der europäischen Kolonialmächte verschränkt, was zu vielerlei eurozentrischen, identitätspolitisch und normativ aufgeladenen Betrachtungen und Abwertungen nichteuropäischer Kulturen und ihres vermeintlich rückständigen Bildungs- und somit Zivilisationsgrades führte. Insbesondere an biologischen Evolutionstheorien angelehnte Stadientheorien erklärten die ‚hellhäutigen‘ Gesellschaften Europas und Nordamerikas zum aktuellen Höhe- und Endpunkt wie auch zum wissenschaftlichen Vergleichsmaßstab menschlicher Kulturentwicklung. Auch die immer mal wieder als Anfänge der Kulturpsychologie angeführten völkerpsychologischen Ansätze bei Moritz Lazarus (1824–1903) und Heymann Steinthal (1823–1899), später insbesondere bei Wundt (Klautke 2013), sind nicht gänzlich frei von diesen Facetten, doch liegt ihre für die Geschichte der ‚kultursensiblen‘ bzw. ‚kulturinformierten‘ Psychologien bedeutsame Rolle vor allem in der kritischen und methodologischen Distanzierung vom psychologischen Individuozentrismus und den unterliegenden, dem experimentellen Paradigma geschuldeten reduktionistischen und szientistischen Perspektiven der modernen Psychologie (Klautke 2013). Angesichts seiner Wertschätzung als Begründer der naturwissenschaftlichen Psychologie war vor allem Wundts Forderung nach einer ‚dualen‘ und interdisziplinären Forschungsausrichtung des Faches bemerkenswert. Diese sollte nomothetische und ideographische, quantitative und qualitativ-hermeneutische Zugänge integrieren, um auch die *Entwicklung* psychischer Phänomene und ihrer kulturellen Erscheinungsweisen angemessen beschreiben und erklären und hierfür kulturelle Artefakte und Ausdrucksformen als psychologische Datenquellen mit einbeziehen zu können.

Dieses Einrücken eines kulturwissenschaftlichen Interesses in die Psychologie führte allerdings nicht zu einer nennenswerten Erosion des engen naturwissenschaftlichen Selbstverständnisses des Faches, sondern zunächst vor allem zu kulturvergleichenden Experimenten und Tests, die Angehörige kolonialisierter Gesellschaften außerhalb Europas mit einbezogen und nicht nur aus psychologischem, sondern auch ethnologischem und kultursoziologischem Interesse durchgeführt wurden (siehe etwa Heelas und Lock 1981).

2.2   Grundpositionen der Indigenen Psychologie

Aus den Frühformen einer ‚Psychologischen Anthropologie‘ entwickelten sich diejenigen im engeren Sinne psychologischen Ansätze, die heute als kultursensibel bezeichnet werden (siehe Kap. Die kulturanthropologische Perspektive).

Zu nennen sind hier insbesondere

- die auf Sigmund Freud zurückgehende Ethnopsychoanalyse, (Kap. zur ethnopsychoanalytischen Perspektive)
- die kognitions-, sprach-, entwicklungs- und handlungstheoretischen Beiträge der sowjetrussischen Kulturhistorischen Schule (Kap. zur kulturhistorischen Perspektive),

- die universalistisch-nomothetisch orientierte und auf Grundlage von Ländervergleichen operierende ‚Cross-cultural psychology' (Kulturvergleichende Psychologie) nordamerikanischer Prägung,
- die vor allem in ihrer europäischen Version interdisziplinär, interpretativ und qualitativ ausgerichtete ‚Cultural psychology' (Kulturpsychologie),
- und schließlich die vorwiegend außerhalb Europas vertretene ‚Indigenous psychology' (Indigene Psychologie).

Ohne hier auf wichtige Unterschiede und Gemeinsamkeiten in diesen Ansätzen eingehen zu können, sollen nachfolgend einige kennzeichnende Positionen der Indigenen Psychologie markiert werden, soweit sie dienlich sind, ihre Perspektiven und Akzentuierungen von den anderen abzugrenzen (Sundararajan 2019).

Der Indigenen Psychologie haftet der Charakter einer kritischen, partiell auch wissenschaftspolitischen Bewegung an. Dies hängt an der Nähe, die ihre Entwicklung und inhaltliche Stoßrichtung zu postkolonialistischen Studien haben, die in der zweiten Hälfte des 20. Jahrhunderts ihren Anfang nahmen und im Zuge der politischen Dekolonisation des Erdballs auch eine kritische Distanzierung bzw. Befreiung aus der intellektuellen und wissenschaftlichen Bevormundung durch die einstigen Kolonialmächte anregten (Chakkarath 2021; Martín-Baró 1994). Es ist daher kein Zufall, dass die Indigene Psychologie besonders viele Vertreter:innen in nichteuropäischen, ehemals kolonialisierten Gesellschaften hat (für einen Überblick siehe Berry und Allwood 2006; Kim et al. 2006). Institutionell organisiert sind viele von ihnen in der *Task Force on Indigenous Psychology,* die 2010 gegründet wurde und der Division 32 (Society for Humanistic Psychology) der American Psychological Association (APA) angegliedert ist.

Wie die vorangegangenen Hinweise nahelegen, wurde der heute weltweit dominierenden Mainstream-Psychologie ihr grundlegendes Profil – einschließlich des Anspruchs auf die universelle, kulturübergreifende Gültigkeit ihrer Konzepte und Befunde – vom primär szientistisch geprägten Zeitgeist des 19. Jahrhunderts in die Wiege gelegt. Auch mit Hinweis auf neuere wissenschaftstheoretische und wissenschaftssoziologische Perspektiven lässt sich die vermeintlich objektive westliche Psychologie mitsamt ihrer verschiedenen Schulen somit als Resultat ganz bestimmter soziokulturell geprägter Diskurse und Praktiken und daran gebundener Epistemologien rekonstruieren. Mit anderen Worten: Auch die vorwiegend europäisch und nordamerikanisch geprägte Mainstream-Psychologie ist mitsamt ihrer Spielarten lediglich ein – wenn auch besonders einflussreiches – Beispiel für indigene Psychologie(n).

Die indigenen Merkmale der westlichen Psychologie zeigen sich auch darin, dass ihre Fragestellungen und Antworten von vorwiegend ‚weißen', größtenteils an westlichen Universitäten tätigen, vorrangig mit westlichen Sprachen und Wissenschaftsdiskursen vertrauten Forscher:innen in kulturellen Kontexten und Gesellschaften entwickelt wurden, die für die Entwicklungskontexte, Lebensbedingungen und Problemlagen der restlichen Welt nicht als repräsentativ gelten können. Neuere Metaanalysen zeigen, dass die empirischen Daten, auf die westliche Verhaltenswissenschaften – allen voran die

Psychologie – ihre Theorien stützen, zu über 90 % in Nordamerika, Europa, Australien und Israel erhoben wurden, die allerdings nur knapp über 10 % der Weltbevölkerung repräsentieren (Henrich et al. 2010; Thalmayer et al. 2021). Bei dieser sehr spezifischen Minderheit und den daraus rekrutierten Stichproben handelt es sich um überdurchschnittlich gebildete Personengruppen in hochindustrialisierten, wohlhabenden, demokratischen und vorwiegend jüdisch-christlich geprägten Gesellschaften. Dennoch ist es diese Minderheit, auf denen die meisten psychologischen Befunde basieren, wie sie von den international einflussreichsten wissenschaftlichen Publikationsorganen verbreitet werden, die sich fast ausnahmslos in den USA und Großbritannien befinden.

Die in primär westlichen wissenschaftsgeschichtlichen Abhandlungen suggerierte Auffassung, dass die internationale Verbreitung im Westen entwickelter psychologischer Ausbildungs- und Forschungsstandards ihre Überlegenheit und Konkurrenzlosigkeit belege, ist nach Ansicht mancher Autor:innen fragwürdig (Moghaddam 1987). Wie bereits angedeutet, ist die moderne Psychologie im Zeitalter des Imperialismus und Kolonialismus von westlichen Mächten in nahezu alle Gegenden der Welt exportiert und an dortigen Universitäten etabliert worden. Dieser Prozess erfolgte keineswegs in Form diskursethischer Aushandlungen unter Gleichberechtigten, sondern weitgehend in Form von machtpolitischen und sendungsideologischen Durchsetzungsstrategien, zu denen oftmals die Abwertung von alternativen indigenen Wissensbeständen und Erkenntnispraktiken gehörte, die in den präkolonialen Gesellschaften bereits existierten. In postkolonialistischen Analysen (zum Beispiel von Gayatri Spivak 1988) wird dieser Prozess auch als Ausübung *epistemischer Gewalt* bezeichnet, an der Psycholog:innen mit ihren teilweise rassentheoretisch unterlegten Befunden zur kognitiven Zurückgebliebenheit nichteuropäischer Populationen maßgeblich beteiligt waren und gelegentlich auch noch beteiligt sind (Chakkarath 2021; Jahoda 1999).

Vor diesen Hintergründen ist zu fragen, ob die ethnozentrische Betrachtung psychologischer Phänomene der einen Kultur mit Konzepten aus der anderen Kultur nicht Gefahr läuft, wesentliche psychologisch relevante Aspekte der Fremdkultur fehl zu deuten oder gar nicht erst wahrzunehmen. Ein Resultat der Abwertung indigener psychologischer Menschenbilder und darin eingebetteter psychologischer Theorien ist jedenfalls eine bislang mangelhafte Aufmerksamkeit der Mainstream-Psychologie für den Einfluss, den indigene Konzepte für die Strukturierung von unterschiedlichen menschlichen Entwicklungskontexten und Handlungsfeldern wie auch für die Selbstwahrnehmung und Einstellungen von Individuen, für ihre Deutungen und Bewertungen, für ihre Denkstile, ihre Attributionsstrategien, ihre Vorstellungen von psychischer Gesundheit und Krankheit, ihre Erziehungsziele und Erziehungsstile und vielerlei weitere psychologische Zusammenhänge haben. Wohlgemerkt können indigene Konzepte erheblichen Einfluss auf die psychische Entwicklung von Menschen nehmen, unabhängig davon, ob sie aus Sicht einer anderen indigenen Psychologie als unwissenschaftlich beurteilt werden.

Kritisch ist gegen die Indigene Psychologie vor allem eingewandt worden, dass sie ihrer Kritik am Ethnozentrismus der Mainstream-Psychologie ihren ganz eigenen Ethnozentrismus entgegensetze (Poortinga 1996) und das Konzept der ,Indigenität' so essentialisiere, dass kritisierte kolonialistische und wenig schmeichelhaft gemeinte Konzeptualisierungen (zum Beispiel von ‚Eingeborenen') wieder merkwürdig lebendig würden. Dem setzt die Indigene Psychologie entgegen, dass ihre Bemühung, soziokulturell gewachsene, politisch unterdrückte und dennoch für psychologisch relevant erachtete lokale Wissens- und Praxissysteme in die allgemeine psychologische Diskussion einzubringen, nicht darauf ziele, den Nutzen der Mainstream-Psychologie oder anderer indigener Psychologien prinzipiell infrage zu stellen. Vielmehr liege ihr daran, die gesamte Psychologie, einschließlich der sogenannten ‚kultursensiblen' Psychologien, weitergehend auf die oben angesprochenen Problemlagen aufmerksam zu machen. Oftmals gehe es nicht darum, globale Mainstream-Konzepte zu ersetzen, sondern sie so an lokale Kontexte anzupassen, d. h. zu ‚indigenisieren', dass sie den kulturspezifischen Phänomenen und Bedürfnissen gerechter werden. Dies sei umso notwendiger als die jahrzehntelange Erfahrung mit der Anwendung westlicher Konzepte und Therapieansätze in nichtwestlichen, zum Beispiel indischen Sozialisationskontexten, auch empirisch belegt habe, dass die psychologische Reichweite der Mainstream-Psychologie kulturell beschränkter und erkenntnishemmender ist, als sie selbst wahrhaben möchte (siehe etwa Cornelissen 2002, für das ‚Pondicherry Manifesto of Indian Psychology').

Die Kritik betrifft durchaus auch die Kulturpsychologie, die einigen indigen-psychologischen Perspektiven im Grunde nahesteht. Auch sie bewege sich aber in primär westlichen Diskursnetzen, ohne bislang großes Interesse an der Integration nichtwestlicher Perspektiven in ihre Theoriebildung gezeigt zu haben.

3   Beispiel: Indigene Selbst- und Identitätskonzepte

Beiträge der Indigenen Psychologie zielen häufig darauf, aufzuzeigen, a) dass die angemaßte Objektivität vieler zentraler mainstreampsychologischer Konzepte einer historischen und soziokulturellen Überprüfung ihrer diskursiven Genese nicht standhält; b) dass bestimmte indigene Konzeptionen, zum Beispiel von Person, Beziehung oder emotionalen Bedürfnissen, psychologisch hochwirksame Folgen haben können und daher von der Mainstreampsychologie nicht ignoriert werden sollten. Beispiele für beide Anliegen lassen sich anhand der Diskussion über Individualismus und damit verwandte Konzepte wie Individuum, Selbst, Person, Subjektivität oder Autonomie skizzieren. So wird etwa darauf hingewiesen, dass auch diese Konzepte ideologisch gefärbt seien, beispielsweise von christlichen, insbesondere frühen protestantischen, Selbstverständnissen, die im Zuge der europäischen Aufklärung säkularisiert und dann in noch breiterem Maße kultur- und gesellschaftsprägend wurden. Prägend wurden sie auch für die wissenschaftliche Theoriebildung, in der bis heute in oft pauschalen und undifferenzierten Gegenüberstellungen individualistische von kollektivistischen Kulturen unterschieden und mit entsprechend divergierenden, bisweilen keineswegs wertfreien psychologischen Auffassungen von idealer sozialer Entwicklung unterlegt werden. Auch der Individuozentrismus der westlichen Psychologie stehe hiermit in engem Zusammenhang.

In westlichen Historiographien zur Identitäts- und Selbstkonzeptforschung wird der Eindruck erweckt, dass die jüngere Dekonstruktion und Neubetrachtung ehemals essentialistisch gedachter Vorstellungen von Individuum, Person und Selbst sich fortschrittlicher westlicher Theorienbildung verdanke. In den meisten solcher Darstellungen werde allerdings unterschlagen, dass viele Aspekte dieser vermeintlich neuen Sichtweise beispielsweise in psychologischen Debatten zwischen buddhistischen und hinduistischen Gelehrten seit über zwei Jahrtausenden verhandelt werden, wobei – empirisch gestützt u. a. auf ausgefeilte introspektive Beobachtungsverfahren – ebenso lang schon das klinische Problem diskutiert wird, welche Auswirkungen jeweilige Überzeugungen von einem essentialistischen oder einem konstruierten, ‚fluiden' Selbst auf das psychische Befinden haben (Chakkarath 2012). In den jeweiligen Theorien finden sich auch Modelle menschlicher Entwicklung, in denen der menschliche Alterungsprozess nicht etwa – wie lange Zeit in einflussreichen westlichen Theorien geistiger Entwicklung – als kognitiver Verfallsprozess betrachtet wird, sondern als ein Prozess, der die volle, nämlich spirituelle, Entfaltung des Selbst maßgeblich begünstigt. Viele dieser Themen und Befunde tauchen auch in heute vielbeachteten kulturpsychologischen Theorien zu kulturell variierenden, etwa independenten vs. interdependenten Selbstkonzepten, wieder auf. Hypothetisch lässt sich im Anschluss an solche Hinweise fragen, wie die Forschung zu manchen psychologischen Themen und Fragestellungen verlaufen könnte, wäre die Mainstream-Psychologie nicht vornehmlich an einer Auseinandersetzung mit den ihr eigenen Diskursen interessiert.

In diesem Zusammenhang sind auch die Hinweise des japanischen Psychiaters und Psychoanalytikers Takeo Doi (1920–2009) interessant, mit denen er sich kritisch gegen den Universalanspruch westlicher Bindungsforschung und darin erhobenen Thesen zu Persönlichkeits- und Autonomieentwicklung wendet (Doi 1982). Doi merkt an, dass die Maßstäbe, nach denen die Bindungstheorie Interaktionsmuster zwischen Mutter und Kind als entweder positiv oder aber problematisch für die weitere kindliche Sozialisation bewertet, kulturspezifische Präferenzen und Erwartungen westlicher Gesellschaften widerspiegeln. Da dort seit der Moderne die Entwicklung einer ganz spezifischen Form von individueller Autonomie besonders wertgeschätzt wird, werden Verhaltensweisen des Kindes, die seine unmissverständliche Zufriedenheit oder Unzufriedenheit mit dem aktuellen mütterlichen Verhalten signalisieren, als Ausdruck kulturell gewünschter Selbstbestimmung gesehen und daher gebilligt, gefördert und für gut befunden. In Japan aber, so Doi, spiele dieses Verständnis von Autonomie keine bedeutende Rolle. Dort sei die auch in der Mutter-Kind-Beziehung präferierte Sozialbeziehung vielmehr durch das indigene *amae*-Konzept charakterisiert. Im Gegensatz zu westlichen Sichtweisen gehe es darin nicht primär um das kindliche Individuum und sein Bedürfnis nach Nähe, Fürsorge und Sicherheit, sondern auch um das Bedürfnis der Mutter oder seiner anderen Beziehungspartner, den kindlichen Erwartungen zu genügen, ganz einerlei, ob diese überzogen oder schwer nachvollziehbar sein mögen. Somit bezeichne *amae* eine Beziehung, in der die Erlangung von Autonomie nicht als individuell betriebene Loslösung aus einer Beziehung, sondern als reziproke Gestaltung einer interdependenten

Beziehung verstanden wird, in der beide Seiten sich als konfliktfrei fordernd, gebend und nehmend empfinden können.

Die anhaltende Diskussion darüber, ob es sich bei *amae* wirklich um ein kulturspezifisches Konzept handelt oder ob es nicht etwas beschreibe, was in allen menschlichen Beziehungen in allen Gesellschaften nachweisbar sei, ist aus indigen-psychologischer Sicht nur ein willkommener Hinweis darauf, dass auch indigene Konzepte aus nichtwestlichen Wissenskulturen das Potenzial haben können, auf universelle psychologische Aspekte aufmerksam zu machen, die in der bisherigen Mainstream-Forschung nur geringe oder gar keine Beachtung gefunden haben.

4 Fazit

Indigen-psychologische Perspektiven tragen dazu bei, die kulturpsychologische Überzeugung zu erhärten, dass sich menschliche Psyche und Kultur gegenseitig bedingen und dass deshalb für eine angemessene Untersuchung und Deutung psychischer Phänomene in unterschiedlichen kulturellen Kontexten bzw. Handlungsfeldern auch die Analyse kulturhistorischer, soziokultureller und diskurstheoretischer Aspekte unabdingbar ist. Die Entstehung und die seit einigen Jahrzehnten beobachtbare Verbreitung der Indigenen Psychologie weist allerdings darauf hin, dass auch die Kulturpsychologie trotz ihrer interdisziplinären und methodologisch offenen Ausrichtung sich bislang nicht erkennbar in der Lage oder willens gezeigt hat, diejenigen interkulturellen Kompetenzen zu erlangen bzw. zu vermitteln, derer es bedürfte, auch ihren eigenen Ethnozentrismus einzudämmen. Insofern man die Indigene Psychologie im Rahmen dieser wünschenswerten Bemühung als ein erforderliches Korrektiv betrachten kann, stehen indigen-psychologische Perspektiven der Kulturpsychologie nicht entgegen, sondern ergänzen sie.

Literatur

Berry, J. W., & Allwood, C. M. (2006). Origins and development of indigenous psychologies: An international analysis. *International Journal of Psychology, 41*(4), 243–268.

Chakkarath, P. (2012). The role of indigenous psychologies in the building of basic cultural psychology. In J. Valsiner (Hrsg.), *The Oxford handbook of culture and psychology* (S. 71–95). New York, NY: Oxford University Press.

Chakkarath, P. (2021). Der dunkle Kontinent. Kolonialisierung und Dekolonialisierung der Psyche und Psychologie. *psychosozial, 165*(3), 75–85.

Cornelissen, M. (2002). Pondicherry manifesto of Indian psychology. *Psychological Studies, 47*(1–3), 168–169.

Doi, T. (1982). *Amae – Freiheit in Geborgenheit. Zur Struktur japanischer Psyche.* Frankfurt/Main: Suhrkamp.

Heelas, P., & Lock, A. (1981). *Indigenous psychologies: The anthropology of the self.* New York, NY: Academic Press.

Henrich, J., Heine, S. J., & Norenzayan, A. (2010). The weirdest people in the world? *Behavioral and Brain Sciences, 33*, 61–83.

Jahoda, G. (1999). *Images of savages: Ancient roots of modern prejudice in Western culture.* London: Routledge.

Kim, U., Yang, K.-S., & Hwang, K.-K. (Hrsg.). (2006). *Indigenous and cultural psychology. Understanding people in context.* New York, NY: Springer.

Klautke, E. (2013). The mind of the nation: Völkerpsychologie in Germany, 1851–1955. New York, NY: Berghahn Books.

Martín-Baró, I. (1994). *Writings for a liberation psychology.* Cambridge, MA: Harvard University Press.

Moghaddam, F. (1987). Psychology in the three worlds: As reflected by the crisis in social psychology and the move towards indigenous third world psychology. *American Psychologist, 42*(10), 912–920.

Poortinga, Y. H. (1996). Indigenous psychology: Scientific ethnocentrism in a new guise? In J. Pandey, D. Sinha & D. P. S. Bhawuk (Hrsg.), *Asian contributions to cross-cultural psychology* (S. 59–71). Thousand Oaks, CA: Sage.

Spivak, G. C. (1988). Can the subaltern speak? In C. Nelson & L. Grossberg (Hrsg.), *Marxism and the interpretation of culture* (S. 271–313). London: Macmillan.

Sundararajan, L. (2019). Wither indigenous psychology. *Journal of Theoretical and Philosophical Psychology, 39*(2), 81–89.

Thalmayer, A. G., Toscanelli, C., & Arnett, J. J. (2021). The neglected 95% revisited: Is American psychology becoming less American? *American Psychologist, 76*(1), 116–129.

Die kulturanthropologische Perspektive

Uwe Wolfradt

Zusammenfassung

Im folgenden Kapitel wird die kulturanthropologische Perspektive in der Kulturpsychologie dargestellt, indem grundlegende Unterschiede in Theorie (Kulturrelativismus) und Methode (Teilnehmende Beobachtung) aufgezeigt werden. Historisch haben sich beide Disziplinen in enger Verbindung zueinander entwickelt. Kulturpsychologie und Kulturanthropologie haben über die psychologische Anthropologie ein gemeinsames Fundament gelegt, auf dem in Bezug auf Intentionen und Symbolen eine semiotische Kulturtheorie an Bedeutung gewonnen hat. Am Beispiel der kulturellen Analyse von Schamempfindungen in Indien wird das theoretische und methodische Vorgehen einer psychologischen Anthropologie/Kulturpsychologie vorgestellt.

Schlüsselwörter

Kulturanthropologie · Kulturrelativismus · Psychologische Anthropologie · Scham

1 Einleitung

Kulturanthropologie oder Ethnologie (*Völkerkunde*) bildet eine wissenschaftliche Disziplin, welche sich der Erforschung der materiellen und immateriellen Kultur von (zumeist außereuropäischen) Völkern zuwendet. Die europäische Ethnologie stellt als

U. Wolfradt (✉)
Martin-Luther-Universität Halle-Wittenberg, Halle, Deutschland
E-Mail: uwe.wolfradt@psych.uni-halle.de

© Der/die Autor(en), exklusiv lizenziert an Springer Fachmedien Wiesbaden GmbH, ein Teil von Springer Nature 2022
U. Wolfradt et al. (Hrsg.), *Kulturpsychologie*,
https://doi.org/10.1007/978-3-658-37918-6_9

93

ehemals bezeichnete Volkskunde eine eigene Kulturwissenschaft dar. Völker werden in der Kulturanthropologie weiter gefasst als bloße Nationen – es handelt sich um soziale Einheiten, wie Stämme, Dorfgemeinschaften oder soziale Gruppen. Die Kulturanthropologie untersucht zudem die Herausbildung von Lebensformen im Kontext ihrer historischen und sozialen Bedingungen und ihre Transformation durch globalisierte Faktoren wie beispielsweise Digitalisierung und Migration. Da sie sich mit sozialen Mikro-Systemen in kulturspezifischen Kontexten auseinandersetzt, hat sie eine starke inhaltliche und methodologische Nähe zur (Kultur)Soziologie. Im Zentrum der Kulturpsychologie steht demgegenüber das Individuum mit seinen spezifischen Erlebnis- und Verhaltensformen. Da die Kulturpsychologie (*cultural psychology*) im Gegensatz zur Interkulturellen Psychologie (*cross-cultural psychology*), die einem vorwiegend naturwissenschaftlich-quantitativen Verständnis folgt, eine hermeneutisch-qualitative Perspektive auf psychische Phänomene, wie Fühlen, Wahrnehmen und Erleben einnimmt, besitzt sie zweifelsohne eine enge Verwandtschaft zur Kulturanthropologie. Die Kulturanthropologie folgt eher einer kulturrelativistischen Betrachtung, indem sie die historische und kulturelle Einzigartigkeit sozialer oder psychischer Phänomene herausstellt. Die Kulturpsychologie ist ebenso einem Kulturuniversalismus verpflichtet, der die kulturelle Vergleichbarkeit psychischer Phänomene nicht vollkommen ausschließt. Beide Disziplinen verstehen sich zudem als Wissenschaften von der Erforschung des kulturell *Fremden* und kultureller Differenzerfahrungen (Kohl 2000). Die Präferenz für unterschiedliche theoretische und methodologische Herangehensweisen zeichnet beide Disziplinen aus: In der Interkulturellen Psychologie (*cross-cultural psychology*) setzte sich die Unterscheidung in eine emische und etische Perspektive von Berry (1989) durch. Unter einem emischen Ansatz wird eine Perspektive verstanden, welche die Kulturmuster und kulturspezifischen Sinndeutungen einer sozialen Gruppe aus der Innenperspektive verstehen, und die soziale Struktur eines bestimmten Systems aufdecken möchte. In einer Feldforschung lebt der/die Kulturanthropologe/in über eine längere Zeit mit Menschen zusammen und versucht über teilnehmende Beobachtung ihr Alltagsleben zu verstehen und zu interpretieren. Beim etischen Ansatz versucht der/die Psychologe:in demgegenüber von einer Außenperspektive mehrere unterschiedliche Kulturen vergleichend – unter Verwendung von qualitativen oder quantitativen Methoden – die soziale Struktur eines bestimmten Systems zu rekonstruieren.

2   Historische und theoretische Grundlagen

Das ethnisch Fremde unterlag in der ersten Hälfte des 19. Jahrhunderts noch einer romantisch-exotischen Verklärung: Entweder wurden indigene Völker als ‚edle Wilde' *sensu* Rousseau oder als ‚unzivilisierte Barbaren' charakterisiert. Bestimmend war in dieser Zeit die Vorstellung von im Inneren wohnenden geschichtsformenden Kräften in Sprache, Mythen und Liedern, die einen Volksgeist formen würden. Johann Gottfried Herder (1744–1803) und Wilhelm von Humboldt (1767–1835) gelten als die prominentesten Vertreter dieser Auffassung. Moritz Lazarus (1824–1903) und Heymann Steinthal (1823–1899) entwarfen eine Völkerpsychologie, die eher über die Elemente der Sprache, Mythologie, Religion, Kunst, Sitte und Recht psychische Gesetzmäßigkeiten und Strukturen von Völkern wissenschaftlich untersuchten. Der Begründer der experimentellen Psychologie Wilhelm Wundt (1832–1920) entwickelte eine eigene Völkerpsychologie, die nicht wie bei Lazarus und Steinthal der allgemeinen Kulturgeschichte Priorität einräumt, sondern die naturhafte Betrachtung der menschlichen Vorgeschichte basierend auf allgemeinen Prinzipien der physiologischen Psychologie betonte. Seine evolutionistischen Grundannahmen einer Kulturstufentheorie, die mit ethnologischen Quellen fundiert wurden, kamen über eine psychologische Kulturgeschichte nicht hinaus. Vielmehr hatten es kulturelle Phänomene als Gegenstandsbereich einer einseitig naturwissenschaftlich ausgerichteten Psychologie weiterhin sehr schwer. Mit der Völkerpsychologie etablierte sich auch die Vorstellung einer Volksseele oder eines Nationalcharakters, der in der späteren amerikanischen Kulturanthropologie, der kulturrelativistischen *culture and personality school* in den USA Rückhalt fand (Beuchelt 1974).

Für die Herausbildung der wissenschaftlichen Kulturanthropologie waren zwei deutsche Wissenschaftler Mitte des 19. Jahrhundert wegweisend: Theodor Waitz (1821–1864) und Adolf Bastian (1826–1905). Beide beschäftigten sich mit der Beziehung der allgemeinen menschlichen Grundlagen (Universalismus) zu den kulturspezifischen Ausformungen (Kulturrelativismus) psychischer Phänomene. Sie vertraten grundsätzlich die Annahme der psychischen Einheit der Menschheit, dass alle Menschen (und ‚Rassen') einen gemeinsamen Ursprung mit gleicher mentaler Grundausstattung und einer gleichartigen Entwicklung (Monogenismus) aufweisen. Im Rahmen einer ethnischen Psychologie wurden Mentalitätsunterschiede zwischen den Kulturen vornehmlich auf soziale Umweltfaktoren zurückgeführt. Beide lehnten den Evolutionismus mit seiner Abstammungslehre ab, der außereuropäische Völker als ‚primitive' Naturvölker darstellte (Beuchelt 1974; Wolfradt 2011; Jahoda 2014).

Franz Boas (1858–1942), der zeitweise bei Adolf Bastian gearbeitet hatte, übernahm die Annahme, dass dem Einfluss der Umwelt, der Geschichte und der individuellen-psychologischen Bedingungen vor der biologisch-rassischen Herkunft der Menschen Vorrang einzuräumen ist. Boas wendete sich gegen das vorherrschende evolutionistische Paradigma eines gesetzmäßigen Fortschreitens der menschlichen Kultur von primitiv-niederen Stufen zu höheren Formen der Zivilisation. Wie Bastian versuchte er in der induktiv-methodischen Vorgehensweise durch Sammeln von Daten und Artefakten die historische Entwicklung von Menschen in ihrem kulturspezifischen Kontext zu rekonstruieren. Über den Einfluss der natürlichen Umwelt und der Begegnung mit anderen Kulturen galt es die partikulare Eigenart der jeweiligen Ethnie zu bestimmen. Der von ihm formulierte Kulturrelativismus betont, dass jedes Verhalten nach den Vorstellungen und Absichten der Handelnden beurteilt werden sollte, nicht nach denen der Beobachter (Bohannan und Van der Elst 2003). Basierend auf seinen Feldforschungen bei indigenen Völkern Nordamerikas waren ihm die Sprachen mit ihren

linguistischen Bedeutungen eine Zugangsmöglichkeit zum kulturspezifischen Weltverständnis indigener Gruppen. Kulturelles und Psychisches oder Mentales bildeten –
vermittelt über den Geist (mind) – hierbei eine Einheit (Boas 1910). Boas bekämpfte den
evolutionistisch begründeten Rassismus seiner Zeit und führte umfangreiche psychologische Befragungen und physisch-anthropologische Messungen an Immigrant:innen
in den USA durch, die belegten, dass Unterschiede im Verhalten von Kulturen eher auf
Umweltveränderungen als auf erbliche Eigenschaften, die sich im Begriff ‚Rasse‘ ausdrücken, zurückzuführen sind. Franz Boas begründete mit seinen vielen Schüler:innen,
wie Margret Mead (1901–1978), Ruth Benedict (1887–1948) und Edward Sapir
(1884–1939), die amerikanische Kulturanthropologie. Insbesondere Sapir trug zu den
kulturanthropologischen Grundlagen der Kulturpsychologie wesentliche Ideen bei, die
stark durch die Theorie der interpersonalen Beziehungen des Psychiaters Harry Stack
Sullivan (1892–1949) beeinflusst wurden. Menschen lernen in ihrer Sozialisation kulturspezifische Symbole durch interpersonelle Erfahrungen, die wiederum durch kulturelle
Regeln geformt sind, d. h. kulturelle Bedeutungen werden von einem Individuum zum
anderen über symbolische Kommunikation in interpersonellen Beziehungen vermittelt
(Levine 2007). Sapir betrachtete die aufkommende *culture and personality school* unter
Benedict und Mead kritisch. Benedict unterschied in ihrem Werk *Pattern of Culture*
(1934) Friedrich Nietzsches Philosophie folgend zwei grundlegende Kulturtypen: eine
dionysische Kultur, die durch Maßlosigkeit und exzessives Verhalten charakterisiert ist,
und eine *apollinische* Kultur, die sich durch Ordnung und rationale Umsicht auszeichnet.
Sapir (1994) verdeutlicht, dass eine derartige Kulturpsychologie sehr ambivalent sei, da
sie nicht zwischen zwei differenten Beschreibungsebenen unterscheide. Kulturpsychologie betrachtet zum einen die Charakterisierung von allgemeinen Tendenzen und
Merkmalen, wie Mustern, Einstellungen einer Kultur (z. B. eine Kultur sei introvertiert,
da sie Emotionen zurückhalte). Zum anderen bezieht sich die Kulturpsychologie auf
konkretes individuelles Verhalten, d. h. wie sich das Individuum gegenüber bestimmten
kulturellen Mustern oder Merkmalen verhält (z. B. wie stark passt sich ein Mensch einer
introvertierten Kultur an?). Nach Sapir kann Kultur daher keine Psychologie haben,
nur Individuen, d. h. psychologische Typen lassen sich eher Individuen als Kulturen
zuordnen (Sapir 1994, S. 182/183). Die *culture and personality school* war von 1920
bis 1960 die bestimmende Ausrichtung der amerikanischen Kulturanthropologie, die
wesentliche theoretische Anleihen der Psychoanalyse Sigmund Freuds (insbesondere der
Libidotheorie) entnahm. Der Grundgedanke war hierbei, wie stark die Kultur über ihre
primären Institutionen (Sexualerziehung, Stillpraxis, Säuglingspflege) und sekundären
Institutionen (Märchen, Tabus, Rituale, Mythen) Einfluss auf die individuelle Persönlichkeit und damit auf den kulturellen Charakter einer Gemeinschaft nimmt. Die Untersuchungen von Mead zum Sexualverhalten junger Frauen auf Samoa oder die Studien
von Benedict zur psychologischen Typisierung der Dobu (Afrika), Kwakiutl (Kanada)
oder Pueblo-Indianer (USA) sind hierfür bekannte Beispiele. Häufig fanden neben der
teilnehmenden Beobachtung auch projektive Testverfahren (Rorschach-Test) oder die

Interpretation von Träumen Anwendung. Die Untersuchung der Persönlichkeit galt als das Mittel zur Überprüfung, ob eine Gesellschaft funktioniert, d. h. ob ein Ausgleich zwischen Einzel- und Allgemeininteressen tatsächlich gelingt (Kardiner und Preble 1974). Es blieb nicht aus, dass die *culture and personality school* nachhaltig zur Stereotypisierung von Kulturen beitrug, indem sie Eigenschaften von Individuen auf gesamte Kulturen als spezifische Merkmale übertrug (z. B. Japan als eine Scham-Kultur, LeVine 2001).

2.1   Von der psychologischen Anthropologie zur Kulturpsychologie

Die psychologische Anthropologie (*psychological anthropology*) galt nach Franz Boas neben physischer Anthropologie als wichtiges Untergebiet der Kulturanthropologie. Die psychologische Anthropologie behandelt die Beziehungen zwischen dem Individuum und dem soziokulturellen Umfeld, also den kulturellen Einflüssen auf Persönlichkeit und die psychologischen Grundlagen der Gesellschaft und Kultur. Somit bezieht sie alle psychischen Phänomene wie Emotionen, Motive, Kognitionen, moralisches Schlussfolgern, psychische Störungen, Aggression und Gewalt, Sozialisationspraktiken, Rassismus und Genderfragen mit ein. Bourguignon (1979) sieht zwei wesentliche Unterschiede zwischen (Interkultureller) Psychologie und psychologischer Anthropologie: Die unterschiedliche Art der Formulierung der Forschungsfragen und die Verschiedenheit der methodischen Verfahren. Die psychologischen Anthropolog:innen fragen „how the universal human problems are dealt with by a given group, within a given historical and ecological context" (S. 11). Aus einer kulturökologischen Perspektive wird Kultur als ein variables System von Lösungen konstanter Probleme aufgefasst. Das Vorgehen der psychologischen Anthropologie zeichnet sich in der Feldforschung mit der teilnehmenden Beobachtung eher explorativ und ergebnisoffen aus, während die vorherrschende (Interkulturelle) Psychologie bestimmte Hypothesen mit quantitativen Verfahren verifizieren oder falsifizieren möchte. LeVine (1999) verweist darauf, dass die psychologische Anthropologie zu wenig die Verbindung zur Mainstream Kulturanthropologie und zur akademischen Psychologie sucht, was zur Vernachlässigung von Theorienbildung und Nicht-Berücksichtigung neuer methodischer Wege führt. Ferner würde durch die Fragmentierung der Themenbereiche zu oft eine komparative Analyse zwischen verschiedenen indigenen Gruppen fehlen, die erst eine allgemeine Interpretation von psychischen Phänomenen ermöglicht.

Seit den 1950er Jahren wurden in der Kulturanthropologie mit Clyde Kluckhohn (1905–1960) und Clifford Geertz (1926–2006) semiotische Kulturansätze bedeutsam. Kluckhohn begriff Kultur als eine Art und Weise zu denken, zu fühlen und zu glauben und betrachtete Kultur daher als gespeichertes Wissen, das ein geteiltes symbolisches System konstituiert (LeVine 2007). Insbesondere das Konzept der ‚Dichten Beschreibung', das Geertz vom britischen Philosophen Gilbert Ryle (1900–1976) übernahm, bahnte den Weg für eine interpretativ-symbolistische Kulturanthropologie. Kultur wird nach Geertz wie folgt verstanden: „...daß der Mensch ein Wesen ist, das in selbstgesponnene Bedeutungsgewebe verstrickt ist, wobei ich Kultur als dieses Gewebe ansehe" (Geertz 1987, S. 9). Ziel seines Vorgehens war das Aufdecken von Vorstellungs-strukturen, in dem er symbolische Handlungen von Personen beschrieb und inter-pretierte. Verstehen kann nur gelingen, wenn der Kontext der Handlungen vertraut ist. Verstehen ist daher Kontextualisierung, bei der Beschreibung und Deutung ineinander überführt werden. Dichte Beschreibungen unterscheiden sich dadurch von ‚dünnen' Beschreibungen, dass sie mehr als bloße Darstellungen des Geschehens sind, weil sie mithilfe des ethnologischen Vorwissens die impliziten Bedeutungen und Intentionen der Akteure sichtbar machen und in ihr das Beziehungsgeflecht von Vorstellungen offenlegen. Hierbei ist Kultur „keine Instanz, der gesellschaftliche Ereignisse, Ver-haltensweisen, Institutionen oder Prozesse kausal zugeordnet werden könnten. Sie ist ein Kontext, ein Rahmen, in dem sie verständlich – nämlich dicht – beschreibbar sind" (Geertz 1987, S. 21).

Shweder (1990) greift die Überlegungen der symbolischen Kulturtheorie von Geertz auf. Unzufrieden mit dem Bedeutungsverlust der *culture and personality studies* in den 1970er und 1980er Jahren begründet er diese Tradition unter der Bezeichnung *cultural psychology* neu. Von Melford Spiro gefragt, warum nicht *culture and personality* als Name für diese Forschungstradition fortgeführt worden wäre (Shweder 1999, S. 62), antwortet Shweder:

> Perhaps part of the answer [...] has to do with the value of using language to symbolize ›new beginnings‹. [...] It has been mentioned [...] that within anthropology there has been a stigma associated with the phrase 'culture and personality'. I think this stigma has two dimensions to it: the association [...] with national character studies, and its association with a particular psychoanalytic view of person (ebd., S. 63).

Darüber hinaus fand Shweder die grammatische Struktur ‚culture AND personality' äußerst problematisch, denn sie impliziere die Vorstellung von unabhängigen Variablen, also dass beide separierbar und je für sich untersuchbar seien.

Unter *cultural psychology* entwirft Shweder (1990, 1999) folglich eine intentional-interpretative Kulturpsychologie, bei der die Unterscheidung zwischen Subjekt und Objekt aufgehoben wird, in dem der Mensch als eine intentionale Person nicht objektiv auf die Dinge seiner intentionalen Umwelt schaut, sondern diese unmittelbar subjektiv erlebt und interpretiert. Das Individuum sucht nach Bedeutungen in seiner Umwelt, indem es Texte und Symbole im jeweiligen historischen, kulturellen oder interpersonalen Kontext sinnhaft interpretiert. Kulturpsychologie und Psychologische Anthropo-logie finden über den semiotischen Kulturbegriff eine gemeinsame theoretische und methodische Grundlage für die Erforschung der psychischen Phänomene.

3 Das Konzept von Scham (*lajya*) in Indien – ein Beispiel von Kulturanthropologie und Kulturpsychologie

Als ein Beispiel soll die kulturelle Emotionsforschung bezüglich der Untersuchung von Scham vorgestellt werden. Seit der Untersuchungen von Benedict an Japaner:innen wird zwischen Scham- und Schuldkulturen unterschieden, was aber zunehmend infrage gestellt wird, da die Übergänge fließend und die beiden Gefühlskategorien komplexer sind.

Shweder (2003) beschreibt die Bedeutung von Scham (*laija*) bei Hindu Familien in Orissa (Indien). Er bemerkt, dass das öffentliche Zeigen von positiven Gefühlen über einen persönlichen Erfolg von den Familien als ,schamlos' interpretiert wird. Scham stellt daher einen komplexen emotionalen Zustand von Gefühlen, Werten, Überzeugungen und Wünschen mit verschiedenen Komponenten dar. Er identifiziert sieben dieser Komponenten: 1. Situationale Determinanten (z. B. Auslöser), 2. Selbstzugeschriebene Merkmale (z. B. sozialer Status), 3. Somatische Phänomenologie (z. B. körperliche Gefühle durch die Atmung), 4. Affektive Phänomenologie (z. B. Gefühle der Leere), 5. Soziale Beurteilung (z. B. Bewertungen wie verrückt oder normal), 6. Selbstregulation (z. B. Rückzug oder Entschuldigung) und 7. Kommunikation (z. B. Gesichtsausdruck, Stimme). Scham wird als ein Gefühl ausgelöst, wenn Menschen sich erniedrigt oder unrein in den Augen anderer fühlen. Er schreibt: „Shame is the deeply felt and highly motivating experience of the fear of being judged defective (S. 1115). In Abhängigkeit vom kulturellen Kontext mit verschiedenen Gemeinschaften kann die Bedeutung, was an einer Person als fehlerhaft interpretiert wird, sehr unterschiedlich sein. Oftmals basieren diese Interpretationen auf kulturspezifischen Moralvorstellungen. Shweder versucht nun eine kulturspezifische Analyse, indem er Scham in den hinduistischen Götter-Mythen identifiziert (die zehnarmige Kali tritt auf ihren Mann Shiva und empfindet *lajya*) oder sich den Begriff *lajya* an sozialen Alltagsbeispielen erklären lässt (eine unverheiratete Frau hat *lajya*, wenn sie schüchtern, peinlich berührt, bescheiden oder verlegen ist). Im Verhalten wird *lajya* durch körperlichen Rückzug und einem verschleierten Gesicht angezeigt und unterscheidet sich deutlich von Schamempfindungen in westlichen Kulturen. Es geht um das Wahren des Gesichts, des Eigenen, wie das des Anderen. Das universelle Schamgefühl zeigt sich in verschiedenen kulturellen Kontexten in unterschiedlichen Manifestationen (z. B. Auslöser, körperlicher Ausdruck, subjektive Interpretation). Es bedarf daher einer ethnographischen Analyse der historischen Entwicklung eines Gefühls (z. B. in Mythen, Narrativen) und der aktuellen Beobachtung von zahlreichen Alltagsereignissen, wo und wie sich das Schamgefühl manifestiert.

4   Fazit

Obgleich sich beide Disziplinen, Kulturpsychologie und Kulturanthropologie historisch parallel entwickelten und kontroverse Fragen der Theorie (Kulturuniversalismus versus Kulturrelativismus) und Methoden (nomothetisch versus ideographisch) im Vordergrund standen, zeigte sich durch das Aufkommen einer semiotischen Kulturtheorie die Möglichkeit, die psychologische Anthropologie als ein gemeinsames Fundament zu nutzen. Beide Disziplinen verstehen sich als interpretative Kulturwissenschaften, die auf gemeinsamer epistemologischer Grundlage der Subjektivität wie der Intersubjektivität stärker Beachtung einräumen möchten (Kral 2008). Im Zentrum stand daher die Frage nach der intentionalen Interpretation und semantischen Analyse von psychischen Phänomenen (wie z. B. dem komplexen Schamgefühl) in Abhängigkeit vom jeweiligen kulturspezifischen Kontext. Die theoretischen und methodischen Überschneidungen von Kulturpsychologie und Kulturanthropologie zeigen aber auch, dass ein Verständnis kultureller Phänomene aus dem spezifischen Kontexten ein vielfältiges Forschungsfeld bietet. Insbesondere die Reflexion der Beziehung zwischen Untersucher:innen und Untersuchungsteilnehmer:innen spielt in beiden Disziplinen eine wichtige Rolle für den Forschungsprozess und damit für die Interpretation der Forschungsbefunde.

Literatur

Berry, J. W. (1989). Imposed etics-emics-dereived etic: The operationalization of a compelling idea. *International Journal of Psychology*, *24*(6), 721–735.

Beuchelt, E. (1974). *Ideengeschichte der Völkerpsychologie*. Meisenheim: Hain.

Boas, F. (1910). Psychological problems in anthropology. *American Journal of Psychology*, *21*(3), 371–384.

Bohannan, P., & Van der Elst, D. (2003). *Fast nichts Menschliches ist mir fremd. Wie wir von anderen Kulturen lernen können*. Wuppertal: Hammer.

Bourguignon, E. (1979). *Psychological anthropology. An introduction to human nature and cultural differences*. New York, NY: Holt, Rinehart & Winston.

Geertz, C. (1987). *Dichte Beschreibung. Beiträge zum Verstehen kultureller Systeme*. Frankfurt/ Main: Suhrkamp.

Jahoda, G. (2014). On relation between ethnology and psychology in historical context. *History of Human Sciences*, *27*(4), 3–21.

Kardiner, A., & Preble, E. (1974). *Wegbereiter der modernen Anthropologie*. Frankfurt/Main: Suhrkamp.

Kohl, K.-H. (2000). *Ethnologie – die Wissenschaft vom kulturell Fremden. Eine Einführung* (2. ew. Aufl.). München: C. H. Beck.

Kral, M. J. (2008). Psychology and anthropology: Intersubjectivity and epistemology in interpretative cultural science. *Journal of Theoretical and Philosophical Psychology*, *27-28*(2-1), 257–275.

LeVine, R. A. (1999). An agenda for psychological anthropology. *Ethos*, *27*(1), 15–24.

LeVine, R. A. (2001). Culture and personality studies, 1918-1960: Myth and history. *Journal of Personality, 69*(6), 803–818.

LeVine, R. A. (2007). Anthropological foundations of cultural psychology. In S. Kitayama, & D. Cohen (Eds.), *Handbook of cultural psychology* (S. 40–58). New York, NY: Guilford.

Sapir, E. (1994). *The psychology of culture. A course of lectures* (ed. by J. T. Irvine). New York, NY: Mouton De Gruyter.

Shweder, R. A. (1990). Cultural psychology – what is it? In G. J. Stigler, R. A. Shweder, & G. H. Herdt (Eds.), *Cultural psychology: Essays on comparative human development* (S. 1–46). Cambridge, MA: Cambridge University Press.

Shweder, R. A. (1999). Why cultural psychology? *Ethos, 27*(1), 62–73.

Shweder, R. A. (2003). Toward a deep cultural psychology of shame. *Social Research, 70*(4), 1109–1130.

Wolfradt, U. (2011). *Ethnologie und Psychologie. Die Leipziger Schule der Völkerpsychologie.* Berlin: Reimer.

Die ethnopsychoanalytische Perspektive

Christine Korischek

Zusammenfassung

Im folgenden Beitrag wird die Ethnopsychoanalyse als eine mögliche Perspektive der kulturpsychologischen Forschung und Theorienbildung vorgestellt. Nach einer einleitenden Begriffsklärung wird die historische Entwicklung von der psychoanalytischen Ethnologie hin zur Ethnopsychoanalyse mit Schwerpunkt auf die Zürcher Gruppe, Paul Parin, Goldy Parin-Matthèy und Fritz Morgenthaler, skizziert. Anhand eines Feldforschungsprojektes mit Studierenden werden Erfahrungen im Kulturkontakt mit Fokus auf das Phänomen der Übertragung und deren Analyse in der Trauminterpretation beispielgebend dargestellt. Dies soll einen Einblick in die ethnopsychoanalytische Forschungspraxis ermöglichen, die sich durch dynamische, prozesshafte und relationale Konzepte auszeichnet.

Schlüsselwörter

Ethnopsychoanalyse · Übertragung · Gegenübertragung · Trauminterpretation · Kulturkontakt · Feldforschung

C. Korischek (✉)
Sigmund Freud PrivatUniversität Wien, Wien, Österreich
E-Mail: christine.korischek@sfu.ac.at

© Der/die Autor(en), exklusiv lizenziert an Springer Fachmedien Wiesbaden GmbH, ein Teil von Springer Nature 2022
U. Wolfradt et al. (Hrsg.), *Kulturpsychologie*,
https://doi.org/10.1007/978-3-658-37918-6_10

1   Einleitung, Gegenstandsbereich und Definition

Der Begriff ‚Ethnopsychoanalyse' wurde von Georges Devereux (1908–1985) geprägt und von der Zürcher Forschergruppe Paul Parin (1916–2009), Goldy Parin-Matthèy (1911–1997) und Fritz Morgenthaler (1919–1984) übernommen, die ihn synonym mit dem Ausdruck ‚vergleichende Psychoanalyse' gebrauchten. Ethnopsychoanalyse ist die Anwendung psychoanalytischer Methode, Technik und Theorie in der ethnologischen Feldforschung und Ethnologie, mit dem Ziel, unbewusst wirkende Einflüsse verschiedener Gesellschaftsformen, ihrer Institutionen und den in ihnen wirkenden historischen und kulturellen Prozessen auf die psychische Struktur einzelner Individuen sichtbar zu machen. In diesem Sinne kann man den Gegenstand der Ethnopsychoanalyse als „das Unbewusste in der Kultur" beschreiben (Erdheim 1982, S. 9).

Die Ethnopsychoanalyse entstand im Zeitraum der Entkolonialisierung nach dem Zweiten Weltkrieg und wurde auf Forschungsreisen in Westafrika entwickelt. Die vergleichende Anwendung der Psychoanalyse hob die Bedeutung von Kultur und Gesellschaft für die psychologische Entwicklung des Individuums als maßgebliche Faktoren hervor. Die Beschäftigung mit ‚Kultur' und ‚kulturellen Unterschieden' wirkte auf die Theorie und Praxis der Psychoanalyse zurück. Die Ethnopsychoanalyse ist die ethnozentrisch aufgeklärte Psychoanalyse (Reichmayr 2003).

Der ethnopsychoanalytische Forschungsprozess entfaltet sich in einem ‚Möglichkeitsraum' (Winnicott 1971) zwischen Individuum, Gesellschaft, ‚fremder' und ‚eigener' Kultur. Das forschende Subjekt ist einerseits Akteur:in, das sich mit dem Forschungsfeld verstrickt, macht sich jedoch auch selbst zum Objekt und wird zum Gegenstand der Reflexion der erlebten intersubjektiven Beziehungserfahrungen. Treffend beschreibt Parin die Konfrontation mit dem Fremden als „ein eigenartiges Hin und Her, eine Spannung, die lustvoll ist oder quälend, oder beides zugleich" (2019, S. 113).

2   Historische und theoretische Grundlagen

Der Beginn der Verbindung von Psychoanalyse und Ethnologie geht auf den Begründer der Psychoanalyse Sigmund Freud (1856–1939) zurück. Freud entwickelte nicht nur eine psychologische Neurosentherapie, sondern schuf mit der Traumdeutung auch eine neue Psychologie, in der er unbewusst wirkende Mechanismen als für das psychische Geschehen grundlegend postulierte. Mit der Frage nach dem Unbewussten in der Kultur wurde die Psychoanalyse auch für die Geistes- und Sozialwissenschaften relevant. Sigmund Freud widmete rund die Hälfte seines Gesamtwerks Fragen zu Gesellschaft, Kultur, Kunst und Literatur. Fasziniert von den in der zeitgenössischen evolutionistischen Ethnologie beschriebenen Phänomenen wie Tabu, Animismus, Magie, Exogamie und Totemismus wandte Freud in *Totem und Tabu* (1912, 1913) seine Erkenntnisse und Überlegungen auf diese an, fragte nach deren psychischen Bedingungen, den zugrunde liegenden Wünschen und seelischen Konflikten, analysierte das Seelenleben der ‚Wilden' und verglich es mit dem der Neurotiker. Basierend auf evolutionistischen Theorien in der Ethnologie, die zu dieser Zeit bereits als überholt galten, beschreibt Freud den Ausgangspunkt für die Kulturfähigkeit des Menschen mit der Verschiebung des Tötungsverbots auf ein Totemtier und die Errichtung des Inzestverbots nach der Tötung des Urvaters durch die geschlechtsreifen Söhne der Urhorde. Der Ödipuskomplex wird von Freud im Zusammenhang mit dem Totemismus zum Ausgangspunkt sozialer Organisation, Sitte, Moral und Religion. Diese Analyse des ‚Schreibtischethnologen' Freud basiert auf einer ethnozentrischen Sichtweise. Die sogenannten Wilden, die dem Ursprung der Menschheitsgeschichte nahestehen und die er mit dem Neurotiker und Kind vergleicht, stellt er als Forschungsobjekt dem ‚normalen', ‚gesunden', ‚männlichen', ‚weißen', ‚bürgerlichen Subjekt' gegenüber. In der Ethnologie wurde *Totem und Tabu* kritisch aufgenommen. Die Universalität des Ödipuskomplexes wurde infrage gestellt. Der polnisch-britische Ethnologe Bronislaw Malinowski (1884–1942), der die teilnehmende Beobachtung als Forschungsmethode in die Ethnologie einführte, konnte diesen nicht für die von ihm untersuchten matrilinear strukturierten Gesellschaft der Trobriander nachweisen. Der amerikanische Kulturanthropologe und Begründer des Kulturrelativismus Franz Boas (1858–1942) und seine Schülerinnen, darunter die Vertreterinnen der *culture and personality*-Forschung Margaret Mead (1901–1978) und Ruth F. Benedict (1887–1948), wandten sich gegen biologistische und rassistische Konzepte, die oftmals mit der Evolutionstheorie einhergingen, waren jedoch von der Psychologie des Unbewussten beeindruckt (Reichmayr 2013; King 2020) (siehe Kap. Die kulturanthropologische Perspektive). Die Kritik am Postulat der Universalität des Ödipuskomplexes führte dazu, dass die Psychoanalytiker ‚ins Feld' gingen. Der aus Ungarn stammende und später in die USA emigrierte Ethnologe und ausgebildete Psychoanalytiker Géza Róheim (1891–1953) war der erste, der bei seinen vier Expeditionen zwischen 1928 und 1931 (u. a. bei den australischen Aborigines) ethnologische Daten sammelte und unter psychoanalytischen Gesichtspunkten auswertete. Róheim formulierte eine eigene psychoanalytische Kulturtheorie, die er aus der psychischen Verarbeitung biologisch begründeter infantiler Konflikte um die Traumen der Trennung des Kindes von der Mutter ableitete. Die von ihm 1947 begründete Schriftenreihe *Psychoanalysis and the Social Sciences*, welche 1960 unter dem Titel *The Psychoanalytic Study of Society* fortgeführt wurde und bis 1994 erschien, diente als Forum, in welchem Arbeiten zur psychoanalytischen Ethnologie und Ethnopsychoanalyse veröffentlicht wurden.

Die Erfahrungen der Emigranten und die Konfrontation ihrer psychoanalytischen Praxis mit den kulturellen Kontexten ihrer Ankunftsländer, z. B. Edith Ludowyk-Gyömröi (1896–1987) in Ceylon (Sri Lanka), trugen zum Aufbrechen ethnozentrischer Positionen bei. Die Wirkung der soziokulturellen Umwelt und der Produktions- und Wirtschaftsverhältnisse auf das Individuum sowie der gesellschaftliche Einfluss auf die Entwicklung und Anpassung der Einzelnen waren theoretisch postuliert. Die praktische Anwendung der Psychoanalyse zur Erforschung dieser Zusammenhänge in der Ethnologie wurde in den 1950er Jahren von der Zürcher Gruppe Paul Parin, Goldy Parin-Matthèy und Fritz Morgenthaler begonnen. Sie beschrieben bei ihren ersten beiden

Afrikareisen (1954/1955 und 1956/1957) ihre Beobachtungen zunächst auf Basis der vergleichenden charakteranalytischen Deutungstechnik. Später, bei den patrilinear organisierten Dogon in Mali (von Dezember 1959 bis Mai 1960), führten sie psycho- analytische Gespräche mit 13 Personen durch, mit 20 bis 40 Sitzungen pro Gesprächs- partner. In diesen nutzen sie die Hauptinstrumente der Psychoanalyse, die Übertragung und die Bearbeitung der Widerstände, um Aufschluss über das Innenleben und die seelische Struktur dieser, in ihrer Kultur als ‚normal' angesehenen und gut angepasst lebenden Menschen zu erhalten. Eine Zusammenstellung ihrer Gespräche und eine Aus- wertung von 100 Rorschachprotokollen wurden 1963 in *Die Weissen denken zu viel. Psychoanalytische Untersuchungen bei den Dogon in Westafrika* veröffentlicht. Es wurde gezeigt, „daß die Psychologie des abendländischen Menschen nur einen Spezial- fall der Möglichkeiten beschreibt, wie das menschliche Seelenleben beschaffen sein kann" (Parin et al. 1963, S. 534). Bei einer weiteren Untersuchung (Dezember 1965 bis Mai 1966) bei den Agni, die in matrilinear organisierten Familienclans im Regenwald an der Elfenbeinküste leben, war das leitende Forschungsinteresse die Wechselwirkung zwischen individuellen und sozialen Strukturen. Die psychoanalytischen Gespräche mit fünf Männern und zwei Frauen wurden u. a. mit der Direktbeobachtung der Kinder und einer filmischen Dokumentation von Müttern bei der Säuglingspflege ergänzt. Das 1971 veröffentlichte Buch *Fürchte deinen Nächsten wie dich selbst. Psychoanalyse und Gesellschaft am Modell der Agni* (Parin et al. 1971) präsentiert die Gespräche im Kontext von Familien- und Wirtschaftsorganisation, Kindheit und Lebensphasen, seelischen und körperlichen Krankheiten oder Hexerei und Heilpraxis. Ausgehend vom Freudschen Strukturmodell der Psyche mit den Instanzen Es, Ich und Überich und der darauf aufbauenden psychoanalytischen Ich-Psychologie führten die Erfahrungen aus den ethnologischen Forschungen zu einer Erweiterung der psychoanalytischen Theorie und Praxis. Es folgte eine metapsychologische Beschreibung der Anpassungsmechanis- men, des Gruppen-Ich, des Clangewissen und der Identifikation mit der sozialen Rolle. Die psychoanalytische Aggressionstheorie, der kulturspezifische Ausgang des ödipalen Konflikts, die Anwendung der ethnopsychoanalytischen Forschung auf die eigene Kultur sind Themen, die aus den Erfahrungen mit der Begegnung von Menschen afrikanischer Kulturen weiterverfolgt wurden und die Parin in seinen Schriften von 1956 bis 1982 behandelt (Parin 2020a, b).

Einen spezifischen Ansatz verfolgte der in Ungarn geborene Georges Devereux. Er studierte in Paris Ethnologie bei Marcel Mauss (1872–1950), Lucien Lévy-Bruhl (1857– 1939) und Paul Rivet (1876–1958). 1932 ging er in die USA, unternahm ethnologische Untersuchungen bei Indigenen Nordamerikas, u. a. bei den Mohave und promovierte 1935 bei Alfred Kroeber (1876–1960) an der University of California. Devereux erwähnt, dass ihn die Begegnungen mit den Mohave veranlassten, seine Vorurteile gegenüber der Psychoanalyse abzulegen, da sie wirklich auf ‚freudsche Art' dachten. Seine psychoanalytische Ausbildung schloss Devereux 1952 an der Menninger-Klinik in Topeka in Kansas ab und war anschließend in verschiedenen Instituten als Lehrender,

Forscher und Psychotherapeut tätig. Über die Psychotherapie mit Jimmy Picard, einem Angehörigen der Blackfoot, publizierte er 1951 das Buch *Reality and Dream. The Psychotherapy of a Plains Indian*. Auf Einladung und Förderung von Claude Lévi-Strauss (1908–2009) kehrte er 1963 nach Paris zurück. George Devereux geht in seinem theoretischen Ansatz davon aus, dass ein Individuum ein individuelles und ein kulturelles Unbewusstes hat. Seiner ‚komplementaristischen' Sichtweise folgend, können diese beiden Aspekte der Psyche einerseits psychoanalytisch und andererseits soziologisch beschrieben werden. Devereux' Arbeiten zur Ethnopsychiatrie und sein Interesse an der Entwicklung einer kulturübergreifenden Psychiatrie und allgemeingültigen Psychopathologie bildeten in Frankreich die Grundlage für die Etablierung einer interkulturellen Psychotherapie. Im deutschen Sprachraum fand das Werk George Devereux' eine breite Resonanz. In seinem Buch *Angst und Methode in den Verhaltenswissenschaften* (Devereux 1973) wird eine umfangreiche Sammlung von Reaktionen, im Besonderen Irritationen und Ängsten, der Untersuchenden auf verhaltenswissenschaftliche Daten präsentiert und die Bedeutung der Analyse dieser Gegenübertragungsreaktion für den Erkenntnisgewinn in der sozialwissenschaftlichen Forschung hervorgehoben. Die Gegenübertragungsreaktionen von Paul Parin, Goldy Parin-Matthèy und Fritz Morgenthaler wurden zwar in der Forschungsgruppe diskutiert, jedoch nicht in die Beschreibung ihrer ethnopsychoanalytischen Darstellungen mitaufgenommen. Die Schüler:innen der Zürcher Gruppe konnten den Forschungsansatz mit der Einbeziehung der Reflexion persönlicher Irritationen und Verstrickungen der Forscher:in in den Beschreibungen und durch die Anknüpfung an aktuelle Diskurse weiter differenzieren. Beispielsweise leistete Maya Nadig mit ihrer Feldforschung in Mexiko und der daraus folgenden Ethnographie *Die verborgene Kultur der Frau. Ethnopsychoanalytische Gespräche mit Bäuerinnen in Mexiko. Subjektivität und Gesellschaft im Alltag von Otomi-Frauen* (1986) einen wichtigen Beitrag für die Frauenforschung, die sich in den 1980er Jahren zu etablieren begann. Mit ihren ethnopsychoanalytischen Untersuchungen bei den Mosuo in Südwest China, die Nadig seit 2010 durchführt, werden Sozialisation, Bindungsforschung und Familienstruktur auf dem Hintergrund einer matriarchalen Gesellschaftsstruktur betrachtet. Ähnlichen Themen widmete sich Angela Köhler-Weisker in ihren psychoanalytischen Gesprächen mit Himba-Frauen in Nordwest Namibia, die sie über einen Zeitraum von zehn Jahren führte. In ihrem Buch *Gespräche unter dem Mopanebaum. Ethnopsychoanalytische Begegnungen mit Himbanomaden* (2015) werden die Gesprächsverläufe mit drei Frauen dieses Nomadenvolkes dargestellt. Nicht nur die Gespräche sind hier dokumentiert und in einer dichten Deutungsarbeit Themen wie Hexerei und das Spannungsfeld individueller Bedürfnisse im Konfliktfeld zwischen traditioneller Himbakultur und Kulturwandel beschrieben, sondern auch der persönliche Prozess der Forscherin anhand von Träumen und deren Interpretation festgehalten. Durch die Analyse der Gegenübertragung konzeptualisiert Köhler-Weisker unter anderen ein ‚vitales Körper-Ich', dessen Ursprung sie im Zusammenhang mit dem engen Körperkontakt des Säuglings mit der Mutter verortet. Damit leistet Köhler-Weisker auch einen Beitrag zum gegenwärtigen Diskurs über den ‚Körper' in der Psychoanalyse und den Sozialwissenschaften. Die große Bandbreite aktueller Studien umfasst neben diesen ethnopsychoanalytischen Untersuchungen in der Tradition der Zürcher Gruppe, ebenso Untersuchungen in der inter- und transkulturellen Psychotherapieforschung, bis hin zur Anwendung in der qualitativen Sozialforschung mit dem Beispiel der Supervisionsgruppen in Form der von Maya Nadig entwickelten und z. B. von Jochen Bonz angewendeten ‚Deutungswerkstatt' (Reichmayr 2016; Bonz et al. 2017).

3   Beispiel: Traumdeutung und Übertragung im kulturellen Kontext

In der ethnopsychoanalytischen Forschungspraxis wird das methodische Vorgehen für jedes Projekt neu ausgerichtet. Forscher:innen gehen alleine ins Feld oder in einer Gruppe. Sie führen zeitlich strukturierte psychoanalytische Einzelgespräche oder lassen die Gespräche im Alltagsgeschehen stattfinden und beziehen szenische Beobachtungen in die Untersuchung mit ein. Eine allgemeine Basis bilden die psychoanalytischen Grundannahmen der Universalität des Unbewussten, das Strukturmodell und die Konflikt- und Triebtheorie. Während der teilnehmenden Beobachtung sind die Beziehung mit den Menschen im Forschungsfeld und die Dokumentation und Reflexion der Übertragung und Gegenübertragung zentrale Elemente.

Als Beispiel für die Anwendung der ethnopsychoanalytischen Perspektive auf eine Kulturpsychologie soll eine Feldforschungsexkursion mit Studierenden der Psychotherapiewissenschaft herangezogen werden. Bis jetzt wurden vier Projekte durchgeführt, drei nach Malawi in Südostafrika 2013, 2014 und 2018 und eines nach Costa Rica 2016. Zusätzlich zu den bereits erwähnten ethnopsychoanalytischen Arbeiten wurden die Forschungsansätze von Gerhard Kubik (2020) zur Vorbereitung herangezogen. Seine Feldforschungsmethodik bezeichnet er als ‚Floating' (Kubik 2007). Er empfiehlt analog zu den Ratschlägen Sigmund Freuds für die psychoanalytische Behandlung, eine Haltung der ‚gleichschwebenden Aufmerksamkeit' einzunehmen und damit offen zu sein, um Themen und Probleme im Feld zu entdecken. In seiner Art der psychoanalytischen Gesprächsführung setzt er bewusst Interventionen, z. B. eine skurrile oder spaßhafte Bemerkung oder künstlich herbeigeführte Fehlleistungen ein, auf die die Gesprächspartner, auch im Kollektiv, affektiv reagieren, um damit die Assoziationstätigkeit anzuregen und zu steuern.

Bei dem Feldforschungsprojekt in Costa Rica 2016 konnten die Studierenden zwei Wochen in einem Dorf der indigenen Bevölkerungsgruppe der Bribri in der Region Talamanca verbringen (Korischek 2020). Die zentrale Forschungsidee für dieses Projekt bestand darin, dass die Gruppe der Studierenden gemeinsam mit den Mitgliedern des Bribri-Gastgeberclans Träume austauschten und interpretierten. Neben diesen täglichen Traum-Sitzungen im Usuré, dem konisch geformten heiligen Haus der Bribri, wurden

auch in der Projektgruppe eigene Träume erzählt und mittels Psychodrama und Psychoanalyse bearbeitet. Um Zugang zum Verstehen einer anderen Kultur zu erlangen, wurden
der Traum und Assoziationen angewandt. Eine kulturvergleichende Studie zu Träumen
und wie sich Gesellschaft und Kultur in den Träumen widerspiegelt, gibt Ahrens in
seiner Untersuchung *Fremde Träume. Eine ethnopsychologische Studie* (Ahrens 1996).
Bei den Bribri wird dem Traum und dem Erzählen der Träume eine wichtige Funktion
zugeschrieben, da diese Krankheiten oder Unglück für die Gemeinschaft vorhersagen
können. Falls Traumsymbole in prophetischer Weise auf Krankheit, Tod oder Konflikt in
der Gemeinschaft hinweisen, wird ein Heiler konsultiert. In den Gruppengesprächen mit
den Bribri-Familienmitgliedern konnten die Studierenden durch die gemeinsame Interpretation der Träume über ihre Traumsymbole, der damit assoziierten Erzählungen aus
der Mythologie und ihre Verbindung zum Alltagsleben hören. Andererseits zeigten die
Bribri-Gastgeber großes Interesse an der Methode der psychoanalytischen Trauminterpretation.

Im Exkursionsprojekt konnte die Komplexität der Begegnungsprozesse, die auf
individueller Ebene und in Gruppen stattfand, erlebt und die Phänomene der Über-
tragung, Gegenübertragung und Rollenzuschreibung im Kulturkontakt am eigenen
Leib erfahren werden. Ein Student wurde von unserem Gastgeber zum Arbeiten im
Garten mitgenommen und es entwickelte sich eine Vater-Sohn-Übertragungsbeziehung.
Das Aussehen eines anderen Studenten assoziierte der Bribri-Gastgeber in einem der
Gruppengespräche mit dem eines Missionars, der früher bei ihnen tätig war. Bei jeder
Begegnung der Feldforscher:in mit Personen des Forschungsfeldes findet ein Über-
tragungsgeschehen statt und es braucht die reflexive Betrachtung der Forscher:in, um
diese Dynamiken zu erfassen. Das Erzählen und Deuten von Träumen, in denen die
Erfahrungen primärprozesshaft verarbeitet werden, bietet eine Möglichkeit für diese
Reflexion. In der Zeit des Forschungsaufenthaltes konnte dadurch ein Zugang zur vor-
bzw. unbewussten Beziehungsdynamik erarbeitet werden. Während der Bribri-Gastgeber
träumte, dass er von zwei weißen Europäern mit einer Machete bedroht wurde, aber
entkommen konnte, kamen in Träumen der Forschungsgruppe Szenen und Themen
aus der NS-Kriegserfahrung der eigenen Familie vor. Diese Erfahrung aus dem Projekt
zeigt, dass Conquista, Gewalt der Kolonial- und Kriegsvergangenheit in historischen
und gesellschaftlichen Prozessen zwar ins Unbewusste verschoben wurden, jedoch im
Individuum wirksam sind, im gemeinsamen Begegnungsraum an die Oberfläche drängen
und erneut bearbeitet werden müssen. Die Ambivalenz in den Übertragungsprozessen
wurde deutlich. Einerseits wurden wir weiße Europäer:innen in den Erzählungen zur
Mythologie mit einer mythischen Retter-Figur assoziiert und auch in der Rolle einer
nährenden und beschützenden Mutter-Figur wahrgenommen, andererseits auch als
bedrohlich und als ein ‚Fremdkörper‘, der in einem strukturierten ‚Tagesprogramm‘
bestimmte Seiten der Bribri-Kultur kennenlernen und dokumentieren durfte. Aufseiten
der Europäer:innen wurden romantische Vorstellung einer harmonischen, im Einklang
mit der Umgebung des Primärwaldes lebenden Bribri-Gemeinschaft mit der Realität

des soziokulturellen Wandels mit Arbeitsmigration an die Küstenregionen, Alkohol-missbrauch, sexuellem Missbrauch und Konflikte und Gewalt betreffend Landrechten konfrontiert. Aber auch Konflikte in der Forschungsgruppe, Ängste und Aggressionen, Ringen um Machtpositionen im Leitungsteam und Verwaltung und Vermarktung der gewonnenen Feldforschungsdaten thematisieren Fragen zu Strukturen und Verhältnissen in universitären Institutionen und akademischer Forschung (Nadig und Erdheim 1980). In der Nachbereitung der Feldforschung hat sich die ethnopsychoanalytische Deutungs-werkstatt, die von Jochen Bonz geleitet wurde, als ein Reflexionsraum bewährt, in dem die Studierenden der Psychotherapiewissenschaft mit einem zeitlichen und räumlichen Abstand einen neuen Blick auf die Erfahrungen erarbeiten konnten (Bonz et al. 2017).

4   Fazit

Schon früh hat die Ethnopsychoanalyse den Diskurs über ‚das Fremde' aufgenommen und der Psychoanalyse ihre ethnozentrische Selbstaufklärung aufgezeigt. Analoge Ent-wicklungen gab es in anderen Disziplinen, z. B. der Psychologie, Pädagogik und den Sozialwissenschaften. Mit der Anwendung der ethnopsychoanalytischen Forschung auf die eigene Kultur und ihre Institutionen werden Macht- und Herrschaftsverhältnisse und deren Wirken auf das Individuum in den Mikrowelten unserer Gesellschaft sicht-bar. Für die Kulturpsychologie bedeutet die ethnopsychoanalytische Perspektive eine konzeptuelle Bereicherung, da sie die Bedeutungsebenen affektiven Erlebens besser beschreiben kann. Die Kulturpsychologie versteht sich nach Salvatore und Zittoun (2011) als eine Disziplin, in der menschliche Erfahrungen durch Zeichen und Symbole (wie Bilder, Worte, Ideen, Handlungen) in einem fortlaufenden Prozess geformt werden. Die Struktur der Erfahrungsbildung ist dialogisch angelegt und ist daher kompatibel mit den konzeptuellen Grundlagen der Psychoanalyse, die auch als eine semiotische Theorie der Affekte verstanden werden kann.

Die ethnopsychoanalytische Forschungspraxis zeichnet sich durch dynamische, prozesshafte und relationale Konzepte aus. Die *writing culture*-Debatte in der Ethno-logie brachte eine relativistische Sichtweise auf das ethnographische Arbeiten und thematisierte, „dass Ethnologen immer nur in der Lage seien, ein Verhältnis zu beschreiben – das Verhältnis zwischen dem Forscher mit seinem Herkunftsmilieu und dem ihm fremden Milieu" (Nadig und Reichmayr 2019, S. 82). Aus der postkolonialen Krise der Ethnologie ging eine „Auflösung des herkömmlichen territorialen und ein-heitlichen Kulturbegriffs zugunsten eines prozesshaften Konzepts" hervor (ebd.). Der Objektivitätsanspruch, Verallgemeinerungen und Kategorisierungen wurden zugunsten des Geschichten-Erzählens, der dichten Beschreibung und Selbstreflexion relativiert. Im Sinne eines dialektischen Prozesses findet in der ethnopsychoanalytischen Begegnung mit Menschen einer anderen Kultur eine Erneuerung und Weiterentwicklung der Psycho-analyse statt, die neue Impulse für die Kulturpsychologie geben kann.

Literatur

Ahrens, U. (1996). *Fremde Träume. Eine ethnopsychologische Studie*. Berlin: Reimer.

Bonz, J., Eichs-Angus, K., Hamm, M., & Sülzle, A. (Hrsg.). (2017). *Ethnographie und Deutung. Gruppensupervision als Methode reflexiven Forschen*. Wiesbaden: Springer VS.

Devereux, G. (1973). *Angst und Methode in den Verhaltenswissenschaften*. München: Hanser.

Erdheim, M. (1982). *Die gesellschaftliche Produktion von Unbewußtheit. Eine Einführung in den ethnopsychoanalytischen Prozeß*. Frankfurt/Main: Suhrkamp.

Freud, S. (1912–13). Totem und Tabu. *Gesammelte Werke, Bd. IX*. Frankfurt/Main: Fischer.

King, C. (2020). *Schule der Rebellen. Wie ein Kreis verwegener Ethnologen Race, Sex und Gender erfand*. München: Hanser.

Korischek, C. (Hrsg.). (2020). *Worte sind wie Fische. Eine ethnopsychoanalytische Feldforschung mit den Bribri in Costa Rica*. Gießen: Psychosozial.

Kubik, G. (2007). „Floating" – Eine ethnopsychoanalytische Feldforschungstechnik. In E. Timm & E. Katschnig-Fasch (Hrsg.), *Kulturanalyse – Psychoanalyse – Sozialforschung. Positionen, Verbindungen und Perspektiven* (S. 249–268). Wien: Österreichisches Museum für Volkskunde.

Kubik, G. (2020). Reinterpretation, Übertragung und Abwehr im Kulturkontakt – eine Analyse transkultureller Beziehungen. In C. Korischek (Hrsg.), *Worte sind wie Fische. Eine ethnopsychoanalytische Feldforschung mit den Bribri in Costa Rica* (S. 221–240). Gießen: Psychosozial.

Köhler-Weisker, A. (2015). *Gespräche unter dem Mopanebaum. Ethnopsychoanalytische Begegnungen mit Himbanomaden. Mit einem Beitrag von Ute Worell*. Gießen: Psychosozial.

Nadig, M. (1986). *Die verborgene Kultur der Frau. Ethnopsychoanalytische Gespräche mit Bäuerinnen in Mexiko. Subjektivität und Gesellschaft im Alltag von Otomi-Frauen*. Frankfurt/Main: Fischer.

Nadig, M., & Erdheim, M. (1980). Die Zerstörung der wissenschaftlichen Erfahrung durch das akademische Milieu. Ethnopsychoanalytische Überlegungen zur Aggressivität in der Wissenschaft. *Berliner Hefte, 15*, 35–52.

Nadig, M., & Reichmayr, J. (2019). Paul Parin, Fritz Morgenthaler und Goldy Parin-Matthèy. In U. Flick, E. von Kadorff, & I. Steinke (Hrsg.), *Qualitative Forschung. Ein Handbuch*. 13. durchgesehene und aktualisierte Aufl. (S. 72–84). Reinbek bei Hamburg: Rowohlt.

Parin, P. (2019). *Zu viele Teufel im Land. Aufzeichnungen eines Afrikareisenden. Paul Parin Werkausgabe, Bd. 4*. Wien, Berlin: Mandelbaum.

Parin, P. (2020a). *Die Psychoanalyse geht fremd. Psychoanalyse und Ethnopsychoanalyse. Schriften 1946–1974. Paul Parin Werkausgabe, Bd. 5. (hrsg. und eingel. v. J. Reichmayr)*. Wien, Berlin: Mandelbaum.

Parin, P. (2020b). *Zurück aus Afrika. Die ethnopsychoanalytische Erweiterung der Psychoanalyse. Schriften 1975–1982. Paul Parin Werkausgabe, Bd. 7. (hrsg. v. J. Reichmayr)*. Wien, Berlin: Mandelbaum.

Parin, P., Morgenthaler, F., & Parin-Matthèy, G. (1963). *Die Weißen denken zu viel. Psychoanalytische Untersuchungen bei den Dogon in Westafrika*. Zürich: Atlantis.

Parin, P., Morgenthaler, F., & Parin-Matthèy, G. (1971). *Fürchte deinen Nächsten wie dich selbst. Psychoanalyse und Gesellschaft am Modell der Agni in Westafrika*. Frankfurt/Main: Suhrkamp.

Reichmayr, J. (2003). Nachwort. Die „Internationalität des Unbewussten" zwischen psychoanalytischer Bewegung und Psychoanalyse in Bewegung. Überlegungen zu Kultur und Migration in Geschichte und Gegenwart der Psychoanalyse. In J. Reichmayr, U. Wagner, C. Ouederrou, & B. Pletzer (Hrsg.), *Psychoanalyse und Ethnologie. Biographisches Lexikon der psychoanalytischen Ethnologie, Ethnopsychoanalyse und interkulturellen psychoanalytischen Therapie* (S. 515–533). Gießen: Psychosozial.

Reichmayr, J. (2013). *Ethnopsychoanalyse. Geschichte, Konzepte, Anwendungen.* (3. Korr. Aufl.). Gießen: Psychosozial.

Reichmayr, J. (Hrsg.) (2016). *Ethnopsychoanalyse revisited. Gegenübertragung in transkulturellen und postkolonialen Kontexten.* Gießen: Psychosozial.

Salvatore, S., & Zittoun, T. (2011). *Cultural psychology and psychoanalysis: Pathways to synthesis.* Charlotte, NC: Information Age Publishing.

Winnicott, D. W. (1971). *Playing and reality.* London: Travistock.

Die morphologische Perspektive

Herbert Fitzek

Zusammenfassung

In den dreißig Jahren seiner Professur in Köln (1963–93) entwickelte Wilhelm Salber unter Berufung auf Goethes Morphologie und unter dem Eindruck gestalt- und tiefenpsychologischer Traditionen ein Konzept, Erleben und Verhalten als Formenbildung zu verstehen. In den 1980er Jahren sah er den Sinn der Formenbildung immer deutlicher in der Selbstbehandlung des Seelischen, die sich im Großen der Kulturgeschichte (*Seelenrevolution*) wie im Kleinen der alltäglichen Lebenswelten (*Wirkungseinheiten*) ereignet – gesteigert durch die Manifestationen von Literatur, Film und Kunst. Gestaltung und Umgestaltung sind Kultivierungsprozesse, die sich als mehr oder weniger epochale Manifestationen des Erlebens und Verhaltens ereignen und methodisch durch morphologische Beschreibung dargestellt werden können. Die Beschreibung von Wirkungseinheiten fügt Aussagen aus Tiefeninterviews nach gestalthaften Sinnzusammenhängen (Passung, Ergänzung, Fortsetzung, Steigerung, Gegenlauf) in vier konstanten methodischen Wendungen (Versionen) zu einem strukturierten Gesamttext zusammen, der in den Erzählformen von Märchen und Mythen gespiegelt wird.

Schlüsselwörter

Wilhelm Salber · Kulturpsychologie · Psychologische Morphologie · Alltagspsychologie · Märchenanalyse

H. Fitzek (✉)
BSP Business and Law School Berlin, Berlin, Deutschland
E-Mail: herbert.fitzek@businessschool-berlin.de

U. Wolfradt et al. (Hrsg.), *Kulturpsychologie*,
https://doi.org/10.1007/978-3-658-37918-6_11

1   Einleitung, Gegenstandsbereich und Definition

„12.VII. [1938] Beim Neurotiker ist man wie in einer praehistorischen Landschaft, wie z. B. im Jura. Die grossen Saurier tummeln sich noch herum und die Schachtelhalme sind palmengroß(?)" (Freud 1941, S. 151). In einer seiner letzten schriftlichen Notizen bringt Sigmund Freud (1856–1939) seinen Respekt vor den historischen Realitäten zum Ausdruck, die der psychologischen Tagesarbeit (hier der Krankenbehandlung) wirkmächtig zugrunde liegen. Was Menschen aktuell beschäftigt und belastet, hat seine Wurzeln nach Freuds langer therapeutischer Arbeits- und Lebenserfahrung in historisch geprägten Seelen-‚Landschaften‘ mit einer fremdartigen und beeindruckenden Vegetation. Dass Lebensgeschichte einer welthistorischen Dramaturgie folgt, war Freud bereits in seiner Beschäftigung mit menschlichen Frühkulturen entgegengekommen. Kulturhistorische Dramen – Dämonenherrschaft, Opferkulte, Inzesthandlungen, Vatermord, Tabuisierungen und Götterdämmerungen – sind keine Fantasieprodukte, sondern mächtige Bilder einer von Anfang an ‚unbehaglichen‘ Kultur (Freud 1948). Seelische Produktionen, auch die unscheinbarsten, wie Träume und Fehlleistungen, sind demnach grundsätzlich aus unvergänglichen und unvermeidlichen Ambivalenzkonflikten geboren, die schon die menschliche (Früh-)Erfahrung und von da aus auch die erwachsenen Verhältnisse der Lebenswelt bestimmen: im Sinne von Lustgewinn und Angstabwehr, Einbindung und Verbesonderung, Bemächtigung und Unterwerfung, Ordnung und Chaos, Liebe und Verrat, Freiheit und Zwang (ebd.).

Für den von der Psychoanalyse wie auch von phänomenologischen und gestaltpsychologischen Konzepten geprägten Begründer der psychologischen Morphologie, Wilhelm Salber (1928–2016), handelt es sich bei diesen Verhältnissen um Grundkonflikte, die den Kern von Kultivierung ausmachen und jeder Art von Lebenserfahrung zugrunde liegen. Selbstbehandlung ist dabei ausdrücklich nicht als Umgang eines einzelnen Individuums mit sich selbst zu verstehen, sondern viel weiter gefasst als Selbstbehandlung des Seelischen, als „Geschichte der bewegenden Verhältnisse, in denen das Seelische seinen Umgang mit sich selbst und der Wirklichkeit zu gestalten sucht" (Salber 1993, S. 8). Was sich im Tageslauf, in Arbeits- und Freizeitformen, in den Werken von Medien und Kunst formiert, ist eine sich fortwährend gestaltende und umgestaltende Kultivierungsgeschichte. Sie geht zurück auf epochale Kulturentwicklungen (*Seelenrevolution;* Salber 1993) und wird aufgerufen in den vielfältigen Bildprogrammen des modernen Lebensalltags hier und heute (*Wirkungseinheiten;* Salber 2007). Von Epoche zu Epoche, von Fall zu Fall, von Tätigkeit zu Tätigkeit fertigt die Selbstbehandlung Umschriften der Verhältnisse an. Die (Selbst-)Behandlung der ewigen und letztlich unlösbaren Kultivierungsprobleme des Seelischen ist das, was den Alltag der Menschen beschäftigt, strukturiert, herausfordert und zu immer neuen Realisierungen und Fantasien antreibt (Sehnsüchten, Idealen, Normen, Krisen, Selbstbeschränkungen).

Nach Salber musste die Psychologie noch einmal neu ansetzen, um die Perspektive der Selbstbehandlung des Seelischen in den mehr oder weniger alltäglichen Formenbildungen der Lebenswelt aufzuarbeiten und in ihrem kulturpsychologischen Profil durchschaubar zu machen (Salber 1987, S. 41 f.; Salber 1993, S. 7). Der morphologischen Perspektive in der Kulturpsychologie kommt somit eine dreifache Aufgabe zu:

1) Klärung der Herkunftsgeschichte der Kulturpsychologie mit eigenständigen theoretischen Voraussetzungen und entsprechender Methode (Geschichte der Psychologie).
2) Rekonstruktion von Kulturgeschichte als Produktion von ambivalenten Problem-(und Lösungs-)Konstellationen in der Menschheitsgeschichte bis hin zu einem psychologischen Profil der Gegenwartskultur (Geschichte der Selbstbehandlung des Seelischen).
3) Beschreibung der phänomenalen Repräsentationen dieser Konstellationen in der Lebenswelt von heute (Alltag, Kultur, Medien, Kunst, auch Lebensgeschichten) und Herausarbeitung der darin wirkenden Problemkerne (Psychologie von *Wirkungseinheiten* als Formen der Selbstbehandlung des Seelischen).

2   Theoretische und historische Grundlagen

Die universitäre Psychologie sah Salber immer schon, seit den 1980er Jahren mit deutlicheren Worten, als organisiertes Verharmlosungsunternehmen an, als „eine Psychologie, die Seelisches stilllegt, die sich an andere Wissenschaften anlehnt" (Salber 1993, S. 9). Wer sich nicht der verrückenden Logik von Kunst, Traum und Paradoxie im Seelischen stellt, den konnte Salber nicht als wirklich psychologischen Psychologen akzeptieren. Deshalb sucht eine morphologische Kulturpsychologie einen eigenen Anfang des psychologischen Denkens in den von Freud aufgedeckten (Ur-)Landschaften der Seelengeschichte. Sie beruht nicht auf der Funktionalität eines mehr oder weniger rational gefügten Individuums (Kognition, Emotion, Motivation), sondern auf der Kontaktnahme zur bewegenden Tiefendimension von Wünschen, Ängsten, Konflikten und Hemmungen, die im scheinbar banalen Alltag nur oberflächlich übertüncht sind, seinen merkwürdigen Zeremonien und Obsessionen wie auch den (Hoch-)Leistungen von Dichtung und Kunst, Musik, Film. Morphologische Kulturpsychologie ist zugleich historische Psychologie (früherer Kulturen) wie Psychologie der Alltagskultur – und keineswegs nur ihrer ‚unnormalen' Selbstbehinderung (Salber 1993, S. 10). So hatte es schon Freud gehalten, was in der Geschichte der Psychoanalyse aber allmählich verloren ging.

Zusammenhänge der psychologischen Frühgeschichte mit aktuellen Kultivierungserscheinungen finden sich außerhalb der Tiefenpsychologie bei einigen Zeitgenossen Freuds, die sich wie er an Goethes Wissenschaftskonzept orientierten – Friedrich Nietzsche (1844–1900), Wilhelm Dilthey (1833–1911) und den ersten Gestaltpsychologen – und bei Sozialforschern des 20. Jahrhunderts, die sich nicht von der akademischen Psychologie vereinnahmen ließen – wie Erving Goffman (1977), Ernst E. Boesch (1991) und Jerome Bruner (1997; Fitzek 2008, S. 287 f.). Die Herkunft der

Alltagskultur aus Grundproblemen der Selbstbehandlung motivierte Salber gegen Ende der 1980er Jahre zu einer Beteiligung an der Gründung einer Gesellschaft für Kulturpsychologie gemeinsam mit Hans Werbik (1941–2021) und Wilhelm Revers (1918–1987) (Salber 1987).

Dass Psychologie ‚psychologischer‘ werden muss, war für Salber aber weniger ein Anlass zur Kontaktnahme mit Gleichgesinnten als vielmehr eine beständige Selbstverpflichtung zu einer phänomenorientierten, mit Unbewusstem rechnenden, für die paradoxe Grundstruktur ihres Gegenstandes aufgeschlossenen, widerspruchsbereiten, konfliktfreudigen und gegenüber Umarmungsstrategien des (natur-)wissenschaftlichen Mainstreams wachsamen ‚psychologischen‘ Psychologie. *Entschieden psychologisch* (Fitzek 2019) dachten aus seiner Sicht nicht die Fachvertreter, sondern Querdenker, Künstler und Philosophen vom Schlage eines Erasmus, Dante, Montaigne, Spinoza, Goya, Picasso. Salber hat ihre Werke in wiederholt vorgetragenen mehrsemestrigen Vorlesungen in (s) eine *Geschichte der Psychologie* eingereiht und sie zum Ende seiner Kölner Lehrtätigkeit im schmalen Band der *Seelenrevolution* zusammengestellt (Salber 1993).

Kulturpsychologie von Salber ist als Geschichte der Psychologie zu lesen wie auch als Geschichte der Selbstbehandlung des Seelischen (Salber 1993, S. 7 f.). In dieser (zweiten) Hinsicht werden Leistungen und Fehlleistungen von frühesten menschlichen Kulturepochen bis in die unmittelbare Vergangenheit hinein unter dem Primat eines jeweils stilbildenden Ambivalenzkonfliktes subsumiert. Dafür scheute sich Salber nicht, wie Freud an den Anfang der Menschengeschichte zurückzublicken. Aus morphologischer Sicht beginnt Kulturentwicklung in der Steinzeit mit der Erfindung von Dingen als Werkzeugen, die aus Unbestimmtem durch passende Verwendung etwas Bestimmtes machten (z. B. ein Werkzeug), dessen Bestimmung aber auch geändert werden konnte (Schmuck, Kult, Waffe) (Salber 1993, S. 11 ff.). Die folgende Epoche begründete Wechselverhältnisse von beständig und vergänglich, kostbar und wertlos, freundlich und feindlich im Material, den Lebensumständen wie auch im Geben und Nehmen der frühen Menschen (ebd., S. 15 ff.). Von den Wechselverhältnissen der Bronzezeit aus geht es kulturgeschichtlich weiter in Richtung der Installierung eines Totems als Ausdruck von Macht und Teilhabe (ebd., S. 20 ff.). Das sind Frühformen von Kultivierung und zugleich überdauernde Hintergründe von aktuellen Alltagsproblemen.

Sie werden fortgesetzt als Kapitel einer fortwährenden *Seelenrevolution*, die zur Zeit der griechischen Antike vom Konfliktverhältnis von Aufbruch und Wiederkehr (ebd., S. 41 ff.), bei den Römern von der Etablierung einer gerechten Ordnung durch gewalttätige Unterwerfungen (ebd., S. 36 ff.), im aufkommenden Christentum von der Inversion von Schuld und Erlösung (ebd., S. 50 ff.) bestimmt wird. Die historisch erlernten Verhältnisse der Selbstbehandlung des Seelischen werden vom Gesichtspunkt der morphologischen Kulturpsychologie nicht mit dem Ende der jeweiligen Epoche aufgegeben, sie gehen vielmehr ein in das Repertoire der Alltagskultivierung und bilden in ihrer Gesamtheit die Grundlage der zeitgenössischen Formen von Selbstbehandlung im Tageslauf, in den Medien, in Arbeit, Freizeit, Sport (ebd., S. 184 ff.).

Für eine morphologische Charakterisierung aktueller Kultivierungsformen kamen die traditionellen Rechenbegriffe der Psychologie (Subjekt, Individuum, Selbst) von vornherein nicht in Frage. Schon Goethes Morphologie war von natürlichen Übergangswesen ausgegangen (der Pflanzenmetamorphose, dem Wirbelbau der Knochen, den farbigen Brechungen des Lichts). Ihre Selbstorganisation konnte in Begriffen der Gestaltung und Umgestaltung abgebildet werden (Goethe 1987). Goethes Perspektive auf die Natur transformiert Salber in analoger Weise in eine psychologische Morphologie, die von den Kulturen der Weltgeschichte (*Seelenrevolution;* Salber 1993) bis hin zu den Sinngefügen des seelischen Alltags reicht (*Wirkungseinheiten;* Salber 2007).

3   Beispiel: Morphologische Deutung von Gegenwartskultur durch Mythen und Märchen

Zentrales methodisches Prinzip der morphologischen Forschung ist der Gedanke der ,Gegenstandsbildung' (Salber 1988, S. 5, 8; siehe Kap. Beschreibung als Gegenstandsbildung: Die morphologische Methode): Was der Fall ist, geht seiner wissenschaftlichen Behandlung nicht voran, sondern wird in jeder (morphologischen) Untersuchung auf spezifische Weise aus den Manifestationen des Erlebens und Verhaltens ,entwickelt'. Die Strukturierung des Materials folgt in jeder morphologischen Untersuchung den vier Versionen der morphologischen Beschreibung (Fitzek 2008, S. 248 ff.): Im Sinne von Gestaltlogik (1. Version) wird zunächst eine das Erleben dominierende ,Grundqualität' erarbeitet, eine Gestalttransformation (2. Version) wird durch die Modellierung eines ,Wirkungsraums' geleistet, unter dem Gesichtspunkt der Gestaltkonstruktion (3. Version) werden charakteristische Problemkerne (,Verwandlungsmuster') identifiziert und als Gestaltparadoxie (4. Version) werden schließlich typische Umgangsformen (,Lösungstypen') mit der Problematik aufgewiesen. Von den Problemkernen her lassen sich jeweils spezifische Mythen und Märchen auffinden, deren psychologische Rahmenmotive mit den Versionen der Seelenrevolution und der Wirkungseinheiten korrespondieren. In seiner Märchenanalyse hat Salber 30 Märchen der Brüder Grimm hinsichtlich ihrer Verwandlungsmuster morphologisch ausgewertet (Salber 1999).

Um das Resultat morphologischer Untersuchungen an einem Beispiel zu verdeutlichen, bietet sich eine etwas ausführlichere Darstellung der Gegenwartskultur an, die im Sinne der *Seelenrevolution* eine (zeitgeschichtlich junge) historische Kultur ist, die zudem unmittelbar auf die Wirkungseinheiten der gegenwärtigen Lebenswelt ausstrahlt. An verschiedener Stelle entwickelt Salber das Profil der Gegenwartskultur entlang der jeder morphologischen Analyse richtungsgebenden Versionen der morphologischen Beschreibung (Salber 1987, S. 43 ff.; 1993, S. 184 ff.).

Das morphologische Profil der Gegenwartskultur kann durch eine Grundqualität charakterisiert werden, die Salber als „Auskuppeln" bezeichnet (1987, S. 45) und durch das Zusammenfallen von lange Zeit als unversöhnlich geltenden Frontstellungen qualifiziert ist: Zwischen Alt und Jung, Freiheit und Konformität, Konsum und Verzicht ist in den Kulturen Mitteleuropas tagtäglich nahezu alles möglich. Die nicht nur im politischen Raum, sondern auch im Selbstverständnis der Menschen am Ende des 20. Jahrhunderts wegfallenden Einschränkungen der Lebensformen in Ost und West haben Wünsche Wirklichkeit werden lassen, dabei aber bald und unübersehbar die Kehrseite einer allgemeinen Richtungs- und Ratlosigkeit offenbart. Zuviel an Möglichkeiten bedeutet zugleich zu wenig an greifbaren Sicherheiten und Identifikationsgestalten. Kaum eine Epoche ist durch einen ähnlich vielgestaltigen Wirkungsraum gekennzeichnet wie die Gegenwartskultur, damit ist sie zugleich anfällig für Störungen und Identitätskrisen:

> In der Kultur unserer Zeit entspricht dem eine Inflation von Lebensbildern; sie dreht sich im Teufelskreis von Alles oder Nichts. Einerseits scheint alles frei und offen. Andererseits gleiten die Menschen, ohne dass ihnen das bewusst ist, in Beeinflussungsmuster, Zwänge, Institutionen hinein, deren einengende Konsequenz sie erst merken, wenn es fast schon zu spät ist (Salber 1999, S. 165).

Leistung und Schwäche der Gegenwartskultur lassen sich im Austausch mit einer Märchenerzählung präzisieren, für die Salber das (Grimmsche) Märchen vom *Krautesel* wählt (Grimm und Grimm 1994, S. 213 ff.; Salber 1993, S. 187 f., 1999, S. 164 ff.):

> Eine Alte gibt einem Jäger, der nicht weiß, was er soll, ein Ziel. Durch einen Schuss fallen ihm für sein Entschieden-Werden wunderbare Verwandlungsdinge zu. Mit ihnen reist er in der Welt umher. Aber dann ist das Reisen zu Ende. Er wird besessen von der Liebe zu einem Mädchen, das ebenfalls der Macht einer Alten folgt. Es nimmt ihm alle Verwandlungen ab und lässt ihn in einer schwindelerregenden Situation allein. Da rafft er sich zu einer konsequenten und entschiedenen Rache auf; damit setzt er sich durch (Salber 1993, S. 186).

Die Grundqualität des Auskuppelns (1. Version) findet bereits eine Analogie in der Eingangssequenz des Jägers, der unbeschwert in die Natur zieht und auf den Rat eines hässlichen Mütterchens einen Schuss ins Blaue setzt, aus dem heraus ihm seltsame Wundergaben zufallen (ein Goldherz, ein Wunschmantel). Sie sorgen für Reichtum und unbeschränkte Reisefreiheit, rufen andererseits aber verhexte Gegenkräfte auf den Plan, deren unheilvolle Werke ihn in rätselhafte Besessenheiten verstricken.

Für den Übergang in die zweite Version der morphologischen Beschreibung ist charakteristisch, dass nicht die im Märchen eingeführten Figuren maßgeblich sind für die Beschreibung des ‚Wirkungsraums', sondern die in der Erzählfassung miteinander verflochtenen Motive der Handlung:

- unbeschwertes Loslegen und Hinlangen (Losziehen auf gut Glück, Anlegen auf Ziele irgendwo am Himmel, unversehens geschossenes Goldstück, Überziehen des Wunschmantels und sich damit beruhigt Schlafen-Legen).
- Steigern von Erwartungen, Süchtig-Werden nach Herausforderungen, ganz hoch hinaus Wollen (Diamantenberg, Fliegen-Können, Finden des Verwandlungskrauts).

- Auf-den-Leim-Gehen; Sich-ausnutzen-Lassen und sich zum Esel-Machen durch Unachtsamkeit; Sich-Verfangen in Vernetzungen, Versicherungen, Verfilzungen, in (mehr oder weniger) schamloser Heuchelei.
- Hartes Aufschlagen auf einer schmerzenden Realität; sich gedemütigt am Boden wiederfinden (Erdenwurm).
- Reduktion der Vielfalt in eine Richtung; Durchfressen durch das bittere Kraut einer (dummen) Verwandlungsrichtung (das Kraut macht zum Esel); bittere Erfahrungen können heilsam sein; Zu-sich-Finden durch Konzentration auf Wesentliches.
- Lernen von Wendigkeit; Wenden des Entwendens führt zum Umwenden der Macht-verhältnisse.
- Zurückfinden zu sich selbst ermöglicht eine gerechte Beurteilung anderer und beinhaltet zugleich die Gefahr eines selbstgerechten und engherzigen Urteils: das Märchen endet nicht im vollkommenen Glück, sondern in einem beckmesserischen Zuteilen von Recht und Strafe.

Die Momente des im Märchen eröffneten Wirkungsraums spiegelt Salber in der morphologischen Beschreibung der Gegenwartskultur: Mit dem Wunschmantel des scheinbar frei verfügbaren Lebens versteigen sich die Zeitgenossen auf den Diamantenberg von Konsum und Zugewinn und geraten in verhexte Abhängigkeiten hinein (Süchte, Erfolgs-druck, Burn-Out), die nur durch vernichtende Erfahrungen zu stoppen sind (Absturz, Burnout, Insolvenz). Selbstverwirklichung soll den Gegenwartsmenschen zu einem balancierten Leben verhelfen – das geht oft nur durch das bittere Kraut von Diäten, Rückzügen, Detox-Programmen. Wer (wieder) Macht über das eigene Leben verspürt, wird anfällig für eine (unbarmherzige) Kritik anderer Lebensarten (Verteilungsbüro-kratie, Gerechtigkeitsfanatismus, Tabuisierungen).

Die Analogiebildung von Kultur und Märchen beruht auf einem gemeinsamen Verwandlungsmuster (3. Version) – dies ist bei Gegenwartskultur und Krautesel das „Verhältnis von Konsequenz und Verfließen" (Salber 1999, S. 164). Das freie Zu- und Abfließen von Verwandlungsmöglichkeiten scheint den fröhlichen Schützen zunächst nicht zu beeindrucken; erst betrogen, beraubt und zum ‚Erdenwurm' erniedrigt, wird er auf die Konsequenz seines Lebens aufmerksam und findet ein Maß für die Einschätzung von Gut und Böse, von Lohn und Strafe.

Vom konkreten Umgang mit den Kultivierungsmustern her findet die vierte Version der morphologischen Beschreibung schließlich den Weg zurück zum banalen All-tag und seinen (allzu-)menschlichen Umgangsformen mit den (ewigen) Kultivierungs-mustern. Die Gegenwartskultur ist geprägt von Umgangsformen mit dem Verhältnis von Konsequenz und Verfließen, die in Richtung eines Auskostens des gleichzeitig Möglichen (Zuviel) gehen oder der bewussten Selbstreduktion (Zuwenig), einer als Liberalität getarnten Bevormundung (Diktat) oder eines apathischen Ausweichens in Bürokratie und Formalismus (Anarchie) – wiederum entsprechend zu den im Märchen aufscheinenden Umgangsformen des Schwelgens im Reichtum, des minimalistischen

Krautfressens, der verhexten Bemächtigung und beckmesserischen Verteilung von Lohn und Strafe (Fitzek 1998, S. 35 ff.; Salber 1999, S. 166 f.).

In den Märchen hat Salber ungefähr dreißig weitere Muster gefunden, um historische Kulturepochen und alltägliche Phänomene zu kennzeichnen (Salber 1999). Über das gemeinsame Kultivierungsmuster phänomenal verschiedener Wirkungseinheiten ergeben sich gelegentlich ‚komische Analogien' zwischen historischen Kulturepochen und aktuellen Zeiterscheinungen – z. B. verbindet das Verhältnis von Bestimmtem zu Unbestimmtem frühe Epochen der Menschheit mit dem rätselhaften Lebendig-Werden von Dingen im Alltag (Tücke des Objekts) und dem auch heute noch verbreiteten Kontakt zu übersinnlichen Erscheinungen (Domke 1996); Reinigungsprozeduren im Haushalt erinnern in ihrer Selbstvergessenheit an historische Säuberungen, Fitness-übungen korrespondieren kulturhistorisch mit mittelalterlichen Bußpraktiken und Selbst-kasteiungen (Fitzek 1998, S. 46).

4   Fazit

Die morphologische Perspektive in der Kulturpsychologie drückt sich in der Beschreibung der epochalen Kulturen wie in der Darstellung (Erforschung und Beratung) der menschlichen Alltagswerke aus. Nicht nur Völker und Zeiten können als Kulturen bezeichnet werden, auch das, was sich in der Lebenswelt als Bild von anderen Bildern abhebt: Tischkulturen, Wohnkulturen, Markenkulturen, Unternehmenskulturen. Als Kultivierungsleistungen tragen sie dazu bei, dass sich die Selbstbehandlung des Seelischen fortwährend wandelt und erneuert. So leisten beispielsweise die morgendlichen Aufwachrituale einen Kultivierungsbeitrag durch den Wechsel von der nächtlichen Bildersprache zur Tagesverfassung. Komplementär weiten abendliche Kulturver-anstaltungen den durch die Tageswerke verengten Alltagsblick für dabei ausgeschlossene Freiräume und Möglichkeiten.

Die morphologische Kulturpsychologie geht – wie gezeigt werden konnte – von *Wirkungseinheiten* aus, die in einer methodisch konstanten Folge der morpho-logischen Beschreibung dargestellt werden. Ihre Analyse folgt dabei nicht dem (natur-) wissenschaftlichen Gebot von Experiment und Messung, sondern orientiert sich am Verständigungsprozess des Beschreibens. Den vermeintlichen Sicherheiten von Nach-prüfbarkeit und Objektivität setzt sie den Primat einer gegenstandsangemessenen Methode gegenüber und verteidigt den Freiraum eines ‚kunstanalogen' Vorgehens (Fitzek 2008, S. 414 f.). Dem aktuellen Selbstbild der Psychologie als Naturwissenschaft entspricht sie damit weniger als den Fragen, die von und der interessierten Öffentlich-keit an die Psychologie gerichtet werden. Bekannt ist die morphologische Kultur-psychologie deshalb weniger durch ihren methodologischen Hintergrund als durch ihre gegenstandsgerechten Beiträge zum Profil der Gegenwartskultur und der Tiefgründig-keit des gelebten Alltags. Dass die Selbstbehandlung des Seelischen immer provisorisch bleibt, zeigt die Morphologie in den historischen Kulturanalysen ebenso wie in ihrer empirischen Anwendung, z. B. in der Markt- und Medienwirkungsforschung (Salber 2007; Fitzek und Ley 2003; Grünewald 2019).

Literatur

Boesch, E. E. (1991). *Symbolic action theory and cultural psychology*. New York, NY: Springer.

Bruner, J. S. (1997). *Sinn, Kultur und Ich-Identität. Zur Kulturpsychologie des Sinns*. Heidelberg: Auer.

Domke, W. (1996). UFO: Das Unbestimmte als Ding. *Zwischenschritte, 15*, 5–31.

Fitzek, H. (1998). Trends, Moden, Zeiterscheinungen. Kulturpsychologie als Psychologie der Gegenwartskultur. In H. Fitzek & M. Ley (Hrsg.), *Alltags-Figurationen. Grundlinien einer psychologischen Kulturtheorie* (S. 24–53). Bonn: Bouvier.

Fitzek, H. (2008). *Inhalt und Form von Ausdrucksbildungen als Zugangswege zur seelischen Wirklichkeit. Ein Vergleich von Inhaltsanalyse und Morphologie als Methodenkonzepten der qualitativen Sozialforschung*. Lengerich: Pabst.

Fitzek, H. (2019). „Entschieden Psychologisch" – Die Morphologie des Wilhelm Salber. In H. Stubbe (Hrsg.), *100 Jahre Psychologie an der Universität Köln. Eine Festschrift* (S. 95–117). Lengerich: Pabst.

Fitzek, H., & Ley, M. (Hrsg.). (2003). *Alltag im Aufbruch. Ein psychologisches Profil der Gegenwartskultur (Zwischenschritte 21)*. Gießen: psychosozial.

Freud, S. (1941). Ergebnisse, Ideen, Probleme. In S. Freud, *Gesammelte Werke, Bd. XVII* (S. 149–152). London: Imago.

Freud, S. (1948). Das Unbehagen in der Kultur. In S. Freud, *Gesammelte Werke, Bd. XIV* (S. 421–516). London: Imago.

Goethe, J. W. v. (1987). Schriften zur Morphologie. In J. W. v. Goethe, *Sämtliche Werke, Briefe, Tagebücher und Gespräche. Bd. I.24 (Leopoldina-Ausgabe)*. Frankfurt/Main: Deutscher Klassiker Verlag (Original: 1817).

Goffman, E. (1977). *Rahmenanalyse. Ein Versuch über die Organisation von Alltagserfahrungen*. Frankfurt/M.: Suhrkamp.

Grimm, J., & Grimm, W. (1994). *Kinder- und Hausmärchen. Ausgabe letzter Hand mit den Originalanmerkungen der Brüder Grimm. Mit einem Anhang sämtlicher, nicht in allen Auflagen veröffentlichter Märchen und Herkunftsnachweisen herausgegeben von Heinz Rölleke, Bd. 3* (S. 213–217). Leipzig: Reclam (Original 1812–1858).

Grünewald, S. (2019). *Wie tickt Deutschland. Psychologie einer aufgewühlten Gesellschaft*. Köln: Kiepenheuer & Witsch.

Salber, W. (1987). Kulturpsychologie – Wie und Warum. *Zwischenschritte, 6*, 40–49.

Salber, W. (1988). *Der psychische Gegenstand*. 6. Aufl. Bonn: Bouvier.

Salber, W. (1993). *Seelenrevolution. Komische Geschichte des Seelischen und der Psychologie*. Bonn: Bouvier.

Salber, W. (1999). *Märchenanalyse*. Bonn: Bouvier.

Salber, W. (2007). *Wirkungseinheiten. Psychologie des Werbens und Unterrichtens*. 3. Aufl. Bonn: Bouvier.

Die feministische Perspektive

Nora Ruck und Anna Sieben

Zusammenfassung

In diesem Beitrag werden Schnittstellen zwischen der Kulturpsychologie und feministischen Forschungsansätzen im Überblick dargestellt. Einerseits gibt es Ansätze innerhalb der kulturpsychologischen Tradition, die aufgrund von androzentrischen Verzerrungen oder einer ‚Gender-Vergessenheit' kaum Anknüpfungspunkte bieten (oder hierzu einer kritischen Erweiterung bedürfen). Andererseits wird deutlich gemacht, dass kulturpsychologische Arbeiten zu Geschlechterfragen eine große Nähe zu sozial- und kulturwissenschaftlichen *Gender Studies* haben bzw. haben können. Exemplarisch zeigen wir dies anhand der Konzepte *doing gender* und *Intersektionalität* auf. Auch methodisch gehen Kulturpsychologie und feministische Forschung häufig gemeinsame Wege, indem sie qualitative Forschung, partizipative Ansätze und die Reflexion des eigenen Standorts als Forschende stark machen. Dies erläutern wir abschließend an einem eigenen Forschungsbeispiel aus dem Bereich Elternschaft.

Schlüsselwörter

Feminismus · Geschlecht · Intersektionalität · Standortgebundenheit · Doing gender

N. Ruck (✉)
Sigmund Freud PrivatUniversität Wien, Wien, Österreich
E-Mail: nora.ruck@sfu.ac.at

A. Sieben
Ruhr-Universität Bochum, Bochum, Deutschland
E-Mail: anna.sieben@rub.de

© Der/die Autor(en), exklusiv lizenziert an Springer Fachmedien Wiesbaden GmbH, ein Teil von Springer Nature 2022
U. Wolfradt et al. (Hrsg.), *Kulturpsychologie,*
https://doi.org/10.1007/978-3-658-37918-6_12

1   Einleitung, Gegenstandsbereich und Definition

Geschlecht ist ein vielschichtiges Phänomen, das in sozial- und kulturwissenschaftlichen Forschungen wahlweise als Geschlechtsidentität, soziale bzw. politische Kategorie oder Geschlechterverhältnis in den Blick genommen wird (Castro Varela 2007). Aus dieser Perspektive ist eine kritische Auseinandersetzung mit essentialisierenden Definitionen, die Geschlecht als stabiles und z. T. evolutionär erworbenes Merkmal einer Person verstehen und die oftmals gerade auch in der Psychologie zu finden sind (siehe kritisch dazu Ruck 2014; Sieben 2014), zentral. Feministische Psycholog:innen schließen sich dieser machtkritischen Perspektive an. Für feministische Geschlechterforschungen in der Psychologie kann daher die folgende Minimalbestimmung gelten:

- sie verwenden Geschlecht als Analysekategorie, die in den meisten neueren Ansätzen im Zusammenhang mit anderen sozialen Kategorien bzw. Strukturen gedacht wird (Intersektionalität);
- sie betrachten Geschlecht als sozial gemacht und erforschen auch biologische Phänomene im Zusammenspiel mit gesellschaftlichen Bedingungen;
- sie richten ihr Augenmerk auf die Machtdynamiken in jeder konkreten Situation und in jedem konkreten Kontext;
- sie versuchen, die Hierarchie zwischen Behandelnden und Behandelten bzw. im Bereich der Forschung zwischen den Forschenden und den Erforschten zu verringern;
- sie trachten danach, den *status quo* zu verändern, sowohl auf gesellschaftlicher als auch auf individueller Ebene;
- sie bestehen darauf, dass Methoden an die konkreten Fragen, Ziele und Kontexte der Forschung oder der psychologischen Praxis angepasst sein müssen und nicht umgekehrt;
- sie betreiben aktive Selbstreflexion der je eigenen Subjektivität und sozialen Position, der Methoden, Methodologien, Theorien sowie der Disziplin.

2   Historische und theoretische Grundlagen: Kulturpsychologie und Geschlechtertheorien

Die Kulturpsychologie spielt im Feld zwischen Psychologie, Sozialwissenschaften und feministischer Wissenschaft eine uneindeutige Rolle. Sucht man nach Arbeiten zu Geschlecht in explizit kulturpsychologischen Texten von Ernst E. Boesch, Jerome Bruner oder Jürgen Straub, bei theoretischen Vorläufern wie der kulturhistorischen Schule (Leontjev, Wygotski, Luria) und Kurt Lewin oder in den Bänden der Zeitschrift *Culture & Psychology,* so wird man kaum fündig (Sieben 2016). Bei Boesch (1991) finden sich – obwohl er Geschlecht kulturell bestimmt – stark stereotypisierende Beschreibungen von Männern und Frauen (Sieben 2014).

Weitet man die Suche allerdings aus und bezieht Arbeiten ein, die sich nicht als kulturpsychologisch bezeichnen, aber eine vergleichbare theoretische und methodische Herangehensweise vertreten, so rücken zahlreiche Verbindungen von Kultur und Geschlecht in den Fokus. Hierzu zählen insbesondere (siehe für einen Überblick Hyde 2006; Sieben und Scholz 2012) feministische und queere Psychologien, Mary und Kenneth Gergens Sozialer Konstruktionismus, psychoanalytisch orientierte Psycholog:innen wie Jessica Benjamin oder Arbeiten aus dem Umfeld einer *discursive* oder *narrative psychology*. Jeanne Marecek & Eva Magnussen (2012) haben die Überschneidungen von feministisch orientierter psychologischer Geschlechterforschung und der Kulturpsychologie umfassend aufgearbeitet. Ihnen zufolge hat die Geschlechterforschung thematische, methodische und theoretische Neuerungen in die Psychologie gebracht.

Feministische Theorien setzen an der Ebene der Entstehung und Entwicklung von Geschlechtern an. Aus der Vielzahl sozial- und kulturwissenschaftlicher Theorieangebote greifen wir hier den Ansatz des *doing gender* heraus, da er besonders anschlussfähig an handlungstheoretisch orientierte Kulturpsychologien ist. Er bietet eine Möglichkeit, Geschlecht und Kultur zusammen zu denken, insofern er darauf abhebt, wie Menschen in ihrer alltäglichen Handlungspraxis Geschlecht ‚performen‘ (vgl. Marecek und Magnussen 2012, S. 34 ff.). *Doing gender* erfolgt dabei immer in spezifischen sozialen und kulturellen Kontexten und anhand geteilter Standards, wie vergeschlechtlicht gehandelt, gefühlt und gedacht werden soll. Marecek und Magnussen schlagen die aus der soziokulturellen Psychologie entnommenen Konzepte von *mastery* und *appropriation* vor, um zu verstehen, wie kulturell spezifische Vorstellungen von ‚Weiblichkeit‘ und ‚Männlichkeit‘ erlernt werden. Durch Prozesse der Aneignung, im Speziellen, übernehmen die Einzelnen soziokulturell etablierte Handlungspraxen, sodass diese als Ausdruck der eigenen Person und Identität empfunden werden. Feministische Psychologien betonen hier die Bedeutung von Hierarchien: Zwischen ‚Männern‘ und ‚Frauen‘ besteht ein gesellschaftliches Machtverhältnis, das auch in der hierarchischen kulturellen Bewertung von als ‚männlich‘ oder als ‚weiblich‘ kodiertem Erleben, Fühlen und Handeln zum Ausdruck kommt. Indem die Einzelnen sich in ihrer Handlungspraxis als ‚weibliche‘ oder ‚männliche‘ Subjekte hervorbringen, reproduzieren sie auch eine von Macht- und Herrschaftsverhältnissen durchzogene Geschlechterordnung.

Diese Kritik an ‚männlichen‘ und ‚weiblichen‘ Konnotationen kann auf handlungstheoretische, kulturpsychologische Arbeiten rückbezogen werden und aufdecken, dass dort Geschlecht auch eine implizite Rolle spielt: Boesch (1991) nimmt an, dass Handelnde ihr Handlungspotenzial ausdehnen und dass sie in Konfrontation zur Natur stehen und diese beherrschen wollen. Boeschs Handelnder trägt damit eher stereotyp ‚männliche‘ Charakterzüge (Alfermann 1996). Durch diese androzentrische Perspektive geraten bei Boesch zentrale Aspekte menschlichen Handelns aus dem Blick, die in stereotyper Weise eher Frauen zugesprochen werden, u. a. Emotionalität, Passivität, Abhängigkeit, Intersubjektivität und Anerkennung (Sieben 2014). Um diese Verengung von kulturpsychologischen Theorien zu vermeiden, stellt Straub (1999) die menschliche Erlebensfähigkeit neben die Handlungsfähigkeit. An dieser allgemeinen Erweiterung kulturpsychologischer Theorie zeigt sich das Potenzial feministischer Analysen, Wissenschaft auch über die Geschlechterforschung hinaus zu erweitern.

3   Von der Zweiten Frauenbewegung zur Intersektionalität

In dem von Alexandra Rutherford und anderen herausgegebenen *Handbook of International Feminisms* (2011) zeigt sich, dass feministische Psychologien, die sich auch innerhalb der akademischen Psychologie etablieren konnten, vor allem in den USA, Kanada und Großbritannien entwickelt wurden. Politisiert durch die Zweite Frauenbewegung der späten 1960er und 1970er Jahre beschäftigten sich hier die ersten Vertreterinnen psychologischer Frauenforschung mit den negativen Effekten kultureller Normen von ‚Weiblichkeit' (später auch von ‚Männlichkeit'). Mit einem wissenschaftskritischen Impuls wurde außerdem die Art und Weise, in der die Psychologie selbst zur Aufrechterhaltung dieser Stereotype beitrug, analysiert. In diesen psychologischen Studien spiegelten sich die zentralen Themen der Frauenbewegung wider (vgl. Marecek und Magnussen 2012, S. 3): ungewollte Schwangerschaften und Abtreibungen, Erwerbsarbeit von Frauen, Erfahrungen von Diskriminierung, sexuelle Belästigung, Gewalt an Frauen etc. Seit den 1970er Jahren haben sich die Themenstellungen diversifiziert: Durch LGBTQ Psycholog:innen wurden vermehrt die Lebensrealitäten und Erfahrungen lesbischer, schwuler, bisexueller, queerer sowie transgender und transsexueller Menschen thematisiert (siehe für eine Übersicht Hegarty 2017).

Women of color forderten die Analyse von Überschneidungen der Kategorien *Geschlecht* und *race* bzw. *Ethnie* ein. So formulierte das Combahee River Collective, ein Kollektiv schwarzer lesbischer Frauen in den USA: „We are actively committed to struggling against racial, sexual, heterosexual, and class oppression [...] based upon the fact that the major systems of oppression are interlocking" (Combahee River Collective 1997/1977, S. 210). Aus dieser Kritik am Feminismus Weißer Feministinnen haben sich *Intersektionalität* (der Begriff wurde von Kimberlé Crenshaw 1989, geprägt) sowie *multicultural feminism* als Forschungsansätze entwickelt, welche für eine gendersensible Kulturpsychologie bzw. für eine kultursensible Geschlechterforschung von Bedeutung sind. Sie teilen die Aufforderung zur Selbstreflexivität (auch der eigenen Privilegien) sowie den Anspruch der Verantwortlichkeit (vgl. Hurtado 2010). In intersektionaler Tradition haben Chicana Feministinnen herausgearbeitet, was die Zugehörigkeit zu mehreren sozialen und kulturellen Milieus psychologisch bedeutet. So wird etwa auf die psychische Realität sozialer Grenzüberschreitungen als *mestiza consciousness* (hybrides Bewusstsein) fokussiert: „The notion is that women who are exposed to multiple social worlds, as defined by cultures, languages, social classes, sexualities, nation states, and colonization, develop the ability to navigate and the ability to challenge linear conceptions of social reality" (Hurtado 2010, S. 33). Zu einem intersektionalen Paradigma gehören nicht nur Analysen der Differenzen zwischen Frauen, sondern auch Reflexionen über unterschiedliche (‚hegemoniale' versus ‚marginalisierte') ‚Männlichkeiten' (siehe für die Psychologie z. B. Courtenay 2011).

4   Methoden und Erkenntnistheorien: Vom Experiment zur Bedeutung des eigenen Standpunkts

In methodischer Hinsicht standen sich schon früh zwei Orientierungen feministischer Wissenschaft gegenüber (für einen Überblick siehe Anderson 2015): Während feministischer Empirismus androzentrische und sexistische Verzerrungen in der Anwendung experimenteller und quantitativer Forschung reduzieren oder beheben will, plädieren viele qualitative Ansätze für eine Orientierung an Alltagspraxen sowie für eine Konzeptualisierung der Art und Weise, wie Sprache Subjektivität prägt. Letztgenannte weisen eine große Nähe zur Kulturpsychologie auf. Feministische Ansätze in der Psychologie verpflichten sich außerdem einer konsequenten Reflexion der Beziehung zwischen Forschenden und Erforschten sowie der eigenen Erkenntnisperspektive. Diese Reflexionen finden in partizipativen Forschungsmethoden und in feministischen Standpunkttheorien ihren Niederschlag.

In Standpunkttheorien werden soziale Position, Erfahrung und Erkenntnis systematisch zusammengedacht. So waren die radikal-feministischen *consciousness-raising* Gruppen der späten 1960er und 1970er Jahre von einem durchaus wissenschaftlichen Anspruch getragen (Ruck 2015): In einem ersten Schritt ging es darum, über die eigenen (Unterdrückungs-)Erfahrungen (als Frau) zu sprechen, in einem zweiten Schritt sollten im Sinne der Politisierung die persönlichen Erfahrungen geteilt werden, um in einem dritten Schritt von diesen geteilten Erfahrungen aus zur Analyse gesellschaftlicher Macht- und Unterdrückungsverhältnisse zu gelangen. Standpunkttheorien haben auch Umdeutungen psychologischer Gütekriterien wie Objektivität vorgenommen. So plädiert Patricia Hill Collins in *Black Feminist Thought* (2000) dafür, wissenschaftliche Erkenntnisse von unterschiedlichen sozialen und vor allem auch von mehreren marginalisierten Gruppen ‚validieren' zu lassen. Eine andere Möglichkeit besteht darin, in einem autoethnographischen Sinn die eigenen Erfahrungen offensiv als Ausgangspunkt zu nehmen, um daran exemplarisch die Relevanz von kulturellem, sozialem und politischem Kontext für die Wissensproduktion aufzuzeigen (-> Evokative Autoethnographie).

In der Psychologie wirft außerdem das Konzept der *Intersektionalität* methodische Fragen auf. So haben die Sozialpsycholog:innen Valerie Purdie-Vaughns und Richard Eibach (2008) darauf hingewiesen, dass gerade experimentelle und quantitative Studien dazu neigen, mehrfachdiskriminierte Personen unsichtbar zu machen. In experimentellen Studiendesigns ist eine intersektionale Orientierung zumal dann schwer umzusetzen, wenn Geschlecht als binäre Kategorie vorausgesetzt wird und soziale Kategorien als

Unabhängige Variablen operationalisiert werden (Cole 2009). Trotz dieser grundlegenden Skepsis hat Elizabeth Cole drei Fragen vorgeschlagen, die intersektionale Reflexionen ermöglichen: Erstens kann bei jeder untersuchten Kategorie gefragt werden, wer in dieser Kategorie inkludiert ist. Zweitens soll danach gefragt werden, welche Rolle soziale Ungleichheiten spielen, insbesondere wenn empirisch zwei soziale Gruppen verglichen werden. Drittens schlägt Cole eine vermehrte Fokussierung auf Gemeinsamkeiten zwischen Gruppen vor (wobei auch Gemeinsamkeiten auf unterschiedliche strukturelle Bedingungen zurückgeführt werden können).

5   Beispiel: Elternschaft und Geschlechterverhältnisse

Abschließend stellen wir ein Beispiel aus der eigenen Forschung zum Thema Elternschaft vor, die feministische mit kulturpsychologischen Forschungsperspektiven verbindet.

Elternschaft steht immer wieder im Fokus der kritischen Geschlechterforschung, da mit dieser Lebensphase erstens häufig eine Retraditionalisierung von Geschlechterverhältnissen einhergeht (Miller 2011) und zweitens (hetero)normative Bilder von Mutter- und Vaterschaft sowie Familie weiterhin stark prägen, wie Menschen ihre Elternschaft leben (können). In einem eigenen Forschungsprojekt wurden Eltern von Kleinkindern in Deutschland zu ihren Erfahrungen mit dem ‚Abgeben‘ des Kindes an andere interviewt. Aus dieser Studie wurde ein Interview mit einer Mutter als Einzelfallstudie herausgegriffen und gemeinsam mit Studierenden der Sozialwissenschaft interpretiert (Sieben et al. 2018). Dabei kamen sowohl die Dokumentarische Methode (z. B. Przyborski 2004, siehe Kap. Dokumentarische Methode) als auch die Tiefenhermeneutik (König 2001, siehe Kap. Tiefenhermeneutische Kulturanalyse) zum Einsatz. Diese Methodenkombination, ebenso wie der Vergleich unserer eigenen Standpunkte als Nicht-Eltern und Eltern hat uns ermöglicht herauszuarbeiten, wie schmal der ‚normative Grat‘ ist, auf dem Mütter versuchen, ihre eigenen Bedürfnisse nach Nähe und Distanz zum Kind auszubalancieren. Der ausgewählte Einzelfall ist deshalb so interessant, weil die interviewte Mutter sehr offen über ihr eigenes Bedürfnis spricht, ihr Kind abzugeben und Zeit für sich zu haben.

> ich stelle mir schon oft die Frage ob ich ich meine das was ich ihnen am Anfang gesagt habe //mhm// em (kurze Pause) ich em weiß ich brauch meinen Raum ne //mhm// meine Freiheit ich genieße es @wenn man mich fragt „ja wie gehts dir, vermisst du deinen Sohn," ich sage es geht mir gut ja@ // @(.)@ ja ja// em und insofern interessiert es mich schon ob es quasi ja ob es okay na ne okay ist nicht okay aber em //mhm// oder wie man das noch besser gestalten könnte diese weil es gibt schon diesen Widerspruch ne manchmal oder eh regelmäßig ne wo ich das Gefühl habe ne jetzt möchte ich wirklich nur mir gehören @(.)@ // @(.)@ mhm // aber das geht nicht weil ne (kurze Pause) em ja nicht zuletzt durch diese eh allein-ne eh erziehend //mhm// ne Mutter-Kind-Konstellation //ja// dass es keine dritte Person dabei gibt [...] (kurze Pause) ph ja ich frage mich doch schon ob mhm ob es okay ist ob ich das Richtige mache das //mhm// ich mein Kind so dann wirklich ja hier @ Oma hier @.

Einerseits artikuliert sie selbstbewusst das Bedürfnis nach Zeit für sich („nur mir gehören", „Freiheit genießen"), andererseits zweifelt sie an der eigenen Praxis, ihr Kind zur Oma zu geben und sucht nach einer Antwort auf die Frage, ob sie es „richtig mache". Normative Infragestellungen werden aber auch durch die Interviewerin an sie herangetragen und während der Interpretation aus den affektiven Reaktionen der Interpretierenden auf das Interviewmaterial herausgearbeitet. Beispielsweise versucht die Interviewerin den beschriebenen Wunsch nach Freiheit durch die Situation als Alleinerziehende oder die Notwendigkeit zu arbeiten zu legitimieren, so in folgendem Beispiel:

> i: sie mussten dann damals wahrscheinlich arbeiten ne? wenn sie wenn sie sagen sie mussten das auch
>
> b: └ja ich musste nicht ich war damals freiberuflich
>
> und em (kurze Pause) @ja was heißt ich musste nicht@ ich hatte noch Elterngeld //mhm// ne und so aber
>
> das war meine bewusste Entscheidung also ich konnte nicht Vollzeit Mutter sein em das war mir zu viel
>
> //mhm ja (etwas Verwunderung klingt durch) // ich musste raus (I/140-147).

Im Anschluss an die Interpretationen des Interviews lässt sich eine feministische Kritik an den vielschichtigen normativen Erwartungen, mit denen Mütter konfrontiert werden und die sie auch an sich selbst stellen, formulieren.

6   Fazit

Wie in diesem Beitrag deutlich geworden ist, lässt sich eine feministische Kulturpsychologie oft weder inhaltlich noch theoretisch von soziologisch oder kulturwissenschaftlich geprägten Arbeiten in der Geschlechterforschung abgrenzen. Möglicherweise ist aber die hier sehr kurz skizzierte interpretative Herangehensweise, die sich beispielsweise über Techniken der Tiefenhermeneutik auch an der Psychoanalyse orientiert und damit zur Auseinandersetzung mit latenten und affektiven Gehalten auffordert, eine Möglichkeit, die Kulturpsychologie konturierend abzugrenzen. Dabei geht es zentral, wie oben bereits beschrieben, um die Reflexion des eigenen Standorts. Diese Auseinandersetzung mit der eigenen sozio-kulturellen Situiertheit sowie der relationalen Beziehung zum empirischen Material (siehe zur Methode der relationalen Hermeneutik, Straub 2010, siehe Kap. Relationale Hermeneutik) kann in kulturpsychologischen Projekten die Auseinandersetzung mit eigenen affektiven und normativen Perspektiven beinhalten – auch mit jenen Gedanken und Gefühlen, die einer:m als feministische:r Kulturpsycholog:in unangenehm sind, die überwunden erscheinen oder mit denen man sich bislang nicht auseinandergesetzt hat.

Literatur

Alfermann, D. (1996). *Geschlechterrollen und geschlechtstypisches Verhalten*. Stuttgart: Kohlhammer.
Anderson, E. (2015). Feminist epistemology and philosophy of science. *The Stanford Encyclopedia of Philosophy*. https://plato.stanford.edu/archives/spr2017/entries/feminism-epistemology/.

Boesch, E. E. (1991). *Symbolic Action Theory and cultural psychology*. Berlin: Springer.

Castro Varela, M. (2007). Gender. In J. Straub, A. Weidemann & D. Weidemann (Hrsg.), *Handbuch interkulturelle Kommunikation und Kompetenz* (S. 543–550). Stuttgart: Metzler.

Cole, E. R. (2009). Intersectionality and research in psychology. *American Psychologist, 64*(3), 170–180.

Collins, P. H. (2000). *Black feminist thought: Knowledge, consciousness, and the politics of empowerment*. New York, NY: Routledge.

Combahee River Collective (1997). A Black Feminist Statement. In L. Nicholson (Hrsg.), *The second wave. A reader in feminist theory* (S. 63–70). New York, NY: Routledge. (Original 1977)

Courtenay, W. (2011). *Dying to be men: Psychosocial, environmental, and biobehavioral directions in promoting the health of men and boys*. New York, NY: Routledge.

Crenshaw, K. (1989). Demarginalizing the intersection of race and sex: A black feminist critique of antidiscrimination doctrine, feminist theory and antiracist politics. *University of Chicago Legal Forum, 140*(1), 139–167.

Hegarty, P. (2017). *A recent history of lesbian and gay psychology: From homophobia to LGBT*. London: Routledge.

Hurtado, A. (2010). Multiple lenses: Multicultural feminist theory. In H. Landrine & N. Russo (Hrsg.), *Handbook of diversity in feminist psychology* (S. 29–54). New York, NY: Springer.

Hyde, J. (2006). *Half the human experience. The psychology of women*. Belmont, CA: Wadsworth Cengage Learning.

König, H.-D. (2001). Tiefenhermeneutik als Methode psychoanalytischer Kulturforschung. In H. Appelsmeyer & E. Billmann-Mahecha (Hrsg.), *Kulturwissenschaft. Felder einer prozeßorientierten wissenschaftlichen Praxis* (S. 168–194). Weilerswist: Velbrück.

Marecek, J., & Magnussen, E. (2012). *Gender and culture in psychology. Theories and practices*. Cambridge: Cambridge University Press.

Miller, T. (2011). Falling back into gender? Men's narratives and practices around first-time fatherhood. *Sociology, 45*(6), 1094–1109.

Przyborski, A. (2004). *Gesprächsanalyse und dokumentarische Methode*. Wiesbaden: VS Verlag.

Purdie-Vaughns, V., & Eibach, R. P. (2008). Intersectional invisibility: The distinctive advantages and disadvantages of multiple subordinate-group identities. *Sex Roles, 59*, 377–391.

Ruck, N. (2014). *Schönheit als Zeugnis. Evolutionspsychologische Schönheitsforschung und Geschlechterungleichheit*. Wiesbaden: Springer VS.

Ruck, N. (2015). Liberating minds. Consciousness-raising as a bridge between feminism and psychology in 1970s Canada. *History of Psychology, 18*(3), 297–311.

Rutherford, A., Capdevila, R., Undurty, V., & Palmari, I. (Hrsg.). (2011). *Handbook of international feminisms. Perspectives on psychology, women, culture, and rights*. New York, NY: Springer.

Sieben, A. (2014). *Geschlecht und Sexualität in klassischen psychologischen Theorien. Eine historisch systematische Analyse*. Bochum: Westdeutscher Universitätsverlag.

Sieben, A. (2016). Gender in culture-inclusive psychologies. A situated and selective mapping of the historical and contemporary territory. *Culture & Psychology, 22*(4), 546–564.

Sieben, A., & Scholz, J. (2012). *(Queer-)Feministische Psychologien. Eine Einführung*. Gießen: Psychosozial.

Sieben, A., Pauge, M., & Ruppel, P. (2018). Die „richtige" Nähe und Distanz zum eigenen Kind. Eine Einzelfallanalyse mütterlicher Positionierungen in Zeiten des intensive parenting. *Sozialer Sinn. Zeitschrift für hermeneutische Sozialforschung, 19*(2), 309–332.

Straub, J. (1999). *Handlung, Interpretation, Kritik. Grundzüge einer textwissenschaftlichen Handlungs- und Kulturpsychologie*. Berlin: de Gruyter.

Straub, J. (2010). Das Verstehen kultureller Unterschiede. Relationale Hermeneutik und komparative Analyse in der Kulturpsychologie. In G. Cappai, S. Shimada & J. Straub (Hrsg.), *Interpretative Sozialforschung und Kulturanalyse* (S. 39–100). Bielefeld: Trancript.

Die biologische Perspektive

Gordana Jovanović

Zusammenfassung

Im Folgenden werden zwei Arten von Ansätzen analysiert, die an die Kulturpsychologie von einem biologischen Standpunkt herangehen. Einerseits geht es um einen evolutionspsychologischen Ansatz, der in den 1990er Jahren formuliert wurde und der behauptet, dass sowohl psychische als auch kulturelle Phänomene vollständig durch die Evolutionstheorie bzw. durch die Mechanismen der Adaptation und natürlichen Selektion begründet sind. Andererseits gibt es Ansätze, die die Wechselwirkungen zwischen der Biologie des Menschen, inklusive seiner Gene und neuralen Strukturen, und der kulturellen Welt, die je einer eigenen Gesetzlichkeit unterliegen, behandeln. Als ein Versuch Neurowissenschaft und Kulturpsychologie zu integrieren, wurde im Jahr 2007 eine *cultural neuroscience* entworfen, die Zusammenhänge zwischen kulturellen, psychischen, neuronalen aber auch genetischen Unterschieden erforscht. Es wird gezeigt, dass die gegenwärtigen biologisch begründeten Zugänge zur Kulturpsychologie ihren Ansprüchen, nämlich zur Rekonstruktion und zum Verständnis der Sinnhaftigkeit der menschlichen subjektiven und kulturellen Welt beizutragen, nicht gerecht werden.

Schlüsselwörter

Evolutionspsychologie · Evolutionstheorie · Adaptation · Naturalisierung · Biologie-Kultur-Wechselwirkung · Cultural neuroscience

G. Jovanović (✉)
Unabhängige Akademikerin, Beograd, Serbien
E-Mail: gorda.jovanovic@gmail.com

131

U. Wolfradt et al. (Hrsg.), *Kulturpsychologie,*
https://doi.org/10.1007/978-3-658-37918-6_13

1   Einleitung, Gegenstandsbereich und Definition

Da die Psychologie ihren Gegenstandsbereich in den Erfahrungen und dem Handeln des Menschen verortet, ist der Bezug auf biologische Grundlagen psychischer Prozesse von Subjekten unhintergehbar, denn für die Psychologie ist ein biologischer Organismus eine notwendige Voraussetzung für die psychischen Funktionen. Das Problem der Beziehung zwischen Biologischem und Psychischem geht aber über die Psychologie als Wissenschaft sowohl historisch als auch theoretisch weit hinaus. Allerdings hat die Psychologie das alte Leib-Seele-Problem in ihre eigenen Begriffe übersetzt, zumal die Seele aus dem wissenschaftlich-begrifflichen Bereich in der zweiten Hälfte des 19. Jahrhunderts entfernt wurde und ganzheitliche Begriffe im Allgemeinen durch partikulare ersetzt wurden. Dementsprechend werden heutige Diskussionen meistens unter der Bezeichnung *mind-brain* geführt, die in den letzten Jahren um Gene und Kultur erweitert wurde – *genes-brain-mind-culture*.

Nachdem die frühere substantialisierte Seele durch psychische Prozesse ersetzt wurde, vollzog sich eine Reorientierung der Psychologie, die ihren Gegenstandsbereich dem Körper annäherte oder ihn sogar darin aufgehen ließ – sie hat hierfür Erkenntnismodelle der Naturwissenschaften übernommen. In der Geschichte der Psychologie findet das seinen Ausdruck im Verständnis der Psychologie als Naturwissenschaft, in der Überzeugung, dass psychische Phänomene als Kategorien der *natural kinds* statt *human kinds* zu betrachten sind, in der Methodologie, die auf kausale Erklärung statt auf Sinnverständnis ausgerichtet ist, sowie in der Verwendung von Methoden, die nicht geeignet sind, die subjektiven Bedeutungsdimensionen des erhobenen Materials zu verstehen. Denn Bedeutung ist weder der Beobachtung noch dem Experiment zugänglich.

Trotz der vielseitigen Kritik hat der Naturalismus in der Psychologie in den letzten Jahrzehnten an Bedeutung gewonnen – auch durch den Boom der Neurowissenschaften. Die Wende hin zu den Neurowissenschaften, die seit den 1990er Jahren vollzogen worden ist, hat auch zur Entwicklung der Neuropsychologie beigetragen. Trotz des verstärkten Enthusiasmus für das Neuronale ist davor zu warnen, dass dieses Programm letztendlich zur Abschaffung der Psychologie als Wissenschaft von Subjekterfahrungen führen könnte (Werbik und Benetka 2016).

Aber so wie die Psychologie im Allgemeinen ist auch Kulturpsychologie naturalistischen epistemischen Kolonialisierungen ausgesetzt (Jovanović 2019). Ein sehr anspruchsvolles Programm der Neubestimmung der Psychologie und der Kultur wurde in den 1990er Jahren unter dem Namen *evolutionary psychology* formuliert (Buss 1999/2008; Cosmides und Tooby 1992, 1997). Die Evolutionspsychologie versteht sich als ein allgemeiner Ansatz, der auf der Evolutionstheorie beruht und dadurch das sozialwissenschaftliche Model ersetzen möchte. Psychologie wird hierbei nur als Teil der Biologie, der sich mit dem Gehirn beschäftigt, verstanden (Cosmides und Tooby 1997). So wie früher biologische Eigenschaften als Ergebnis der natürlichen Selektion erklärt wurden, werden in der Evolutionspsychologie sowohl psychische Eigenschaften als auch sozio-kulturelle Gebilde als Adaptionen, die durch den Prozess der natürlichen Selektion entstanden sind und dann genetisch auf die nächsten Generationen übertragen werden, aufgefasst. Der Ansatz hat hierbei längst die Grenzen der Wissenschaft überschritten und das Bewusstsein des allgemeinen Publikums über die angebliche Natürlichkeit von traditionellen Geschlechterrollen, von evolutionsbedingter Fremdenfeindlichkeit, von Vorurteilen gesellschaftlich mitgeprägt.

Dieser Ansatz und schon sein Vorläufer, die *sociobiology* (Wilson 1975), wurde hinsichtlich der Zulässigkeit der evolutionstheoretischen Begründung seiner Ansprüche kritisiert (Gould und Lewontin 1979). Dazu werden besonders sozial-politische Implikationen im Sinne der Rechtfertigung der bestehenden herrschenden Verhältnisse, samt ihrer Ungleichheiten und Diskriminierungen hervorgehoben (Lewontin 1991).

Es sind auch Ansätze entstanden, die auf das Wechselspiel von Biologie und Kultur ausgerichtet sind (Causadias et al. 2018). Dabei wird die Eigengesetzlichkeit beider Domänen anerkannt, aber auch die Notwendigkeit ihrer Wechselbeziehungen in der Gestaltung der psychischen Entwicklung des Menschen herausgestellt. Der interaktionistische Ansatz findet auch Anwendung auf biologischer Ebene, indem entgegen der atomistischen Auffassungen von isolierten Teilprozessen, die alle nur einem einzigen Mechanismus der Adaptation unterliegen, für die Annahme einer ganzheitlichen Struktur des Organismus und der Vielfalt von Entwicklungsmechanismen plädiert wird.

2   Historische und theoretische Grundlagen

Die Betrachtung der Beziehung von Biologie und Kultur in der Psychologie hängt auch davon ab, wie diese wissenschaftshistorisch und wissenschaftstheoretisch aufgefasst werden. Was Biologie betrifft, so hat die von Darwin (1809–1882) formulierte Evolutionstheorie eine radikale Entwicklungsperspektive eingeführt und damit eine Wende im Verständnis der Stellung des Menschen hervorgebracht. Entgegen bisheriger religiöser Auffassungen von der Sonderstellung des Menschen wird die Entwicklung des Menschen den allgemeinen biologischen Gesetzen der phylogenetischen Entwicklung von Arten durch Variation und Selektion unterworfen. Am Ende seines Hauptwerks *On the Origin of Species* (1859) hat Darwin auf die Folgen seiner Theorie für die Entwicklung der Psychologie hingewiesen: „Psychology will be based on a new foundation, that of the necessary acquirement of each mental power and capacity by gradation. Light will be thrown on the origin of man and his history" (Darwin 1859/2008, S. 359). Diese Feststellung Darwins enthält, neben einer optimistischen Vorhersage der zukünftigen Entwicklung der Psychologie, auch einen Hinweis auf die mögliche reduktionistische Anwendung der Evolutionstheorie in der Psychologie, indem nämlich menschliche Geschichte mit der Naturgeschichte gleichgesetzt wird. Gerade das ist eines der Anliegen der Aneignung der Evolutionstheorie durch den Ansatz der Evolutionspsychologie.

Evolutionspsychologie ist ein Ansatz, „in which knowledge and principles from evolutionary biology are put to use in research on the structure of the human mind" (Cosmides und Tooby 1997, S. 1). Nach diesen Prinzipien ist das Gehirn ein System, das wie eine Summe von spezialisierten Rechnern funktioniert und durch natürliche Selektion gebildet wurde, um Probleme zu lösen, denen unsere Vorfahren begegneten, sodass letztendlich „our modern skulls house a stone age mind" (ebd., S. 13). Die zum Teil der Biologie erklärte Psychologie vertritt nun die Auffassung, dass eine evolutions-biologisch begründete Psyche alle Artefakte und letztendlich auch Kultur schafft: „Human minds, human behavior, human artifacts, and human culture are all biological phenomena – aspects of the phenotypes of humans and their relationships with one another" (Cosmides und Tooby 1992, S. 20 f.).

Angesichts dieses radikalen biologischen Reduktionismus, der die menschliche Psyche und die ganze menschliche Welt auf biologische Prozesse zurückführt, ist es bemerkenswert, dass Psyche (*mind*) selbst nicht nach dem Modell eines ganzheit-lichen biologischen Organismus, sondern mechanisch verstanden wird: „[T]he mind is a set of information-processing machines that were designed by natural selection to solve adaptive problems faced by our hunter-gatherer ancestors" (Cosmides und Tooby 1997, S. 1). Wie auch der Titel des programmatischen Buches der Evolutionspsycho-logie *The Adapted Mind. Evolutionary Psychology and the Generation of Culture* (Barkow et al. 1992) zum Ausdruck bringt, sind psychische Mechanismen genauso wie biologische, als Adaptationen entstanden.

Die Umgebung, an der der adaptive Wert der betreffenden psychischen Mechanis-men gemessen wird, ist die Umwelt der Jäger und Sammler. Alle und zwar sehr auf-fällige Änderungen in der menschlichen Umgebung werden zwar anerkannt, aber die Evolutionspsychologie bleibt „relentless past-oriented" (Cosmides und Tooby 1997, S. 14). Zusätzlich wird der Ausdruck *environment of evolutionary adaptedness* (EEA) eingeführt, der keine bestimmte Umgebung bezeichnet, sondern „the statistical composite of selection pressures that caused the design of an adaptation. Thus the EEA for one adaptation may be different from that for another" (Cosmides und Tooby 1997, S. 14). Das adaptationistische Programm im Allgemeinen wird von der Mikroebene bis zur Makroebene heftig kritisiert. „We must replace the adaptationist view of life with a constructionist one", forderte beispielsweise Lewontin (1991, S. 72) in seinem Kampf gegen den Adaptationismus und die damit verbundene Soziobiologie, die er als eine gefährliche Ideologie versteht.

Adaptation ist keinesfalls der einzige evolutions-biologische Mechanismus, so wie auch Adaptationen (*ad-aptus* – passend) als die durch natürliche Selektion ent-standenen Charakterzüge von Organismen nicht alle Eigenschaften eines Organis-mus erklären können, wie von der Evolutionspsychologie behauptet. Einige Kritiker des Adaptationismus sehen darin sogar eine Art Naturtheologie, in der die natür-liche Selektion die ehemalige Rolle des Schöpfers eingenommen hat. Um die Gültig-keit der Adaptation zu begrenzen wird von den Kritikern auch ein neuer Begriff eingeführt – *exaptation* – d. h. „features that now enhance fitness but were not built by natural selection for their current role" (Gould und Vrba 1982, S. 4). Ein Beispiel für Exaptationen sind Federn bei Vögeln, die ursprünglich als adaptive Thermoregulatoren entstanden sind, später aber fürs Fliegen kooptiert wurden. Ein ähnlicher Mechanismus ist als funktionale Autonomie von Motiven bekannt (Allport), die offensichtlich unerlässlich für Kultur ist.

Die Evolutionspsychologie beansprucht mit der völlig auf biologischen Mechanismen reduzierten Psychologie auch Kultur begründen zu können. Es geht um die ‚psychological foundations of culture' um dadurch wieder einen einheitlichen kausalen Zusammenhang (*integrated causal matrix*) herzustellen, der von Anthropologen, wie z. B. Geertz (1973) und anderen Sozialwissenschaflern, Vertretern des *Standard Social Science Model,* die Menschen und ihre Psyche als sozial konstituiert aufgefasst haben, infrage gestellt wurde. In der neuen Auffassung, die sich als streng wissenschaftlich versteht, und deren Bedeutung die Vertreter mit der wissenschaftlichen Revolution, die die Naturwissenschaften am Anfang der Neuzeit vollzogen hatten, vergleichen, wird Kultur ausschließlich psychologisch begründet: „[C]ulture is the manufactured product of evolved psychological mechanisms situated in individuals living in groups" (Cosmides und Tooby 1992, S. 24). Da psychische Mechanismen Produkte der natürlichen Selektion sind, folgt daraus, dass auch Kultur biologisch begründet ist und denselben kausalen Gesetzen unterliegt wie physische und chemische Prozesse, denn „humans are self-reproducing chemical systems" (ebd., S. 20).

Ein viel sagendes Gleichnis verdeutlicht weitere Folgen dieses Ansatzes: „One might say that what mostly remains, once you have removed from the human world everything internal to individuals, is the air between them" (ebd., S. 47). Da Kultur und Gesellschaft nicht auf etwas Individuelles zurückgeführt werden können, auch dann nicht, wenn – entgegen der Evolutionspsychologie – Individuen als sozial konstituiert aufgefasst werden, verkennt die Evolutionspsychologie selbst die Existenz der Kultur und Gesellschaft obgleich sie beansprucht, ihre naturwissenschaftliche Begründung vorzulegen.

Der Universalanspruch der Naturalisierung der menschlichen Psyche und Kultur hat neben theoretischen auch sozial-politische Implikationen – die Alleinmacht der Natur macht sogar die Frage nach der gesellschaftlichen Organisation obsolet. Aber gerade die Frage nach der Organisation der Gesellschaft ist in der Geschichte immer wieder gestellt worden.

Die theoretischen Leistungen des evolutionspsychologischen Ansatzes können so zusammengefasst werden: Statt auf die versprochene Schaffung läuft dieser Ansatz letztendlich auf die Abschaffung der Kultur hinaus – durch die Zurückführung der Kultur auf Natur.

Neben der Evolutionspsychologie wurden auch Ansätze entwickelt, die sowohl für die Biologie als auch für die Kultur als Determinanten der menschlichen Entwicklung sprechen. Ein neueres Programm wird unter dem Begriff *culture and biology interplay* eingeführt (Causadias et al. 2018). Die Wechselwirkungen gehen so weit, dass man von Ko-Evolution von Genen und Kultur spricht. Darauf hatte aber schon in den 1970er Jahren Geertz hingewiesen: „[C]ulture, rather than being added on, so to speak, to a finished or virtually finished animal, was ingredient, and centrally ingredient, in the production of that animal itself" (1973, S. 47). Weiterhin wird in dem Kultur-Biologie-Wechselwirkungsansatz die These vertreten, dass sich Organismen nicht passiv den

Anforderungen der Umwelt anpassen, sondern aktiv an der Ko-Konstruktion (der Teile) ihrer Umgebung (sogenannte Nischen) mitwirken, was besonders für den Menschen bedeutsam ist.

Bei dem Wechselwirkungsansatz werden zwei verschiedene Vererbungssysteme, Biologie und Kultur, herausgestellt. Während biologische Vererbung durch genetische und epigenetische Systeme vermittelt wird, wirkt die kulturelle Vererbung durch symbolische Systeme. Die Wechselwirkung kann sich auf der Evolutionsebene, auf der Sozial- und individuellen Entwicklungsebene vollziehen (Causadias et al. 2018). Dank dem Kulturkapital (Wissenschaft, Medizin, Technologie) sind Menschen fähig, den Selektionsdruck zu ändern (z. B. Überlebenschancen steigern) und dadurch an der eigenen Evolution aktiv mitzuwirken.

Wenn es um Auswirkungen der Biologie auf Kultur geht, so gibt es Forschungsbefunde, die nahelegen, dass „individuals with certain dopamine genotypes may be more likely to engage in reward-seeking behavior and migrate" (Causadias et al. 2018, S. 13). Bei der Interpretation solcher Forschungsergebnisse ist allerdings Vorsicht geboten, denn die Ursachen der Migration sind nicht auf Neurotransmitter, wie Dopamin, zurückzuführen.

Seit der Gründung eines *International Cultural Neuroscience Consortium* im Jahr 2011 wird ein umfassendes Programm der Übersetzung der Gegenstandsbereiche der Psychologie in die *cultural neurosciences* vorangetrieben. In *The Oxford Handbook of Cultural Neuroscience* von Chiao et al. (2016) finden sich bereits folgende Einträge: *cultural neuroscience of emotion, of cognition, of social cognition, of intergroup processes, of intergroup bias, of pain, of empathy.* Wegen der Bedeutung, die den kulturellen Unterschieden zugeschrieben wird, wird die *cultural neuroscience,* als diese von Chiao & Ambady (2007) eingeführt wurde, auch als ein komplementäres Unternehmen zur Evolutionspsychologie verstanden.

In der *cultural neuroscience* wird hervorgehoben, dass sich weder physiologische und neuro- noch psychische Prozesse im Vakuum vollziehen, sondern in sozialen und kulturellen Zusammenhängen, die nicht nur äußerliche Umgebung sind, sondern formative Wirkungen haben. Die Aufgabe der *cultural neuroscience* ist dementsprechend „the mechanisms by which this hypothesized bidirectional, mutual constitution of culture, brain, and genes occurs" (Chiao und Ambady 2007, S. 238) zu erforschen. Gleichzeitig ist zu bemerken, dass bei diesem Korrelationsforschungsprogramm Prozesse der Bedeutungskonstitution ausgeblendet bleiben, die aber für jede Kulturwissenschaft und -psychologie den eigentlichen Hauptgegenstand ausmachen. Es sind nicht die Neuronen, die die Bedeutung eines Rituals oder eines Wortes bestimmen, auch wenn sie notwendig sind, um eine Geste auszuführen oder ein Wort auszusprechen.

Die Argumente Lewontins, ausgesprochen vor drei Jahrzehnten, haben an ihrer Gültigkeit nichts verloren: „[T]he genes, in making possible the development of human consciousness, have surrendered their power both to determine the individual and its environment. They have been replaced by an entirely new level of causation, that of social interaction with its own laws and its own nature that can be understood and explored only through that unique form of experience, social action" (1991, S. 82).

Wenn das *new level of causation* verkannt wird, hat das Folgen auch für soziale Interaktionen. Insofern funktioniert eine Position, die das verkennt, auch als Ideologie, die den bestehenden Status wissenschaftlich reproduziert und stillschweigend legitimiert.

3   Beispiele: Anwendungen biologischer Ansätze in der Kulturpsychologie

Aus den bisherigen Darstellungen ist leicht zu erkennen, dass die biologischen Ansätze beanspruchen, nicht nur psychische Phänomene, sondern auch komplexe soziale und kulturelle Gebilde erklären zu wollen.

Die Evolutionspsychologie behauptet, über einen überlegenen wissenschaftlichen, psychologisch begründeten theoretischen Zugang zur Kultur zu verfügen. So ist in dem programmatischen Buch *The Adapted Mind* zu lesen: „*[E]verything,* from the most delicate nuance of Richard Strauss's last performance of Beethoven's *Fifth Symphony* to the presence of calcium salts in his bones at birth, is totally and to exactly the same extent genetically and environmentally codetermined. ‚Biology' cannot be segregated off into some traits and not others" (Cosmides und Tooby 1992, S. 84). Aber es wird keine weitere Analyse angeboten, die diese Behauptung entweder logisch oder faktisch rechtfertigen würde. Deshalb sollten hier einige von vielen Fragen gestellt werden, die für jeden Bezug auf Kultur unhintergehbar sind: Wie ist „the delicate performance nuance" in genetischen Begriffen zu beschreiben? Wie weiß man, dass es sich um Beethovens Symphonie handelt und genau um welche? Wer und nach welchen Kriterien bewertet die betreffende Aufführung?

Ein anderes Beispiel der Anwendung der Evolutionspsychologie auf Kultur wird in dem Buch ausführlicher diskutiert, und zwar unter dem sehr anspruchsvollen aber auch provokanten Kapiteltitel: *Beneath new culture is old psychology: Gossip and social stratification* (Barkow 1992, S. 627). Zunächst ist die Auswahl des Phänomens ‚Tratscherei', das auch heutige Gesellschaften repräsentieren soll und an dem das Erklärungspotenzial der Evolutionspsychologie als Kulturtheorie gezeigt werden soll, bemerkenswert. Es wird betont, dass Tratsch eine sehr wichtige Rolle bei der Herstellung und Aufrechterhaltung der Zugehörigkeit und der Position eines Individuums in sozialen Gruppen gespielt hat und auch heutzutage noch spielt (Barkow 1992). Auch Tratsch unterliegt einer schon in der Steinzeit erworbenen adaptiven Funktion – Informationen über andere, egal ob sie wahr oder falsch sind, können zur Sicherung der eigenen Überlegenheit im Wettbewerb um sexuelle Partner oder andere Ressourcen eingesetzt werden (Barkow 1992, S. 629).

Auch wenn nach dem Pleistozän neue sozio-kulturelle Phänomene entstanden sind, die „evolutionarily unanticipated" sind, „there is little human that is really ‚evolutionarily unanticipated'", behauptet Barkow (ebd., S. 627). Daraus folgt, dass die neue Kultur von der alten Psychologie des Pleistozän-Menschen geschaffen wurde. Das setzt voraus, dass neue sozial-kulturelle Gebilde auf die im Pleistozän vorhandenen psychischen und Umgebungsbedingungen zurückgeführt werden. So glaubt Barkow, dass „the media may mimic the psychophysical cues that would have triggered these same mechanisms under Pleistocene conditions" (1992, S. 630).

Hinter solchen Annahmen ist ein bestimmtes Erklärungsmuster der Evolutions-psychologie erkennbar: Da die veränderten neuen sozial-kulturellen Bedingungen unter denen Menschen heutzutage leben, nicht geleugnet werden können, wird die psychische Ausstattung als grundsätzlich schon vollendet und biologisch verankert, unabhängig von sozio-kulturellen Wirkungen, postuliert. Das widerspricht aber den Grundannahmen der Kultur die die Evolutionspsychologie begründen wollte.

Was die Anwendung des Biologie-Kultur-Wechselwirkungsansatzes betrifft, so geht es hier vornehmlich darum zu erforschen, wie unterschiedliche Kulturkontexte mit dem unterschiedlichen Funktionieren des menschlichen Gehirns bzw. der mensch-lichen Psyche korrelieren. Das bedeutet, dass folglich auch das Gehirn rekonzeptualisiert wird – dank seiner evolutionsbiologisch erworbenen Plastizität wird das Gehirn ein *social brain,* das dem Menschen soziales und kulturelles Lernen ermöglicht – „[H] uman brains are highly responsive to cultural inputs" (Seligman et al. 2016, S. 4). Es wurde in mehreren experimentellen Studien gezeigt, dass „culturally typical patterns of brain activity are sometimes quite malleable" (Han et al. 2013, S. 351). Deshalb wird mit Recht von der kritischen *cultural neuroscience* erwartet, gegen den biologischen Determinismus zu argumentieren, zumal zugegeben wird, dass Neurowissenschaften ein „great potential to influence scientific and popular thought" haben (Seligman et al. 2016, S. 4). Auf gewisse Befürchtungen, dass die *cultural neuroscience* aufgrund der festgestellten kulturellen und neurokognitiven Unterschiede zur Stärkung von Stereo-typien und Vorurteilen beitragen könnte (Mateo et al. 2013), wird erwidert: „Knowing about cultural differences in neurocognitive processes may discourage people from believing biologically essentialist accounts of race and thus may facilitate cross-cultural communication. In this sense, CN studies should help to reduce rather than facilitate the reproduction of stereotypes and racism" (Han et al. 2013, S. 352). Darüber hinaus wird in der auch für eine Rekonzeptualisierung von Kultur argumentiert: „[C]ulture is ingrained by the neuronal structures and organization of the brain's neural activity via the latter's constitutive context dependence. Hence rather than being completely and exclusively social, culture must then be considered to be sociobiological" (ebd. S. 353).

Ein besonderes Interesse gilt der Erforschung der Wechselwirkung Kultur-Biologie in der ontogenetischen Entwicklung – z. B. wie das Verhalten der Mütter unter spezi-fischen kulturellen Bedingungen mit dem Verhalten von Säuglingen und Kleinkindern korrespondiert. Aufgrund von Beobachtungsstudien in verschiedenen Kulturen konnte Keller (2017) zeigen, dass sozio-kulturelle Prozesse wesentlich bei der Herausbildung von Verhaltenstendenzen bei Müttern und Säuglingen sind. Es wurde z. B. festgestellt, dass in Agrargesellschaften Kinder früher motorische Autonomie, in westlichen Gesell-schaften aber Kinder früher kognitive Autonomie erreichen. Folglich plädiert Keller aus wissenschaftlichen und moralischen Gründen für eine Anerkennung verschiedener sozio-kulturell bedingter Entwicklungswege.

Über die üblichen Korrelationsstudien hinaus gibt es auch Untersuchungen, in denen der Einfluss der *cultural primes* (kulturell spezifische Stimuli und Werte, z. B. Bilder, Konstrukte des Selbst) auf neurale Prozesse erforscht wird, woraus dann auch kausale Beziehungen zwischen Kultur und den neurokognitiven Prozessen geschlossen werden (Han et al. 2013).

Im Mittelpunkt des Forschungsinteresses stehen doch Unterschiede zwischen Menschen und Kulturen und nicht wie die jeweiligen unterschiedlichen Kultur-werte, Deutungsmuster und Praxen als sinnstiftende Phänomene entstehen. Allerdings wird innerhalb der *critical cultural neuroscience* stärker für einen ganzheitlichen dynamischen Begriff der Kultur, die sich als ein ständiger Konstruktionsprozess abspielt, plädiert, im Unterschied zu Auffassungen, die Kultur auf eine Summe von Stimuli zurückführen. „[C]ultural neuroscience can deepen our understanding of human diversity and our nature as cultural beings and contribute to a dynamic view of health and well-being as rooted in the ways that individuals make creative use of the resources and constraints of culture, context, and community" (Seligman et al. 2016, S. 17).

Diese Behauptungen verweisen auf mögliche zukünftige Untersuchungen der *cultural neuroscience,* die näher dem Geist der Kulturpsychologie stehen als die gängigen ver-gleichenden Korrelationsstudien.

4   Fazit

Die biologisch-evolutionären Ansätze haben ihr ursprüngliches Gebiet verlassen und versuchten, sowohl die Psyche des Menschen als auch Gesellschaft und Kultur neu zu begründen. Wilsons *sociobiology* der 1970er Jahre und die Evolutionspsychologie, die in den 1990er Jahren aufkam, sind paradigmatische Beispiele. Die Evolutionspsychologie widersetzt sich allen sozio-historischen Ansätzen, die sie als unwissenschaftlich und ideologisch kritisiert. Sie selbst sieht sich in der Rolle des Akteurs einer wissenschaft-lichen Revolution in den Sozialwissenschaften.

Wenn man aber die Annahmen der Evolutionspsychologie analysiert, so stellt sich heraus, dass sie Unzulänglichkeiten aufweist, da sie selbst die Evolutionstheorie sehr einseitig interpretiert. Sie betrachtet die Adaptation als den einzigen Evolutions-mechanismus und ignoriert andere (z. B. Exaptation, Gould und Vrba 1982), um dann die Adaptation zum universellen Mechanismus der psychischen und sozio-kulturellen Entwicklung zu erklären.

Die Psychologie des Menschen wird in der Evolutionspsychologie biologisch begründet, d. h. aufgefasst als entstanden durch natürliche Selektion, die höchst spezialisierte psychische Mechanismen als beste Adaptationen erblich fixiert und genetisch an die nächste Generation weitergibt. Es wird behauptet, dass die Architektur der Psyche schon in der Zeit des Pleistozän herausgebildet wurde und danach grund-sätzlich unverändert als – „*stone age mind*" blieb, auch dann, wenn es phänotypische Änderungen gibt und trotz der veränderten Umgebung. Da Umweltveränderungen nicht verleugnet werden, werden diese Änderungen als evolutionsmäßig nicht relevant erklärt, weil die Post-Pleistozän-Zeit nach Evolutionsmaßstäben relativ kurz ist, um entsprechende Antworten des Organismus auf die veränderte Umwelt hervorzubringen, die dann durch natürliche Selektion genetisch fixiert werden könnten. So bleibt die Psyche unverändert, weil sie ausschließlich der biologischen Evolution unterliegt. Auf diese Weise bleiben einerseits Psyche und andererseits Gesellschaft und Kultur völlig getrennt, trotz des Anspruchs der Evolutionspsychologie ein integratives Model entwickelt zu haben. Insofern ist es gerechtfertigt zu sagen, dass die Evolutionspsychologie mit ihren einseitigen Erklärungsmustern nicht imstande ist, einen essentiellen Beitrag zur Kulturpsychologie zu leisten.

Innerhalb des Biologie-Kultur-Wechselwirkungsansatzes gibt es unterschiedliche Orientierungen. Auch wenn Forschungen über Zusammenhänge zwischen den kulturellen Kontexten und den Unterschieden in Gehirnfunktionen und psychischen Prozessen überwiegend dem Modell der kulturvergleichenden Psychologie (*cross-cultural psychology*) folgen, gibt es in der *cultural neuroscience,* wegen des Risikos der Essentialisierung schon Zeichen eines kritischeren reflektierteren Umgangs mit Kultur (Seligman et al. 2016). Dementsprechend wird auch für eine ihr angemessene Methodologie plädiert, da das Laborexperiment (mit bildgebenden Verfahren) oder Vergleiche zwischen einzelnen Eigenschaften der Kultur dem komplexen Gegenstand der vielschichtigen Interaktion des sozial und kulturell verankerten Individuums und seiner symbolisch geprägten Umgebung nicht gerecht werden.

Die biologischen Ansätze können mit ihren begrifflichen Mitteln und Erklärungsmustern zu den Grundfragen der Kulturpsychologie keine wesentlichen Beiträge leisten. Wenn Kultur und Gesellschaft keine konstitutive Wirkung auf Psyche haben und diese für solche Wirkungen verschlossen bleibt, die nicht nach der physischen Kausalität, sondern teleologisch, symbolisch und hermeneutisch funktionieren, gibt es auch keine Kulturpsychologie.

Literatur

Barkow, J. (1992). Beneath new culture is old psychology: Gossip and social stratification. In J. Barkow, L. Cosmides & J. Tooby (Hrsg.), *The adapted mind. Evolutionary psychology and the generation of culture* (S. 627–638). New York & Oxford: Oxford University Press.

Barkow, J., Cosmides, L. & Tooby, J. (Hrsg.) (1992). *The adapted mind. Evolutionary psychology and the generation of culture.* New York & Oxford: Oxford University Press.

Buss, D. (1999/2008). *Evolutionary psychology: The new science of the mind.* Boston, MA: Pearson.

Causadias, J. M., Telzer, E. H., & Gonzales, N. A. (2018). Introduction. In J. M. Causadias (Hrsg.), *The Handbook of culture and biology* (S. 3–19). Hoboken, NJ: Wiley.

Chiao, J., & Ambady, N. (2007). Cultural neuroscience. Parsing universality and diversity across levels of analysis. In S. Kitayama & D. Cohen (Hrsg.), *Handbook of cultural psychology* (S. 237–254). New York & London: Guilford.

Chiao, J.Y., Li, S.-C., Seligman, R., & Turner, R. (Hrsg.). (2016). *The Oxford handbook of cultural neuroscience*. New York, NY: Oxford University Press.

Cosmides, L., & Tooby, J. (1992). The psychological foundations of culture. In J. Barkow, L. Cosmides, & J. Tooby (Hrsg.). *The adapted mind. Evolutionary psychology and the generation of culture* (S. 19–138). New York & Oxford: Oxford University Press.

Cosmides, L., & Tooby, J. (1997). *Evolutionary psychology: a primer*. https://www.cep.ucsb.edu/primer.html

Darwin, C. (1859/2008). *On the origin of species* (hrsg. v. G. Beer). New York, NY: Oxford University Press.

Geertz, C. (1973). *The interpretation of culture. Selected essays*. New York, NY: Basic Books.

Gould, S. J., & Vrba, E. S. (1982). Exaptation – a missing term in the science of form. *Paleobiology 8*(1), 4–15.

Gould, S. J., & Lewontin, R. C. (1979). The spandrels of Saint Marco and the Panglossian paradigm: a critique of the adaptationist programme. *Proceedings of the Royal Society Lond. B, 205*, 581–598, https://doi.org/10.1098/rspb.1979.0086

Han, S., Northoff, G., Vogeley, K., Wexler, B.E., Kitayama, S., & Varnum, M. E. W. (2013). A cultural neuroscience approach to the biosocial nature of the human brain. *Annual Review of Psychology, 64*, 335–59.

Jovanović, G. (2019). The repression of cultural psychology in the history of psychology. In G. Jovanović, L. Allolio-Näcke, & C. Ratner (Hrsg.), *The challenges of cultural psychology. Historical legacies and future responsibilities* (S. 169–185). New York, NY: Routledge .

Keller, H. (2017). Culture and development: A systematic approach. *Perspectives on Psychological Science, 12*(5), 833–840.

Lewontin, R. C. (1991). *Biology as ideology. The doctrine of DNA*. Toronto, Ontario: House of Anansi Press Limited.

Mateo, M. M, Cabanis, M., Stenmanns, J., & Krach, S. (2013). Essentializing the binary self: individualism and collectivism in cultural neuroscience. *Frontiers in Human Neuroscience, 7*, 1–4. https://doi.org/10.3389/fnhum.2013.00289

Seligman, R., Choudhury, S., & Kirmayer, L. J. (2016). Locating culture in the brain and in the world: From social categories to the ecology of mind. In J. Y. Chiao, S.-C. Li, R. Seligman & R. Turner (Hrsg.), *The Oxford handbook of cultural neuroscience* (S. 3–20). New York, NY: Oxford University Press.

Werbik, H., & Benetka, G. (2016). *Kritik der Neuropsychologie. Eine Streitschrift*. Giessen: Psychosozial.

Wilson, E. O. (1975). *Sociobiology: The new synthesis*. Cambridge, MA: Harvard University Press.

Interpretative Kulturpsychologie: eine textwissenschaftliche Perspektive

Jürgen Straub

Zusammenfassung

Die textwissenschaftliche Kulturpsychologie gehört zu den interpretativen, hermeneutischen Disziplinen. Sie ist mit der Auslegung von Sinngebilden beschäftigt und rekonstruiert die Bedeutungen, die Menschen mit bestimmten Dingen und Ereignissen, mit Handlungen sowie allerlei weiteren Phänomenen in der materiellen, sozialen, kulturellen und psychischen Welt verbinden. Zu diesem Zweck analysiert sie symbolische Artikulationen ihrer Lebens- und Handlungspraxis. Texte gehören zum bevorzugten Datenmaterial der in diesem Beitrag skizzierten kulturpsychologischen Perspektive. Sie stehen stellvertretend für eine wissenschaftlich nicht unmittelbar zugängliche psychosoziale Wirklichkeit (Repräsentationsfunktion). Von besonderer Bedeutung sind dabei bestimmte Sprachformen und Textsorten, etwa Erzählungen und Metaphern. Im Beitrag wird die textwissenschaftliche Perspektive theoretisch und methodologisch begründet sowie an einem Forschungsbeispiel veranschaulicht.

Schlüsselwörter

Hermeneutik · Sprach- und Symboltheorie · Textwissenschaft · Verstehen

J. Straub (✉)
Ruhr-Universität Bochum, Bochum, Deutschland
E-Mail: juergen.straub@rub.de

© Der/die Autor(en), exklusiv lizenziert an Springer Fachmedien Wiesbaden GmbH, ein Teil von Springer Nature 2022
U. Wolfradt et al. (Hrsg.), *Kulturpsychologie*,
https://doi.org/10.1007/978-3-658-37918-6_14

143

1 Gegenstandsbereich und Definition: Psyche und soziokulturelle Praxis in Texten

Eine textwissenschaftliche Perspektive ist für viele Spielarten der Kulturpsychologie bedeutsam. Sie darf als ‚klassisch' gelten, ist die Hermeneutik als eine elaborierte Kunstlehre und Methodik des Verstehens bekanntlich durch die Auslegung von Texten entstanden, zuerst in der Theologie und Rechtslehre. In der Philosophie sowie den Subjekt-, Sozial- und Kulturwissenschaften wurde der Text bereits im 19., vor allem aber im 20. Jahrhundert zum Paradigma und wichtigsten Bezugspunkt gegenstandstheoretischer und methodologischer Reflexionen. Von größter Wichtigkeit war und ist dabei der Gedanke, dass sich eine wissenschaftliche, *methodisch geregelte* und deswegen *intersubjektiv nachvollziehbare* Analyse psychosozialer oder soziokultureller Wirklichkeiten ausschließlich auf der Grundlage objektivierter Protokolle oder Dokumente unserer Praxis durchführen lässt. Das ephemere Erleben von Personen ist den Wissenschaften niemals direkt zugänglich. Es ist ebenso flüchtig wie subjektiv. Es spielt sich im Inneren des Subjekts ab, auch wenn gerade die Kulturpsychologie betont, dass dieses ‚Innen' stets durch ein ‚Außen' – durch praktische Interaktions- und symbolische Formen – vermittelt ist und mit diesen verwoben bleibt (Boesch 2021, wo sich zahlreiche Beispiele für solche Innen-Außen-Verhältnisse finden; dazu Straub 2020).

Erlebnisse – Gefühle, Gedanken, Intentionen, aber auch Handlungen – müssen, um wissenschaftlich untersucht werden zu können, die Gestalt von symbolisch geformten, artikulierten Erfahrungen und Erwartungen annehmen. Sie müssen in präsentativen (leiblichen, bildlichen) oder diskursiven (sprachlichen) Medien zum Ausdruck gelangen (zu dieser Unterscheidung Langer 1965). Erst dann kommen sie als Forschungsgegenstand in Betracht und können genauer analysiert werden. Die Sprache ist zwar nicht das einzige, wohl aber das wichtigste Mittel dieser *Artikulation* (Jung 2009). Jedenfalls ist die Sprache – zumal in Schriftkulturen – das bis heute bevorzugte Medium, in dem das Leben, Erleben und Handeln von Menschen einen nachvollziehbaren, intelligiblen Ausdruck findet. Texte sind sprachliche Protokolle oder Dokumente einer selbst schon symbolisch verfassten bzw. vermittelten Praxis, in der Personen zu sich und ihrer Welt Stellung nehmen (präventiv, produktiv und responsiv, in der einen oder anderen Weise antwortend und gestaltend; dazu Straub 1999, S. 13 ff.; Waldenfels 1999). Durch alles, was Personen widerfährt, sowie durch alle ihre Handlungen, mit denen sie darauf reagieren oder proaktiv ihr Dasein einrichten, sich selbst und ihre Welt gestalten, bilden sie ein *praktisches,* in hohem Maße in *implizitem* Wissen verankertes Selbst- und Welt*verhältnis* aus. Lediglich teilweise lässt sich dieses Verhältnis als *bewusstes,* in *explizitem* Wissen gründendes Selbst- und Welt*verständnis* auffassen und erkunden. Mit solchen – immer auch geschichtlich und gesellschaftlich, kulturell und sozial vermittelten – Selbst- und Weltbeziehungen von Personen (Individuen und Kollektiven) befasst sich die Kulturpsychologie. In der in diesem Beitrag behandelten Perspektive nähert sie sich ihrem Gegenstand in Gestalt von sprachlichen, textuellen Repräsentationen (Schütze 2016a, S. 25 f.).

Die hermeneutische, interpretative Kulturpsychologie ist vornehmlich eine Text-wissenschaft. Zu den sie interessierenden psychosozialen Phänomenen findet sie vor allem durch Texte Zugang. Diese mögen in der Alltags- oder Lebenswelt vorgefunden oder im Prozess der methodischen Datenerhebung eigens hergestellt worden sein. In dieser oder jener Form bilden sie einen erheblichen Teil des empirischen Funda-ments systematischer Erfahrungs- und Erkenntnisbildung in der Kulturpsychologie. Kulturpsychologische Forschung, gleich welcher Spielart, basiert auf der an rationalen Prinzipien und zweckdienlichen Regeln orientierten Sammlung, Anfertigung und Ana-lyse von Texten. Ohne diese Basis ist kulturpsychologische Empirie nicht vorstellbar.

Welche ‚Texte‘ kommen in Betracht? Zu den bevorzugten empirischen Materialien gehören Verschriftlichungen mündlicher Gespräche, also etwa die auf Basis elektro-akustischer Aufzeichnungen und nach bestimmten Transkriptionsregeln angefertigten Abschriften von Interviews oder Gruppendiskussionen. Aber auch andere Protokolle einer sozialen Praxis können als Daten herangezogen werden. Dazu gehören Druck-erzeugnisse jeder Art (Zeitungen, Zeitschriften, Bücher etc.), handschriftliche oder maschinelle Aufzeichnungen intimer Kommunikation (wie etwa Tagebücher, Protokolle aus Psychotherapiesitzungen, Beratungs-, Ehe- oder familiären Tischgesprächen), Dokumente aus Archiven bzw. von Institutionen (Behörden, Unternehmen, Bildungs-einrichtungen, Vereinen etc.), Abschriften von öffentlichen Debatten (etwa in Rund-funk- oder Fernsehsendungen), aber auch Texte oder Textfragmente aus digitalen Medien (z. B. Websites, insb. auch aus den ‚neuen‘ sozialen Medien in Gestalt von Weblogs, Chats etc.).

2   Grundlagen: Historische und theoretische Einordnung

Sobald über die Unabdingbarkeit und Vielfältigkeit der textuellen Grundlagen empirischer Forschung in der Kulturpsychologie Einigkeit besteht, ist eine Ein-schränkung angebracht. Texte sind zwar unverzichtbare Protokolle der uns interessierenden Praxis und der mit ihr verwobenen seelischen Phänomene, aber nicht die einzig und allein wichtigen. Demgemäß können wir heute neben die text-wissenschaftliche eine *bild*wissenschaftliche Perspektive stellen, die für die Kultur-psychologie nicht minder relevant ist – gerade für die zeitgenössische, in einer Welt ungeheurer Bilderproduktion, -distribution und -rezeption angesiedelte kulturpsycho-logische Forschung. Die Kulturpsychologie muss heute als Text- *und* als Bildwissen-schaft konzipiert werden (Straub et al. 2021; Plontke et al. 2022, wo theoretische und methodische Grundlagen einer ikonologischen Psychologie skizziert werden). Diese Position wendet sich gegen die traditionelle Sprach- und Textlastigkeit sowie gegen die Vorstellung, die Welt sei – zumindest in den Wissenschaften – *nichts anderes* als ein Text (Garz und Kraimer 1994). Ein derartig weiter Textbegriff wird der Spezifik unseres ikonischen Zugangs zur Welt, zu den anderen und uns selbst nicht gerecht. Er totalisiert

und verabsolutiert eine zweifellos wichtige Perspektive, zumal dann, wenn sie zum
Dogma erklärt wird:

> Die Wirklichkeit zeigt sich demnach für den Wissenschaftler immer nur in substantiierter
> Form, als Text bzw. technisch formuliert – als Protokoll. Jenseits von Texten hat die Wissen-
> schaft ihr Recht verloren, da wissenschaftliche Aussagen erst dann formuliert werden
> können, wenn und insoweit Ereignisse einen Niederschlag gefunden bzw. eine Spur hinter-
> lassen und diese wiederum eine Interpretation (im Sinne der objektiven Hermeneutik oder
> verwandter Vorstellungen) erfahren haben (ebd., S. 8)

Protokolle, Niederschläge und Spuren psychosozialer Praxis sind indes nicht immer
textförmig. Wir denken, fühlen und kommunizieren auch in und mit Bildern. Diese Einsicht ergänzt die textwissenschaftliche Perspektive noch nicht hinreichend. Man denke
nur daran, dass wir unentwegt von Geräuschen, Tönen und Klängen umgeben sind und
zumal die menschengemachte Musik ein weiteres, wiederum äußerst wichtiges Medium
der Artikulation und Kommunikation darstellt. Auch hier wird anderes fabriziert und
rezipiert als es bei Texten der Fall ist. Dies festgestellt, lässt sich die textwissenschaftliche Perspektive nun präzisieren und erläutern.

Diese Perspektive wurde in den hier interessierenden Wissenschaften auf eine neue
Grundlage gestellt und in innovativer Weise entfaltet, als es immer kleiner werdende,
transportable technische Apparate ermöglichten, mündliche Kommunikation –
einschließlich von Selbstthematisierungen z. B. in psychotherapeutischen Settings
oder in narrativen Interviews – audioakustisch aufzuzeichnen und anschließend zu
transkribieren. Das führte zu einer wahren Explosion der höchst vielfältigen Produktion
von Texten (Analoges gilt für die oben erwähnte, ebenfalls technikabhängige bildwissenschaftliche Perspektive.). Zugleich wurden bestimmte professionelle Kommunikationsformen – sozialwissenschaftliche Interviews aller Art z. B. – in vielen Gesellschaften zu
einer etablierten soziokulturellen Praxis. Ein großer Teil der empirischen Daten kulturpsychologischer Forschung besteht längst aus Transkripten der besagten Art. Wichtig ist
dabei, dass es zumal einer handlungs-, interaktions- oder praxistheoretisch begründeten
(‚praxeologischen‘) kulturpsychologischen Forschung nicht um Texte *als Texte* geht,
bspw. in ihrer formal-ästhetischen Qualität. Vielmehr interessiert sich die Kulturpsychologie für diese Protokolle oder Dokumente einer psychosozialen, soziokulturellen
Praxis, weil sie eben *diese Praxis* und die *zu ihr gehörenden psychischen Phänomene*
repräsentieren.

Der epistemologische Begriff der ‚Repräsentation‘ meint hier kein reproduktives
Abbild der interessierenden Wirklichkeiten, sondern eine Art der *Stellvertretung* in
einem speziellen symbolischen Medium (Sprache, Diskurs). In Texten gelangt zum
Ausdruck und wird auf spezifische Weise kommuniziert, was Menschen erleben und
fühlen, denken und intendieren, wünschen und wollen, was ihnen widerfährt, was sie
tun oder lassen und handelnd vollbringen oder bewirken. Die *Handlung* ist der paradigmatische Gegenstand des wissenschaftlichen Interesses. An Handlungen lässt sich
wohl am besten zeigen, dass und wie die Kulturpsychologie eine detaillierte Vorstellung

ihres Gegenstandes schaffen kann. (Manche) Handlungstheorien sind längst sehr komplex. Sie sind *in sich* – in Gestalt von Typologien – stark ausdifferenziert (das gilt bereits für Max Webers berühmte Typologie, sodann für zahlreiche Nachfolger wie etwa die Ansätze von Jürgen Habermas, Hans Joas oder Straub; dazu und zum Folgenden: Straub 1999, S. 56–162, 2021). Sie gestatten es, die interpretative Analyse des *textuell repräsentierten* Handelns an theoretischen Handlungsbegriffen und korrespondierenden Modellen der verstehenden Handlungserklärung auszurichten. Festzuhalten sei, dass der kulturpsychologische Blick auf eine durch Texte vermittelte Praxis neben Handlungen selbstverständlich auch deren begriffliches Gegenstück fokussiert: Ebenso sehr wie für das, was Menschen aktiv unternehmen, vollbringen und bewirken, interessiert sich die Kulturpsychologie für alles, was Menschen ohne eigenes Dazutun widerfährt. Handlungen und *Widerfahrnisse* sind die Grundbausteine einer Praxis, in der Menschen fortlaufend Erwartungen hegen und Erfahrungen machen. Darüber können sie schreiben oder sprechen und just solche mündlichen Äußerungen regt die kulturpsychologische Forschung mit geeigneten methodischen Verfahren an, zeichnet sie auf und wertet sie aus. Solche Textanalysen zielen auf die methodisch kontrollierte Rekonstruktion der aktiven und passiven bzw. pathischen Momente der Lebenspraxis bestimmter Individuen und Gruppen (Straub 1999, S. 41 ff.). In einer handlungstheoretisch ausgerichteten Kulturpsychologie (Boesch 1991; Bruner 1990; Straub 1999, 2021) geschieht dies unter anderem im methodologischen Rahmen einer „relationalen Hermeneutik" (Straub 2022; siehe Kap. Relationale Hermeneutik: Theoretisch-methodologische Systematisierungen interpretativer Forschung).

3 Theoretisch-methodische Differenzierungen sowie ein Forschungsbeispiel

Eine textwissenschaftliche Kulturpsychologie muss imstande sein, verschiedene Weisen des Sprechens bzw. differente Sprachformen zu unterscheiden und solche sprachtheoretischen, linguistischen Differenzierungen für ihre Textanalysen fruchtbar zu machen. Wir analysieren nicht einfach nur ‚Texte', sondern jeweils *besondere* sprachliche Ausdrucksgestalten. Zu den am besten untersuchten gehören Metaphern und Erzählungen. Deswegen sind Metaphern- und Erzähltheorien sowie theoretisch angeleitete Analysen solcher Sprachformen für die textwissenschaftliche Kulturpsychologie überaus wichtig (Schmitt et al. 2018; siehe Kap. Metaphernanalyse; Straub 2019a; siehe Kap. Narrationsanalyse). Auch hier gilt wieder: diese Fokussierungen spezieller Sprachformen können beliebig ergänzt werden, etwa durch *Argumentations*analysen oder die Untersuchung *beschreibender* Darstellungen (z. B. von seelischen Zuständen, Gefühlen, Stimmungen etc.). In – zumal autobiographischen – Erzählungen trifft man in der Regel auf alle diese Formen. Ausführliche narrative Selbstthematisierungen oder ‚Ego-Dokumente' sind außerordentlich komplex. Sie enthalten und integrieren metaphorische Sprechweisen sowie andere Varianten figurativer Rede, Beschreibungen,

Argumente und vieles mehr (sodass sich diese auch nicht vom eigentlichen Narrativ bzw. den erzählerischen Passagen eines Textes trennen und völlig separat analysieren lassen; dazu Schütze (2016b, S. 66), der in diesem Punkt seine ehemalige Position korrigiert). Erzählanalysen verlangen die Verwendung nicht allein von Interpretationsmethoden, die auf Narrationen bzw. narrative Passagen zugeschnitten sind, sondern weitere methodische Verfahren wie die Metaphern- oder Argumentationsanalyse (die dann *im Rahmen* der Erzählanalyse und *auf sie bezogen* zur Anwendung kommen).

Zum Zweck der exemplarischen Veranschaulichung einer textwissenschaftlichen Perspektive wird nun auf eine lebensgeschichtliche Erzählung Bezug genommen, in der von der erzwungenen Migration eines polnischen Mädchens und ihrem Ankommen in der Fremde die Rede ist. Es bleibt hier unberücksichtigt, was in Forschungsprojekten zweifellos thematisiert und reflektiert werden müsste, nämlich die kontingenten Entstehungsbedingungen und Verwendungskontexte des jeweils interessierenden Textes. Sein Thema und Inhalt lassen sich wie folgt skizzieren: Ewa, die später ‚amerikanisiert‘ und so zu Eva wird, wurde in den 1950er Jahren unter dem Druck des erneut erstarkten Antisemitismus in Polen von den Eltern an die Hand genommen und zur Auswanderung genötigt. Sie erlebte die Emigration nach Kanada und von dort aus in die Vereinigten Staaten von Amerika als eine gewaltsam oktroyierte „Verschleppung" (Hoffman 1995, S. 9 f.). Sie wollte ihre angestammte, vertraute Heimat, das Paradies, in dem sie Pianistin werden wollte, nicht verlassen. Sie wollte nicht vertrieben werden und alles hinter sich lassen müssen, was ihr lieb und teuer war – und längst ein integraler Bestandteil ihres leiblichen, dialogischen und relationalen Selbst, ihrer in Entwicklung befindlichen personalen Identität geworden war. Die zurückgelassenen Menschen, geliebte Angehörige, vertraute Freund:innen und Spielkamerad:innen zumal, die Landschaften, die offenen Plätze und verwinkelten Gassen Krakaus, das Licht und die Farben, die bekannten Speisen, Gerüche und Geschmäcker, die Gewohnheiten der Leute und natürlich: die Sprache, dieser so überaus wichtige Bereich einer jeden Kultur und kulturellen Lebensform, all das sollte sich in eine heftige, anfangs schockartige Trauer und eine nie ganz verschwindende Melancholie einnisten. Das unwiederbringlich Verlorene sollte unstillbare Sehnsüchte wecken, die die verlassene Heimat und alles Vergangene bekanntlich auch nostalgisch verklären. Davon erzählt Hoffman in dramatischen Episoden und Entwicklungen sowie eindrucksvollen Bildern, die der Leserschaft die sich wandelnde Verfassung des einstigen Mädchens spürbar nahebringen.

Der mitgereisten, ebenfalls auf das Schiff nach Übersee gezerrten Schwester erging es ähnlich, und so wurden die beiden zu Verbündeten und Verschworenen im gemeinsamen Schicksal. Sie teilten fortan ihre vielfach schmerzlichen, leidvollen Verlusterlebnisse, ihre lang anhaltenden, existenziellen Stimmungen des Verlassen- und Verlorenseins. Sie lernten eine plagende Einsamkeit und irritierende Fremdheit kennen, die sich nur sehr allmählich und mühsam überwinden ließ – ohne dass dieses nagende Gefühl des eigenen Sonderstatus, ja der eigenartigen Unzugehörigkeit, jemals völlig verschwunden wäre. Die autobiographische Erzählerin entfaltet ein ganzes Panorama an negativen Gefühlen und peinigenden Zumutungen: Stigmatisierung und Diskriminierung, Marginalisierung und Exklusion, allerlei Erfahrungen der Ab- und Entwertung, die sich noch im herablassenden Mitleid der anderen und ihren billigen Geschenken zeigte, die oftmals keine waren – weil eben selbst von den wohlmeinenden Nordamerikaner:innen nur Überflüssiges abgegeben wurde, Dinge, die man selbst nicht mehr brauchte und die bald auf den Müllhalden einer schon seinerzeit überbordenden Konsum- und Überflussgesellschaft gelandet wären. Dagegen begehrt Eva auf. Sie quittiert dergleichen Geschenke verletzt, aber auch mit zurückweisender Verachtung.

Lost in Translation nannte Hoffman ihre autobiographische Erzählung und dieser Titel beschreibt in der Tat das nicht weichende Gefühl, irgendwie anders zu sein und trotz aller Anpassungsleistungen, gelungener Assimilation und Integration, trotz erstaunlicher Lernfortschritte der Heranwachsenden schon in den ersten Monaten und der schließlich durchgemachten Selbsttransformationen ewig fremd bleiben zu müssen, zumindest ein Stück weit. Das begreift die ungemein scharf beobachtende, nachdenkliche und offenkundig überaus sprachbegabte Erzählerin als einen zeitlebens zu entrichtenden Tribut einer oktroyierten Vertreibung und Auswanderung. Auch die außerordentlich erfolgreiche Journalistin und Schriftstellerin, die sich in ihrer Stadt und ihrem akademischen Milieu in New York schließlich bewegt wie ein Fisch im Wasser und Anerkennung im Übermaß genießt, kommt davon nicht los. Irgendeine Differenz zwischen ihr und den anderen, zwischen der eigenen, unweigerlich von der Vergangenheit und den sehnsuchtsvollen Erinnerungen an sie geprägten Wirklichkeit sowie der neuen Welt blieb und bleibt bestehen – selbst dann, als Eva die einstige Fremdsprache bereits beherrscht wie ihre Muttersprache und sich der seltsame Klang unvertrauter Wörter, eigenartiger Redewendungen und das Befremdliche bestimmter Verhaltensweisen der Amerikaner:innen fast vollständig verloren hatte.

Irgendeine Differenz verharrt, eine Spur von Verunsicherung und Unsicherheit, von Unzugehörigkeit und vielleicht auch von Nicht-ganz-dazugehören-wollen. Eva war und blieb anders, eigen und individuell, etwas Besonderes, wie sehr sie auch im allgemeinen Strom der Leute und ihres konventionellen, konformistischen Lebens aufging und – ziemlich glücklich wurde, zufrieden jedenfalls (wie all die anderen, erfolgreichen und auch deswegen ein wenig vereinzelten, unverheirateten oder geschiedenen, neurotischen Frauen eines bei aller Diversität doch halbwegs gleichgesinnten New Yorker Milieus). Bei allem konnte sie irgendwann mitreden und mitmachen und fühlte sich dennoch nicht ganz zugehörig. Sogar ihren unbändigen Ehrgeiz und außerordentlichen beruflichen Erfolg führt sie auf eine Art ‚Migrantenwut‘ zurück, die andere nicht kennen – und kennenlernen können, bei aller Perspektivenübernahme und Empathie. Das Leben prägt den Menschen. Selbst frühkindliche Erfahrungen verblassen nicht völlig, sondern werden zu einer nicht ganz vergehen wollenden Vergangenheit, die fortlebt und fortwirkt, wenngleich sie sich beständig verwandelt.

Die lebensgeschichtliche Vergangenheit lässt sich nicht abschütteln. Sie bleibt in der Gegenwart erhalten und nistet sich in sie ein – oft unmerklich, unbewusst, mitunter auch so, dass die betreffende Person zu wissen glaubt, warum sie ist, wer sie ist und so handelt und lebt, wie sie nun einmal handelt und lebt – als dereinst Fremde und noch heute ein wenig fremd Gebliebene: *lost in translation*. Das alles sagt nun also eine bestens etablierte Frau, die virtuos zu übersetzen lernte und sich gerade auch als Schriftstellerin und Erzählerin als Übersetzerin *per excellence* erweist. Hoffman vermittelt zwischen verschiedenen Sprachen und Kulturen. Ihr autobiographisches Buch leistet vieles. Eine kulturpsychologische Lektüre dieses Textes bringt es ans Licht. Unter anderem ist die seinerzeit viel gelesene und gepriesene Erzählung eine interkulturelle Narration, in der von permanenten Übergängen und sprach-pragmatischen Übersetzungen unterschiedlichster Art die Rede ist – und von damit verwobenen Erfahrungen und Erwartungen, Widerfahrnissen und Handlungen, Gedanken und Gefühlen, wie sie nur eine außergewöhnliche Beobachterin zu erfassen und beschreiben sowie in einen intelligiblen, narrativen Zusammenhang zu rücken vermag. In der hier vorgestellten textwissenschaftlichen Perspektive lässt sich das genau rekonstruieren und – im Zuge komparativer Analysen – zu typisier- und verallgemeinerbaren psychologischen Erkenntnissen ausarbeiten (Straub 2019b, c). Eine kulturpsychologische Migrations- und Fremdheitsforschung kommt ohne derartige Texte, wie sie Hoffman verfasst hat, kaum aus.

Eva Hoffman erzählt ihre Geschichte in einer Art und Weise, die eine kulturpsychologische Analyse dieser autobiographischen Narration höchst lohnenswert macht. Es gibt nicht viele Dokumente, in denen Migrationserfahrungen und ihre lebenslangen psychosozialen Folgen und Nebenfolgen so eindrücklich artikuliert werden, wie in diesem Buch. Manche der persönlichen, individuellen Einsichten, die wir in typisierbare Erfahrungen und allgemeine Erkenntnisse überführen können, verdanken sich, wie angedeutet, nicht zuletzt dem Gebrauch von Metaphern. Gerade auch die bildhafte Sprache Hoffmans artikuliert viele Erlebnisse so authentisch und genau, wie es ohne figurative Mittel kaum vorstellbar wäre. Das beginnt sogleich mit der oben erwähnten ‚Verschleppung' des Mädchens. Natürlich ist das kleine Mädchen von niemandem ‚verschleppt' worden. Vielmehr haben es fürsorgliche, liebende Eltern an die Hand genommen und vor dem erneut aufflammenden Antisemitismus im Polen der 1950er Jahre in Schutz gebracht. Jedoch bringt der Gebrauch dieser Metapher ein intensives Erleben zum Ausdruck, welches sich ohne das geweckte Bild einer gewaltvollen ‚Verschleppung', gegen die das entsetzte, sich widersetzende Mädchen völlig macht- und wehrlos war, nicht annähernd so präzise und angemessen bezeichnen und verstehen ließe.

Das mag als Beispiel genügen. Erzählungen und die in ihnen platzierten Metaphern können unser Verständnis eines im Text repräsentierten Lebens, Erlebens und Handelns außerordentlich befördern. Das gilt nicht zuletzt für unsere wissenschaftlichen Bemühungen. Metaphern- und erzählanalytische Untersuchungen in textwissenschaftlicher Perspektive bringen das ans Licht und machen empirisch fundierte, psychologische Erkenntnisse aus dem, was mehr oder weniger begabte Erzähler:innen kundtun. Festzuhalten sei noch: Erzählungen eröffnen Einsichten in die temporale Komplexität und Dynamik, in den Werdegang eines gelebten, anschließend erzählten Lebens. Sie rekonstruieren die Entwicklung der narrativen Identität einer Person (Straub 2019a, b, c). Leben heißt, sich zu verändern. Keine andere Sprach- oder Textform als eben die Erzählung gestattet es, kontingente Veränderungen als solche zu artikulieren, zu beschreiben und verstehend zu erklären (die narrative Erklärung ist eine besondere Form auch der wissenschaftlichen Erklärung und immer dort angebracht und sogar alternativlos, wo Veränderungen in der Zeit intelligibel gemacht und als solche durch einen *best account* erklärt werden sollen). Erzählungen bringen Zeiterfahrungen auf einzigartige Weise zur Sprache. Sie beschreiben und erklären, warum und wieso jemand unter bestimmten, kontingenten Umständen zu jener Person und Persönlichkeit geworden ist, die er oder sie zu einem bestimmten Zeitpunkt nun einmal ist (in all ihrer Uneindeutigkeit, Ambivalenz, Widersprüchlichkeit oder sogar Zerrissenheit). Wo es hilfreich erscheint, behelfen sich Erzählungen mit Metaphern. Auch sprachliche Bilder leisten Besonderes. Deswegen werden sie in der Perspektive einer textwissenschaftlichen Psychologie beachtet und natürlich ausführlicher und viel genauer interpretiert, als es im hier bemühten Beispiel der Fall ist.

4 Fazit: Worum geht es in Texten und kulturpsychologisch-interpretativen Textanalysen?

Das gegebene Exempel einer oktroyierten Migration und postmigrantischen Existenz dreht sich um Erlebnisse und Entwicklungen einer Person, die zurückblickt und sich in autobiographischen Narrationen selbst zu verstehen sucht. Textanalysen zielen indes nicht immer nur auf das Selbst- und Weltverhältnis sowie -verständnis eines Individuums (oder einer Gruppe). Anhand von Hoffmans Erzählung können wir nachvollziehen und analysieren, was uns die Autorin hat sagen und zeigen wollen, wenn sie von Widerfahrnissen und Handlungen, Gedanken und Intentionen, Gefühlen oder Stimmungen jedweder Art, von ihren Erfahrungen und Erwartungen, Ambitionen und Projekten spricht. Wir können ihren Werdegang verstehen, ihn mit anderen – ähnlichen und andersartigen – Schicksalen vergleichen. Das ist indes nicht alles, was in einer textwissenschaftlichen Psychologie untersucht werden kann.

In einer theoretisch elaborierten textwissenschaftlichen Perspektive kann einem Text mehr zugetraut werden als dieses Verstehen der *intentio auctoris* (Straub 1999, S. 236 ff.). Auch *Lost in translation* ist ein Buch, das mehr zu erkennen gibt, als uns seine Autorin bewusst und absichtlich *über sich und ihre Welt* hat sagen und zeigen wollte. Es geht hier nicht nur um die Bildung und Umbildung der narrativen Identität einer Person oder deren ‚translatorische' Bewältigung von Herausforderungen, die mit kultureller Differenz, interkultureller Kommunikation und plagender Fremdheit zu tun haben. Wie vergleichbare Werke – Kunstwerke zumal, aber nicht nur sie – vermittelt Hoffmans komplexe, dichte und bilderreiche lebensgeschichtliche Erzählung auch manches, was nichts oder wenig mit der Absicht oder der unverwechselbaren Person der autobiographischen Autorin zu tun hat – dem erzählten und erzählenden Ich –, viel jedoch mit dem Text selbst und der ihm inhärenten *intentio operis*. Demgemäß kann auch die textwissenschaftliche Kulturpsychologie in ihren interpretativen Analysen nach einem

solchen *Werk*sinn fahnden und nach im Text kommunizierten Wahrheiten suchen, die weit
über das individuelle Schicksal hinausweisen. Hinsichtlich des Werks *Lost in translation*
gehören dazu nicht nur tiefe Einsichten in psychosoziale Bedeutungen einer erzwungenen
Migration, in die schmerzliche Erfahrung kultureller Andersheit und einer mitunter
radikalen Fremdheit, sondern auch weitere anthropologische und psychologische Einsichten, denen wir den Status von existenziellen Wahrheiten oder allgemeinen Lebens-
weisheiten zusprechen mögen. All das kann unsere pragmatische Intelligenz oder
phronetische Vernunft schärfen. Erzählungen, gerade auch diejenigen von anderen
Menschen, können uns klug machen – besonders dann, wenn die bereichernden und
bildenden Erfahrungen so brillant artikuliert werden wie in Hoffmans Buch. Eine textwissenschaftliche Kulturpsychologie kann in solchen Fällen die Gelegenheit ergreifen,
derlei Narrative, die das Leben geschrieben zu haben scheint, nach allen Regeln der
Kunst auszulegen, sie auszubuchstabieren und, teilweise jedenfalls, auf den Begriff zu
bringen.

Ob und wie das gelingt, hängt nun weder allein an einer angemessenen
Rekonstruktion der *intentio auctoris,* noch ausschließlich an einer überzeugenden
Einsicht in die *intentio operis* sowie die damit verwobenen Wahrheiten und Weisheiten. Es liegt obendrein am interpretierenden Subjekt selbst, hängt also davon ab,
wie die Interpret:innen jeweils ihr *eigenes* Wissen ins Spiel bringen, um das textuell
repräsentierte Leben, Erleben und Handeln der anderen zu verstehen. Fremdverstehen
und Selbstverstehen sind keine völlig separaten Angelegten. Das Verständnis fremder
Wirklichkeiten ist vom interpretierenden Subjekt und den ihm verfügbaren Wissensbeständen, seinen kognitiven und emotionalen Fähigkeiten sowie kreativen Fertigkeiten abhängig. Die *intentio lectoris* – also all das, was Rezipient:innen eines Textes
an diesen herantragen, um ihn in seinen unerschöpflichen Bedeutungen auszulegen und
in seiner Polyvalenz zu erschließen – ist stets relevant, wo die interpretative Kulturpsychologie ihrem Geschäft nachgeht und Texte zum Gegenstand von ebenso intensiven
wie extensiven Lektüren, von *close readings* erklärt. Psychologie wird von Menschen
gemacht. Die Erkenntnisse einer textwissenschaftlichen Kulturpsychologie sind Ergebnisse des wissensbasierten Handelns eines Subjekts (oder einer Gruppe sich ver-
ständigender Interpret:innen). Wer Texte interpretiert, macht von allerlei, mehr oder
minder produktiven Vergleichshorizonten Gebrauch. Epistemisch fruchtbare, erhellende
Wissensbestände bzw. Vergleichshorizonte ins Spiel bringen: Das allerdings muss
man können. Darauf müssen sich einfallsreiche, schöpferische Interpret:innen verstehen. Ohne reichhaltiges Wissen – eigenes Alltagswissen und wissenschaftliches
Wissen – sehen sie wenig bis nichts. Ohne erfahrungsgesättigtes Vorstellungsver-
mögen und theoretische Imaginationskraft blieben ihre interpretativen Analysen blind,
die interessierenden Texte dürftig oder stumm. Ohne eigenes Wissen und Können ver-
stünden sie wenig bis nichts vom Dargebotenen, jedenfalls nicht so viel, wie es zumal
wissenschaftliche – unweigerlich standort- und perspektiven-, nicht zuletzt subjekt-
abhängige – Bemühungen zustande bringen sollten.

Literatur

Boesch, E. E. (1991). *Symbolic action theory and cultural psychology.* Berlin, Heidelberg, New York, NY: Springer.

Boesch, E. E. (2021). *Musik, Sprache und die Sehnsucht nach dem Paradies. Ausgewählte Schriften zur Handlungs- und Kulturpsychologie.* (Hrsg. und eingeleitet von J. Straub). Gießen: Psychosozial.

Bruner, J. S. (1990). *Acts of meaning.* Cambridge, MA, London: Harvard University Press.

Garz, D., & Kraimer, K. (1994). Die Welt als Text. Zum Projekt einer hermeneutisch-rekonstruktiven Sozialwissenschaft. In dies. (Hrsg.), *Die Welt als Text. Theorie, Kritik und Praxis der objektiven Hermeneutik* (S. 7–22). Frankfurt/Main: Suhrkamp.

Hoffman, E. (1995). *Lost in Translation. Ankommen in der Fremde.* Frankfurt/Main: Fischer (Original: 1989).

Jung, M. (2009). *Der bewusste Ausdruck. Anthropologie der Artikulation.* Berlin/New York: de Gruyter.

Langer, S. K. (1965). *Philosophie auf neuem Wege. Das Symbol im Denken, im Ritus und in der Kunst.* Frankfurt/Main: Fischer (Original: 1942).

Plontke, S., Przyborski, A., & Straub, J. (2022). Qualitative Methoden der Bildinterpretation, Bildgebrauchs- und -wirkungsanalyse. In J. Straub, *Verstehendes Erklären. Sprache, Bilder und Personen in der Methodologie einer relationalen Hermeneutik. Schriften zu einer handlungstheoretischen Kulturpsychologie* (S. 339–424). Gießen: Psychosozial.

Schmitt, R., Schröder, J., & Pfaller, L. (2018). *Systematische Metaphernanalyse. Eine Einführung.* Wiesbaden: Springer VS.

Schütze, F. (2016a). Eine sehr persönlich generalisierte Sicht auf qualitative Sozialforschung. In ders., *Sozialwissenschaftliche Prozessanalyse. Grundlagen der qualitativen Sozialforschung.* (Hrsg. von W Fiedler & H.-H. Krüger) (S. 21–54). Opladen, Berlin, Toronto: Budrich.

Schütze, F. (2016b). Nachtrag zu meinem Aufsatz von 1983 „Biographieforschung und narratives Interview". In ders., *Sozialwissenschaftliche Prozessanalyse. Grundlagen der qualitativen Sozialforschung.* (Hrsg. von W. Fiedler & H.-H. Krüger) (S. 66–73). Opladen, Berlin, Toronto: Budrich.

Straub, J. (1999). *Handlung, Interpretation, Kritik. Grundzüge einer textwissenschaftlichen Handlungs- und Kulturpsychologie.* Berlin, New York, NY: de Gruyter.

Straub, J. (2019a). *Das erzählte Selbst. Konturen einer interdisziplinären Theorie narrativer Identität. Bd. II: Begriffsanalysen und pragma-semantische Verortungen der Identität. Ausgewählte Schriften.* Gießen: Psychosozial.

Straub, J. (2019b). *Lost and Found in Translation*: Kulturelle Zumutungen und transitorische Identität in Eva Hoffmans autobiographisch-interkultureller Migrationserzählung. In ders., *Das erzählte Selbst. Konturen einer interdisziplinären Theorie narrativer Identität. Bd. I: Historische und aktuelle Sondierungen. Ausgewählte Schriften* (S. 143–192). Gießen: Psychosozial.

Straub, J. (2019c). Ein Selbstbildnis erzählen. Narrative Identität, Kontingenz und Migration. In ders., *Das erzählte Selbst. Konturen einer interdisziplinären Theorie narrativer Identität. Bd. I: Historische und aktuelle Sondierungen. Ausgewählte Schriften* (S. 193–226). Gießen: Psychosozial.

Straub, J. (2020). Polyvalente Erfahrung, interpretative Methodik, dynamisches Selbst. Grundzüge der Handlungs- und Kulturpsychologie von Ernst E. Boesch. In J. Straub, P. Chakkarath & S. Salzmann (Hrsg.), *Psychologie der Polyvalenz. Ernst Boeschs Kulturpsychologie in der Diskussion* (S. 41–120). Bochum: Westdeutscher Universitätsverlag.

Straub, J. (2021). *Psychologie als interpretative Wissenschaft. Menschenbild, Wissenschafts-*
verständnis, Programmatik. Schriften zu einer handlungstheoretischen Kulturpsychologie.
(2 Bde.). Gießen: Psychosozial.

Straub, J. (2022). *Verstehendes Erklären. Sprache, Bilder und Personen in der Methodologie*
einer relationalen Hermeneutik. Schriften zu einer handlungstheoretischen Kulturpsychologie.
Gießen: Psychosozial.

Straub, J., Przyborski, A., & Plontke, S. (2021). Bildtheorie. Eine sozialwissenschaftliche,
handlungs- und kulturpsychologische Perspektive im Kontext multi- und interdisziplinärer
Bildwissenschaften. In J. Straub (Hrsg.), *Psychologie als interpretative Wissenschaft.*
Menschenbild, Wissenschaftsverständnis, Programmatik. Schriften zu einer handlungs-
theoretischen Kulturpsychologie (2 Bde.) (S. 539–596). Gießen: Psychosozial.

Waldenfels, B. (1999). Symbolik, Kreativität und Responsivität. Grundzüge einer Phänomenologie
des Handelns. In J. Straub & H. Werbik (Hrsg.), *Handlungstheorie. Begriff und Erklärung des*
Handelns im interdisziplinären Diskurs (S. 243–260). Frankfurt/Main, New York: Campus.

Methodische Forschungsansätze der Kulturpsychologie

Relationale Hermeneutik: Theoretisch-methodologische Systematisierungen interpretativer Forschung

Jürgen Straub und Paul Sebastian Ruppel

Zusammenfassung

Die relationale Hermeneutik begreift jede Interpretation von Texten, Bildern und sonstigen Daten als Beziehungsgeschehen und die empirischen Befunde hermeneutischer Forschungen als relational strukturierte Tatsachen. Damit untergräbt sie die traditionelle Unterscheidung zwischen Erkenntnissubjekt und -objekt. Das epistemische Subjekt wird dabei als historisch, kulturell und sozial eingebettete, zugleich aber individuelle Person begriffen, deren kreative Tätigkeit in hohem Maße von der variablen Verfügbarkeit produktiver Vergleichshorizonte abhängt. Nach einer Skizze des Entstehungszusammenhangs der relationalen Hermeneutik sowie ihrer (meta-)theoretischen Annahmen und Perspektiven erfolgt eine elementare Bestimmung des Interpretationsbegriffs. Danach wird die zentrale Funktion vergleichenden Denkens sowie bestimmender und reflektierender Urteilskraft im Forschungsprozess dargelegt. Abschließend werden Verfahrensvorschläge für die Praxis interpretativer Analyse unterbreitet und eine Typologie vorgestellt, die vergleichendes Interpretieren hinsichtlich prinzipiell verfügbarer Vergleichshorizonte systematisiert.

J. Straub (✉) · P. S. Ruppel
Ruhr-Universität Bochum, Bochum, Deutschland
E-Mail: juergen.straub@rub.de

P. S. Ruppel
E-Mail: paul-sebastian.ruppel@rub.de

Schlüsselwörter

Interpretation · Relationalität · Rationalität · Kreativität · Komparative
Analyse · Vergleichshorizont · Kulturpsychologie

1   Einleitung

Die relationale Hermeneutik (RH) bietet einen theoretischen und methodologischen
Rahmen für die interpretative Analyse von Texten, Bildern und beliebigen anderen
Objektivationen menschlichen Handelns bzw. Protokollen soziokultureller Praktiken
und individueller Erlebnisse. Bei der RH handelt es sich daher weder um eine Methode
noch um ein mehr oder weniger festgelegtes Set an methodisch-technischen Verfahrensweisen – auch wenn bisweilen methodische Präferenzen bestehen und auf allgemeiner
Ebene Verfahrensvorschläge unterbreitet werden. Sie bietet vielmehr eine theoretisch
und methodologisch begründete, integrative Perspektive für verschiedene Methoden und
Techniken empirischer Datenanalyse sowie eine Systematisierung hermeneutischer Praxis,
die aufzeigt, womit prinzipiell zu rechnen ist, wenn Forschung interpretativ erfolgt. Die
RH ordnet wichtige Schritte dieser Art empirischer Erfahrungs- und Erkenntnisbildung.
Einzelne Ansätze und Verfahren – wie sie in den folgenden Beiträgen dargestellt werden –
operieren jeweils mit eigenen Zusatz- bzw. Spezialannahmen, theoretischen Zugängen und
methodischen Fokussierungen. So sind beispielsweise Emotionen, Affekte und Irritationen
der Interpret:innen bei der Tiefenhermeneutik (siehe Kap. Tiefenhermeneutische Kulturanalyse) nicht nur am Rande zu berücksichtigen, sondern das zentrale Moment und
Medium der interpretativen Arbeit. Ohne den intensiven und systematischen Einbezug
persönlicher Erfahrungen und ihrer Bedeutung für die empirische Forschung wäre der
Ansatz der Autoethnografie (siehe Kap. Evokative Autoethnografie: Rezeption und Ein-
satzpotenzial) nicht denkbar. Die Diskurs-, Narrations- und Metaphernanalyse (siehe Kap.
Diskursanalyse, Narrationsanalyse, Metaphernanalyse) wiederum setzen elaborierte Auffassungen kommunikativer Gattungen und sprachlicher Formen voraus und wären ohne
differenzierte sprachtheoretische Reflexionen weder vorstellbar noch methodisch durch-
führbar. Analoges gilt für theoretische Überlegungen zur ikonischen Dimension unserer
Praxis und interpretative Methoden der Bildanalyse (siehe Kap. Bildanalyse). Um ein
letztes Beispiel zu geben: Die Ethnographie und Feldforschung (siehe Kap. Ethnographie
und Feldforschung in Bewegten Welten) erlauben nicht nur die Anwendung unterschiedlicher Methoden – zunächst der Datenerhebung – in einem bestimmten soziokulturellen
Feld, sondern setzen die intensive, über längere Zeiträume sich erstreckende Teilnahme
an der interessierenden Praxis voraus. Erfolgreiche Forschung ist hier unmittelbar von der
gelingenden Partizipation an einer Lebens- und Handlungspraxis abhängig, die den Einsatz der ‚ganzen Person' verlangt. Für alle diese und weitere einschlägige Ansätze und
Verfahren gilt jedoch, dass sie auf einige allgemeine Prinzipien interpretativer Forschung
sowie jene Operationen vergleichenden Denkens angewiesen sind, die in der RH in
systematischer Absicht expliziert und begründet werden.

Die RH ist Bestandteil einer handlungstheoretisch ausgerichteten Kulturpsychologie (Straub 1999a, 2021, 2022, siehe Kap. Interpretative Kulturpsychologie: eine textwissenschaftliche Perspektive), eignet sich aber auch für mikrosoziologische Untersuchungen (etwa auf der Basis pragmatistischer Ansätze und des symbolischen Interaktionismus). Der namensstiftende Prädikator ,relational' besitzt eine programmatische Bedeutung. Er weist diese Spielart hermeneutischer Erfahrungs- und Erkenntnisbildung konsequent als ein *Beziehungsgeschehen* aus. Dadurch wird die traditionelle Unterscheidung zwischen Erkenntnissubjekt und -objekt hinterfragt. Relationalität bedeutet dabei keineswegs Relativität. Die RH betont zwar die Standort- und Perspektivenabhängigkeit wissenschaftlicher Forschung und erkennt die epistemische Abhängigkeit dieser Tätigkeit sowie ihrer Ergebnisse vom erkennenden – historisch, kulturell, sozial und lebensgeschichtlich eingebetteten – Subjekt ohne Einschränkung an. Sie zieht daraus aber keine relativistischen Konsequenzen, weder in epistemologischer, noch in ethisch-moralischer oder politischer Hinsicht. Die Tatsache, dass die wissenschaftliche Bildung von Erfahrungen und Erkenntnissen unweigerlich subjektgebunden ist, auf einem pragma-semantischen Fundament aufruht und an ein ebenso kontingentes soziokulturelles Vokabular gebunden bleibt, koppelt ihre Geltungsansprüche zwar fest an diese Grundlage. Eine derartige *Relationierung* relativiert rational begründete Geltungsansprüche wissenschaftlicher Erkenntnisse aber keineswegs und macht sie schon gar nicht zu Angelegenheiten, über deren Anerkennung nur noch Machtverhältnisse und hegemoniale Praktiken der Durchsetzung partikularer Sichtweisen oder wahrheits- und faktenunabhängiger Meinungen entscheiden (Revault d'Allones 2019).

Die RH gehört zu jenen zeitgenössischen Strömungen in der Philosophie und den Wissenschaften, die das menschliche Vernunftvermögen und das traditionelle Vernunftsubjekt (europäischer Provenienz) zwar schwächen (Rorty 1988; Vattimo und Rovatti 2010; Waldenfels 1990a; Welsch 1995), keineswegs aber völlig aufgeben und kurzerhand verabschieden. Die Relationierung von Rationalität und rational motivierten Geltungsansprüchen destruiert sie nicht und bedeutet auch keine vollständige Lossagung von methodischen Regeln, ohne die wissenschaftliches Handeln zweifellos undenkbar wäre. Daran hält die RH fest, wenngleich sie mit handlungstheoretischen Argumenten hervorhebt, dass auch die wissenschaftliche Praxis auf die Spontaneität und Kreativität des Handelns (Joas 1992; Waldenfels 1990b; Straub 1999a) angewiesen ist, also niemals in Gänze auf die Befolgung von Regeln und die Anwendung von allgemein erlenbaren Methoden und Techniken reduzierbar ist (Straub und Ruppel 2022).

2 Theoretisch-methodologischer Hintergrund

2.1 Entstehungskontext

Die RH entstand in der Auseinandersetzung mit der „dokumentarischen Methode" (Bohnsack 1983; Loos et al. 2013; siehe Kap. Dokumentarische Methode). Die bis heute gebliebene Verwandtschaft ist ebenso evident, wie einige Abweichungen unübersehbar sind. Neben den unten dargestellten terminologischen, theoretischen und methodischen Unterschieden grenzt sich die RH vor allem dadurch von der dokumentarischen Methode ab, dass sie

- nicht auf das genuin soziologische Interesse an der praxeologischen Rekonstruktion des konjunktiven, überwiegend impliziten Orientierungs- und Handlungswissens bzw. der kollektiven Erfahrungsräume und Erwartungshorizonte von sog. *Realgruppen* fokussiert oder gar eingeschränkt ist (Kap. Dokumentarische Methode). Sie interessiert sich vielmehr für *alle möglichen Bedeutungen,* die Menschen mit ihrem gelebten und in vielfältigen symbolischen Formen und Medien artikulierten, erinnerten und erwarteten, erhofften oder befürchteten Leben, mit ihrem ehemaligen oder gegenwärtigen Erleben und Handeln verbinden mögen – als unverwechselbare, einzigartige Individuen *oder* als durch gewisse Ähnlichkeiten miteinander verbundene Angehörige einer Gruppe, Gemeinschaft oder Gesellschaft, einer Kultur oder eines „Kulturatops" (zu diesem Begriff s. Straub 2007). Als Gruppen kommen dabei nicht nur Kollektive in Betracht, wie sie gängige sozialtheoretische Begriffe fassen (Generation, Geschlecht, Klasse, Schicht, Milieu, Sprachgemeinschaft, Gruppen mit besonderen Bildungsniveaus, mit Migrationserfahrungen oder -hintergründen, religiösen Zugehörigkeiten etc.). Bestimmte Menschen können – auch unabhängig von solchen sozialtheoretischen Kategorisierungen und Klassifikationssystemen – allerlei kontingente Gemeinsamkeiten aufweisen und deswegen interessante Vergleichsgruppen bilden. Bestimmte kritische Lebensereignisse, Lebensstile oder existenziell bedeutsame Haltungen, identitätsrelevante Handlungs- und Lebensorientierungen etwa können Menschen einander in gewissen Hinsichten ähnlich machen und sie miteinander verbinden. Man denke bspw. an Gruppen von (in dieser oder jener Art) schwer traumatisierten Menschen oder von Lotteriegewinner:innen, an Gruppen von Extremsportler:innen oder von leidenschaftlichen Müßiggängern, von Fetischist:innen der einen oder anderen Sorte oder von Gourmets, von kriminellen Gefängnisinsass:innen oder kriminalisierten politischen Gefangenen, von exzessiv konsumistischen Hedonist:innen, avantgardistischen Künstler:innen, revolutionären Widerstandskämpfer:innen, von Transmenschen oder von Spießbürgern usw.;
- ganz allgemein einen grundlagentheoretischen und methodologischen Rahmen darstellt, der sich durch einen außergewöhnlich pluralistischen Geist und einen entsprechend liberalen, jedoch keineswegs beliebigen, willkürlichen Umgang mit verfügbaren Methoden und Techniken oder mit theoretischen Begriffen und Theorien, die als heuristisch produktive Vergleichshorizonte zum Einsatz kommen und zugleich ein wichtiges Ziel empirischer Forschung bilden, auszeichnet.

2.2   Zentrale (meta-)theoretische Prämissen

Die RH ist Bestandteil einer handlungstheoretischen Kulturpsychologie, in deren Mittelpunkt eine Typologie von Handlungsbegriffen und, damit verbunden, von drei

Modellen der verstehenden Erklärung von Handlungen sowie anderen psychosozialen Phänomenen steht (Straub, 1999a, 2021, 2022, siehe Kap. Interpretative Kulturpsychologie: eine textwissenschaftliche Perspektive, wo im Anschluss an die philosophische Hermeneutik, aber auch an die analytische Philosophie eines Georg H. von Wright, Ludwig Wittgenstein und Peter Winch sowie Arthur Danto das intentionalistische, das regelbezogene und das narrative Modell erläutert werden). Ebenfalls zentral in diesem Ansatz ist eine Theorie der Interpretation, die der anthropologisch-ontologischen Auffassung verpflichtet ist, dass es in der psychosozialen und soziokulturellen Welt des Menschen keine ‚nackten Tatsachen' – *facta bruta* –, sondern ausschließlich in Deutungs- oder Interpretationsleistungen begründete, symbolisch und hermeneutisch vermittelte Erfahrungen und Erkenntnisse gibt (sowohl auf der Ebene der Alltagserfahrung und des alltäglichen praktischen Wissens, als auch auf der Ebene empirischer Forschung und wissenschaftlicher Erkenntnisbildung). Die in verschiedenen Traditionen zu verortende, philosophisch-anthropologische und sozialontologische Auszeichnung des Menschen als sprach- und handlungsfähiges *animal symbolicum* (Cassirer 1994) oder „interpretierendes Tier" (Taylor 1985), dem Helmut Plessner (1928; Fischer 2016) eine einzigartige Existenz in ‚exzentrischer Positionalität' und damit die Notwendigkeit zur zeitweiligen Selbstdistanzierung zuschreibt (s. auch Frankfurt 2007), rückt die Sinn- oder Bedeutungsstruktur des menschlichen Daseins und zugleich die Notwendigkeit sinnverstehender Methoden in den Subjekt-, Sozial- und Kulturwissenschaften ins Zentrum der Aufmerksamkeit.

Interpretiert wird in Wissenschaften wie der Handlungs- und Kulturpsychologie oder Mikrosoziologie insbesondere Merk- und Fragwürdiges, Unplausibles, Unverständliches, kurz: *Irritierendes*. Interpretationen werden im Fall von Verständigungs- und Verständnisschwierigkeiten erforderlich. Sie zielen darauf ab, ein „Sinngebilde" bzw. ein Studienobjekt, das „in gewisser Weise wirr, unvollständig, verschwommen, scheinbar widersprüchlich, also auf die eine oder andere Weise unklar ist" (Taylor 1975, S. 154), klar und intelligibel, semantisch bedeutungs- und sinnvoll sowie pragmatisch handhabbar zu machen.

Jede Interpretation ist vom interpretierenden Subjekt und den historisch, kulturell und sozial kontingenten Wissensbeständen abhängig, die ihm jeweils zur Verfügung stehen (als Ergebnisse einer subjektbildenden, subjektivierenden Sozialisation und Enkulturation). Dieses Subjekt wird dabei nicht nur mit sprachlichen und kognitiven Kompetenzen ausgestattet, sondern als leibliche Person konzeptualisiert, deren Interpretations- und Verstehensbemühungen auch von (teils unbewussten) Affekten und Emotionen bestimmt und geleitet sein können. Irritationen, die solche Bemühungen erst anstoßen mögen, resultieren aus Interaktionen des erkennenden Subjekts mit einem bestimmten Phänomen, das zum Erkenntnisgegenstand (erklärt) werden kann (siehe Kap. Tiefenhermeneutische Kulturanalyse). Interpret:innen hinterfragen mitunter auch das auf den ersten Blick Unauffällige. Sie kultivieren eine „Hermeneutik des Verdachts" (Ricœur 1969). Dieser methodische Zweifel ist ein notwendiger Bestandteil wissenschaftlicher Interpretation (Soeffner 1989, S. 105 ff.). Er gehört untrennbar zur RH.

2.3   Der Grundbegriff ‚Interpretation'

Wissenschaftliche Interpretationen sind mit lebensweltlichen Deutungen genetisch und sachlich verwandt: sie gehen als differenzierte, systematisierte, spezialisierte und methodisch kontrollierte Abkömmlinge aus diesen hervor. Sie werden in dafür vorgesehenen Institutionen und „handlungsentlasteten Situationen" (Habermas) mit dem Ziel angestellt, das Alltagswissen durch überlegene Erkenntnisse zu ergänzen, die immer dann zur Lösung praktischer (psychischer, sozialer, kultureller, politischer) Probleme notwendig werden und beitragen sollen, wenn das Alltagswissen und die darin verwurzelten lebenspraktischen Kompetenzen versagen. Als *wissenschaftliche Interpretation* bezeichnet die RH idealtypisch ein

- in absichtsvoller und bewusster Einstellung realisiertes,
- explizites,
- geregeltes und methodisch kontrolliertes,
- auf Transparenz und intersubjektive Zustimmungsfähigkeit angelegtes,
- selbstreflexiv strukturiertes

Deuten, also ein in jedem einzelnen Schritt begründetes, systematisches, rational motiviertes und nachvollziehbares, mithin auch kritisierbares Bemühen um das Verstehen von Lebensäußerungen oder Sinngebilden jedweder Art. Wichtig ist, dass sich Interpretationen auf objektivierte Protokolle oder Dokumente einer Praxis beziehen, etwa in Form von Texten (z. B. in Gestalt von Transkripten, die den Wortlaut von Interviews oder Gruppendiskussionen oder sonstiger Gespräche wiedergeben), aber auch in Form von Bildern oder sonstigen Gegenständen. Erst dieser protokollierende, dokumentarische Charakter der jeweils vorliegenden Daten ermöglicht es, dass sich Interpret:innen beliebig oft und so lange sie es für ergiebig halten, demselben Material und Gegenstand widmen können. Interpretationen sind komplexe, Sinn und Bedeutung erschließende, rekonstruierende, konstruierende und/oder dekonstruierende Handlungen (s. zu dieser interpretationstheoretischen Differenzierung zwischen rezeptiv-rekonstruktiver Hermeneutik, interpretationistischem Konstruktivismus und kritischer Dekonstruktion: Angehrn 2005; Straub und Ruppel 2022), Eine selbst empirisch begründete Theorie und Methodologie der Interpretation, wie sie die RH anbietet, begnügt sich nicht mit normativen Vorgaben und idealisierenden Vorschriften, sondern gibt Auskunft darüber, was im Vollzug interpretativer Forschung tatsächlich getan und vollbracht wird. Jede wissenschaftliche Interpretation ist eine Handlung, die auf die Auslegung von Sinngebilden, die Artikulation einer Erfahrung und Explikation einer Einsicht abzielt. Nach Günter Abel geht es bei der (aneignend-erkennenden) Interpretation um eine epistemische Tätigkeit, durch die wir

> etwas als ein bestimmtes Etwas phänomenal diskriminieren, Identifikationen und Re-Identi-
> fikationen vornehmen, Prädikate und Kennzeichen applizieren, Zuschreibungen durch-

führen, Zusammenhänge konstruieren, durch Einteilungen klassifizieren und in Bezug auf so formierte Welten dann über Meinungen, Überzeugungen und auch über ein gerechtfertigtes Wissen verfügen (Abel 1993, S. 14).

Die interpretative Analyse beliebiger Aspekte einer protokollierten, dokumentierten Praxis stellt dabei eine komplexe Operation dar, die „Verstand, Gefühl, Einbildungskraft, Erfahrung und Erfahrungstätigkeit […] nachhaltig fordert" (Schutte 1990, S. 6). In ihrem Mittelpunkt steht vergleichendes Denken.

2.4   Komparative Analyse und vergleichendes Denken

Die RH rückt die zentrale Funktion des Vergleichens ins Zentrum der Aufmerksamkeit. Grundlegend ist dabei eine Unterscheidung, durch die Ralf Bohnsacks Differenzierung zwischen ‚formulierender' und ‚reflektierender' Interpretation in die Abgrenzung der ‚formulierenden' von der ‚vergleichenden' Interpretation überführt wird, wobei letztere – im Anschluss an eine Theorie verschiedener Vernunftvermögen oder Denkformen, die Immanuel Kant (1968) in seiner *Kritik der Urteilskraft* entfaltet – in die ‚bestimmende' und ‚reflektierende' Interpretation gegliedert wird. Dadurch erlangt die RH einen erheblichen Zuwachs an Präzision bei der Beschreibung der mehrgliedrigen interpretativen Tätigkeit. In aller Kürze (wobei wir uns der Einfachheit halber an das Modell der Textinterpretation halten, also zunächst einmal der vielfach beklagten Sprachzentriertheit interpretativer Forschung verhaftet bleiben): Formulierende Interpretationen bewegen sich innerhalb des Selbst- und Weltverständnisses oder des Orientierungsrahmens der Forschungspartner:innen (FPs). Sie reproduzieren deren explizites und implizites Wissen und reformulieren es in deren Sprache in bloßen Paraphrasen, die – orthographisch und grammatisch bereinigt sowie stilistisch geglättet – einfach wiederholen und wiedergeben, was die FPs selbst geäußert haben. Formulierende Interpretationen – die aus arbeitsökonomischen Gründen meistens nur selektiv vorgenommen werden können und deswegen möglichst solche Textpassagen berücksichtigen sollten, die für das Forschungsthema besonders relevant sind – sind ein wichtiger Schritt der methodischen Kontrolle wissenschaftlicher Erfahrungs- und Erkenntnisbildung. Das ist gerade für Noviz:innen in der interpretativen Forschung von großer Bedeutung. Sie tragen der in der Kulturpsychologie oft betonten Notwendigkeit Rechnung, (zunächst) eine emische Perspektive einzunehmen.

In vergleichenden Interpretationen wird diese Perspektive durch eine etische Sicht ergänzt. Das Vokabular der FPs und ihr Wissen werden nun ausdrücklich überschritten, aus einer – nicht zuletzt theoretisch begründeten – Außenperspektive kommentiert und womöglich auch kritisiert (Straub 1999b; zur Möglichkeit vielfältiger Kritik – auch von Lebens- und Selbstformen – s. auch Jaeggi 2013; Jaeggi und Wesche 2009). Vergleichendes Denken stützt sich entweder auf die bestimmende oder auf die reflektierende Vernunft und Urteilskraft. Bestimmungen bedienen sich bereits verfügbarer Konzepte,

Kategorien und speziell theoretischer Begriffe. Sie ordnen das Interpretandum Bekanntem und Vertrauten zu. Sie gliedern es dem eigenen Wissen ein und subsumieren es dem verfügbaren Vokabular. Theodor Adorno (1973) analysiert die bestimmende Urteilskraft in seiner *Negativen Dialektik* als identifizierendes Denken, das stets mit der Gefahr der Verfehlung und Nostrifizierung von Fremdem einhergeht (Matthes 1992). Identifizierendes Denken im Zeichen bestimmender Vernunft ist notwendig, aber nicht hinreichend. Seine Defizite werden überall dort besonders deutlich, wo es um innovative Einsichten, um neue Erfahrungen und Erkenntnisse geht, die die eigene Selbst- und Weltbeziehung, das Verständnis von Anderem und Fremdem und damit auch des Eigenen sowie das verfügbare (theoretische) Vokabular ausdifferenzieren und erweitern. Gerade die qualitative, rekonstruktive oder interpretative Forschung betont dieses Interesse an Neuem und neuen Einsichten. Dieser Akzent kommt etwa im Ansatz der *Grounded-Theory-Methodologie* klar zur Geltung, wenn das übergeordnete Ziel einer empirisch fundierten Theoriegenerierung fokussiert wird (Glaser und Strauss 1967; Glaser 1978; Strauss und Corbin 1990; siehe Kap. Grounded-Theory-Methodologie). Die Bildung von theoretischen Konzepten, komplexeren Theoremen oder theoretischen Aussagesystemen kann dabei auf völlig neue Begriffe und Vokabulare abzielen, aber auch auf eine innovative Modifikation, Ausdifferenzierung und Erweiterung der bestehenden Begriffssprache, theoretischer Modelle und dergleichen. Der Gebrauch bestimmender und reflektierender Urteilskraft in vergleichenden Interpretationen sorgt für Bestätigung des Bekannten sowie neue Einsichten und Auffassungen.

Interpretative Forschung besteht – wie auch die *Grounded-Theory-Methodologie* betont – im Kern aus komparativen Analysen. Diese zehren von den Vergleichshorizonten, die kreative Interpret:innen ins Spiel bringen (können). Mit den verfügbaren Vergleichshorizonten geraten das erkennende Subjekt und seine kontingenten Wissensbestände selbst in den Blickpunkt. Die relationale Hermeneutik achtet und beachtet das epistemische, Erfahrungen anderer rekonstruierende und dabei womöglich neue Erkenntnisse bildende Subjekt. Sie thematisiert dieses Subjekt nicht nur als einzigartiges, also nicht ohne weiteres vertretbares oder ersetzbares Individuum, sondern – wie in der Kulturpsychologie und Mikrosoziologie im Hinblick auf alle Menschen üblich – als ein historisch, kulturell, sozial und lebensgeschichtlich konstituiertes Subjekt. Auch interpretierende Wissenschaftler:innen denken, sprechen und schreiben als sozialisierte, kultivierte Personen. Dies ist von großer Bedeutung für das Verständnis des sich beim Interpretieren formierenden Verstehens: Dieses Verstehen ist unweigerlich standpunkt- und perspektiven- bzw. wissensabhängig. Niemals betrachten Wissenschaftler:innen in neutraler Einstellung Gegenstände, die sie jeweils vor sich haben und völlig unabhängig vom eigenen erfahrungsgesättigten, praktischen oder theoretischen, empirischen oder imaginativ-fiktionalen Wissen, über das sie verfügen, untersuchen könnten. Sie blicken vielmehr stets auf eine Beziehung zwischen sich und diesen jeweiligen Gegenständen und analysieren, genau genommen, diesen *relationalen Tatbestand*. Jedes wissenschaftliche Interpretieren und Verstehen ist – darin dem alltagsweltlichen Deuten gleichend – relational strukturiert. Diese Einsicht in die grundsätzliche Relationalität auch unserer wissenschaftlichen Erfahrungs- und Erkenntnisbildung hebt die traditionelle Unterscheidung zwischen (erkennendem) Subjekt und (Erkenntnis-)Objekt nicht gänzlich auf, untergräbt und schwächt sie jedoch unweigerlich. Was jemand sieht, erfährt und erkennt – auch beim wissenschaftlichen Versuch, die Erfahrungen von anderen, Fremden vielleicht, sorgfältig zu rekonstruieren oder kritisch zu dekonstruieren –, ist stets abhängig von den subjektiven, sozialen und kulturellen Wissensvoraussetzungen sowie den damit verwobenen praktischen Motiven und Interessen, Fähigkeiten und Fertigkeiten und sogar den emotionalen und evaluativen Haltungen, die Interpret:innen jeweils mit- und einbringen. Dabei müssen sie sich dieser Grundlagen und epistemisch relevanten Haltungen oder Handlungen sowie der daraus resultierenden relationalen Struktur der Interpretation keineswegs gänzlich bewusst sein. Tatsächlich können sie diesen Sachverhalt häufig nicht hinreichend erfassen und vollständig artikulieren. Vieles, was für die wissenschaftliche Erfahrungs- und Erkenntnisbildung in den interpretativen Disziplinen konstitutiv oder maßgeblich ist, merkt man erst dann, wenn andere Interpret:innen auf anderen Grundlagen stehen und mit anderen Wissensbeständen bzw. Vergleichshorizonten operieren. Die RH begreift diesen hermeneutischen Tatbestand nicht als bedauerlich. Im Gegensatz zum objektivistischen Ideal absoluter Wahrheit und der Illusion unumstößlicher Gewissheit begnügt sie sich mit kontingenten Erfahrungen und Erkenntnissen und der Einsicht in die plurale, offene Struktur eines fortzusetzenden Gesprächs, in dem konkurrierende, heterogene Interpretationen normal und im Prinzip wünschenswert sind (was nicht bedeutet, dass sie nicht manchmal Konflikte schüren und einer friedlichen Koexistenz im Wege stehen können). Die RH akzeptiert dies und klärt uns genauer über die Unvermeidlichkeit heterogener, manchmal komplementärer und sich ergänzender, oft aber konkurrierender und sich ausschließender, widersprechender und widerstreitender Interpretationen auf. Ihre systematische Typologie heuristisch produktiver Vergleichshorizonte leistet dabei den wichtigsten Dienst.

3 Verfahrensvorschläge für die Praxis interpretativer Analyse und Systematisierungen vergleichenden Interpretierens

3.1 Vorbereitende Schritte, sequenzanalytisches Vorgehen

Man kann formulierende und vergleichende (bestimmende oder reflektierende) Interpretationen auch als zwei aufeinanderfolgende Phasen oder Schritte im Forschungsprozess begreifen, denen mehrere Vorbereitungsschritte vorausgehen. Zu den Vorbereitungsschritten äußern wir uns hier nur ganz kurz (ausführlicher Straub 1999a, S. 211 ff.; 2010, siehe Kap. Interpretative Kulturpsychologie: eine textwissenschaftliche Perspektive): Dazu gehören nach der Datenerhebung oder -sammlung vor allem die regelgeleitete Verschriftlichung der häufig ja erst einmal als Tonband- oder Videoaufzeichnungen vorliegenden Daten, aber auch eine erste Gliederung oder Segmentierung[1] der Transkripte. (Wir beschränken uns der Einfachheit halber erneut auf sprachliche Daten.) Die nach formalen oder inhaltlichen Gesichtspunkten voneinander abgegrenzten Segmente erhalten eine Überschrift, sodass schließlich eine eigens anzufertigende Liste mit allen diesen Titeln einen schnellen Überblick über die Inhalte sowie den thematischen Verlauf des transkribierten Gesprächs (Interview, Gruppendiskussion etc.) ermöglicht.Der Genauigkeitsgrad der Transkripte kann ebenso wie die Aufbereitung sonstiger Protokolle oder Dokumente variieren. Wie genau bzw. was transkribiert wird, hängt von den eingesetzten Interpretationsverfahren und -zielen ab; eine Übersicht einschlägiger Transkriptionssysteme findet sich bei Dresing und Pehl (2020). Selbstverständlich kann man je nach Bedarf allerlei *Hilfsmittel*[2] in den Rahmen der relationalen Hermeneutik integrieren und sie, wenn nötig, den jeweils verbindlichen interpretationstheoretischen und methodologischen Prinzipien anpassen. Sie alle können das eigentliche Interpretieren erleichtern, jedoch nicht ersetzen.

Die formulierenden und sodann die vergleichenden (bestimmenden oder reflektierenden) Interpretationen werden Zeile für Zeile, Wort für Wort vorgenommen, ganz im Sinne eines sequenzanalytischen Vorgehens. Dieses der Chronologie des Gesprächsverlaufs folgende Verfahren ist ratsam, weil die interpretative Analyse dadurch

- der tatsächlichen Interaktionslogik und -dynamik folgt,
- die thematische Entwicklung des protokollierten Gesprächs – das über weite Strecken eine autobiographische Erzählung oder eine sonstige, monologisch wirkende, im Grund genommen aber stets dialogisch konstituierte Selbstthematisierung gewesen sein mag – nachzeichnet,
- alles Aufgezeichnete und Verschriftlichte von Anfang an und in seiner sukzessive sich vervollständigenden Gesamtheit erfasst, zugleich aber die Möglichkeit besteht, dass die allmähliche Verfertigung der Analyse
- im Sinne eines nicht-vitiösen hermeneutischen Zirkels immer wieder voran- und zurückschreiten kann, um neue Interpretationsanläufe zu starten, weil sich bekanntlich der Sinn früherer Textpassagen im Lichte des später Geäußerten verändern (erweitern, präzisieren) kann, sich ‚Teil‘ und ‚Ganzes‘ also wechselseitig erläutern und erschließen lassen.

Letzteres bedeutet im Übrigen eine gewisse Abweichung vom unseres Erachtens allzu strengen Prinzip der Sequenzanalyse, das mitunter dogmatisch vorschreibt, Bedeutungen

---

[1] Zur Segmentierung autobiografisch-narrativer Textdaten s. beispielsweise Detka (2005).

[2] Bei Kuckartz und Rädiker (2014) finden sich Hinweise zur Datenaufbereitung, insbesondere mit Blick auf deren weitere Bearbeitung mittels Software zur qualitativen Datenanalyse; speziell zu computerunterstützten Verfahren der Datenaufbereitung und -analyse s. Kuckartz (2010).

ausschließlich in der tatsächlichen Reihenfolge der Äußerungen zu erfassen. Das muss nicht immer sein. Manchmal interessiert man sich einfach für Sachverhalte – zum Beispiel für den Umgang mit Beleidigungen oder demütigenden Erlebnissen –, wie sie eben in bestimmten Textpassagen artikuliert werden (und nur dort). Dann bezieht man sich eben genau auf solche Passagen – in allen möglichen Texten –, ohne jeweils den gesamten Text (das ganze Interview, die vollständige Gruppendiskussion etc.) in seiner Genese und Verlaufsstruktur zu berücksichtigen. Für die RH sind vergleichende Interpretationen bzw. komparative Analysen zentral. Dies führt uns erneut zum Kern der Bedeutung des Prädikators ‚relational‘.

3.2   Vergleichshorizonte unterscheiden und verwenden

Die in der RH ausgearbeitete Typologie möglicher interpretationsrelevanter Vergleichshorizonte lässt sich schematisch wie folgt zusammenfassen (Abb. 1):

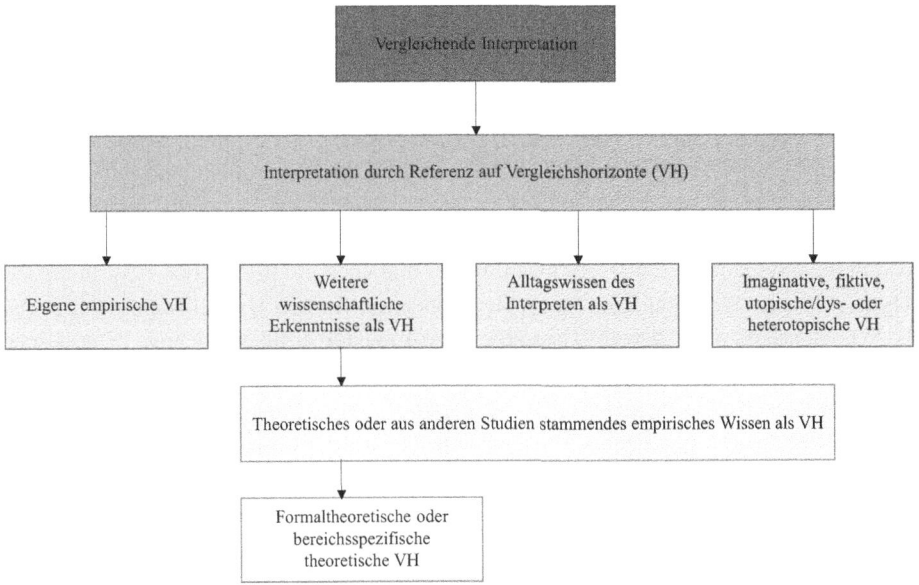

Abb. 1 Wissensquellen bzw. Typen von Vergleichshorizonten (VH)

Um in der interpretativen Forschung zu Vergleichsmöglichkeiten zu gelangen, kann und muss man auf verschiedene Wissensquellen oder -bestände zurückgreifen. Die solchen Quellen zuzuordnenden Vergleichshorizonte (VH), die es uns gestatten, das Interpretandum auf Gemeinsamkeiten und Ähnlichkeiten mit oder aber auf Unterschiede gegenüber anderen Phänomenen hin zu untersuchen, lassen sich folgendermaßen charakterisieren: Wir können das zu analytischen Zwecken eingegrenzte Interpretandum im Lichte des eigenen empirischen Materials vergleichen (etwa eine bestimmte Äußerung in einem Interview mit anderen Äußerungen in diesem oder in anderen Interviews; so stellen wir intra- und inter-textuelle Vergleiche an). Eigene empirische VH bieten ein Maximum an methodischer Kontrolle. Wir kennen ihre Entstehungsbedingungen. Wir wissen, was wir miteinander ver-gleichen, weil wir die Komparanda selbst geschaffen bzw. erhoben haben.

Das gilt für empirische Vergleichshorizonte, die von anderen Personen durchgeführten empirischen Untersuchungen entstammen, nur noch in begrenztem Maße. Wir müssen uns in diesem Fall auf die in aller Regel beschränkten Informationen zur durchgeführten Praxis der Datenerhebung und -aufbereitung verlassen und darauf vertrauen, dass die uns verfügbaren Angaben zutreffend sind. Aber immerhin, dieses Vertrauen ist im Umgang mit wissenschaftlich konstruiertem, d. h. in methodisch kontrollierten Praxen der Daten-konstitution entstandenem Wissen gemeinhin groß. Wir gehen davon aus, dass wir auf solche Daten bauen, sie bedenkenlos verwenden können. Skandale über Manipulationen oder Fälschungen von Daten wecken Zweifel, erschüttern und zerrütten dieses Vertrauen in der Regel jedoch nicht völlig.

Im zweiten Typ von Vergleichshorizonten – den wir als ‚weitere wissenschaftliche Erkenntnisse‘ zusammengefasst haben – finden sich neben solchen empirischen Materialien und Forschungsergebnissen von Kolleg:innen nun auch *theoretische* Wissensbestände, in deren Lichte wir unsere eigenen Daten auffassen und analysieren können. Dies geschieht wiederum in vergleichenden Operationen, wobei nun eben die in Theorien bzw. in einzel-nen theoretischen Begriffen oder Konzepten kondensierten und abstrahierten Erfahrungen als Vergleichshorizonte dienen. Theoretische Vokabulare erfüllen wichtige heuristische Funktionen in komparativen Analysen. Sie helfen uns, die interessierenden Phänomene zu beschreiben, zu erschließen und verstehend zu erklären. Selbstverständlich sind theoretische Zugriffe kontingent – und dennoch maßgeblich für die resultierenden Befunde. Abstrakte theoretische Begriffe, Konzepte und Unterscheidungen sind selbst Produkte wissenschaft-licher Arbeit. Ihnen liegt gewöhnlich eine Vielzahl an bereits durchgeführten empirischen Untersuchungen und Vergleichen zugrunde. Genau das meint ja der Prädikator ‚empirically grounded‘ in der *Grounded-Theory-Methodologie*. Und selbstverständlich können die eigenen, aktuellen empirischen Forschungen zur Revision und Modifikation bestehender Begriffe, Konzepte und Theorien sowie zur Entwicklung gänzlich neuer theoretischer Ideen führen – bis hin zu komplexen Begriffs- und Aussagensystemen. Bekanntlich sind Theorie-entwicklungen allmähliche, sukzessive Vorgänge, die dazu führen, dass wir fortan neue theoretische Vergleichshorizonte kennen und verwenden können.

Was interpretationsrelevante Theorien angeht, können wir nun noch bereichsspezi-fische oder ‚inhaltliche‘ von formalen Theorien unterscheiden. Man denke bspw. an bereichsspezifische Theorien der psychosexuellen oder psychosozialen Entwicklung im

Jugendalter oder an hoch abstrakte, typologisch differenzierte Handlungstheorien oder aber, warum nicht, an die ebenso formale Interpretationstheorie differenter Vergleichshorizonte, die wir gerade vorstellen. Damit ist das Reservoir möglicher Vergleichshorizonte noch nicht erschöpft. Nicht nur wissenschaftliche, empirische und theoretische Erkenntnisse bilden eine reichhaltige Quelle, aus der Interpret:innen schöpfen und ihre Vergleichshorizonte beziehen können. Die anderen Typen sind nicht weniger wichtig, wenngleich sie die Komplexität und durchaus eine gewisse Undurchschaubarkeit der Interpretation erheblich steigern und die methodische Kontrolle deutlich erschweren. Das gilt ganz besonders für das nur teilweise bewusste – und prinzipiell nur partiell bewusstseinsfähige – *Alltagswissen* der Interpret:innen. Dieses besteht zu einem erheblichen Teil aus Selbstverständlichkeiten. Es ist über weite Strecken implizit, orientiert und leitet unser Denken, Fühlen, Handeln und Leben, ohne dass wir dies immer genau wüssten und ohne weiteres sagen könnten. Vieles von dem, was wir wissen, wissen wir, ohne es zu wissen. Dieses Wissen ist gleichwohl konstitutiv oder maßgeblich für unsere unwillkürliche Sicht der Welt und der Dinge, auch des eigenen Selbst sowie des Tuns und Lassens von anderen, partiell fremden Menschen. Auch der zweite Blick ist nicht frei von solchen Wissensbeständen. Soziokulturelles Alltagswissen ist zum großen Teil implizites, praktisches Wissen. Davon können wir uns auch als Wissenschaftler:innen niemals ganz freimachen. Diese Einsicht schärft jedoch unser Bewusstsein für die Kontingenz und Relationalität der Interpretation – jeder vergleichenden Interpretation und komparativen Analyse. Sie kann uns anhalten, diese Tatsache zu reflektieren und zum Ausgangspunkt unserer (z. B. interkulturellen) Verständigung über heterogene, unvereinbare Interpretationsergebnisse zu machen. Sie kann uns dazu bewegen, darin etwas zu sehen, das uns bezüglich der eigenen Erkenntnisse bescheiden macht. Diese stehen niemals auf unerschütterlichen, allgemein anerkannten Grundlagen. Die von uns herangezogenen empirischen Vergleichshorizonte machen das ebenso klar wie die von uns verwendeten theoretischen Begriffe, Konzepte oder Aussagensysteme und nicht zuletzt das Alltagswissen, von dem wir uns zwar unter glücklichen Umständen mühsam distanzieren, aber niemals völlig lösen können. Jeder sachliche Streit über konkurrierende Interpretationen ist eine hermeneutische Auseinandersetzung über deren stets nur teilweise bewusste Voraussetzungen. Ein solcher Streit kann, wie die vergleichende Interpretation und komparative Analyse selbst, noch einen letzten Typus heuristisch produktiver VH einbeziehen. Manches sehen und begreifen wir erst im Lichte von Dingen, die es gar nicht gibt – die wir uns aber sehr wohl vorstellen können. Gedankenexperimentelle, imaginative oder fiktive Vergleichshorizonte können ungemein hilfreich, manchmal notwendig sein (Revault d'Allones 2019, S. 102 ff.). Was ist, gewinnt seine konkrete Gestalt und Qualität im Vergleich mit etwas, das sein könnte oder sein sollte, ersehnt oder befürchtet werden mag. Utopien, Dystopien und Heterotypien mögen allgemein emotionalisierend und motivierend sein. Sie können darüber hinaus unser wissenschaftliches Denken bewegen und schärfen. Was wir als Gewalt erkennen und bezeichnen, sehen wir stets im Lichte unserer kreativen Vorstellungen einer gewaltfreien oder gewaltarmen Wirklichkeit – *vice versa*. Der zuletzt erörterte Punkt plausibilisiert im Übrigen, warum die RH ohne Scheu Kontakt zur schönen Literatur und anderen Künsten pflegt

(s. Straub 2020), den Abstand zu deren Weisen der Welterzeugung und Wissensproduktion jedoch nicht herunterspielt oder übersieht.

4   Fazit

Die Bezeichnung ‚relational' besitzt zwei wesentliche Bedeutungsaspekte: Sie verweist auf
die Gebundenheit wissenschaftlicher Erfahrungs- und Erkenntnisbildung an ein historisch
und soziokulturell eingebettetes Subjekt, dessen interpretative, komparative Analysen von
kollektiv und individuell verfügbaren Vergleichshorizonten abhängig sind. Empirische
Befunde beziehen sich damit nicht auf ein von diesem Subjekt und seinen psychosozialen
Dispositionen und soziokulturellen Wissensvoraussetzungen völlig unabhängiges Objekt,
sondern auf einen in einer praktischen und epistemischen Beziehung erst konstituierten
Gegenstand. Dieses Prinzip der unhintergehbaren Relationalität gilt für hermeneutische
Textanalysen ebenso wie für die Interpretation von Bildern oder anderen Datensorten.
Während sich die RH im Feld einer textwissenschaftlichen Handlungs- und Kulturpsycho-
logie vielfach bewährt hat, stehen ihre Bemühungen um das methodisch kontrollierte Ver-
stehen von ikonischem Material und weiteren Daten noch am Anfang (s. dazu Straub,
Przyborski und Plontke 2021, wo theoretisch zwischen Bildanalyse, Bildgebrauchs- und
-rezeptionsanalyse unterschieden wird; zu methodischen Aspekten: Plontke, Przyborski und
Straub 2022; siehe Kap. Bildanalyse). Klar ist, dass unabhängig vom zu interpretierenden
Material der Operation des Vergleichens die entscheidende Funktion zukommt. Deren
Erfolg hängt nicht nur von methodischer Expertise und Disziplin ab, sondern auch von der
Kreativität eines Erkenntnissubjekts, das auf der Grundlage der ihm vertrauten Wissens-
bestände, des ihm geläufigen Vokabulars sowie der damit verwobenen (empirischen,
theoretischen, alltagsweltlichen, imaginativ-fiktiven) Vergleichshorizonte handelt.

    Dies bedeutet im Übrigen zwangsläufig, dass verschiedene Subjekte – als Individuen
und als Angehörige bestimmter Gruppen und Gemeinschaften, als sozialisierte bzw.
enkulturierte Personen also – zu unterschiedlichen Interpretationen bestimmter Sachverhalte gelangen (und diese Sachverhalte womöglich schon im ersten Zugriff anders
auffassen). Interpretationen sind kontingent und voraussetzungsvoll. Das ist solange
nicht verderblich, wie man diese Kontingenz sieht und thematisiert – und diese
Beobachtung zur Grundlage für eine rationale Verständigung und Auseinandersetzung
über konkurrierende Interpretationen erklärt. Die RH plausibilisiert und kultiviert eine
nicht stillzustellende Konkurrenz der Interpretationen. Sie sieht darin nichts Bedauer-
liches, sondern die Grundlage eines anhaltenden öffentlichen Gespräches, zu dem auch
die kulturpsychologische Forschung wichtige, praktisch nützliche Beiträge leisten
kann. Beruhigend sollte es stimmen, dass nicht alle differenten Interpretationen in
Konflikte und Krisen münden müssen. Vieles lässt sich im Rahmen eines pluralistischen
Multiversums als komplementär, sich gegenseitig ergänzend und bereichernd auslegen
und behandeln. Das ist nicht immer einfach, setzt wechselseitige Anerkennung und
aufrichtige Toleranz voraus – sowie die in demokratischen Verhältnissen so wichtige
Bereitschaft, Fähigkeit und Fertigkeit, es auch im Dissens miteinander auszuhalten und

friedlich nebeneinander oder zusammen zu leben, vielleicht sogar gut leben zu können (Reichenbach 2020).

Literatur

Abel, G. (1993). *Interpretationswelten. Gegenwartsphilosophie jenseits von Essentialismus und Relativismus.* Frankfurt/Main: Suhrkamp.

Adorno, T. W. (1973). *Negative Dialektik. Jargon der Eigentlichkeit. Gesammelte Schriften,* Bd. 6. Frankfurt/Main: Suhrkamp (Original: 1966).

Angehrn, E. (2005). Interpretation zwischen Hermeneutik und Dekonstruktion. In I. Dalferth & P. Stoellger (Hrsg.), *Interpretation in den Wissenschaften* (S. 137–150). Würzburg: Königshausen & Neumann.

Bohnsack, R. (1983). *Alltagsinterpretation und soziologische Rekonstruktion.* Opladen: Westdeutscher Verlag.

Cassirer, E. (1994). *Philosophie der symbolischen Formen,* 3 Bände. Darmstadt: Wissenschaftliche Buchgesellschaft (Original: 1923–1929).

Detka, C. (2005). Zu den Arbeitsschritten der Segmentierung und der Strukturellen Beschreibung in der Analyse autobiographisch-narrativer Interviews. *Zeitschrift für qualitative Bildungs-, Beratungs- und Sozialforschung, 6*(2), 351–364.

Dresing, T., & Pehl, T. (2020). Transkription. Implikationen, Auswalkriterien und Systeme für psychologische Studien. In G. Mey & K. Mruck (Hrsg.), *Handbuch Qualitative Forschung in der Psychologie. Band 2: Designs und Verfahren* (S. 835–854). Wiesbaden: Springer.

Fischer, J. (2016). *Exzentrische Positionalität. Studien zu Helmuth Plessner.* Weilerswist: Velbrück.

Frankfurt, H. (2007). *Sich selbst ernst nehmen.* Frankfurt/Main: Suhrkamp (Original: 2006).

Glaser, B. G. (1978). *Theoretical sensitivity: Advances in the methodology of grounded theory.* Mill Valley, CA: Sociology Press.

Glaser, B. G., & Strauss, A. L. (1967). *The discovery of grounded theory.* Mill Valley, CA: Sociology Press.

Jaeggi, R. (2013). *Kritik von Lebensformen.* Frankfurt/Main: Suhrkamp.

Jaeggi, R., & Wesche, T. (Hrsg.). (2009). *Was ist Kritik?* Frankfurt/Main: Suhrkamp.

Joas, H. (1992). *Die Kreativität des Handelns.* Frankfurt/Main: Suhrkamp.

Kant, I. (1968). Kritik der Urteilskraft. In *Kants Werke* (Akademie Textausgabe, Bd. V, S. 165–486). Berlin: de Gruyter (Original: 1790).

Kuckartz, U. (2010). *Einführung in die computergestützte Analyse qualitativer Daten* (3. akt. Aufl.). Wiesbaden: VS Verlag für Sozialwissenschaften.

Kuckartz, U., & Rädiker, S. (2014). Datenaufbereitung und Datenbereinigung in der qualitativen Sozialforschung. In N. Baur & J. Blasius (Hrsg.), *Handbuch Methoden der empirischen Sozialforschung* (S. 383–396). Wiesbaden: Springer VS.

Loos, P., Nohl, A.-M., Przyborski, A., & Schäffer, B. (Hrsg.). (2013). *Dokumentarische Methode: Grundlagen – Entwicklungen – Anwendungen.* Opladen: Budrich.

Matthes, J. (1992). The Operation Called „Vergleichen". In ders. (Hrsg.), *Zwischen den Kulturen? Die Sozialwissenschaft vor dem Problem des Kulturvergleichs* (Soziale Welt, Sonderband 8, S. 75–102). Göttingen: Schwartz.

Plessner, H. (1928). *Die Stufen des Organischen und der Mensch. Einleitung in die philosophische Anthropologie.* Berlin, Leipzig: de Gruyter.

Plontke, S., Przyborski, A., & Straub, J. (2022). Qualitative Methoden der Bildinterpretation, Bildgebrauchs- und -wirkungsanalyse. In J. Straub, *Verstehendes Erklären. Sprache, Bilder und Personen in der Methodologie einer relationalen Hermeneutik. Schriften zu einer handlungstheoretischen Kulturpsychologie* (S. 339–424). Gießen: Psychosozial.

Reichenbach, R. (2020). *Grenzen der interpersonalen Verständigung. Eine Kommunikationskritik.* Gießen: Psychosozial.

Revault d'Allones, M. (2019). *Brüchige Wahrheit. Zur Auflösung von Gewissheiten in demokratischen Gesellschaften.* Hamburg: Hamburger Edition.

Ricœur, P. (1969). *Die Interpretation. Ein Versuch über Freud.* Frankfurt/Main: Suhrkamp.

Rorty, R. (1988). *Solidarität oder Objektivität? Drei philosophische Essays.* Stuttgart: Reclam.

Schutte, J. (1990). *Einführung in die Literaturinterpretation.* Stuttgart: Metzler.

Soeffner, H.-G. (1989). *Auslegung des Alltags – Der Alltag der Auslegung. Zur wissenssoziologischen Konzeption einer sozialwissenschaftlichen Hermeneutik.* Frankfurt/Main: Suhrkamp.

Straub, J. (1999a). *Handlung, Interpretation, Kritik. Grundzüge einer textwissenschaftlichen Handlungs- und Kulturpsychologie.* Reihe „Perspektiven der Humanwissenschaften" (Band 18), Hrsg. von C. F. Graumann, M. Herzog und A. Métraux. Berlin, New York: de Gruyter.

Straub, J. (1999b). *Verstehen, Kritik, Anerkennung. Das Eigene und das Fremde in den interpretativen Wissenschaften.* Göttingen: Wallstein.

Straub, J. (2007). Kultur. In J. Straub, A. Weidemann & D. Weidemann (Hrsg.), *Handbuch Interkulturelle Kommunikation und Kompetenz* (S. 7–24). Stuttgart: Metzler.

Straub, J. (2010). Das Verstehen kultureller Unterschiede. Relationale Hermeneutik und komparative Analyse in der Kulturpsychologie. In G. Cappai, S. Shimada & J. Straub (Hrsg.), *Interpretative Sozialforschung und Kulturanalyse* (S. 39–99). Bielefeld: transcript.

Straub, J. (2020). Ordnung, Reinheit, Identität und ihre Auflösung. Zygmunt Baumans Ideen von Mensch und Moral in der Post-/Moderne. In K. Platt (Hrsg.), *Fehlfarben der Postmoderne. Weiter-Denken mit Zygmunt Bauman (S. 69–134).* Weilerswist: Velbrück Wissenschaft.

Straub, J. (2021). *Psychologie als interpretative Wissenschaft. Menschenbild, Wissenschaftsverständnis, Programmatik. Schriften zu einer handlungstheoretischen Kulturpsychologie.* (2 Bde.). Gießen: Psychosozial.

Straub, J. (2022). *Verstehendes Erklären. Sprache, Bilder und Personen in der Methodologie einer relationalen Hermeneutik. Schriften zu einer handlungstheoretischen Kulturpsychologie.* Gießen: Psychosozial.

Straub, J., Przyborski, A., & Plontke, S. (2021). Bildtheorie. Eine sozialwissenschaftliche, handlungs- und kulturpsychologische Perspektive im Kontext multi- und interdisziplinärer Bildwissenschaften. In J. Straub, *Psychologie als interpretative Wissenschaft. Menschenbild, Wissenschaftsverständnis, Programmatik. Schriften zu einer handlungstheoretischen Kulturpsychologie* (2 Bde.) (S. 539–596). Gießen: Psychosozial.

Straub, J., & Ruppel, P. S. (2022). Relationale Hermeneutik und komparative Analyse: Vergleichendes Interpretieren als produktives Zentrum empirischer Forschung in Kulturpsychologie und Mikrosoziologie. In J. Straub, *Verstehendes Erklären. Sprache, Bilder und Personen in der Methodologie einer relationalen Hermeneutik. Schriften zu einer handlungstheoretischen Kulturpsychologie* (S. 95–184). Gießen: Psychosozial.

Strauss, A. L., & Corbin, J. M. (1990). *Basics of qualitative research. Grounded theory procedures and techniques.* Newbury Park: Sage.

Taylor, C. (1975). *Erklärung und Interpretation in den Wissenschaften vom Menschen. Aufsätze.* Vorwort von Garbis Kortian. Frankfurt/Main: Suhrkamp (Original 1971).

Taylor, C. (1985). *Philosophical Papers. Vol. 1: Human agency and language.* Cambridge: University Press.

Vattimo, G., & Rovatti, P. A. (Hrsg.). (2010). *Il pensiero debole.* Milano: Feltrinelli.

Waldenfels, B. (1990a). Jenseits des Subjektprinzips. In ders.: *Der Stachel des Fremden* (S. 72–79). Frankfurt/Main: Suhrkamp.

Waldenfels, B. (1990b). Der Logos der praktischen Welt. In ders.: *Der Stachel des Fremden* (S. 83–102). Frankfurt/Main: Suhrkamp.

Welsch, W. (1995). *Vernunft: Die zeitgenössische Vernunftkritik und das Konzept der transversalen Vernunft.* Frankfurt/Main: Suhrkamp.

Ethnographie und Feldforschung in Bewegten Welten

Thomas Stodulka

Zusammenfassung

Ethnographie und Feldforschung werden oft in Abgrenzung oder Negation definiert – sie sind *keine* qualitative Sozialwissenschaft, sie sind *keine* Reiseberichte, sie sind *keine* Naturwissenschaft, sie sind *keine* Kunst. Dieses Kapitel zeigt, dass Feldforschung und Ethnographie vielfältige Methoden und Forschungsperspektiven miteinander verbinden. Sie stellen verschiedene Datendimensionen und -genres einander gegenüber, die auf langfristigem und ergebnisoffenem wissenschaftlichen Engagement der Forschenden, ihrer ethischen Verantwortung und ihrer teilhabenden Beobachtung beruhen. Ethnographie und Feldforschung bedeuten, sich von denjenigen epistemischen, theoretischen oder analytischen Verallgemeinerungen über Lebenswelten, Kulturen oder Gesellschaften fernzuhalten, welche Gegensätze, Widersprüchlichkeiten und offene Fragen glätten und essentialisieren. Feldforschung und Ethnographie generieren Theorien auf der Basis langjährigen wissenschaftlichen Engagements anstelle sie zu ‚testen‘.

Schlüsselwörter

Ethnographie · Feldforschung · Multimodalität · Kollaboration · Methode · Epistemologie

T. Stodulka (✉)
Freie Universität Berlin, Berlin, Deutschland
E-Mail: Thomas.Stodulka@fu-berlin.de

© Der/die Autor(en), exklusiv lizenziert an Springer Fachmedien Wiesbaden GmbH, ein Teil von Springer Nature 2022
U. Wolfradt et al. (Hrsg.), *Kulturpsychologie*,
https://doi.org/10.1007/978-3-658-37918-6_16

1   Einleitung

Dieses Kapitel gibt einen Überblick über Ethnographie als Feldforschungspraxis. Es diskutiert Fragen der ethischen Verantwortung, der Reziprozität, der teilhabenden Beobachtung, der holistischen Forschungsperspektive und des erkenntnistheoretisch produktiven Dilemmas des gleichzeitigen Strebens nach dem Eintauchen in und dem Loslösen von den Lebenswelten der Gesprächspartner:innen, denen wir in Feldforschungen begegnen. Im weiteren Verlauf des Kapitels werden die Herausforderungen für Feldforschungen im Hinblick auf die komplexen Verflechtungen zwischen virtuellen, Online- und Offline-Welten und Kommunikationspraktiken aufgezeigt. Es thematisiert die Herausforderung der empirischen Analyse des Zusammenspiels zwischen Menschen, Artefakten, anderen Spezies oder jeglichen Formen dazwischen, einschließlich der Umwelt, großen Datenmengen oder Algorithmen. In diesem Kapitel wird auch skizziert, wie aufkommende neue Entwicklungen der multimodalen Ethnographie, der kritischen Big Data Studies, affektiver oder sensorischer Methoden und die Zusammenarbeit zwischen den Künsten und Wissenschaften aufregende neue Feldforschungsmethoden versprechen, die diversifizierte und entkolonialisierte Formen wissenschaftlicher Praxis und Repräsentation anstreben.

2   Theoretisch-methodologischer Hintergrund

George Stocking (1996) datiert die erste Verwendung des Begriffs ‚Feldforschung‘, im Englischen ‚fieldwork‘, auf A.C. Haddon während der Torres-Strait-Expedition von 1898 zurück, als die Kulturanthropologie begann unilineare Evolutionstheorien und Lehnstuhlmethoden abzuschütteln und die Ära der Ethnographie zu begründen. Haddons Expeditionen im Bereich der Zoologie und Anthropologie wurden für ihre methodologische Innovation gefeiert, weil sie Pionierarbeit bei der Verwendung von Ton- und Videoaufnahmen, Fotografien und Genealogien zur Dokumentation der sozialen Beziehungen ‚anderer‘ Kulturen leisteten. Der deutsch-amerikanische Ethnologe Franz Boas propagierte die Idee des Kulturrelativismus anstelle von Evolutionsstufen und seine Nachfolger:innen machten sich dieses neue Paradigma zu eigen und wurden zu den Gründermüttern und -vätern der Modernen Anthropologie von den 1920er bis in die 1940er Jahre. Die Feldforschung – definiert als langfristiges Zusammenleben (mindestens 12 Monate, ehemals um den ökologischen und rituellen Zyklus eines ganzen Jahres zu beobachten), die Beobachtung der Teilnehmer:innen, das Erlernen der lokalen Sprachen, das Eintauchen in das Alltagsleben der Gastgebergemeinschaften und die Dokumentation der gelebten und erlebten Erfahrungen durch Feldnotizen, Fotografie, Kartierung, Skizzieren und Tonaufnahmen – wurde zur zentralen Methodik der Kulturanthropologie und der ethnographischen Kulturpsychologie. Während Anthropolog:innen und Kulturpsycholog:innen durch Feldforschung an weit entfernten Orten durch die Gegenüberstellung verschiedener kultureller Welten beweisen wollten, dass Rassismus, Eugenik und Evolutionismus erkenntnistheoretische Irrwege sind, beschäftigten sich Soziolog:innen seit den 1940er Jahren zum Beispiel mit zivilgesellschaftlichen Bewegungen und Stadtplanungsagenden innerhalb ihrer eigenen Stadt im Rahmen von ethnographischen Feldforschungen.

Die anschließende Epoche der 1960er–1980er Jahre, in denen Objektivität, Daten-Replikation, -Validität, und -Reliabilität geschätzt wurden, wird oft als ‚szientistische Wende‘ bezeichnet. Kulturanthropologie und Kulturpsychologie nahmen Anleihen bei der Linguistik und den Kognitionswissenschaften und verfolgten neben semantischen und sozialen Netzwerkanalysen die Konstruktion kognitiver Modelle und Schemata, kultureller Klassifikationen oder Taxonomien durch Umfragen, Kartensortierung *(card sorting)* und quantifizierte Aufgaben der freien Auflistung *(free listing)*. Aus heutiger Sicht ist es nicht verwunderlich, dass implizit kritische Schriften, die in den 1980er Jahren zur ‚literarischen Wende‘ der Disziplin (maßgeblich) beitrugen – später angeführt von den amerikanischen Anthropolog:innen und Literaturwissenschaftler:innen James Clifford, George Marcus, Michael Fischer, Barbara und Dennis Tedlock, Vincent Crapanzano oder Mary-Louise Pratt und vielen anderen – Aufmerksamkeit und Lob für die Zurückweisung dieser ‚Neuen Schule des Szientismus‘ erhielten. Es entstand ein neues Genre, das die Erzählung von Feldforschungserfahrungen gegenüber der von ihr produzierten Ethnographie als Hauptziel von Monographien in den Vordergrund stellte. Explizite Kritik an Feldforschung und Ethnographie als politisch und sozial eingebettetes Unterfangen wurde erstmals nachhaltig von Talal Asad (1973) über die kolonialen Wege der Disziplin und von Michelle Rosaldo und Louise Lamphere (1974) formuliert, die die geschlechtsspezifische Voreingenommenheit der Disziplin und den ‚White Male Supremacy-ism‘ anprangerten.

In den 1980er Jahren durchlief die Anthropologie eine Art ‚Katharsis‘, in der die (post-)koloniale Komplizenschaft von im Feld Forschenden, ihre ethnographische Autorität und die Daseinsberechtigung ethnographischer Forschung radikal dekonstruiert wurden. Das Objektivitätsparadigma wurde ebenso abgelehnt wie die Autorität des Ethnographen über die Generierung von Daten über Gesellschaft, Kultur, Erfahrung und Erlebnis. Unter dem Einfluss nordamerikanischer Anthropologien schuf diese literarische Wende ein akademisches Regime reflexiver Feldforscher:innen, die nur ‚Teilwahrheiten‘ produzieren können, anstatt kulturelle Analysen zu verallgemeinern. Bis heute wird die Epistemologie ethnographischer Forschung von Forderungen nach (und nicht notwendigerweise Praktiken) einem ethnographischen Schreiben dominiert, das experimentell, dialogisch, mehrstimmig und polyphon ist. Im Rückblick hat der von James Clifford und George Marcus herausgegebene Sammelband *Writing Culture – The Poetics and Politics of Ethnography* (1986) die Weichen für die postmoderne, postkoloniale und poststrukturelle Epoche der Kulturanthropologie und der ihr nahe stehenden ethnographischen Kulturpsychologie gestellt. Er hat Debatten provoziert, die zu anfänglichen Spaltungen zwischen Anhänger:innen und Gegner:innen führten, die man unter den Schlagworten ‚intellektuelle Deliberation des Kolonialismus‘ vs. ‚postmoderne Nabelschau‘ zusammenfassen könnte. Wie auch immer man diesen epistemologischen Erdrutsch rückblickend und perspektivisch betrachtet, die Feld-forschung und das ethnographische Schreiben haben sich in der Folge erheblich ver-ändert. Die ‚Ethnographie vor der Haustür' (ein Etikett, das besser vermieden werden sollte, denn heute hängt die Legitimation der Kulturanthropologie und der Kultur-psychologie als wissenschaftliches Projekt nicht mehr von lokalen, oder ethno-lokalen Trennlinien ab), die multilokale Forschung, die Wissenschafts- und Technologiestudien, um nur einige zu nennen, haben in den letzten Jahrzehnten eine Blütezeit erlebt, in der sich auch die systematische Selbstreflexivität der Forschenden selbst in eine neue Form des Empirismus verwandelt hat. Dies ist offensichtlich nicht nur eine Folge der literarischen Wende, vielmehr hat sich die Erkenntnistheorie ethnographisch basierter Forschungen seit den 1980er Jahren grundlegend verändert, nicht zuletzt hinsichtlich signifikanter Verschiebungen in den globalisierten transnationalen Kommunikations-, Mobilitäts- und Arbeitsregimen, die alle ihre Konsequenzen und Möglichkeiten lang-jähriger Forschungskollaborationen mit sich bringen. Ein weiteres Ergebnis, das seit-her mit epistemologischen Debatten zur Feldforschung eng verbunden ist, besteht darin, dass Kulturanthropolog:innen und -psycholog:innen ethnographisches Wissen fast ein-hellig als immer verortet, positioniert und wissenschaftlich konstruiert auffassen. Renato Rosaldos Definition der Ethnographin als „positioniertes Subjekt" (1989, S. 15) dürfte einer der meistzitierten Begriffe im Zusammenhang mit Feldforschungsmethoden sein, mit der Ethnograph:innen ihre Subjektivitäten und Biografien im Hinblick auf die von ihnen untersuchten Personen und Phänomene beschreiben und reflektieren.

Reflexionen über die Positionalität von Forscher:innen heben ihre unterschied-lichen sozialen und persönlichen Identitäten hervor. Das Alter, die soziale Marginali-tät, ein Außenseiter der untersuchten Gemeinschaft zu sein, für einige die Hegemonie der Zugehörigkeit zu (post-)kolonialen Regimes oder das soziale Geschlecht haben einen großen Einfluss auf die Begegnungen im Feld und die Art und Weise, in der Informant:innen und Gesprächspartner:innen ihre Erfahrungen und Erzählungen preis-geben. Die literarische Wende hat Feldforschende gelehrt, dass Narrative, Lebens-geschichten oder Beobachtungen immer ‚partikulär' und ‚partiell' sind. Als solche müssen sie ständig mit Daten verglichen werden, die aus Feldforschungsbegegnungen mit anderen Gesprächspartner:innen einbezogen oder indem andere Datendimensionen (Artefakte, mediale Diskurse, *surveys,* Fokusgruppendiskussionen, etc.) herangezogen werden – ein Ansatz, der im soziologischen Sinne auch als ‚methodologische Tri-angulation' bezeichnet wird. Positionalitätsdebatten wurden auf Diskussionen um Feld-forschungsethik ausgedehnt, doch wurde der Frage, wie Ethnograph:innen mit den ihnen im Feld zugeschriebenen Positionalitäten methodologisch und emotional umgehen, wenig Aufmerksamkeit geschenkt. Die psychoanalytischen Konzepte der Übertragung und Gegenübertragung bleiben in diesem Diskussionsfeld hartnäckige theoretische Referenzen. Dies gilt auch für soziologische Forschungsdiskurse in denen Ethnographie als ‚emotionale Arbeit' definiert wird, oder kulturanthropologische Perspektiven, welche Feldforschungen als ‚emotionale Ökonomien' begreifen (Stodulka 2017).

Neben substantiellen Debatten über die Poetik und Politik ethnographischer Wissens-produktion begannen zunächst Kulturanthropolog:innen zunehmend ein „Primat des Ethischen" (Scheper-Hughes 1995) zu fordern, das Ethnograph:innen als Aktivist:innen aufrief, auch politisch an der Seite derjenigen Gemeinschaften zu agieren, mit denen sie lebten und lernten. In diesem ‚compassionate turn' (Sluka und Robben 2012) entstanden aktivistische und engagierte Forschungspraktiken, die das Ethos der angewandten Anthropologie, der Advocacy und der Aktionsforschung ethnographisch erweiterten. Solch engagierte Projekte werden bis heute von einigen Forschungslandschaften gefördert, von anderen jedoch als unwissenschaftlich marginalisiert (Stodulka 2021).

3   Neue methodische Verfahrensweisen und zeitgenössische Verortungen

Multimodale, digitale und künstlerische Methoden haben in den letzten zehn Jahren aus verschiedenen Gründen innerhalb der Kulturanthropologie, zunehmend auch in der Kulturpsychologie, an Bedeutung gewonnen. Diese reichen von technologischen Entwicklungen bei den Kommunikationsmöglichkeiten bis hin zu einem gesteigerten Bewusstsein, dass Ethnographie ein *gemeinschaftliches* Unterfangen von Forscher:innen und Teilnehmer:innen in ihrem Bestreben ist, wissenschaftliche und öffentliche Dis-kurse aktiv zu beeinflussen und mitzugestalten. In Anlehnung an die ‚mitfühlende Wende' der 1990er und 2000er Jahre, in der sich Feldforschende auf die Seite marginalisierter Gemeinschaften stellten und gegen politische Unterdrückung und öko-nomische Ausbeutung agierten, kooperieren multimodal arbeitende Ethnograph:innen mit Stadtplaner:innen, Architekt:innen, politischen Eliten, Medien-Gatekeeper:innen und Datenwissenschaftler:innen. Wenn wir bedenken, wie die ständig wachsende Flut digitaler Medien unser Weltverständnis beeinflusst, werden auch Methoden der digitalen Ethnographie immer wichtiger. Die ‚digitale Wende' der 2010er Jahre hat den Fokus von zusammenhängenden geografischen Räumen hin zu hybriden und virtuellen Realitäten verändert und erfordert die Kombination von On- und Offline-Methoden und gemischter Modi der Wissenskonstruktion. Digitale Medien und Kommunikationstechnologien haben die Art und Weise, wie Feldforschende mit ihren Gesprächspartner:innen und Forschungsakteur:innen kommunizieren, wesentlich verändert. Diese technologischen Fortschritte haben neue Möglichkeiten für multitemporale Feldforschungen über längere Zeiträume mit einer großen Zahl von Online-Teilnehmer:innen oder einer kleinen Gruppe von Personen im Hinblick auf kollaborative, multivokale und multimediale Forschungen geschaffen. Was die veränderten ethnographischen Repräsentationsstile betrifft, so ist in den letzten zehn Jahren eine explosionsartige Zunahme von Open-Access-Formaten, Blogs und lebendigen Online-Dokumenten zu beobachten. In Zeiten begrenzter finanzieller Mittel und eingeschränkter Mobilität, gepaart mit wachsendem ökologischen Bewusstsein sind neue Formate der Wissenskonstruktion notwendig, die einen Verzicht auf Reisen für Feldforschungen erleichtern. Derlei Einschränkungen der

Möglichkeiten tatsächlicher Feldforschung von Angesicht zu Angesicht und vor Ort, die lange Zeit das Rückgrat der Ethnographie waren, schaffen auch neue Begegnungsräume zwischen den Künsten und Wissenschaften online und im öffentlichen Raum von Museen, Galerien, Bibliotheken und Gemeindezentren.

Multimodale Ethnographien zielen darauf ab, Methoden zu kombinieren, die zielgerichtet in den Alltag der Forschungsteilnehmer:innen integriert werden können. Anstatt künstliche Interview-Situationen zu schaffen, die Gesprächspartner:innen zu bitten, Kästchen von Fragebögen anzukreuzen, oder sie zu Laborexperimenten zu überreden, konzentrieren sich Feldforschende heute darauf, Methoden zu entwickeln, von denen die Teilnehmer:innen auch profitieren können, anstatt ihre alltäglichen Lebensabläufe zu stören. Multimodale Ethnographien beschäftigen sich mit der Nutzung verschiedener Medien und Artefakte (z. B. der Herstellung von Fotos, Zeichnungen, animierten Modellen und Simulationen zukünftiger gesellschaftlicher oder politischer Szenarien) und betten sie als ‚natürliche Experimente' in die Beobachtung der Teilnehmer:innen ein. Obwohl die multimodale Ethnographie auf persönlichen Begegnungen beruht, teilt sie die Herausforderung, bestehende und noch zu entwickelnde Feldforschungsmethoden mit der digitalen Ethnographie zu kombinieren. Letzteres ist ein inspirierendes Unterfangen, das sich in seinen Versuchen, klassisches Close-Reading mit neuartigen technologisch unterstützten statistischen Methoden (z. B. Verarbeitung natürlicher Sprache, Data Mining oder Programmieralgorithmen) zur Analyse von sprach- und bildbasierten (großen) Online-Daten zu kombinieren, entwickelt. Neben den kontinuierlichen technologischen Fortschritten sowohl in unserem Alltagsleben als auch bei der Feldforschung entwickeln sich auch Dokumentations- und Analysemethoden beständig weiter.

Ein weiterer aufstrebender Bereich der Feldforschung und Ethnographie ist die kritische Analyse von (digitalen) Daten und Digitalisierung. Innerhalb dieses interdisziplinären Forschungsfeldes beschäftigt sich eine wachsende Zahl von Kulturanthropolog:innen, zunehmend auch Kulturpsycholog:innen, mit der Untersuchung der menschlichen Lebensweise mit Daten, der Datenmacht und den pragmatischen Auswirkungen von Datenverwaltungsplänen, Datenschutzgesetzen und Datenethik. Ruckenstein und Schüll (2017), zwei Autor:innen, die Surveys und Interviews mit technologisch gestützter Programmierung und Algorithmenanalyse kombinieren, heben hervor, dass ein ethnographischer ‚Datenaktivismus' zum besseren Verständnis beitragen könne, wie die Kapazitäten der Datentechnologie genutzt werden könnten, um soziale Gerechtigkeit, neue Formen des respektvollen Miteinanders und politische Beteiligung zu fördern.

Während einige Ethnograph:innen seit jeher enge Beziehungen zu den Künsten unterhalten haben, gedeihen zunehmend mehr kunstbasierte ethnographische Methoden der Wissenskonstruktion. Neben kollaborativen visuellen Ethnographien und experimentellen Kooperationen zwischen Künstler:innen, Kulturanthropolog:innen und Kulturpsycholog:innen nutzen zeitgenössische Formen der künstlerisch inspirierten Ethnographie die Künste auch als theoretisch informierte Feldforschungspraxis. Ähnlich wie Tim Ingolds ethnografisches Gehen und Zeichnen (2011) erinnert Andrew Causey (2016) Feldforschende an die erkenntnistheoretische Kraft des Skizzierens und

Zeichnens im Gegensatz zur Schnappschussfotografie und zum Smartphone-Video im Feld. Edward Lowe beispielsweise lehrt eine Kombination verschiedener Methoden und bedient sich der Theorie und Praxis der Stillmalerei, um in Graduiertenkursen die Wahrnehmung und die Sinne der Ethnograph:innen auf das Feld einzustimmen (persönliche Kommunikation). In einer Kollaboration von Grafiker:innen, Anthropolog:innen und Flüchtlingen schufen Martínez (2019) und Kolleg:innen (ethno-)graphische Kurzgeschichten über erzwungene Migrationsbewegungen, die in öffentlichen Bibliotheken ausgestellt wurden. Thajib und Kolleg:innen haben in ihrem Versuch, strukturelle Gewalt ethnographisch-künstlerisch zu erfassen, dargestellt, wie Theater, Film und Fotografie zu einer öffentlich wahrgenommenen Wissenschaft beitragen können (Thajib und Stodulka 2021), während Low (2015) sich mit sensorischen Begehungen beschäftigt hat, um Erfahrungswissen über soziale Schichtung und kulturelle Stereotypisierung in Singapurs multiethnischen Stadtlandschaften zu schaffen. Unter Bezugnahme auf das anhaltende Forschungsinteresse an der Orts- und Raumbildung in transnational entstehenden Lebenswelten haben Kulturpsychologie und Kulturanthropologie gleichermaßen betont, dass kunstbasierte Methoden fundierte Einsichten schaffen können, indem sie über rational-kognitive Wissensweisen hinausgehen und neue Wege ethnographischer Wissenskonstruktion bieten. Dies steht im Einklang mit der langjährigen Diskussion der Kulturanthropologie über Ethik und Reziprozität in der Feldforschung.

Die Arbeit von Claudia Pollmann (2019) und ihrem Team von Künstler:innen, Designer:innen, Architekt:innen, Anthropolog:innen, Psychiater:innen und Patient:innen stellt beispielsweise eine herausragende kollektive und multimodale Anstrengung dar, neue psychiatrische Räume und Kliniken nicht nur aus der Perspektive betroffener, sondern auch beteiligter Patient:innen zu gestalten. Die Forderung von Pope et al. (2016) Ethnographie und Feldforschung als anstrengende „schmutzige Arbeit" zwischen den Disziplinen zu begreifen, bleibt eine eindringliche Erinnerung an die ethische und gesellschaftliche Verpflichtung feldforschungsbasierter Wissenschaft. Jill Korbins (2018) aufschlussreicher Band über Kindesmissbrauch und -vernachlässigung oder Byron Goods und Mary-Jo DelVecchio-Goods (2014) transkulturelle Zusammenarbeit zu psychischer Gesundheit und Krankheit in Indonesien illustrieren das politische Engagement von Ethnograph:innen und richten ihre Kritik an Expertendiskursen aus, um die Realitäten vor Ort nicht nur zu verstehen, sondern gemeinsam mitzugestalten.

4   Fazit

Zu Beginn des 21. Jahrhunderts, in dem sich nicht nur Natur- und Kulturlandschaften vor unseren Augen dramatisch und rasant verändern, sondern in dem sich langsam welkende akademische Hegemonien in den Händen einiger weniger epistemischer Zentren allmählich in globale Netzwerke der Wissensproduktion und des Wissensaustauschs auflösen, bleibt eine allumfassende Frage nach wie vor entscheidend: Wird es zukünftigen Anthropologien und Psychologien gelingen, ihre Praktiken des Lehrens, Forschens und

Repräsentierens kontinuierlich zu dekolonialisieren, oder werden neu entstehende Infrastrukturen der translokalen Zusammenarbeit und des globalen Austauschs nur die älteren Hegemonien ersetzen? Die Feldforschung bleibt hierbei als Forschungspraxis ein vielversprechendes Unterfangen in dem die Herausforderungen und Möglichkeiten eines ethisch-verantwortungsvollen Miteinanders erprobt, kritisiert und konstruktiv weiter entwickelt werden können.

Literatur

Asad, T. (Hrsg.). (1973). *Anthropology and the colonial encounter.* London: Ithaca Press.

Causey, A. (2016). *Drawn to see: Drawing as an ethnographic method.* Toronto: University of Toronto Press.

Clifford, J., & Marcus, G. E. (Hrsg.). (1986). *Writing culture: The poetics and politics of ethnography.* Berkeley, CA: University of California Press.

Good, B. J., DelVecchio-Good, M. J., Abramowitz, S., Kleinman, A., & Panter-Brick, C. (2014). Medical humanitarianism: Research insights in a changing field of practice. *Social Science & Medicine, 120*(1), 311–316.

Ingold, T. (2011). *Being alive: Essays on movement, knowledge and description.* Abingdon: Routledge.

Korbin, J. (Hrsg.). (2018). *Child abuse and neglect: Cross-cultural perspectives.* Berkeley, CA: University of California Press.

Low, K. E. Y. (2015). The sensuous city: Sensory methodologies in urban ethnographic research. *Ethnography*, 16(3), 295–312. https://doi.org/10.1177/1466138114552938

Martínez, A. (2019). *Picturing encounters: a workshop for storytellers and illustrators!* Berlin: encounterblog. https://www.encounter-blog.com/en/picturing-encounters/

Pollmann, T. C. (2019). *visions4people: Artistic research meets psychiatry.* Berlin: Jovis.

Pope, L. G., Cubellis, L., & Hopper, K. (2016). Signing on for dirty work: Taking stock of a public psychiatry project from the inside. *Transcultural Psychiatry*, 53(4), 506–526. https://doi.org/10.1177/1363461516655947

Rosaldo, M. Z., & Lamphere, L. (Hrsg.). (1974). *Woman, culture, and society.* Stanford, CA: Stanford University Press.

Rosaldo, R. (1989). *Culture and truth: The remaking of social analysis.* Boston, MA: Beacon.

Ruckenstein, M., & Schüll, N. D. (2017). The Datafication of health. *Annual Review of Anthropology*, 46(1), 261–278.

Scheper-Hughes, N. (1995). The primacy of the ethical: Propositions for a militant anthropology. *Current Anthropology, 36*(3), 409–20.

Sluka, J. A., & Robben, A. (2012). Fieldwork in cultural anthropology: An introduction. In A. Robben & J. A. Sluka (Hrsg.), *Ethnographic fieldwork: An anthropological reader* (S. 1–45). Chichester: Wiley-Blackwell.

Stocking, G. W. (1996). *After Tylor: British social anthropology, 1888–1951.* London: The Athlone Press.

Stodulka, T. (2017). *Coming of age on the streets of Java. Coping with marginality, stigma and illness.* Bielefeld: transcript.

Stodulka, T. (2021). Methods and the construction of knowledge: Fieldwork and ethnography. In L. Pedersen & L. Cligett (Hrsg.), *The SAGE handbook for cultural anthropology* (S. 99–118). Thousand Oaks, CA: Sage.

Thajib, F., & Stodulka, T. (2021). *Bearing witness to slow violence's atmospheres*. https://www. anthrometronom.com/lab

Evokative Autoethnografie: Rezeption und Einsatzpotenzial

Johanna Stadlbauer und Andrea Ploder

Zusammenfassung

In diesem Beitrag diskutieren wir die evokative Autoethnografie als Methode im Kanon performativer Sozialforschung und erläutern ihr Potenzial für die Kulturpsychologie. Wir geben einen Einblick in aktuelle Rezeptionszusammenhänge und zeigen, wo der Ansatz der Autoethnografie die (Kultur-)Psychologie konstruktiv herausfordert und wie er an bereits bestehende Debatten in diesem Feld anschließen kann. Um die vielfältigen Einsatzweisen der Autoethnografie zu demonstrieren, stellen wir außerdem mögliche Kombinationen mit anderen Forschungszugängen vor. Abschließend illustrieren wir anhand von Beispielen, wie ein autoethnografisches Forschungsprojekt ablaufen kann.

Schlüsselwörter

Autoethnografie · Introspektion · Gütekriterien · Performative Sozialforschung · Reflexivität · Subjektivität · Schreiben

J. Stadlbauer (✉)
Karl-Franzens-Universität Graz, Graz, Österreich
E-Mail: johanna.stadlbauer@uni-graz.at

A. Ploder
Leopold-Franzens-Universität Innsbruck, Innsbruck, Österreich
E-Mail: Andrea.Ploder@uibk.ac.at

1   Einleitung[1]

Autoethnografie ist ein Forschungsansatz, mit dem persönliche Erfahrung *(auto)* beschrieben und systematisch analysiert wird *(grafie)*, um soziokulturelle Erfahrung *(ethno)* zu verstehen (Ellis 2004). Dabei fließen autobiografische und ethnografische Genres zusammen und das subjektive Erleben der Forscher:innen wird zur zentralen Ressource für Erkenntnisprozesse. Der Ansatz gehört damit zu jenen stark reflexiven Zugängen, die subjektive Erfahrung der Forschenden und ihre Verstrickungen mit dem Forschungsfeld nicht als Störfaktor, sondern als konstitutiven Teil ihrer Arbeit und als wertvolle Datenquelle begreifen (Kühner et al. 2016; Ploder und Stadlbauer 2016, 2017).

Dieser breite Begriff von Autoethnografie umfasst mittlerweile ein vielfältiges Spektrum von Herangehensweisen. Sie alle nutzen die Erfahrung der Forschenden als zentrale Quelle, unterscheiden sich aber – zum Teil erheblich – in ihrer Epistemologie. Evokative Autoethnograf:innen zeichnen sich dadurch aus, dass sie mit einem performativen Erkenntniskonzept arbeiten und Forschung als politischen und sozialen Akt verstehen. Das besondere Potenzial der evokativen Autoethnografie steckt in der Erschließung neuer Phänomene und Perspektiven (auf die wir unten näher eingehen) sowie in der gezielten Nutzung von Schreiben, Performance und Lesen bzw. Rezeption als Erkenntnisinstrument. Zur Abgrenzung von anderen Spielarten der Autoethnografie vergleiche auch Adams et al. (2020, S. 476 f.).

In diesem Beitrag diskutieren wir den spezifischen Erkenntnisbegriff der evokativen Autoethnografie, zeigen, für welche Themen sie sich besonders eignet und stellen sie in den Kontext aktueller Debatten. Dabei wird auch der Stellenwert des Zugangs innerhalb der performativen Sozialforschung deutlich. Wir zeigen, wie Autoethnograf:innen die (Kultur-)Psychologie produktiv herausfordern und wo sie an bestehende Diskussionen in der Kulturpsychologie anschließen können. Um die vielfältigen Einsatzweisen des Ansatzes zu illustrieren, weisen wir auf mögliche Kombinationen mit anderen Forschungszugängen hin. Abschließend illustrieren wir den Ablauf autoethnografischer Forschungsprojekte anhand verschiedener Beispiele.

2   Theoretisch-methodologischer Hintergrund

Forscher:innen, die sich der evokativen Autoethnografie bedienen, arbeiten mit einem performativen Erkenntnisbegriff (Ploder 2011) und verstehen sowohl den Prozess des Schreibens und Performens als auch den des Lesens bzw. Rezipierens als bedeutungs-konstitutiv. Sie nutzen vor allem das Schreiben als *method of inquiry* (Richardson und Adams St. Pierre 2005), also als zentrale Forschungsmethode. Vertreter:innen der

---

[1] In diesem Text beziehen wir uns stark auf unsere früheren Arbeiten zur evokativen Autoethnografie. Insbesondere Ploder und Stadlbauer (2013, 2019); Adams et al. (2020) und Ploder (2021).

evokativen Autoethnografie sind davon überzeugt, dass sie im Forschungsprozess Bedeutung *herstellen* (und nicht rekonstruieren), die beforschte Wirklichkeit durch Forschung *verändern* (und nicht repräsentieren), und dass im Rezeptionsprozess Forschungsergebnisse *produziert* (und nicht lediglich konsumiert) werden. Dieses epistemologische Konzept bringt neue Verhältnisbestimmungen zwischen den unterschiedlichen Akteur:innen der Forschung mit sich. Eine wichtige Rolle spielen aktive, reflexive Rezipient:innen, die dazu bereit sind, in einen engagierten partnerschaftlichen Dialog mit den Schreibenden und der Erzählung zu treten (Bochner 2001) und sich auf eine identifikatorische und bedeutungsgenerierende Beziehung mit dem Text oder der Performance einzulassen. Der Prozess der Erkenntnis endet in diesem Verständnis nicht mit der Produktion des Textes oder der Performance durch die Forschenden, sondern setzt sich im sinnlichen, emotionalen Erleben der Lesendenschaft bzw. des Publikums fort.

Die evokative Autoethnografie ist damit – hinsichtlich ihrer Epistemologie – eine Spielart performativer Sozialforschung. Für diese Zugehörigkeit ist es unerheblich, ob ein autoethnografischer Text in einer Lesung bzw. Inszenierung vor Publikum ‚zur Aufführung kommt‘ (also im engeren Sinn ‚performt‘ wird) oder nicht, da auch im Akt des ‚einsamen‘ Lesens performative Erkenntnis generiert werden kann.

Mit ihrem Ansetzen an der individuellen Erfahrung der Forschenden und ihrer spezifischen epistemologischen Ausrichtung ermöglicht die evokative Autoethnografie Zugang zu Phänomenen, die mit anderen Ansätzen schwer zu fassen sind. Das betrifft insbesondere stark emotional aufgeladene Themen, die mit Liebe, Freude, Angst oder Trauer zu tun haben (Stadlbauer und Ploder 2016), aber auch körpernahe Forschungsfelder wie Sport, Sexualität, *disability*, Gewalt oder Krankheit. Der Ansatz eignet sich besonders gut zur Erforschung von liminalen Phasen (z. B. Statuspassagen in individuellen Biografien oder Krisen- und Übergangsphasen ganzer Gruppen/Gesellschaften), und ermöglicht eine gute Annäherung an deren krisenhaften Charakter. Emotionen und körperliche Erfahrungen anderer sind schwer zu beobachten und auch über Interviews nur stark vermittelt zugänglich. Die Autoethnografie ermöglicht es Forschenden, ihr *eigenes* Erleben zum Ausgangspunkt zu nehmen, das sie um einiges detaillierter dokumentieren und analysieren können als das Erleben Anderer. Viele Autoethnograf:innen greifen dabei Zugänge wie die systematische Introspektion auf, die in der Psychologiegeschichte eine lange Tradition haben (Mey 2018).

Mit der COVID-19-Pandemie zu Beginn der 2020er Jahre erfuhr die Autoethnografie eine neue Konjunktur. Während der Pandemie mehrten sich Aufrufe zum Verfassen autoethnografischer Berichte und entsprechende Publikationen, in denen individuelle Pandemieerfahrungen bearbeitet werden. Dieser Boom verdeutlicht die oben angeführten methodologischen Besonderheiten des Ansatzes: Krisenerfahrungen sind ein zentrales Thema der Autoethnografie – auf empirischer und methodologischer Ebene – und das Motiv der *Liminalität* (verstanden als Schwellenzustand zwischen Lebensphasen oder gesellschaftlichen Zuständen) ist zentral für die performative Epistemologie der evokativen Autoethnografie (Ploder 2011). Der Zugang eignet sich sehr gut zur sozial- und kulturwissenschaftlichen Erforschung von Phänomenen, die als lebensverändernd, erschütternd – als Grenzerfahrungen – erlebt werden. Darüber hinaus ist Autoethnografie eine naheliegende Wahl für das Forschen in kollektiven Krisenzeiten wie der COVID-19-Pandemie. Erzählen ist ein bewährter Modus der Reorientierung, des Findens und der Herstellung einer Ordnung in Phasen des Umbruchs – auch für Forschende. Es kann sinnstiftend sein und hat oft auch therapeutische Relevanz, was ein weiteres Motiv für die Konjunktur dieses Ansatzes sein könnte.

Es gibt aus unserer Sicht außerdem einen wichtigen epistemologischen Grund, unter Bedingungen weltweiter Krisenereignisse zur Autoethnografie zu greifen: Der kollektive Charakter von Pandemien, Wirtschaftskrisen oder extremen Wetterereignissen schafft eine ausgezeichnete Ausgangslage für die produktive Rezeption evokativer Autoethnografien. Obwohl die Auswirkungen globaler Ereignisse keineswegs für alle die gleichen sind, schaffen sie einen Bezugspunkt, der zum Schlüssel für die Wirkung autoethnografischer Berichte werden könnte. Evokative Autoethnografien sind dann besonders stark, wenn durch sie die individuelle Geschichte der Erzählenden mit denen ihrer Leser:innen verknüpft werden kann. Und hier bietet der gemeinsame Anlass die Möglichkeit, eine Vielzahl individueller Krisenerfahrungen miteinander zu verbinden, die auf gesellschaftliche Phänomene wie Isolation und Gemeinschaft, politisches Engagement, Medienrezeption und -nutzung, den Wandel der Arbeitswelten, Gesundheitssorgen, Familienleben, Retraditionalisierung der Geschlechterverhältnisse oder die Digitalisierung von Bildung verweisen.

Auch vor 2020 war die Autoethnografie bereits verstärkt in der Diskussion und wird mittlerweile in verschiedenen Kontexten rezipiert: Als prominente Spielart der *arts-based-research* bzw. *fiction-based-research* (Schreier 2017, Abs. 5–11, 14), als Ansatz im Kanon der performativen Sozialwissenschaft (Roberts 2008), im Rahmen des *narrative turn* und der Konjunktur des *storytelling* (Schreier 2017, Abs. 7) sowie als Zugang, der Reflexivität im Forschungsprozess ernst nimmt und dadurch eine Antwort auf aktuell drängende methodologische Fragen verspricht (Breuer et al. 2019; Mruck und Mey 2019; Ploder und Stadlbauer 2016). Das wachsende Interesse an evokativer Autoethnografie steht somit im Kontext allgemeiner Entwicklungen im Feld der qualitativen Forschung. Eine große Rolle spielt dabei die anhaltende Auseinandersetzung mit Fragen der Subjektivität und Reflexivität von Forscher:innen, also dem systematischen Rückbezug der Forschenden auf sich selbst, auf ihre Verstrickungen mit dem Feld, ihre Vorannahmen, ihren Einfluss und ihre Reaktionen auf die Forschungsbeziehung.

Die (Kultur-)Psychologie scheint mit ihrem Fokus auf das Individuum noch stärker als andere Disziplinen dazu prädestiniert, der Perspektive der einzelnen Forscherin einen besonderen Stellenwert einzuräumen. Seit einiger Zeit verwenden Psycholog:innen im englischsprachigen Raum – ob sie sich nun selbst als Autoethnograf:innen bezeichnen oder nicht – autoethnografische Forschungspraktiken, haben selbst evokative Autoethnografien verfasst oder ihre Verwendung in der Forschung untersucht (Adams et al. 2020). Die evokative Autoethnografie steht außerdem in einer Wahlverwandtschaft mit der Ethnopsychoanalyse, einem weiteren stark reflexiven und im engeren Sinn kulturpsychologischen Forschungsansatz (zu den Gemeinsamkeiten und Unterschieden siehe Ploder und Stadlbauer 2017; zur Ethnopsychoanalyse siehe Kap. Die ethnopsychoanalytische Perspektive).

Die evokative Autoethnografie hat noch weitere Kennzeichen, die sie für die Kulturpsychologie anschlussfähig machen. Die Kulturpsychologie ist eine ‚Disziplin zwischen den Disziplinen‘, die etablierte Fach- und Methodengrenzen infrage stellt. Die Autoethnografie verbindet die Genres der Ethnografie und der Autobiografie und hinterfragt die Grenzziehung zwischen Literatur bzw. Kunst und Wissenschaft. Unter dem Schlagwort der *blurred genres* ruft sie zu einer Neuverhandlung dieser Grenzen auf und betont, dass manche wissenschaftliche Ziele am besten mit künstlerischen Mitteln erreicht werden können. Wenn Psycholog:innen Autoethnografien schreiben, fordern sie das Wissenschaftsverständnis der Psychologie und ihre gängigen Gütekriterien heraus und schließen an eine Diskussion an, die schon die Etablierung interpretativer Methoden in der Psychologie begleitet hat. Sie schaffen damit für alle Fachvertreter:innen eine Gelegenheit, ihr disziplinäres und methodisches Selbstverständnis neu und breiter auszurichten – oder in kritischer Abgrenzung zur Autoethnografie weiter zu schärfen. Diese immanent fachkritische Stoßrichtung teilt evokative Autoethnografie mit anderen performativen Methoden (Mey 2020) und weiteren Ansätzen im Kanon der *arts-based-research* (Schreier 2017, Abs. 5–11).

Die evokative Autoethnografie bringt aber noch weitere Grundüberzeugungen qualitativer Psychologie auf den Punkt: Sie radikalisiert die Einsicht, dass Forschung immer mit den Forschenden selbst beginnt und das forschende Selbst das zentrale Medium jeder wissenschaftlichen Auseinandersetzung ist. Sie nimmt die Forderung nach Reflexivität ernster als die meisten anderen qualitativen Methoden. Und mit ihrem besonderen Fokus auf das Schreiben als *method of inquiry* zieht sie eine wichtige Konsequenz aus der (nach wie vor hochaktuellen) *writing culture* Debatte der 1980er Jahre, in der eindrucksvoll auf die epistemische Produktivität des Schreibens und Lesens wissenschaftlicher Texte hingewiesen wurde. Ein gut geschriebener Text kann demnach zugleich analytisch und persönlich, akademisch und therapeutisch sein. Evokative Autoethnografien betonen außerdem das gesellschaftsverändernde Potenzial (und die damit einhergehende Verantwortung) qualitativer Forschung und können dadurch auch wertvolle wissenschaftspolitische Impulse für die Kulturpsychologie setzen.

Es gibt mittlerweile viele Forscher:innen, die sich für die evokative Autoethnografie interessieren, aber zugleich (aus Überzeugung und/oder aus forschungsstrategischen Gründen) an etabliertere methodische Traditionen anschließen wollen. Eine Kombination mit anderen Varianten der qualitativen Forschung ist möglich, solange die unterschiedlichen epistemologischen Grundlagen nicht zueinander in Widerspruch geraten. Denkbar ist beispielsweise eine autoethnografische *Begleitreflexion,* die die gesamte Forschungsarbeit durchzieht: Sie kann nebenherlaufen als ‚zweite textuelle Ebene‘, die Irritationen bei Leser:innen ermöglicht, aber nicht erzwingt – zum Beispiel in Form von gerahmten Text-Kästen, die alle paar Seiten eingefügt werden, oder als visuell abgesetzter, fortlaufender Text auf allen Seiten der Publikation. Autoethnografisch generierte Materialien und Einsichten können aber auch direkt in die Darstellung der Forschungsergebnisse Eingang finden und dialogisch mit ihnen verwoben werden. Eine weitere Option ist die *separierte* autoethnografische Reflexion in einem eigenen Textabschnitt. Hier wird im Großteil der Arbeit ein anderer methodischer Zugang verfolgt, nur ein einzelnes Kapitel – gezielt als methodische Reflexion ausgewiesen – ist autoethnografisch angelegt. Denkbar ist auch die Produktion autoethnografischer Daten, die dann in einem interpretativen Analyserahmen gedeutet werden. Hier wird jedoch typischerweise der Bereich der evokativen Autoethnografie zugunsten einer anderen Spielart (wie etwa der analytischen Autoethnografie) verlassen. Auch umgekehrt ist es denkbar, interpretativ generierte Daten in eine evokative Autoethnografie einzuarbeiten.

3   Methodische Verfahrensweisen und exemplarische Umsetzungen

In der Kulturpsychologie kann die evokative Autoethnografie in vielfältiger Weise zum Einsatz kommen. Im Folgenden zeigen wir, wie die oben erläuterten methodologischen Grundlagen in konkreten Forschungsprojekten umgesetzt werden können.

Der Arbeitsprozess startet oft mit dem Sichten von bestehendem Material und der Identifikation starker Erinnerungen an ein denkwürdiges Erlebnis oder eine Erfahrung in Zusammenhang mit dem Forschungsinteresse. Datengrundlage können zum Beispiel eigene Tagebuchnotizen, Gedichte, Fotos, persönliche Aufzeichnungen oder Emails sein. Es kann zu Beginn des Forschungsprozesses neues Material produziert werden, indem Erinnerungen an Ereignisse und Interaktionen aufgeschrieben, Gespräche mit dem persönlichen Umfeld geführt, Introspektionsnotizen gemacht oder herkömmlicher gestaltete Forschungsgespräche geführt und transkribiert werden. Alle Arten der ethnografischen Datenproduktion können eingesetzt werden (Ellis und Bochner 2000, S. 737).

Ein gutes Beispiel ist das Buch *The Vulnerable Observer* der Kulturanthropologin Ruth Behar (1996), das im Zusammenhang mit der evokativen Autoethnografie oft genannt wird. In einer Mischung aus Memoiren und Ethnografie einer US-Amerikanerin mit kubanischer Familiengeschichte schreibt Behar über Migration und Diaspora, Trauer- und Erinnerungsarbeit, Krankheit und Heilung. Dabei bezieht sie sich unter anderem auf Gespräche mit Personen in ihrem Umfeld, insbesondere mit ihrer Mutter, ausgehend von starken Erinnerungen: „There are some things my mother said to me when I was a child that got branded into my soul as though they were hot iron" (Behar 1996, S. 113). Behar schildert, wie sie ihre Mutter bittet, nach dem Tagebuch, das sie als Elfjährige geführt hat, zu suchen. Damit bindet sie den Prozess der Datenproduktion und -wiedergewinnung in ihre Erzählung ein. In diesem Fall stammt das Tagebuch aus einer Zeit, in der die Erzählerin einen schweren Unfall hatte, der sie für ein Jahr ans Bett fesselte. Behars gezielte Verwendung von Tagebuchzitaten und Dialogen ermöglicht es den Leser:innen, an die Situation einer kubanischen Familie in den USA anzuschließen. Die persönlichen Erinnerungen der Autorin an ihre Kindheit, die sie z. B.

auch in Verbindung mit ihren Panikattacken als Erwachsene sieht, sagen etwas über diesen Kontext aus: „On April 30, the anniversary of the accident, I write, ‚Mommy and Pappy are now American citizens‘, which suggests that their status in the United States is finally secure" (Behar 1996, S. 116).

Auf Basis solchen und ähnlichen Materials schreiben Autoethnograf:innen eine Erzählung, die sie später mehrfach überarbeiten und ‚umschreiben‘. Schon der erste Entwurf hat typischerweise eine erzählende Person sowie Protagonist:innen mit bestimmten charakteristischen Eigenschaften und je eigenen Perspektiven. Ein Beispiel dafür ist der autoethnografische Tagungsbericht des Psychologen Jonathan Wyatt, der über den Erzähler und die Protagonist:innen seiner *conference story* schreibt: „I say that these characters are created from my own imagination, but in a sense they are part of me. They are some of my selves […], or, in psychoanalytic terms, embodiments of my internal objects" (Wyatt 2007, S. 319).

Neben den handelnden Personen hat jede autoethnografische ‚Story‘ auch einen Ort/eine Landschaft/ein Setting (mit Geräuschen, Farben, Bewegungen etc.), an dem das Geschehen stattfindet, und eine Handlung. Es ist dabei nicht notwendig, ‚alles‘ zu erzählen: Detaillierte Schilderungen können sparsam und effektiv an ausgewählten Stellen eingesetzt werden. Bewährte Stilmittel sind unter anderem direkte Rede, Dialoge, Gedichtform, ein Spiel mit Dialekten, Metaphern, Fotos, eine unkonventionelle Darstellung der Wörter auf der gedruckten Seite, Nutzung des Präsens als Erzählform, der Einsatz einer Ich-Erzählerin, ein Wechseln zwischen der Beschreibung eines Erlebnisses ‚während es passiert‘ und dem Nachdenken über das Erlebnis in der Retrospektive. Mit der entstehenden Geschichte zielen die Autor:innen evokativer Autoethnografien nicht auf ein möglichst getreues Abbild der tatsächlichen Erinnerung ab. Vielmehr orientieren sie sich am Gefühl und der Bedeutung, die die Geschichte für die Forscherin hat.

Im Verlauf der Bearbeitung ihres Textes gehen Autoethnografi:innen auf die Suche nach evokativ starken Motiven. Während des Umschreibprozesses prüfen sie ihre Geschichte daraufhin, mit welchen Aspekten sich Leser:innen identifizieren, wo sie sich angesprochen fühlen könnten. Die entsprechenden Teile des Textes stärken sie systematisch. In autoethnografischen Forschungswerkstätten kann das beispielsweise so aussehen: Die erste Autorin beginnt, ihre Geschichte vorzulesen. Wenn eine andere Teilnehmerin eine Verbindung identifizieren kann (thematisch, theoretisch, ähnliche Erfahrung), davon berührt wird, dann liest sie als nächste ihren Text vor. Im Anschluss an das reihum Vorlesen beginnt die Gruppe, gemeinsam zu überlegen, welche starken Motive diese Geschichten haben können. Hilfreiche Fragen dabei können sein, welche Unterschiede in den Erfahrungen deutlich werden, was diese Unterschiede zeigen, welche Gemeinsamkeiten sichtbar werden, wodurch der Text Identifikation ermöglicht, auf welche soziokulturellen Kontexte, auf welche Machtverhältnisse die Gemeinsamkeiten und Unterschiede verweisen, welche Stilmittel besonders wirksam sind und welche Effekte damit erzielt werden können.

Die gemeinsame Suche nach epistemisch gehaltvollen Elementen sowie die systematische sprachliche Stärkung wichtiger Themen und Passagen haben in der Autoethnografie einen ähnlichen Stellenwert wie die Interpretation/Auswertung in anderen qualitativen Verfahren. Das Ziel lautet „readers should be able to feel the specificity of the author's situation" (Ellis 2008, S. 854). Durch die Selbstthematisierung der Autor:innen können die Lesenden eine Idee davon entwickeln, wie es für sie wäre, in dieser Situation zu sein. Der Schlüssel dazu liegt in der Kontextualisierung der autoethnografischen Erzählung – die kulturelle und soziale Einbettung des Geschehens muss auf deskriptiver und/oder performativer Ebene deutlich werden.

In mehreren Phasen des Umschreibens und Experimentierens mit verschiedenen Darstellungsformen können neben Texten auch Performances entstehen. Eine studentische Performance in einer Lehrveranstaltung für Bachelor-Studierende der Universität Graz (*Sirenengeheul* von Lisa Eidenhammer) beinhaltete das Vorlesen eines Briefes, den die erwachsene Protagonistin an ihr kindliches Ich richtete, welches gerade der Feuerwehrjugend beigetreten war, außerdem Tonaufnahmen von Sirenengeheul, das Anziehen einer Feuerwehruniform sowie ein Video des Laufs der Protagonistin durch ihr Heimatdorf zur Einsatzzentrale. Durch diese Art der Darstellung gelang es der Autoethnografin, den Rezipient:innen vielfältige Erfahrungsdimensionen nachvollziehbar zu machen und sie dazu anzuregen, mit ihrer eigenen Erfahrung an die Geschichte anzuschließen. Wie an anderer Stelle (Ploder und Stadlbauer 2019) ausführlicher dargestellt, erschloss sich den Rezipient:innen die identitätsstiftende Funktion der Feuerwehr für die Protagonistin, die in einem Dorf aufwuchs. Spürbar wurden auch die Fähigkeiten, die sie sich im Zuge ihres Engagements für die Dorffeuerwehr aneignet, die taktile Dimension des Brandlöschens, die körperlichen Wirkungen dieser Arbeit sowie soziale Ambivalenzen (z. B. als weibliche Jugendliche während der Ausbildung nicht ernstgenommen zu werden, Dorfzusammenhalt und Hilfe, die soziale Position der Familie im Dorfgefüge, Jugend auf dem Land vs. Studieren in der Stadt).

Der autoethnografische Forschungsprozess endet nicht mit der Publikation von Texten oder mit Performances, sondern setzt sich im individuellen Erleben der Leser:innen bzw. des Publikums fort. Rezipient:innen autoethnografischer Arbeiten stellen dabei eine Verbindung zur eigenen Geschichte her – eine Verknüpfung, die idealerweise Transformationsprozesse auslöst. Gelungene evokative Autoethnografien verändern die beforschte Wirklichkeit, indem sie ihr Publikum nachhaltig berühren.

4   Fazit

In diesem Beitrag haben wir gezeigt, dass die evokative Autoethnografie nicht nur neue Forschungsfelder erschließt, sondern auch spezifische epistemologische, forschungspraktische und wissenschaftspolitische Impulse für die (Kultur-)Psychologie bereithält. Sie kann in vielen Punkten an für die Kulturpsychologie zentrale sozial- und kulturwissenschaftliche Traditionen anschließen, aber auch einiges an produktivem Aufruhr stiften.

In den letzten Jahren ist in der deutschsprachigen Psychologie ein verstärktes Interesse an autoethnografischen Herangehensweisen zu beobachten, einige Projekte sind zurzeit im Entstehen.

Es ist denkbar, dass im Zusammenhang mit der Verbreitung qualitativer Zugänge auch das Interesse an der Autoethnografie in der deutsch- und englischsprachigen (Kultur-) Psychologie zunehmen wird. Insbesondere wird es spannend sein zu sehen, wie die zahlreichen globalen Krisenereignisse, die zurzeit sowohl unseren Alltag als auch unsere Forschung prägen, sich in der kulturpsychologischen Forschung niederschlagen und welche Rolle die evokative Autoethnografie dabei spielen kann.

Literatur

Adams, T. E., Ellis, C., Bochner, A. P., Ploder, A., & Stadlbauer, J. (2020). Autoethnografie in der Psychologie. In G. Mey & K. Mruck (Hrsg.), *Handbuch Qualitative Forschung in der Psychologie* (2., akt. u. erw. Aufl., S. 471–491). Heidelberg: Springer VS.

Behar, R. (1996). *The vulnerable observer: Anthropology that breaks your heart.* Boston, MA: Beacon Press.

Breuer, F., Muckel, P., & Dieris, B. (2019). *Reflexive Grounded Theory. Eine Einführung für die Forschungspraxis* (4. Aufl.). Wiesbaden: Springer VS.

Bochner, A. P. (2001). Narrative's virtues. *Qualitative Inquiry, 7*(2), 131–157.

Ellis, C. (2004). *The ethnographic I: A methodological novel about autoethnography.* Walnut Creek: AltaMira Press.

Ellis, C. (2008). Systematic sociological introspection. In L. Given (Hrsg.), *The Sage encyclopedia of qualitative research methods* (S. 853–854). London: Sage.

Ellis, C., & Bochner, A. P. (2000). Autoethnography, personal narrative, reflexivity: Researcher as subject. In N. K. Denzin & Y. S. Lincoln (Hrsg.), *Handbook of qualitative research.* Second edition (S. 733–768). London: Sage.

Kühner, A., Ploder, A., & Langer, P. C. (2016). Introduction to the special issue. *Qualitative Inquiry, 22*(9), 699–704.

Mey, G. (2018). Outer silence – inner dialogue. An essay on the performative dining experience „The Silence Meal" at Zagreus-Projekt, Berlin. *Human Arenas, 1*(2), 143–150. https://doi.org/10.1007/s42087-018-0017-7.

Mey, G. (Hrsg.). (2020). Performative Sozialwissenschaft. *Journal für Psychologie, 28*(1), 1–155. https://www.journal-fuer-psychologie.de/index.php/jfp/issue/view/79.

Mruck, K., & Mey, G. (2019). Grounded theory methodology and self-reflexivity in the qualitative research process. In A. Bryant & K. Charmaz (Hrsg.), *The Sage handbook of current developments in grounded theory* (S. 470–496). London: Sage.

Ploder, A. (2011). The Power of Performance. Methodologische Neuorientierungen in den Sozialwissenschaften. *Jahrbuch des Phonogrammarchivs der Österreichischen Akademie der Wissenschaften, 2,* 139–168.

Ploder, A. (2021). Evokative Autoethnografie. In M. Dietrich, I. Leser, K. Mruck, P. S. Ruppel, A. Schwentesius & R. Vock (Hrsg.), *Begegnen, Bewegen und Synergien stiften: Transdisziplinäre Beiträge zu Kulturen, Performanzen und Methoden* (S. 155–172). Wiesbaden: Springer VS.

Ploder, A., & Stadlbauer, J. (2013). Autoethnographie und Volkskunde? Zur Relevanz wissen-schaftlicher Selbsterzählungen für die volkskundlich-kulturanthropologische Forschungspraxis. *Österreichische Zeitschrift für Volkskunde, LXVII/116* (4), 374–404.

Ploder, A., & Stadlbauer, J. (2016). Strong reflexivity and its critics: Responses to autoethnography in the German-speaking cultural and social sciences. *Qualitative Inquiry, 22*(9), 753–776.

Ploder, A., & Stadlbauer, J. (2017). Starke Reflexivität: Autoethnografie und Ethnopsychoanalyse im Gespräch. In J. Bonz, K. Eisch-Angus, M. Hamm & A. Sülzle (Hrsg.), *Ethnografie und Deutung. Gruppensupervision als Methode reflexiven Forschens* (S. 421–438). Wiesbaden: Springer VS.

Ploder, A., & Stadlbauer, J. (2019). Evokative Autoethnografie. In *Quasus. Methoden qualitativer Sozial-, Unterrichts- und Schulforschung*; https://quasus.ph-freiburg.de/evokative-autoethno-grafie/.

Richardson, L., & Adams St. Pierre, E. (2005). Writing: A method of inquiry. In N. K. Denzin & Y. S. Lincoln (Hrsg.), *Handbook of qualitative research* (S. 959–978). Thousand Oaks, CA: Sage.

Roberts, B. (2008). Performative social science: A consideration of skills, purpose and context. *Forum Qualitative Sozialforschung/Forum: Qualitative Social Research, 9*(2), Art. 58, https://doi.org/10.17169/fqs-9.2.377.

Schreier, M. (2017). Kontexte qualitativer Sozialforschung: Arts-Based Research, Mixed Methods und Emergent Methods. *Forum Qualitative Sozialforschung/Forum: Qualitative Social Research, 18*(2), Art. 6, https://doi.org/10.17169/fqs-18.2.2815.

Stadlbauer, J., & Ploder, A. (2016). „I start with my personal life": Zum Potenzial der Autoethno-grafie für die volkskundliche Forschung zu und mit Gefühlen. In M. Beitl & I. Schneider (Hrsg.), *Buchreihe der Österreichischen Zeitschrift für Volkskunde*: Bd. 27. Emotional Turn?! Europäisch ethnologische Zugänge zu Gefühlen & Gefühlswelten. Beiträge der 27. Öster-reichischen Volkskundetagung in Dornbirn vom 29. Mai–1. Juni 2013 (S. 271–280). Wien: Selbstverlag des Vereins für Volkskunde.

Wyatt, J. (2007). Research, narrative and fiction: Conference story. *The Qualitative Report, 12*(2), 317–331.

Grounded-Theory-Methodologie

Günter Mey

Zusammenfassung

Heute gilt die vor mehr als 50 Jahren von Glaser und Strauss entwickelte Grounded-Theory-Methodologie (GTM) weit über die Soziologie hinaus als einer der prominentesten Ansätze in der qualitativen Forschung. In dem Beitrag wird die Geschichte der GTM – von den Gründervätern über die sog. Second Generation bis hin zu neueren Entwicklungen – skizziert. Es wird deutlich gemacht, dass sich die GTM trotz aller Diversität durch einen Grundbestand an Essentials auszeichnet, der sowohl für die Forschungsplanung (Theoretical Sampling, All is Data) als auch für das Arbeiten am Material (Theoretische Sensibilität, Konzeptualisierung) leitend ist. Abschließend wird exemplarisch eine Studie dargestellt, in der anhand von textuellen und visuellen Daten jugendkulturelle Praktiken untersucht wurden.

Schlüsselwörter

Grounded-Theory-Methodologie · Kodieren · Memo Writing · Subjektivität/ Selbstreflexivität · Artefakte

G. Mey (✉)
Hochschule Magdeburg-Stendal, Stendal, Deutschland
E-Mail: guenter.mey@h2.de

U. Wolfradt et al. (Hrsg.), *Kulturpsychologie*,
https://doi.org/10.1007/978-3-658-37918-6_18

193

1   Einleitung

Die Grounded-Theory-Methodologie (GTM), vor mehr als 50 Jahren von den Soziologen Barney Glaser und Anselm Strauss entwickelt, gehört zu den prominentesten
qualitativen Forschungsansätzen. Ihre Vorrangstellung begründet sich in ihrem methodologischen Versprechen, aufgrund nachvollziehbarer Prozeduren und innovativer
Rahmungen zu einer datenbasierten Theorie zu gelangen, ohne dabei auf der einen Seite
zu puristisch als reine Auswertungstechnik zu gelten, noch auf der anderen Seite trotz
aller vorhandenen Interpretationsspielräume als ‚Kunstlehre' zu erscheinen.

In den zurückliegenden Jahrzehnten ist die GTM weit über ihre Ursprungsdisziplin
hinaus in diversen Themenfeldern und Anwendungsgebieten eingesetzt und auch
sukzessive weiterentwickelt worden. Im Zuge dessen sind nicht nur die zugrunde
gelegten Theoriebezüge, sondern auch die einbezogenen Datenformate ausgeweitet
worden. Ursprünglich aus ethnografischer Forschung entstanden, ist sie – eingedenk der
Priorisierung von Interviews innerhalb der qualitativen Sozialforschung – insbesondere
für verbale Darstellungen ausgearbeitet worden; in jüngster Zeit finden sich auch erste
Vorschläge für die Analyse von visuellen und materiellen Artefakten.

Vor diesem Hintergrund erscheint die GTM auch gerade für kulturpsychologische
Fragestellungen besonders relevant. Aufgrund ihrer methodologischen und methodischen
Breite bieten sich nicht nur vielfältige Optionen, um Handeln und damit verbundene
Interaktions- und Aushandlungsprozesse kontextuell zu rekonstruieren – und zwar
sowohl auf der Ebene von Individuen als auch Gruppen –, sondern über die sprachlichen
Darstellungen und darin etwaig enthaltene narrative Konstruktionen hinaus können auch
beobachtete kulturelle Praktiken ebenso wie Kulturerzeugnisse Gegenstand der Analyse
sein.

Im Folgenden werden zunächst zentrale Entwicklungslinien der GTM skizziert (2.),
dann die grundlegenden Essentials der GTM präzisiert (3.) und an einem Anwendungsbeispiel verdeutlicht (4.).

2   Entwicklungslinien

Nachdem Glaser und Strauss die Grundlinien der GTM in ihrem programmatischen
Buch *The Discovery of Grounded Theory* 1967 vorgestellt haben, wurde diese dann von
beiden – allerdings getrennt voneinander – weiterentwickelt (Glaser 1978; Strauss 1991).
Nach einem von Glaser (1992) initiierten Streit um die Ausrichtung des Forschungs-
ansatzes – und der von ihm vertretenen ‚Classic' GTM gegenüber der GTM-Variante von
Strauss und Corbin (1996) – sind infolge der Elaborationen aus der *Second Generation*
(Morse et al. 2008) zusätzliche Akzentuierungen hervorgegangen. Heute kann von einer
GTM *im Plural* gesprochen werden, z. T. werden spezifische Varianten auch explizit
markiert, etwa als ‚reflexive' (Breuer et al. 2017), ‚konstruktivistische' (Charmaz 2014)

oder als ,visuelle' (Mey und Dietrich 2016) bzw. ,audiovisuelle' GTM (Dietrich und Mey 2019).

Ursprünglich im Symbolischen Interaktionismus/Pragmatismus verortet (Bryant 2009; Strübing 2014), bietet die GTM einen im interpretativen Paradigma fundierten Zugang zu (Inter-)Aktionen und Prozessverläufen. Ohne diese Fundierung aufzulösen, wird die GTM mittlerweile auch mit Überlegungen aus der narrativen Psychologie (Mey und Ruppel 2016) sowie Diskursforschung (Clarke et al. 2018) oder mit der partizipativen bzw. Handlungsforschung (Simmons 2022, Kap. 5) relationiert.

3   Essentials der GTM

Ungeachtet dieser Entwicklungen und der entstandenen Pluralität – umfassend dokumentiert in den Neuauflagen des *Handbook of Current Developments in Grounded Theory* (Bryant und Charmaz 2019) und *Grounded-Theory-Reader* (Mey und Mruck 2011) – lassen sich einige Grundüberzeugungen als Essentials der GTM benennen, die sowohl die Forschungsplanung (Abschn. 3.1 und 3.2) als auch das Arbeiten am Material kennzeichnen (Abschn. 3.3 bis 3.5). Ziellinie ist dabei, eine in den Daten begründete Theorie – eine Grounded Theory (GT) – zu entwerfen und zwar unter Einhaltung der Standards einer qualitativen Geltungsbegründung hinsichtlich Nachvollziehbarkeit und Intersubjektivität (Abschn. 3.6.) für einen enger umrissenen Gegenstandsbereich (sog. Theorien mittlerer Reichweite in Abgrenzung zu den ,Grand Theories'; Glaser und Strauss 1967, Kap. IV).

3.1   Theoretical Sampling

Das Theoretical Sampling (TS) ist eines der markantesten Merkmale der GTM (Glaser und Strauss 1967, Kap. III) und mittlerweile als generelle Strategie der Forschungsplanung einer ,absichtsvollen Stichprobenbildung' in der qualitativen Forschung anerkannt. Mit dem TS verbunden ist der Vorschlag eines iterativen Vorgehens, bei dem nach einer ersten Erkundung im Forschungsfeld die bis dahin generierten Daten analysiert werden, um dann die weiteren Schritte zu planen und so immer auf Basis des je aktuellen Erkenntnisstandes die weiteren Daten hinzuzuziehen. Durch diese Verschränkung von Datenproduktion und Datenauswertung werden die Suchrichtungen laufend präzisiert und begründet. Leitgedanke des TS ist die theoretische Relevanz der einbezogenen Daten für die Untersuchungsfrage. Besonders wichtig ist, dass das Kriterium für die Fallauswahl nicht formal (also z. B. entlang von Gender-, Regional- oder Altersdimensionen), sondern inhaltlich zu bestimmen ist. Angeführt zur Illustration wird wiederkehrend Everett Hughes' Frage: „How is a priest like a prostitute" (Strübing 2014, S. 19). Eingebettet in diese Strategie sind Minimal-Maximal-Kontrastierungen, um das untersuchte Phänomen systematisch auszuarbeiten. Idealiter werden im Zuge dieses in Wellen ablaufenden Forschungsprozesses dann keine weiteren Fälle hinzugezogen, wenn durch neues Material kein relevanter Erkenntnisgewinn zu erwarten ist; dies wird in der GTM als theoretische Sättigung (Theoretical Saturation) bezeichnet. Wichtig ist noch anzumerken, dass bei dem TS auch Änderungen in dem methodischen Vorgehen und bei der Auswahl des zu berücksichtigenden Materials vorgenommen werden können, um die Forschungsfrage bestmöglich zu beantworten.

3.2   All is Data

Vor dem Hintergrund der speziellen Forschungslogik wurde ebenfalls von Beginn an das Credo ‚All is Data‘ in der GTM als Leitlinie ausgegeben, um eine Priorisierung oder gar Fixierung auf ein Datenformat zu vermeiden. Grundsätzlich sind in einer GTM-Studie bei Bedarf alle Daten (also auch quantitative) zu berücksichtigen, denn das Ziel ist es, eine offene Forschungsfrage – Zug um Zug gemäß dem TS – am Ende bestmöglich zu beantworten (Glaser und Strauss 1967, Kap. VII). Innerhalb der qualitativen Forschungspraxis werden aber insbesondere alle nicht-nummerischen Daten präferiert, da anhand derer Handlungsabläufe, Deutungsmuster, Selbstkonstruktionen etc. zugänglich gemacht und rekonstruiert werden. Neben textuellen Daten (hervorgegangen aus Interviews, Gruppendiskussionen, Selbstberichten etc.) sind andere Schriftmaterialien (Gutachten, Broschüren etc.) möglich, aber auch visuelle oder audiovisuelle Daten. Allerdings bleibt anzumerken, dass trotz dieser Offenheit und aller Optionalitäten die Auswertungsprozeduren der GTM vornehmlich auf gesprochene/geschriebene Sprache zugeschnitten sind. Da aber sprachliche, schriftliche oder nicht-verbale (etwa visuelle oder materiale) Daten in ihrer Beschaffenheit jeweils besondere Herausforderungen stellen, sind diese für die konkreten Kodierformen zu explizieren und die Schritte ggf. zu modifizieren/ adaptieren.

3.3   Konzeptbildung statt Deskription

Ungeachtet welches Datenmaterial mit der GTM analysiert wird, sind drei Prinzipien zentral, die bei der konkreten Arbeit bedeutsam sind:

a) Konzeptualisierung: Es gilt, die Daten zu konzeptualisieren statt diese lediglich zu beschreiben oder zu paraphrasieren. Mit der Konzeptbildung verbindet sich der Anspruch, datenbegründet auf eine theoretische Modellierung hinzuarbeiten. Der konzeptuelle Gehalt von empirischen Daten wird zunächst kleinteilig/mikroskopisch bestimmt – im weiteren Verlauf ist die Konzeptualisierung auf größere Dateneinheiten bezogen. Daten werden dabei gemäß dem ‚Konzept-Indikator-Modell‘ (Glaser 1978, S. 62) als Hinweise – es ließe sich auch sagen: als Träger von Bedeutungen – für Interpretationslinien verstanden, auf die im Zuge des Analyseprozesses (induktiv/

abduktiv/deduktiv) geschlossen wird. Je nach GTM-Erkenntnisposition – der Unterscheidung von Charmaz (2014) folgend als ‚objektivistisch' vs. ‚konstruktivistisch' gerahmt – werden diese verstanden als ‚zu entdeckende' (unabhängig von Interpretationsbemühungen existente) oder als ‚herauszuarbeitende' (aktiv von Forschenden ko-konstruierte).

b) Komparation: Alle Grundoperationen in der GTM inkludieren die ‚Methode des permanenten Vergleichens' (Constant Comparison Method; Glaser und Strauss 1967, Kap. V), wobei die Vergleichsprozesse auf allen Ebenen stattfinden: Bei der Auswertung sind dies zunächst datenbezogen fallinterne, im weiteren Fortlauf der Analyse vermehrt fallübergreifende Vergleiche. Ebenso relevant sind über das eigentlich zu analysierende Datum hinaus Vergleichshorizonte, die das Material mehrperspektivisch – letztlich Daten/Theorien/Forschenden-triangulativ – erschließen (zur Systematisierung von interpretativen Vergleichsprozessen siehe Kap. Relationale Hermeneutik).

c) Theoretische Sensibilität: Für die gesamte Analysearbeit gilt, dass Vorwissen nutzbar ist, wobei dieses theoretisch oder berufs-biografisch inspiriert sein kann oder sich aus dem Forschungsprozess selbst und darin akkumulierenden Erkenntniszuwachs einstellt. Während Glaser (1978, 1992) theoretische Bezüge weit möglichst ausklammert, um den Gehalt vornehmlich aus den Daten emergieren zu lassen (was als „induktives Selbstmissverständnis" in der GTM ausgelegt wurde, Strübing 2014, S. 52), gilt generell, das Wissensreservoir nicht zu suspendieren, sondern es offen zu legen und reflektiert an das Material heranzutragen, um es produktiv für die Erkenntnisproduktion zu nutzen (Mruck und Mey 2019).

3.4 Kodieren in der GTM

Das Kodieren innerhalb der GTM bezieht sich auf die von den Forschenden im Material festgelegten Sinneinheiten, die als Segmente bezeichnet werden. Die dazugehörige Operation heißt folglich Segmentieren. Die Bestimmung der einzelnen Segmente variiert dabei je nach Forschungsfrage und je nach Analyseperspektive. Allerdings ist ein formales ‚line-by-line-coding', wie zuweilen vorgeschlagen, wenig überzeugend, vielmehr sollten theoretische Überlegungen leitend sein: Bei sprachlichem Material etwa aus der Erzähltheorie oder Konversationsforschung (Mey und Ruppel 2016; zur Analyse von Erzählungen, siehe Kap. Narrationsanalyse); bei visuellen Daten aus der Bildtheorie (Mey und Dietrich 2016; zur Analyse visueller Daten aus verfahrensübergreifender Perspektive, siehe Kap. Bildanalyse) oder Filmanalyse (Dietrich und Mey 2019). Eine Segmentierung kann sich dabei auf einzelne Worte, Satzteile – bzw. bei visuellem Material auf einzelne Einstellungen, Szenen – oder auch größere Einheiten beziehen. Strauss umschreibt den offenen Kodierprozess so: „[D]ann wird der Forscher die Daten automatisch schneller durchgehen, in der Zeile-für-Zeile-Analyse Wiederholungen finden und folglich die Daten überfliegen, bis etwas Neues seine Aufmerksamkeit erregt" (Strauss 1991, S. 61).

Für die beim Kodieren vergebenen Kodes – generell werden bei Strauss und Corbin (1996) etwa ‚In-Vivo-Kodes' oder ‚konstruierte Kodes' unterschieden – wird von Charmaz im Anschluss an Glaser vorgeschlagen, die Bezeichnungen dynamisch zu formulieren: „Think of the difference in imaginary between the following gerunds and their noun forms: describing versus description; stating versus statement, and leading versus leader. We gain a strong sense of action and sequence with gerunds" (Charmaz 2014, S. 120).

Arbeitstechnisch gilt, am Ende einer Kodiersitzung die Kodes zu systematisieren, also zusammenzufassen. Diese Kodezusammenstellungen bilden Anwärter für später auszuarbeitende Kategorien. Zusätzlich zu den Kodelisten und ihrer Systematisierung sind die damit verbundenen Auswertungsideen in einem Memo auszubuchstabieren (s. Abschn. 3.5).

Auch wenn die mikroskopische Analyse in der GTM – vor allem zu Beginn, aber auch im Laufe der Forschungsarbeit wiederkehrend – eine hohe Relevanz hat, bedeutet dies nicht, dass diese kleinteilige (Wort-für-Wort/Satz-für-Satz-)Analyse auf das gesamte Material anzuwenden ist. Vielmehr ist der Vorzug, mit der GTM – zumal sie in der Regel auf eine fallübergreifende Modellierung zielt – größere Datenmengen zu analysieren und die Ergebnisse sukzessive in Kategorien auszuarbeiten und dabei zunehmend auch – wieder am empirischen Material geprüft – Relationen zwischen den Kategorien zu bestimmen.

Der Schwerpunkt und damit der größte Anteil der Auswertung widmet sich dieser Verdichtung und Systematisierung. Bedeutsam ist dabei, dass der gesamte Arbeitsprozess – bereits begründet im Theoretical Sampling – in Schlaufen verläuft (wahlweise als iterativ bzw. zirkulär bezeichnet) und die Analyseprozeduren ineinander übergehen und sich abwechseln. Entsprechend ist auch das wiederkehrende Stellen der generativen Fragen (sog. W-Fragen) leitend. Ebenso werden die Analyseergebnisse bisweilen visualisiert, indem generative Diagramme (oder Maps in der Version von Clarke et al. 2018) angefertigt werden. Diese Operationen werden idealiter so lange fortgesetzt, bis ein auf der Datengrundlage tragfähiges Modell – also die GT für den Untersuchungsbereich – ausformuliert werden kann. Das von Strauss und Corbin (1996) vorgeschlagene Kodierparadigma, mit dem die Daten entlang einer Kontexte-Bedingungen-Strategien-Konsequenzen-Matrix angeordnet werden, um so das als zentrale Kategorie herausgearbeitete Phänomen umfassend zu modellieren, bildet dabei einen Spezialfall – und zwar für Forschungsfragen, in denen ein Handlungsmodell als heuristischer Rahmen sinnvoll erscheint. Charmaz (2014) merkt dazu an, dass ein solches Kodierparadigma besonders für Novizen ein hilfreiches Orientierungsraster bietet. Dies ist aber nicht misszuverstehen als ein einfaches Überstülpen, ein deduktives Zuordnen, das von Glaser (1992) als ‚Forcing' bezeichnet wird, denn: So kann etwa die hier nur beispielhaft angeführte fiktive Kategorie ‚Handlungsunterlassung aus erlebter Verantwortungsdiffusion' aus der einen Perspektive als Bedingung erscheinen, aus der anderen als Strategie und aus einer weiteren als Konsequenz. Insofern ist selbst beim Hinzuziehen präkonzeptueller Rahmungen die GTM-Analyse immer eine von den Forschenden ausgehende Interpretationsleistung.

3.5   Memo Writing

Angesichts der Offenheit und vor allem aufgrund der vielfältig zu treffenden Entscheidungen im Forschungsprozess sowie der permanenten Generierung von Erkenntnis (zunächst sehr vorläufig, zunehmend fokussierter/selektiver) kommt innerhalb von GTM-Studien dem Schreiben von Memos eine außerordentliche Relevanz zu (Strauss 1991, Kap. 5 und 6; Corbin und Strauss 2015, Kap. 5). Erste Auswertungsideen werden ebenso festgehalten wie Elaborationen zu Kodes/Kategorien und zu den als bedeutsam erachteten Relationen. Dabei gilt es, diese konzeptuellen Memos (auch Theoriememos genannt) fortlaufend zu überarbeiten. Darüber hinaus werden über den gesamten Verlauf Planungsmemos angelegt, in denen relevante Entscheidungen für Fallauswahl und Sampling sowie Datenformatwechsel festgehalten werden. Davon zu unterscheiden sind noch Reflexionsmemos, in denen persönliche Bezüge und biografische Auseinandersetzungen dargelegt werden, wobei diese Unterscheidung im Sinne einer reflexiven GTM (Breuer et al. 2017; Mruck und Mey 2019) nicht trennscharf von den Theoriememos abzugrenzen ist.

Auch wenn dieses schriftliche Fixieren aufwendig ist, ist es nicht nur bedeutsam, um eine maximale Transparenz des Forschungsverlaufs zu gewährleisten, sondern auch um den eigenen Arbeitsprozess zu strukturieren (z. B. durch Anweisungen in Planungsmemos, Herstellung von Theoriebezügen in Theoriememos). Dieser Mehraufwand relativiert sich allerdings, wenn berücksichtigt wird, dass all diese kleinteiligeren Schreibresultate für die finale schriftliche Abfassung der Publikation genutzt werden können. Insofern ist eine auf der GTM basierende Niederschrift (etwa als Qualifikationsarbeit, Forschungsbericht oder Artikel) das Resultat eines fortlaufenden Arbeitsprozesses, der ineinander verschachtelt gestaltet in eine entsprechende Dokumentation überführt wird.

3.6   Organisation

Es ist deutlich geworden, dass eine an der GTM ausgerichtete Studie vielschichtig ist. Die Organisation des gesamten Arbeitsprozesses erfordert ein Höchstmaß an Disziplin und (Eigen-)Strukturierung. Hilfreich können hierbei die mittlerweile vorliegenden Softwares sein. Auch wenn das Programm ATLAS.ti unmittelbar aus dem GTM-Kontext entstanden ist, sind andere Tools wie MAXQDA oder f4analyse ebenso geeignet, das Datenmanagement und den Auswertungsprozess zu unterstützen. All diese Programme bieten Features etwa für Memo Writing sowie Kodeorganisation und sind auch für die Zusammenarbeit (in Forschungsteams) geeignet. Der Austausch über die Ausrichtung der Studie und die Analyse von Daten sollte nach Möglichkeit in Auswertungsgruppen stattfinden, um laufend Entscheidungen explizit zu begründen, Anregungen zu erhalten, v. a. aber um die Interpretationslinien kommunikativ auszuhandeln. Das ‚werkstattförmige Arbeiten' hat in der GTM eine große Tradition (Riemann 2011) und geht im

Anspruch weit über die Frage der Validierung hinaus. Es eröffnet eine kollaborative Verfertigung von Forschung, in der je nach Arbeitsweise die Subjektivität und Selbstreflexivität produktiv genutzt werden (Mey 2021).

4   Skizzierung einer exemplarischen Umsetzung

Trotz der enormen Bedeutung der GTM für viele Themenfelder, ist diese in der kulturpsychologischen Forschung (wie auch kultursoziologischen, Mey und Berli 2019) bislang weniger vertreten als erwartbar. Dass allerdings die GTM für Fragestellungen der Kulturpsychologie eine hohe Relevanz besitzt, kann beispielhaft an dem Forschungsprojekt *Techniken jugendlicher Bricolage* kenntlich gemacht werden, in dem es um interdisziplinäre Perspektiven auf jugendkulturelle Praktiken des Umgangs mit kulturellen Objekten ging. In der Studie wurde u. a. rekonstruiert, wie in sog. Fanzines – also in und für Jugendkulturen selbst-produzierte ‚Fan-Magazine‘ – jugendrelevante Selbstartikulationen thematisch werden, und zwar ohne die üblicherweise von (erwachsenen) Forschenden – etwa in Interviews – eingebrachten Adressierungen/ Fokussierungen (Dietrich und Mey 2018). Für die Rekonstruktion vielfältiger kultureller Praktiken und Repräsentationen sind Fanzines besonders ergiebig aufgrund des diversen Bild- und Textmaterials in allen erdenklichen Formaten (Fotos, montierte Collagen, Zeichnungen, Leser:innenbriefe, Essays, Konzertberichte, Interviews etc.). Auf dieser Grundlage können das Zusammenspiel wie die Konfrontation von visuellen und textuellen Ausdrucksformen – etwa Symboliken und Sprachspiele (Ironisierungen) – analysiert werden, um Fragen der Konstituierung von kulturellen Soziotopen (inklusive darin stattfindender Abgrenzungen nach außen wie innen) zu ergründen und um die kulturellen Mikropraktiken von *Meaning Making* und *World Taking* (Bruner 1990) für eine konkrete Lebenswelt zu verstehen.

Bei der Anlage der Studie erfolgte im Sinne des Theoretical Samplings die Materialauswahl zunächst fallintern für die Punk-, später kontrastiv erweitert um die Skinhead- und Hiphop-Szene. Aus mehr als 20.000 Fanzines, die im Berliner Archiv für Jugendkulturen vorliegen, wurden sukzessive gesamte Ausgaben, später auch nur Auszüge einzelner Fanzines vor dem Hintergrund erster kategorialer Bestimmungen begründet herangezogen. Dabei erfolgte die Analyse der Texte mittels der Strategien der offen, axialen und selektiven Kodierung (Strauss und Corbin 1996), für die Analyse visueller Daten musste die Vorgehensweise modifiziert werden (Mey und Dietrich 2016). Im Zuge der Studie wurde zunehmend deutlich, dass die in Jugendkulturen verhandelten Selbst- und Weltverhältnisse als ‚generatives Projekt‘ zu fassen sind, da sich Szenezugehörige nicht nur kontrastiv zu anderen (Alters-)Gruppen behaupten, sondern bei der Inszenierung von Jugend szeneintern vielfältige generationale Relationierungen implizit/explizit adressiert werden (Mey und Dietrich 2019). Solche inter-, vor allem transgenerationalen Relationierungen entsprechen weniger einfachen antagonistischen

Positionierungen, sondern sind je nach Referenz auf Akteursgruppen oder Themen-felder ambivalent. Sie äußern sich etwa als gemeinschaftsstabilisierendes solidarisches Handeln bei gleichzeitiger Ausblendung von Differenzen oder durch die Emphase auf das emanzipatorische Potenzial unter Anerkennung von Pluralität. Darüber entsteht ein Verständnis für Szenenentwicklungen inklusive vielfältiger Feinjustierungen und Aus-differenzierungen – eben als Arenen der Aushandlung und als Diskursräume für selbst- und weltbezügliche Verortungen.

5   Fazit

Die GTM ist ein elaborierter Forschungsansatz, der sich durch Leitlinien auszeichnet, die den Forschenden eröffnen, möglichst gegenstandsangemessen im Kontext der jeweils verfolgten Forschungsfrage und mit Blick auf die ihnen zur Verfügung stehenden Ressourcen sowie die einbezogenen Datenformate, eigenständige Umsetzungsmöglich-keiten zu erproben. Dies ist nicht misszuverstehen als Freibrief für Willkür, sondern als Einladung, ebenso kreativ wie selbst-reflexiv Forschungshandeln zu gestalten – im Dienste einer verantwortungsvollen wie für die Praxis nützlichen Forschung (Mey 2019). Ungeachtet aller Entwicklungen in den zurückliegenden 50 Jahren gilt hierbei der Leit-satz, den Glaser und Strauss ihrer Schrift von 1967 in einer Präambel vorangestellt haben:

> We believe that the discovery of theory from the data—which we call *grounded theory*—is a major task confronting sociology today, for, as we shall try to show, such a theory fits empirical situations, and is understandable to sociologists and layman alike. Most important, it works—provides us with relevant predictions, explanations, interpretations and applications.

Literatur

Breuer, F., Muckel, P., & Dieris, B. (2017). Reflexive *Grounded Theory. Eine Einführung für die Forschungspraxis* (3. voll. überarb. u. erw. Aufl.). Wiesbaden: Springer.

Bruner, J. (1990). *Acts of meaning.* Cambridge, MA: Harvard University Press.

Bryant, A. (2009). Grounded theory and pragmatism: The curious case of Anselm Strauss. *Forum Qualitative Sozialforschung/Forum: Qualitative Social Research, 10*(3), Art. 2, https://doi.org/10.17169/fqs-10.3.1358.

Bryant, A., & Charmaz, K. (Hrsg.). (2019). *The Sage handbook of new developments in grounded theory.* London: Sage.

Charmaz, K. (2014). *Constructing grounded theory* (2. Aufl.). London: Sage.

Clarke, A. E., Friese, C., & Washburn, R. (Hrsg.). (2018). *Situational analysis: Grounded theory after the interpretative turn* (2. Aufl.). London: Sage.

Corbin, J. M., & Strauss, A. L. (2015). *Basics of qualitative research. Techniques and procedures for developing grounded theory* (4. Aufl.). Los Angeles, CA: Sage.

Dietrich, M., & Mey, G. (2018). Inszenierung von Jugend(lichkeit) und Generation(alität). Entwicklungspsychologische Perspektiven auf Szenen. In JuBri-Forschungsverbund Techniken jugendlicher Bricolage (Hrsg.), *Szenen, Artefakte und Inszenierungen. Interdisziplinäre Perspektiven* (S. 63–99). Wiesbaden: Springer VS.

Dietrich, M., & Mey, G. (2019). Perspektiven einer Audiovisuellen Grounded-Theory-Methodologie und ihr Potenzial im Forschungsfeld „digitale Jugendkulturen". *Psychosozial, 43*(2), 70–83.

Glaser, B. G. (1978). *Theoretical sensitivity: Advances in the methodology of grounded theory.* Mill Valley, CA: Sociology Press.

Glaser, B. G. (1992). *Basics of grounded theory analysis: Emergence vs. forcing.* Mill Valley, CA: Sociology Press.

Glaser, B. G., & Strauss, A. L. (1967). *The discovery of grounded theory: Strategies for qualitative research.* Chicago, IL: Aldine.

Mey, G. (2019). „Wir sind keine Kodierautomaten" – Positionen und Potenziale der Grounded-Theory-Methodologie. Ein Interview. *Forum Kritische Psychologie – Neue Folge, 2,* 66–80.

Mey, G. (2021). Qualitative Forschung findet immer in Gruppen statt. Das ist nicht einfach, aber produktiv – Reflexionen zur „Projektwerkstatt qualitatives Arbeiten". In H. Ohlbrecht, C. Detka & S. Tiefel (Hrsg.), *Anselm Strauss – Werk, Aktualität und Potentiale. Mehr als nur Grounded Theory* (S. 125–144). Opladen: Barbara Budrich.

Mey, G., & Berli, O. (2019). Grounded Theory in der Kultursoziologie. In S. Moebius, F. Nungesser & K. Scherke (Hrsg.), *Handbuch Kultursoziologie. Band 2: Theorien – Methoden – Felder* (S. 243–259). Wiesbaden: Springer VS.

Mey, G., & Dietrich, M. (2016). Vom Text zum Bild – Überlegungen zu einer visuellen Grounded-Theory-Methodologie. *Forum Qualitative Sozialforschung/Forum: Qualitative Social Research, 17*(2), Art. 2, https://doi.org/10.17169/fqs-17.2.2535.

Mey, G., & Dietrich, M. (2019). Szenen der (Un)Ordnung – eine Grounded-Theory-Analyse zu generationaler Ambivalenz im Punk. In T. Böder, P. Eisewicht, G. Mey & N. Pfaff (Hrsg.), *Stilbildungen und Zugehörigkeit. Medialität und Materialität in Jugendszenen* (S. 93–112). Wiesbaden: Springer VS.

Mey, G., & Mruck, K. (Hrsg.). (2011). *Grounded Theory Reader* (2., akt. u. erw. Aufl.). Wiesbaden: VS.

Mey, G., & Ruppel, P. S. (2016). Narrativität in der Grounded-Theory-Methodologie. In C. Equit & C. Hohage (Hrsg.), *Handbuch Grounded Theory: Von der Methodologie zur Forschungspraxis* (S. 273–289). Weinheim: Beltz Juventa.

Morse, J. M., Stern, P. N., Corbin, J. M., Bowers, B., Charmaz, K., & Clarke, A. E. (2008). *Developing grounded theory. The second generation.* Walnut Creek, CA: Left Coast Press.

Mruck, K., & Mey, G. (2019). Grounded theory and reflexivity in the process of qualitative research. In A. Bryant & K. Charmaz (Hrsg.), *The Sage handbook of current developments in grounded theory* (2. erw. Aufl., S. 470–496). London: Sage.

Riemann, G. (2011). Grounded theorizing als Gespräch – Anmerkungen zu Anselm Strauss, der frühen Chicagoer Soziologie und der Arbeit in Forschungswerkstätten. In G. Mey & K. Mruck (Hrsg.), *Grounded Theory Reader* (2., akt. u. erw. Aufl., S. 405–426). Wiesbaden: VS.

Simmons, O. E. (2022). *Experiencing grounded theory. A comprehensive guide to learning, doing, mentoring, teaching, and applying grounded theory.* Florida: BrownWalker Press.

Strauss, A. L. (1991). *Grundlagen qualitativer Sozialforschung*. München: Fink (Original: 1987).

Strauss, A. L., & Corbin, J. M. (1996). *Grounded Theory: Grundlagen qualitativer Sozialforschung*. Weinheim: Beltz/PVU (Original: 1990).

Strübing, J. (2014). *Grounded Theory. Zur sozialtheoretischen und epistemologischen Fundierung des Verfahrens der empirisch begründeten Theoriebildung* (3. Auf.). Wiesbaden: Springer VS.

Dokumentarische Methode

Aglaja Przyborski

Zusammenfassung

In diesem Beitrag wird die Dokumentarische Methode und ihr umfassendes meta-theoretisches Instrumentarium für die empirische Arbeit, die sich insbesondere dem Spannungsverhältnis von Habitus und Norm bzw. Praxis und normativer Erwartung stellt, behandelt. Ausgehend von ihrer Entstehung und Entwicklung wird die Methode innerhalb des Kanons empirischer Forschung positioniert, um dann entlang der methodologischen Prinzipien das forschungspraktische Vorgehen zu skizzieren. Ein Forschungsbeispiel zum handlungspraktischen Umgang mit geschlechtstypischen Normen körperlicher Selbstpräsentation schließt den Beitrag ab. Dabei wird gezeigt, dass die Dokumentarische Methode von einem komplexen, dynamischen Kultur-begriff ausgeht und wie der dadurch ermöglichte Blick auf Kollektivität für psycho-logische Fragestellungen Relevanz entfaltet.

Schlüsselwörter

Rekonstruktive Sozialforschung · Praxeologie · Habitus · Subjektnorm · Kollektivität

A. Przyborski (✉)
Bertha von Suttner Privatuniversität, St. Pölten, Österreich
E-Mail: aglaja.przyborski@suttneruni.at

© Der/die Autor(en), exklusiv lizenziert an Springer Fachmedien Wiesbaden GmbH, ein   205
Teil von Springer Nature 2022
U. Wolfradt et al. (Hrsg.), *Kulturpsychologie*,
https://doi.org/10.1007/978-3-658-37918-6_19

1   Einleitung

Karl Mannheim übte zu Beginn des letzten Jahrhunderts Kritik an der Übertragung einer naturwissenschaftlichen Methodologie auf humanwissenschaftliche Fächer: Sie stelle nur *eine* mögliche Erkenntnisquelle dar, „während die übrigen Erkenntnisfähigkeiten undifferenziert ineinander verwoben im Mutterschoße aller Erkenntnis, in der ‚alltäglichen Lebenserfahrung‘, für die Wissenschaft unausgewertet brachliegen" (1980 [1922–1925], S. 83). Dies hätte unter anderem zur Folge, dass sich die „naturwissenschaftliche Psychologie […] als unzureichend zur Erklärung und Deutung höherer seelischer Phänomene" erweisen würde. Mit der „dokumentarischen Methode der Interpretation" begründet Mannheim (1964) folgerichtig eine alternative Erkenntnislogik, die Kultur, oder wie es bei Mannheim auch heißt, die „Standortverbundenheit", aller Selbst- und Weltbezüge zu ihrem Ausgangspunkt macht. Fortwährend an empirischer Forschung weiterentwickelt, stellt die Dokumentarische Methode heute ein umfassendes grundlagentheoretisches Instrumentarium bereit, das die im Erleben verankerte Herstellung von Wirklichkeit in ihrem Spannungsverhältnis zu gesellschaftlichen Typisierungen, Normen und Rollen sowie zu institutionalisierten Regeln und Abläufen fokussiert.

2   Theoretisch-methodologischer Hintergrund

2.1   Entstehungshintergrund des Verfahrens

Von Ralf Bohnsack wird die Dokumentarische Methode seit den 1980er Jahren in Auseinandersetzung mit Karl Mannheim, der Ethnomethodologie, Pierre Bourdieu und Niklas Luhmann für eine breite Anwendung in der human- und sozialwissenschaftlichen Empirie fruchtbar gemacht. Am Anfang dieser Arbeit stand eine Jugendstudie (Bohnsack 1989), die sich in den 1980er Jahren dem damals virulent werdenden Problem stellte, dass jugendtheoretische Konzepte in der Praxis kaum griffen. Dieser Erfahrungsferne der Theorie begegnete man nicht mit rascher, theorieferner Forschung. Vielmehr wurde, metatheoretisch informiert, *die Erfahrungsbildung der Jugendlichen selbst* fokussiert.

Forschungspraktisch knüpfte man an die zentrale Bedeutung der Peergroup in der Jugendphase an, in methodologischer Hinsicht an die Erkenntnis, dass in Gruppendiskussionen systematisch „Integrationsphänomene" (Mangold 1960, S. 39), wie gemeinsame Satzkonstruktionen und komplexe Sinnproduktion, auftraten – zuweilen auch, wenn die Diskutierenden einander noch nicht kannten. Hierfür gab es bis dahin keinen passenden theoretischen Rahmen. Mit Mannheims Konzept von Kollektivität, das er „Konjunktion" (Mannheim 1980) nennt, wurde dieser gefunden. Sie verbindet die Menschen quasi von innen, auf der Basis gemeinsamer, genauer: strukturidentischer – d. h. milieu- bzw. kulturspezifischer – Erfahrungshintergründe. Dies zeigt sich im Diskurs an den genannten Phänomenen, die durch unmittelbares Verstehen möglich werden.

Im Zuge dieser ersten, wegweisenden Studie wurde u. a. eine Entwicklungstypik rekonstruiert, die in Folgeprojekten zu einer Theorie von Stadien der Adoleszenzentwicklung mit disziplinen-übergreifender Relevanz ausgearbeitet wurde. Weitere Ergebnisse betrafen u. a. Probleme und Orientierungen Jugendlicher im Zusammenhang mit ihrer sozialräumlichen Bindung sowie ihrem Bildungsmilieu (Bohnsack et al. 2001).

2.2   Erhebungsinstrumente und Anwendungsfelder

Da die Ausarbeitung der Dokumentarischen Methode in der Auseinandersetzung mit dem *Gruppendiskussionsverfahren* (u. a. Przyborski 2004) begann, ist sie für so generierte Daten wie keine andere geeignet. Schon das Design dieser ersten Studie beinhaltete zudem eine *Methodentriangulation,* hier aus teilnehmender Beobachtung und biografisch-narrativem Interview, und begründet damit eine diesbezügliche Tradition der Methode. Das Potenzial unterschiedlicher Datenformen wird dabei genutzt, ohne das Forschungsparadigma verlassen zu müssen. Gruppendiskussionen erlauben eine umfassende Rekonstruktion von Handlungspraxis. Sie sind daher sehr universell einsetzbar, wenn es um Fragen nach strukturell ähnlichen Erfahrungen und Erlebnissen von Personen bzw. Gruppen geht. Bisweilen ist es allerdings schwer, die Gültigkeit von Regeln, die von den Untersuchten genannt werden, im konkreten Handlungsvollzug auszuloten. Der ‚faire Fight‘ mit Fäusten, ohne Waffen, ‚Mann gegen Mann‘, impliziert z. B. Regeln, die Hooligans sich selbst geben und deren Einhaltung etwa eine Voraussetzung für Führungsfunktionen ist. Nur über die teilnehmende Beobachtung war zugänglich, dass die körperlichen Auseinandersetzungen der Hooligans im Voraussetzungslosen – also ohne Verständigung über Bedingungen und Regeln – ansetzen. Dabei werden die Stimmung und zugleich eine unvorhersehbare Dramaturgie mit enthemmenden Substanzen und Ritualen angeheizt. Die Triangulation ermöglicht also hier den Zugang zu einer kontrafaktischen Gültigkeit von Regeln. Im biografischen Interview konnte man zwar einiges über die psychosoziale Entwicklung herausfinden, allerdings fanden Erfahrungen, die potenziell individuell stigmatisierend sind, wie bei den Hooligans die familienbezogene Kindheitsgeschichte, keinen Eingang. In den Gruppendiskussionen dagegen erfuhr man aus dieser Lebensphase eine Menge – insbesondere Kritisches – über die Eltern, und zwar im Zuge abstrakter Beschreibungen (Bohnsack et al. 1995), die es den Untersuchten ermöglichten, die Erfahrungen zu kollektivieren und damit gar nicht erst in die Gefahr einer individuellen Stigmatisierung zu geraten.

Durch eine breite Anwendung des Gruppendiskussionsverfahrens ergab sich auch eine Fülle weiterer Methodenkombinationen, u. a. mit der „Vignettenmethode" (Kutscher 2006), mit quantitativen Verfahren (Krüger und Pfaff 2006), mit videogestützter teilnehmender Beobachtung (Bohnsack et al. 2006) und später vermehrt mit Bildanalysen (u. a. Bohnsack et al. 2015; Przyborski 2018; Wopfner 2012).

Sowohl Interviews (Amling und Vogd 2017; Bohnsack und Przyborski 2012) als auch die teilnehmende Beobachtung werden bisweilen als alleinige Erhebungsform im

Rahmen der Dokumentarischen Methode eingesetzt. Exemplarisch für letztere können die Studien von Vogd (2011) über ärztliche Entscheidungsprozesse im Krankenhaus gelten. Mit dieser vergleichsweise wenig invasiven Erhebungsform gelang es, auch nichtöffentliche Interaktionen und Gespräche im Krankenhaus zu untersuchen, zu denen bisher kaum Zugang gefunden wurde.

Seit den 2000er Jahren wurde die Dokumentarische Methode unter Bezugnahme auf Panofsky und Imdahl für die *Analyse von visuellem Material* weiterentwickelt (Bohnsack 2009; Przyborski und Slunecko 2020) (Kap. Bildanalyse). Zunehmend wird sie auch zur Interpretation von (medien-)technischen Dingen (u. a. Schäffer 2017) ausgearbeitet. Nicht zuletzt durch den transdisziplinären Zugang der Dokumentarischen Methode haben sich ihre Forschungsfelder sowie die akademischen Fächer, in denen sie zur Anwendung kommt, stetig diversifiziert, etwa seit den 2010er Jahren vermehrt in Richtung Kulturpsychologie und Psychotherapie (Przyborski 2017; von Sichart 2019).

2.3   Theoretische Einordnung

Methodologisch positioniert sich die Dokumentarische Methode vermittelnd zwischen einer subjektivistischen Herangehensweise, die meist als *die* Position qualitativer Methoden in der Psychologie beschrieben wird, und einem objektivistischen Zugriff, der wiederum als Charakteristikum der quantitativen Methoden gilt. Letztere konzipieren ihren Gegenstand außerhalb der erkennenden Wissenschaft(ler:innen) und sind auf normative Richtigkeit, faktische Wahrheit, (institutionell) typisiertes Handeln (z. B. psychodiagnostische Kategorien), überzeitliche Strukturen und nicht zuletzt auf nomothetische, also raumzeitlich ungebundene Gesetze der ‚menschlichen Natur' gerichtet. Als subjektivistisch werden jene Zugänge verstanden, die auf Motive, Intentionen, Meinungen und Einstellungen oder auch subjektive Theorien über das eigene Handeln gerichtet sind, mithin auf das im Subjekt verortete (d. h. so konzipierte) Wozu und Warum. Egal, ob nun ein quantitativer oder ein qualitativer Zugang gewählt wird, immer, wenn die erkenntnislogische Differenz bei der Unterscheidung zwischen einer subjektiven und einer objektiven Wirklichkeit angesetzt wird, wird letztlich ein objektiver Anspruch verfolgt, der eine:n wissenschaftliche:n Beobachter:in außerhalb der beobachteten sozialen Zusammenhänge impliziert. Der Anspruch auf Objektivität muss daher seine Legitimation, so die Kritik der Dokumentarischen Methode, in einer höheren Rationalität suchen, also einem Besserwissen der Wissenschaft gegenüber den Untersuchten (u. a. Bohnsack 2021).

Die erkenntnislogische Differenz wird also nicht zwischen subjektiv und objektiv angesetzt, sondern zwischen der im Erleben verankerten Herstellung von Wirklichkeit, den *handlungspraktischen Orientierungen* – in der Sprache von Mannheim „atheoretischem" bzw. „konjunktivem" Wissen – einerseits, und *kommunikativ generalisierten Wissensbeständen,* die nach Kriterien von faktischer Wahrheit und normativer Richtigkeit beurteilt werden können, andererseits. Die Dokumentarische Methode wendet sich nun

der Performanz, den Prozessstrukturen der Herstellung von Wirklichkeit und dem entsprechenden, in der Regel stillschweigenden Wissen zu. Durch seine Explikation wird
es für den human- und sozialwissenschaftlichen Erkenntnisprozess fruchtbar gemacht.
Es wird also keine höhere Rationalität gegenüber den Untersuchten vorausgesetzt,
sondern lediglich ein anderer Blickwinkel. Die Untersuchten wissen im Grunde gar
nicht, was sie alles wissen, nicht zuletzt, weil die begriffliche Explikation ihres Wissens
sie in ihrer Handlungspraxis unnötig aufhalten würde. Die Untersuchten beobachten
ihre Beobachtungen (meist) nicht selbst – jedenfalls nicht systematisch. Dabei werden
kommunikative Wissensbestände wie institutionell verankerte Erwartungen und Rollen
oder Identitätsnormen nicht ausgeklammert. Vielmehr geht es insbesondere um das
Verhältnis von kommunikativer bzw. propositionaler Logik, insbesondere von Subjektnormen und institutionalisierten Wissensbeständen, einerseits und performativer, hand-
lungspraktischer Logik, die das Erleben und die Erfahrung strukturieren, andererseits.

   Allerdings ist es nun *nicht* so, dass die konkrete Praxis den – reifizierten – soziokulturellen Strukturen als etwas grundsätzlich anderes entgegensteht. Vielmehr ver-
lagert die Dokumentarische Methode Ursprung *und* Wirkung kultureller Struktur in
das Handeln selbst. Das Wissen, das in standortverbundenen und damit kulturtypischen
Handlungs- und Wahrnehmungspraxen eingelassen ist, wird in dieser Perspektive als
strukturbildend betrachtet. Mannheim spricht nicht umsonst von „Objektivationen"
oder „Kulturgebilden" (1980, S. 104 f.) und bezeichnet damit sowohl Dinge, wie Geräte
und Kleider als auch geistige Gebilde, wie Sprache, Sitten und politische Ideen. In dem
Begriff ‚Objektivation' wird deutlich, dass er Dinge und Vorstellungen gleichermaßen als
Ausdruck von sozialem, kulturell verankertem Sinn versteht. Institutionell oder technisch
Verdinglichtes kann den Handelnden selbst wiederum als entfremdete Struktur ent-
gegenstehen. Die Grundlagentheorie der Dokumentarischen Methode ist umfassend als
Praxeologische Wissenssoziologie (Bohnsack 2017) ausgearbeitet.

3   Methodische Vorgehensweise

Die *Beobachtungsposition* der Dokumentarischen Methode setzt also bei einer grundlegenden *Standortverbundenheit* von Wissen und Erfahrung an, die sie für das Alltagswissen und das wissenschaftliche Wissen gleichermaßen als Voraussetzung konzipiert
und die mithin die methodische Vorgehensweise bestimmt.

3.1   Komparative Analyse

So wird aus ihrer Perspektive eine Forschungsfrage immer auf der Grundlage des Standorts des:der Wissenschaftler:in erfasst, also in Relation zu dessen:deren Erfahrung, sozial-
historischer Einbindung und wissenschaftlicher Sozialisation. Die Dokumentarische
Methode fasst dies aber nicht als Mangel auf, der durch Methoden ‚geheilt' werden

muss. Vielmehr bezieht sie diesen Umstand systematisch in ihre Methodologie ein. Es folgt daraus zum einen eine zugreifende Kraft. Nur aus einer kulturellen Einbindung oder auch durch das Erleben kultureller Brüche bin ich als Forscher:in in der Lage, interessante Fragestellungen zu erkennen. Zum anderen folgt daraus, dass theoretische Abstraktion aus dem empirischen Material vor allem durch das systematische Gegeneinanderhalten von *empirischen* Vergleichshorizonten geleistet werden muss. Ein Interview bspw. wird vor dem Hintergrund eines – besser noch mehrerer – Interviews interpretiert, eine Gruppendiskussion bzw. ein Bild vor dem Hintergrund anderer Gruppendiskussionen bzw. Bilder. Dabei werden unterschiedliche Relationen innerhalb eines bearbeiteten Phänomens voneinander abhebbar. Wichtig für das Vorgehen ist daher die komparative Analyse (Kap. Relationale Hermeneutik: Theoretisch-methodologische Systematisierungen interpretativer Forschung). Je mehr Fälle einbezogen werden, desto tiefer ist die theoretische Abstraktion im empirischen Material verankert, desto stärker kann der Standort des:der Forscher(s):in relationiert werden, ist nur einer unter mehreren (Wäckerle 2018).

3.2   Einklammerung des Geltungscharakters

Sehen wir in einer Äußerung oder einem Bild das Provinzielle oder Metropolenhafte, das Katholische oder Säkulare, dann kommt die Dokumentarische Methode im Alltagsverständnis zur Anwendung. Auch hier fragen wir nicht nach dem Geltungscharakter, d. h. ob die Äußerung z. B. wahr, richtig und rechtens oder im Gegenteil falsch ist. Diese Einklammerung von faktischer Wahrheit und normativer Richtigkeit ist ein methodologisches Prinzip der Dokumentarischen Methode und prägt die Interpretation.

3.3   Unterscheidung von Sinnebenen: Formulierende und reflektierende Interpretation

Theoretisch wie auch forschungspraktisch ist ein weiteres zentrales Prinzip der Dokumentarischen Methode: die Unterscheidung von propositionalem und performativem Sinngehalt. Propositionale Sinngehalte lassen sich unabhängig von ihrem Entstehungszusammenhang auf ihre Richtigkeit hin überprüfen. Wenn man etwa ein philosophisches System aus sich selbst heraus kritisiert, aufgrund innerer Widersprüchlichkeit, versteht man es im Rahmen seiner propositionalen Logik (Mannheim 1980, S. 85 ff.). Auch wenn wir ein Kunstwerk aufgrund benennbarer ästhetischer Merkmale in die Stilgeschichte einordnen, geschieht dies aus einem immanenten Verständnis heraus (ebd., S. 95 f.). Dasselbe ist der Fall, wenn wir eine Ärztin holen, weil jemand sagt, dass er:sie krank sei und/oder entsprechende Symptome zeigt.

   Die dokumentarische bzw. performative Logik richtet sich dagegen auf den soziokulturellen Entstehungszusammenhang bzw. das, was sich davon manifestiert hat, z. B.

die Frage der Genese eines philosophischen Systems aus ‚seiner Zeit heraus‘. Auch die
Frage, unter welchen biografischen und historischen Bedingungen ein Kunstwerk ent-
standen ist, stellt auf den Dokumentsinn ab, ebenso die Frage, wie es wohl zu einer
Verhaltensauffälligkeit kommt: Wir fragen, ob eine zurückliegende oder gegebene
Situation den Menschen, der sich selbst als krank wahrnimmt und/oder entsprechende
Symptome zeigt, vielleicht überfordert hat. Schon im Alltag beschäftigen wir uns mit
dem Dokumentsinn.

Bohnsack (u. a. 2017) verdeutlicht die Unterscheidung oft am Beispiel des Begriffs
‚Familie‘: So ist uns allen der Begriff ‚Familie‘ als ‚Allgemeinbegriff‘ geläufig. Dieser
zeigt auf der Grundlage von Rollenerwartungen, rechtlichen Definitionen oder auch
religiösen Traditionen eine Verallgemeinerbarkeit als Institution über milieuspezi-
fische und kulturelle Grenzen hinweg. Eine z. T. völlig andere Bedeutung erhält der
Begriff ‚Familie‘ dagegen für diejenigen, die die Gemeinsamkeit einer konkreten
familialen Alltagspraxis miteinander teilen. Dabei handelt es sich um ein Spannungsverhältnis zwischen Subjektnormen und Rollenerwartung einerseits und gelebtem
Familienalltag andererseits. Besonders komplex wird dieses z. B. in Familienunternehmen (Bohnsack und Przyborski 2012; Bohnsack 2017, S. 134). Bei der Analyse von
empirischem Material wird diese Unterscheidung durch zwei grundlegende Schritte der
Interpretation formalisiert: Die formulierende Interpretation, die auf den immanenten
bzw. propositionalen Sinngehalt zielt, und die reflektierende Interpretation, die auf den
Dokumentsinn zielt.

3.4   Konjunktiver Erfahrungsraum und Homologien

Die Familie kann auch ontogenetisch als erster *konjunktiver Erfahrungsraum* gelten.
Wir sind in Sinnzusammenhänge und damit in bestimmte Formen des Erlebens und
Erfahrens hineingeboren und teilen diese von Anfang an mit anderen, und zwar durch
den gemeinsamen Vollzug des Alltags. Jede:r von uns hat an mehreren Erfahrungsräumen teil, z. B. geschlechts-, bildungsmilieu- und generationstypischen. Erstere
konstituieren sich etwa über die Kombination von Interaktion in gleichgeschlecht-
lichen Peergroups und dem Erleben geschlechtstypischer (Fremd-)Zuschreibungen.
Bildungsmilieutypische Erfahrungsräume sind im gemeinsamen Erleben von Wissens-
vermittlung in je unterschiedlichen Institutionen und entsprechenden biografischen
Ablaufmustern fundiert. Generationstypische Erfahrungsräume nehmen ihren Ausgang
in der gemeinsamen Handlungspraxis, die zeitgeschichtliche Bedingungen und Entwicklungen bzw. Verläufe mit sich bringen (Mannheim 1952). Dabei ist nicht wichtig,
dass die Erfahrungen tatsächlich mit anderen zusammen gemacht werden. Es geht vielmehr um strukturidentische Erfahrungen. Biografische Brüche durch Migration oder
einen anderen Wechsel von Kulturen z. B. werden im unmittelbaren Erleben oder auch
in der Art der wechselseitigen Bezugnahme im Gespräch aufeinander deutlich. Der
Dokumentsinn oder die performative Logik ist immer in derartigen Erfahrungsräumen

fundiert. Konkrete soziale Einheiten, wie Gruppen oder Milieus, aber auch Individuen, stellen immer eine Überlagerung konjunktiver Erfahrungsräume dar, die nur analytisch zu trennen sind. Eine Gruppe, in welcher ein konkretes Gespräch oder eine Diskussion stattfindet, ist nicht der soziale Ort der Entstehung, sondern derjenige der Artikulation und Repräsentation kollektiver Erlebnisschichtung. Ausdruck im empirischen Material finden konjunktive Erfahrungen in Homologien, die von semantischen Diskontinuitäten unterschieden werden. Erstere weisen auf habituelle Gemeinsamkeiten hin, zweitere in der Regel auf Subjektnormen. Bei sprachlichem Material gilt es z. B. zu zeigen, dass eine bestimmte Orientierung, wie eine kulturelle Entfremdung, über unterschiedliche Themen hinweg zum Ausdruck kommt. In der Bildinterpretation kann sich eine Geste kindlicher Zurückhaltung zugleich in der gesamten Körperhaltung, dem Umgang mit Kleidung und der Perspektivenwahl zeigen (s. u.) (Przyborski 2018).

3.5   Performatives Wissen als korporiertes Wissen

Performatives Wissen ist auch und ganz wesentlich inkorporiertes Wissen, das durch den körperlich-habituellen bzw. szenisch-mimetischen Nachvollzug angeeignet wird. Konjunktives Wissen durchdringt uns also geistig-seelisch-körperlich als Individuen, ‚ragt‘ ebenso über uns als Einzelne ‚hinaus‘ und ist letztlich erst im Miteinander oder im gedachten Miteinander vollständig. Die Art und Weise, wie eine Praxis vollzogen wird, schreibt sich in Körperlichkeit und praktische Vollzüge ein. Dabei sind Alltagspraktiken in der Regel auf kommunikativ-generalisierte Wissensbestände, wie Rollenanforderungen und Identitätsnormen oder auch die ganze Fülle der institutionalisierten Normen und Rollen bezogen, und zwar in einem Spannungsverhältnis zwischen Handlungspraxis und Handlungserwartungen (Normen und Rollen). Die Alltagspraxis verläuft gerade dann reibungslos, wenn dieses Spannungsverhältnis un-thematisiert bleibt und durch die Rezeptivität gleichartiger Vollzüge – gerade auch auf körperlicher Ebene – sedimentiert und habitualisiert wird (Bohnsack 2017, S. 102 ff.). Das heißt, ebenso wie es für das Erlernen eines Handlungsvollzuges oft weniger wichtig ist, zu wissen, was man macht, als zu beherrschen, wie man es macht, ist der Handlungsvollzug auch in der Gestalt – in dem, wie sich jemand bewegt, hält, schaut, spricht – enthalten. Für das methodische Vorgehen heißt das, dass wir auf das Bildliche angewiesen sind, um zum Dokumentsinn zu gelangen. In sprachlichem Material gilt das Augenmerk den Metaphern (Kap. Metaphernanalyse) und dem Szenischen, wie sie sich in Erzählungen und Beschreibungen finden. In Bildern haben wir dann einen unmittelbaren empirischen Zugang zu dieser Ebene, wenn sie in ihrer Selbstreferenzialität ernst genommen werden. Dies ist möglich, indem die vorikonographische Ebene (Mimik, Gestik…) (Panofsky 1979) und die ikonische Ebene, wie die planimetrische Komposition (die Gestaltung des Bildes in der Fläche), die szenische Choreographie und die perspektivische Projektion (Imdahl 1994) bei der Dokumentarischen Bildinterpretation systematisch berücksichtigt werden (Bohnsack 2009).

4   Skizzierung einer exemplarischen Umsetzung

Im Rahmen eines größeren Projekts zu Bildkommunikation (Przyborski 2018) habe ich mich damit beschäftigt, wie sich geschlechtsrollentypische Normen körperlicher Selbstpräsentation und alltägliche Formen körperlicher Darstellung wechselseitig konstituieren. Ich habe Gruppen von Jugendlichen und jungen Erwachsenen gebeten, mir kommerzielle und private Bilder zur Verfügung zu stellen, die ihnen gefallen und auf denen Menschen zu sehen sind. Sie sollten ähnlich ‚cool‘, ‚toll‘ oder ‚schön‘, jedenfalls ähnlich positiv konnotiert sein und dienten als Ausgangspunkt von Gruppendiskussionen, die ich mit den befreundeten oder liierten Personen führte. Die meisten kommerziellen Bilder stammten aus der Werbung, die privaten zeigten in der Regel die Untersuchten selbst. Ausgewertet wurde das Material mit der Dokumentarischen Bildinterpretation und Gesprächsanalyse.

Die Gruppe ‚Pool‘, drei Mädchen im Alter von 13 Jahren, wird in der Folge grob skizziert und danach einer männlichen Gruppe in komparativer Analyse gegenübergestellt. Aus der Gruppendiskussion erfahren wir, dass beide Bilder (Abb. 1 und 2) – eine H&M Bikiniwerbung, die junge Frauen am Strand zeigt und ein Foto der Mädchen im elterlichen Pool – von den Mädchen im realen Leben verortet werden. Es handelt sich um imaginative (im Gegensatz zu irrealen oder imaginären) Körperpraxen. (RI[1]) Z. B. sind die Models aus der Sicht der Mädchen befreundet. (FI) In dieser Wahrnehmung kommt eine Orientierungskomponente der eigenen Peergroup zum Ausdruck: Gemeinsame Inszenierungen gelingen auf der Basis von Freundschaft und Verbundenheit. (RI)

In beiden Bildern findet sich eine Geste des Sich-Ordnens, der Zurückhaltung und schüchternen Selbstberührung, jene des Zurückstreichens der Haare. Wie ein Blick auf die beiden Bilder offenbart, ist die Geste in die Körperhaltung der Mädchen organischer eingebunden. Das die Geste ausführende Model ist frontal zur Kamera gedreht, das Mädchen dagegen leicht abgewandt (vorikonographische Ebene, FI). Zugleich lässt die Aufsicht den Blick in die Kamera schüchterner wirken als die Untersicht im Werbebild, die die Models erhaben erscheinen lässt usw. (perspektivische Projektion, FI).

Das Werbebild visualisiert eine geschlechtstypische Identitätsnorm: die Integration von mädchenhafter Verspieltheit und Zurückhaltung einerseits und selbstbewusster, erwachsener Weiblichkeit andererseits. Konkret ist die Gegensätzlichkeit insofern erforderlich, als ungebrochene, offensiv und selbstbewusst präsentierte Weiblichkeit rasch als *zu* selbstbewusst, aufdringlich oder anzüglich gelten kann. Allgemeiner betrachtet ist die Gegensätzlichkeit bzw. der immanente Widerspruch ein Charakteristikum von

---

[1] ‚RI‘ und ‚FI‘ werden in der Folge als Abkürzungen für ‚Reflektierende Interpretation‘ und ‚Formulierende Interpretation‘ verwendet. Damit lässt sich kennzeichnen, aus welchem Interpretationsschritt der Inhalt in bestimmten Argumentationslinien stammt.

Abb. 1 „H&M Bademode"

Abb. 2 „Pool", privates Bild

Identitätsnormen (Goffman 1963), im Gegensatz zum Habitus, der durch Homologien bzw. strukturelle Ähnlichkeiten auf unterschiedlichen Ebenen gekennzeichnet ist (Bohnsack 2017).

Das medial vermittelte Bild erlaubt auf der Basis der mädchenhaften Geste die Vorstellung, gar nicht weit entfernt von einer erwachsenen Weiblichkeit zu sein und die sichere Mädchenhaftigkeit zu transzendieren. Die Mädchen üben damit eine kindliche Geste in inszenierte, zukünftige Formen der Körper- bzw. Selbstpräsentationspraxis zu integrieren. Mit der spielerischen Reinszenierung der Geste erfolgt eine Einübung in die handlungspraktische Bewältigung diskrepanter normativer Anforderungen, die auch für erwachsene Frauen gelten, in Auseinandersetzung mit visuellen, medial verbreiteten Körperimaginationen.

Die Gruppe ‚Schaum' besteht aus zwei jungen Männern, beide Mitte Zwanzig, die in der Unterhaltungsindustrie arbeiten. Das kommerzielle Bild, ein Plakat zum Film Pulp Fiction, das die beiden Protagonisten mit gezogener Faustfeuerwaffe zeigt, verdeckte zunächst eine schäbige Stelle an der Wand eines Zimmers in ihrer Wohngemeinschaft. Eines Morgens stellen die beiden Männer eine frappierende Ähnlichkeit mit dem Bild fest und beschließen es nachzustellen. (FI) Was in der bewussten Wahrnehmung zunächst kaum wichtiger als ein Stück Tapete war, beinhaltete etwas, das den Untersuchten so nahe war, dass sie sich optisch ähnlich fühlten. Ihre habituelle Wahl hatte sich quasi an ihrem Bewusstsein vorbei entfaltet. (RI)

Die anschließende Reinszenierung des Bildes diente keinem Zweck, hatte keinen Sinn, außer Spaß zu machen. (FI) Sie kann daher als aktionistisches Handeln verstanden werden (RI) (Bohnsack 1989) (Abb. 3 und 4).

In der Reinszenierung des Bildes fungieren die jungen Männer als „abbildende" und als „abgebildete Bildproduzenten" (Bohnsack 2009) zugleich: Sie stehen beide vor und hinter der Kamera. Die Analyse zeigt, dass die Reinszenierung nicht als schlichte Imitation aufgefasst werden kann. Vielmehr drückt sich in ihr etwas aus, das bereits im Ausgangsbild enthalten ist: das Prinzip der Brechung bzw. Reflexion. (RI) Die Rekonstruktion der planimetrischen Komposition vermag den Blick darauf einzustellen: So zeigt sich die rechte Pistole gleichsam als schwächere Reflexion der linken, ebenso wie auch der linke gegenüber dem rechten Schützen. (FI) Beim privaten Bild handelt es sich also um eine Reflexion der Reflexion und damit gleichsam um eine Schleife, die auf sich selbst verweist. (RI) Reflektiert wird eine brutale Seite hegemonialer Männlichkeit. In ihrer mannigfaltigen Brechung erhält sie, insbesondere durch die unvollständige Nachahmung, die sich schon im Ausgangsbild selbst findet, einen absurd-komischen Zug, der ebenfalls schon an dem linken Schützen des kommerziellen Bildes rekonstruierbar ist.[2]

---

[2] Es ist wohl auch das Element der unvollständigen Nachahmung, das u. a. dem Film Pulp Fiction seine charakteristische Geste gibt.

Abb. 3 Werbeplakat „Pulp Fiction"

Abb. 4 „Pulp Fiction", privates Bild

Das Ausgangsbild zeigt sich durch mehrere Elemente der Komposition als ein imaginäres, als ein fiktives Bild (RI), z. B. durch seine Gestaltung als Schwarz-Weiß-Bild. (FI) Das gilt auch für seine Reinszenierung. Wir finden die jungen Männer letztlich ganz und gar nicht in einer alltäglichen Situation, sondern als Schausteller, was den Blick auf ihren Habitus, auf ihre Körperpraxis systematisch verstellt. So wie auf dem Bild würden sie sich in der Öffentlichkeit kaum zeigen, denn ihre Darstellung auf dem Bild hat nichts mit der Realität zu tun, ist in den Augen der jungen Männer ‚surreal‘ bzw. ‚absurd‘, wie sie selbst sagen. (FI) Beide Bilder können als Prototypen einer kaum einlösbaren geschlechtlichen Identitätsnorm verstanden werden, nämlich ein maximal harter, überlegener und unbeeindruckter Mann zu sein – und zugleich maximal reflektiert und witzig. (RI) Was macht diese Identitätsnorm zugleich so attraktiv und absurd? Das völlige Verschwinden der eigenen Körperpraxis hinter der Inszenierung des witzigen Killers lässt eine Verunsicherung in diesem Bereich vermuten, zu der die Gruppendiskussion Aufschluss gibt:

Die habituelle Verunsicherung speist sich aus der Gefahr einer Fremdidentifizierung. Sobald die jungen Männer eine junge Frau attraktiv finden, entwickeln sie zugleich die Erwartungserwartung, von dieser als oberflächlich und an traditioneller Männlichkeit orientiert wahrgenommen zu werden. Das Dilemma besteht darin, dass es keinen handlungspraktisch umsetzbaren positiven Horizont gibt, wenn es um die aktive Aufnahme von Kontakten zu attraktiven jungen Frauen geht. Kernbereiche des männlichen Habitus sind verunsichert.[3] Die Lösung, die die Fiktion anbietet, liegt in der maximalen Sicherheit einer völlig unbeeindruckten, überlegenen männlichen Position mit maximaler Reflexion bzw. Selbstironisierung.

Ein sicherer Geschlechtshabitus kommt offenbar nicht ohne eine positive Integration von geschlechtlichen Identitätsnormen aus. Was geschieht, wenn dieses *doing gender* nicht vollzogen wird, bzw. wie essenziell es für die Bewältigung des Alltags ist, ist in der Literatur umfangreich beschrieben und theoretisch ausgearbeitet worden (Garfinkel 2004). Inwieweit dieses *doing* und die Stilisierungen, die damit einhergehen, als intentional oder habitualisiert zu sehen sind, wurde bisher kontrovers diskutiert. Die empirische Arbeit auf der Grundlage der Dokumentarischen Methode zeigt, dass es sich nicht um ein Entweder-oder handelt, sondern um komplexe Dynamiken im Verhältnis von Habitus und normativen Anforderungen.

Kulturpsychologisch interessant ist, dass Dilemmata, die wir im Alltag oft als persönliche Herausforderungen oder Probleme wahrnehmen, tief in der kulturellen, kollektiv geteilten Strukturiertheit unserer Sinnbildung verankert sind. Psychisch schwierig kann es sein, dass normative Typisierungen, die Körperpraxen betreffen, weitgehend

---

[3] Von einer „Krise“ oder Verunsicherung der „Männlichkeit“ kann man mit Meuser (2001, S. 11) dann sprechen, wenn Männer „Routinen unterbrechen und sie in einer geschlechtlich konnotierten Begrifflichkeit reflektieren“.

implizit bleiben. Sie stellen sich trotz ihres hohen Grads an Generalisierung als *implizite* Anforderungen. Bei *expliziten* Anforderungen sinkt der Grad der Verbindlichkeit mit jenem ihrer Generalisierung. Die vorgelegten Ergebnisse weisen darauf hin, dass sich dies bei impliziten normativen Anforderungen umgekehrt verhält: Je weniger sie einer Explikation zugänglich sind, desto höher ihr Grad an Verbindlichkeit.

5 Fazit

Die Dokumentarische Methode bestimmt Kultur nicht von ihren Rändern her, sondern aus ihrem Zentrum, und zwar als konjunktiven Erfahrungsraum, der durch eine Gemeinsamkeit im Erleben strukturiert ist. Letztlich sind die kulturpsychologischen Fragestellungen, die sich mit ihr behandeln lassen, kaum eingeschränkt. Ihre spezifischen Methoden und Techniken sind vielerorts dargestellt und in zahlreichen Forschungsbeispielen exemplifiziert. Ihr grundlagentheoretisches Instrumentarium stellt die Forschungslinse allerdings eher in Richtung Gemeinschaft bzw. Kollektivität scharf. Hinsichtlich individueller psychischer Dynamiken bietet sich aus kulturpsychologischer Sicht ein Feld, das im Rahmen der Dokumentarischen Methode zukünftig stärker beleuchtet werden sollte. Zugleich bietet die Sichtweise der Dokumentarischen Methode eine wichtige Ergänzung zur psychologischen Linse, die das Individuum als Entität nicht selten absolut setzt: In scheinbar individuellen Dilemmata, Problem- und Leidenszuständen drücken sich, wie im skizzierten Forschungsbeispiel, oft kollektiv geteilte bzw. gesellschaftliche Spannungsfelder aus.

Literatur

Amling, S., & Vogd, W. (Hrsg.). (2017). *Dokumentarische Organisationsforschung – Perspektiven der Praxeologischen Wissenssoziologie.* Opladen/Berlin/Toronto: Budrich.

Bohnsack, R. (1989). *Generation, Milieu und Geschlecht. Ergebnisse aus Gruppendiskussionen mit Jugendlichen.* Opladen: Westdeutscher Verlag.

Bohnsack, R. (2009). *Qualitative Bild- und Videointerpretation. Die dokumentarische Methode.* Opladen/Berlin/Toronto: Budrich.

Bohnsack, R. (2017). *Praxeologische Wissenssoziologie.* Opladen/Berlin/Toronto: Budrich/UTB.

Bohnsack, R. (2021). *Rekonstruktive Sozialforschung. Einführung in qualitative Methoden.* Opladen/Berlin/Toronto: Budrich/UTB.

Bohnsack, R., Loos, P., Schäffer, B., Städtler, K., & Wild, B. (1995). *Die Suche nach Gemeinsamkeit und die Gewalt der Gruppe. Hooligans, Musikgruppen und andere Jugendcliquen.* Opladen: Leske+Budrich.

Bohnsack, R., Loos, P., & Przyborski, A. (2001). „Male honor". Towards an understanding of the construction of gender relations among youths of Turkish origin. In H. Kotthoff & B. Baron (Hrsg.), *Gender in interaction* (S. 175–207). Amsterdam: Benjamins.

Bohnsack, R., Michel, B., & Przyborski, A. (Hrsg.). (2015). *Dokumentarische Bildinterpretation: Methodologie und Forschungspraxis.* Opladen/Berlin/Toronto: Budrich.

Bohnsack, R., Przyborski, A., & Schäffer, B. (Hrsg.). (2006). *Das Gruppendiskussionsverfahren in der Forschungspraxis*. Opladen/Berlin/Toronto: Budrich.

Bohnsack, R., & Przyborski, A. (2012). Zur Vermögenskultur von Familienunternehmen und ihren generations- und milieutypischen Differenzierungen. In T. Druyen (Hrsg.), *Verantwortung und Bewahrung. Eine vermögenskulturelle Studie* (S. 1–121). Wiesbaden: Springer VS.

Garfinkel, H. (2004). *Studies in Ethnomethodology*. Cambridge, MA: Polity Press (Original: 1967).

Goffman, E. (1963). *Stigma. Notes on the management of spoiled identity*. Englewood Cliffs, NJ: Prentice-Hall.

Imdahl, M. (1994). Bilder und ihre Anschauung. In G. Boehm (Hrsg.), *Was ist ein Bild?* (S. 300–324). München: Fink.

Krüger, H.-H., & Pfaff, N. (2006). Zum Umgang mit rechten und ethnozentrischen Orientierungen an Schulen in Sachsen-Anhalt – Triangulation von Gruppendiskussionsverfahren und einem quantitativen Jugendsurvey. In R. Bohnsack, A. Przyborski & B. Schäffer (Hrsg.), *Das Gruppendiskussionsverfahren in der Forschungspraxis* (S. 59–73). Opladen/Berlin/Toronto: Budrich.

Kutscher, N. (2006). Moralische Begründungen in der sozialen Arbeit. In R. Bohnsack, A. Przyborski & B. Schäffer (Hrsg.), *Das Gruppendiskussionsverfahren in der Forschungspraxis* (S. 189–201). Opladen/Berlin/Toronto: Budrich.

Mangold, W. (1960). *Gegenstand und Methode des Gruppendiskussionsverfahrens*. Frankfurt/Main: Europäische Verlagsanstalt.

Mannheim, K. (1952). Wissenssoziologie. In ders., *Ideologie und Utopie* (S. 227–267). Frankfurt/Main: Suhrkamp (Original: 1931).

Mannheim, K. (1964). *Wissenssoziologie*. Neuwied: Luchterhand (Original: 1921–1928).

Mannheim, K. (1980). *Strukturen des Denkens*. Frankfurt/Main: Suhrkamp (Original: 1922–1925).

Meuser, M. (2001). Männerwelten. Zur kollektiven Konstruktion hegemonialer Männlichkeit. In D. Jahnshen & M. Meuser (Hrsg.), *Schriften des Essener Kollegs für Geschlechterforschung* (Bd. 1, Heft II) (S. 2–32) digitale Publikation (https://www.uni-due.de/imperia/md/content/ekfg/michael_meuser_maennerwelten.pdf.)

Panofsky, E. (1979). Zum Problem der Beschreibung und Inhaltsdeutung von Werken der bildenden Kunst. In E. Kaemmerling (Hrsg.), *Bildende Kunst als Zeichensystem 1: Ikonographie und Ikonologie* (S. 185–206). Köln: Dumont (Original: 1932).

Przyborski, A. (2004). *Gesprächsanalyse und dokumentarische Methode. Auswertung von Gesprächen, Gruppendiskussionen und anderen Diskursen*. Wiesbaden: Springer VS.

Przyborski, A. (2017). Alltäglicher Umgang mit geschlechtstypischen Normen körperlicher Selbstpräsentation. In T. Slunecko, M. Wieser & A. Przyborski (Hrsg.), *Kulturpsychologie in Wien* (S. 211–233). Wien: Facultas.

Przyborski, A. (2018). *Bildkommunikation. Qualitative Bild- und Medienforschung*. München: Oldenbourg.

Przyborski, A., & Slunecko, T. (2020). Understanding media communication: On the significance of iconic thinking for a praxeological model of communication. *SAGE Open 10*(3).

Schäffer, B. (2017). Organisationale Selbstbeschreibungen im Medium von Zahlen – Perspektiven dokumentarischer Zahlinterpretation. In S. Amling & W. Vogd (Hrsg.), *Dokumentarische Organisationsforschung* (S. 76–96). Opladen/Berlin/Toronto: Budrich.

Vogd, W. (2011). *Zur Soziologie der organisierten Krankenbehandlung*. Weilerswist: Velbrück.

Von Sichart, A. (2019). *Systemisch-dokumentarische Paartherapie. Resilienz in Partnerschaften entdecken und stärken*. Göttingen: Vandenhoeck & Ruprecht.

Wäckerle, M. (2018). Auf der Suche nach dem Tertium Comparationis. Eine praxeologische Typisierung habitueller Praktiken des Fremdverstehens. In R. Bohnsack, N. Hoffmann &

I. Nentwig-Gesemann (Hrsg.), *Typenbildung und Dokumentarische Methode. Forschungspraxis und methodologische Grundlagen* (S. 329–344). Opladen/Berlin/Toronto: Budrich.

Wopfner, G. (2012). *Geschlechterorientierungen zwischen Kindheit und Jugend. Dokumentarische Interpretation von Kinderzeichnungen und Gruppendiskussionen.* Opladen/Berlin/Toronto: Budrich.

Diskursanalyse

Lars Allolio-Näcke

Zusammenfassung

Der Beitrag stellt die Diskursanalyse als Methode der qualitativen Sozialforschung vor. Zunächst wird der theoretisch-methodologische Hintergrund, der zur Entstehung der Diskursanalyse beigetragen hat, dargestellt. Dabei spielt das Werk Michel Foucaults eine zentrale Rolle. Anschließend wir die Diskursanalyse in der Landschaft der qualitativen Methoden verortet. Das Besondere der Diskursanalyse ist, dass sie immer positionell, also parteiisch ist. Kernstück des Beitrages ist die Darstellung zentraler methodischer Verfahrensschritte zur Durchführung einer Diskursanalyse. Hierzu wird Bezug auf die britische Tradition kritischer Psychologie genommen. Zum Schluss wird das methodische Vorgehen am Beispiel einer diskursanalytischen Arbeit über die Identitätsbildung ostdeutscher Frauen 15 Jahre nach der Wiedervereinigung erläutert.

Schlüsselwörter

Michel Foucault · Poststrukturalismus · Rekonstruktive Sozialforschung · Parteilichkeit · Machtanalyse

L. Allolio-Näcke (✉)
Friedrich-Alexander-Universität Erlangen-Nürnberg, Erlangen, Deutschland
E-Mail: lars.allolio-naecke@fau.de

© Der/die Autor(en), exklusiv lizenziert an Springer Fachmedien Wiesbaden GmbH, ein Teil von Springer Nature 2022
U. Wolfradt et al. (Hrsg.), *Kulturpsychologie*,
https://doi.org/10.1007/978-3-658-37918-6_20

1   Einleitung

Die auf den französischen Philosophen Michel Foucault zurückgehende Diskursanalyse ist ein anerkannter Ansatz rekonstruktiver Sozialforschung. Sie kommt in vielen Sozial- und Kulturwissenschaften zur Anwendung. Im Zentrum von Foucaults Diskurstheorie steht die Zusammengehörigkeit von Denken, Sprechen und Handeln, die als menschliche und soziale Praxis Wissen bzw. Objekte des Wissens generieren. Dreh- und Angelpunkt sind dabei die Diskurse, die als eine regulierte Praxis von Aussagen verstanden werden können, und die als solche Wirkungen erzielen. Sie formen Wahrheiten, Denkmuster, Objekte, Begriffe und Subjekte. Diskurse sind also maßgeblich an der Konstruktion von Individuen beteiligt; sie machen Individuen zu durch Kultur gestalteten Subjekten. Die Aufgabe der Diskursanalyse besteht nun darin, die diskursiven Regelmäßigkeiten und Formationen herauszuarbeiten. So lassen sich Diskurse erkennen und voneinander abgrenzen. Für die Foucaultsche Diskursanalyse ist aber der Blick auf die Machtverhältnisse essenziell. Diskurse geschehen und wirken nicht im leeren Raum; sie sind institutionell eingebunden, also immer positionell, und werden durch verschiedene Techniken kontrolliert, selektiert, organisiert und kanalisiert. Dass sich Diskursanalyse dann selbst als positionell verortet begreift, ist nur konsequent und eine Besonderheit sozialwissenschaftlicher Methodik.

2   Theoretisch-methodologischer Hintergrund

2.1   Theoretische Verortung

Das Entstehen der Diskursanalyse ist eng mit den überwiegend im französischen Sprachraum entstandenen *Paradigmen* Strukturalismus und Poststrukturalismus verknüpft. Der Strukturalismus legte entgegen der klassischen hermeneutischen Tradition der Subjektphilosophie offen, dass Texte (grammatischen) Regelmäßigkeiten folgen, die nicht vollständig auf das intentionale Subjekt zurückgeführt werden können; Texte gehorchen einer eigenen, subjektunabhängigen Logik. Diese Regelmäßigkeiten werden im Strukturalismus als statische Prinzipien betrachtet, die unabhängig vom Kontext der Textproduktion gedacht werden.

Mit diesem ‚rigiden' System unzufrieden, richtet der Poststrukturalismus sein Augenmerk auf den Entstehungskontext des Textes sowie dessen historische Verwendung. Betrachtet also der Strukturalismus Texte als einer Eigenlogik folgende Gebilde, so bettet der Poststrukturalismus sie in einen Kontext ein, d. h. Texte bilden diskursive Formationen und erst über deren Verknüpfung mit Kontext, Geschichte und Subjektivität über bestimmte Regeln lassen sich die Logik wie die Wirkweise des Einzeltextes bestimmen. Da Menschen Texte – im weiteren Sinne – produzieren, können auch diese Texte als Subjektpositionen analysiert werden.

Dabei zeigt sich, dass Subjekte nicht mehr – wie noch in der klassischen Hermeneutik der Subjektphilosophie – als Substanz oder als (Bedeutungs-)Einheit verstanden werden können, die der Welt Sinn verleihen, vielmehr begreift sie der Strukturalismus als Effekt von Differenzen oder Wissen-Macht-Strukturen. Nimmt man diesen Perspektivwechsel ernst, dann sind Subjekte in ihrem historischen wie kulturellen Handeln nicht absolut autonom, denn sie werden als Subjekte erst geschaffen und dürfen nicht als selbstbezogene Handlungszentren aufgefasst werden. Dies bedeutet jedoch keine Zurückweisung eines verantwortungsvoll handelnden Subjekts, wie es oft interpretiert wurde; vielmehr wird die Gewordenheit und Mitbestimmtheit individuellen Handelns durch gesellschaftliche Diskurse betont.

Das Subjekt ist demzufolge „keine Substanz. Es ist eine Form, und diese Form ist weder vor allem noch immer mit sich selbst identisch" (Foucault 1985, S. 18). Es kommt Judith Butler (2003) zu, den Foucaultschen Ansatz dahingehend bestimmt zu haben, dass es sich bei Diskurs und Wirklichkeit nicht um zwei getrennte Modi handelt, sondern beide ineinander fallen: Diskurs ist nicht Wirklichkeit, sondern handfeste Realität.

In der Rezeption dieser Ideen in den Kultur- und Sozialwissenschaften lässt sich eine eindeutige Präferenz der Schriften Michel Foucaults und Jaques Derridas feststellen, auch wenn sich ähnliche Analysen z. B. bei Roland Barthes finden. Wurden Derridas Ideen weitgehend von den Sprachwissenschaften unter dem Label *Dekonstruktion* aufgegriffen, so konzentrierte sich der sozialwissenschaftliche Zugang auf die Ideen Foucaults unter dem Label *Diskursanalyse*. Diese Präferenzentwicklung lässt sich damit erklären, dass Derridas bevorzugtes Medium der Text (Zeichen, Text, Schrift) war, während Michel Foucault seine Thesen zur diskursiven Verfasstheit der Wirklichkeit an sozialen Phänomenen, sprich Institutionen (z. B. Gefängnisse, Schulen, Kasernen) und Praktiken (z. B. Strafen, Gesundheitspolitik), untersuchte, womit er die Grundlage für kultur- und sozialwissenschaftliche Gesellschafts- und Machtanalysen legte. Für die Kulturpsychologie ist maßgeblich der letzte Ansatz relevant, weshalb ich mich im Weiteren auf diesen konzentriere.

In der *Archäologie des Wissens* (1973) ging Foucault der Hypostasierung des Subjekts nach. Er suchte mittels seiner als Archäologie bezeichneten Methodologie nachzuzeichnen, wie die Menschen „in einen Prozess der Erkenntnis eines Objektbereichs eintreten und dabei sich selbst gleichzeitig als Subjekt mit einem festen und determinierenden Status konstituieren" (Foucault 1996, S. 52). So kann man auch die Psychologiegeschichte als eine Geschichte der Konstruktion des individuellen selbstbestimmten Subjekts nachzeichnen, das mittels in das Subjekt hineinprojizierten ‚autonomen' Eigenschaften (z. B. Intelligenz, Selbstwirksamkeit, Big Five etc.) inauguriert wird.

Foucault verstand die Wissenschaften als Konstituenten *einer bestimmten* Rationalität und *einer bestimmten* Vernunft, die dazu beitragen, das Subjekt als Objekt zu erschaffen. Hiernach ist wissenschaftliche Praxis „eine bestimmte Art, Diskurse zu regeln und zu konstruieren, die einen bestimmten Objektbereich definieren und zugleich den Platz des idealen Subjekts festlegen, das diese Objekte erkennen soll und kann" (Foucault 1996, S. 71). Diese Einsicht führte ihn dazu, genau *diese* wissenschaftlichen Erkenntnisse in ihrer Relativität wahrzunehmen und *deren* Veränderbarkeit durch „Erfahrung" zu postulieren (Foucault 1996, S. 24).

Der Kulturpsychologie kommt das insofern entgegen, da sie nicht *per se* von der psychischen Universalität der Menschheit ausgeht, sondern kulturellen Räumen eigene Vorstellungswelten zugesteht. Anders als in der kulturvergleichenden Forschung ist ihr theoretisches Grundmodell nicht die Zwiebel, von der man nur die kulturellen Einflüsse und Schichten abschälen muss, um an die psychische universale Struktur zu gelangen; vielmehr geht die Kulturpsychologie von einem grundlegenden Einfluss der Kultur auf das Individuum aus, das eben deshalb so handelt, weil es bestimmten kulturellen Regeln und Normen verpflichtet ist.

Ausgehend von den archäologischen Analysen gelangte Foucault zur Analytik der Macht. Denn „die Anwendungen, die Produktion, die Akkumulation des Wissens sind nicht zu trennen von den Mechanismen der Macht […]. Bereits die Frankfurter Schule stellte fest, dass die Formulierung der großen Wissenssysteme auch Unterwerfungs- effekte hatte und Herrschaftsfunktionen ausübte" (Foucault 1996, S. 111).

Foucaults Programmatik wurde infolge der 1968er-Bewegung schnell in die Geistes- und Sozialwissenschaften unter dem Begriff *Diskursanalyse* aufgenommen und hat heute ihren festen Platz in der rekonstruktiven Sozialforschung, so wie sie u. a. auch die Kulturpsychologie betreibt.

Vielfach ist jedoch zu Recht betont worden, es sei irreführend, den Begriff *Diskurs* zu verwenden, denn er bezeichne „eine Praxis und nicht […] ein Objekt" (Bublitz 1999, S. 23). Link (1999, S. 151) betont, dass der Begriff lediglich eine Abkürzung für *Dis- kursive Formation* sei und damit auf eine Praxis ziele, und diese definiere den Bereich des Wahren bzw. dessen, was als existent, als wahr, erachtet wird.

Vernachlässigt wird hierbei aber die produktive Seite, die Handlungsebene von Sinn- stiftung durch Sprechen/Schreiben und durch Lesen/Wieder- bzw. Neuerzählen, denn der Diskurs wird so auf Aussagen als (manifester) Text reduziert. Aus dem Blick gerät, dass sich Sinn nur in einem diskursiven Raum erschließt – also außerhalb des Textes (Bublitz 1999, S. 23). Diese Ausblendung findet sich fast durchgängig. So ist es beispielsweise irreführend, wenn Jäger (2009, S. 197) vorschlägt, im bestmöglichen Falle alle ver- fügbaren Dokumente zu sichten, um möglichst *den* Diskurs zu erfassen, auch wenn er an anderer Stelle rät, sich aufgrund der „riesigen Materialfülle" einzuschränken (Jäger 1999, S. 136–137). Er erliegt damit einem „ontologischen Trugschluss" (Brockmeier und Harré 2005, S. 42), denn er suggeriert, *der* Diskurs wäre als *positivum* erfassbar, er sei etwas Vorgängiges, das es der Welt zu ,entreißen', das es ,abzulesen' gelte – die Regeln dafür, *wie* gelesen werden soll, erscheinen so dem Diskurs immanent zu sein. Einer solchen Sichtweise hat sich Foucault jedoch verwehrt (Foucault 2003, S. 32–33); zwar gibt es einen ontischen Diskurs, der sei aber nicht fassbar: „Der Diskurs ist ihnen [den Kontrollen und Prozeduren – der Autor] ausgeliefert, aber […] in dieser seiner Spezifität existiert er auch gar nicht ohne sie" (Foucault 2003, S. 79). Das heißt, es ist nicht mög- lich, den Diskurs darzustellen, ohne ihn erst zu erschaffen.

Erst indem ein bestimmter Diskurs benannt und durch Zusammenstellung durch den/die Wissenschaftler:in erkannt wird, wird dieser zu einer wahrnehmbaren Entität. Foucault benennt mehrere Prozeduren und Kontrollmechanismen, die das Wesen des (ontischen) Diskurses verändern und bestimmen: Prozeduren der Ausschließung (z. B.

das verbotene Wort, Grenzziehung zwischen Wahrem und Falschem, zwischen Vernunft und Wahnsinn), Prozeduren der Kontrolle und Einschränkung (z. B. Kommentar, Autor:infunktion, Organisation der Disziplinen) und der Verknappung der sprechenden Subjekte (Festlegung von Ritualen und Doktrinen in und für Diskursgemeinschaften).

Für eine ausführlichere Darstellung der theoretischen Prämissen und Hintergründe verweise ich auf Allolio-Näcke (2020), aus dem Teile dieser Darstellung entnommen sind.

2.2 Methodologische Einbettung in die Landschaft qualitativer Ansätze

Die Diskursanalyse bekennt sich zu – anders als andere qualitative Verfahren – und produziert demnach Fiktionen, die mehr oder weniger *glaubhaft* und *nachvollziehbar* sind. Erst wenn sie mittels Rückbindung an nicht-diskursive Strategien als – kulturpsychologisch gesprochen– „gemeinschaftlich geteilte Bedeutungen" (Bruner 1997, S. 31) glaubhaft und nachvollziehbar (gemacht) werden, können subjektiv gewonnene Ergebnisse als wahr gelten. Diese Strategien sind ‚Evidenzbeweise', denn sie bilden den sichtbaren Bereich des Wissens: ein Gefängnis, eine Schule, ein Ehering etc. Sie sind der eigentliche Ausgangspunkt einer Diskursanalyse. Nicht der Text steht am Anfang einer solchen, sondern ein sozial ‚sichtbares' Phänomen oder eine persönliche Erfahrung (Foucault 1996, S. 28–29).

Allerdings „geht der theoretisch-analytische Akt nicht in einer neutralen, ‚objektiven' Beschreibung auf. Vielmehr ist er selbst [...] eine gesellschaftliche Praxis" (Bublitz et al. 1999, S. 16). Dies ist auch der Grund, warum es für die Diskursanalyse kein anderes Objektivitätskriterium als die Nachvollziehbarkeit geben kann, denn „Wissen ist nur ‚richtig' oder ‚falsch' im Lichte der Perspektive, die wir gewählt haben. Solche Urteile über richtig und falsch [...] summieren sich nicht zu absoluten Wahrheiten und Falschheiten", so der Kulturpsychologe Jerome Bruner (1997, S. 43). Auch hinsichtlich der Validität der Aussagen kann nur das Kriterium der Plausibilität gelten, denn der Diskurs ist lediglich eine Form, die *an sich* keine Bedeutung enthält.

Hieraus ergibt sich, dass eine Diskursanalyse immer positionell, parteiisch ist. Dass sich Diskursanalyse als positionell verortet begreift, ist eine Besonderheit sozialwissenschaftlicher Methodik und unterscheidet sie von anderen qualitativen Verfahren. Dieser Aspekt wird zumeist nur implizit mitgedacht – wenn überhaupt – und stattdessen auf diverse Objektivitätskriterien verwiesen. Will man aber emanzipative Fragen aufwerfen und unterworfene Subjekte selbstermächtigen, so gehört die parteiische und offen zu legende Positionalität zum Forschungsprozess dazu.

3 Methodische Verfahrensweise

Im Laufe der Zeit und in verschiedenen Wissenschaften haben sich mehrere verschiedene Varianten entwickelt, die als Diskursanalyse bezeichnet werden. In der Kulturpsychologie hat sich vor allem das methodische Vorgehen im Anschluss an Ian Parker

(1992, S. 6–20) und Carla Willig (2001, S. 108–112) durchgesetzt. Beide Vorgehensweisen zeichnen sich dadurch aus, dass sie Leitfragen zur Erschließung von Text und Kontext formulieren, die sich an Foucaults Methodologie orientieren. Parker geht über Willig insofern hinaus, als er nicht nur auf einen konkreten Text bezogen fragt, sondern darüber hinaus kontextualisierende, auf den übergreifenden Diskurs bezogene Fragen integriert. Ich schlage insbesondere für Anfänger:innen eine Kombination aus der Vorgehensweise Siegfried Jägers (2009, S. 158–204) und den spezifisch kulturpsychologischen Fragestellungen der englischsprachigen Kolleg:innen vor, wie ich sie hier vorstelle. Die Feinanalyse nach Jäger vorzunehmen, empfiehlt sich deshalb, da sie elementar schult, reflexiv zu werden, statt bereits Texte in ‚Schubladen' einzuordnen.

Folgende sieben Fragen können an einen konkreten Text gerichtet werden:

1. *Diskursive Konstruktionen:* Welche Objekte werden diskursiv her- und vorgestellt? Welche Objekte vor Augen treten, hängt zudem von der Forschungsfrage ab. Der Gegenstand ist und wird somit hergestellt.
2. *Materialität des Diskurses:* Welche Textart liegt vor? Ist es ein Bericht, eine Erzählung, ein Gespräch oder handelt es sich um eine Kampagne oder rituelle Praktiken? Grundsätzlich eignet sich alles, dem Bedeutung zugeschrieben wird, als zu analysierender Text (Parker 1992, S. 7).
3. *Diskurse:* Sind alle Textstellen markiert, die zur Konstruktion des diskursiven Objekts beitragen, richtet sich der Blick auf die Unterschiede zwischen den Einzelaussagen, denn was auf den ersten Blick als ein und dasselbe Objekt erscheint, kann auf vielfältige Weise diskursiv hergestellt werden.
4. *Handlungsorientierung:* Wer stellt den Text her, an wen richtet er sich und wer hat zu ihm Zugang? Was wird mit der diskursiven Konstruktion des Objekts bezweckt? Warum wird gerade an dieser Stelle des Textes das Objekt ein- bzw. angeführt? Welche Funktion hat es generell und in Beziehung zu anderen Objekten, die im Text benannt werden? Für Anfänger:innen bieten sich hier diejenigen Einzelschritte der Jägerschen Feinanalyse an, die nach Kontext, Text- ‚Oberfläche' und sprachlich-rhetorischen Mitteln fragen.
5. *Positionierungen:* Welche Subjektpositionen werden im Text angeboten? Welches Menschenbild wird vorausgesetzt bzw. vermittelt?
6. *Praktiken:* Welche Handlungsmöglichkeiten werden angeboten, eröffnet oder verweigert?
7. *Subjektivität:* Welche Perspektiven auf die Welt werden eröffnet? Welche Möglichkeiten von In-der-Welt-sein werden angeboten?

Die entsprechenden Antworten und Hinsichten sind im Anschluss zu einem argumentativen Text zusammenzufassen, der in kulturpsychologischen Zusammenhängen insbesondere auf die Punkte 5 bis 7 fokussieren sollte.

Über diese auf *einen* konkreten Text beschränkten Fragestellungen hinaus lassen sich übergreifende Fragen formulieren, die Parker (1992, S. 1) als ‚Hilfskriterien' bezeichnet, welche jedoch von zentraler Bedeutung sind, da sie erst eine Sicht auf einen *Diskurs* ermöglichen, also ein *über das Einzeldokument hinausgehendes* diskursives Gewebe erkennen lassen. Leider unterbleibt diese weiterführende Reflexion oft, was mit dem enormen Arbeitsaufwand begründet wird.

8. *Historizität:* Wo und wie taucht der Diskurs auf und wie verändert(e) er sich?
9. *Institutionelle Verankerung:* Welche Institutionen werden gestärkt, welche werden attackiert oder unterlaufen, wenn ein bestimmter Diskurs genutzt wird? Welche Institutionen sind Träger des Diskurses?
10. *Inklusion und Exklusion:* Welche Machtpraktiken sind mit dem Diskurs verbunden? Welche Personen gewinnen oder verlieren im Spiel des Diskurses? Wer befördert den Diskurs und wer würde ihn gern eliminieren?
11. *Interdiskursivität:* Wie ist der Diskurs mit anderen Diskursen verbunden, insbesondere mit solchen, die sanktionieren oder unterdrücken?
12. *Diskursgemeinschaft:* Auf welche Weise ermöglicht ein Diskurs welchen dominanten Gruppen ‚ihre' Geschichte zu erzählen und damit die bestehende Realität zu rechtfertigen? Welche anderen Gruppen werden so ausgeschlossen, ihre Perspektiven auf die Welt in den Diskurs einzubringen?

4   Skizzierung einer exemplarischen Umsetzung

Ein konkretes Beispiel, wie Subjekte produziert werden, habe ich 2007 unter dem Titel *Ostdeutsche Frauen haben (k)eine Chance* vorgelegt. Dabei habe ich den Diskurs über ostdeutsche Frauen 15 Jahre nach der deutsch-deutschen Wiedervereinigung analysiert und konnte zeigen, dass sich die ostdeutschen Frauen in ihrer Selbstkonstruktion auf die im öffentlichen Diskurs diskutierten negativen Zuschreibungen bezogen und diese für ihre Selbstermächtigung in positiver Weise umdeuteten. Hierfür wurde eine Diskursanalyse eines Zeitungsjahrgangs mit einer Diskursanalyse von Interviews kombiniert. So war eines von vielen Motiven, das ich hier herausgreife und welches in Medien und Wissenschaft diskutiert wurde, das der ‚Rabenmütter', die ihre Kinder nicht selbst betreut hätten, sondern an die staatliche Aufsicht und Kontrolle abgaben. Die Kinder seien deshalb nicht ‚emotional satt' geworden, was gemäß der berühmten ‚Töpfchenthese' des Kriminologen Christian Pfeiffer heute dazu führe, dass die Jugend im Osten gewalttätiger als im Westen sei, weil sie von Kindesbeinen an in den staatlichen Betreuungs- und Erziehungseinrichtungen autoritär und am Kollektiv ausgerichtet erzogen wurde. Damit wird den ostdeutschen Müttern aber nicht nur die Verantwortung für die ausgeübte Gewalt angelastet, sondern auch nachträglich ihre (berufliche) Selbstständigkeit diskreditiert, denn diese hätten sie sich durch die Vernachlässigung ihrer Kinder erkauft. In einem von mir geführten Interview bezieht sich die junge ostdeutsche Mutter Nadine (Name anonymisiert) auf diesen Diskurs und deutet ihn in selbstermächtigender Weise; einen Prozess, den ich *Doing Identity* genannt habe, weil er die Co-Konstruktion aus sozialem Diskurs und personaler Identitätskonstruktion abbildet.

Mittels zweier Erzählmuster gelingt es der jungen Mutter für sich – und damit auch gegenüber den im Diskurs auffindbaren Imperativen – eine Lösung des Dilemmas herbeizuführen: (1) Nur die Erwerbsarbeit lässt mich eine gute Mutter sein; das Kind hat davon Vorteile; (2) die kollektive Krippen- und Kindergartenbetreuung ist sozial wie intellektuell gut für das Kind – eine Sicht, die sich 30 Jahre nach der Wiedervereinigung nun auch in der Bundesrepublik durchgesetzt hat.

„[A]uf der anderen Seite wüsste ich, dass ich ne frustrierte Mutter wär, wenn ich ne arbeiten gehen würde, wenn ich zu Hause sein…, zu Hause wäre und einfach nur meinen Inhalt finden würde über das Kind" (Z. 571–573), sagt Nadine. Aber nicht nur für sie wäre die Situation belastend, zu Hause zu sein. Vielmehr schade es dem Kind, denn „du preschst in eine Erwartungshaltung rein gegenüber dem Kind und schnürst dem ein Stück weit seine Persönlichkeit ab" (Z. 577–578). Viel wichtiger sei, dass das Kind in seinen sozialen Rollen funktioniert (Z. 578–579). Das heißt, es kommt für Nadine nicht darauf an, wie viel Zeit sie für das Kind aufwendet, zum Beispiel indem sie zu Hause bleibt, sondern die Qualität der Bindung ist entscheidend:

> Also mir sind sehr viel mit dem Kind zusammen, das heißt ich verbring meine Freizeit ganz *bewusst* mit dem Kind. Und, da kriegt die ooch hundert Prozent. Und das denk ich, dass ich für mich was raushol durch das Arbeiten – und weil ich das rausholen kann und sagen kann ‚Ok', empfind ich das Kind nicht als Arbeit, sondern das Kind ist für mich Entspannung, es ist meine Freizeit, das Kind (Z. 705–710 – Hervorhebung durch den Autor).

Und in Bezug auf die kollektive Erziehung führt sie aus:

> Aber es is einfach so, dass ich denke, dass ooch der Kindergarten is ein Stück weit Bildung ist. Ich merk das, dass de P. fit is, ne gewisse Selbstständigkeit hat, die Kinder die zu Hause sind, die ne, einfach ham diese Selbstständigkeit ni. Die kann sich selber anziehen, geht selber auf Toilette und so in dem Alter jetze und das is in, in, in, Vorsprung gegenüber gleichaltrigen Kindern, die diese Verselbstständigung durch die Gruppe ne erfahrn. Also das is einfach ooch ne, ne Bildung, ne?! (Z. 898–905)

Gerade am Konzept ‚Kindergarten is ein Stück Bildung', kann man die positive Umdeutung des negativen Identitätsangebots ebenso sehen, wie bei der Argumentation, dass es dem Kind eher schaden würde, wenn sie frustriert zu Hause säße, weil sie nicht arbeiten kann.

Dies ist nur ein kurzes Beispiel, was eine Diskursanalyse leisten kann. Sie kann zeigen, wie unsere Selbstwahrnehmung und -darstellung von den kulturellen Bedeutungen abhängt, die uns umgeben, aus denen wir schöpfen und welche durch unsere Teilhabe am Diskurs einen Wandel erfahren können.

5 Fazit

Die Foucaultsche Diskursanalyse ist eine qualitative Methode in den Sozial- und Kulturwissenschaften. Sie eignet sich, die kulturelle Gewordenheit von Subjekten herauszuarbeiten, indem deren subjektive Textproduktionen in gesamtgesellschaftlichen
Diskursen wiedergefunden werden können. Darüberhinaus fragt die Diskursanalyse nach
den Verstrickungen der Macht, die Subjekte erst schafft aber auch in ihrer Handlungsfähigkeit einschränkt.

Literatur

Allolio-Näcke, L. (2007). *Ostdeutsche Frauen haben (k)eine Chance. Doing Identity 15 Jahre nach
    der deutsch-deutschen Vereinigung.* Hamburg: Kovač.
Allolio-Näcke, L. (2020). Diskursanalyse. In G. Mey & K. Mruck (Hrsg.), *Handbuch Qualitative
    Forschung in der Psychologie. 2. Bd. Designs und Verfahren* (2. Aufl. S. 673–689). Wiesbaden:
    Springer.
Brockmeier, J., & Harré, R. (2005). Die narrative Wende. Reichweite und Grenzen eines alter-
    nativen Paradigmas. *Psychologie & Gesellschaftskritik, 29*(3/4), 31–57.
Bruner, J. S. (1997). *Sinn, Kultur und Ich-Identität. Zur Kulturpsychologie des Sinns.* Heidelberg: Auer.
Bublitz, H. (1999). Diskursanalyse als Gesellschafts-"Theorie". "Diagnostik" historischer
    Praktiken am Beispiel der "Kulturkrisen"-Semantik und der Geschlechterordnung um die Jahr-
    hundertwende. In H. Bublitz, A. D. Bührmann, C. Hanke & A. Seier (Hrsg.), *Das Wuchern der
    Diskurse. Perspektiven der Diskursanalyse Foucaults* (S. 22–48). Frankfurt/Main: Campus.
Bublitz, H., Bührmann, A. D., Hanke, C., & Seier, A. (1999). Diskursanalyse – (k)eine Methode?
    Eine Einleitung. In H. Bublitz, A. D. Bührmann, C. Hanke & A. Seier (Hrsg.), *Das Wuchern
    der Diskurse. Perspektiven der Diskursanalyse Foucaults* (S. 10–21). Frankfurt/Main: Campus.
Butler, J. (2003). Noch einmal: Körper und Macht. In A. Honneth & M. Saar (Hrsg.), *Michel
    Foucault. Zwischenbilanz einer Rezeption. Frankfurter Foucault-Konferenz 2001* (S. 52–67).
    Frankfurt/Main: Suhrkamp.
Foucault, M. (1973). *Archäologie des Wissens.* Frankfurt/Main: Suhrkamp.
Foucault, M. (1985). *Freiheit und Selbstsorge.* Frankfurt/Main: Suhrkamp.
Foucault, M. (1996). *Der Mensch ist ein Erfahrungstier. Gespräch mit Ducio Trombadori.*
    Frankfurt/Main: Suhrkamp.
Foucault, M. (2003). *Die Ordnung des Diskurses.* Frankfurt/Main: Fischer.
Jäger, S. (1999). Einen Königsweg gibt es nicht. Bemerkungen zur Durchführung von Diskursana-
    lysen. In H. Bublitz, A. D. Bührmann, C. Hanke & A. Seier (Hrsg.), *Das Wuchern der Diskurse.
    Perspektiven der Diskursanalyse Foucaults* (S. 136–147). Frankfurt/Main: Campus.
Jäger, S. (2009). *Kritische Diskursanalyse. Eine Einführung* (5. Aufl.). Duisburg: DISS-Verlag.
Link, J. (1999). Diskursive Ereignisse, Diskurse, Interdiskurse: Sieben Thesen zur Operativität der
    Diskursanalyse, am Beispiel des Normalismus. In H. Bublitz, A. D. Bührmann, C. Hanke & A.
    Seier (Hrsg.), *Das Wuchern der Diskurse. Perspektiven der Diskursanalyse Foucaults* (S. 148–
    161). Frankfurt/Main: Campus.
Parker, I. (1992). *Discourse dynamics: Critical analysis for social and individual psychology.*
    London: Routledge.
Willig, C. (2001). *Introducing qualitative research in Psychology. Adventures in theory and
    method.* Buckingham: Open University Press.

Narrationsanalyse

Brigitte Boothe

Zusammenfassung

Die Analyse von Erzählungen, welche in unterschiedlichsten thematischen Zusammenhängen in den Subjekt-, Sozial- und Kulturwissenschaften verhandelt wird und in angrenzenden Feldern praktische Anwendung erfährt, wird in diesem Beitrag exemplarisch mit besonderem Blick auf klinische bzw. psychotherapeutische Nutzungsweisen hin skizziert. Erzählen wird als Selbstkonstitution, kommunikative Praxis und Darstellungsarbeit auf einer imaginativen Bühne behandelt. Die narrative (Selbst-)Thematisierung im Kontext von Krankheit, Konflikt und Psychotherapie wird zum einen konversations- und interaktionsanalytisch rekonstruiert, ist zum zweiten eingebunden in die Systematik der Analyse von Szene und Inszenierung und ist zum dritten Gegenstand dramaturgischer Analyse. Der dramaturgische Zugang zum Erzählen in der Psychotherapie wird als Beispiel vorgestellt; hier wird auch die Spannung zwischen Erzähldynamik und Psychodynamik sinnfällig gemacht.

Schlüsselwörter

Szene · Inszenierung · Biografie · Dramaturgie · Erzähldynamik

B. Boothe (✉)
Universität Zürich, Zürich, Schweiz
E-Mail: brigitte.boothe@uzh.ch

1   Einleitung

Die Sprachspiele des Erzählens sind vielfältig. Was Erzählen ist und wie eine Erzählung zu bestimmen wäre, das lässt sich nicht durch einen festen Katalog von Merkmalen festlegen, vielmehr sind sie, wie Wittgenstein (2001) am Beispiel der Familie des ‚Spiels‘ und des ‚Spielens‘ veranschaulicht, durch Familienähnlichkeit verbunden. Die heutige Familie des Erzählens ist divers und heterogen, macht sich breit in Politik, Gesellschaft und akademischem Diskurs. Wendungen wie ‚Narrativ des Unbewussten‘, ‚Nahostnarrativ‘, ‚Täternarrativ‘ sind geläufig. Story telling wird medial und im Business lebhaft genutzt.

Narrative sind persuasiv mächtige, emotional wirksame ‚soziale Konstruktionen‘ darstellenden Redens und Schreibens (Lucius-Hoene 2016). Erzählende wollen zustimmungsbereite emotionale Partizipation. Entrüstungs- und Opfernarrative mobilisieren Empörung, die Bloßstellungsrhetorik des Mobbing im medialen Raum lockt mit dem voyeuristischen Genuss von Häme. In der gegenwärtigen gesellschaftlichen Situation werden Narrative der Herrschaft und Ausgrenzung – zum Beispiel koloniale Vergangenheit, sexistische, rassistische und kulturelle Diskriminierung – dekonstruiert. Der narrativen Skandalisierungsrhetorik bedienen sich Verleumdungs- und Verschwörungserzählungen.

Im Folgenden geht es um biografisches Erzählen im therapeutischen Gespräch. Erzählende sind der Wahrheit des eigenen Lebens auf der Spur und suchen zugleich sympathisierende Resonanz. Liegt der Fokus auf einer konversations- und interaktionsfokussierten Analyse, so widmet man sich der kommunikativen Erzeugung der Selbstkonstitution in der sprachlichen und nicht-sprachlichen Darstellungsarbeit und dem kontinuierlichen *co-working* mit dem Publikum. Liegt der Schwerpunkt auf der Psychoanalyse des Szenischen, so steht die emotionale Resonanz der Therapeut:in im Zentrum. Um die Dramaturgie schließlich geht es, wenn man im psychodynamisch-narrationsanalytischen Interesse die manifeste Erzähldynamik exploriert.

2   Theoretisch-methodologischer Hintergrund

Erzählungen zielen nicht auf Sachgerechtigkeit, sondern narrative Muster gestalten biografische Wirklichkeit zwischen Glück und Scheitern. Die erzählende Person thematisiert Begebenheiten, Situationen und Entwicklungen in der individuellen Aneignung und Anverwandlung dessen, was gelebt und gelitten wurde; es geht um den Verweis auf Gegebenes wie zugleich um die sprachlich darstellende Anverwandlung des Gegebenen in das eigene Präferenz- und Relevanzsystem.

2.1   Prototyp Erzählung und *small stories*

Im Alltag des Erzählens, auch im biografischen Gespräch, in Beratung und Psychotherapie geht es häufig um kleine Geschichten, die im Therapiegespräch als kurze episodische oder iterative Stories in Erscheinung treten. Sie lassen sich in all ihrer Kürze als kleines Drama, als Aufführung im Kleinformat ausmachen, haben eine konfigurative Dynamik, entwickeln einen Spannungsbogen mit Hinführung zur Resolution oder Abschluss, verweisen daher zum Teil auf Labovs und Waletzkys Steckbrief des mündlichen Erzählens (Labov 2013). Die kurzen Episoden lassen sich vergleichsweise gut identifizieren, weil Erzählende in der Kommunikation geltend machen müssen, dass sie Rederecht in Anspruch nehmen wollen, dass die Kommunikationspartner:innen sich auf das Zuhören einstellen sollen, dass eine Redesequenz im Modus des Darstellens folgt und dass die Erzählenden am Ende signalisieren, wann die Darstellung abgeschlossen ist. Das mündliche episodische Erzählen im Gespräch gehört zur kommunikativen Gattung ‚Erzählen' (Gülich und Hausendorf 2000); Bamberg (2020) exploriert, charakterisiert und analysiert eine Vielfalt von Erscheinungen im Gesprächsaustausch als *small stories*. Auch die Familie der *small stories* zeichnet sich durch Ähnlichkeit und Diversität aus. Für das Beispiel einer dramaturgischen Analyse im letzten Abschnitt dieses Beitrags wird eine kurze Erzählung mit dem Anfang-Mitte-Ende-Muster gewählt. Wie fruchtbar neben der Analyse unterschiedlicher Kommunikationssequenzen auch die Analyse von *small stories* im klinischen Kontext sein kann, stellen exemplarisch die gesprächslinguistischen Studien von Gülich und ihrer Forschungsgruppe unter Beweis. Ihre langjährige gesprächs- und erzählanalytische Forschung in Kooperation mit Psychoanalytiker:innen, Psychiater:innen und Epileptolog:innen zeigt, dass systematische Unterschiede in der jeweiligen Erzählorganisation der Anfallsschilderungen von Patient:innen mit organischen Anfällen mit höchster Treffsicherheit von denjenigen mit psychogenen Anfällen differenziert werden können (Gülich und Schöndienst 1999).

2.2 Erzählen und Krankheitsbewältigung

Small stories, aber vor allem auch *big stories* sind es häufig, wenn es um Krankheitserzählungen oder *illness narratives* geht. Steht das mündliche Erzählen im Zentrum, dann expandiert auf internationaler Ebene die Mitteilung von Krankheitserfahrungen im wissenschaftlich konzipierten, systematisch sich vergrößernden elektronischen Netzwerk *krankheitserfahrungen.de* (DIPExGermany, *D*atenbankprojekt für *I*ndividuelle *P*atient:innen-*E*rfahrungen Deutschland), bis 2014 unter der Leitung von Lucius-Hoene. Eine Datenbank ist entstanden und befindet sich kontinuierlich im weiteren Aufbau, die, im Internet zugänglich, Text-, Audio- und Videodokumente von Patient:innen-Erzählungen für Betroffene und Fachleute bietet (Lucius-Hoene 2016).

DIPEx wurde angeregt durch Ann McPherson und Andrew Herxheimer von einer Arbeitsgruppe der Universität Oxford (DIPEx Research Group 2000, Department of Primary Care, Universität Oxford www.healthtalkonline.org) initiiert. Bis heute sind über hundert Krankheitsbilder und Gesundheitsthemen erfasst. Mitarbeitende sammeln themenspezifisch in qualitativen Interviews jeweils die Schilderungen von Personen, die von einer spezifischen Krankheit betroffen sind; diese biografischen Mitteilungen sind als Texte, Video- oder Audioclips auf der Website zugänglich und ermöglichen anderen Erkrankten, sich auf einer persönlichen Ebene zu informieren, emotionale Unterstützung zu erfahren und möglicherweise zu neuen Formen der Bewältigung ermutigt zu werden. Die sorgfältig dokumentierten Daten werden zu je einer spezifischen Krankheit oder medizinischen Maßnahme systematisch gesammelt, mithilfe von Schlagworten erfasst, geordnet und mit Links verbunden, die medizinische Informationen anbieten und auf Versorgungsressourcen verweisen. Dieses kontinuierlich wachsende Angebot für Betroffene, für Angehörige sowie für die Weiterbildung des medizinischen Personals wird durch ein breites Spektrum an wissenschaftlichen, vor allem auch narratologischen Studien ergänzt. Die ersten deutschsprachigen Module starteten 2008 mit Diabetes mellitus (Projektstandort Berlin/Göttingen unter der Leitung von Ulrich Schwantes) und chronischem Schmerz (Projektstandort Freiburg unter der Leitung von Gabriele Lucius-Hoene); im Rahmen des gemeinsamen Förderschwerpunkts der Deutschen Rentenversicherung, der Krankenkassen und des Bundesministeriums für Bildung und Forschung (BMBF) wurde diese versorgungsnahe Forschung *Chronische Krankheiten und Patientenorientierung* unterstützt (s. auch https://www.krankheitserfahrungen.de/ueber-uns/geschichte).

Auch in der Schweiz ist DIPEx als Mitglied von DIPEx International, einem Forschungsnetzwerk mit weltweiten Partnern, etabliert. Es liegen Daten zu Demenz, Intensivmedizin, zu jungen Menschen mit hämato-onkologischen Erkrankungen, zu Parkinson sowie zu Schwangerschaft und Pränataldiagnostik vor (https://dipex.ch/de/dipex-schweiz/).

Die narrative Analyse wendet der erkrankten Person und der Vielfalt körperlicher wie seelischer Beeinträchtigung Aufmerksamkeit zu (z. B. Scheidt et al. 2014). Erzählen und zu sich selbst kommen angesichts schwerer Erschütterung sowie chronischer oder unheilbarer Krankheit: Das ist eine narrative Identitätsarbeit, die der vulnerablen, in der Sicherheit ihres Selbst- und Weltbezugs verstörten Person viel abverlangt. Es geht hier, wie Straub formuliert, um die „Offenheit für neue Erfahrungen: Diese habitualisierte Haltung oder Disposition, diese Fähigkeit und Fertigkeit ist das Ergebnis eines niemals abgeschlossenen Bildungsprozesses (und zugleich seine Voraussetzung)" (2019, S. 40). Es ist bedeutsam, erzählend neue Formen der Selbstverständigung entstehen zu lassen, denn man ist angewiesen auf die Anerkennung ko-konstruktiver Zuhörer und Begleiter:innen. Allgemein gesprochen: „Nur in Transitionen, in Übergängen und dem dabei vollzogenen Wandel eines Selbst kann sich dieses erhalten. So lautet die paradoxe Prämisse einer dynamischen Konzeption personaler Identität, die das Sein als unablässiges Werden denkt" (ebd., S. 41).

2.3 Konversationsanalyse

Die oben erwähnte kommunikations- und interaktionsanalytische Auswertung – die Psychoanalytiker Streeck und Buchholz sind ausgewiesene Repräsentanten der Konversations- und Interaktionsanalyse im klinisch-therapeutischen Bereich – folgt der ethnomethodologischen Konversationsanalyse, die sich seit den sechziger Jahren des letzten Jahrhunderts kontinuierlich weiterentwickelt und längst auch den außersprachlichen Bereich der Interaktion berücksichtigt. Mit Deppermann geht es „nicht um die Rekonstruktion von psychologischen Motiven und Determinanten für Interaktionen, sondern um die Analyse der Regeln, Praktiken und Erwartungsstrukturen, die in Bezug auf Interaktionen als eigenständige Ebene sozialer Wirklichkeit selbst gelten" (2014, S. 22). Es ist zu „explizieren, wie situiertes Handeln produziert wird und auf welche (kontextuellen) Relevanzen sich die Interaktionsteilnehmenden dabei beobachtbar beziehen" (ebd., S. 24). Nur eines von vielen für Psychoanalyse und Psychotherapie wichtigen Beispielen sei genannt: Arboleda und Zschokke (2014) untersuchen Eröffnungs- und Abschiedepisoden aus Psychotherapiegesprächen mit Borderline-Patient:innen, sowohl als Rekonstruktion der narrativen Dramaturgie (Erzählanalyse Jakob) als auch mithilfe der Konversationsanalyse.

Der Blick auf das Narrativ in konversationsanalytischer Perspektive gestattet – um nur Weniges zu erwähnen – die Exploration der vielfältigen Arbeit der Adressierung ans jeweilige Publikum, der Sicherung des Rederechts für Erzählende, für Artikulationsweisen der Hörerresonanz, für Formen der dramatischen Darstellung. Charakteristische Erzählmuster im therapeutischen Bereich wurden erschlossen wie beispielsweise Problemerzählungen, Beschwerdeerzählungen, Krankheits- oder Traumaerzählungen, Traum- und Fantasieerzählungen oder Opfererzählungen.

2.4   Erzählen und das Programm des Szenischen

Erzählen lässt sich auch als sprachliche Aufführung oder Inszenierung verstehen; Erzählungen sind besonders dann dramatisch, wenn sie ‚szenische' Elemente, das heißt wörtliche Rede von auftretenden Figuren enthalten, die dann in lebhafter Mündlichkeit auch stimmlich-mimisch-gestisch gestaltet werden.

‚Szene' und ‚szenisch' wird in psychoanalytischer Begrifflichkeit jedoch weiter gefasst. Erzählungen selbst würden für die Tiefenhermeneutik zum Bereich des Szenischen gehören, wenn auch nicht vorrangig. Wichtiger noch ist heute das Szenische in der Beziehung. Bei der Interpretation eines Ereignisses – Text oder Leben – als Szene geht es um die rezipierende Person als Resonanzkörper, um deren Sensibilität für Brüche, Lücken, Leerstellen, Auffälligkeiten; das programmatische Ziel ist dabei, zur Latenz der manifesten Botschaft zu gelangen.

Szenisches Denken, Inszenierung, Beziehung als szenisches Geschehen, Tiefenhermeneutik, tiefenhermeneutische Kulturanalyse (siehe Kap. Tiefenhermeneutische Kulturanalyse) haben sich als Paradigmen psychoanalytischer und psychodynamischer Praxis und Forschung etabliert und werden aktuell diskutiert (Streeck 2000; Hamburger 2018). Buchholz (2019) verbindet den szenischen Ansatz mit der Mikroanalyse des Gesprächs.

Es gilt zu beachten, dass es bei der Erschließung von Beziehungsgeschehen als szenischer Dynamik der Therapeut oder die Therapeutin ist, der oder die als erzählende Person auftritt. Der Therapeut oder die Therapeutin ist es, der oder die im Beziehungshandeln eine kurze oder längere Sequenz als szenisches Geschehen interpretiert und diese Interpretation als Erzählung vermittelt. Es ist nicht die Patientin oder der Patient, die oder der von sich aus die Situation als Szene auffassen würde. Die Analytiker:in markiert ein kommunikatives Geschehen im Fluss des Gesprächs als sinnfälliges Ereignis oder als längere Kette sinnfälliger Ereignisse und weist ihm oder ihnen, sie erzählend neu konstruierend, den Charakter einer Szene zu. Das ist möglich, weil er oder sie das, was er oder sie als szenisches Geschehen deutet, zum erzählten Ereignis werden lässt. Er oder sie kann diese Geschichte dem Patienten erzählen, sie im psychodiagnostischen Kontext reflektieren, Fallnotizen einfügen oder im Fallgespräch schildern.

3   Methodische Verfahrensweise

Im Folgenden geht es nicht um die Therapeuten-Person als Erzähler:in von Interaktionsgeschehen als Szene; nicht der Therapeut oder die Therapeutin ist narrativer Autor oder Autorin. Vielmehr gilt die narrative Analyse den Patientenerzählungen in der Psychotherapie. Narrativ informierte Psychotherapeut:innen können Erzählungen in ihrer sprachlichen Organisation untersuchen, auch im Hier und Jetzt der Therapiesituation, gemeinsam mit der Erzählerin oder dem Erzähler.

Für den hier vorzustellenden erzählanalytischen Ansatz stehen Sprache und Dramaturgie im Zentrum.

- Das Interesse gilt den *small stories,* episodischen biografischen Ereignispräsentationen, vorzugsweise denjenigen, die als mehr oder weniger prägnant und vollständig markierte Sequenz zwischen Anfang und Ende erkennbar sind.
- Die sprachliche Organisation ist zu beachten, auch die Wortwahl im Darstellungsprozess.
- Der Erzähler inszeniert ein Bühnenstück, mit Figuren, Requisiten, Kulissen und Handlungsdynamik.
- Die Erzählung bedient sich der raum-zeitlichen Versetzung und stellt eine vergangene Episode in der gegenwärtigen Situation als episodische Dynamik wieder her.
- Die hörende Person ist als mitvollziehende, mitkonstruierende, miterlebende Begleitung dabei und kann zu nachträglicher gemeinsamer Kommentierung einladen.

Die Narrationsanalyse Jakob (Boothe 2010; Luder und Schnell 2013) rekonstruiert, wie ein Erzähler im Medium der Sprache den Raum des Geschehens spezifisch bestimmt, seine Figuren ausstaffiert, sie agieren und interagieren lässt. Der Name Jakob verbindet ‚Obj'ekt und ‚Ak'tion; als Objekte gelten die Figuren oder Protagonisten, die in der Erzählung auftreten, der Bereich der Aktionen verweist auf das Spektrum der Verben. Für die Erzählung als sprachliche Inszenierung ist das, was sich zwischen auftretenden Figuren auf einer imaginativen Bühne – Wortwahl der Verben – ereignet, vollzieht und gestaltet, zentral. In der Erzählanalyse Jakob wird zur Erfassung dieses je individuellen sprachlich entworfenen Szenarios ein Kodierverfahren für die lexikalische Wortwahl des Erzählers vorgelegt. Wenn wir den Figurenraum, das Aktivitätenrepertoire und den Kulissen- und Requisitenstand einer Erzählung kodiert haben, folgt eine mehrstufige systematische Interpretation.

Als Forschungsinstrument der psychodynamischen Psychotherapieforschung hat die Erzählanalyse Jakob zum Ziel, Erzählungen aus Therapietranskripten in ihrer dramaturgischen Erzähldynamik systematisch zu erschließen und mit Konzepten psychoanalytischer Konflikt- und Beziehungsdynamik zu verbinden.

Im gegebenen Zusammenhang würde die Darstellung und Anwendung des detaillierten Verfahrens zu weit führen. Es empfiehlt sich die Beschränkung auf eine Kurzanalyse, die am Beispiel illustriert wird. Die Narrationsanalyse wählt folgende Gesichtspunkt aus: Erzählen als Bühnengeschehen, mit Figuren, Handlungen, Kulissen, Requisiten; sprachlich-lexikalische Darstellung; Figuren als Akteure; Kommentierung im biografischen Kontext.

3.1   Die Erzählbühne

Wie ist sie eingerichtet? Welche Figuren treten beim Beginn der Erzählung auf? Sind es menschliche Personen oder nicht-menschliche Lebewesen? Gibt es Angaben zur Zeitlichkeit? Ist die Erzählbühne als Räumlichkeit, das heißt durch Kulissen näher bestimmt? Ist sie mit Requisiten ausstaffiert?

3.2   Bestimmung der auftretenden Figuren

Die Positionierung der Figuren nach Geschlecht, Verwandtschaft, Vertrautheit, Status.

3.3   Rekonstruktion der Erzählorganisation

Es geht von der Erzähleinleitung über den Start zur Entfaltung der Spannungskurve, zu Höhepunkt und Abschluss. Manchmal gibt es zuvor eine thematische Erzählankündigung oder den Hinweis auf die Erinnerungsqualität der biografischen Mitteilung. Konventionell kommt es sodann zur Orientierung – der oben genannten Erzählbühne –, zur Komplikation oder, anders formuliert, dem Zentrum der Auseinandersetzung oder dem Kern der dynamischen Entwicklung, gegebenenfalls zur Evaluation, das heißt zu bewertenden Kommentaren zum Dargestellten, schließlich zum Abschluss, oft auch zu einer Koda, also einem Übergang von der Erzählung zur aktuellen Kommunikationssituation oder auch zu Bezügen auf die eigene Biografie, die außerhalb des Narrativen stehen.

3.4   Akteure und Nicht-Akteure

Aufschlussreich gerade – aber selbstredend nicht nur – für einen klinisch-therapeutischen Kontext ist die Verteilung der Agentivität der auftretenden Figuren: Wie oft ist welche Figur in Akteurposition und an welcher Stelle im Erzählgeschehen? In der Erzählanalyse Jakob ist vom ‚Akteurschicksal' die Rede: Beispielsweise kann zu Erzählbeginn die Ich-Figur Akteur:in sein, im folgenden Verlauf aber nicht mehr, oder es kommt zur Wiederaufnahme der Initiative oder die Ich-Figur ist durchgängig Akteurin oder aber gar nicht.

3.5   Bauplan der Handlungsorganisation

Was bewegt sich warum, mit wem, wohin und wie? Die Erzählung ist durch das Spiel von Konfigurationen, die Entwicklung eines Spannungsbogens und eine Zieldynamik gekennzeichnet. Sympathisierend mit dem Helden oder der Heldin der Geschichte hoffen die Rezipient:innen auf den glücklichen Ausgang und fürchten ein negatives Ende. Eine Erzählung konstelliert jeweils eine Dramaturgie, in deren Zentrum eine Konfliktdynamik steht, die den Ablauf des Geschehens bestimmt.

4   Skizzierung einer exemplarischen Umsetzung

In der Psychotherapie stehen Erzählungen gewöhnlichen im biografischen Bezug. Patient:innen liefern nicht nur Material für die Expertendiagnose, sie führen auch erzählend die Dynamik ihrer psychischen Verfassung auf. Aus Platzgründen beschränken wir uns im Folgenden auf die pragmatisch verkürzte Kommentierung eines Beispiels (Von Wyl und Boothe 2003). Eine junge magersüchtige Frau erzählt in der ersten Abklärungssitzung vom *hübschen Sohn* (nachträgliche Titelgebung für das Transkript; Transkription eines Audiodokuments nach Mergenthaler [1992]; segmentiert nach Subjekt-Prädikat-Einheiten; Transkriptionszeichen im Dienst der Lesbarkeit weggelassen):

und dort mag ich mich auch noch gut erinnern/als auch wieder ein Mann eine Bemerkung machte meiner Mutter/ja Ihr Sohn – ehm Sie haben einen hübschen Sohn/ nachher sagt meine Mutter/es ist meine Tochter/und dann schaute er mich so an und sagt/ah ja/man sieht es ja schon bald/und dort ist bei mir irgendwie so klack/also das hat mir weh getan/und ich habe dann/ich habe das nicht gewollt/also ich habe keine ehm/ also ich rede jetzt da ziemlich offen halt/ich habe keine Brüste gewollt/ich fand /… /die hindern mich am Sport machen und wäh/und es wabbelet und tut [undeutlich: wabbelt und schwabbelt].

Das ist die Darstellung einer autobiografisch bedeutsamen Erinnerung. Im Fokus der Erzählung steht ein kurzer Redeaustausch im Rahmen einer *small story*. Die mitgeteilte Erinnerung organisiert die kurze Kontaktepisode zu dritt als Erfahrung, die „weh getan" hat.

4.1   Die Erzählbühne

Die Erzählerin vermittelt keine raum-zeitlichen Hinweise und staffiert die Bühne nicht mit Requisiten und Kulissen aus.

4.2   Bestimmung der auftretenden Figuren

Drei Figuren treten auf: Mutter, Tochter und erwachsener Mann. Die beiden weiblichen Figuren sind familiär in generativer Asymmetrie verbunden. Die männliche Figur bleibt in anonymer Distanz.

4.3   Rekonstruktion der Erzählorganisation

Die Erzählerin kündigt das Folgende als lebendig gebliebene Erinnerung an und lässt sodann die anonyme männliche Figur auftreten. Was die Erzählerin im Folgenden sprachlich darstellt, ereignet sich nicht zum ersten Mal. Es ist – „auch wieder" – ein Vorkommnis, das sich wiederholt. Der folgende Kurzdialog wird in direkter Rede aufgeführt. Der – vielleicht fremde – Mann wendet sich mit einem Kompliment an die Mutter, mit der Höflichkeitsanrede „Sie" und ist offenbar nicht oder wenig mit der Frau bekannt. Er zollt ihr Anerkennung für die Attraktivität des Sohnes. Wiederum in direkter Rede korrigiert die Frau die falsche Geschlechtszuschreibung. Der Mann inspiziert die Ich-Figur mit dem Blick und entdeckt Anzeichen anatomischer Weiblichkeit. Den Befund bestätigt er wiederum in direkter Rede „man sieht es ja schon bald". Im Anschluss wird die Ich-Figur in einer Verfassung dargestellt, für die sie keine Worte, sondern den lautmalerischen Ausdruck „klack" findet; sodann resümiert die Erzählerin, „das" habe ihr Schmerz bereitet, habe ihr „weh getan". Worauf sie mit „das" spezifisch Bezug nehmen könnte, bleibt offen. Die Fortsetzung „und ich habe dann" weckt zunächst die Erwartung, die Ich-Figur trete nun ihrerseits in die Kommunikation ein; jedoch lässt sie die begonnene Formulierung liegen und kommt aus dem Off, in Wendung an ihr Gegenüber – „also ich rede jetzt da ziemlich offen halt" – zu einer verallgemeinernden Stellungnahme, was die sportbezogen hinderliche weich-eklige Beschaffenheit der Brüste angeht. Sie führt Ekel-Empfinden lautmalerisch vor. Die Stellungnahme ist in der Zeitform Perfekt formuliert,

als sei diese emotionale Einstellung ein Teil ihrer biografischen Vergangenheit. Die laut-
malerische Sequenz indessen vermittelt eine Wirkung des Präsentischen.

4.4   Akteure und Nicht-Akteure

Die anonyme männliche Figur ist der zentrale Akteur. Er eröffnet den kommunikativen
Kontakt, schaut die Tochter an, antwortet auf die korrigierende Bemerkung der Mutter.
Die Mutter tritt nur in dieser Antwort als Akteurin auf. Der männliche Akteur ist initiativ,
die Mutter-Akteurin responsiv. Die Ich-Figur ist an keiner Stelle im Handlungsablauf in
Akteur-Position. Sie fungiert im Erzählgeschehen als Objekt. Sie wird nicht angesprochen,
sondern es wird über sie gesprochen. In irriger Geschlechtszuweisung wird sie als
„hübsch" ausgezeichnet, jedoch nicht in direkter Ansprache an sie selbst; vielmehr gilt das
Kompliment der Mutter, der die Tochter somit zugeeignet wird. Die Richtigstellung des
Geschlechts erfolgt durch die Mutter. Das töchterliche Objekt reagiert in leidend-affizierter
Verfassung. Erst im Off formuliert die Erzählerin in Akteurposition ein Nicht-Wollen, das
sich freilich nicht auf Beziehungspartner:innen richtet, sondern auf die eigene Körperlichkeit. Und am Ende steht das aversiv Affizierende gleichsam als „es" ganz für sich.

Die Ordnung und Verteilung der Akteurpositionen macht ein Muster der Fremd-
verfügung deutlich. Die Ich-Figur ist Objekt der Interaktion von Akteuren der Eltern-
generation. Das Objekt ist der Interaktion entzogen, es kommt zum Rückzug aus der
Beziehungswelt.

4.5   Bauplan der Handlungsorganisation

Es geht um eine Dynamik der Bloßstellung. Sie entfaltet sich als Episode in kleinem
Format, als Begebenheit, in deren Mittelpunkt ein Kompliment steht. Ein Kompliment ist
ein Annäherungsgeschehen, genauer ein kommunikatives Ereignis, in dem eine Akteur:in
sich mit einer persönlichen Bekundung von sympathiegetragener Anerkennung einer
Adressat:in offenbart; häufig kommt es zur Erfüllung der Erwartung, dass die Adressat:in
sich dem Spender mit erfreutem Dank zuwendet, eine Aussicht auf Fortsetzung der
Kontaktinitiative würde sich eröffnen.

In der Erzählung vom *hübschen Sohn* wendet sich der anonyme Dritte mit einem
Kompliment an die erwachsene weibliche Figur. Der Nachwuchs kann deswegen
Gegenstand eines Kompliments sein, weil der Mutter als Erzeugerin sozusagen ein
Verdienst zukommt. Sie hat das Kind zur Welt gebracht, gepflegt, gehegt und erzogen.
Das Resultat, so das Kompliment, lässt sich sehen. Hier und anderswo verabreicht man
solche Komplimente durchaus auch in Anwesenheit des Nachwuchses, was den Produkt-
charakter hervorhebt. In der Geschichte vom *hübschen Sohn* aber wird das Produkt
falsch gesehen, sodass die Adressatin etwas richtigstellen muss. Das Produkt ist nun dem
Blick des Mannes ausgesetzt: „ah ja/man sieht es ja schon bald": „man", das heißt, jeder

würde es sehen. „bald", das heißt, da kommt noch mehr. Der Körper der Ich-Figur ist dem Blick des Mannes – die Mutter hat durch ihre Antwort das Hinschauen nahegelegt – ungewollt preisgegeben. „[A]h ja/man sieht es ja schon bald" versucht, das Kompliment, das zum Fettnapf wurde, zu reparieren, im Sinne von: Das wäre ja eigentlich gleich klar gewesen. Das stumme Objekt aber – die Ich-Figur, die erlebt und leidet – sieht sich durch das entbergende Handeln beider Akteure seiner verbergenden Hülle entblößt, findet kaum Worte und inszeniert schließlich sprachlich-lautlich Ekel und Abscheu vor den eigenen weiblichen Brüsten.

4.6   Die Erzählung im biografischen Bezug

Patient:innen führen, wie gesagt, erzählend die Dynamik ihrer psychischen Verfassung auf. Die Protagonistin ist nicht Partnerin in der triadischen Kommunikation, sondern Gegenstand eines dyadischen Austauschs, hat also keine eigene Stimme, steht in Fremd-verfügung, kann Nähe-Distanz, Entblößung-Bedeckung nicht selbst regieren, erfährt sich im emotionalen Erleben zurückgeworfen auf sich selbst und hilflos. Das kleine szenische Drama macht sinnfällig, dass die eigene nicht-weibliche Körperinszenierung – durch die mütterliche Geschlechtszuweisung – scheitert. Am Ende der Erzählung folgt der Rekurs aufs Körperliche; es bleibt aber nur der Ekel, denn Steuerung, Kontrolle und Autonomie werden auf dieser Ebene nicht erreicht.

In der Erzählung vom *hübschen Sohn* ist die Ich-Figur in Gegenwart der Akteure voll-kommen einsam und gelangt im Verlauf in tiefe Isolation. Diese Einsamkeit sollte im Erzähldialog eine Rolle spielen und zwar im Sinne einer Bewegung hin zu etwas Neuem. Bei der kreativen gemeinsamen Arbeit, nunmehr von der alten Erzählung ausgehend selbst Regie in einem neuen Drama zu führen, entsteht imaginative Bereicherung und spielerische Selbstwirksamkeit. Beispielsweise können sie eine neue Figur auftreten lassen, eine positive Begleitgestalt. Oder die Mutter wird neu figuriert und stellt dann nichts richtig, sondern reagiert, mit Augenzwinkern zur Tochter hin, spielerisch-ironisch-angriffslustig, zum Beispiel „Sie haben aber eine hübsche Brille". Darüber hinaus mag beim Neu-Erzählen alles eine Rolle spielen, was mit Kontrolle, Selbststeuerung, Selbst-öffnung und Bedeckthalten zu tun hat.

5   Fazit: Die narrative Stimme und der Erzähldialog

Erzählungen eines/einer Patient:in erweisen sich gewöhnlich nicht als disparate Menge, sondern stehen in einer psychodynamisch sinnfälligen Ergänzungsreihe. Erzählungen, die Ratsuchende und Patient:innen in der psychotherapeutischen Situation vorbringen, lassen sich systematisch als sprachliche Inszenierungen von Konfliktkonstellationen dar-stellen; sie lassen sich an weiteren Erzählungen wie auch im Blick auf das Beziehungs-handeln testen und ausbauen. Alltagserzählungen liefern auf diese Weise eine besonders wertvolle Bereicherung des klinischen Verstehens, da hier die Stimme der Patient:innen selbst hörbar wird. Die Erzählungen können, anders formuliert, zur Basis partizipativer psychodynamischer Expedition werden. Darüber hinaus erweist sich – jenseits praktischer therapeutischer Ziele – der hier skizzierte narrationsanalytische Ansatz auch als überaus anschlussfähig für Untersuchungen im Feld subjekt-, sozial- und kulturwissenschaftlicher Forschung.

Literatur

Arboleda, L., & Zschokke, V. (2014). *Die Borderlinestörung gesprächs- und erzählanalytisch betrachtet. Eine linguistisch-empirische Studie.* Gießen: Psychosozial.

Bamberg, M. (2020). Narrative analysis, an integrative approach – Small stories and narrative practices. In M. Järvinen & N. Mik-Meyer (Hrsg.), *Qualitative analysis – Eight traditions* (S. 243–264). New York, NY: Sage.

Boothe, B. (2010). *Das Narrativ. Biografisches Erzählen im psychotherapeutischen Prozess.* Stuttgart: Schattauer.

Buchholz, Michael B. (2019). „Szenisches Verstehen und Konversationsanalyse". *Psyche 73*(06), 414–44. 10.21706/ps-73-6-414

Deppermann, A. (2014). Konversationsanalyse: Elementare Interaktionsstrukturen am Beispiel der Bundespressekonferenz. In S. Staffeldt & J. Hagemann (Hrsg.), *Pragmatiktheorien. Analysen im Vergleich* (S. 19–47). Tübingen: Stauffenburg.

Gülich, E., & Hausendorf, H. (2000). Vertextungsmuster: Narration. In K. Brinker, G. Antos, W. Heinemann & S. F. Sager (Hrsg.), *Text- und Gesprächslinguistik. Ein internationales Handbuch zeitgenössischer Forschung.* 1. Halbband. (S. 369–385). New York, Berlin: de Gruyter.

Gülich, E., & Schöndienst, M. (1999). „Das ist unheimlich schwer zu beschreiben". Formulierungsmuster in Krankheitsbeschreibungen anfallskranker Patienten: differentialdiagnostische und therapeutische Aspekte. *Psychotherapie und Sozialwissenschaft. Zeitschrift für Qualitative Forschung 1*(3), 199–227.

Hamburger, A. (2018). Rhythmus, Störung und Reenactment: Begegnungsmomente und die Szenisch-Narrative Mikroanalyse. *Paragrana 27*(1). https://doi.org/10.1515/para-2018-0004

Krankheitserfahrungen.de – Deutsche Version der Website DIPEx mit Aufbau der Module Diabetes und chronischer Schmerz (01.04.2008–31.03.2011)

Labov, W. (2013). *The language of life and death. The transformation of experience in oral narrative.* Cambridge: Cambridge University Press.

Lucius-Hoene, G. (2016). Die Krankheitserzählung auf dem Prüfstand der Praxis. Tagungsbericht zur internationalen Tagung „Illness Narratives in Practice", Institut für Psychologie der Universität Freiburg im Breisgau, 26./27. Juni 2015. *Diegesis. Interdisziplinäres E-Journal für Erzählforschung, 5*(1). URN: urn:nbn:de:hbz:468-20160607-154645-0. DIPExGermany: Projektwebsite http://www.krankheitserfahrungen.de/ueber-uns/geschichte

Luder, M., & Schnell, K. (2013). *Die Erzählanalyse JAKOB. Entwicklung und Anwendung 1989 bis 2012.* Hamburg: BOD Wikipedia: https://de.wikipedia.org/wiki/Erzählanalyse_Jakob

Mergenthaler, E. (1992). *Die Transkription von Gesprächen* (3. Aufl.). Ulm: Ulmer Textbank.

Scheidt C. E., Lucius-Hoene, G., Stukenbrock, A., & Waller, E. (2014). *Narrative Bewältigung von Trauma und Verlust.* Stuttgart: Schattauer.

Straub, J. (2019). Identitäts-Bildung und die Offenheit der Person. In S. Samida & C. Wienand (Hrsg.), *Themenheft Identität und Bildung* (S. 37–62). Heidelberg: Heidelberg University Publishing. *heiEDUCATION JOURNAL Transdisziplinäre Studien zur Lehrerbildung*, Heft 3/2019 https://doi.org/10.17885/heiup.heied.2019.3

Streeck, U. (2000). Szenische Darstellungen, nichtsprachliche Interaktion und Enactments im therapeutischen Prozess. In U. Streeck (Hrsg.), *Erinnern, Agieren und Inszenieren. Enactments und szenische Darstellungen im therapeutischen Prozess* (S. 13–55). Göttingen: Vandenhoeck & Ruprecht.

Von Wyl, A., & Boothe, B. (2003). Weibliches Leiden an der Anatomie. Der Körper als Feind im Spiegel des Alltags- und Traumnarrativs. *Zeitschrift für qualitative Bildungs- Beratungs- und Sozialforschung*, *1*, 61–80.

Wittgenstein, L. (2001). *Philosophische Untersuchungen. Kritisch-genetische Edition* (hrg. v. J. Schulte). Darmstadt: Wissenschaftliche Buchgesellschaft (Original: 1967).

Metaphernanalyse

Rudolf Schmitt

Zusammenfassung

Der Beitrag geht von einer engen Verbindung der kulturell vorgegebenen Alltags-
sprache und dem Nachdenken über Psychisches in und außerhalb der Psychologie
in Form gemeinsamer metaphorischer Muster aus. Die kognitive Metapherntheorie
nach Lakoff und Johnson hat diese Verknüpfung entwickelt, und die davon abgeleitete
Metaphernanalyse versucht, metaphorische Denkmuster in systematischer Form
als qualitative Forschung zu rekonstruieren. Zunächst skizziert der Beitrag Grundannahmen von Lakoff und Johnson, dann die Vorgehensweise einer metaphernana-
lytischen Untersuchung. Anhand zweier Studien zu Metaphern der Depression wird
das Potenzial des Ansatzes entwickelt.

Schlüsselwörter

Metaphern · Metaphernanalyse · Kognitive Linguistik · Metaphorische Konzepte ·
Schemata · Deutungsmuster

1 Einleitung

Gerd Jüttemann hat vor vielen Jahren für die Psychologie formuliert: „Jede im fachwissenschaftlichen Rahmen mögliche (tatsächliche) Entdeckung hat ihren Ursprung
in der vorsprachlichen Alltagspsychologie" (Jüttemann 1992, S. 147). Wir konnten

R. Schmitt (✉)
Hochschule Zittau/Görlitz, Görlitz, Deutschland
E-Mail: R.Schmitt@hszg.de

bei psychischen Erkrankungen nicht nur bei der umgangssprachlichen Diagnose, dass jemand ‚nicht ganz dicht' sei, eine sprachbildliche Kontinuität zu einem fachwissenschaftlichen Konzept (den Ich-Störungen) zeigen (Schmitt und Heidenreich 2018; s. Leary 2000). Kulturell und alltagssprachlich vorgegebene Metaphern prägen unser Verständnis im fachwissenschaftlichen Bereich. Die Metaphernanalyse teilt die Vorannahme der Kulturpsychologie, dass der Mensch nicht nur als Naturwesen, sondern als „soziohistorisch geprägtes Kulturwesen verstanden werden kann und muss" (Chakkarath und Straub 2020, S. 285), denn: „Alle psychischen Phänomene […] müssen in ihrer Abhängigkeit von kulturellen Lebensformen und Sprachspielen, Praktiken und Diskursen betrachtet werden" (ebd., S. 287). Die Metaphernanalyse reflektiert Sprachbilder als wirkmächtige kulturelle Deutungsmuster, die früh von den Subjekten angeeignet und tradiert, aber auch neu interpretiert und verändert werden.

2   Theoretisch-methodologischer Hintergrund

Lakoff und Johnson (2018) erweiterten mit der von ihnen vorgeschlagenen ‚kognitiven Linguistik' klassische Definitionen der Metapher und postulierten gemeinsame Cluster aus einzelnen Metaphern, die als kulturell vorhandener Vorrat semantischer Muster verstanden wurden. Lakoff und Johnson greifen nicht auf kultur- bzw. sozialwissenschaftliche oder psychologische Theorien zurück, was die Rezeption zunächst erschwert.

2.1   Zum Begriff der Metapher

Überraschend ist eine radikale Einfachheit der Definition: „Das Wesen der Metapher besteht darin, daß wir durch sie eine Sache oder einen Vorgang in Begriffen einer anderen Sache bzw. eines anderen Vorgangs verstehen und erfahren können" (Lakoff und Johnson 2018, S. 13). Ein Vorzug dieser Definition liegt darin, dass alltägliche Metaphern erfasst werden können, wie die folgenden Beispiele zeigen: Wenn jemand ‚vor Wut kocht', oder wenn es in ihm ‚brodelt', wird ein Affekt in Bildern von kochender Flüssigkeit in einem Gefäß verstanden. Diese Redewendungen enthalten drei Elemente der weiten Definition von Metaphern (s. Lakoff und Johnson 2018, S. 20–26):

- Es lässt sich ein Quellbereich der Metapher, d. h. eine für die Befragten konkret-sinnliche Erfahrungsbasis rekonstruieren (hier: kochende Flüssigkeiten).
- Die Formulierungen beziehen sich auf einen komplexen Zielbereich (hier: ein Affekt).
- Sie übertragen dabei ein konkretes Erfahrungsmuster von einer semantischen Quelle auf ein abstrakteres Ziel.

Alle Redewendungen, in denen Bedeutungen von einem Quellbereich auf einen Zielbereich übertragen werden, gelten für Lakoff und Johnson als Metapher. Diese weite
Definition überspringt Differenzierungen wie Symbol, Chiffre, Vergleich und Allegorie,
wie sie in traditionellen sprachwissenschaftlichen Überlegungen üblich waren. Sie
fokussiert auf den Prozess der Übertragung von Mustern der Wahrnehmung von einem
Phänomen auf ein anderes. Diese Übertragung dient gleichermaßen der individuellen
Versprachlichung des Phänomens wie der sozial geteilten Sinnstiftung.

2.2 Metaphorische Konzepte

Die kognitive Metapherntheorie versteht nicht einzelne Metaphern, sondern Bündel
von Metaphern als organisierende Muster des Denkens und Fühlens. Lakoff und Johnson definieren sie als Konzepte, deren Formulierungen dem gleichen Quellbereich
entstammen und den gleichen Zielbereich strukturieren wie z. B. in den folgenden
Redewendungen: ‚unausgeglichen‘, oder ‚ausgeglichen‘ sein, ‚Balance-Akt‘, einen
‚Ausgleich‘ brauchen. Gemeinsam ist das körperliche und kulturell ko-konstruierte
Erfahrungsmuster, das, auf Psychisches übertragen, vom ‚inneren Gleichgewicht‘ oder
der ‚Äquilibration‘ von Schemata, sprechen lässt. Psychische Erkrankung oder Krise ist
ein ‚Ungleichgewicht‘, Gesundheit oder psychotherapeutische Arbeit die Suche nach
dem ‚Gleichgewicht‘. Wie viele andere Metaphern hat dieses Konzept einen bipolaren
Charakter, und die Alltags- wie die Fachsprache konstruieren damit eine eindeutige
Zuordnung wie Wertung.

2.3 Metapherngenerierende Schemata

Räumliche Schemata wurden von Lakoff und Johnson (1980) als *orientational
metaphors* bestimmt: sich ‚obenauf‘ zu fühlen, eine ‚Hochstimmung‘ zu erleben wie
ihre Gegensätze: ‚gesunkene‘ Stimmungen und sich ‚down‘ zu fühlen. Sie fassten die
kognitiven Implikationen dieses kulturell üblichen Schemas im Konzept „gut ist oben“
(Lakoff und Johnson 2018, S. 22–24.) zusammen, das das Verhältnis von Redewendung,
Konzept und Schema zeigt: Alltägliche metaphorische Redewendungen lassen sich zu
metaphorischen Konzepten bündeln, die ihrerseits von wenigen Schemata (wie ‚oben/
unten‘, ‚vorne/hinten‘) organisiert werden.

Dieser Begriff der Schemata wird in ihren Publikationen von 1987 (Lakoff
1987; Johnson 1987) zum dritten Schlüsselbegriff neben einzelnen Metaphern und
metaphorischen Konzepten weiterentwickelt. Sie beschreiben *kinaesthetic image
schemas* als einfache, präverbale und gestalthafte Muster, die nur rudimentäre Bild-
qualität haben, aber als basale Muster hinter den metaphorischen Konzepten zu finden
sind. Bedeutete die Annahme von räumlichen Schemata schon eine Ausdehnung des

traditionellen Metaphernverständnisses, so überschritt die Annahme weiterer bildgenerierender Schemata den bis dahin üblichen Begriff der Metapher endgültig:

- Metaphorische Vergegenständlichungen konstruieren abstrakte Phänomene als quantifizierbare Substanzen: ‚*viel* Einfluss‘, ‚*wenig* Liebe‘. Vor allem Mengenangaben (‚mehr‘, ‚weniger‘) kennzeichnen diese ikonische Substantialisierung von Emotionen und sozialen Interaktionen.
- Das Behälter-Schema ist eine weitere Vergegenständlichung: Es lässt uns im Normalzustand der Psyche eine Grenze zwischen Innen und Außen imaginieren, die Innenwelt und soziales Draußen trennt. Der Mensch erscheint als Behälter, der im Krankheitsfall ‚nicht dicht‘ oder im Gegenteil ‚zu‘, und ‚abgekapselt‘ ist, während psychische Gesundheit in dieser triadischen Metapher als zwanglose ‚Offenheit‘ figuriert. Dass es als einfachstes Schema auch andere metaphorische Konzepte neben Gesundheit und Krankheit vorstrukturieren kann, zeigen Formulierungen wie: ‚vor Wut platzen‘ oder ‚Dampf ablassen‘: Das einfachere Behälter-Schema geht konkreten bereichsspezifischen metaphorischen Konzepten voraus.

Ohne alle Schemata darstellen zu können (Schmitt 2017, S. 48–56), mögen die Beispiele genügen, um zu zeigen, dass Lakoff und Johnson die kulturell geteilte Verdinglichung komplexer psychischer oder sozialer Phänomene als Ergebnis eines metaphorischen Prozesses begreifen – das war die radikalste und am schwersten zu vermittelnde Ausdehnung des Metaphernbegriffs. Johnson (1987) versuchte, diese zentralen Schemata im Rückgriff auf Kant als kognitive Universalien zu formulieren und mit Bezug auf Piaget ihre körperliche, sensomotorische Fundierung zu erklären. Er begriff sie phänomenologisch als nicht weiter hintergehbare, einfachste Grundmuster der Wahrnehmung und des Denkens.

Die Kenntnis der hier genannten metapherngenerierenden Schemata hilft, Metaphern zu erkennen. Für die qualitative Forschung sind jedoch die auf den Schemata aufbauenden, spezifischer zu formulierenden metaphorischen Konzepte am ertragreichsten. In ihnen bündeln sich komplexere Muster des Denkens, der Wahrnehmung, der Emotionen und des Handelns.

2.4   Metaphorische Kognition

Metaphern orientieren das Denken und Handeln durch die beiden kognitiven Mechanismen des *highlighting* und *hiding* (Lakoff und Johnson 2018, S. 18–21): Sie heben Aspekte hervor und vernachlässigen andere bzw. verhindern deren Wahrnehmung. So legt die Wahrnehmung von psychischen Erkrankungen in Bildern von beschädigten Werkzeugen oder Maschinen (jmd. ‚tickt nicht richtig‘, ‚ausrasten‘, ‚ausklinken‘) eine Fokussierung auf Reparatur durch den ‚Psychoklempner‘ nahe. Fachwissenschaftlich sprechen wir von psychischen ‚Mechanismen‘ und forschen über ‚Funktionen‘ des

Verhaltens, reden von depressiver ‚Verarbeitung' und der ‚Regulation' von Gefühlen. Anders als die konkurrierende organische Metaphorik des Wachstums (vom ‚Wurzeln schlagen' bis zum ‚psychischen Wachstum') bieten die technischen Metaphern nicht die Möglichkeit des Nichteingriffs und des Abwartens, sondern forcieren handwerklich gedachtes psychosoziales Handeln: So konstruieren, beleuchten und verdunkeln Metaphern Zusammenhänge und leiten damit Denken, Handeln und Fühlen an.

2.5   Embodiment: Metaphern und Körper

Schemata im Sinn der kognitiven Linguistik bezeichnen Strukturen aus einfachen und gestalthaften Mustern (z. B. Höhe und Tiefe, Weg, Behälter). Als Quelle der Schemata dienen oft körperlich erfahrbare Dimensionen oder einfachste Handlungsabläufe. Die Fundierung der Metaphorik in der körperlichen Erfahrung wurde von Lakoff und Johnson bereits in ihrem gemeinsamen Buch von 1980 (S. 61–69) beschrieben, jedoch führen sie erst in der Publikation von 1999 (S. 46–49) empirische Studien an, die z. B. die Entwicklung der Metapher des Sehens für kognitive Vorgänge (‚Einsicht', ‚Klarheit') in entwicklungspsychologischen Forschungen rekonstruierten.

2.6   Metaphern und Kultur

Um die kulturelle Strukturierung unserer Erfahrung vom Standpunkt der kognitiven Linguistik zu fassen, führten Lakoff und Johnson (1998, S. 31–34) den Begriff der Kohärenz ein: Wir leben in einer Kultur, in welcher Glück, Macht, Status, Gesundheit etc. in der Regel recht kohärent mit Metaphern der Höhe bedacht werden, die gegenteiligen Begriffe werden metaphorisch mit Tiefe assoziiert: ‚Unterlegenheit', sozialer ‚Abstieg', in der Achtung von jemand ‚sinken' etc. Lakoff und Johnson postulierten, dass elementare Werte einer Kultur auch in deren Subkulturen mit ihren zentralen metaphorischen Strukturierungen konvergieren. Gibbs (2013) hat – ganz im Sinne einer kulturpsychologischen Perspektivierung – darauf hingewiesen, dass die Überlegung, ob Metaphern aus einem individuell-kognitiven, körperlichen oder kulturellen Ursprung abzuleiten sind, Phänomene des Erlebens unzulässig zerreißt, weil Metaphern diese Ebenen verbinden. Er plädiert dafür, bildhafte Sprache als emergentes Phänomen des Austausches von Körper, Kultur und individuellem Geist zu deuten.

2.7   Weiterentwicklung der kognitiven Linguistik zur qualitativen Metaphernanalyse

Lakoff und Johnson (1999, S. 50–54) legen Übersichtslisten wichtiger metaphorischer Konzepte vor. Sie benutzen dabei eine Rhetorik, als seien metaphorische Konzepte wie

Gegenstände oder naturwissenschaftliche Konstanten zu ‚entdecken'. Sie explizierten den Prozess des ‚Findens' nicht und übersahen, dass sie unreflektiert hermeneutisch operierten. In den letzten Jahren wurde ausgehend von Lakoffs und Johnsons Metaphern-theorie ein genuin qualitativ-methodischer Zugang zur Analyse von Metaphern unter der Bezeichnung systematische Metaphernanalyse ausdifferenziert (Schmitt 2017; Schmitt et al. 2018, 2022). Vor allem eine Anknüpfung an Schütz (2004) liegt auf der Hand. Schütz differenzierte, dass Forschende in den Sozialwissenschaften es mit bereits interpretierten Phänomenen („Konstruktionen erster Ordnung") zu tun hätten, und folgerte, dass ihre eigene Leistung also „Konstrukte einer zweiter Ordnung" (Schütz 2004, S. 457) darstellten. Jenseits des alltäglichen Verstehens unter pragmatischen Zwängen gehe es darum, ein Verstehen zweiter Ordnung zu ermöglichen, das die Art und Weise, wie im Alltag verstanden werde, rekonstruiere. Die Metaphernanalyse kann an diese Figur unmittelbar anschließen: Wenn zum Beispiel über eine Diskussion gesagt wird, jeder ‚schwache' Punkt der Argumentation sei ‚attackiert' worden, oder dass sich jemand hilflos ‚verteidigt' hätte, dann ist in der Lebenswelt eine Deutung lebendig, die das Verstehen des Phänomens ‚Diskussion' durch die Brille der Metapher des Kampfes strukturiert (Lakoff und Johnson 1980, S. 4–6). Metaphernanalysen versuchen, diese lebensweltlich und ungewusst genutzten metaphorischen Muster durch wissenschaft-liches Verstehen des alltäglichen Verstehens zu rekonstruieren.

2.8   Metaphorische Konzepte, Deutungsmuster und verwandte Begriffe

Über Schütz hinaus bleibt die Rolle der Metaphern in der sinnverstehenden psycho-logischen und sozialwissenschaftlichen Forschung ungeklärt. Der implikationsreiche Metaphernbegriff der kognitiven Linguistik regt den Vergleich mit dem des Deutungs-musters, des Habitus, der Sozialen Repräsentationen, dem Diskurs und dem *tacit knowledge* an, zu denen jeweils Überschneidungen und Differenzen bestehen (Schmitt 2017, S. 113–188). Es wäre aus der heterogenen Logik unterschiedlicher Forschungs-fragen und Theoriekulturen heraus problematisch, den Begriff des metaphorischen Konzepts vorab einem psychologischen oder sozialwissenschaftlichen Theoriebezug unterzuordnen, ohne zu berücksichtigen, dass je nach Forschungsfrage unterschiedliche Bezugnahmen sinnvoll sein können.

3   Methodische Verfahrensweise

Metaphorische Konzepte sind im Rahmen der vorgeschlagenen Methode das Resultat einer hermeneutischen Bemühung, den gemeinsamen Sinn von mehreren Metaphern zu erschließen. Wie bei jeder hermeneutischen Anstrengung sind sie als unabgeschlossene und weiter zu verfeinernde (Re-)Konstruktionen zu betrachten (siehe Kap. Relationale

Hermeneutik: Theoretisch-methodologische Systematisierungen interpretativer Forschung). Einzelne und auffallende Metaphern, welche in älteren Analysen dominieren, lenken oft vom Geflecht unauffälliger, aber das Verstehen vorstrukturierender Metaphern ab. Die Analyse soll ein Geflecht metaphorischer Konzepte explizieren und die Fragen beantworten: Welche Implikationen haben die metaphorischen Muster für Fühlen, Denken und Handeln? Welche Bruchstellen und Widersprüche zwischen unterschiedlichen metaphorischen Konzeptualisierungen eines Phänomens sind zu finden?

Einige metaphernanalytische Studien sind eher einer kulturvergleichenden Psychologie zuzuordnen als einer Kulturpsychologie (z. B. Meili und Maercker 2019). Die überwiegende Zahl der Studien analysieren die verborgenen semantischen Konditionierungen der eigenen Sprache (und die mit ihr assoziierten Praktiken). Diese Beschäftigung mit dem allzu Vertrauten ist möglich, weil die Metaphernanalyse in allen Schritten systematische Verfremdungen nutzt. Der erweiterte Metaphernbegriff selbst ist die erste Verfremdung des gewohnten Verstehens; auch die Bildung von Vergleichshorizonten, die explizit geforderte Eigenanalyse der Interpret:innen und die Regeln zur Metaphernidentifikation und Konzeptbildung enthalten in ihrer Durchführung verfremdende, sequenzielle Texte aufbrechende Schritte. Die folgende Skizze zeigt das Ablaufschema einer systematischen Metaphernanalyse (Schmitt 2017; Schmitt et al. 2018).

3.1 Zielbereiche identifizieren

Welche Phänomene stehen im Fokus der Forschungsfrage und sollten als Zielbereiche einer Metaphorisierung untersucht werden (z. B. Erkrankungen, psychosoziale Umbrüche)?

3.2 Sammlung der kulturell üblichen Hintergrundmetaphern der Zielbereiche, Eigenanalyse

Um die kulturell übliche Metaphorisierung eines Themas zu erfassen, wird ein Horizont von möglichen Metaphernfeldern zu den Zielbereichen aus heterogenen Materialien (Lexika, Broschüren, Zeitungen, Protokolle, Medien) gesammelt (kultureller Vergleichshorizont).

Die eigenen Metaphern der Forschenden für das Thema werden erhoben, da sie sonst als gegeben hingenommen und übersehen werden (Reflexion der Standortgebundenheit).

3.3 Erhebung des Materials

Da die Metaphernanalyse aufwendig ist, wird ein sparsames Sampling vorgeschlagen; bearbeitbar sind derzeit alle schriftlichen Dokumente (Interviews, Internetkommunikation, theoretische Literatur u. a.). Eine Variante für eine multimodale Metaphernanalyse auch nicht-sprachlicher Materialien findet sich in der Erprobung (Schmitt 2021).

3.4   Systematische Analyse einer Gruppe bzw. eines Einzelfalls

Zwei zentrale hermeneutische Prozeduren identifizieren die metaphorischen Denkmuster. Sie sind zunächst getrennt und nacheinander durchzuführen, um vorschnelle und über-interpretierende Deutungen zu vermeiden, was eine spätere zirkuläre Rückkehr zum Aus-gangsmaterial nicht ausschließt:

- Extrahierung der für die Forschungsfrage relevanten, als metaphorisch erkannten Redewendungen aus Texten;
- Bildung von metaphorischen Konzepten durch systematischen Vergleich im Hinblick auf gemeinsame Quellbereiche und gemeinsame Zielbereiche.

3.5   Interpretation mithilfe einer Heuristik

Die Rekonstruktion von Implikationen der metaphorischen Konzepte nutzt eine Heuristik: der Vergleich metaphorischer Konzepte untereinander im Hinblick auf Differenzen und Übereinstimmungen ihrer Implikationen, die Analyse von *hiding* und *highlighting* des jeweiligen metaphorischen Musters (insbesondere hinsichtlich Macht-relationen), das Fehlen von Konzepten gegenüber dem kulturellen Horizont u. a.

3.6   Triangulation, Gütekriterien

Die Notwendigkeit einer Triangulation von Auswertungsmethoden ist von der Forschungsfrage abhängig: Zielt die Frage über Phänomene hinaus, die von der Metaphernanalyse rekonstruiert werden können, ist die Einbeziehung anderer Methoden sinnvoll; so z. B. bei einer Analyse von Gesprächsabläufen die Kontrastierung mit der Konversationsanalyse. Gütekriterien einer Metaphernanalyse werden in Anlehnung an die neuere Diskussion von Gütekriterien in der qualitativen Forschung in Schmitt (2017) diskutiert (u. a. Ausdifferenziertheit der gefundenen metaphorischen Konzepte, Ausmaß ihrer Sättigung mit Material, Ausführlichkeit der Rekonstruktion ihrer Implikationen).

3.7   Darstellung

Häufig werden narrative, tabellarische und visuelle Darstellungen typischer metaphorischer Konzepte und die argumentative Entfaltung ihrer (konkurrierenden) Sinngehalte genutzt.

Metaphern können je nach ihrer Funktion in einem Text als Geschichte der Entfaltung ihrer Implikationen, als Tabelle zentraler Redewendungen und/oder als Zeichnung *(mind map)* ihrer Zusammenhänge präsentiert werden.

4 Skizzierung exemplarischer Umsetzungen

Im Folgenden werden abschließend zwei metaphernanalytische Arbeiten, die thematisch Depression fokussieren, angeführt, um Umsetzungsmöglichkeiten des hier dargestellten methodischen Zugangs zu veranschaulichen. Barkfelt (2009) rekonstruiert aus den Texten von neun Autor:innen die metaphorischen Konzepte des Depressionserlebens. Es wurden Texte von Schriftsteller:innen oder Therapeut:innen untersucht, die eine entwickelte Kompetenz vermuten ließen, das sprachraubende Erleben der Depression wenigstens nachträglich metaphorisch zu erfassen. Die fünf häufigsten von 26 metaphorischen Szenarien der Depression beginnen mit der Metaphorik von Kampf und Krieg, die am häufigsten vorkommt – die Depression ist eine Feindin, die Erkrankung wird als Angriff wahrgenommen, die Betroffenen nehmen sich als Opfer, mit dem Rücken an der Wand und als Verwundete wahr (ebd., S. 158 f.). Die zweithäufigste Bildlichkeit nutzt die visuelle Wahrnehmung: Depression ist Dunkelheit, das Leben wird als Verfinsterung des Geistes gesehen, rabenschwarze Mutlosigkeit erfüllt sie (ebd., S. 152 f.). Die Metaphorik des Wegs ist als schreckliche Reise in eine öde, unwirtliche Welt präsent (ebd., S. 114 f.); es folgt in der Häufigkeit als Bildquelle das Wasser, in dem die Betroffenen unterzugehen glauben, oder sie erleben sich mit untauglicher Ausrüstung ohne Navigation auf einem Meer ausgesetzt (ebd., S. 127 f.). Damit schon angeklungen, jedoch als separates Bildfeld zu eruieren ist die Metaphorik der Tiefe, das ,Loch', in das man stürzt, das ,Fallen ins Bodenlose' wird ebenfalls genannt (ebd., S. 139 f.). Diese kurze Zusammenstellung kann keinen Eindruck von den überraschenden Neu- und Umprägungen konventioneller Metaphorik geben, die bei den einzelnen Autor:innen zu finden sind; ebenso muss hier auf die Ausführungen zur Gebäude-, Folter-, Verlust- und anderen Metaphoriken verzichtet werden. Barkfelt stellt Überlegungen an, wie diese Metaphern zur Verständnissicherung („validierungsorientierte Metaphern"), zur therapeutischen Intervention im engeren Sinne („genesungsorientierte Metaphern") und zur späteren Prophylaxe eines Rückfalls („prophylaxeorientierte Metaphern") eingesetzt werden können (ebd., S. 218 f.) und liefert einen umfangreichen Beleg für das wichtigste, hinter vielen Metaphern liegende Schema des Behälters (ebd., S. 238–251): Die Depression wird in vielen Konzepten (als Gefängnis, als Loch, als Unwetterzone, als Landschaft) vom Schema des Behälters geprägt.

Eine etwas ältere Studie von Kronberger (1999) zu den Alltagsvorstellungen über Depressionen enthält neben ähnlichen kollektiven Mustern in einer Einzelfallstudie einer Frau, die ihre Depression überwunden hat, den Befund, dass sich die Metapher der Arbeit verändert: Zunächst galt ,Leben ist Arbeit' und die Depression wurde als Unfähigkeit zu arbeiten erlebt. Nach überwundener Depression spricht sie davon, für sich selbst zu arbeiten, sich selbst etwas Gutes zu tun: Der Wechsel geschieht innerhalb einer Metapher. Jedoch ändern sich andere Metaphern komplett: Während sie sich in der Erinnerung beschreibt als Dornröschen, das auf einen aufweckenden Prinzen wartet, und als Fliege, die im Netz der Depression zappelt, beschreibt sie sich zum Zeitpunkt des Interviews als Spinne im Netz. Der Wandel wird sowohl durch Veränderung innerhalb eines metaphorischen Konzepts als auch durch Wechsel verschiedener metaphorischer Konzepte bewirkt. Kennzeichen des Wandels sei also die Differenzierung eines metaphorischen Konzepts und die Dynamisierung als Wechsel zwischen verschiedenen metaphorischen Konzepten (Buchholz 1996, insbes. S. 251 f.).

Beide Arbeiten zeichnen sich dadurch aus, dass sie bei der Beschreibung von Phänomenen, die üblicherweise der klinischen Psychologie zugerechnet werden, keine Anleihen bei gängigen ätiologischen Vorstellungen (Genetik, Botenstoffe, Lerntheorien, Psychoanalyse) machen und gleichzeitig Hinweise für beraterisches und therapeutisches Handeln geben, welche konsequent an der individuellen Weiterentwicklung der kulturell vorgegebenen, individuell adaptierten sprachlichten Muster orientiert sind. Eine kultur-psychologische Perspektive in der klinischen Psychologie wird damit denkbar; weitere Hinweise dazu finden sich in Schmitt und Heidenreich (2019).

5 Fazit

Die Verbindungen der Metaphernanalyse zur Kulturpsychologie sind bisher eher marginal entwickelt, auch wenn in frühen Arbeiten (Straub und Sichler 1989) Metaphern als Zugang zu subkulturellen Lebenswelten verstanden wurden. Zum einen mögen bio-grafische und institutionelle Zufälle dazu beigetragen haben, dass sich die Metaphern-analyse zunächst mit einer Nähe zum klinisch-psychologischen Feld und später mit stärkeren Bezügen zur Soziologie entwickelt hat (Schmitt 2017, Kap. 3). Zum anderen lässt die Breite der Anwendung quer durch die sozialwissenschaftlichen Disziplinen (ebd., Kap. 4) auch Anknüpfungen außerhalb der Kulturpsychologie sinnvoll erscheinen. Dennoch war es an der Zeit, den möglichen Beitrag der Metaphernanalyse zur Kultur-psychologie zu skizzieren.

Literatur

Barkfelt, J. (2009). *Bilder aus der Depression. Metaphorische Episoden über depressive Episoden* (2. Auflage). Konstanz: Hartung-Gorre.

Buchholz, M. B. (1996). *Metaphern der „Kur". Eine qualitative Studie zum psycho-therapeutischen Prozess.* Opladen: Westdeutscher Verlag.

Chakkarath, C., & Straub, J. (2020). Kulturpsychologie. In G. Mey & K. Mruck (Hrsg.), *Handbuch Qualitative Forschung in der Psychologie. Bd. 1: Ansätze und Anwendungsfelder* (S. 283–304). Wiesbaden: Springer.

Gibbs, R. W. Jr. (2013). Metaphoric cognition as social activity: Dissolving the divide between metaphor in thought and communication. *Metaphor and the social world*, *3*(1), 54–76.

Johnson, M. (1987). *The body in the mind. The bodily basis of meaning, imagination, and reason.* Chicago, IL: The University of Chicago Press.

Jüttemann, G. (1992). *Psyche und Subjekt. Für eine Psychologie jenseits von Dogma und Mythos.* Reinbek bei Hamburg: Rowohlt.

Kronberger, N. (1999). Schwarzes Loch und Dornröschenschlaf – eine Metaphernanalyse von Alltagsvorstellungen der Depression. *Psychotherapie und Sozialwissenschaft*, *1*(2), 85–104.

Lakoff, G. (1987). *Women, fire and dangerous things. What categories reveal about the mind.* Chicago, IL: The University of Chicago Press.

Lakoff, G., & Johnson, M. (2018). *Leben in Metaphern* (übersetzt von A. Hildenbrand, 9. Aufl.). Heidelberg: Auer (Original: 1980).

Lakoff, G., & Johnson, M. (1999). *Philosophy in the flesh: The embodied mind and its challenge to western thought.* New York, NY: Basic Books.

Leary, D. E. (Hrsg.). (2000). *Metaphors in the history of psychology.* Cambridge: University Press (Original: 1990).

Meili, I., & Maercker, A. (2019). Cultural perspectives on positive responses to extreme adversity – A playing field for metaphors. *Transcultural Psychiatry, 56*(5), 1–20.

Schmitt, R. (2017). *Systematische Metaphernanalyse als Methode der qualitativen Sozialforschung.* Wiesbaden: Springer VS.

Schmitt, R. (2021). Multimodalität und die szenische Erweiterung der Metaphernanalyse. In M. Dietrich, I. Leser, K. Mruck, P. S. Ruppel, A. Schwentesius & R. Vock (Hrsg.), *Begegnen, Bewegen und Synergien stiften. Transdisziplinäre Beiträge zu Kulturen, Performanzen und Methoden* (S. 231–248). Wiesbaden: Springer VS.

Schmitt, R., & Heidenreich, T. (2019). *Metaphern in Psychotherapie und Beratung. Eine metaphernreflexive Perspektive.* Weinheim: Beltz.

Schmitt, R., Schröder, J., & Pfaller, L. (2018). *Systematische Metaphernanalyse. Eine Einführung.* Wiesbaden: Springer VS.

Schmitt, R., Schröder, J., Pfaller, L. & Hoklas, Anne-Kathrin (2022). *Die Praxis der systematischen Metaphernanalyse. Anwendungen und Anschlüsse.* Wiesbaden: Springer VS.

Schütz, A. (2004). Begriffs- und Theoriebildung in den Sozialwissenschaften. In ders., *Werkausgabe Bd. IV* (S. 445–464). Konstanz: UVK (Original 1953).

Straub, J., & Sichler, R. (1989). Metaphorische Sprechweisen als Modi der interpretativen Repräsentation biographischer Erfahrungen. In P. Alheit & E. M. Hoerning (Hrsg.), *Biographisches Wissen. Beiträge zu einer Theorie lebensgeschichtlicher Erfahrung* (S. 221–237). Frankfurt/Main: Campus.

Tiefenhermeneutische Kulturanalyse

Hans-Dieter König

Zusammenfassung

Zunächst wird die Methodologie der Tiefenhermeneutik erörtert, die in Sigmund Freuds Psychoanalyse und in seinen Studien zur Kultur gründet. Alfred Lorenzer hat die Geschichts- und Gesellschaftsblindheit der psychoanalytischen Begriffe durch deren sozialisations- und interaktionstheoretische Reformulierung aufgelöst. Außerdem basiert die Tiefenhermeneutik darauf, dass Lorenzer die Anwendung der Psychoanalyse auf die Kultur methodologisch reflektiert hat, sodass sie der Sackgasse der Psychologisierung und Pathologisierung sozialer Phänomene entgeht. Anschließend wird die Tiefenhermeneutik zu anderen qualitativen Ansätzen in Beziehung gesetzt. Nachdem die wichtigsten Regeln des methodischen Vorgehens umrissen worden sind, wird die Forschungspraxis anhand der szenischen Interpretation eines Fernsehinterviews mit Alexander Gauland illustriert. Die Analyse zeigt, wie problematisch es ist, wenn man einem Rechtspopulisten im Fernsehen eine Bühne zur Selbstdarstellung zur Verfügung stellt.

Schlüsselwörter

Sigmund Freud · Psychoanalyse · Kritische Theorie · Alfred Lorenzer · Kulturanalyse · Sozialisations- und Interaktionstheorie · Szenisches Verstehen

H.-D. König (✉)
Goethe-Universität Frankfurt/Main, Frankfurt/Main, Deutschland
E-Mail: h.d.koenig@web.de

© Der/die Autor(en), exklusiv lizenziert an Springer Fachmedien Wiesbaden GmbH, ein Teil von Springer Nature 2022
U. Wolfradt et al. (Hrsg.), *Kulturpsychologie,*
https://doi.org/10.1007/978-3-658-37918-6_23

1   Einleitung

Die auf den Psychoanalytiker und Soziologen Alfred Lorenzer (König et al. 2020) zurückgehende Tiefenhermeneutik (vgl. König 2000, 2001) stellt eine Methode rekonstruktiver Kultur- und Sozialforschung dar, die den narrativen Gehalt von Texten und Bildern auf das Erleben der Forschenden wirken lässt, um sie in ihrer szenischen Gestalt zu interpretieren. So wird soziales Handeln aus der Perspektive der Subjekte betrachtet, die sich auf der manifesten Sinnebene der Interaktion über sozial akzeptierte Lebensentwürfe verständigen und verpönte Lebensentwürfe auf einer latenten Sinnebene inszenieren. Da soziales Handeln sich derart als doppelbödig erweist, lassen sich im Zuge der Auswertung des Datenmaterials zwei Formen sozialer Interaktion unterscheiden: Während die Subjekte in symbolischen Interaktionen mit anderen über ihre Intentionen kommunizieren, passen sie sich in symptomatischen Interaktionen an andere an oder dominieren sie. Daher lässt sich mit der Tiefenhermeneutik rekonstruieren, wie die Subjekte sich miteinander verständigen, zugleich uneingestandene Machtkämpfe austragen; oder wie sie in Institutionen funktionieren, jedoch gleichzeitig unter ihnen leiden oder sich ihnen stillschweigend widersetzen.

2   Theoretisch-methodologischer Hintergrund

2.1   Theoretische Verortung

Sigmund Freud hat die Psychoanalyse als Methode und Theorie einer klinischen Praxis zur Neurosentherapie entwickelt. Dieses Forschungsfeld hat er freilich durch Studien zur Kultur überschritten. So erschloss Freud die den neurotischen Symptomen zugrunde liegenden Sexualstörungen auch durch das Verstehen der sich in kulturellen Objektivationen spiegelnden Dramen, für die der im Rekurs auf ein Bühnenstück von Sophokles gefasste *Ödipuskomplex* ein prägnantes Beispiel ist. So wie die Kulturanalyse für die Entwicklung der psychoanalytischen Theorie bedeutsam war, so wurden Freuds klinische Beobachtungen zum Ausgangspunkt für eine Kulturtheorie, im Zuge derer das neurotische Leiden als Ausdruck eines allgemeinen *Unbehagens in der Kultur* begriffen wurde (Freud 1999a). Die Menschen würden unter einer Kulturentwicklung leiden, die auf der „Unterdrückung von Trieben" und auf ihrer nur teilweise gelungenen „Sublimierung" basiere (Freud 1999b, S. 149 f.).

    Freuds (1999c) Konzept, dass Individuen in einer Masse nicht der Stimme ihrer Vernunft, sondern blind einem Führer folgen, weil sie sich „unbewussten Triebregungen" überlassen (S. 79) und auf ein kindliches Erleben regredieren, gewann nach wenigen Jahren eine besondere Aktualität. Denn in den Krisenzeiten der Weimarer Republik verhalfen die Massen ihren sozialen Interessen entgegen den Nationalsozialisten zur Macht. Deshalb ließ Max Horkheimer (1988) am Frankfurter Institut für Sozialforschung mithilfe der Psychoanalyse erforschen, warum „das Handeln numerisch bedeutender sozialer Schichten nicht durch Erkenntnis, sondern durch eine das Bewußtsein verfälschende Triebmotorik bestimmt" werde (S. 59). Während zunächst Erich Fromm (1936, 1983) und späterhin Theodor W. Adorno et al. (1950) die für antidemokratische Propaganda anfällige autoritäre Persönlichkeit untersuchten, analysierte Leo Löwenthal (1949) die Propagandatricks faschistischer Agitatoren, die rationale Überlegungen durch den Appell an unbewusste Wünsche unterlaufen.

Wurde im Zuge des Autoritarismusprojektes eine neue Form empirischer Sozialforschung entwickelt, welche die qualitative Vorgehensweise der auf klinischen Interviews basierenden psychoanalytischen Charakterforschung mit Methoden quantitativer Vorurteilsforschung verband, so gab der in den sechziger Jahren ausgetragene Positivismusstreit der Methodendiskussion neue Anregungen. Adorno (1969a, b) explizierte im Zuge der Auseinandersetzung mit den analytisch-empirisch verfahrenden Sozialwissenschaften die Methode einer kritischen Sozialforschung, welche die lebendige Erfahrung der Sache selbst durch eine deutende Spurensicherung dechiffriert, die über exemplarische Einzelfallrekonstruktionen des Besonderen das Gesellschaftlich-Allgemeine erfasst. Diese Diskussion zog eine wissenschaftstheoretische Auseinandersetzung um den Status der Psychoanalyse nach sich. Im Anschluss an die von Jürgen Habermas (1973) entwickelte Kritik am szientistischen Selbstmissverständnis der Psychoanalyse als Naturwissenschaft rekonstruierte Lorenzer (1970, 1974) methodologisch, wie sehr sich das Alltagsverstehen und das psychoanalytische Verstehen unterscheiden: Im Alltag gehe es um *das logische Verstehen* der Sätze und um das *psychologische Verstehen* der Stimmungslage der Sprecherin, die sich in Wortwahl und Gesten ausdrücke. *Szenisches Verstehen* heiße im Unterschied dazu, dass der Analytiker den logischen Sinn der Sätze und das psychologische Verstehen der Analysandin auf das eigene Erleben wirken lasse, um aufgrund der Reflexion der eigenen emotionalen Reaktionen die zwischen ihnen Gestalt annehmende Beziehungsszene zu verstehen. Mit Ludwig Wittgenstein (1971) spricht Lorenzer davon, dass das szenische Verstehen des aus der Sprache exkommunizierten Unbewussten durch die emotionale Teilhabe des Analytikers an der von der Analysandin inszenierten Lebenspraxis möglich werde. Lorenzer gelangt zu dem Schluss, dass es sich bei der Psychoanalyse um eine Sozialwissenschaft handele, die den verborgenen Sinn der Leidensgeschichte von Patient:innen zu verstehen suche.

Wenn man heutzutage Freud liest, reagiert man allerdings irritiert, sobald man auf biologistische, sexistische und familialistische Vorurteile stößt, die sich in seinen am Übergang vom 19. zum 20. Jahrhundert verfassten Texten reproduzieren. Um die Geschichts- und Gesellschaftsblindheit der psychoanalytischen Begriffe aufzuheben und um zugleich nachzuweisen, wie die von Freud beschriebenen psychischen Strukturen gesellschaftlich hergestellt werden, hat Lorenzer die psychoanalytischen Konzepte sozialisations- und interaktionstheoretisch reformuliert. So ist der Triebbegriff nicht als biologische Anlage misszuverstehen. Vielmehr bezeichnet Lorenzer (1972) die Triebimpulse als ‚Interaktionsformen' um zu verdeutlichen, dass sie das Ergebnis von sinnlich-unmittelbaren Interaktionen sind, in welche die körperlichen Bedürfnisse des

Kleinkindes so bestimmend eingehen, wie sie durch den Umgang der primären Bezugspersonen mit ihm inhaltlich geformt werden. Die das *Unbewusste* konstituierende Trieb-
matrix stellt damit das Ergebnis der in den ersten sechs Lebensjahren gesellschaftlich
hergestellten Affektstruktur dar, die dem Erleben von Erwachsenen zugrunde liegt. Die
erste Organisationsform des Ichs stellt das *Vorbewusste* dar, das Reich der Fantasie,
in dem Triebimpulse durch den spielerischen Umgang mit Gegenständen (vermittels
dessen vor allem familiäre Interaktionen reinszeniert werden) in sinnlich-symbolische
Interaktionsformen übersetzt werden. Die zweite Organisationsform des Ichs bildet das
Bewusste im engeren Sinne, das sich aufgrund der Verbalisierung von Triebimpulsen
aus sprachsymbolischen Interaktionsformen zusammensetzt. Aus der sozialisationstheoretischen Reformulierung der psychoanalytischen Entwicklungstheorie ergibt sich
eine kritische Theorie des Subjekts, die erforderlich ist, um die sich in der Spannung
zwischen einer manifesten und einer latenten Sinnebene entfaltende Bedeutung von
sozialen Interaktionen zu typisieren und konzeptuell zu begreifen.

Zweifellos reagieren viele sozialwissenschaftlich und historisch Forschende auf
psychoanalytische Beiträge zur Kultur und Geschichte befremdet, wenn soziale
Phänomene gedankenlos psychologisiert und pathologisiert werden. Die naive
Anwendung der Psychoanalyse auf die Kultur führt Lorenzer auf eine mangelnde
Reflexion des methodologischen Problems zurück, dass die in klinischer Arbeit ent-
wickelten psychoanalytischen Begriffe umstandslos auf soziale und historische
Phänomene angewandt werden. Die Irrtümer einer solchen wilden Psychoanalyse ver-
meidet Lorenzer durch die methodologische Überlegung, dass man nicht einfach die
Begriffe, wohl aber die in der klinischen Praxis entwickelte Methode des szenischen Ver-
stehens auf die soziale Welt anwendet, sie allerdings dem jenseits der Couch gelegenen
Forschungsgegenstand entsprechend modifizieren muss.

Mit der von Lorenzer (1986) anhand von Literaturinterpretationen entwickelten
Tiefenhermeneutik lassen sich sowohl kulturelle Objektivationen wie Filme, Malerei,
Musik, Architektur und politische Inszenierungen als auch in der Sozialforschung
erhobene narrative Interviews, Gruppendiskussionen und teilnehmende Beobachtungen
analysieren (Belgrad et al. 1987; J. König et al. 2019; König 2019b, 2022).

2.2 Methodologische Einbettung in das Panorama qualitativer Ansätze

Zum Vergleich mit anderen Konzepten qualitativer Ansätze lässt sich stichwortartig
Folgendes sagen: Zweifellos lässt sich das szenische Verstehen als eine Form der von
Clifford Geertz (1983) entwickelten *Dichten Beschreibung* begreifen. Allerdings zieht er
verschiedene Interpretationen heran, um einen sozialen Diskurs zu rekonstruieren, der
sich in unterschiedlichen Phänomenen der sozialen Welt zeigt. Szenisches Interpretieren
erschließt dagegen einen hinter dem manifesten Sinn verborgenen latenten Sinn, der aufgrund seiner sozialen Anstößigkeit den herrschenden Diskurs unterläuft. Aus diesem

Grunde wird in der Tiefenhermeneutik von einer *Dichten Interpretation* gesprochen (König 2019a), um sie von der Verfahrensweise der dichten Beschreibung zu unterscheiden, die ‚das Gesagte' eines sozialen Diskurses rekonstruiert (Geertz 1983, S. 30). Im Unterschied dazu erfasst die Tiefenhermeneutik ‚das Ungesagte' oder ‚Unsagbare' das der soziale Diskurs verschweigt und das sich allein auf dessen latenter Sinnebene darstellt.

Wenn die Tiefenhermeneutik die Welt als eine Bühne begreift, auf der Individuen in Interaktion mit anderen bewusste und unbewusste Lebensentwürfe inszenieren, dann ist damit etwas anderes gemeint als in Erving Goffmans (1969) Alltagssoziologie. Denn dessen Theatermetaphorik erhellt, wie eine soziale Rolle auf einer Hinterbühne geprobt und auf der Vorderbühne vor einem Publikum gespielt wird. Während es Goffman darum geht, wie Individuen eine soziale Welt konstruieren, indem sie „tiefere Gefühle" unterdrücken, sich über ihre Differenzen hinwegsetzen und einen Konsens auf der Grundlage ‚gemeinsam verteidigter Werte' herstellen (S. 13), erschließt die Tiefenhermeneutik anhand der im Datenmaterial zutage tretenden Inkonsistenzen die Doppelbödigkeit sozialen Handelns: Die Subjekte verständigen sich miteinander den geltenden Regeln entsprechend, leiden jedoch unter dem Zwang zur Unterdrückung sozial anstößiger Lebensentwürfe. Oder sie interagieren den herrschenden Verhältnissen entsprechend, begehren aber aufgrund sozial unerwünschter Lebensentwürfe dagegen auf – ein innerer Widerstand, der unter Umständen in den Wunsch nach sozialer Veränderung mündet.

Zwar teilt die Tiefenhermeneutik mit der objektiven Hermeneutik die methodologische Unterscheidung zwischen einem manifesten und einem latenten Sinn des Textes. Doch aufgrund der soziologischen Perspektivierung ist Ulrich Oevermann u. a. (1979) der manifeste Sinn relativ gleichgültig, weil er gemäß der objektiven Hermeneutik nur eine subjektive Variante des latenten Sinns darstellt, mit dem in diesem Ansatz etwas gesellschaftlich Allgemeines gemeint ist. Als latent werden die sogenannten „objektiven Bedeutungsstrukturen" (ebd., S. 353) betrachtet, welche die Regelgeleitetheit sozialen Handelns erklären sollen. Dagegen geht es der Tiefenhermeneutik aufgrund ihrer sozialpsychologischen Methodologie um die individuelle Verarbeitung gesellschaftlicher Widersprüche und die subjektive Konstruktion sozialer Welten. Erst im Zuge einer sozialisationstheoretischen Reflexion der szenischen Rekonstruktion wird ausgelotet, in welcher Weise die Analyse der Subjektivität etwas gesellschaftlich Allgemeines widerspiegelt. Wenn die Fallrekonstruktion im Zuge des sozialisationstheoretischen Begreifens eingehender im sozialen und kulturellen Kontext verortet werden soll, liegt es nahe, die Tiefenhermeneutik mit dem kultursoziologischen Forschungsansatz von Pierre Bourdieu[1] zu triangulieren, dessen Analyse des Habitus sich rekonstruktiv-hermeneutisch wenden lässt (Bremer und Teiwes-Kügler, 2013). Denn wie die Psychoanalyse davon ausgeht, dass die Subjekte unter der Verdrängung unbewältigter biographischer Erfahrungen leiden, so zielt die von Bourdieu (1987) so

---

[1] Vergleiche zu den folgenden Ausführungen auch Vera King (2014).

bezeichnete Sozioanalyse auf eine „Psychoanalyse des Sozialen" (ebd., S. 31), die „das in der sozialen Welt Zensierte, Verdrängte" aufdeckt (Bourdieu 1993, S. 22). Während der manifeste Sinn sozialer Praxis seines Erachtens dadurch bestimmt wird, dass die Individuen in ihrem Alltag gesellschaftliche Herrschaftsverhältnisse verleugnen, reproduziert sich die soziale Ungleichheit auf einer latenten Sinnebene durch unbewusst ablaufende Anpassungsmechanismen.

3   Methodische Verfahrensweise

Wer die Tiefenhermeneutik als Forschungsmethode einsetzt, muss eine Reihe von Regeln befolgen, die ich an anderer Stelle (König 2019a) eingehend beschrieben habe. Wichtige Grundregeln lassen sich stichwortartig folgendermaßen umreißen:

(1) Die Analyse geht von der Wirkung natürlicher Protokolle (bspw. narratives Interview, Gruppendiskussion, teilnehmende Beobachtung) und kultureller Objektivationen (Literatur, Film, Malerei u. a.) auf das eigene Erleben aus, um die in sozialen Interaktionen objektivierte Lebenspraxis in ihrer sinnlich-bildhaften Konkretheit zu erfassen.

(2) Da die sich im Datenmaterial darstellende Lebenspraxis in ihrer sinnlich-bildhaften Dramatik nacherlebt wird, wird sie in ihrer Doppelbödigkeit zugänglich. Denn die Bedeutung sozialer Interaktionen entfaltet sich in der Spannung zwischen einem *manifesten* und einem *latenten Sinn*. Während der manifeste Sinn des Interagierens Niederschlag bewusster Lebensentwürfe ist, über die sich die Akteure miteinander verständigen, inszenieren sich auf der latenten Bedeutungsebene sozial anstößige Lebensentwürfe. Hierbei handelt es sich um noch niemals bewusst gewordene Lebensentwürfe oder um verdrängte Lebensentwürfe, die aufgrund ihrer Unvereinbarkeit mit der kulturellen Moral wieder sprachlos geworden sind.

(3) Das dem kognitiven Verstehen zugrunde liegende affektive Verstehen des Datenmaterials lässt sich mit Hilfe der von Freud (1999d) so bezeichneten Regeln der *freien Assoziation* und der *gleichschwebenden Aufmerksamkeit* für den Interpretationsprozess nutzbar machen.

(4) Inkonsistenzen und Widersprüche im Datenmaterial lösen *Irritationen* (Lorenzer 1990) aus, die einen hinter dem manifesten Sinn verborgenen latenten Sinn zugänglich machen.

(5) Zwar eröffnet das szenische Interpretieren einen Pfad zum latenten Sinn des Datenmaterials. Jedoch erschließt erst eine *Gruppeninterpretation* (König 2019a, S. 38 ff.) unterschiedliche emotionale Reaktionen und verschiedene Lesarten, aus denen sich eine Deutung konstruieren lässt, welche die Einzigartigkeit des Datenmaterials in der Spannung zwischen einer Reihe von manifesten und latenten Bedeutungsfacetten erfasst.

(6) Das sich der Umgangssprache bedienende *szenische Verstehen* stellt das erste Feld der tiefenhermeneutischen Fallrekonstruktion dar. Das *theoretische Begreifen* der Interpretation bildet dagegen das zweite Feld der psychoanalytischen Kulturforschung, im Zuge derer das Neue, das durch die Interpretation entdeckt wurde, typisiert und auf der Basis einer sozialen und historischen Kontextualisierung verallgemeinert wird.

Die Tiefenhermeneutik untersucht, wie Verständigungsprozesse durch *symbolische Interaktion* ermöglicht oder durch *symptomatische Interaktion* blockiert werden. Das verdeutlichen zwei Anwendungsformen: Vermittels der Tiefenhermeneutik lässt sich rekonstruieren, dass kulturelle Objektivationen wie Literatur, Filme oder politische Reden die Adressaten aufklären oder manipulativ vereinnahmen (König 2019b): Entweder werden bislang unbewusste Lebensentwürfe öffentlich zur Debatte gestellt, um herrschende Verhältnisse infrage zu stellen; oder es werden in der Tiefe unbewussten Erlebens wirksame Ängste oder aggressive Impulse aufgegriffen, um das Publikum für Vorurteile oder eine den *status quo* rechtfertigende Weltanschauung einzunehmen. Die tiefenhermeneutische Biografieforschung (J. König u. a. 2019) erfasst, wie Lebensgeschichte bewusst und unbewusst verarbeitet wird: Kreative Wandlungsprozesse (Schütze 2001) beruhen auf einem symbolischen Interagieren, bei dem das Individuum eine Krise durch Selbstreflexion und durch eine schöpferische Regression auf unbewusste Lebensentwürfe produktiv löst. Verlaufskurven des Leidens (Schütze 1994) basieren hingegen auf einem symptomatischen Agieren, bei dem eine Krise das Auftauchen verdrängter Lebensentwürfe provoziert (Angst, Ohnmacht, Wut), die sich hinter dem Rücken der bewussten Selbstverfügung blind durchsetzen.

4 Skizzierung einer exemplarischen Umsetzung

Ein konkretes Beispiel, wie man mit der Tiefenhermeneutik Datenmaterial auswertet, stellt die szenische Rekonstruktion eines Fernsehinterviews mit Alexander Gauland dar (König 2020). Den Anlass dazu bildete die in der öffentlichen Diskussion viel erörterte Frage, ob es sinnvoll sei, mit Rechtspopulisten im öffentlich-rechtlichen Fernsehen zu reden. Aus diesem Grunde habe ich das von Tina Hassel am 15. September 2019 geführte Sommerinterview der ARD analysiert, um herauszufinden, ob eine solche Sendung eine aufklärerische Funktion hat oder ob Gauland damit eine Bühne für die Verbreitung rechtspopulistischer Überzeugungen zur Verfügung gestellt wird.

Was die tiefenhermeneutische Rekonstruktion ergeben hat, lässt sich anhand der Analyse eines Wortwechsels aus dem Fernsehinterview illustrieren: Tina Hassel (2019) fragt unter anderem, ob nicht Gaulands Satz „problematisch" sei, dass „Hitler und die Nazis […] ein Vogelschiss über 1000 Jahre erfolgreicher deutscher Geschichte" seien (Abschnitt/AS 10):

Also liebe Frau Hassel, ich hätte nicht gedacht, dass Sie das wieder anfangen. Denn ich habe mich zehnmal für diese Geschichte mit dem Vogelschiss entschuldigt. […] Da kann man nicht immer wieder mit derselben Sache kommen, für die ich mich entschuldigt habe (ebd.).

Gauland reagiert empört, weil er auf eine Bemerkung angesprochen wird, für die er sich längst entschuldigt habe. Er fährt fort, „niemals gemeint" zu haben, „dass das, was die Nazis gemacht haben, ein Vogelschiss ist", vielmehr habe er allein „die zeitliche Abfolge gemeint". Denn er habe ja auch von seinem Respekt vor „deutsch-jüdischen Traditionen" gesprochen und „am Ende gesagt: Hitler wäre es fast gelungen, das alles zu zerstören" (ebd.).

Die Fernsehmoderatorin stellt Gaulands Erwiderung nicht infrage, sondern kommt ihm durch die Antwort entgegen: „Das ist gut, dass Sie es noch einmal sagen" (ebd., AS 13). Durch ihr Lob übergeht sie, dass Gaulands Antwort den irritierenden Satz über den „Vogelschiss" aus dem Kontext der Rede löst, die er am 2. Juni 2018 beim Bundes-kongress der AfD-Nachwuchsorganisation *Junge Alternative* gehalten hat: Diese Rede eröffnete er nämlich mit den Worten, dass „wir […] eine ruhmreiche Geschichte" hinter uns hätten, „die länger dauerte als 12 Jahre" (Gauland 2018, AS 1). Unsere „1000-jährige Geschichte" (ebd., AS 2) sei „eine deutsche Heldengeschichte" (ebd., AS 3), in der Hitler und die Nazis „nur ein Vogelschiss" gewesen seien (ebd., AS 2).

Zweifellos will Gauland im Interview über den Vergleich der nationalsozialistischen Verbrechen mit einem ‚Vogelschiss' durch den Vergleich der Zeit des Dritten Reiches mit der Dauer der deutschen Geschichte hinwegtäuschen. Doch die Irritation, dass er Unvergleichbares vergleicht, lenkt die Aufmerksamkeit darauf, dass in dem zusammen-gesetzten Nomen das Grundwort ‚Schiss' oder ‚Scheiße' enthalten ist. Diese Wort-wahl legt nahe, dass es Gauland um die trotzige Vorstellung geht, die Deutschen hätten eben mit der Ermordung von sechs Millionen Juden ‚Scheiße gebaut'. Darüber hinaus suggeriert die Rede vom „Vogelschiss", dass nicht das deutsche Volk, sondern ein Vogel für die nationalsozialistischen Verbrechen verantwortlich sei. So wird das durch die Vernunft geleitete Nachdenken über die deutsche Geschichte durch einen magischen Umgang mit ihr ersetzt. Denn in der durch Gauland verhexten Sprache brauchen sich die Deutschen wegen der nationalsozialistischen Verbrechen nicht mehr zu schämen, weil diese Taten einem durch einen Vogel verkörperten bösen Geist angelastet werden, der aus seiner Kloake Hitler und die Nazis zur Geburt gebracht habe.

Damit lässt sich bestimmen, wie sich die Bedeutung von Gaulands Satz in der Spannung zwischen einem manifesten und einem latenten Sinn entfaltet: Der manifeste Sinn seiner Entschuldigung besteht in der Erklärung, dass er doch nur sagen wollte, die zwölf Jahre des Dritten Reiches seien nichts im Vergleich zur großartigen Geschichte der Deutschen gewesen. So verbannt er auf die latente Bedeutungsebene seiner Selbstrecht-fertigung den aggressiven Impuls, die vom deutschen Volk zu verantwortenden Kriegs-verbrechen und den Mord an sechs Millionen Juden zu relativieren, Geschehnisse, die einen monströsen Rückfall der deutschen Zivilisation in die Barbarei darstellen. Die von ihm zum Ausdruck gebrachte Hochachtung vor deutschen Juden (das Manifeste) offenbart eine Heuchelei, die dazu dient, die kollektive Schuld des deutschen Volkes am Völkermord an den europäischen Juden zu verleugnen und zu verdrängen (das Latente), um dagegen einen patriotischen Stolz auf die Geschichte ‚deutschen Heldentums' zu setzen.

Sozialisationstheoretisch heißt das Folgendes: Im Sommerinterview der ARD passt Gauland sich chamäleonartig an die Erwartungen eines bürgerlichen Fernsehpublikums an. Zweifellos sind die Bemühungen der Fernsehmoderatorin, ihn mit einer sozial anstößigen Äußerung zu konfrontieren, Ausdruck einer symbolischen Interaktion. Aber wie vernünftig ihre Frage auch erscheint, Gauland verwickelt sie in eine mit störenden Affekten einhergehende symptomatische Interaktion, der sie nicht gewachsen ist. Symptomatisch wird sein Interagieren dadurch, dass er sich im Gespräch mit der Moderatorin einer Reihe von Abwehrmechanismen bedient, mit deren Hilfe er bestimmte Affekte unterdrückt oder verschiebt, deplatzierte Affekte wiederum provoziert: Als Tina Hassel ihn mit dem Tabubruch konfrontiert, den Nationalsozialismus als „Vogelschiss" bezeichnet zu haben, redet Gauland von einem „Missverständnis" und von seiner „Hochachtung" vor der „deutsch-jüdischen Tradition". So *verleugnet* er, dass er die Verantwortung des deutschen Volkes für die nationalsozialistischen Verbrechen so zu *verdrängen* und zu *entwirklichen* sucht, wie es Alexander und Margarethe Mitscherlich (1967) als typisch für die Nachkriegszeit in der *Unfähigkeit zu trauern* beschrieben haben. Und wenn Gauland implizit zum Ausdruck bringt, von der Fernsehmoderatorin enttäuscht zu sein, weil sie ihn in einer moralisch verwerflichen Weise nach etwas frage, wofür er sich wiederholt entschuldigt habe, dann stellt er sich als Opfer ihrer Vorhaltungen dar. Derart greift er auf den Abwehrmechanismus der *Identifizierung mit dem Opfer* zurück, obwohl er Partei für die Täter der Shoah ergreift. So *projiziert* Gauland auf Tina Hassel die Verantwortung für das sozial Anstößige, das in seinen bösartigen Angriffen zum Ausdruck kommt. Die Interviewsituation *verkehrt* sich damit *in ihr Gegenteil:* Nicht Gauland muss sich für einen Tabubruch rechtfertigen, vielmehr wird der Moderatorin vorgehalten, dass ihre Frage ‚geschmacklos' sei.

Die Analyse dieser Szenenfolge zeigt beispielhaft, wie das Fernsehinterview mit Gauland scheitert. Dieses Format könnte nur im Rahmen einer ‚rational' geführten Diskussion funktionieren, die „Ausdruck und Entfaltung unabhängigen Denkens" wäre (Marcuse 1965, S. 104). In diesem Fall würde sich der interviewte Politiker aufgrund der Überzeugungskraft von Argumenten an die Vernunft der Moderatorin und des Fernsehpublikums wenden. Von einer solchen symbolischen Interaktion kann im vorliegenden Fall keine Rede sein. Denn Gauland spielt den Wolf im Schafspelz, der das Fernsehpublikum in eine symptomatische Interaktion verwickelt, indem er die nationalsozialistischen Verbrechen im Zuge einer magischen Beschwörung einem bösen Geist anlastet, der in einen Vogel gefahren sei. Und mit Kreide in der Stimme beschwert er sich darüber, erneut zum Opfer unfairer Angriffe zu werden, obgleich er sich auf die Seite der Täter stellt und die Opfer des Nationalsozialismus verhöhnt („Vogelschiss").

Die szenische Rekonstruktion des Interviews zeigt, dass es problematisch ist, einem Rechtspopulisten wie Gauland durch ein Fernsehinterview eine Bühne zur Verfügung zu stellen, auf der er sich von der skrupellosen Parteinahme für die Täter zum unschuldigen Opfer stilisiert. Wenn man einem Rechtspopulisten dieselbe Meinungsfreiheit einräumt wie einem Konservativen oder einem Linken, die ihre politischen Programme auf der Basis der demokratischen Verfassung entwickeln, dann kann man mit Herbert Marcuse (1965) von einer „repressiven Toleranz" sprechen (S. 91), „die […] aggressiven ebenso wie pazifistischen Bewegungen, der Partei des Hasses ebenso wie der der Menschlichkeit" gewährt wird (ebd., S. 97). Eine solche „repressive Toleranz" läuft aber darauf hinaus, „dass bei Debatten in den Massenmedien die dumme Meinung mit demselben Respekt behandelt wird wie die intelligente" (ebd., S. 105).

5   Fazit

Die Tiefenhermeneutik stellt eine kulturpsychologische Methode dar, mit der sich die Doppelbödigkeit sozialer Interaktionen rekonstruieren lässt. Wo die Soziologie oftmals subjektive Prozesse ausblendet oder sie zu unmittelbar aus der sozialen Struktur ableitet und die Psychologie die von ihr untersuchten Subjekte häufig aus dem gesellschaftlichen Kontext herauslöst, der sie hervorgebracht hat, analysiert die Tiefenhermeneutik die individuelle Verarbeitung von sozialen Konflikten und Gewaltverhältnissen in bewussten und unbewussten Erfahrungen der Individuen. Zugleich wird untersucht, wie Subjekte soziale Welten konstruieren, sich an gesellschaftliche Herrschaftsverhältnisse anpassen, sich widersetzen oder sie zu verändern suchen.

Literatur

Adorno, T. W., Frenkel-Brunswik, E., Levinson, D. J., & Sanford, R. N. (1950). *The authoritarian personality. Studies in prejudice.* (hrg. V. M. Horkheimer & S. H. Flowerman). New York, NY: Harper.

Adorno, T. W. (1969a). Einleitung zum ‚Positivismusstreit in der deutschen Soziologie'. In *Gesammelte Schriften, Bd. 8* (S. 280–353). Frankfurt/Main: Suhrkamp.

Adorno, T. W. (1969b). Gesellschaftstheorie und empirische Forschung. In *Gesammelte Schriften, Bd. 8,* (S. 538–546). Frankfurt/Main: Suhrkamp.

Belgrad, J., Görlich, B., König, H.-D., & Schmid Noerr, G. (Hrsg.) (1987). *Zur Idee einer psychoanalytischen Sozialforschung. Dimensionen szenischen Verstehens.* Frankfurt/Main: Fischer.

Bremer, H., & Teiwes-Kügler, C. (2013). Habitusanalyse als Habitus-Hermeneutik. *ZQF – Zeitschrift für qualitative Forschung, 14*(2), 199–219.

Bourdieu, P. (1987). *Die feinen Unterschiede. Kritik der gesellschaftlichen Urteilskraft.* Frankfurt/Main: Suhrkamp (Original: 1979).

Bourdieu, P. (1993). *Soziologische Fragen.* Frankfurt/Main: Suhrkamp (Original: 1980).

Freud, S. (1999a). Das Unbehagen in der Kultur. In *Gesammelte Werke, Bd. XIV* (S. 421–506). Frankfurt/Main: Fischer (Original: 1930).

Freud, S. (1999b). Die ‚kulturelle' Sexualmoral und die moderne Nervosität. In *Gesammelte Werke, Bd. VII* (S. 143–167). Frankfurt/Main: Fischer (Original: 1908).

Freud, S. (1999c). Massenpsychologie und Ich-Analyse. In *Gesammelte Werke, Bd. XIII* (S. 73–161). Frankfurt/Main: Fischer (Original: 1921).

Freud, S. (1999d). Ratschläge für den Arzt bei der psychoanalytischen Behandlung. In *Gesammelte Werke, Bd. VIII* (S. 376–387). Frankfurt/Main: Fischer (Original: 1912).

Fromm, E. (1983). *Arbeiter und Angestellte am Vorabend des Dritten Reiches. Eine sozialpsychologische Untersuchung.* Stuttgart: dtv (Original: 1929).

Fromm, E. (1936). Sozialpsychologischer Teil. In M. Horkheimer (Hrsg.), *Studien über Autorität und Familie. Forschungsberichte aus dem Institut für Sozialforschung*, 2 Bde. (S. 77–135). Paris: Alcan.

Gauland, A. (2018). Rede beim Kongress der Jungen Alternative am 2. Juni. AfD. Fraktion im Deutschen Bundestag. URL: https://www.afdbundestag.de/wortlaut-der-umstrittenen-passage-der-rede-von-alexander-gauland/

Geertz, C. (1983). *Dichte Beschreibung. Beiträge zum Verstehen kultureller Systeme.* Frankfurt/Main: Suhrkamp.

Goffman, E. (1969). *Wir alle spielen Theater. Die Selbstdarstellung im Alltag.* München: Piper (Original: 1959).

Habermas, J. (1973). *Erkenntnis und Interesse.* Frankfurt/Main: Suhrkamp (Original: 1968).

Hassel, T. (2019). ARD-Sommerinterview mit dem AfD-Vorsitzenden Alexander Gauland. 15. September. URL: https://blog.ard-hauptstadtstudio.de/video-595149/

Horkheimer, M. (1988). Geschichte und Psychologie. In *Gesammelte Schriften, Bd. 3* (S. 48–69). Frankfurt/Main: Fischer (Original: 1932).

King, V. (2014). Pierre Bourdieu als Analytiker des Sozialen. Methodologische und konzeptionelle Bezüge zur Psychoanalyse sowie sozialpsychologische Perspektiven im Werk Bourdieus. *Sozialer Sinn, 15*(1), 3–28.

König, H.-D. (2000). Tiefenhermeneutik. In U. Flick, E. v. Kardoff & I. Steinke (Hrsg.), *Qualitative Forschung: Ein Handbuch* (S. 556–569). Reinbek bei Hamburg: Rowohlt.

König, H.-D. (2001). Tiefenhermeneutik als Methode psychoanalytischer Kulturforschung. In H. Appelsmeyer & E. Billmann-Mahecha (Hrsg.), *Kulturwissenschaft.* (S. 168–194). Köln: Velbrück.

König, H.-D. (2019a). Dichte Interpretation. Zur Methodologie und Methode der Tiefenhermeneutik. In J. König, N. Burgermeister, M. Brunner, P. Berg & H.-D. König (Hrsg.), *Dichte Interpretation. Tiefenhermeneutik als Methode qualitativer Forschung* (S. 13–86). Wiesbaden: Springer VS.

König, H.-D. (2019b). *Die Welt als Bühne mit doppeltem Boden. Tiefenhermeneutische Rekonstruktion kultureller Inszenierungen.* Wiesbaden: Springer VS.

König, H.-D. (2020). Der Wolf im Schafspelz. Tiefenhermeneutische Rekonstruktion von Gaulands Selbstinszenierung im ARD-Sommerinterview mit Tina Hassel. *Freie Assoziation, 23*(1–2), 47–66.

König, H.-D. (2022). *Macht und Magie. Tiefenhermeneutische Rekonstruktion nationalsozialistischer, neokonservativer und rechtspopulistischer Inszenierungen in Deutschland.* Wiesbaden: Springer VS.

König, J., Burgermeister, N., Brunner, M., Berg, P., & König, H.-D. (2019). *Dichte Interpretation. Tiefenhermeneutik als Methode qualitativer Forschung.* Wiesbaden: Springer VS.

König, H.-D., König, J., Lohl, J., & Winter, S. (2020). *Alfred Lorenzer zur Einführung.* Opladen & Toronto: utb.

Löwenthal, L. (1949). Falsche Propheten. Studien zur faschistischen Agitation. In *Schriften, Bd. 3* (S. 11–159). Frankfurt/Main: Suhrkamp.

Lorenzer, A. (1970). *Sprachzerstörung und Rekonstruktion.* Frankfurt/Main: Suhrkamp.

Lorenzer, A. (1972). *Zur Begründung einer materialistischen Sozialisationstheorie.* Frankfurt/
Main: Suhrkamp.

Lorenzer, A. (1974). *Die Wahrheit der psychoanalytischen Erkenntnis. Ein historisch-
materialistischer Entwurf.* Frankfurt/Main: Suhrkamp.

Lorenzer, A. (1986). Tiefenhermeneutische Kulturanalyse. In H.-D. König, A. Lorenzer et. al.
(Hrsg.), *Kultur-Analysen. Psychoanalytische Studien zur Kultur* (S. 11–98). Frankfurt/Main:
Fischer.

Lorenzer, A. (1990). Verführung zur *Selbstpreisgabe* – psychoanalytisch-tiefenhermeneutische
Analyse des Gedichtes von Rudolf Alexander Schröder. *Kulturanalysen, 2,* 261–277.

Marcuse, H. (1965). Repressive Toleranz. In R. W. Wolff, B. Moore & H. Marcuse (Hrsg.), *Kritik
der reinen Toleranz* (S. 91–128). Frankfurt/Main: Suhrkamp.

Mitscherlich, A., & Mitscherlich, M. (1967). *Die Unfähigkeit zu trauern. Grundlagen kollektiven
Verhaltens.* München: Piper.

Oevermann, U. Allert, T., Konau, E., & Krambeck, J. (1979). Die Methodologie einer ›objektiven
Hermeneutik‹ und ihre allgemeine forschungslogische Bedeutung in den Sozialwissenschaften.
In H.-G. Soeffner (Hrsg.), *Interpretative Verfahren in den Sozial- und Textwissenschaften*
(S. 352–433). Stuttgart: Metzler.

Schütze, F. (1995). Verlaufskurven des Erleidens als Forschungsgegenstand der interpretativen
Soziologie. In H.-H. Krüger & W. Marotzki (Hrsg.), *Erziehungswissenschaftliche Biographieforschung* (S. 116–157). Opladen. Leske + Budrich.

Schütze, F. (2001). Ein biografieanalytischer Beitrag zum Verständnis von kreativen Veränderungs-
prozessen. Die Kategorie der Wandlung. In R. Burkholz, C. Gärtner & F. Zehentreiter (Hrsg.),
Materialität des Geistes. Zur Sache Kultur – im Diskurs mit Ulrich Oevermann (S. 137–162).
Weilerswist: Velbrück.

Wittgenstein, L. (1971). *Philosophische Untersuchungen.* Frankfurt/Main: Suhrkamp (Original:
1958).

Beschreibung als Gegenstandsbildung: Die morphologische Methode

Herbert Fitzek

Zusammenfassung

Die morphologische Kulturpsychologie ist auf der Grundlage von Goethes Wissenschaftsverständnis entstanden, demzufolge das Wirken der Natur am passendsten durch eine Gestalt- und Verwandlungslehre abzubilden sei. Diese nicht statisch, sondern selbst als Bildungsgeschehen zu entwerfen, sei Aufgabe einer Morphologie. Als naturgemäße Methode ist auch die psychologische Morphologie konzipiert. Ihr Vorgehen folgt den Formenbildungen (Wirkungseinheiten) des Erlebens und Verhaltens, ihre Methode ist selbst dynamisch verfasst – als ‚Gegenstandsbildung' über vier Versionen einer beschreibenden Rekonstruktion. Dabei geht die morphologische Beschreibung nicht vom psychischen Geschehen beim Einzelmenschen aus, sondern thematisiert das individuenübergreifende Profil der menschlichen Lebenswelt in den Epochen der Kulturgeschichte genauso wie in konkreten Alltags-, Marken- oder Organisationskulturen.

Schlüsselwörter

Wilhelm Salber · Psychologische Morphologie · Kulturpsychologie · Gegenstandsbildung · Morphologische Beschreibung

H. Fitzek (✉)
BSP Business and Law School Berlin, Berlin, Deutschland
E-Mail: herbert.fitzek@businessschool-berlin.de

© Der/die Autor(en), exklusiv lizenziert an Springer Fachmedien Wiesbaden GmbH, ein Teil von Springer Nature 2022
U. Wolfradt et al. (Hrsg.), *Kulturpsychologie*,
https://doi.org/10.1007/978-3-658-37918-6_24

1   Einleitung

Im Jahr 1817 führte Johann Wolfgang von Goethe in seinen *Schriften zur Morphologie* eine neue Wissenschaft ein, die nicht dem Gegenstand nach neu ansetzt, sondern hinsichtlich ihrer Methode (Goethe 1987). Gestaltlehren gab es auch zuvor schon; Goethe bestimmte die Morphologie demgegenüber als Verwandlungslehre (Goethe 1987, S. 349), die scheinbar statisch Gegebenes als Entwicklung erfasst (Pflanzen als Metamorphose, Knochen als Wirbel, Farben als Brechungen). Das war im Zeitalter ruhender Systeme neu und unerhört: „Wollen wir also eine Morphologie einleiten, so dürfen wir nicht von Gestalt sprechen; sondern, wenn wir das Wort brauchen, uns allenfalls dabei nur die Idee, den Begriff oder ein in der Erfahrung nur für den Augenblick Festgehaltenes denken" (Goethe 1987, S. 392). Verwandlungen zu beschreiben, war nicht nur vom Theorieansatz neu, sondern erforderte zudem eine dynamische Methode: „Das Gebildete wird sogleich wieder umgebildet, und wir haben uns, wenn wir einigermaßen zum lebendigen Anschaun der Natur gelangen wollen, selbst so beweglich und bildsam zu erhalten, nach dem Beispiele mit dem sie uns vorgeht" (ebd.).

Ein Entwicklungskonzept suchte Wilhelm Salber (1928–2016) in der Mitte des letzten Jahrhunderts auch für die Psychologie. Ihm schienen die schematischen und funktionalen Modelle der akademischen Psychologie nicht der psychischen Wirklichkeit gerecht zu werden. Eine psychologische Morphologie würde psychisches Geschehen als Verwandlungsgeschehen begreifen können und sich selbst als Methode, die ihren Gegenstand aus der Beschreibung der natürlichen Einheiten des Erlebens und Verhaltens hervorbringt – als „Gegenstandsbildung" (Salber 1988, S. 5). Die Sprache der psychologischen Morphologie handelt nicht vom Individuum und seinen Funktionen, sondern von der „Selbstbehandlung des Seelischen" als Entwicklungsprozess (Salber 1993, S. 8). Das Erleben und Verhalten bildet seine Gegenstände im Vollzug: die psychologische Morphologie bildet sie (naturgemäß) von Fall zu Fall über beschreibende und rekonstruierende Tätigkeiten nach (Salber 1988, S. 8, siehe Kap. Die morphologische Perspektive).

Die Gegenstandsbildung kennzeichnet das methodische Vorgehen der psychologischen Morphologie in mehrfachem Sinne:

- Gegenstandsbildung markiert die Herausbildung eines Untersuchungsgegenstandes über Fragen und Fragestellungen
- Gegenstandsbildung kennzeichnet das Modellieren einer Falldarstellung über vier Versionen der morphologischen Beschreibung
- Gegenstandsbildung spiegelt den fallspezifischen Problemkern im Medium eines historisch gebildeten Narrativs (Märchenanalogie)
- Gegenstandsbildung entdeckt die Falldynamik im fortwährenden psychologischen Untersuchungsvollzug des Befragens

2 Aspekte der Gegenstandsbildung

2.1 Gegenstandsbildung beginnt mit dem Stellen von Fragen

Morphologische Kulturpsychologie orientiert sich am vorwissenschaftlichen Interesse der Menschen an ihrer Lebenswelt: Was bringt die Leute am Morgen in den Tag? Was ist die Seele der Dinge? Was bedeutet Digitalisierung in der Arbeitswelt? Warum fesseln Filme? Wie bestimmt die Kultur die Menschen heute? Fragen zu stellen, ist der Beginn der Bildung von Gegenständen. Die Fragen im Alltag rühren von einer unstillbaren Suche nach Selbstvergewisserung und Selbstkorrektur (Selbstbehandlung des Seelischen), für die auch die Wissenschaft nach Antworten sucht. Dazu definiert sie einen Untersuchungsrahmen und fokussiert in diesem Rahmen beantwortbare Fragestellungen. Den Rahmen bieten in der morphologischen Kulturpsychologie die natürlichen Erlebenseinheiten im Tageslauf, in Arbeit und Freizeit, in Medien, Moden, Zeiterscheinungen („Wirkungseinheiten"; Salber 2007). In diesem Rahmen werden Fragestellungen fokussiert, die breit genug gefasst sind, um komplexe Sinnzusammenhänge in den Blick zu bringen, und hinreichend zugespitzt, um sie in empirischen Projekten zu eruieren.

2.2 Morphologische Beschreibung und ihre Versionen

Die morphologische Kulturpsychologie beschreibt die epochalen Kulturen der Weltgeschichte im Großen (‚Seelenrevolution', Salber 1993; dazu die Darstellung der Gegenwartskultur im gleichen Buch) wie auch die Vielfalt der verschiedenen Kultivierungsformen der modernen Lebenswelt (‚Wirkungseinheiten', Salber 2007) in analoger Weise. Sie versteht sich im Kern als Entwicklungspsychologie der Kultur und des Alltags (Salber 1987, S. 43). Zu wissenschaftlichen Fragestellungen werden morphologische Untersuchungen, wenn sie an Personen weitergegeben werden, die – im besten Fall – von der Dichte und Originalität ihrer Antworten selbst überrascht werden. Die Formenbildungen des Alltags erschließt die psychologische Morphologie durch die fokussierenden und intensivierenden Techniken von zwei- bis dreistündigen Tiefeninterviews mit einer Reihe von mindestens 5–10 Befragten (Fitzek 2008, S. 322 ff.). Das Befragen hat in jedem Tiefeninterview Entwicklungscharakter, der sich im beschreibenden Umgang mit dem Interviewmaterial fortsetzt. Wesentliche Aussagen werden zunächst für jedes Interview, danach in einem personenübergreifenden Beschreibungstext nach Schwerpunkten und Varianten des Erlebens verdichtet. Die Strukturierung der vereinheitlichenden Beschreibung erfolgt in jeder morphologischen Untersuchung über vier methodische Wendungen („Versionen"), die den Text im Nacheinander gliedern (Fitzek 2008, S. 336 ff.): von der Bestimmung einer „Grundqualität" über die Modellierung eines „Wirkungsraums" und die Fokussierung eines „Verwandlungsmusters" hin zu spezifischen „Lösungstypen" für den Umgang mit dem Muster; als unverzichtbare Wendungen der morphologischen Beschreibung sollen sie an dieser Stelle etwas ausführlicher referiert werden.

2.2.1 Gestaltlogik: Grundqualität

Den Beginn von Beschreibungen macht ein – über stilistische Merkmale wie Ausgangslage, Steigerung, Polarisierung, Gesamtbild dramatisierter – Überblick über den Gesamtcharakter der untersuchten Wirkungseinheit aus. Die Antworten aus den Interviews werden bei allen Fragestellungen unter dem leitenden Gesichtspunkt verdichtet, wie sich Erleben und Verhalten in der Wirkungseinheit „qualifizieren": Was fällt auf? Was reizt? Was macht stutzig? Was weckt Interesse, erscheint bedrohlich, fremd, ist nicht einzuordnen? Grundqualitäten präsentieren die untersuchte Wirkungseinheit über ihren „vorgestaltlichen" Charakter (Fitzek 2008, S. 340). Sie haben anschaulichen Charakter, sind prägnant und lassen zugleich Spielraum dafür, in welche Richtung die Entwicklung gehen kann. Deshalb lesen sich die unter der Grundqualität gefassten einleitenden Passagen einer morphologischen Beschreibung wie ein (entwicklungsträchtiger) Vorentwurf für die weiteren Versionen.

2.2.2 Gestalttransformation: Wirkungsraum

Die Gegenstandsbildung folgt in einer zweiten Version den Grundtendenzen, die an der Wirkungseinheit beobachtbar sind. Wirkungseinheiten sind niemals eindimensional, sondern bewegen sich in einem Spannungsfeld verschiedener Dimensionen von Gestaltbildung, die Vorliebe und Abneigung, Wirken und Widerstreben, Leiden und Nicht-Leiden-Können erkennen lassen. Im sogenannten „Hexagramm" gibt Salber ein Suchraster für das Zusammenspiel grundlegender Dimensionen vor, bei dem sich Tendenzen zum Haben und Halten („Aneignung") vs. Anders-Werden („Umbildung"), zum Wirken und Machen („Einwirkung") vs. Fügen und Strukturieren („Anordnung") sowie zum Wünschen und Wollen („Ausbreitung") vs. Können und Sichern („Ausrüstung") gegenüberstehen (Salber 2007, S. 81 f.). Neben diesem prototypischen Wirkungsraum sind freiere Gruppierungen von Wirkungszügen möglich, die durch den Gegenlauf einer Haupt- und einer Neben-„Figuration" gegliedert sind (Fitzek 2008, S. 291 ff.).

2.2.3 Übergang von der zweiten zur dritten Version: Psychologisierende Fragestellung

Im Wirkungsraum wird deutlich, dass die Selbstbehandlung des Seelischen in jeder Wirkungseinheit aufs Ganze geht und an Grenzen stößt. Das kann zugespitzt werden, indem ihr phänomenales Erscheinungsbild auf das Grundverhältnis von Gestalt und Verwandlung bezogen wird. Dass Gestalt und Verwandlung paradoxerweise zugleich verfolgt werden, sorgt nicht nur für die erlebte Ambivalenz aller Wirkungseinheiten, sondern äußert sich konkret in spezifischen Problemkernen der Formenbildung, z. B.

darin, dass Ganzheiten sich notwendigerweise gliedern, Einheiten sich nur über Entzweiung bewähren, Vielheit die Vorherrschaft einer organisierenden Gesamtheit sucht. Freiheit entsteht auf der Grundlage von Gesetz, Konstanz entwirft sich auf Anders-Werden. Den jeweiligen Problemkern formulieren morphologische Untersuchungen für jede Wirkungseinheit in einer „psychologisierenden Fragestellung": Wie manifestiert sich das Verhältnis von Gestalt und Verwandlung? Wie wird die Unruhe der Formenbildung mit den Tendenzen nach Ausgleich und Sicherung zusammengebracht? In welche Richtung kündigen sich Lösungen an?

2.2.4 Version – Gestaltkonstruktion: Verwandlungsmuster

Spätestens wenn sich aus der Erforschung der Wirkungseinheiten Konsequenzen für praktische Entwicklungsleistungen ergeben sollen (in Kontexten der psychologischen Beratung und des Coachings), ist die Gegenstandsbildung gefordert, die dritte Version der morphologischen Beschreibung auszuführen. Salber hatte die aus der Selbstbehandlung des Seelischen hervorgehenden Grundverhältnisse in den 1980er Jahren nach ausführlicher Beschäftigung mit den Werken Sigmund Freuds mit Kultivierungsleistungen im Großen (Seelenrevolution) wie im Kleinen (Alltagspsychologie) zusammengebracht. Frühere Darstellungen der dritten Version (Salber 2007, S. 30 ff.) werden nun im Hinblick auf charakteristische Kultivierungsmuster vertieft: das Verhältnis von Bindung und Lösung, von Einheit und Vielfalt oder von Konsequenz und Brechung (Salber 1993; Fitzek 2008, S. 295 ff.). Mit der Formulierung des jeweils bestimmenden „Verwandlungsmusters" erreicht die morphologische Beschreibung ihre größte Verdichtung – es schließt sich eine letzte Version an, die am Ende zu konkreten Varianten der Lebensgestaltung zurückkehrt.

2.2.5 Gestaltparadox: Lösungstypen

Die vierte Version beschreibt Lösungstypen für den Umgang mit dem gefundenen Muster. Sie handeln für die erlebte Ambivalenz aller Kultivierungsformen einen Kompromiss aus und legen Schlussfolgerungen und Entwicklungsschritte nahe. Mit den Lösungstypen findet die morphologische Beschreibung – auf höherem Niveau (Versionen als Entwicklungsspirale) – zurück zum Text der Interviews. Dieser gestaltet sich – wie zuvor in Version 1 und 2 – als Zusammenweben markanter Interviewaussagen in der Form eines Zitatenteppichs (Fitzek, 2020, S. 347; wie im folgenden Beispiel).

2.3 Gegenstandsbildung und Märchenbild

Wie in der Tiefenpsychologie üblich, können die Wirkungseinheiten über ihr Kultivierungsmuster in Austausch gebracht werden mit historisch geprägten Narrationen wie Mythen oder Märchen (Salber 1999). Die Morphologie arbeitet vorrangig mit der Märchensammlung der Gebrüder Grimm und folgt dabei strukturellen Zügen der Märchenerzählung, die Salber als Probleme von Formenbildung darstellt wie beispielsweise die Problematik von Wiederholung und Ausbrechen (Hänsel und Gretel), Maßnehmen und Rivalisieren (Schneewittchen) oder Vereinnahmen und Zerstören (Der Wolf und die sieben Geißlein; Salber 1999, S. 71 ff., 76 ff., 92 f.). Die Zuordnung von Wirkungseinheit und (passendem) Märchen geschieht demnach nicht nach den Schicksalen einzelner Märchenfiguren, sondern auf der Grundlage von gemeinsamen Wirkungsräumen und Verwandlungsmustern (Fitzek 2008, S. 355 ff.).

2.4   Gegenstandsbildung und Falldynamik

Ein weiterer mit dem Gedanken der Gegenstandsbildung verbundener Zug lässt sich gleichfalls mit einer methodologischen Komponente der Tiefenpsychologie zusammenbringen. Goethes Idee der Fortsetzung von Gegenstandslogik in einer naturgemäßen Methode gipfelt in der morphologischen Beschreibung darin, die Dynamik des Falls in der Art seiner wissenschaftlichen Behandlung zu spiegeln („Gegenübertragungsproblematik"; Fitzek 2008, S. 363 ff.). Über Erlebensprotokolle, Forschungstagebücher und Supervision verfolgen die Forschenden das Wirken der von ihnen untersuchten Gegenstandsbildung in der Qualifizierung des jeweiligen Forschungsprozesses.

3   Skizzierung einer exemplarischen Umsetzung

Das hier gewählte Beispiel einer Wirkungseinheit stammt aus dem Wirtschaftskontext, in dem die morphologische Kulturpsychologie institutionell verankert ist und zum Forschungsschwerpunkt der BSP Business & Law School – dem Menschen in der digitalen Arbeitswelt – beiträgt. Das Beispiel handelt von Tandemarbeit als einer Wirkungseinheit der Gegenwartskultur.

3.1   Wirtschaftsthemen sind Alltagsthemen

Auch als Wirtschaftspsychologie konstituiert sich die Morphologie über Befragen und Beschreibung des gelebten – und immer ambivalent erlebten – konkreten Alltags. Im Folgenden exemplifiziere ich das methodische Vorgehen der morphologischen Kulturpsychologie entlang der Skizzierung einer Studie zum Thema ‚Tandemarbeit' von Jüly Incel, in der die Versionen der morphologischen Beschreibung auf der Grundlage von acht Tiefeninterviews umgesetzt sind (Incel 2018; wörtliche Zitate sind jeweils dem zugrunde liegenden Interview TI 1–TI 8 zugeordnet). Die Herausbildung einer Fragestellung ist im Fall der Tandemarbeit insofern keineswegs trivial, als es sich dabei weder um eine zwischen zwei Personen geteilte Arbeit noch um einen von zwei Personen gemeinsam erfüllten Auftrag handelt. Tandemarbeit öffnet vielmehr das

Thema Jobsharing für die Perspektive, eine gemeinsame Arbeitsaufgabe so untereinander aufzuteilen, dass das Ergebnis von Einzelarbeit durch Ausnutzen von Synergien
gesteigert wird – wofür das Paar mit besonderem Abstimmungsaufwand rechnen muss.

3.2 Versionen der morphologischen Beschreibung von Tandemarbeit

3.2.1 Tandem: Funktionsbild, nicht Metapher

Für die Sammlung der Aussagen aus den Tiefeninterviews mit Tandemerfahrenen unter
einer Grundqualität sind in diesem Fall keine Formulierungskünste seitens der Unter-
suncherin nötig. Das *Tandem*-Bild bezeichnet Gewinn und Aufwand beim Erwägen
und Verteilen gemeinsamer Lasten und persönlicher Arbeitsanteile schon sehr gut.
Die „Schwächen des Anderen auszugleichen" (TI2), eröffnet die Aussicht auf geteilte
Zufriedenheit: „Keiner ist zur gleichen Zeit niedergeschlagen, wir wissen, wie man
sich dann gegenseitig aufbauen kann" (TI3). Der offene Umgang mit „Stärken und
Schwächen, und Zeigen, wenn es einem mal schlecht geht" (TI7), wird als „als größte
Entlastung empfunden" (TI4) und durch Erfahrungen bestätigt, dass „Sachen ungesagt
verstanden [werden], um instinktiv die Rolle anzunehmen, die gerade gebraucht wird"
(TI7). Wie beim Fahrradtandem sichert das Ausbalancieren sowohl Schubkraft wie auch
Stabilität. Wo die Balance hingegen abhandenkommt, droht die Verdopplung, ein Voran-
kommen zu stoppen: „dass nicht eine Hü sagt und der andere Hott" (TI5).

3.2.2 Wirkungsraum

In Anlehnung an das Suchraster des Hexagramms gliedert die Autorin den Wirkungsraum der Tandemarbeit in Züge von *Aneignung/Umbildung, Einwirkung/Anordnung,
Ausbreitung/Ausrüstung.*

Abweichend von gewohnten Formen der Zusammenarbeit wird das Tandemteam als
unverbrüchliches Miteinander erlebt *(Aneignung):* „Jeder wirtschaftet für jeden" (TI3).
Wenn das „Vertrauen einfach da ist" (TI1), schöpft das Tandem daraus wie eine Einheit im gemeinsamen Gefühl, „immer jemanden zu haben, der weiterhilft" (TI1). Beide
„sprechen mit einer Stimme" (TI4) oder sehen sich gar „zusammen verstoffwechseln"
(TI 3) „wie ein Mensch, nur eben männlich und weiblich" (TI6). Die Nähe ist geradezu
unausweichlich, denn man kommt jeweils „am nächsten Tag wieder, wo man weiß, dass
die Andere da ist" (TI5). Im Paar gleichen sich beide aber nicht nur partnerschaftlich an,
sie entdecken auch an sich selbst Neues *(Umbildung).* Das wird persönlich als befreiend
erlebt. Wenn Kompetenzen und Einsatzbereiche aber zu weit auseinandergehen, geht
zuweilen das „Gefühl abhanden…, dass wir noch eine Einheit sind" (TI1).

Stärke gewinnt das Tandem als „geschlossene Front" (TI6) nach außen *(Einwirkung).*
Das kann bewirken, dass man im Unternehmen „Änderungen viel effektiver durch-
bringen kann und die Kraft hat, etwas zu ändern, als wenn man alleine wäre" (TI4).

Doch läuft der Block Gefahr, sich im Unternehmen zu isolieren und zum Fremdkörper zu werden: „Vielleicht waren wir als Tandem einfach zu stark" für die Außenwelt (TI2). Flexibilität gelingt demgegenüber im internen Zusammenspiel, das es zulässt, den „Ball immer schnell zurückgeben zu können" (TI3) *(Anordnung)*. Allerdings verliert das Tandem durch das blinde Verständnis gelegentlich seine Sichtbarkeit nach außen und gerät in die Lage, nur mehr „unsichtbar zu wirken" (TI1). Ein optimales Verteilen von Stärken und Schwächen führt das Team (im Team) zur „perfekten Zielerreichung" (TI3).

Mit „doppelter Power" wollen beide „den Laden umkrempeln" (TI4) *(Ausbreitung)*. Zugleich fördert der Weg an die Spitze aber auch Leistungsdruck und Konkurrenz untereinander: „Wer macht bessere Arbeit? Wer hat den besseren Draht zum Klienten? Wer ist der bessere Pädagoge?" (TI8). Es kommt zum Kräftemessen und wird zur ernsten Belastung, wenn das Gefühl aufkommt, „da könnte jemand an meinem Stuhl sägen" (TI5). Was vormals Rückhalt gab, wird zur Bürde, wenn zur operativen Arbeit die Last hinzukommt, ein verträgliches Miteinander zu bewerkstelligen *(Ausrüstung)*. Im „Kampf um Struktur und Ausbalancieren der Zweierbeziehung" (TI1) setzt das Paar auf Beziehungsarbeit als Kern der Tandemleistung, die das ganze Unternehmen aber lähmt, wenn es nur noch um das Aushandeln der Partnerschaft geht, „damit es nicht kriselt, wie auch in der Ehe" (TI4).

Die sechs Züge im Hexagramm lassen im Fall der Tandemarbeit ein Muster erkennen, dass auf ein Grundverhältnis der Formenbildung aufmerksam macht, bei dem das Ausbalancieren von Problemen und Lösungen im Vordergrund steht. Denn das im Tandem Mögliche bringt aus sich heraus beständig Probleme hervor, die durch Ausbalancieren in ihr Gegenteil gewendet werden sollen/können. Das ließe sich in der psychologisierenden Frage verdichten, wie das Seelische in dieser Wirkungseinheit das Störungspotenzial von Problemlösungen bewerkstelligt: durch Umwenden von Problemen in Lösungen und Abwenden der sich aus den Lösungen ergebenden (neuen) Probleme. Balance ist nur zu halten im Zustand gesteuerter Beschleunigung (Tandem!).

3.2.3 Verwandlungsmuster

Das Muster, in dem Wirklichkeit hier kultiviert wird, beruht auf der Verkehrbarkeit von Problembehandlung und Lösungsversprechen und bewegt sich zwischen *Balance und Umschwung:* Die Bindung im Team darf nicht zu stark werden, weil beide ansonsten miteinander verkleben. Eine weitgehende Ablösung voneinander hingegen droht dem Team mit Zerfall. Gemeinsame Stärke provoziert das Auffallen im Unternehmen, flexibles Organisieren macht das Tandem als Arbeitseinheit unkenntlich. Persönlicher Erfolg treibt das Paar auseinander, während die Konzentration auf Gemeinsames in lähmende Beziehungsarbeit umschlagen kann. Der paradoxe Charakter des Verwandlungsmusters zeigt sich besonders darin, dass extensives Balancieren selbst zum Problem werden kann: Wie beim (wirklichen) Tandemfahren ist Sicherheit nur durch Beschleunigung zu erreichen – oft bringen Umschwünge mehr als ein verkrampftes Halten der Mitte.

3.2.4 Lösungstypen

Die vierte Version der morphologischen Beschreibung läuft im Fall der Wirkungseinheit Tandemarbeit darauf hinaus, idealtypische Umgangsformen für das Muster von Balance und Umschwung zu finden. Sie bewegen sich zwischen Vermittlungsversuchen und dem Ausnutzen des Spielraums für Aktionen und Gegenaktionen (‚Umschwenken'). Der *Symbiosetyp* setzt auf enge Bindung und feiert die Partnerschaft. Gern werden Sprüche gehört, die auf das Besondere der Partnerschaft anspielen: „Die geilsten Eltern der Welt" (TI8) zu sein, entwickelt Strahlkraft nach innen und außen: „Dadurch sind wir für immer verbunden" (TI2). *Kämpfertypen* reizen hingegen die Spannweite der unterschiedlichen Begabungen aus und bringen sich mal als Gegenpart, mal als Rettungsanker ins Spiel: „Dafür nehme ich dann auch abgefuckte Momente in Kauf" (TI6). *Ausgleichende* üben sich darin, jeder Eskalation durch Abwägung von Für und Wider aus dem Wege zu gehen: „Jede Beziehung kann auch manchmal nicht guttun, das muss man sich dann nur auch eingestehen und merken" (TI4). Der *Vermeidungstyp* sucht mögliche Störungen erst gar nicht aufkommen zu lassen. Man schickt sich darin, für das Team „mit seinem Ego ein bisschen zurück[zu]stehen" (TI1) und weder bei der Partnerin bzw. beim Partner, noch im Unternehmen anzuecken.

3.3   Märchenanalogie: Schneeweißchen und Rosenrot

Ein passendes Märchen aus der Sammlung der Brüder Grimm wurde im Umkreis der Zwillingsmärchen gesucht, bei denen gleichfalls Paare durch Arbeitsteilung eine Reihe von Aufgaben zu erfüllen haben – wie Brüderchen und Schwesterchen, Hänsel und Gretel, Goldmarie und Pechmarie bei Frau Holle. Entscheidend für die Identifizierung des passenden Märchens ist das Verwandlungsmuster, bei der Tandemarbeit das Steuern der Verkehrbarkeit von Problemlösungen durch Balance und Umschwung. Nach Salber (1999, S. 112 ff.) charakterisiert es das Grimmsche Märchen *Schneeweißchen und Rosenrot*. Das Märchen erzählt von einem tüchtigen Zwillingspaar, das sich von guten Mächten beschützt auf eine Reise begibt, die der Lösung von Problemen dienen soll, aber durch jeden Eingriff (neue) Probleme aufwirft. Mehrfach befreit das Geschwisterteam einen undankbaren Zwerg aus verzwickten Situationen, erntet dabei aber jedes Mal seinen Undank. Ein als Bär verzauberter Prinz schlägt den Widerspenstigen am Ende in die Flucht und arrangiert mithilfe seines Bruders eine glückliche Doppelhochzeit mit dem Zwillingspaar (Grimm und Grimm 1999, S. 674 ff.).

Über die unmittelbare Analogie des arbeitsteiligen Zwillingspaares hinaus passt das Märchen zur Tandemarbeit, weil es eine Lösungssuche darstellt, die für haarspalterische Probleme sorgt. Das Märchen passt auch deshalb, weil es als Alternative zur zwanghaften Suche nach vernünftigen Lösungen ein ‚Spielen' mit Annäherungen und Abweichungen zwischen den Partner:innen anbietet, das auch für die Praxis der Tandemarbeit vorbildlich werden kann. Tandemfahrten erfordern neben blindem Zusammenwirken den Mut zur Konfrontation: „Lasst mich am Leben, ihr Kinder: Schneeweißchen, Rosenrot, schlägst dir den Freier tot" (Grimm und Grimm 1999, S. 677).

3.4   Falldynamik ist Untersuchungsdynamik

Die Autorin der Studie entdeckt das spielerische Element von Balance und Umschwung, Zutrauen und Konfrontation auch im Verhältnis zwischen Interviewerin und Befragten:

> Dem offenen Erzählen und Teilen von persönlichen Geschichten und der willkommenen, aufgeschlossenen Atmosphäre standen klare Begrenzungen der Interviewzeit und stringente Erzählstränge entgegen, um ein Ausufern und zu große Nähe wieder auszugleichen, die sich mitunter auch im Umschwenken vom Siezen zum Duzen während des Interviews zeigten, in (allzu) persönlichen Erlebnissen, die in der nächsten Sekunde zur Meta-Ebene übergingen, damit das Nahe wieder gemäßigt wird. Darüber hinaus machte sich die Tendenz zum Ausgleichen bemerkbar, in allem ‚Schlechten' gleich wieder etwas Gutes zu sehen und alles Schiefe wieder auszubalancieren, indem jedem ‚Makel', jeder Schwierigkeit und jeder Belastung schnell entlastende ‚Vorteile' gegenübergestellt wurden (Incel 2018, S. 17f.)

4   Fazit

Die morphologische Beschreibung steht als hermeneutisch geprägte Methode zwischen den Auflagen strenger Systematik (Prinzip der Gegenstandsbildung, Entwicklungslogik der vier Versionen, Validierung über Märchenanalogie und Falldynamik) und dem Selbstverständnis einer kunstanalogen Methodik (Alltagsnähe, Primat des Verstehens, Modellierung eines passenden Gesamtbildes). Der Prozess der Gegenstandsbildung erfordert eine Vertrautheit mit den Gesetzen der Formenbildung, die sich (nur) über die Kenntnis grundlegender Theoriekonzepte (Gestaltpsychologie, Tiefenpsychologie, phänomenologische Orientierung) und die praktische Einübung in die Vielfalt der Lebenswirklichkeiten (Alltag, Kunst, Medien) gewinnen lässt. Das bezeichnet die eigenwillige Position der morphologischen Methodik innerhalb qualitativer Ansätze der Kulturpsychologie, deren Kern der im Jahr 2016 verstorbene Wilhelm Salber selbstbewusst und provokativ in der Formel verdichtet hat, die psychologische Morphologie sei vor allem eines: „entschieden psychologisch!" (Blothner und Endres 1993; Fitzek 2019).

Literatur

Blothner, D., & Endres, N. (Hrsg.). (1993). *Entschieden Psychologisch. Festschrift für Wilhelm Salber.* Bonn: Bouvier.

Fitzek, H. (2008). *Inhalt und Form von Ausdrucksbildungen als Zugangswege zur seelischen Wirklichkeit. Ein Vergleich von Inhaltsanalyse und Morphologie als Methodenkonzepten der qualitativen Sozialforschung.* Lengerich: Pabst.

Fitzek, H. (2019). „Entschieden Psychologisch" – Die Morphologie des Wilhelm Salber. In H. Stubbe (Hrsg.), *100 Jahre Psychologie an der Universität Köln. Eine Festschrift* (S. 95–117). Lengerich: Pabst.

Fitzek, H. (2020). Morphologische Beschreibung. In G. Mey & K. Mruck (Hrsg.), *Handbuch Qualitative Forschung in der Psychologie, Bd. 2, Designs und Verfahren* (S. 711–729). Wiesbaden: Springer.

Goethe, J. W. v. (1987). Schriften zur Morphologie. In *Sämtliche Werke, Briefe, Tagebücher und Gespräche*. Bd. I.24 (Leopoldina-Ausgabe). Frankfurt/Main: Deutscher Klassiker Verlag (Original: 1817).

Grimm, J., & Grimm, W. (1999). *Kinder- und Hausmärchen. Vollständige Ausgabe. Mit 184 Illustrationen zeitgenössischer Künstler und einem Nachwort von Heinz Rölleke 19. Aufl.* Düsseldorf und Zürich: Artemis & Winkler/Patmos (Original: 1812–1858).

Incel, J. (2018). *Jobsharing-Tandemsysteme: Eine Verwirklichung von New-Work-Visionen?* Business School Berlin: Unveröffentlichte Masterarbeit.

Salber, W. (1987). Kulturpsychologie – Wie und Warum? *Zwischenschritte* 6(2), 40–49.

Salber, W. (1988). *Der psychische Gegenstand* (6. Aufl.). Bonn: Bouvier.

Salber, W. (1993). *Seelenrevolution. Die komische Geschichte des Seelischen und der Psychologie.* Bonn: Bouvier.

Salber, W. (1999). *Märchenanalyse* (2. Aufl.). Bonn: Bouvier.

Salber, W. (2007). *Wirkungseinheiten. Psychologie des Werbens und Unterrichtens* (2. Aufl.). Bonn: Bouvier.

Bildanalyse

Sandra Plontke

Zusammenfassung

Neben einer sich durch Sprache konstituierenden Handlungs- und Lebenspraxis sind auch die vielfältigen Bilderwelten, in die Personen eingebunden sind, von Bedeutung für deren Denken, Fühlen, Wünschen, Wollen, Tun und Lassen. Psychisches ist auch ikonisch vermittelt, Menschen kommunizieren in und mit Bildern. Der Beitrag skizziert die Entwicklung bildhermeneutischer Verfahren und ihre theoretisch-methodologischen Prämissen unter Berücksichtigung einer kulturpsychologischen Perspektive. Hierbei werden theoretische Bezugspunkte zur Bildwissenschaft und zu den *visual studies* sowie methodische und methodologische Bezüge zur Kunstgeschichte aufgezeigt. Mit Verweis auf je spezifische bildanalytische Verfahren werden potenzielle Analyseeinstellungen differenziert und mögliche, relevante Leitfragen einer kulturpsychologisch ausgerichteten Bildhermeneutik vorgeschlagen. Abschließend werden drei exemplarische Umsetzungen bildanalytischer Verfahren skizziert.

Schlüsselwörter

Bildinterpretation · Ikonik/Ikonologie · Iconic/pictorial turn · Bildwissenschaft · Visual culture · Qualitative Methoden

S. Plontke (✉)
Fakultät für Sozialwissenschaft, Ruhr-Universität Bochum, Bochum, Deutschland
E-Mail: Sandra.Plontke@rub.de

© Der/die Autor(en), exklusiv lizenziert an Springer Fachmedien Wiesbaden GmbH, ein Teil von Springer Nature 2022
U. Wolfradt et al. (Hrsg.), *Kulturpsychologie,*
https://doi.org/10.1007/978-3-658-37918-6_25

1   Einleitung

Die ikonische Dimension menschlichen Denkens und Handelns wurde in den Subjekt-
und Sozialwissenschaften lange Zeit vernachlässigt. Der Mensch wurde primär als
sprach- und vernunftbegabtes Wesen verstanden und erforscht (Boehm 2007; Straub
et al. 2021; Plontke et al. 2022). Doch Sprache stellt immer nur eine Möglichkeit
menschlicher Kommunikation dar. Erfahrung und Wissen bilden sich stets auch im
Medium von Bildern. Menschliche Selbst- und Weltverhältnisse sind – bevor überhaupt
sprachlich und rational verfasst – ikonisch vermittelt und strukturiert. Oftmals verständigen wir uns in und mit Bildern, nicht zuletzt, wenn wir an die Grenzen sprachlicher Artikulationsmöglichkeiten stoßen oder Bilder mehr bzw. anderes zu zeigen
erlauben als 1000 Worte. Der Ausdruck von Affekten und Emotionen ist häufig an
eine *präsentative Symbolik* (Langer 1979) und speziell an Bilder gebunden (wie insbesondere unsere bildhafte, metaphorische Sprache belegt; siehe Kap. Metaphernanalyse). Vor allem im Zuge fortlaufender Mediatisierungs- und Digitalisierungsprozesse
haben sich neue Bildsorten und Kulturtechniken, insbesondere auch der Selbstdarstellung, -formung und -erfahrung ausgebildet, die dazu geführt haben, dass personale
und kollektive Identitäten in nicht zu unterschätzender Weise auch von Bildern abhängen
und in ihnen eine sichtbare Gestalt finden können. Angesichts der aktuellen, vielfach
digitalisierten „Bilderflut" (Plontke et al. 2020) und der mit ihr wachsenden Komplexität kommunikativen Handelns sind viele Wissenschaften dazu angehalten, neben sprachlichen resp. textbasierten Erhebungs- und Auswertungsverfahren methodische Zugänge
zu entwickeln, die sich speziell auf Bilder in ihrer ganz eigenen Charakteristik und ihre
spezifischen, höchst vielfältigen psychosozialen Funktionen und Bedeutungen für den
Einzelnen und für Gruppen richten. Die Kulturpsychologie beachtet auch in diesem Feld
besonders die kulturelle Dimension von (produktiven, distributiven, rezeptiven) Bildpraktiken und deren Bedeutung für das Denken, Fühlen, Wünschen, Wollen, Handeln,
Erleben und Leben von Personen und Gruppen.

2   Theoretisch-methodologischer Hintergrund

2.1   Theoretische Verortung

Zwar gilt der Text nach wie vor als präferierte Datengrundlage qualitativer Sozialforschung, doch lässt sich insbesondere seit den 1990er Jahren durch die Proklamation
eines *pictorial* (Mitchell 1992) resp. *iconic turn* (Boehm 1994) ein verstärktes Interesse
der Geistes-, Sozial- und Kulturwissenschaften am Bild ausmachen. Beide Wenden
richten sich gegen eine Verabsolutierung des *linguistic turn* (Rorty 1967) und dessen
Grundannahme, verstehbare Wirklichkeit sei sprachlich verfasst, die Welt mithin als Text
auslegbar. Speziell unsere Welt- und Selbsterkenntnis kann sich im Medium des Bildes

bewegen und eine ikonische, visuelle Gestalt annehmen. Dem muss die Methodenentwicklung Rechnung tragen. Das belegen zahlreiche Innovationen, die die traditionelle Kunstgeschichte längst zu einer inter- und transdisziplinären *Bildwissenschaft* gemacht haben (Sachs-Hombach 2005). Ihr Gegenstand sind ikonische Phänomene im weitesten Sinne, bewegte wie unbewegte, materiell hergestellte, körpergebundene wie digital generierte Bilder. Von zentralem Interesse für gegenwärtige Bildwissenschaftler (u. a. Boehm, Bredekamp, Belting, Sachs-Hombach, Wiesing) ist die Systematisierung und theoretische Reflexion unterschiedlichster Bildphänomene sowie der Bedingungen ihrer Produktion, Rezeption, Distribution und Verwendung in variablen Kontexten zu verschiedenen Zwecken (ebd., S. 13). Allem voran steht dabei die Frage nach dem Bild *als Bild,* d. h. nach seiner ,Ontologie' und ikonischen *Eigenlogik* (Imdahl 1980; Boehm 2007), die sich nicht auf Worte und Begriffe reduzieren lässt und sich der verlustlosen Übersetzung in Sprache widersetzt (Langer 1979).

Die mit dem *pictorial turn* verbundenen angloamerikanischen *visual culture studies* unterscheiden sich in ihren Grundannahmen und ihrer theoretischen Ausrichtung von der *Bildwissenschaft* (im erläuterten Sinn), doch ergänzen sich diese Strömungen auch. So stellen Vertreter:innen der *visual culture studies* (z. B. Mitchell, Crary, Mirzoeff), u. a. geprägt durch die Kritische Theorie der Frankfurter Schule und den Poststrukturalismus (u. a. Foucaults, Althussers und Butlers), die Frage nach dem Bild nicht „vom autonomen Bild her, sondern von der Gesellschaft und vom Konsum aus" (Mitchell 1997, S. 18). Das Bild wird hier in den Kontext der Massenmedien und Populärkultur gestellt und gesellschafts- sowie kulturkritischen, hegemonialen und diskursiven Medienanalysen unterzogen, wobei auch seine technisch-apparativen Bedingungen sowie Praktiken des Sehens und der (Un-)Sichtbarmachung von Interesse sind. Demgemäß begreift Mitchell „[d]as Bild als komplexes Wechselspiel von Visualität, Apparat, Institutionen, Diskurs, Körpern und Figurativität" (ebd., S. 19). Ganz im Sinne handlungstheoretischer und kulturpsychologischer Forschung geht es hier also um die Rekonstruktion der *Pragma-Semantik* von Bildern, mithin von Bedeutungen, die an ihre Rezeption und den Gebrauch durch bestimmte Subjekte gebunden sind (Straub 1999; Straub et al. 2021). Für die vor allem im deutschsprachigen Raum entwickelte Bildwissenschaft im engeren Sinn gilt dies in dieser Schärfe nicht. Sie interessiert sich stärker dafür, „wie Bilder Sinn erzeugen" (Boehm 2007) und auch für ihre kognitiven Möglichkeiten bzw. ein Denken in und durch Bilder.

2.2 Methodologische Einbettung in die Landschaft qualitativer Ansätze

In jüngerer Zeit lassen sich auch in der qualitativ-rekonstruktiven Sozialforschung in enger theoretischer und methodologischer Auseinandersetzung mit der Kunstgeschichte und Bildwissenschaft vermehrt Bemühungen ausmachen, methodisch kontrollierte Zugänge zum Bild zu entwickeln, die darauf abzielen, die Sinn- und

Bedeutungsdimensionen von Bildern im Kontext von Alltagspraktiken zu untersuchen (u. a. Bohnsack 2009; Przyborski 2018; Breckner 2010; Mey und Dietrich 2016). Diese Methoden sind allerdings keine dezidiert kulturpsychologischen. Als ‚interpretative Psychologie', deren Ziel es ist, „die Regeln festzustellen, nach denen Menschen in kulturellen Kontexten Bedeutung erzeugen" (Bruner 1997, S. 126), kann die Kulturpsychologie jedoch für ihre Untersuchungen auf das hermeneutische, rekonstruktive Methodenrepertoire der Sozial- und Kulturwissenschaften zurückgreifen und dieses nicht zuletzt auch mit anderen Datensorten und texthermeneutischen Verfahren kombinieren (Straub und Chakkarath 2010). Hierbei gilt es stets, die Auswahl der Methoden am Gegenstand und an den jeweiligen Fragestellungen und Erkenntniszielen flexibel auszurichten und zu reflektieren.

Eine unmittelbar kulturpsychologisch relevante, bildwissenschaftliche Perspektive bietet die *Tiefenhermeneutik* und ihre psychoanalytische Methodik (Lorenzer 1988; König 2019; siehe Kap. Tiefenhermeneutische Kulturanalyse) sowie die *Konnotationsanalyse* (Boesch 1987, 2006). Anschlussfähige Beiträge in den Nachbardisziplinen stellen die *Dokumentarische Methode der Bildinterpretation* (Bohnsack 2009; Przyborski 2018; siehe Kap. Dokumentarische Methode) oder die *Bildsegmentanalyse* (Breckner 2010) dar. Ferner steht der Kulturpsychologie eine inter- und transdisziplinäre *visuelle Grounded-Theory-Methodologie* (Mey und Dietrich 2016; siehe Kap. Grounded-Theory-Methodologie) zur Verfügung. Den letzteren Ansätzen ist gemein, dass sie neben den bildexternen, pragmatischen Bezügen auch der *Eigenlogik* des Bildes Rechnung tragen. Hierzu integrieren sie Aspekte der *Ikonik* Max Imdals (1980), die in kritischer Auseinandersetzung mit der *Ikonologie* Erwin Panofskys entwickelt wurde. Da beide kunstgeschichtlichen Ansätze relevante methodologische und methodische Bezugspunkte für die Entwicklung qualitativer Methoden der Bildanalyse im deutschsprachigen Raum darstellen, sollen ihre Grundideen kurz skizziert werden:

Panofsky (1979a, 1979b) entwickelt in seiner *Ikonologie* ein dreistufiges Interpretationsmodell und übernimmt dabei Karl Mannheims wissenssoziologisches Konzept des *Dokumentsinns*. Entsprechend untersucht die Ikonologie Bilder als Dokumente eines bestimmten Zeitgeists oder einer Epoche, in dem sich der *Habitus* des Bildherstellers ausdrückt, und interessiert sich dafür, welche Wissensformen und *Korrektivprinzipien,* d. h. Prüfmöglichkeiten, am sinnhaften Verstehen von Bildern beteiligt sind, mit deren Hilfe sich „Korrektheit" bei ihrer Beschreibung und Interpretation erzielen lässt (Panofsky 1979b, S. 214).

Die erste sog. *vor-ikonographische* Ebene bezieht sich auf den „Phänomensinn" (Panofsky 1979a, S. 188). Hier gilt es, Formen und kompositionelle Elemente als Gegenstände zu identifizieren und zu beschreiben, *was* auf einem Bild szenisch dargestellt wird. Es wird angenommen, dass wir bestimmte Objekte und Ereignisse auf einem Bild aufgrund unserer „praktischen Erfahrung" (1979b, S. 214) einfach wiedererkennen können. Als Beispiel führt Panofsky das Fresko *Das letzte Abendmahl* von Leonardo da Vinci an, auf dem wir auf der *vor-ikonographischen Ebene* eine bei Brot und Wein versammelte Tischgemeinschaft von 13 Personen sehen. Allerdings räumt Panofsky ein, dass es bereits auf dieser ersten Stufe kulturspezifische und historisch gewachsene Wahr-nehmungsunterschiede zu berücksichtigen gibt (z. B. in Hinblick auf das Erkennen von Raum, Perspektive, Gestik und Mimik dargestellter Personen etc.). Kultur fungiert in diesem Modell – auf der Ebenen der Korrektivprinzipien – ganz im kulturpsycho-logischen Sinne als eine Form *praktischen Orientierungswissens* (Straub und Chakkarath 2010, S. 196). Erst durch unser kulturelles Wissen, das gleichsam in die Bilder ein-gelassen ist, können wir uns sinnhaft auf sie beziehen. Panofsky (1979b, S. 221) bezeichnet diese „Art und Weise, […] wie unter wechselnden historischen Bedingungen Gegenstände und Ereignisse durch Formen ausgedrückt wurden", als *Stilgeschichte* und verknüpft damit das Korrektivprinzip unserer praktischen Erfahrung.

Methodologisch relevant ist, dass sich Stil-Besonderheiten nicht durch die Analyse eines einzigen Bildes zeigen, sondern erst im *Vergleich,* also „nur dadurch, dass wir eine große Anzahl ähnlicher Beobachtungen aufeinander abstimmen" (ebd., S. 209), was im Wesentlichen der Forschungslogik der *vergleichenden Interpretation* und *komparativen Analyse* (siehe Kap. Relationale Hermeneutik: Theoretisch-methodologische Systema-tisierungen interpretativer Forschung) entspricht.

Auf der *ikonographischen* Sinnebene geht es um den „Bedeutungssinn", für dessen Identifizierung ein spezifisches „literarisches Wissen" (Panofsky 1979a, S. 203) bzw. eine „Vertrautheit mit bestimmten Themen und Vorstellungen, wie sie durch literarische Quellen vermittelt wird" (Panofsky 1979b, S. 217), erforderlich ist. Das auf dem Fresko da Vincis dargestellte Ereignis würde dann unter Rückgriff auf die entsprechenden Evangelientexte als *Das letzte Abendmahl* Jesu und seiner 12 Jünger gedeutet werden können. Das Korrektiv für die ikonographische Analyse stellt die sog. *Typengeschichte* dar, die „Art und Weise […], wie unter wechselnden historischen Bedingungen bestimmte Themen oder Vorstellungen durch Gegenstände und Ereignisse ausgedrückt wurden" (ebd., S. 219).

Auf der *ikonologischen* Ebene schließlich geht es um die „eigentliche Bedeutung oder de[n] Gehalt" (ebd., S. 209) des Bildes, seinen „Dokumentsinn" (Panofsky 1979a, S. 200). Ein Bild wird hier – neben anderen kulturellen Dokumenten – zum Aus-druck der Persönlichkeit der Künstlerin oder des Künstlers, einer Epoche und einer bestimmten Weltanschauung. Es besitzt, wie Panofsky mit Bezug auf Ernst Cassirer scheibt „‚symbolische' Werte", die einem geistesgeschichtlichen Prinzip zugrunde liegen und „die dem Künstler selber häufig unbekannt sind und die sogar entschieden von dem abweichen können, was er bewusst auszudrücken suchte" (Panofsky 1979b, S. 212). Das Korrektiv der Interpretation, die hier einer „synthetische[n] Intuition" folgt, ist die *allgemeine Geistesgeschichte,* d. h. die „Einsichten in die Art und Weise […], wie unter wechselnden historischen Bedingungen wesentliche Tendenzen des menschlichen Geistes durch bestimmte Themen und Vorstellungen ausgedrückt wurden" (ebd., S. 221).

Panofskys Überlegungen zum Bild sind nicht nur u. a. für die praxeologische Wissenssoziologie und die Dokumentarische Methode der Bildinterpretation unmittelbar relevant (Bohnsack 2009; Przyborski 2018), sondern auch für die Kulturpsychologie von Interesse.

Imdahl (1980, S. 92) kritisiert Panofskys Form- und Kompositionsbegriff, insofern dieser die eigentliche ikonische Sinnstruktur des Bildes nicht ausreichend erfasse. Anders als bei Panofsky ist für Imdahl der ikonische Sinn bereits in die Komposition des Bildes eingelassen und wird nicht erst durch die Anwendung eines externen, textlichen Vorwissens und bloßes Wiedererkennen offenbar. Panofsky diskutiere die Komposition – auf der Ebene des *Phänomensinns* – jedoch „allein unter dem Aspekt der Formen als der Phänomene des wiedererkennenden Sehens" (ebd., S. 90), so die Kritik Imdahls, und damit auf der Basis vorangestellter Konzepte. Diesem „wiedererkennenden Sehen" setzt Imdahl ein auf die Komposition gerichtetes „formales, sehendes Sehen" (ebd., S. 92) entgegen, das sich von vorgelagerten Konzepten löst und das Bild als autonome, nach immanenten Gesetzen geregelte Konstruktion wahrnimmt. Das „sehende Sehen" richtet sich dabei auf die „Simultanstruktur" des Bildes und eröffnet neue Erfahrungen und „visuelle Evidenzen", die einer narrativen, sukzessiven sprachlichen Logik unzugänglich bleiben (ebd., S. 90). Als Beispiel führt Imdahl das Fresko *Die Gefangennahme Jesu* von Giotto an und zeigt, wie Jesus hier gleichzeitig in seiner „Überlegenheit" und „Unterlegenheit" ins Bild gesetzt wird (ebd., S. 93 ff. und 104 ff.). Diese „Sinnkomplexität des Übergegensätzlichen" (ebd., S. 107) kann mit ikonischen Mitteln simultan und klar ausgedrückt werden, nicht aber durch Sprache, die sequenziell funktioniert, so das Argument Imdahls. Die ikonische Bildanalyse versucht nun derartige Sinngehalte auf der Ebene der Formalstruktur des Bildes zu rekonstruieren. Hierzu unterscheidet das ikonische Instrumentarium (ebd., S. 17 ff.):

1. Die *perspektivische Projektion,* d. h. die Herstellung von Räumlichkeit im Bild, die auf den Standpunkt der Bildproduzierenden verweist und den Betrachtenden bestimmte Sichtweisen und Weltanschauungen nahelegt, die stets auch kulturpsychologisch relevant sind.
2. Die *szenische Choreografie,* der es darum geht, das Verhältnis der abgebildeten handelnden oder sich verhaltenden Figuren zu verstehen und zwar dadurch, wie sie sich durch ihre Positionierung zueinander, ihre Nähe und Distanz, durch ihre Blicke, Mimik und Gestik aufeinander beziehen. Solche sozialen Bezugnahmen sind schließlich auch für sozialwissenschaftliche und psychologische Fragestellungen von Bedeutung.
3. Die *planimetrische Ganzheitsstruktur,* der es um die Komposition des Bildes in der Fläche geht. Bilder werden hier verstanden als „ganzheitliche[] Systeme, in denen die einzelnen Bildwerte durch Größe, Form, Richtung und Lokalisierung im Bildfeld auf das Bildformat Bezug nehmen und dessen Organisationsform bilden" (ebd., S. 21). Die planimetrische Ordnung kann durch ein System von Linien rekonstruiert werden, die es zu identifizieren gilt. Teils treten diese Linien als deutliche Konturen im Bild hervor, teils sind es aber auch ideale Linien, die die Komposition des Bildes zusammenhalten resp. es kompositorisch nicht auseinanderfallen lassen und die Gesamtkomposition in ihrer Sinnkomplexität begründen (ebd., S. 48).

Die Planimetrie ist ein „System höherer Ordnung" (ebd., S. 24), da sie nicht von einem Außenbezug abhängt, sondern von der Bildfläche ausgeht, die sie selbst *(auto-poietisch)* erzeugt (ebd., S. 26). Im Gegensatz zur *perspektivischen Projektion* und *szenischen Choreografie,* die sich durch ein auf die Außenwelt gerichtetes *wieder-erkennendes Sehen* erschließen, bedingt die sich in der Planimetrie ausdrückende Eigengesetzlichkeit ein *sehendes Sehen.* Beide Sehweisen wirken aber zusammen und sind notwendig, um das Sinnganze des Bildes zu erfassen.

Die Anwendbarkeit derartiger kunstgeschichtlicher Kategorien für das Verstehen nicht-künstlerischer Bilder des Alltags wird im Rahmen sozialwissenschaftlicher Methoden-entwicklung durchaus kritisch diskutiert (u. a. Michel und Wittpoth 2013). Durch ihre interdisziplinäre und hermeneutische Ausrichtung erscheinen kulturpsychologische Zugänge allerdings besonders geeignet, leichter an andere Disziplinen, so auch an die Kunstgeschichte anschließen zu können. Eine kulturpsychologische Bildhermeneutik, die dem Prinzip der Ko-Konstitution von Psyche und Kultur, von Innen und Außen (Straub und Chakkarath 2010), von Betrachter:in und Bild folgt und sich dafür interessiert, wie sich Bedeutungen in dieser Wechselbeziehung entfalten, würde eine zeit-, geschlechts-, und kulturunabhängige Bildbetrachtung, wie sie Imdahl in seiner Ikonik stark macht, kritisieren oder gar ablehnen, würde sie die Bildinterpretation auf diese Perspektive reduzieren. So schreibt der Kulturpsychologe Ernst E. Boesch (1987, S. 2), dass es nicht stimme, „daß Bedeutung dem Kunstwerk in gleicher Weise anhaftet wie Farbe, Form oder Ton" als etwas mithin, „das ihm als Besonderheit ein für allemal zugehöre".

3   Methodische Verfahrensweisen

Im Folgenden wird keine idealtypische methodisch-technische Umsetzung entlang spezifischer Verfahrensschritte einer konkreten Methode vorgestellt. Vielmehr soll eine Differenzierung möglicher Analyseeinstellungen mit Verweis auf je spezifische Methoden kurz skizziert und sodann ein Katalog möglicher, relevanter Fragestellungen an das Bild formuliert werden, die auch kulturpsychologische Perspektiven aufgreifen.

Nach Straub et al. (2021) ist die Unterscheidung zwischen dem Bild *als Bild* und dem pragmatischen Bildkontext methodologisch und methodisch richtungsweisend. Demgemäß unterscheiden sie zwischen einer *Bild*interpretation im engeren Sinne und einer Analyse der Bildpraktiken, d. h. einer *Bild*gebrauchs- sowie Bild*wirkungsanalyse.* Letztere Ana-lyseperspektiven schließen oftmals an eine vorgängige, formal-ästhetische Bildinter-pretation an. Die soziologisch begründeten Verfahren der *Bildsegmentanalyse* (Breckner 2010) und die *Dokumentarische Methode der Bildinterpretation* (u. a. Przyborski 2018; Bohnsack 2009) sowie die inter- und transdisziplinäre *visuelle Grounded-Theory-Methodologie* (Mey und Dietrich 2016) stellen exemplarische Methoden dar, die der genannten Differenzierung bzw. Forschungslogik im Wesentlichen folgen, indem sie die am Bild *als* Bild gewonnenen Einsichten nicht zuletzt durch *komparative Analysen* auf außerbildliche, auch pragmatische Kontexte beziehen.

Ein Beispiel eines dezidiert *bildwirkungsanalytischen* Verfahrens stellt die *Tiefenhermeneutik* dar (Lorenzer 1988; König 2019). Anders als die o. g. Methoden interessiert sie sich weder unmittelbar für die *Eigenlogik* des Bildes noch für seinen Gebrauch in variablen Kontexten, sondern erschließt den „narrativen Gehalt von […] Bildern über die Wirkung auf das Erleben der Interpret_innen" (König 2019, S. 15). Der psychoanalytisch informierten Sozial- und Kulturanalyse geht es um die sich in der Bildbetrachtung entfaltenden, affektiven und emotionalen Wirkungsweisen von Bildern auf bestimmte Rezipient:innen, über die unbewusste, latente Sinngehalte freigelegt werden sollen, die ihrerseits auf sozial tabuisierte und verdrängte Lebensentwürfe verweisen.

Eine weitere Methode im Feld psychologisch-interpretativer Bildwirkungsanalysen stellt Ernst E. Boeschs kulturpsychologisch informierte *Konnotationsanalyse* dar (Boesch 2006, 1987). Wie die Tiefenhermeneutik zielt sie darauf ab mittels *freier Assoziation*en, „erlebte Konnotationen von Bildern, Vorstellungen, aber auch von konkreten Wahrnehmungen und Handlungen zu präzisieren" (Boesch 2006, S. 67), um darüber Einblicke in die Selbst- und Weltbezüge sowie -verständnisse von Personen zu erlangen. Im Mittepunkt steht hier die (typisierende) Rekonstruktion subjektiven Sinns, was sie von den oben erwähnten soziologischen Perspektiven unterscheidet, nicht jedoch unüberwindlich trennt. Das gilt auch für die Tiefenhermeneutik, zumal in der für sie zentralen Idee latenter Sinngehalte auch soziologisch relevante Konzepte enthalten sind (z. B. *implizites Wissen* oder auch *Habitus;* Straub et al. 2021). Zwischen den Prämissen und Perspektiven soziologischer und kulturpsychologischer Forschung besteht eine starke Nähe, jedoch kann die Kulturpsychologie zusätzlich auf einer Individualität von ikonisch vermittelten Erfahrungen und Erwartungen beharren, die nicht gänzlich im Sozialen aufgeht (oder sich sozialen Ordnungen sogar widersetzt).

Eine kulturpsychologisch ausgerichtete Bildhermeneutik sollte die hier skizzierten Analyseperspektiven entsprechend ihrer Fragestellungen flexibel in ihr empirisches Vorgehen integrieren. Ihr zentrales Ziel ist die Rekonstruktion der Bedeutungen und Funktionen von Bildern im menschlichen Erleben, Denken und Handeln. Kultur wird in dieser Perspektive als praktisches (implizites wie auch explizites) Orientierungswissen verstanden, das Bildpraktiken ebenso wie den Bildern selbst inhärent ist. Bilder und Bildhandeln müssen also als kulturelle Phänomene in ihren Bedeutungs- und Sinngehalten erklärt werden, wobei von ihrer *Polyvalenz* (Boesch 1980) auszugehen ist. Die Bedeutungen von Bildern lassen sich nicht ein für alle Mal festlegen und ausschließlich formal-ästhetisch begründen. Sie basieren auch auf ihren situativen Verwendungsweisen und können von Person zu Person sowie innerhalb unterschiedlicher Gruppen, Zeiten und Kontexte variieren, sich wandeln und zuweilen auch widersprüchlich sein.

Folgende Leitfragen können als kulturpsychologische Orientierung für einen analytischen Zugang zum Bild dienen:

1. *Inhalt:* Was ist auf dem Bild zu sehen?
    a) *Möglichst neutrale Beschreibung* dessen, was auf dem Bild dargestellt ist („wiedererkennendes Sehen").
    b) *Subjektive Artikulation* von Gefühlen, Affekten, Assoziationen und Irritationen („leiblich-affektives Sehen"). Durch die Artikulationen von Abneigung, Faszination, Lust, Wut, Scham etc. – und den Vergleich von Sehweisen in einer Interpretationsgruppe –, kann ein projektiver Sinn (Begehren, Wünsche, Sehnsüchte) erschlossen werden (Tiefenhermeneutik), der auf kulturelle und normative Sinngehalte verweist.

Derartige Beschreibungen können zum Ausgangspunkt für weitere Interpretationen gemacht werden und dazu beitragen, zum semantischen und pragmatischen Gehalt des Bildes weiter vorzudringen.

2. *Formale Komposition:* Wie wird etwas mit formal-ästhetischen Mitteln (Farbgestaltung, Hell/Dunkel-Relationen, Schärfe/Unschärfe, Perspektive, szenische Choreografie, Planimetrie, inner-ikonische Bezüge einzelner Bildelemente zueinander etc.) ins Bild gesetzt und kommuniziert?

Fragen, die sich daran anschließen, wären z. B., wie durch die formale Komposition des Bildes die Blicke der Betrachter:innen im Bild angelegt, orchestriert und bestimmte Sichtbarkeitsordnungen erzeugt werden. Dieser Punkt macht zudem deutlich, dass die sich in der formalen Komposition des Bildes konstituierende *Eigenlogik* immer auch Außenbezüge mit sich führt und auf dessen *Pragma-Semantiken* (Straub 1999) verweist, wie sie insb. die *visual culture studies* fokussieren.

3. *Medialität und Materialität:* Um welche Bildsorte handelt es sich (Foto, Zeichnung, Malerei, digitales/materielles Bild, künstlerisches Bild, Schnappschuss etc.) und welche Bedeutung könnte der spezifischen Medialität und Materialität zukommen
    a) mit Bezug auf das Bild selbst?
    b) im Hinblick auf mögliche Verwendungszusammenhänge?
4. *Extra-ikonisches Kontextwissen, Bild-Text-Zusammenhänge und pragmatische Verwendungszusammenhänge:* In welchem un-/mittelbaren Kontext steht das Bild? Wird es z. B. von Textelementen begleitet, und in welchen sinnkonstituierenden Verweisungszusammenhängen stehen Bild und Text? Handelt es sich z. B. um eine Werbeaufnahme mit Textelementen, ein Selfie mit begleitenden Kommentierungen auf einer Social-Media-Plattform oder eine zwischen Text eingebettete Zeichnung in einem Tagebuch? Steht das Bild im Kontext anderer Bilder (Website, Ausstellungskatalog, Fotoalbum etc.) oder Raumkonstellationen (Museum, Wohnung, öffentlicher Raum etc.)?

Weiteres Hintergrundwissen, wie z. B. Kenntnis um Bildgenre und Sujet, Wissen um die Biografie und (Selbst-)Aussagen der Bildproduzent:innen, mediale Praktiken, Entstehungszusammenhänge, Verwendungs- und Rezeptionskontexte des Bildes sollte hinzugezogen werden. Wer hat das Bild hergestellt? An wen – welche Sehgemeinschaft – richtet sich das Bild? Welche Funktionen und Interessen könnten mit dem Bild verbunden sein?

5. *Systematisches Vergleichen*
Inter-ikonische Vergleiche: Analyse und Vergleich von unterschiedlichen Bildern (derselben oder unterschiedlicher Produzent:innen, derselben oder unterschiedlicher Bildserien, derselben oder einer anderen Zeit, von Bildern, die dasselbe Motiv [Tod, Krankheit, Freundschaft etc.] oder ein gegenteiliges behandeln [Leben, Gesundheit, Feindschaft] etc.), um Sinn- und Bedeutungsgehalte des Bildes zu konkretisieren, einzugrenzen oder zu revidieren.

Triangulation: Kombination der Bildanalyse mit anderen, auch texthermeneutischen Verfahren und Analysen weiterer Daten, z. B. Interviews, Gruppendiskussionen oder teilnehmende Beobachtungen (z. B. des Herstellungsprozesses in einem Atelier, etc.).

Erst durch den Vergleich kann über den Einzelfall hinausgehend abstrahiert, typisiert und generalisiert werden und damit eine empirisch begründete Theoriebildung erfolgen (siehe Straub und Ruppel 2022; sowie Kap. Relationale Hermeneutik: Theoretisch-methodologische Systematisierungen interpretativer Forschung und Grounded-Theory-Methodologie).

4   Skizzierung exemplarischer Umsetzungen

In ihrer empirischen Untersuchung zur „Bildkommunikation" interessiert sich Aglaja Przyborski (2018; siehe Kap. Dokumentarische Methode) für die Geschlechtsidentitäten und Geschlechternormen von Personen und wie diese in und durch Bilder kommuniziert werden, dabei folgt sie der Forschungslogik der *Dokumentarischen Methode*. Zentral und innovativ in ihrer Untersuchung ist die Auseinandersetzung mit „Bildkommunikation", d. h. der Kommunikation *im* Medium Bild – im Gegensatz zu einer Verständigung *über* Bilder. Hierzu wurden die an der Untersuchung Teilnehmenden gebeten jeweils ein kommerzielles und ein privates Foto auszuwählen, das ihnen besonders gefällt. Die Antwort auf die Frage nach der Bedeutung des einen Bildes wurde dann durch das zweite Bild und damit ikonisch kommuniziert; es ging also darum „nach bildlichen Antworten auf Bilder zu suchen" (Przyborski 2018, S. 148). Hierbei wurde methodisch auch der *Eigenlogik* der Bilder Rechnung getragen. Um die Spezifität bildlicher und sprachlicher Kommunikation weiter auszuarbeiten, wurden zudem auf der Grundlage der Fotos Gruppendiskussionen geführt und Sinnbildungsprozesse auf ikonischer und sprachlicher Ebene miteinander verglichen. Przyborskis Fokus liegt auf einer verschränkenden Analyse von Bildern (*Bildinterpretation*) und *Bildpraktiken* sowie ihren psychosozialen und soziokulturellen Bedeutungen und Funktionen, womit die Studie auch kulturpsychologisch von Interesse ist.

Von kulturpsychologischer Relevanz sind außerdem die *bildwirkungsanalytischen* Verfahrensweisen der Tiefenhermeneutik und die Konnotationsanalyse:

Hans-Dieter König hat mit der Tiefenhermeneutik neben Texten auch unterschiedliche Bildmedien (insb. Filme, u. a. *Basic Instinct*, Leni Riefenstahls *Triumpf des Willens* und den Dokumentarfilm *Beruf Neonazi*) analysiert. Da die Tiefenhermeneutik soziokulturelle Sinngehalte über das affektive Erleben der Rezipient:innen erschließt, erfolgt die Analyse idealiter in einer Interpretationsgruppe, die zudem ein wichtiges Korrektiv von Subjektivität darstellt. Dabei bedient sich die Methode des psychoanalytischen Instrumentariums der *gleichschwebenden Aufmerksamkeit,* der *freien Assoziation* und des *szenischen Verstehens.* Ziel der Interpretation ist es – über *Irritationen* – dem manifesten Sinn eine ihm unterliegende latente Bedeutung hinzuzufügen. Königs (2019) Analyse des impressionistischen Gemäldes *Le Pont de l'Europe* von Gustave Caillebotte verdeutlicht dies: Vordergründig – auf der manifesten Sinnebene – zeigt das Bild ein elegant gekleidetes, bürgerliches Paar, das sich auf der Europabrücke begegnet und sich durch eine zurückhaltende körperliche Positionierung in gesitteter Distanz zueinander gebärdet. Das Bild inszeniere das distanzierte und entfremdete urbane Leben in Paris des 19. Jahrhunderts. Auf der latenten Sinnebene offenbare das Bild jedoch ein gesellschaftlich tabuisiertes, sexuelles Begehren und Verlangen, welches der wohl gesittete Bürger unterdrücke.

Königs hier nur knapp zusammengefasste Interpretation macht bereits deutlich, wie stark diese der Terminologie und den Erklärungsmodellen der Psychoanalyse verpflichtet ist. Hier gilt – wie allerdings für jedwede Interpretation –, dass Irritationen und Deutungen stets kulturabhängig sind und die Interpretation des Gemäldes auch anders hätte sein können, wenn sie von Personen vorgenommen worden wäre, deren Sehweisen, Narrationen, Erwartungs- und Erfahrungshorizonte kulturell abweichen und sich nicht auf theoretische Vorannahmen der Psychoanalyse stützen (Chakkarath 2006). Schließlich geht es aber auch gar nicht um die Frage nach der richtigen Interpretation, sondern vielmehr darum, warum uns bestimmte Interpretationen mehr zusagen und richtiger erscheinen als andere (ebd.). Eine kulturpsychologische Perspektive würde sich also auch für die Bedingungen der Möglichkeiten von Interpretationen und ihrer Anerkennung bzw. Plausibilität interessieren.

In seiner Konnotationsanalyse von Picassos Gemälde *Guernica* fragt Boesch (1987), wie sich erlebte Wirklichkeit des Künstlers in seinem Schaffen niederschlägt. Das Kunstwerk wird zur Spur persönlicher Auseinandersetzung eines Individuums mit sich selbst und der von ihm erlebten Welt (ebd., S. 8). Bei der Bildgestaltung verwendet der Künstler persönliche Symbole (Frau/Pferd, Mann/Stier), die er kombiniert und in eine für ihn bedeutsame Beziehung setzt. Darüber hinaus besitzt ein Bild aber auch kollektiv geteilte Bedeutungen, an die Betrachter:innen sinnhaft anschließen können (ebd., S. 53). Die Methode zielt auf die Rekonstruktion dieses Konnotationsnetzes – i. d. R. mittels

freier Assoziationen –, folgt dabei aber keinen strikten, systematischen Verfahrens-
schritten. Da Picasso nicht mehr nach seinen Assoziationen gefragt werden kann, begibt
sich Boesch selbst auf Konnotationssuche. Er identifiziert wichtige Bildelemente,
deren Bedeutungen und symbolische Beziehungen er durch den *Vergleich* mit anderen
Bildern des Künstlers sowie durch biographische Quellen und Selbstaussagen Picassos
erhellt. *Guernica,* so Boesch, bedeute nicht nur die Schrecken der Bombardierung der
baskischen Stadt, sondern verweise auf die Beziehung zwischen Mann (Stier) und Frau
(Pferd), die für Picasso die Bedeutung einer kriegerischen Auseinandersetzung besitze.
Die äußere Realität wird an die innere angeglichen und das Innen im Außen reflektiert
(„reziproke Assimilation", ebd., S. 65): *Guernica* ist auch der innere Krieg des Künstlers
und verweist darüber hinaus auf Umbrüche in den Geschlechterverhältnissen im
20. Jahrhundert.

5   Fazit

Einer handlungstheoretisch und kulturpsychologisch ausgerichteten Bildhermeneutik
geht es um die Rekonstruktion der *Pragma-Semantik* von Bildern, mithin um ihre
Bedeutungen und Funktionen im menschlichen Erleben, Denken und Handeln. Methodologisch und methodisch richtungsweisend ist hierbei die Unterscheidung zwischen
dem Bild *als Bild* und dem pragmatischen Bildkontext, vor dessen Hintergrund sich
zwischen einer *Bild*interpretation und einer Bild*gebrauchs*- sowie Bild*wirkungsanalyse* differenzieren lässt, die forschungspraktisch aber oftmals miteinander verschränkt
sind. Kultur wird in dieser Perspektive als praktisches Orientierungswissen verstanden,
das den vielfältigen Bildpraktiken ebenso wie den Bildern selbst inhärent ist. Für ihre
Untersuchungen kann die Kulturpsychologie auf das hermeneutische, rekonstruktive
Methodenrepertoire der Sozial- und Kulturwissenschaften zurückgreifen und dieses
flexibel am Forschungsgegenstand und an ihren Erkenntnisinteressen ausrichten.

Literatur

Boehm, G. (2007). *Wie Bilder Sinn erzeugen. Die Macht des Zeige*ns. Berlin: Berlin University
    Press.
Boehm, G. (1994). Die Wiederkehr der Bilder. In ders. (Hrsg.), *Was ist ein Bild?* (S. 11–38).
    München: Fink.
Boesch, E. E. (1980). *Kultur und Handlung. Einführung in die Kulturpsychologie*. Bern: Huber.
Boesch, E. E. (1987). *Die Wirklichkeit des Künstlers: Betrachtungen zu Picasso's „Guernica".*
    Manuskript. Boesch-Archiv Bochum.
Boesch, E. E. (2006). Konnotationsanalyse – Zur Verwendung der freien Ideen-Assoziation in
    Diagnostik und Therapie (Nachdruck des Originals von 1977 mit einer neuen Einleitung). In
    P. Hahn & E. Herdieckerhoff (Hrsg.), *Materialien zur Psychoanalyse und analytisch
    orientierten Psychotherapie*, Heft 4 (S. 3–102). Göttingen: Vandenhoeck & Ruprecht.

Bohnsack, R. (2009). *Qualitative Bild- und Videointerpretation. Die dokumentarische Methode.* Opladen: Budrich.

Breckner, R. (2010). *Sozialtheorie des Bildes. Zur interpretativen Analyse von Bildern und Fotografien.* Bielefeld: transcript.

Bruner, J. S. (1997). *Sinn, Kultur und Ich-Identität: Zur Kulturpsychologie des Sinns.* Heidelberg: Auer (Original: 1990).

Chakkarath, P. (2006). Zur Kulturabhängigkeit von „Irritationen" – Anmerkungen zur psychoanalytisch-tiefenhermeneutischen Textanalyse am Beispiel von Hans-Dieter Königs „Wedding Day"-Interpretation. *Handlung, Kultur, Interpretation. Zeitschrift für Sozial- und Kulturwissenschaften, 15*(2), 246–273.

Imdahl, M. (1980). *Giotto. Arenafresken. Ikonographie, Ikonologie, Ikonik.* 2. erw. Aufl. München: Fink.

Köhnen, R., & Plontke, S. (2018). Bild. In C. Kölbl & A. Sieben (Hrsg.), *Stichwörter zur Kulturpsychologie* (S. 71–77). Gießen: Psychosozial.

König, H.-D. (2019). *Die Welt als Bühne mit doppeltem Boden. Tiefenhermeneutische Rekonstruktion kultureller Inszenierungen.* Wiesbaden: Springer VS.

Langer, S. K. (1979). *Philosophie auf neuem Wege.* Mittenwald: Mäander (Original: 1942).

Lorenzer, A. (1988). Tiefenhermeneutische Kulturanalyse. In ders. (Hrsg.), *Kultur-Analysen. Psychoanalytische Studien zur Kultur* (S. 11–98). Frankfurt/Main: Fischer.

Mey, G., & Dietrich, M. (2016). Vom Text zum Bild – Überlegungen zu einer visuellen Grounded-Theory-Methodologie [61 Absätze]. *Forum Qualitative Sozialforschung/Forum: Qualitative Social Research, 17*(2), Art. 2, https://doi.org/10.17169/fqs-17.2.2535.

Michel, B., & Wittpoth, J. (2013). Habitus und Bildsinn(e). In P. Loos, A.-M. Nohl, A. Przyborski & B. Schäffer (Hrsg.), *Dokumentarische Methode* (S. 170–186). Opladen/Berlin/Toronto: Budrich.

Mitchell, W. J. T. (1997). Der Pictorial Turn. In C. Kravagna (Hrsg.), *Privileg Blick. Kritik der visuellen Kultur* (S. 15–40). Berlin: Edition ID-Archiv.

Mitchell, W. J. T. (1992). The pictorial turn. *Artforum, 30*(7), 89–94.

Panofsky, E. (1979a). Zum Problem der Beschreibung und Inhaltsdeutung von Werken der bildenden Kunst. In E. Kaemmerling (Hrsg.), *Bildende Kunst als Zeichensystem 1: Ikonographie und Ikonologie* (S. 185–206). Köln: Dumont (Original: 1932).

Panofsky, E. (1979b). Ikonographie und Ikonologie. In E. Kaemmerling (Hrsg.), *Bildende Kunst als Zeichensystem 1: Ikonographie und Ikonologie* (S. 207–225). Köln: Dumont (Original: 1955).

Plontke, S., Przyborski, A., & Straub, J. (2022). Qualitative Methoden der Bildinterpretation, Bildgebrauchs- und –wirkungsanalyse: Neue Entwicklungen und exemplarische Ansätze in der Psychologie und ihren Nachbardisziplinen. In J. Straub, *Verstehendes Erklären. Sprache, Bilder und Personen in der Methodologie einer relationalen Hermeneutik. Schriften zu einer handlungstheoretischen Kulturpsychologie* (S. 339–424). Gießen: Psychosozial.

Plontke, S., Utler, A., & Kölbl, C. (2020). Bilderfluten und die psychosoziale Rolle des Bildes. Editorial. *Psychosozial, 43*(2), 5–16.

Przyborski, A. (2018). *Bildkommunikation. Qualitative Bild- und Medienforschung.* München: de Gruyter.

Rorty, R. (1967). *The linguistic turn. Essays in philosophical method.* Chicago, IL: University of Chicago Press.

Sachs-Hombach, K. (Hrsg.). (2005). *Bildwissenschaft. Disziplinen, Themen, Methoden.* Frankfurt/Main: Suhrkamp.

Straub, J. (1999). *Handlung, Interpretation, Kritik. Grundzüge einer textwissenschaftlichen Handlungs- und Kulturpsychologie.* Berlin: de Gruyter.

Straub, J., & Chakkarath, P. (2010). Kulturpsychologie. In G. Mey & K. Mruck (Hrsg.), *Handbuch Qualitative Forschung in der Psychologie*. 1. Aufl. (S. 195–209). Wiesbaden: Springer VS.

Straub, J., Przyborski, A., & Plontke, S. (2021). Bildtheorie. Eine sozialwissenschaftliche, handlungs- und kulturpsychologische Perspektive im Kontext multi- und interdisziplinärer Bildwissenschaften. In J. Straub, *Psychologie als interpretative Wissenschaft. Menschenbild, Wissenschaftsverständnis, Programmatik. Schriften zu einer handlungstheoretischen Kulturpsychologie*. Band 2, (S. 539–595). Gießen: Psychosozial.

Straub, J., & Ruppel, P. S. (2022). Relationale Hermeneutik und komparative Analyse: Vergleichendes Interpretieren als produktives Zentrum empirischer Forschung in Kulturpsychologie und Mikrosoziologie. In J. Straub, *Verstehendes Erklären. Sprache, Bilder und Personen in der Methodologie einer relationalen Hermeneutik. Schriften zu einer handlungstheoretischen Kulturpsychologie* (S. 95–184). Gießen: Psychosozial.

Handlungsfelder der Kulturpsychologie

Akkulturation und kulturelle Identität

Maja Schachner, Miriam Schwarzenthal, Nadya Gharaei und Linda Juang

Zusammenfassung

Die psychologische Akkulturationsforschung beschäftigt sich mit intra-individuellen Veränderungsprozessen, die aus andauerndem interkulturellem Kontakt resultieren. In diesem Kapitel wollen wir drei zentrale Kritikpunkte an der klassischen, von der kulturvergleichenden Psychologie geprägten Akkulturationsforschung (hinsichtlich Kontextbezug, Kulturbegriff und zugrunde liegenden psychologischen Prozessen) näher beleuchten und aus einer kulturpsychologischen Perspektive heraus mögliche Lösungsansätze aufzeigen. Dabei konzentrieren wir uns beispielhaft auf die kulturelle Identität, die Identifikation mit verschiedenen kulturellen Gruppen, als zentralen und viel beforschten Aspekt, der sich im Zuge der Akkulturation verändert, jedoch auch die Grenzen der klassischen Akkulturationsforschung verdeutlicht.

M. Schachner (✉) · N. Gharaei
Institut für Pädagogik, Martin-Luther-Universität Halle-Wittenberg, Halle, Deutschland
E-Mail: maja.schachner@paedagogik.uni-halle.de

N. Gharaei
E-Mail: nadya.gharaei@paedagogik.uni-halle.de

M. Schwarzenthal
Institut für Bildungsforschung, Bergische Universität Wuppertal, Wuppertal, Deutschland
E-Mail: schwarzenthal@uni-wuppertal.de

L. Juang
Universität Potsdam, Campus Golm, Potsdam, Deutschland
E-Mail: juang@uni-potsdam.de

Schlüsselwörter

Akkulturation · Kulturelle Identität · Polykulturalismus · Kontext · Intersektionalität ·
Digitales Geschichtenerzählen

1   Einleitung, Gegenstandsbereich, Definition

„Akkulturation ist eine uralte und wahrscheinlich universelle menschliche Erfahrung"
(Rudmin 2003, S. 9). Seit Jahrtausenden haben Menschen ihre Heimat verlassen, sind
in andere Gebiete gezogen und in Kontakt mit anderen Kulturen gekommen. Die erste
und immer noch meistzitierte Definition von Akkulturation aus der Kulturanthropo-
logie bezeichnet Akkulturation als „die Phänomene, die daraus resultieren, wenn
Gruppen von Individuen unterschiedlicher Kulturen in kontinuierlichen direkten
Kontakt kommen, mit nachfolgenden Veränderungen in den ursprünglichen kulturellen
Mustern einer oder beider Gruppen" (Redfield et al. 1936, S. 149). Die psychologische
Akkulturationsforschung beschäftigt sich mit intra-individuellen Veränderungsprozessen,
die aus andauerndem Kontakt mit einer (oder mehreren) anderen Kultur(en) resultieren.
Zentrale Fragen sind, *was* sich durch Akkulturation verändert, *wie* Akkulturation von
statten geht und *wie gut* sich Menschen im Zuge von akkulturativen Veränderungen
anpassen in ihrem Wohlbefinden (psychologische Anpassung) und der Kompetenz, im
Alltag in mehreren kulturellen Kontexten zu navigieren (soziokulturelle Anpassung;
Sam und Berry 2010). Schließlich ist mit der Akkulturation ein Aushandlungsprozess
der kulturellen Identität im Spannungsfeld unterschiedlicher Herkunfts- und nationaler
Mehrheitskulturen verbunden.

2   Theoretische und historische Grundlagen

Die psychologische Akkulturationsforschung wurde lange Zeit eher von der kulturvergleichenden Psychologie dominiert, meist mit standardisierten quantitativen Methoden
und auf der Suche nach generalisierbaren Prinzipien. Auch wenn kulturvergleichende
oder interkulturelle Psychologie einerseits und Kulturpsychologie andererseits sich dem
Zusammenspiel zwischen Kultur und psychischen Prozessen widmen, arbeiten sie oft
mit unterschiedlichen Forschungsmethoden und einem unterschiedlichen Kulturbegriff.
Die kulturvergleichende Psychologie betrachtet Kultur als eine unabhängige, exogene
Variable und untersucht den Einfluss von Merkmalen des kulturellen Kontextes auf
individuelles Verhalten (Segall et al. 1998). Die Kulturpsychologie dagegen betrachtet
Kultur und psychische Prozesse als nicht trennbar und sich gegenseitig bedingend
(Shweder 1990). Kultur wird hier also eher als eine subjektive Konstruktion verstanden,
wobei Aspekte dieser Konstruktion mit anderen Individuen im jeweiligen Kontext geteilt
werden (Doucerain 2019).

Zuletzt gab es zunehmend Kritik an der von der kulturvergleichenden Psychologie dominierten Akkulturationsforschung (z. B. Bornstein 2017; Chirkov 2009), v. a. in Bezug auf folgende Punkte: 1) Der Fokus auf generalisierte Prinzipien bezieht den sozialen und kulturellen Kontext zu wenig ein. Um valide Aussagen zu treffen, ist es jedoch erforderlich, die spezifische Gruppe, den Kontext, den Lebensbereich in dem Akkulturation stattfindet etc. zu berücksichtigen und auch mögliche Variationen zwischen diesen aufzuzeigen. 2) Der Kulturbegriff ist unscharf und zu wenig dynamisch, z. B. um zu beschreiben, wie verschiedene kulturelle Einflüsse integriert werden und sich über die Zeit verändern. 3) Die psychischen Prozesse, die Veränderungen im Zuge der Akkulturation erklären können, bleiben unklar. Mit diesen Einschränkungen ist es schwierig, Antworten auf die zentralen Fragen der Akkulturationsforschung wie oben definiert (*was, wie* und *wie gut*) zu entwickeln.

In diesem Kapitel beleuchten wir diese drei Kritikpunkte näher und zeigen aus einer kulturpsychologischen Perspektive heraus mögliche Lösungsansätze auf. Ziel ist es, so auch den Gewinn einer Annäherung der beiden Subdisziplinen, Kulturpsychologie und der kulturvergleichenden Psychologie, aufzuzeigen, wie er zunehmend stattfindet und besonders in der Akkulturationsforschung als wichtig erachtet wird (Berry 2009; Doucerain 2019). Beispielhaft konzentrieren wir uns auf die kulturelle Identität als zentralen und viel beforschten Aspekt von Akkulturation, der jedoch auch die Grenzen der klassischen Akkulturationsforschung verdeutlicht (Ward 2013).

Neben kulturellen Werten und Praktiken ist die kulturelle Identität ein zentraler Bereich, der sich im Zuge von Akkulturation verändert und somit die Frage nach dem *was* der Akkulturationsforschung beantwortet (Schwartz et al. 2010). Veränderungen in der Identifikation mit verschiedenen kulturellen Gruppen liefern jedoch auch mögliche Antworten auf die Frage nach dem *wie*. Der Fokus liegt meist darauf, inwiefern sich Eingewanderte und ihre Nachkommen einerseits an der Kultur der nationalen Mehrheitsgesellschaft und andererseits an der kulturellen Herkunft ihrer Familie orientieren und mit dieser identifizieren. Wie Menschen sich auf diesen beiden Kontinuen positionieren, hat wiederum Konsequenzen dafür, *wie gut* die psychische und soziokulturelle Anpassung als Resultat des Akkulturationsprozesses gelingt (Berry 1997).

2.1 Welche Rolle spielt der kulturelle Kontext im Akkulturationsprozess?

Lange wurde davon ausgegangen, dass Integration im Sinne der gleichzeitigen Identifikation mit der jeweiligen Herkunftskultur (meist auf eine einzige reduziert) und einer meist als kulturell homogen angenommenen und von der privilegierten Gruppe ohne Zuwanderungsgeschichte dominierten nationalen Mehrheitskultur mit der besten Anpassung für Menschen mit Einwanderungsgeschichte einhergeht (Sam und Berry 2010). Zunehmend finden sich jedoch Ausnahmen für diese Regel. Die individuellen Identifikationen und Orientierungen *(wie)* und deren Effekte auf Anpassung *(wie gut)* variieren zwischen ethnisch-kulturellen Gruppen aber auch in Abhängigkeit der Ideologien, Normen und Politik zu Diversität und Akkulturation in einem bestimmten mehrheitskulturellen Kontext (Phalet und Baysu 2020). Ein bestimmtes Identitätsmuster geht also nur insoweit mit einer guten Anpassung einher, wie es den Erwartungen im jeweiligen Kontext entspricht. Obwohl Akkulturation *per definitionem* alle Beteiligten in interkulturellen Kontaktsituationen betrifft, liegt der Fokus zumeist auf zugewanderten Menschen und deren Nachkommen. Angehörige der Mehrheitsgesellschaft werden meist nur als Teil des Akkulturationskontextes betrachtet.

Wahrgenommene ethnische Diskriminierung ist eine weitere Kontexterfahrung in der Mehrheitsgesellschaft mit zentralen Implikationen für den Akkulturationsprozess von Menschen mit Einwanderungsgeschichte. Diese kann sich sowohl auf die herkunfts- und mehrheitskulturelle Identität als auch auf die Vereinbarkeit dieser verschiedenen kulturellen Identitäten und deren Zusammenhänge mit Adaptation auswirken. So kann die gleichzeitige Identifikation mit Herkunfts- und Mehrheitskultur Personen besonders vulnerabel für Diskriminierung machen, d. h. wenn Diskriminierung und Ausgrenzung aufgrund der Herkunftskultur stattfinden, ist dies besonders schmerzhaft für Menschen, die sich neben dieser Herkunftskultur auch stark mit der Mehrheitskultur identifizieren (Phalet und Baysu 2020). Eine starke Identifikation mit der Herkunfts- aber nicht mit der Mehrheitskultur hat sich somit für besonders stigmatisierte Gruppen, wie z. B. Jugendliche türkischer Herkunft in Deutschland, im Hinblick auf psychisches Wohlbefinden als die beste Strategie erwiesen (Schotte et al. 2018). Darüber hinaus kann eine starke Identifikation mit der Herkunftskultur auch die negativen Effekte von Diskriminierungserfahrungen abpuffern (Kunyu et al. 2021). Besonders wenn die Identifikation mit unterschiedlichen kulturellen Gruppen als konfligierend wahrgenommen wird, kann es hilfreich sein, in unterschiedlichen Lebensbereichen unterschiedliche Aspekte der kulturellen Identität zu leben (Fleischmann und Phalet 2016). So ist es vielleicht in der Schule oder Arbeit zielführender, sich stärker an mehrheitskulturellen Normen und Praktiken zu orientieren, während mit der Familie eine stärkere Orientierung zur Herkunftskultur gelebt wird.

Im Sinne einer intersektionalen Perspektive sollten außerdem Überschneidungen zwischen verschiedenen Diversitätsdimensionen und deren Zusammenspiel im Hinblick auf Ein- und Ausgrenzungsprozesse und historisch verwurzelte, strukturelle Marginalisierung bestimmter Gruppen innerhalb von Systemen und Institutionen berücksichtigt werden. Tägliche Erfahrungen, Status und Marginalisierungsgrad können sich tatsächlich stark unterscheiden, je nachdem welchen Bildungsgrad und beruflichen Status eingewanderte Menschen und ihre Nachfahren haben und wie ähnlich sie im Vergleich zu Angehörigen der Mehrheitsgesellschaft, z. B. im Hinblick auf Religion und Hautfarbe, wahrgenommen werden (Savaş et al. 2021).

Insbesondere in Deutschland ist es ein Tabu, über phänotypisch unterschiedliche ethnische Gruppen zu sprechen. Stattdessen werden Ersatzkategorien, wie z. B. das Konzept des Migrationshintergrunds, herangezogen, die dann im alltäglichen Sprachgebrauch mit einer Differenzierung bzw. Marginalisierung anhand sichtbarer ethnischer Kriterien vermischt werden (Juang et al. 2021). So sind z. B. Menschen, denen ein muslimischer Glaube zugeschrieben wird, zunehmend von Marginalisierung betroffen (Fleischmann und Phalet 2016). Eine Kategorisierung allein anhand des Migrationshintergrundes erschwert allerdings eine Erfassung rassistischer Diskriminierung. Daher sollten differenzielle Erfahrungen (z. B. Rassismus) innerhalb dieser Gruppe erfasst werden, um ihre Auswirkungen auf individuelle Identifikations- und Akkulturationsprozesse zu verstehen.

2.2 Wie ist Kultur im Akkulturationsprozess definiert?

In zunehmend vielfältigen Gesellschaften und vor dem Hintergrund komplexer kultureller Identifikationen bildet ein zweidimensionaler Ansatz mit einer einzigen Herkunfts- und Mehrheitskultur oft nicht mehr die Realität ab. Wenn die Eltern bereits unterschiedliche Eingewandertengruppen repräsentieren und das Kind vielleicht auch bereits eigene Migrationserfahrungen gemacht hat, wird das Bild sehr schnell sehr viel komplexer. Weder die (einmalige) Zuordnung zu einer einzigen Herkunftsgruppe noch die Abfrage der kulturellen Identität auf einer zweidimensionalen Skala können dies abbilden (Verkuyten et al. 2019), zumal sich auch innerhalb eines Kontexts die kulturellen Werte, z. B. im Hinblick auf Autonomie und soziale Verbundenheit, stetig verändern (Greenfield 2013; Kağıtçıbaşı und Ataca 2005). Unklar ist auch, an welche ‚Mehrheitskultur' sich überhaupt akkulturiert wird, da diese ebenso vielfältig ist und unterschiedliche kulturelle Einflüsse und Subgruppen beinhaltet. So weisen Jugendliche mit familiärer Einwanderungsgeschichte oft flexible, multiple und hybride ethnisch-kulturelle Identitäten auf und nehmen je nach Bedarf und Situation unterschiedliche Aspekte der vielfältigen sie umgebenden kulturellen Kontexte in sich auf (Fuligni und Tsai 2015).

Kultur und kulturelle Affiliationen und Identitäten werden so im Akkulturationsprozess zunehmend individueller, was von jeher eher einem kulturpsychologischen Ansatz entspricht (Doucerain 2019). Dynamische Konzepte von Kultur und kulturellen Affiliationen wie Polykulturalismus werden dieser komplexen Realität gerechter (Morris et al. 2015). Sie nehmen an, dass Individuen unterschiedliche kulturelle Prägungen in sich vereinen und in Interaktionen miteinander zum kulturellen Wandel beitragen. Solche Konzepte sind auch besser geeignet, um flexibles *frame-switching* als Anpassung an kulturell vielfältige Gesellschaften für alle Menschen abzubilden, also nicht nur für zugewanderte Menschen und deren Nachkommen, sondern auch für die vermeintliche Mehrheitsgesellschaft.

Aber auch über flexible, multiple und dynamische Herkunfts- und Mehrheitskulturen hinaus stößt die klassische Akkulturationsforschung bei der Berücksichtigung komplexer Lebenswelten schnell an ihre Grenzen. So kann z. B. auch die Überschneidung mit anderen Diversitätsdimensionen wie Geschlecht, Religion oder sozio-ökonomischem Hintergrund in unterschiedlichen Akkulturationserfahrungen und kulturellen Identifikationsprozessen resultieren. Dabei stellt sich auch die Frage nach einem erweiterten Kulturbegriff über nationale Kategorien hinaus, der auch andere Diversitätsdimensionen mit einbezieht, wie z. B. Region, Religion oder soziale Schicht bzw. den sozioökonomischen Hintergrund. Tatsächlich zeigen sich anhand dieser Dimensionen ähnliche kulturelle Variationen im Hinblick auf Werte, Selbstkonzept etc., wie sie auch auf Ebene nationaler Zugehörigkeiten gefunden werden (Cohen und Varnum 2016) – wobei ein Großteil der Varianz noch immer auf nationaler Ebene erklärt werden kann (Akaliyski et al. 2021).

2.3   Welche psychischen Veränderungen vollziehen sich im Akkulturationsprozess?

Die Identifikation mit verschiedenen kulturellen Gruppen und deren Veränderung ist ein zentrales Element (d. h., es ist eine Antwort auf die Frage nach dem *was* und dem *wie*) im Akkulturationsprozess (Schwartz et al. 2010). Jedoch wird dieser Prozess in der Akkulturationsforschung oft lediglich auf eine mehr oder weniger starke Identifikation mit Herkunfts- und Mehrheitskultur reduziert. Insbesondere die meist querschnittlichen Untersuchungsdesigns in Akkulturationsstudien stellen ein Problem dar, da man nicht weiß, ob Unterschiede im Akkulturationsverlauf zwischen Individuen darauf zurückzuführen sind, dass sie sich in unterschiedlichen Akkulturationsphasen befinden oder ob sie eine unterschiedliche Strategie verfolgen (Schwartz et al. 2020). Auch ist es wichtig, zwischen kurzfristigen und langfristigen Veränderungen zu unterscheiden. So scheinen langsame akkulturative Veränderungen mit einer positiven Anpassung einherzugehen, während plötzliche Veränderungen und Fluktuationen eher Stress auslösen können.

Um dynamische Veränderungsprozesse im Zuge der Akkulturation aufzuzeigen, können entwicklungspsychologische Modelle, Theorien und Methoden zu einem tieferen Verständnis beitragen und weisen viele Parallelen mit einer kulturpsychologischen Perspektive auf Akkulturation auf (Schwartz et al. 2020). Tatsächlich stellt der Akkulturationsprozess einen Entwicklungsprozess dar, in dem sich Menschen im Laufe der Zeit und durch „wechselseitige Interaktion mit einem sich verändernden Kontext anpassen" (Schwartz et al. 2020, S. 5).

Die Entwicklungspsychologie unterscheidet zwischen Prozesskomponenten der ethnisch-kulturellen Identität, wie Erkundung und Bindung bzw. Resolution, und Inhaltskomponenten, wie z. B. Affirmation (Umaña-Taylor et al. 2014). Diese verschiedenen Komponenten zeigen unterschiedliche Zusammenhänge mit psychischer und soziokultureller Anpassung. Während beispielsweise ein starker Zusammenhang zwischen Affirmation (z. B. Stolz, Teil einer kulturellen Gruppe zu sein) und positiver Anpassung bei Jugendlichen aus minorisierten kulturellen Gruppen kürzlich auch in einer Meta-analyse bestätigt werden konnte (Rivas-Drake et al. 2014), ist die Befundlage im Hinblick auf Erkundung und Bindung komplexer. Besonders das Zusammenspiel von hoher Erkundung und hoher Bindung scheint jedoch mit einer positiven Entwicklung einherzugehen (Umaña-Taylor et al. 2014).

Tatsächlich wurden in der Akkulturationsforschung der letzten Jahrzehnte jedoch oft Maße unterschiedlicher Aspekte ethnisch-kultureller Identität mit Akkulturationsorientierungen vermischt oder Maße beider Konstrukte wurden wahllos genutzt (Celenk und Van de Vijver 2011). Die Ergebnisse aus verschiedenen Studien mit unterschiedlichen Maßen sind so evtl. wenig vergleichbar und können auch keinen Aufschluss über die spezifischen Facetten mehrheits- und herkunftskultureller Identitätsentwicklung im Akkulturationsprozess geben. Insbesondere sollte neben Affirmation und Bindung auch die Erkundung als wichtige Prozesskomponente ethnisch-kultureller Identitätsentwicklung stärker betrachtet werden, um akkulturationsbedingte Veränderungen zu verstehen.

3 Beispiel: Digitales Geschichtenerzählen als Methode für eine nuanciertere Akkulturationsforschung

Um Akkulturationsprozesse kontextbezogener und dynamischer erfassen zu können und so auch zu mehr sozialer Gerechtigkeit innerhalb von kulturell vielfältigen Gesellschaften beitragen zu können, ist auch eine methodische Öffnung notwendig (Titzmann und Jugert 2019). Qualitative und Mixed-Method-Designs können nuancierten Akkulturationsprozessen im Kontext oft leichter gerecht werden. Das sogenannte digitale Geschichtenerzählen *(digital storytelling)* ist ein innovativer, partizipatorischer Ansatz im Bereich der Entwicklung vielfältiger ethnisch-kultureller Identitäten (Syed et al. 2021). Hier geht es darum, dass Menschen mit Hilfe von Geschichten, Fotos und Videos ihren Lebensweg aus ihrer eigenen Sicht berichten und reflektieren, und so ermächtigt werden, einen eigenen, ganz persönlichen Beitrag zum Anstoß gesellschaftlicher Veränderungsprozesse zu leisten. Entwickelt von Historiker:innen bietet das öffentlich und online zugängliche Archiv der Initiative *immigrant stories* an der University of Minnesota die wohl größte Sammlung individueller Einwanderungsgeschichten weltweit, die mittlerweile auch Ableger in vielen anderen Ländern einschließlich Deutschland gebildet hat (https://immigrantstories.umn.edu/).

Syed und Kolleg:innen (2021) haben auf dieser Basis die Akkulturationserfahrungen von 26 somalischen Einwander:innen in die U.S.A. untersucht. Besonders von den jungen Erwachsenen in der Stichprobe werden auch Aushandlungsprozesse der kulturellen Identität beschrieben. Es zeigt sich, dass die Vereinbarkeit herkunfts- und mehrheitskultureller Identitäten kontextabhängig ist und unter anderem durch Diskriminierungserfahrungen, aber auch durch die Überschneidung mit anderen Diversitätsdimensionen, wie einem niedrigen sozio-ökonomischen Status, erschwert wird. Siehe z. B. auf S. 5:

> „Vielleicht liegt es an der Diskriminierung, die ich in den U.S.A. erfahren habe. Vielleicht ist es die Tatsache, dass meine Familie als Neueinwanderer mit finanziellen Schwierigkeiten zu kämpfen hatte. Vielleicht ist es einfach die Tatsache, dass ich Somali bin und in den Vereinigten Staaten lebe, die mich davon abhält, mich als Amerikaner zu bezeichnen… "

Identitätsrelevante Aspekte der Herkunftskultur werden an kulturellen Objekten fest-gemacht, wie z. B. einem traditionellen somalischen Kleidungsstück. Das Ziel, dieses auch in den U.S.A. zugänglich zu machen, erleichtert somit die Vereinbarkeit herkunfts- und mehrheitskultureller Identitäten (S. 5):

> „Obwohl Somalia viele Höhen und Tiefen erlebt hat, hat es eine einzigartige Kultur.… Ma'awes ist ein festes Kleidungsstück, das von den meisten somalischen Männern um die Taille getragen wird.…Mein Vater […] hat mir meine ersten Ma'awes gekauft. […] Ich werde meine Ma'awes behalten. Es ist etwas, das Teil meines Lebens sein wird. Und ich möchte eine Bekleidungslinie für Ma'awes gründen, damit die Leute sie [auch in den U.S.A.] kaufen können…"

Auch hinsichtlich der psychischen Prozesse, die die Entwicklung der kulturellen Identi-tät im Zuge der Akkulturation beschreiben, geben die Geschichten Einblicke. Erkundung als Voraussetzung für eine gefestigte kulturelle Identität wird explizit erwähnt, z. B. auf S. 6:

> „Ich bin auf der Suche nach diesen Antworten und möchte mich mit den Erinnerungen anderer Somali beschäftigen. Während ich also immer noch nach diesen Antworten suche, nenne ich mich Somali. Vielleicht füge ich eines Tages das Wort "Amerikaner" hinzu."

Außerdem beschreiben einige einen späteren Besuch in Somalia als konkreten Anlass der Erkundung, der ihnen half, eine gefestigte kulturelle Identität zu erlangen, ins-besondere wenn sie Somalia in ihrer Kindheit oder Jugend verlassen hatten.

4   Fazit

Um den dargestellten Einschränkungen in der klassischen Akkulturationsforschung zu begegnen und valide Antworten auf die Fragen nach, dem *was, wie* und *wie gut* des Akkulturationsprozesses zu erlangen, ist eine Öffnung im Sinne einer stärkeren Kon-textualisierung und theoretisch-konzeptuellen Einbettung von Kultur und akkulturativen Veränderungen erforderlich. Hier kann auch ein interdisziplinärer Blick über die Psycho-logie hinaus hilfreich sein. Diese Bewegung zurück zu ihren Wurzeln und hin zu einer kulturpsychologischeren Ausrichtung, die von jeher auch interdisziplinärer war und ist als die der kulturvergleichenden Psychologie, bietet eine Chance zu einem tieferen Ver-ständnis der psychischen Mechanismen während des Akkulturationsprozesses (Chirkov 2009; Doucerain 2019). Beide Perspektiven ergänzen sich dabei. An dieser Stelle sei angemerkt, dass integrative, interdisziplinäre Perspektiven auch in der Akkulturations-forschung der kulturvergleichenden Psychologie durchaus vorhanden waren, sich jedoch oft nicht oder nur in vereinfachter Form durchsetzen konnten (Berry 2009). Insbesondere Sozial- und Entwicklungspsychologie liefern ergänzende Perspektiven und Methoden, aber auch die Soziologie, Ethnologie, Geschichts- und Politikwissenschaften.

Darüber hinaus sollte man sich bewusst machen, dass auch die Akkulturations-forschung Realitäten von Ein- und Ausgrenzung schafft und implizit verstärken kann. Dies passiert z. B. durch die Kategorisierung von Menschen in unterschiedliche Gruppen in wissenschaftlichen Studien und die Sprache, die in wissenschaftlichen Darstellungen verwendet wird. Gruppeneinteilungen sollten daher kritisch hinterfragt werden, nur eingesetzt werden, wenn dies dem Zweck der Studie dient, und verantwortungsvoll genutzt werden, z. B. indem sie möglichst auf Selbstidentifikationen der Studienteilnehmer:innen basieren. Gruppen sollten außerdem möglichst präzise beschrieben werden (z. B. türkeistämmige Jugendliche der zweiten Generation) und auf stark verallgemeinernde, exkludierende und diskriminierende Bezeichnungen (z. B. Migrant:innen) verzichtet werden. In zunehmend globalisierten, vielfältigen Gesellschaften ist Akkulturation mehr und mehr Teil einer normativen Entwicklung und betrifft somit alle Teile der Bevölkerung (Titzmann und Jugert 2019). Dieser Tatsache muss eine moderne, integrative Akkulturationsforschung Rechnung tragen, um nach wie vor Antworten auf wichtige gesellschaftliche Fragen liefern zu können. –

Literatur

Akaliyski, P., Welzel, C., Bond, M. H., & Minkov, M. (2021). On "Nationology": The gravitational field of national culture. *Journal of Cross-Cultural Psychology, 52*(8-9), 771–793. https://doi.org/10.1177/00220221211044780

Berry, J. W. (1997). Immigration, acculturation, and adaptation. *Applied Psychology – An International Review, 46*(1), 5–34. https://doi.org/10.1111/j.1464-0597.1997.tb01087.x

Berry, J. W. (2009). A critique of critical acculturation. *International Journal of Intercultural Relations, 33*(5), 361–371. https://doi.org/10.1016/j.ijintrel.2009.06.003

Bornstein, M. H. (2017). The specificity principle in acculturation science. *Perspectives on Psychological Science, 12*(1), 3–45. https://doi.org/10.1177/1745691616655997

Celenk, O., & Van de Vijver, F. J. (2011). Assessment of acculturation: Issues and overview of measures. *Online Readings in Psychology and Culture, 8*, 10.

Chirkov, V. (2009). Critical psychology of acculturation: What do we study and how do we study it, when we investigate acculturation? *International Journal of Intercultural Relations, 33*(2), 94–105. https://doi.org/10.1016/j.ijintrel.2008.12.004

Cohen, A. B., & Varnum, M. E. W. (2016). Beyond East vs. West: social class, region, and religion as forms of culture. *Current Opinion in Psychology, 8*, 5–9. https://doi.org/10.1016/j.copsyc.2015.09.006

Doucerain, M. M. (2019). Moving forward in acculturation research by integrating insights from cultural psychology. *International Journal of Intercultural Relations, 73*, 11–24. https://doi.org/10.1016/j.ijintrel.2019.07.010

Fleischmann, F., & Phalet, K. (2016). Identity Conflict or Compatibility: A Comparison of Muslim Minorities in Five European Cities. *Political Psychology, 37*(4), 447–463. https://doi.org/10.1111/pops.12278

Fuligni, A. J., & Tsai, K. M. (2015). Developmental flexibility in the age of globalization: Autonomy and identity development among immigrant adolescents. *Annual Review of Psychology, 66*, 411–431. https://doi.org/10.1146/annurev-psych-010814-015111

Greenfield, P. M. (2013). The Changing Psychology of Culture From 1800 Through 2000. *Psychological Science, 24*(9), 1722–1731. https://doi.org/10.1177/0956797613479387

Juang, L., Moffitt, U., Schachner, M. K., & Pevec, S. (2021). Understanding ethnic-racial identity in a context where "race" is taboo. *Identity, 21*(3), 185–199. https://doi.org/10.1080/15283488. 2021.1932901

Kağıtçıbaşı, C., & Ataca, B. (2005). Value of children and family change: A three-decade portrait from Turkey. *Applied Psychology, 54*(3), 317–337. https://doi.org/10.1111/j.1464-0597.2005.00213.x

Kunyu, D. K., Juang, L. P., Schachner, M. K., & Schwarzenthal, M. (2021). Discrimination among youth of immigrant descent in Germany: Do school and cultural belonging weaken links to negative socio-emotional and academic adjustment? *Zeitschrift für Entwicklungspsychologie und Pädagogische Psychologie, 52*(3–4), 88–102.

Morris, M. W., Chiu, C.-Y., & Liu, Z. (2015). Polycultural Psychology. *Annual Review of Psychology, 66*, 631–659. https://doi.org/10.1146/annurev-psych-010814-015001

Phalet, K., & Baysu, G. (2020). Fitting in: How the intergroup context shapes minority acculturation and achievement. *European Review of Social Psychology, 31*(1), 1–39. https://doi. org/10.1080/10463283.2020.1711627

Redfield, R., Linton, R., & Herskovits, M. J. (1936). Memorandum for the study of acculturation. *American Anthropologist, 38*(1), 149–152. https://doi.org/10.2307/662563

Rivas-Drake, D., Syed, M., Umaña-Taylor, A., Markstrom, C., French, S., Schwartz, S. J., … Racial Identity in the 21st Century Study, G. (2014). Feeling good, happy, and proud: A meta-analysis of positive ethnic–racial affect and adjustment. *Child Development, 85*(1), 77–102. https://doi.org/10.1111/cdev.12175

Rudmin, F. W. (2003). Critical history of the acculturation psychology of assimilation, separation, integration, and marginalization. *Review of General Psychology, 7*(1), 3–37. https://doi. org/10.1037/1089-2680.7.1.3

Sam, D. L., & Berry, J. W. (2010). Acculturation: When individuals and groups of different cultural backgrounds meet. *Perspectives on Psychological Science, 5*(4), 472–481. https://doi. org/10.1177/1745691610373075

Savaş, Ö., Greenwood, R. M., Blankenship, B. T., Stewart, A. J., & Deaux, K. (2021). All immigrants are not alike: Intersectionality matters in views of immigrant groups. *Journal of Social and Political Psychology, 9*(1), 86–104. https://doi.org/10.5964/jspp.5575

Schotte, K., Stanat, P., & Edele, A. (2018). Is integration always most adaptive? The role of cultural identity in academic achievement and in psychological adaptation of immigrant students in Germany. *Journal of Youth and Adolescence, 47*(1), 16–37. https://doi.org/10.1007/s10964-017-0737-x

Schwartz, S. J., Szabó, Á., Meca, A., Ward, C., Martinez, C. R., Cobb, C. L., … Pantea, N. (2020). The convergence between cultural psychology and developmental science: Acculturation as an exemplar. *Frontiers in Psychology, 11.* https://doi.org/10.3389/fpsyg.2020.00887

Schwartz, S. J., Unger, J. B., Zamboanga, B. L., & Szapocznik, J. (2010). Rethinking the concept of acculturation: Implications for theory and research. *American Psychologist, 65*(4), 237–251. https://doi.org/10.1037/a0019330

Segall, M. H., Lonner, W. J., & Berry, J. W. (1998). Cross-cultural psychology as a scholarly discipline: On the flowering of culture in behavioral research. *American Psychologist, 53*(10), 1101–1110. https://doi.org/10.1037/0003-066X.53.10.1101

Shweder, R. A. (1990). Cultural psychology: What is it? In J. W. Stigler, R. A. Shweder, & G. E. Herdt (Hrsg.), *Cultural psychology: Essays on comparative human development* (S. 1–43). New York, NY: Cambridge University Press.

Syed, M., Fish, J., Hicks, J., Kathawalla, U.-K., & Lee, E. (2021). Somali migration to the United States: Understanding adaptation through digital stories. *Cultural Diversity and Ethnic Minority Psychology.* https://doi.org/10.1037/cdp0000427

Titzmann, P. F., & Jugert, P. (2019). *Youth in superdiverse societies*. New York, NY: Taylor & Francis.

Umaña-Taylor, A. J., Quintana, S. M., Lee, R. M., Cross Jr., W. E., Rivas-Drake, D., Schwartz, S. J., … Seaton, E. (2014). Ethnic and racial identity during adolescence and into young adulthood: An integrated conceptualization. *Child development, 85*(1), 21–39. https://doi.org/10.1111/cdev.12196

Verkuyten, M., Wiley, S., Deaux, K., & Fleischmann, F. (2019). To be both (and more): Immigration and identity multiplicity. *Journal of Social Issues, 75*(2), 390–413. https://doi.org/10.1111/josi.12324

Ward, C. (2013). Probing identity, integration and adaptation: Big questions, little answers. *International Journal of Intercultural Relations, 37*(4), 391–404. https://doi.org/10.1016/j.ijintrel.2013.04.001

Sozialisation

Elfriede Billmann-Mahecha

Zusammenfassung

Sozialisation wird als Prozess des Hineinwachsens von Kindern, Jugendlichen und Erwachsenen in eine Gesellschaft verstanden, der mit Entwicklungs- und Lernprozessen verschränkt ist und in einem soziokulturellen Setting stattfindet. Nach einer kurzen Darlegung des Phänomens der Sozialisation und dem Hinweis auf die Notwendigkeit einer interdisziplinären Sichtweise wird auf die historischen und theoretischen Grundlagen des Konzepts der Sozialisation eingegangen. Die Bedeutung soziokultureller Kontexte wird exemplarisch anhand von Forschungsarbeiten zur frühkindlichen Sozialisation im Kulturvergleich und zu den Entwicklungsaufgaben von Jugendlichen mit Migrationshintergrund dargelegt. Abschließend wird auf die Schwierigkeit, Kultur empirisch zu erfassen, verwiesen und für eine Annäherung kulturvergleichender und kulturpsychologischer Zugangsweisen plädiert.

Schlüsselwörter

Sozialisation als Prozess · Kulturanthropologie · Frühkindliche Sozialisation · Jugendalter · Kulturvergleich · Entwicklungsaufgaben

E. Billmann-Mahecha (✉)
Institut für Psychologie, Leibniz Universität Hannover, Hannover, Deutschland
E-Mail: Billmann@psychologie.uni-hannover.de

1   Einleitung: Gegenstandsbereich und Definition

Unter Sozialisation wird gemeinhin der Prozess des Hineinwachsens von Kindern, Jugendlichen aber auch Erwachsenen in die Gesellschaft verstanden. Da dieser Prozess nur mehrdimensional unter Beteiligung verschiedener Akteure und Institutionen einschließlich der Eigenaktivität des Individuums zu denken ist, kann das Phänomen der Sozialisation nur interdisziplinär unter Berücksichtigung der psychologischen, soziologischen, erziehungswissenschaftlichen und kulturanthropologischen Forschung umfassend verstanden werden, auch wenn in den genannten Disziplinen je eigene Pointierungen konzeptualisiert und empirisch untersucht werden. Unbestritten ist, dass Sozialisation in einem soziokulturellen Setting stattfindet und somit auch für die Kulturpsychologie von Interesse ist.

Es wurde und wird immer wieder versucht, Sozialisation insbesondere von Entwicklung, Lernen und Erziehung abzugrenzen, was aber nur bedingt gelingen kann, weil auch Entwicklung, Lernen und Erziehung in soziokulturellen Settings stattfinden und demnach ohne gesellschaftlich-kulturelle Kontextualisierung nur unzureichend beschrieben und verstanden werden können. Insofern erweist sich der Begriff der Sozialisation eher als ein Sammelbegriff, der alle geplanten und ungeplanten sowie die selbstreflexiven Prozesse beim Hineinwachsen eines Individuums in eine Gesellschaft zusammenfassend charakterisiert. Ludwig (2020) definiert Sozialisation als einen Prozessbegriff, der der Erziehung übergeordnet ist und die soziokulturellen Umweltfaktoren umfasst, die auf Entwicklung und Lernen beim Individuum einwirken.

Nach Klaus Hurrelmann und Ulrich Bauer bezeichnet Sozialisation

> den Prozess, in dessen Verlauf sich der mit einer biologischen Ausstattung und der körperlichen und psychischen Konstitution (‚innere Realität‘) versehene menschliche Organismus zu einer sozial handlungsfähigen Persönlichkeit bildet, die sich über den Lebenslauf hinweg in Auseinandersetzung mit den Lebensbedingungen – der sozialen und materiellen Umwelt (‚äußere Realität‘) – weiterentwickelt (2015, S. 18).

Zur ‚inneren Realität‘ zählen die Autoren die genetische Veranlagung, die körperliche Konstitution, die Intelligenz, das psychische Temperament und die Grundstrukturen der Persönlichkeit; zur ‚äußeren Realität‘ gehören die Familie, die Freundesgruppen, Erziehungs- und Bildungseinrichtungen, Arbeitsstätten, Massenmedien, Wohnbedingungen und die physikalische Umwelt (ebd., S. 44).

Je nach Alter des Individuums wird häufig zwischen primärer und sekundärer Sozialisation unterschieden. Primäre Sozialisationsinstanz ist dabei in der Regel die Familie, die ihrerseits eine Reihe von Entwicklungs- und Lerngelegenheiten bereitstellt oder auch vorenthält und je eigene, gesellschaftlich und kulturell geprägte Erziehungsvorstellungen realisiert. In der primären Sozialisation werden die Grundlagen für die sprachliche und kognitive Entwicklung gelegt, Verhaltens- und Rollenerwartungen sowie Einstellungen, Werte, Normen und Konventionen vermittelt. Dabei bilden die sozioökonomische Lage, der Bildungshintergrund, die Herkunftskulturen der Eltern, das

Vorhandensein von Geschwistern und nicht zuletzt die gelebte Familienform wichtige Einflussfaktoren. Der Anteil der klassischen Familienform, bestehend aus Vater, Mutter und Kind(ern), ist in modernen Industriegesellschaften zwar rückläufig, aber noch dominant. So leben in Deutschland rund 75 % der Kinder und Jugendlichen unter 18 Jahren in dieser Familienform (destatis 2018).

Als sekundäre Sozialisation werden zusammenfassend alle weiteren direkten gesellschaftlichen Einflüsse auf die Heranwachsenden bezeichnet. An erster Stelle steht hier das öffentliche Bildungssystem als Sozialisationsinstanz, das nicht nur Wissen, sondern auch – ebenso wie die Familie – Werte und Normen, sozial erwünschte Verhaltensweisen und Erwartungen vermittelt. Hinzu kommen Peers und der zunehmende Einfluss von Medien, sozialen Netzwerken etc. Gelegentlich wird von der zweiten noch eine dritte Sozialisationsinstanz unterschieden, nämlich die des Berufs- und öffentlichen gesellschaftlichen Lebens, in die Erwachsene eingebunden und von denen sie mitgeprägt werden. Insofern ist Sozialisation als lebenslanger Prozess zu verstehen.

Die Einteilung in zwei oder drei ‚Sozialisationsphasen‘ ist allerdings kritisch zu betrachten, weil die entsprechenden Sozialisationsinstanzen eng miteinander verknüpft sind und direkt oder indirekt aufeinander einwirken. So gehen etwa die beruflichen Erfahrungen der Eltern und der Austausch am Arbeitsplatz mittelbar in die familiäre Gestaltung des primären Entwicklungsumfeldes der Kinder ein, wie zum Beispiel von Urie Bronfenbrenner (1981) in seinem ökologischen Entwicklungsmodell beschrieben. Hinzu kommt die Eigenaktivität des Individuums, das seine Sozialisationsbedingungen zunehmend aktiv und reflexiv mitgestaltet – wenn auch in den familiär, gesellschaftlich und kulturell vorgegebenen Grenzen, die trotz aller Individualisierung vom Individuum in der Regel nicht vollständig ignoriert werden können.

Die Mitgestaltung der eigenen Sozialisationsbedingungen beginnt indirekt bereits im Säuglingsalter, in dem sich die Eltern ihrerseits an die neue Familienkonstellation anpassen müssen – ein Prozess, der je nach physischer Konstitution und Temperament des Neuankömmlings sehr unterschiedlich ausfallen und dementsprechend zu unterschiedlichen Erziehungspraktiken führen kann. Bereits ab dem Vorschulalter ist zu beobachten, wie Kinder und später die Jugendlichen bereitgestellte Lerngelegenheiten nach eigenen Interessen aktiv auswählen und aufsuchen. Hinzu kommt insbesondere im Jugend- und Erwachsenenalter die zunehmend selbstbestimmte Auswahl von Freundesgruppen, denen man sich zugehörig fühlt und deren Werte und Normen man teilt. Selbstverständlich spielen auch die Berufswahl und die Wahl von Lebensformen wichtige Rollen im weiteren Sozialisationsprozess.

2   Grundlagen: Historische und theoretische Einordnung

Wie der Mensch zu dem wird, was er ist, und welche Rolle dabei seine biologische Ausstattung, seine soziokulturelle Umwelt, seine Herkunftsfamilie oder seine eigenen Entscheidungen haben, ist für die Menschen seit jeher von Interesse, gerade wenn sie mit anderen Kulturen in Kontakt kommen. Überwogen im 19. und Anfang des 20. Jahrhunderts biologistische bis hin zu rassistischen Vorstellungen, setzten sich seitdem in den Sozialwissenschaften nach und nach Sichtweisen durch, die kulturelle Einflüsse zumindest als gleich bedeutsam wie die biologische Ausstattung des Menschen bewerten. Überwiegend biologisch orientierte Auffassungen werden aber auch heute noch vertreten, und zwar vor allem in der Soziobiologie und in der Evolutionspsychologie, z. B. von Richard Dawkins oder Steven Pinker.

Zum weitgehenden Umdenken in den Wissenschaften haben nicht zuletzt die kulturanthropologischen Arbeiten von Franz Boas (1858–1942) und seinen Schülerinnen und Schülern – die bekanntesten sind wohl Margaret Mead (1901–1978) und Ruth Benedict (1887–1948) – seit den 1920er Jahren in den USA beigetragen (King 2020). Auf der Basis von Feldstudien, in denen sie mit Methoden der (teilnehmenden) Beobachtung und der Befragung von Informantinnen und Informanten versuchten, indigene Kulturen aus der Innenperspektive zu verstehen, haben sie die Vielfalt kultureller Praxen in ihrer je eigenen Sinnhaftigkeit beschrieben. Darüber hinaus haben sie ein Bewusstsein dafür geschaffen, dass menschliche Erlebens- und Verhaltensweisen, die üblicherweise als ‚natürlich' angesehen worden waren, ganz wesentlich kulturell geformt sind. Im Hinblick auf die Adoleszenz ist hier insbesondere die Studie von Mead (1970) auf Samoa zu erwähnen.

Von den Arbeiten von Mead gingen trotz aller Kritik an ihrer Methodik, die insbesondere von Derek Freeman vorgetragen wurde (zur Mead-Freeman-Kontroverse siehe z. B. Shankman 1996), wesentliche Impulse für die spätere Genderforschung aus, indem sie darlegten, inwiefern Geschlechtsrollen nicht biologisch, sondern soziokulturell bedingt sind. Die familiäre und gesellschaftliche Vermittlung von Geschlechtsnormen und entsprechenden Erwartungen an ‚weibliche' und ‚männliche' Verhaltensweisen sind bis heute ein prominentes Feld der Sozialisationsforschung. Einen komprimierten Überblick über die wichtigsten Traditionslinien und aktuellen Debatten innerhalb der Geschlechterforschung, z. B. zur Beibehaltung oder Abschaffung der Kategorie Geschlecht, gibt Renate Nestvogel (2010).

Auch wenn häufig von Sozialisationstheorien gesprochen wird, gibt es keine Theorie der Sozialisation im engeren Sinne, sondern nur mehr oder weniger ausdifferenzierte Modelle, die die eingangs genannten Faktoren (wie Lernen, Entwicklung etc.) aufzählen und/oder zueinander in Beziehung setzen. Einigkeit besteht in der Sozialisationsforschung allerdings darin, dass weder eine rein individuum-zentrierte oder gar eine biologistische noch eine rein gesellschaftliche Sichtweise hinreichend ist, um das Phänomen der Sozialisation zu beschreiben und zu erklären. Dem entsprechend dominieren heute systemtheoretisch-ökologische und reflexiv-handlungstheoretische Ansätze, die von einem Zusammenwirken sozialer und individueller Konstruktionsprozesse ausgehen (Nestvogel 2010, S. 168 f.).

Gleichwohl ist eine Reihe von theoretischen Ansätzen zu nennen, die wichtige Beiträge dazu leisten, Prozesse der Sozialisation zu beschreiben, zu erklären und zu verstehen (für einen Überblick siehe Hurrelmann und Bauer 2015). Dies sind, um nur einige Beispiele zu nennen

- das bereits erwähnte ökologische Entwicklungsmodell von Bronfenbrenner (1981), demgemäß die Systeme auf Mikro-, Meso-, Exo- und Makroebene bei der Sozialisation miteinander in Beziehung stehen und ineinandergreifen,
- der Symbolische Interaktionismus nach George Herbert Mead (1968), bei dem die Bedeutung zwischenmenschlicher Interaktionen im Sozialisationsprozess hervorgehoben wird,
- die Entwicklungstheorie von Erik H. Erikson (1957), die Entwicklung als eine Abfolge von psychosozialen Krisen beschreibt, die im Laufe des Lebens im jeweiligen kulturellen Kontext zu bewältigen sind,
- die sozial-kognitive Lerntheorie von Albert Bandura (1979), die das Lernen sozialen Verhaltens durch Beobachtung erklärt, sowie
- das Konzept der Entwicklungsaufgaben nach Robert J. Havighurst (1948), auf das unten noch eingegangen wird.

Von besonderem Interesse sind darüber hinaus kulturvergleichende Arbeiten in der Sozialisationsforschung, die sich unter anderem auf einen der genannten theoretischen Ansätze beziehen. Im Folgenden werden hierfür zwei Forschungsbeispiele skizziert.

3   Anwendung: Forschungsbeispiele

3.1   Frühkindliche Sozialisation im Kulturvergleich

Inwieweit die frühkindliche Entwicklung nicht nur von der biologischen Ausstattung, sondern maßgeblich auch von kulturell vorgegebenen Sozialisationszielen und entsprechenden Erziehungspraktiken beeinflusst wird, zeigt die kulturvergleichende Sozialisationsforschung. Als Beispiel seien hier die umfangreichen Arbeiten des Forschungsteams von Heidi Keller genannt, das den Umgang mit Säuglingen und Kleinkindern in westlichen Mittelschichtmilieus mit dem in nicht-westlichen bäuerlichen Milieus, insbesondere der Nso in Kamerun, verglichen hat (z. B. Keller 2017). Als Datengrundlage dienten unter anderem Bild- und Videoaufnahmen von Mutter-Kind-Interaktionen, Protokolle von Mutter-Kind-Dialogen und Befragungen.

Die Ergebnisse zeigen, dass in westlichen Mittelschichtmilieus und nicht-westlichen bäuerlichen Milieus unterschiedliche Bilder vom Kind existieren: Erstere haben – konform mit der uns geläufigen Entwicklungspsychologie, wie z. B. in der Bindungstheorie postuliert – ein Bild vom Kind, das auf psychische und mentale Autonomie abhebt, verbunden mit einer kindzentrierten Haltung und responsiven Zuwendung. Nicht-westliche bäuerliche Milieus haben ein Bild vom Kind, das möglichst schnell in die familiären Netzwerke und Hierarchien hineinwächst. Das Sozialisationsziel der Autonomie bezieht sich hier nicht auf innere Faktoren, wie z. B. Wünsche und Intentionen, sondern auf eine frühe Selbständigkeit des Kindes in Bezug auf (motorische) Handlungsfähigkeit innerhalb des sozialen Systems. Entsprechend unterschiedlich sind die Kommunikationsformen mit Säuglingen und Kleinkindern und die Formen der körperlichen Stimulation. Ein Beispiel: Während westliche Mittelschichtmütter im Dialog mit ihren Kleinkindern einen elaborativen Stil pflegen, d. h., offene Fragen stellen und die Antworten des Kindes aufgreifen und evaluieren, bestimmt die Mutter in nicht-westlichen bäuerlichen Milieus das Gespräch und dem Kind kommt nur die Rolle der Bestätigung zu (repetitiver Stil).

Diese und viele weitere Unterschiede in den Erziehungspraktiken (Keller 2017, sowie die dort angegebenen weiteren Quellen) führen dazu, dass die Kinder in den verglichenen kulturellen Milieus unterschiedliche soziale und kognitive Kompetenzen ausbilden. Kinder nicht-westlicher Bauernfamilien zeigen z. B. kaum Fremdenfurcht, die für westliche Mittelschichtsbabys typisch ist, und sie sind bereits mit einem Jahr in der Lage, kleine Hilfsarbeiten im Haushalt mit zu verrichten. Keine westliche Mittelschichtsmutter würde wohl erlauben, dass ihr einjähriges Kind mit einem großen Messer in der Hand versucht, einen Platz zu säubern (ebd., Abb. 7).

Keller folgert aus diesen und vielen anderen kulturvergleichenden Beobachtungen und Untersuchungen, dass die westliche Entwicklungspsychologie keineswegs universelle Entwicklungspfade beschreibt, sondern die eines speziellen kulturellen Milieus, das nur 5 % der Weltbevölkerung ausmacht (ebd., S. 84).

Theoretisch interpretiert Keller ihre Ergebnisse zu den unterschiedlichen Sozialisationsstrategien unter Bezugnahme auf die Differenzierung von Hazel Rose Markus und Shinobu Kitayama (1991) zwischen einem independenten, euroamerikanischen Selbstkonzept mit stabilen Ich-Grenzen und einem interdependenten, bei dem das Selbst fluide ist, sich situativ anpasst und die signifikanten Anderen Teil des Selbstkonzeptes sind. Diesen unterschiedlichen normativen gesellschaftlichen Sichtweisen vom Selbst entsprechen laut Keller die in den miteinander verglichenen Milieus vertretenen Sozialisationsziele und die damit verbundenen Entwicklungsaufgaben.

3.2   Entwicklungsaufgaben von Jugendlichen mit Migrationshintergrund

Das Konzept der Entwicklungsaufgaben nach Havighurst (1948) besagt, dass jede Lebensphase spezifische Aufgaben bereitstellt, deren erfolgreiche Bewältigung für eine gelingende Persönlichkeitsentwicklung notwendig ist. Inhaltlich ergeben sich die Entwicklungsaufgaben aus a) biologischen Veränderungen, wie sie z. B. in der Pubertät zu beobachten sind, b) gesellschaftlichen Erwartungen, wie z. B. die Erlangung von Selbständigkeit in verschiedenen Lebensbereichen, und c) eigenen Zielsetzungen, z. B. hinsichtlich beruflicher Orientierungen. Aus dieser knappen Zusammenfassung ist bereits ersichtlich, dass Entwicklungsaufgaben normativ sind und kulturellen Unterschieden und historischem Wandel unterliegen. Für Jugendliche mit Migrationshintergrund ergeben sich unter dieser theoretischen Perspektive besondere Herausforderungen, die zum einen darin bestehen, dass die Erwartungen der Mehrheitsgesellschaft den Erwartungen der familiär tradierten Herkunftskultur widersprechen können, z. B. hinsichtlich der Ablösung vom Elternhaus. Zum anderen sehen sich Jugendliche mit Migrationshintergrund akkulturativen Herausforderungen gegenüber, die zusätzlich zu den eigentlichen Entwicklungsaufgaben oder mit diesen verschränkt zu bewältigen sind.

In einem aktuellen Überblicksartikel haben Philipp Jugert und Peter F. Titzmann (2020) auf der Basis des Konzepts der Entwicklungsaufgaben eine Reihe von empirischen Befunden daraufhin analysiert, wie akkulturative Herausforderungen, die für Jugendliche mit Migrationshintergrund spezifisch sind, die erfolgreiche Bewältigung normativer Entwicklungsaufgaben entweder behindern oder fördern können.

Nach einem Gang durch acht Entwicklungsaufgaben, wie sie von Simpson (2001) aktualisiert worden sind, und die dazu vorliegenden empirischen Befunde zu Jugendlichen mit Migrationshintergrund kommen die Autoren zu dem Schluss, dass diese Jugendlichen im Prinzip mit den gleichen oder ähnlichen normativen Entwicklungsaufgaben konfrontiert sind wie die Jugendlichen der Mehrheitsgesellschaft. Allerdings können einwanderungs- oder minderheitenbezogene Erfahrungen die Wege und den Zeitpunkt für das Erreichen von Entwicklungsaufgaben verändern. Die möglichen zuwanderungsbedingten Veränderungen der Entwicklungsaufgaben werden schließlich in einer Übersichtstabelle zusammenfassend dargestellt.

Als Beispiele seien hier nur zwei der acht Entwicklungsaufgaben genannt. In einer geht es darum, dass die Jugendlichen für sich selbst relevante moralische Standards, Werte und Glaubenssysteme identifizieren. Akkulturativer Stress kann nun einerseits zur Entwicklung von fehlangepassten und antinormativen moralischen Standards und Werten führen, andererseits aber auch mit einem höheren Maß an Empathie und prosozialem Verhalten gegenüber anderen einhergehen. In einer weiteren Entwicklungsaufgabe geht es um die Übernahme zunehmend reiferer Rollen und Verantwortlichkeiten. Hier wird darauf hingewiesen, dass Jugendliche mit Migrationshintergrund oft die Rolle des Sprachvermittlers in ihrer Familie übernehmen, was die Entwicklung beschleunigen und sich auf andere familiäre Aufgaben übertragen kann (Jugert und Titzmann 2020, Tab. 1). Insgesamt scheint das Konzept der Entwicklungsaufgaben als tragfähig, um die Sozialisationsprozesse von Jugendlichen mit Migrationshintergrund besser zu verstehen, dabei einseitig defizit-orientierte Sichtweisen zu hinterfragen und stattdessen auch die Kompetenzen und Ressourcen zu sehen, die sie bei der Bewältigung akkulturationsspezifischer Herausforderungen erwerben.

4   Fazit

Nach diesem kleinen Einblick in die Variation gesellschaftlich-kultureller Sozialisationsziele und -praktiken im Kindes- und Jugendalter, verknüpft mit dem theoretischen Ansatz der Entwicklungsaufgaben, bleibt die Frage der Abgrenzung von Kulturen und der intrakulturellen Variationen in verschiedenen soziokulturellen Milieus. Es ist heute in den Sozialwissenschaften unbestritten, dass ‚Kultur' nichts Statisches ist, das essentialistisch nach Ethnien, Ländern oder Nationen geordnet werden kann (wie in der immer noch gängigen Rede von ‚Kulturkreisen'), sondern als ein dynamisches Bedeutungssystem aufzufassen ist, das sich unter anderem in den Einstellungen, Werthaltungen und Handlungsmustern der Menschen manifestiert. Insofern ist es verkürzt, Kultur als einfache Variable in kulturvergleichenden Untersuchungen zu interpretieren (z. B. deutsche vs. schweizerische Kultur) oder Kulturen zusammenfassend in Gruppen einzuteilen, wie etwa in kollektivistische und individualistische Kulturen, zumal innerhalb so definierter Kulturkategorien in verschiedenen Milieus große Unterschiede zu beobachten sind, die infolge von Globalisierung und Wanderungsbewegungen eher zunehmen dürften. Auch Keller weist darauf hin, „dass Kulturen natürlich keine homogenen Gebilde sind, wo jedes Mitglied über genau das gleiche Verhaltens- und Erlebensrepertoire verfügt" (2017, S. 94). Ihr Lösungsansatz besteht darin, ‚kulturelle Modelle' in verschiedenen sozialen Milieus zu identifizieren und zu vergleichen.

Bereits Boas hat in den 1920er Jahren auf der Basis seiner Untersuchungen indigener Kulturen auf die große Variabilität kultureller Praktiken selbst innerhalb eines ‚Stammes' und innerhalb eines bestimmten geografischen Gebiets hingewiesen und daraus auf die Prozesshaftigkeit von Kultur im Sinne verschiedener Formen der Tradierung und deren lokalen Interpretationen geschlossen (King 2020, S. 162 ff.).

Die ‚innerkulturellen' Unterschiede nicht zu ignorieren und kultursensitiv spezifische Milieus und deren Bedeutungssysteme zu untersuchen, nähert die in vielen Bereichen verdienstvolle kulturvergleichende Forschung der interpretativ orientierten kulturpsychologischen Sichtweise an. Dies gilt selbstverständlich auch für die Sozialisationsforschung.

Literatur

Bandura, A. (1979). *Sozial-kognitive Lerntheorie.* Stuttgart: Klett-Cotta (Original: 1977).

Bronfenbrenner, U. (1981). *Die Ökologie der menschlichen Entwicklung. Natürliche und geplante Experimente.* Stuttgart: Klett-Cotta (Original: 1979).

Erikson, E. H. (1957). *Kindheit und Gesellschaft.* Zürich: Pan-Verlag (Original: 1950).

Havighurst, R. J. (1948). *Developmental tasks and education.* New York, NY: McKay.

Hurrelmann, K., & Bauer, U. (2015). *Einführung in die Sozialisationstheorie. Das Modell der produktiven Realitätsverarbeitung* (11. vollst. überarb. Aufl.). Weinheim: Beltz.

Jugert, P., & Titzmann, P. F. (2020). Developmental tasks and immigrant adolescent's adaptation. In D. Güngör & D. Strohmeier (Hrsg.), *Contextualizing immigrant and refugee resilience. Cultural and acculturation perspectives* (S. 33–50). Cham: Springer.

Keller, H. (2017). Entwicklung als kulturspezifische Lösung universeller Entwicklungsaufgaben. In A. Rauh (Hrsg.), *Fremdheit und Interkulturalität. Aspekte kultureller Pluralität* (S. 79–100). Bielefeld: transkript.

King, C. (2020). *Schule der Rebellen. Wie ein Kreis verwegener Anthropologen Race, Sex und Gender erfand.* München: Hanser.

Ludwig, P. H. (2020). *Grundbegriffe der Pädagogik: Definitionskriterien, kritische Analyse, Vorschlag eines Begriffssystems.* Weinheim: Beltz Juventa.

Markus, H. R., & Kitayama, S. (1991). Culture and the self. Implications for cognition, emotion and motivation. *Psychological Review, 98*(2), 224–253.

Mead, G. H. (1968). *Geist, Identität und Gesellschaft aus der Perspektive des Sozialbehaviorismus.* Frankfurt/Main: Suhrkamp (Original: 1934).

Mead, M. (1970). *Kindheit und Jugend auf Samoa,* München: dtv (Original: 1928).

Nestvogel R. (2010). Sozialisationstheorien. In R. Becker & B. Kortendiek (Hrsg.), *Handbuch Frauen- und Geschlechterforschung. Theorie, Methoden, Empirie* (3. erw. Aufl.) (S. 166–177). Wiesbaden: VS Verlag für Sozialwissenschaften.

Shankman, P. (1996). The history of Samoan sexual conduct and the Mead-Freeman controversy. *American Anthropologist, 98*(3), 555–567.

Simpson, A. R. (2001). *Raising teens: A synthesis of research and a foundation for action.* Boston, MA: Center for Health Communication, Harvard School of Public Health.

Kommunikation und Interaktion

Gerhard Benetka und Felicitas Auersperg

Zusammenfassung

Menschliche Kommunikation wird von verschiedenen wissenschaftlichen Disziplinen untersucht, die zumindest auf den ersten Blick wenig miteinander zu tun haben. So stammt das für den Zugang der Psychologie entscheidende Modell zur Beschreibung von Kommunikationsprozessen aus der Fernmeldetechnik, was es insbesondere für die medienvermittelte Massenkommunikation plausibel macht. Sobald aber die direkte Kommunikation zwischen Menschen thematisiert wird, wird deutlich, dass dieser Zugang sich nur unzureichend für die Analyse kommunikativer Alltagssituationen eignet. Mit Hilfe soziologischer Modelle wird im Anschluss nach Wegen gesucht, um das Ein-Personen-Paradigma der Psychologie aufzubrechen und soziale Zusammenhänge zur Erklärung kommunikativer Prozesse und Interaktionen zwischen Menschen heranzuziehen.

Schlüsselwörter

Ein-Personen-Paradigma · Shannon-Weaver-Modell · Kommunikationstheorien · Ethnomethodologie · Symbolischer Interaktionismus · Sprachspiele · Nonverbale Kommunikation

G. Benetka (✉) · F. Auersperg
Sigmund Freud PrivatUniversität Wien, Wien, Österreich
E-Mail: gerhard.benetka@sfu.ac.at

F. Auersperg
E-Mail: felicitas.auersperg@sfu.ac.at

1   Einleitung: Psychologische Modellbildung

‚Kommunikation' ist ein Begriff, der in verschiedenen grundlagen- und technik-
wissenschaftlichen Disziplinen an mehr oder minder zentraler Stelle Verwendung
findet: neben der Psychologie in der Philosophie, der Soziologie, der Journalistik und
Massenkommunikationsforschung, der Linguistik und Semiotik, in der Kybernetik und
Informationstheorie usf. Dazu kommt eine nahezu unüberschaubare Flut an Ratgeber-
literatur, die das Wort ‚Kommunikation' im Titel führt – und damit aufs engste verbunden auch das ganze Ausmaß an mehr oder weniger auf wissenschaftlich gesicherte
Bezüge referierende Managementliteratur, mit der Techniken einer – woran auch
immer bemessenen – ‚richtigen' Gesprächsführung einem breiten Publikum wissenschaftlicher Laien nahegebracht und, das vor allem, gewinnbringend verkauft werden.
Kommunikationstrainings zählen heute in wirtschaftlichen Zusammenhängen jedenfalls zum Kernbestand aller auf die Stärkung sogenannter *social skills* bezogenen
Personalentwicklungsmaßnahmen.

Für die wissenschaftliche Thematisierung von ‚Kommunikation' ist ein überraschend reger Austausch von Modellbildungen zwischen den einzelnen Disziplinen zu
konstatieren. Wir haben es also mit Metaphern zu tun, wobei als ‚Spender' vor allem
Kybernetik und Nachrichtentechnik fungieren. In Bezug auf die (Sozial-)Psycho-
logie der Kommunikation ist dieser Umstand jedenfalls nicht zu übersehen. Und, wenn
man die Geschichte des Faches in der zweiten Hälfte des 20. Jahrhunderts übersieht,
auch wenig verwunderlich. Die viel zitierte ‚Kognitive Wende' der Psychologie als
Antwort auf das – im Übrigen nicht zuletzt aufgrund der überzeugenden Kritik von-
seiten der Sprachwissenschaft (Chomsky 1959) – in die Krise geratene Paradigma des
radikalen Behaviorismus hat zunächst sehr verschiedene Motive und Zielvorstellungen
unter einer Erneuerungsbewegung vereint: von einer funktionalistischen Erweiterung
der ausschließlich auf ‚Reiz' und ‚Verhalten' beschränkten behavioristischen Begriffssprache um ‚mentale' Vorgänge bis hin zu einer Wiedereinführung von ‚Sinn' und
‚Bedeutung' in die Psychologie. Mit der immer enger werdenden Anbindung der ‚neuen'
Psychologie an die entstehenden Computerwissenschaften wurde der Teufel aber
schließlich mit dem Beelzebub ausgetrieben – d. h. das alte mechanistische Menschenbild des Behaviorismus durch ein neues, an Informatik und Informationstheorie
orientiertes Maschinenmodell ersetzt[1] (Werbik und Benetka 2016, S. 105).

Das für den Zugang der Psychologie entscheidende Modell zur Beschreibung von
Kommunikationsprozessen stammt denn auch aus der Fernmeldetechnik und wurde in den
späten 1940er Jahren von Shannon und Weaver (1949) veröffentlicht: Eine aus einer *Quelle
(source)* stammende Information wird in einen *Sender (transmitter)* kodiert und über
einen *Kanal (channel)* zu einem *Empfänger (receiver)* transportiert, der die Information
dekodiert, sodass sie für das *Ziel (destination)* wieder in der ursprünglichen, d. h. von

---

[1] Kritische Augenzeugen dieser Wende sind z. B. Bruner (1997, S. 22 ff.) und auch Miller (2003).

der Quelle ausgehenden Form zur Verfügung steht. Die Übertragung der Information im Kanal ist für Störungen – *Rauschen (noise)* – anfällig. Damit rückt die Genauigkeit der Informationsübermittlung in den Fokus, d. h. die Frage, ob und wie die Information im Vergleich zum Ausgangszustand beim Zielort ankommt. In die Sprache der Psychologie übersetzt: wie die von der sendenden Person intendierte Mitteilung von der Zielperson aufgefasst, ‚verstanden‘, bei ihr ‚wirksam‘ wird.

Mit dem von Karl Bühler entwickelten Organon-Modell hat dieser Ansatz im Grunde wenig gemein: Im Mittelpunkt von Bühlers Modell steht ein konkretes Schallphänomen, ein phonetisches Ereignis, das in der Interaktion von Sprecher und Hörer bzw. durch eine regelgerechte Zuordnung zu Gegenständen und Sachverhalten Zeichenqualität erhält. Das, was ein Schallereignis zu einem Zeichen macht, ist ein komplexer Prozess, in dem etwas von dem phonetischen Ereignis ‚abgezogen‘ wird (nicht alle Eigenschaften des Ereignisses sind für seine Funktion als Sprachzeichen relevant – Bühler spricht von „abstraktiver Relevanz“) und anderes in der Wahrnehmung des Ereignisses durch den ‚Sender‘ und ‚Empfänger‘ mental hinzugefügt wird (Bühler spricht von „apperzeptiver Ergänzung“). Es handelt sich dabei nicht um ein Modell der Kommunikation, sondern um ein *semiotisches* Modell. Bühler zeigt, in welchen Funktionen ein Sprachzeichen in Erscheinung tritt: Ein und dasselbe Sprachzeichen fungiert in der wechselseitigen Steuerung des Verhaltens aufseiten des Senders als Ausdruck, als Symptom, und appelliert an den Empfänger, wenn es als Signal wahrgenommen wird. Dem menschlichen Sprachverkehr eigentümlich ist nun, dass die Zuordnung der Zeichen zu Gegenständen oder Sachverhalten diese zu symbolisieren, also zur Darstellung zu bringen vermag. Die dreimal verschiedene Zeichenhaftigkeit von phonetischen Ereignissen: als Signal, Symptom und Symbol und die drei von Bühler unterschiedenen Sprachfunktionen (Ausdruck, Appell und Darstellung) sind nicht voneinander zu trennen. Aus diesem Grunde kann es auch nicht mehr als drei Sprachfunktionen geben (Bühler 1934, 24–48).

Seine Herkunft aus der Nachrichtentechnik macht das von Shannon und Weaver ausdrücklich auch für die sozialwissenschaftliche Forschung empfohlene Grundmodell vor allem für die Anwendung auf medienvermittelte Individual- und Massenkommunikation plausibel. Das gilt insbesondere für die auf Radio- und Fernsehen bezogenen Anfänge psychologischer Massenkommunikationsforschung, in denen die im Shannon-Weaver-Modell postulierte einseitige Gerichtetheit des Kommunikationsvorgangs tatsächlich realisiert ist. Entlang der an der sogenannten Lasswell-Formel (Lasswell 1948)[2] vorgenommenen Differenzierung der Forschungsbereiche der mit Aspekten der Massenkommunikation befassten Disziplinen hat in der Psychologie von Beginn an die Medienwirkungsforschung im Vordergrund gestanden. Freilich wäre es zu einfach, dies allein aus der durch das Shannon-Weaver-Modell festgelegten Ausrichtung an den

---

[2] Who (control analysis) say what (content analysis) in which channel (media analysis) to whom (audience analysis) with what effect (effect analysis).

am Zielort der Informationsvermittlung ausgelösten Effekten zu erklären. Zu berücksichtigen ist, dass Massenkommunikationsforschung ein teures Unterfangen ist, das von Anfang an sehr unmittelbar an politische und dann vor allem privatwirtschaftliche Verwertungsinteressen gekoppelt war.

Wir wollen uns im Folgenden von der Massenkommunikation ab- und uns ausschließlich der Grundform menschlicher Kommunikation zuwenden: der direkten, d. h. *face-to-face*-Kommunikation zwischen zwei oder mehreren Kommunikationspartnern. Zu zeigen wird sein, dass erstens mit der aus der Nachrichtentechnik entlehnten Sender-Empfänger-Metapher nicht einmal einfache kommunikative Alltagssituationen zu erhellen sind; und – daraus abgeleitet – dass zweitens der auf das Individuum zentrierte Zugang der Mainstream-Sozialpsychologie grundsätzlich nicht dazu geeignet ist, zwischenmenschliche Kommunikationsprozesse adäquat abzubilden. Und zwar deshalb, weil dieser Zugang die für das Zustandekommen von alltäglichen Kommunikationen zentrale Voraussetzung nicht zu erfassen vermag: dass nämlich Menschen, die miteinander kommunizieren, in einer Welt leben, die ihnen gemeinsam ist. Wir werden uns daher im zweiten Teil unsers Textes soziologischen Modellen zuwenden, die Aspekte der sozialen Organisation von Kommunikationsprozessen zu erklären beanspruchen. Zu prüfen ist, was diese Modelle zur Überwindung des Ein-Personen-Paradigmas der Psychologie beitragen können.

2   Alltagskommunikation: Beschränkungen psychologischer Modellbildung

A: „Was machen wir heute abends?" – B: „Ich habe morgen eine Prüfung". Das eigentlich psychologisch Interessante an dieser alltäglichen Konversation wird von einer nachrichtentechnischen Sender-Empfänger-Metapher eigentlich nicht berührt. Erstens, dass A und B aufeinander bezogen sind. Zunächst in dem Sinne, dass A und B überhaupt miteinander zu kommunizieren *beabsichtigen*. Es ist wichtig zu sehen, was aus dieser scheinbar so trivialen Voraussetzung folgt: dass nämlich A darum bemüht ist, dass das, was er sagt, für B verständlich ist; und umgekehrt, dass B sich darum bemüht, das, was A sagt, zu verstehen. Nach Tomasello (2011) äußert sich darin die grundsätzlich kooperative Struktur menschlicher Kommunikation. Daraus folgen zweitens die Voraussetzungen dafür, dass A und B sich in der beschriebenen Art einander verständlich machen können: A muss nicht nur verstehen, was das Wort ‚Prüfung‘ bedeutet. Er weiß auch, dass eine Prüfung der Vorbereitung bedarf, die einer gemeinsamen Aktivität mit B entgegensteht. B wiederum weiß, dass A das weiß, und A weiß, dass B das weiß. A und B verfügen also, wenn sie miteinander sprechen, über einen gemeinsamen Hintergrund (Clark und Schäfer 1989), der ganz spezifisch ist für das, was sie gerade miteinander aushandeln. Alles darüber hinaus – das heute z. B. schönes Wetter ist, dass die Aktien, die A besitzt, gerade steigen etc. – ist völlig irrelevant. Entscheidend ist im Augenblick nur das, was beide an aktualisiertem Hintergrund genau in dieser Situation zur Verständigung brauchen: dass beide im selben Augenblick dasselbe wissen und beide wissen, dass sie es wissen. Daraus bestimmt sich, *was* in einer Situation *wie* gesagt werden kann. Und weiter: Dass B weiß, dass A weiß, was B weiß und A weiß, dass B weiß, was A weiß, impliziert, dass A und B ganz automatisch – im alltäglichen Sprachverkehr tatsächlich ohne es zu wissen – wechselseitig die Perspektive des jeweils anderen übernehmen.

All das ist im Sender-Empfänger-Modell ausgeblendet. Das Modell impliziert, dass eine individuelle Person (Quelle) eine Nachricht generiert, die er in Sprachzeichen kodiert. Inhalt der Nachricht und Art und Weise der sprachlichen Kodierung werden in der herkömmlichen Sozialpsychologie mit den gängigen Personenvariablen in Zusammenhang gebracht: mit Einstellungen, Stereotypen, Vorurteilen etc.; das, was wir den gemeinsamen Hintergrund genannt haben, verengt sich in einer individuum-zentrierten Perspektive auf die Variable ,Vorwissen'. Das Modell verkennt, dass Inhalt und sprachliche Kodierung im Normalfall nicht die Leistung der Quelle allein sind: Es verkennt, dass der Adressat der Kommunikation nicht erst mit seiner Antwort, sondern schon bei der Formulierung der Frage gleichsam ,mitspricht'.

Darüber hinaus legt das aus der Nachrichtentechnik übernommene Modell – in eine psychologische Sprache übersetzt – nahe, dass eine Person, die einer anderen Person etwas mitteilen will, im Akt des Kommunizierens einen ihr eigenen Gedanken in eine sprachliche Nachricht übersetzt. Diese Trennung zwischen Denken und Sprechen hält, wie Vygotskij (2002) schon sehr früh gezeigt hat, einer ernsthaften psychologischen Analyse nicht stand. Für gewöhnlich ist es so, dass ein Gedanke sich erst im Sprechen selbst klarlegt. Auch dieser Aspekt verweist darauf, dass in einem Gespräch A nicht einfach B einen Gedanken mitteilt, sondern dass B den Gedanken, den A äußert, mitentwickelt.

Schließlich ist anzumerken, dass in vielen alltäglichen Kommunikationssituationen eigentlich gar nichts mitgeteilt wird. Man grüßt einander, tauscht belanglose Floskeln aus, man redet z. B. über das Wetter, um des Miteinander-Redens willen – zumeist einfach deshalb, um sich wechselseitig zu versichern, dass man einander freundlich gesinnt ist.

3 Nonverbale Kommunikation: Gesten als Grundlage der Sprachentwicklung

Das am Shannon-Weaver-Modell orientierte psychologische Verständnis von Kommunikation erlaubt zunächst einfache Unterscheidungen: z. B. je nachdem, ob eine ,Nachricht' in sprachliche Zeichen oder in nicht-sprachliche Zeichen (Körperhaltung, Mimik, Gestik etc.) ,kodiert' wird. Nur nebenbei streifen wir hier die Frage, warum gerade gewisse Aspekte nonverbaler Kommunikation in Managementseminaren sich so großer Beliebtheit erfreuen. In einer Welt, die aufgebaut ist auf Lüge und Betrug, hält offenbar der Glaube an die verräterische Macht nonverbaler Zeichen die Hoffnung auf Authentizität und Wahrheit aufrecht: An den körperlichen Veränderungen, die das Sprechen oder Zuhören begleiten, ist etwas anderes und daher mehr zu erkennen als durch die Aufschlüsselung der Bedeutung der übermittelten Worte.[3]

In unserem Zusammenhang interessiert nonverbale Kommunikation in einer anderen Hinsicht: Verbale Kommunikation ist eine Kommunikation, die über konventionelle Zeichen vermittelt ist. Zu erklären, wie ein solches konventionelles Zeichensystem entstanden sein könnte, ist aus einem einfachen Grund schwierig: Die Vereinbarung eines Codes setzt eine schon bestehende Form der Kommunikation voraus, die so reichhaltig sein muss, dass sie diese Vereinbarung ermöglichen kann (Tomasello 2011, S. 71). Wie ist dieses Problem halbwegs plausibel zu lösen? Um der Zirkularität zu entgehen, ist man gezwungen, eine Art Nullpunkt anzunehmen: nicht-konventionalisierte, unkodierte Formen der Kommunikation, die einen ‚natürlichen' Ausgang für die Entwicklung konventionalisierter Formen der Kommunikation ermöglichen. Dass ‚natürliche' Gesten die Grundlage für die Entwicklung der Sprache bilden könnten, argumentiert Tomasello im Anschluss an Vygotskij mit dem Hinweis auf die „psychologische Infrastruktur", die der Gebrauch von Zeigegesten voraussetzt. Zentral dabei ist, was er die spezifisch menschliche Eigenschaft der *geteilten Intentionalität* nennt: den Umstand nämlich, dass Menschen nicht nur – wie ihre nächsten Artverwandten, die Menschenaffen – die Absichten anderer Individuen erkennen und verstehen, sondern mit anderen Individuen gemeinsame Absichten entwickeln und einem gemeinsamen Plan folgend auch entsprechend umsetzen können. Diese evolutionär entstandene Fähigkeit zur Kooperation liegt schon der kommunikativen Verwendung unkodierter Zeichen (Zeigegesten und symbolischer Gesten) zugrunde und bildet gleichsam den Ansatzpunkt für die evolutionäre Herausbildung der menschlichen Sprache. Über zahlreiche vergleichende Studien an Menschenaffen und Kleinkindern hat Tomasello seine These auch empirisch zu erhärten versucht. Dabei hat er sich im Laufe der Jahre von seiner zunächst so fruchtbaren Orientierung an Vygotskij und der Kulturhistorischen Schule entfernt. Sein Versuch, menschliches Denken und normative Wertvorstellungen zu naturalisieren (Tomasello 2014, 2016, 2020), erscheint uns sowohl aus philosophischer als auch aus psychologischer Sicht fragwürdig: Die evolutionäre Herleitung der Bedingungen für die Kulturentwicklung mündet letztlich ein in die Biologisierung von ‚Kultur'.

---

[3] Es ist erstaunlich, wie groß in leitenden Wirtschaftskreisen diese Sehnsucht nach ‚Wahrheit' ist: Entsprechend leicht ist sie von Experten auch zu bedienen. Z. B. hält sich mit großer Hartnäckigkeit das von den Anhängern des Neurolinguistischen Programmierens – in Österreich immerhin eine behördlich anerkannte Richtung der Psychotherapie – in die Welt gesetzte Postulat, dass ein Rechtshänder, der nach rechts oben schaut, schwindelt, wenn er nach links blickt, aber die Wahrheit sagt, obwohl das längst als grober Unsinn entlarvt ist (vgl. z. B. Wiseman et al. 2012).

‚Sprachspiel' und ‚Kultur': Wittgenstein

Wir wollen den Begriff der Kultur über Wittgensteins Sprachphilosophie einführen. Sein Ansatz scheint uns exemplarisch zu sein für Zugänge, die die Hervorbringung sozialer Ordnung über zwischenmenschliche Interaktionen erklären. Gleichzeitig stellt er eine Art a-psychologisches Negativ dar, von dem sich einige theoretische Bemühungen abheben lassen, die der Kulturpsychologie enger verwandt sind. In dieser Gegenüberstellung wird *eine* Besonderheit sichtbar. Im Gegensatz zu Wittgensteins Begriffsbildung handelt es sich bei diesen Ansätzen um kognitivistische Theorien. Mit der Betonung von kognitiven Prozessen für die Herstellung sozialer Ordnung gewinnt der Einzelne an Freiheit; genauer: an Gestaltungsmöglichkeiten. Im symbolischen Interaktionismus sind es letztlich die sinnstiftenden Akte der Individuen, aus denen die soziale Welt, in der wir leben, hervorgeht. Der gesellschaftliche Prozess, so könnte man sagen, setzt sich nicht, wie Marx sagt, hinter dem Rücken, sondern über die Köpfe der Akteure durch. Am Schluss werden wir darauf aufmerksam machen, dass Wittgensteins Konzept dem Feld-Konzept Bourdieus sehr ähnlich ist – einer soziologischen Theorie, die ‚politisch' insofern ist, als das es ihr zuallererst um die Darstellung und Aufklärung sozialer Ungleichheit geht.

Ausdrücklich wird in den *Philosophischen Untersuchungen* die frühe Theorie aus dem *Tractatus*, dass Sprache die Welt abbildet, verworfen. Wittgenstein erkennt, dass es *die eine* Sprache, die *einer bestimmten* Logik folgt, nicht gibt. Tatsächlich umfasst das, was wir Sprache nennen, eine Vielzahl ganz verschiedener Tätigkeiten: Wir gebrauchen die Sprache, „um zu beschreiben, zu berichten, zu informieren, zuzustimmen, zu bestreiten, zu spekulieren, Befehle zu geben, Fragen zu stellen, Geschichten zu erzählen, zu schauspielern, zu singen, Rätsel zu raten, Spaß zu machen, Probleme zu lösen, zu übersetzen, zu fordern, zu danken, zu grüßen, zu fluchen, zu beten, zu warnen, in Erinnerung zu rufen, Gefühle auszudrücken und für vieles andere mehr" (Grayling, 1999, S. 93). Wittgenstein will zeigen, dass es nicht gelingen kann, das dieser Mannigfaltigkeit von Sprachverwendungen *eine Gemeinsame* anzugeben. Es ist in diesem Zusammenhang, in dem er den Begriff der „Familienähnlichkeit" einführt und in der Folge an Vorgängen, „die wir ‚Spiele' nennen", erläutert. Die Mannigfaltigkeit der Verwendung all dessen, was ‚Zeichen', ‚Worte', ‚Sätze' sind, wird nun in Analogie dazu als „Sprachspiele" bezeichnet (Wittgenstein 1984, S. 66, 277). Unter ‚Sprachspiel' sind also die vielen verschiedenen Verwendungsweisen von Sprache (im Alltag, im Beruf, in der Psychotherapie, in Wissenschaft, Kunst und Literatur usf.) zu verstehen, wie sie im Leben der Menschen faktisch realisiert sind – verschiedene Verwendungsweisen, die man eben nach Familienähnlichkeiten ordnen kann, die aber je für sich, wie Wittgenstein betont, einer eigenen „Logik" folgen. Ein und derselbe sprachliche Ausdruck kann – in verschiedenen Sprachspielen gebraucht –Verschiedenes bedeuten. D. h., dass seine Bedeutung nicht durch seine Beziehung auf Gegenstände und ihren Zusammenhang in der Welt festgelegt sein kann; seine Bedeutung *ist* einfach die Art und Weise, wie dieser Ausdruck in einem Sprachspiel gebraucht wird. Einen sprachlichen Ausdruck verstehen heißt dann folgerichtig: ihn richtig, d. h. den Regeln des je spezifischen Sprachspiels gemäß, zu verwenden.[4] Die für uns zentrale Pointe des Wittgensteinschen Ansatzes liegt in der Auslegung dessen, was eine Regel ist: Eine Regel ist etwas, was sich selbst erst in ihrer Anwendung – in ihrer kollektiven Befolgung – herstellt. Regeln, die unser Handeln anleiten, gibt es nur deshalb, *weil* sie unser Handeln anleiten. Sie sind nichts, was uns von außen – weder von wie auch immer existierenden Gesetzen der Logik noch durch die Biologie – aufgezwungen wird. Ihre Gültigkeit lässt sich somit nicht begründen, bloß konstatieren. Wir sehen, dass Menschen im Kollektiv sich so und nicht anders verhalten – nicht weil sie es tun müssen (z. B. weil die Gegebenheiten der Welt sie dazu zwingen), sondern weil sie sich gemeinsam daran gewöhnt haben, sich so zu verhalten. Regeln sind, wie Wittgenstein sagt, nichts als „Gepflogenheiten", die wir wie automatisiert, d. h. ohne uns bewusst dafür zu entscheiden, vollziehen. Wir folgen einem Zeichen, einem Wegweiser z. B., weil alle anderen es tun und wir selbst es schon immer getan haben: weil es „Brauch" ist.

Weil es „Brauch" ist: Die Formel verweist auf den weiteren Zusammenhang. Menschen handeln nicht für sich allein, sie haben ihr Tun und Lassen aufeinander abzustimmen. Die Gesamtheit der sozialen Praktiken oder Handlungsweisen – samt den ihnen zugehörigen Werthaltungen und Denkweisen –, die den Zusammenhalt einer Gemeinschaft ausmachen, nennt Wittgenstein „Lebensform". Sich eine Sprache in einer Gemeinschaft aneignen, heißt, sich Überzeugungen, Werthaltungen und Praktiken anzueignen, die unauflöslich mit dem Gewebe der dieser Sprache zugrunde liegenden Lebensform verflochten sind. Darin liegt schließlich auch begründet, dass Erklärungen oder Rechtfertigungen von Alltagspraktiken nicht über den Verweis auf die Lebensform hinausgehen können. In diesem Sinn bezeichnet Wittgenstein die Lebensform als „das Hinzunehmende, Gegebene" (ebd., S. 572).

Was ‚hinzunehmen' ist, ist zunächst die Kontingenz der Lebensform: Das, was als Gewohnheit realisiert ist, ist nicht aus Notwendigkeit so, wie es ist. Und dennoch ist es uns als das Selbstverständliche, das unmittelbar Vorfindliche gegeben. Was damit allerdings nicht gemeint ist, ist, dass nichts an der Welt, in der wir leben, zu kritisieren wäre. Worauf Wittgensteins Argument abzielt, ist, dass es Gewohnheiten gibt, die wir nicht oder nur schwer ablegen können, nicht aber darauf, Genitalverstümmelungen zu legitimieren oder den Umstand, dass die großen Player im Plattformkapitalismus ihre obszön hohen Gewinne nicht versteuern.

4   Soziologische Erweiterungen 1: Goffman

Die Pointe von Wittgensteins Konzept liegt darin, dass es ohne mentale Begriffe, ohne Rekurs auf innere Vorgänge, also gänzlich ohne Psychologie auskommt. Dies wird insbesondere deutlich, wenn wir uns soziologischen Kommunikationstheorien zuwenden,

---

[4] Man beachte: Verstehen ist kein innerer, kein ‚mentaler' Vorgang, sondern eine Tätigkeit! „Eine Sprache verstehen, heißt, eine Technik beherrschen" (Wittgenstein 1984, S. 199, 344).

die in dieser Hinsicht zu seinem Ansatz komplementär sind. Exemplarisch werden wir in der Folge auf Modellbildungen eingehen, die Einfluss auf die Entwicklung der Kulturpsychologie ausgeübt haben: auf Goffmans Interaktionstheorie, auf Garfinkels Ethnomethodologie und auf den auf Mead zurückgehenden Symbolischen Interaktionismus. Die Reihung erfolgt nicht chronologisch, sondern nach dem Gesichtspunkt, wie viel Handlungsspielraum in den jeweiligen Ansätzen den Einzelnen bei der Gestaltung der sozialen Welt zugestanden wird. Unsere Darstellung verweist letztlich auf ein Dilemma: Bei dem Versuch, den Aufbau der sozialen Welt aus der Perspektive von in zwischenmenschlichen Interaktionsprozessen vermittelten Bedeutungen zu begreifen, geraten reale Machtverhältnisse und ihre sozialen Folgen nur allzu rasch aus dem Blick.

Zunächst zu Erving Goffman, der sich mit der mikrosoziologischen Analyse der Ordnung alltäglicher Interaktionsprozesse befasst.[5] Auf den ersten Blick scheint Goffmans Zugang durchaus dem Wittgensteinschen Ansatz ähnlich zu sein: Nicht Individuen und ihre Psychologie, sondern „die syntaktischen Beziehungen zwischen den Handlungen verschiedener gleichzeitig anwesender Personen" (Goffman 1986, S. 8) bilden den Fokus seiner Untersuchungen: Regeln also, denen Menschen zumeist völlig unbewusst folgen, wenn sie an bestimmten öffentlichen, halböffentlichen Plätzen oder privaten Orten einander begegnen – jene gleichsam ritualisierten Abläufe, die dem *face-to-face* Kontakt von Personen eine überindividuell verbindliche, in diesem Sinn ‚soziale' Ordnung verleihen. Das Minenspiel, Blicke, Gesten, Körperhaltungen, sprachliche Äußerungen, mithin all jene Verhaltensweisen, die Menschen zeigen, wenn sie aufeinandertreffen, sind also auch nach Goffman keine individuellen Gestaltungen. Sie folgen gewissen Mustern, nach denen die direkte Kommunikation allgemein verbindlich strukturiert ist. In seiner Erklärung dieses Phänomens rekurriert Goffman dann aber im Gegensatz zu Wittgenstein auf – weitgehend auch unbewusste – kognitive Prozesse:[6]

---

[5] Der Begriff der ‚Interaktion' wird vor allem in der soziologischen Theoriebildung als eine Art Oberbegriff verwendet: Der wechselseitige Einfluss, den Individuen in ihrem Handeln bzw. in ihrem Verhalten aufeinander ausüben, umfasst natürlich auch das ganze Feld symbolisch vermittelter Kommunikationen. Die Unterscheidung ist, worauf gerade Goffman hinweist, nicht unwesentlich: Zumindest ist nicht auszuschließen, dass mehrere Personen, die, ohne einander zu kennen, an einer Haltestelle auf den Bus warten, indem sie einander wahrnehmen, einander wechselseitig in ihrem Verhalten beeinflussen – ohne miteinander zu kommunizieren.

[6] In diesem Zusammenhang ist auch auf das von Edward T. Hall letztlich im Kontext der Aus- und Fortbildung von Diplomaten und ‚Entwicklungshelfern' entwickelte Konzept der interkulturellen Kommunikation zu verweisen. Für Hall bilden die Muster, wie Menschen sich zueinander verhalten, den Kern dessen, was er unter dem Einfluss der von Franz Boas und dann von Ruth Benedict an der Columbia Universität vertretenen Anthropologie als ‚Kultur' bezeichnet (Rogers et al. 2002, 5–6). Dabei sind vor allem die ‚unbewusst', oder besser, wie Hall sagt, ‚out-of-awareness' ablaufenden nonverbalen Kommunikationen entscheidend (Hall 1959). Das Verdienst von Hall liegt darin, dass er, weil er die Kommunikationsmuster verschiedener Kulturen miteinander vergleichen will, sich auch um entsprechende Operationalisierungen kümmern muss. In diesem Sinne hat er im Laufe der Zeit mehrere Dimensionen vorgeschlagen, in denen kulturelle Unterschiede

Mit seinem ersten Buch *The presentation of self in everyday life* (Goffman 1969) wird die Argumentation in Gestalt einer Theater-Metapher entwickelt. Personen, die miteinander interagieren, stellen wie die Akteure eines Ensembles vor einem tatsächlich vorhandenen oder als vorhanden imaginierten Publikum eine soziale Situation dar. Das, was jeder einzelne zur Aufführung beiträgt, nennt Goffman „Selbstdarstellungen": Diesen Selbstdarstellungen liegt das Bemühen zugrunde, anderen Eindruck *(impression)* zu machen, d. h. Mitspielern wie Publikum ein bestimmtes Bild von sich zu vermitteln. In unseren Interaktionen folgen wir also – und das völlig situationsunabhängig – immer ein und derselben Strategie: durch mehr oder minder geschicktes „Impression-Management" Einfluss zu nehmen auf andere, vor allem aber darauf, wie diese anderen sich uns gegenüber verhalten. Eine gute Performance setzt Takt und vor allem „Textsicherheit" voraus: d. h., die Kompetenz, die Regeln, nach denen das Spiel inszeniert ist, zu erkennen und entsprechend in wechselnden sozialen Situationen anzuwenden. In späteren Arbeiten hat Goffman diesen Ansatz zu einer „Rahmen-Analyse" ausgeweitet (Goffman 1977). Unter ‚Rahmen' wird die Organisation von kognitiven Schemata verstanden, die es uns ermöglicht, zu erkennen, was in einer bestimmten sozialen Situation gerade vorgeht. Wichtig ist das Moment des Konventionellen. Es ist so, als stünde uns allen eine Reihe derselben symbolhaften Geschichten und Erzählweisen zur Verfügung, in die wir all das, was uns begegnet und was wir erfahren, einordnen: Eine Art kollektives Wissen, Wissen gerade auch um das, was in sozialen Situationen sich schickt oder völlig unschicklich ist. Durch diesen Rahmen, der uns so selbstverständlich, wie bei Wittgenstein unmittelbar und daher zum Teil nicht hinterfragbar gegeben ist, wird unsere alltägliche Kommunikation choreographiert – und damit ihr gleichzeitig eine allgemein verständliche Bedeutung verliehen.

5   Soziologische Erweiterungen 2: Ethnomethodologie

Grundlegend für Goffmans Ansatz ist die Idee, dass die soziale Ordnung direkter Kommunikation den Akteuren nicht von außen aufgezwungen ist: aufgezwungen wie etwa in Talcott Parsons Strukturfunktionalismus in Form eines konventionellen Normen- und Wertesystems, das im Laufe der Sozialisation internalisiert wird. Solche externalistischen Erklärungen sind zirkulär. Sie erklären das Zustandekommen von Konventionen durch den Rekurs auf Konvention. Bei Goffman hingegen entsteht soziale

---

empirisch festzumachen sind. Verschiedene Kulturen unterscheiden sich demnach z. B. darin, wie groß der Anteil an Kommunikationen ist, in denen Sachverhalte explizit gemacht werden (low-context vs. high-context cultures), wie sich die Angehörigen im Raum zueinander positionieren (Territorialität: distanziert – weniger distanziert), wie sie in der Ausführung von Arbeitsschritten mit Zeit umgehen (monochron vs. polychron), wie rasch in diesen Kulturen Informationen zirkulieren etc. (vgl. z. B. Hall und Hall 1990).

Ordnung aus den wechselseitig aufeinander abgestimmten Handlungen der Akteure. Anders als Wittgenstein greift er aber dabei auf kognitive Prozesse zurück. In ihren Interaktionen folgen die Einzelnen stets einer – ihnen zu einem großen Teil unbewusst bleibenden – *Strategie*. Harold Garfinkels Ethnomethodologie liest sich nun wie eine Erweiterung des Goffmanschen Ansatzes – eine Erweiterung, die das Handeln der Einzelnen von den sozialen Normierungen, die sie sich selbst auferlegen, ein wenig distanziert und damit ein Stück weit freier und flexibler macht.

Anders als Goffman rekonstruiert Garfinkel die Hervorbringung sozialer Ordnung nicht einfach aus situativen Begegnungen, sondern aus gemeinsamen *Tätigkeiten,* d. h. aus der Art und Weise, wie Gesellschaftsmitglieder fortlaufend Alltagsangelegenheiten kooperativ bewältigen. Sie folgen darin nicht von vornherein feststehenden allgemeinen Regeln, sondern erzeugen diese Regeln in ihren Alltagsroutinen selbst. Und zwar dergestalt, dass sie alltägliche Praxisszenarien für sich und andere „zurechenbar" machen: „Wenn ich von zurechenbar spreche", schreibt Garfinkel (2020, S. 35), „will ich auf Folgendes hinaus: Ich meine beobachtbar-und-berichtbar, das heißt den Mitgliedern als situierte Praktiken des Sehens-und-Sprechens zugänglich". Alltägliche Interaktionen sind demnach sinnvoll, nicht weil ihnen die Akteure ,Sinn' zuschreiben, sondern weil ihr Vollzug in sich sinnvoll ist. Die Konstituierung von Sinn ist also nicht die Sache eines ,privaten Bewusstseins', sondern ein soziales, ein öffentliches Geschehen, das sich in den Prozessen des Verstehens-und-sich-verständlich-Machens der Akteure dokumentiert. So ist jedes kooperative Handeln Zeichen und Zeugnis sozialer Ordnung, prinzipiell sichtbar und verstehbar für alle, die an ihm partizipieren. Allerdings ist der Umstand, dass darin soziale Ordnung erzeugt wird, für die Akteure selbst, wie Garfinkel sagt, völlig „uninteressant". Die Wirklichkeit, die sie hervorbringen, ist ihnen selbstverständlich. Sie wird – durchaus im Sinne Wittgensteins – wie eine natürliche Tatsache als gegeben hingenommen. Die sprachliche Kommunikation der Akteure hat daher durchweg indexikalischen Charakter. Sie bleibt auf die zur Bewältigung der konkreten Alltagsanforderungen notwendige Verständigung bezogen. In dieser ist – ganz im Gegensatz zu wissenschaftlich-rationaler Kommunikation – die eindeutige Klärung von Begriffen nicht notwendig. Die Vagheit und Unbestimmtheit alltagspraktischer Kommunikation basiert auf dem grundsätzlichen Vertrauen, dass der jeweils andere schon verstehen wird, was man gemeint hat, und dass das, was man selbst nicht verstanden hat, im weiteren Verlauf des Gesprächs sich irgendwie klären wird (Bergmann 2000, S. 128). Diese Mehrdeutigkeit mag aus wissenschaftlicher Sicht defizitär erscheinen. Im Alltag der Akteure ermöglicht sie aber innerhalb eines gegebenen Kontexts die flexible Anpassung an wechselnde Aufgabenstellungen, eben die fortlaufende Erzeugung von Sinn. Pointiert ausgedrückt: Die Akteure sind keine „cultural dopes" (kulturelle Trotteln), die bewusstlos irgendwelche sozialen Regeln und Normen exekutieren; keine Marionetten, sondern eher Improvisationskünstler, die kreative und auf eine Minimierung des Aufwands abzielende Routinen zur Lösung alltagspraktischer Probleme erfinden – und dabei doch so offen und flexibel bleiben, um auch unvorhersehbaren Aufgaben innerhalb dieser Routinen begegnen zu können.

6 Soziologische Erweiterungen 3: Symbolischer Interaktionismus

Einen zu Wittgensteins anti-mentalistischem Zugang entschiedenen Gegenentwurf stellt der Symbolische Interaktionismus dar. Die grundlegenden Arbeiten dazu stammen von George Herbert Mead (1973), die Bezeichnung selbst geht auf Herbert Blumer (1969) zurück. Mead hat in seinen sozialphilosophischen bzw. sozialpsychologischen Texten amerikanische Traditionen (Pragmatismus und Behaviorismus) mit europäischer Psychologie (insbesondere Wundts Verständnis der sozialen Rolle von Gesten) zu vermitteln versucht (vgl. Morris 1973). Es geht darum, den evolutionären Übergang von der Verwendung von Zeichen und Gesten zur Verwendung von Symbolen, von symbolischen Gesten zu vokalen Gesten, d. h. zur Verwendung von Sprache im eigentlichen Sinn, verständlich zu machen. Welche psychischen Leistungen sind damit verbunden? Meads Argumentation ist der von Tomasello bereits sehr ähnlich: Mit der Verwendung von Symbolen geht eine ‚Rollenübernahme' einher: Ich sehe voraus, wie andere auf meine Symbolverwendung reagieren, womit ich mich selbst, mein eigenes Verhalten objektiviere: Ich sehe mich mit den Augen anderer, durch diesen Blick auf mich selbst vermag ich mein Verhalten zu steuern und – das vor allem – mit anderen abzustimmen. Gelingende symbolische Interaktion setzt in dieser Art mit anderen geteilte – „signifikante" – Symbole voraus. Auf diese Weise entsteht soziale Ordnung: über die Verwendung von im Zuge der Sozialisation in Interaktionsprozessen mit signifikanten Anderen angeeignete signifikante Symbole. Die Aneignung signifikanter Symbole verallgemeinert wiederum die Übernahme von Rollen. Mead spricht in diesem Zusammenhang treffend von einem „generalisierten Anderen", in dem die Normen und Werthaltungen einer Gesellschaft zusammenfließen.

Die psychologische Systematisierung dieser Ideen durch Herbert Blumer (1969) nimmt letztlich wesentlich Postulate der heutigen Kulturpsychologie vorweg: Wir nehmen Dinge nicht einfach wahr, sondern wir beziehen sie in unser Handeln ein und zwar entsprechend der Bedeutung, die sie für uns haben. Die Bedeutung der Dinge ist keine individuelle Schöpfung, sie entsteht in bzw. aus der Interaktion mit anderen. Sie ist daher auch nicht festgelegt, sie kann durch praktisches Handeln und in den symbolisch vermittelten Interaktionen mit anderen verändert werden.

7 Fazit

Menschen leben in einer sozialen Erfahrungswelt, die sie in ihrer Alltagspraxis hervorbringen. Wir sollten uns mit dieser Einsicht nicht begnügen, sondern zur Kenntnis nehmen, wie sehr gerade gesellschaftskritische Theorien, Bourdieus Feldtheorie z. B., dem so radikal anti-mentalistischen Konzept Wittgensteins nahe stehen (vgl. Rehbein 2016, S. 99–103). Ein soziales Feld ist nach Bourdieu ein strukturierter gesellschaftlicher Raum, der durch Ungleichheitsbeziehungen charakterisiert ist: eine Arena, in der die Akteure um die Behauptung ihrer in ökonomischem und symbolischem Kapital begründeten Position ringen; ringen also um die Erhaltung oder Veränderung der je zwischen ihnen bestehenden Kräfteverhältnisse. Wie bei Wittgenstein ist auch bei Bourdieu die Bedeutung sprachlicher Ausdrücke durch ihren Gebrauch bestimmt. Über Wittgenstein hinausgehend, sind nach Bourdieu die Sprachspiele aber vor allem auch Machtkämpfe: Mächtig ist der, dessen Position es ihm erlaubt, das Wort zu führen, der über symbolische Macht verfügt, zu definieren, was wann wie gesagt werden kann. Könnte es sein, dass wir Psycholog:innen in unserer Fesselung an den Terminus ‚Kultur‘ beflissentlich übersehen, dass wir in *gesellschaftlichen* Verhältnissen leben – in Verhältnissen, in denen eine relativ kleine Anzahl von Besitzenden immer mehr besitzt, die überwiegende Mehrheit der Menschen aber immer ärmer wird? Ist ‚Kultur, wie Eagleton (2017) sagt, tatsächlich ein Begriff, der es uns erspart, in wissenschaftlichen Zusammenhängen über Herrschaft, Eigentumsverhältnisse, Klassenlage, kurz und gut: über Kapitalismus zu sprechen?

Literatur

Bergmann, J. R. (2000). Ethnomethodologie. In U. Flick, E. v. Kardorff & I. Steinke (Hrsg.), *Qualitative Forschung. Ein Handbuch* (S. 118–135). Reinbek bei Hamburg: Rowohlt.

Blumer, H. (1969). *Symbolic interactionism. Perspective and method.* Englewood Cliffs, NJ: Prentice-Hall.

Bruner, J. (1997). *Sinn, Kultur und Ich-Identität.* Heidelberg: Auer (Original: 1990).

Bühler, K. (1934). *Sprachtheorie. Die Darstellungsfunktion der Sprache.* Jena: Fischer.

Chomsky, N. (1959). A review of B. F. Skinner's Verbal Behavior. *Language, 35*(1), 26–58.

Clark, H. H., & Schaefer, E. F. (1989). Contributing to discourse. *Cognitive Science, 13*(2), 259–294.

Eagleton, T. (2017). *Kultur.* Berlin: Ullstein.

Garfinkel, H. (2020). *Studien zur Ethnomethodologie.* Frankfurt/Main: Campus (Original: 1967).

Goffman, E. (1969). *Wir alle spielen Theater. Die Selbstdarstellung im Alltag.* München: Piper (Original: 1959).

Goffman, E (1977). *Rahmen-Analyse. Ein Versuch über die Organisation von Erfahrung.* Frankfurt/Main: Suhrkamp (Original: 1974).

Goffman, E. (1986). *Interaktionsrituale. Über Verhalten in direkter Kommunikation.* Frankfurt/Main: Suhrkamp (Original: 1967).

Grayling, A. C. (1999). *Wittgenstein.* Freiburg i. Br.: Herder (Original: 1988).

Hall, E. T. (1959). *The silent language.* New York, NY: Doubleday.

Hall, E. T., & Hall, M. R. (1990). *Understanding cultural differences.* Yarmouth. ME: Intercultural Press.

Lasswell, H. D. (1948). The structure and function of communication in society. In L. Bryson (Hrsg.), *The communication of ideas. A series of addresses* (S. 32–51). New York, NY: Harper.

Mead, G. H. (1973). *Geist, Identität und Gesellschaft.* Frankfurt/Main: Suhrkamp (Original 1934).

Miller, G. A. (2003). The cognitive revolution: a historical perspective. *Trends in Cognitive Sciences, 7*(3), 141–144.

Morris, C. W. (1973).Einleitung: George H. Mead als Sozialpsychologe und Sozialphilosoph. In G. H. Mead, *Geist, Identität und Gesellschaft* (S. 13–38). Frankfurt am Main: Suhrkamp.

Rehbein, B. (2016). *Die Soziologie Pierre Bourdieus.* Konstanz: UVK Verlagsgesellschaft.

Rogers, E. M., Hart, W. B. & Mike, Y. (1992). Edward T. Hall and the history of intercultural communication: The Unites States and Japan. *Ceio Communication Review, 24,* 3–26.

Shannon, C. E., & Weaver, W. (1949). *The mathematical theory of communication.* Urbana, IL: University of Illinois Press.

Tomasello, M. (2011). *Die Ursprünge der menschlichen Kommunikation.* Frankfurt/Main: Suhrkamp.

Tomasello, M. (2014). *Eine Naturgeschichte des menschlichen Denkens.* Berlin: Suhrkamp.

Tomasello, M. (2016). *Eine Naturgeschichte der menschlichen Moral.* Berlin: Suhrkamp.

Tomasello, M (2020). *Mensch werden. Eine Theorie der Ontogenese.* Berlin: Suhrkamp.

Wiseman, R., Watt, C., ten Brinke, L., Porter, S., Couper S-L, et al. (2012). The eyes don't have it: Lie detection and Neuro-Linguistic Programming. *PLoS ONE, 7*(7), e40259. https://doi.org/10.1371/journal.pone.0040259.

Vygotskij, L. S. (2002). *Denken und Sprechen. Psychologische Untersuchungen.* Weinheim: Beltz (Original: 1934).

Wittgenstein, L. (1984). *Werkausgabe Band 1: Tractatus logico-philosophicus, Tagebücher 1914– 1916, Philosophische Untersuchungen.* Frankfurt/Main: Suhrkamp.

Materielle Armut und symbolische Prekarität

Sonja Teupen

Zusammenfassung

Materielle Armut als kulturelles Phänomen in den Blick zu nehmen, erweitert die Erkenntnismöglichkeiten der psychologischen und soziologischen Armutsforschung. Der Beitrag erläutert, wie das Phänomen Armut kulturpsychologisch in den Blick genommen werden kann. Als zentral wird die Frage nach der mit materieller Armut verbundenen symbolischen Prekarität betrachtet und wie Personen in Armutslagen mit dieser umgehen. Empirisch lässt sich die Verhandlung symbolischer Prekarität in Selbsterzählungen untersuchen, in denen Personen narrativ personale Identität herstellen und darstellen, indem sie Subjektpositionierungen vornehmen, an kulturell intelligible und anerkennungsfähige *master narratives* anschließen und unter Umständen in *counter narratives* investieren. Anhand eines Beispiels wird das darin liegende Potenzial der kulturpsychologischen Perspektive verdeutlicht. Abschließend werden methodologische Hinweise gegeben.

Schlüsselwörter

Armut · Symbolische Prekarität · Personale Identität · Positionierung · Master narratives

S. Teupen (✉)
Deutsches Zentrum für Neurodegenerative Erkrankungen (DZNE e. V.), Witten, Deutschland
E-Mail: sonja.teupen@dzne.de

© Der/die Autor(en), exklusiv lizenziert an Springer Fachmedien Wiesbaden GmbH, ein Teil von Springer Nature 2022
U. Wolfradt et al. (Hrsg.), *Kulturpsychologie,*
https://doi.org/10.1007/978-3-658-37918-6_29

1   Einleitung: (K)eine Kulturpsychologie der Armut

Die Kulturpsychologie untersucht psychische Prozesse und Phänomene auf der Ebene der Person im kulturellen Kontext von Zeichen-, Regel-, Wissens- und Orientierungssystemen. Dies tut sie vorrangig mit idiografischen, interpretativen Methoden. An anderer Stelle (Teupen 2018; dort finden sich auch Hinweise auf die Forschungslage) habe ich dargelegt, dass es – über einzelne Studien hinaus – keine Kulturpsychologie der Armut gibt, und habe einen Versuch unternommen, das Potenzial der kulturpsychologischen Sicht auf Armut zu systematisieren. Die kulturpsychologische Perspektive geht über die klassisch psychologische hinaus. Im Rahmen der Psychologie können wir weder direkt Armut als gesellschaftliche Relation noch Armut als individuelle soziale Position in den Blick nehmen. Stattdessen konzentriert sich psychologische Armutsforschung auf mögliche psychische Ursachen und Folgen von Armut, untersucht psychische Phänomene unter Bedingungen von Armut oder erforscht – sozialpsychologisch – Sichtweisen auf Armut und Arme sowie damit verbundene Handlungen. Die kulturpsychologische Perspektive erweitert aber auch die soziologische Armutsforschung. Für diese stehen Ursachen und Folgen der Armut von Risikogruppen im Fokus, öffentliche Repräsentationen von Armut und Armen, Diskurse der Armut und Einstellungen gegenüber Armen sowie subjektive Sichtweisen und Handlungsstrategien von Menschen in Armutslagen. Mit diesem knappen Überblick wird deutlich, dass sich in der gegenwärtigen Armutsforschung (sozial-)psychologische und (mikro-)soziologische Perspektiven bereits überlappen. Die kulturpsychologische Perspektive fügt dem die Möglichkeit hinzu, die untersuchten Phänomene in ihrer Kulturalität zu verstehen und somit auszudifferenzieren. Sowohl im Gegenstandsbereich von Selbst- und Weltverhältnissen als auch von Repräsentationen kann die Kulturpsychologie eine relevante Perspektive bereitstellen. So eignet sie sich erstens „zur Untersuchung von subjektiven Deutungen von und Emotionen im Zusammenhang mit Armutserleben, von Wünschen, Sehnsüchten und Aspirationen der Personen in Armutslagen sowie ihres selbst- und weltbezogenen Handelns. Diese können jeweils in ihrer Prägung durch Wissensbestände, Normen, Ideale oder Narrative betrachtet werden" (ebd., S. 37 f.). Zweitens kann sich die Kulturpsychologie im Gegenstandsbereich von Repräsentationen „der Kulturalität verschiedener Erklärungsansätze von Armut, den psychischen Aspekten der sozialen Konstruktion der Kategorie der Armen sowie den damit verbundenen Praktiken der Ein- und Ausgrenzung, Unterstützung und Sanktionierung widmen" (ebd., S. 38). Mit einer kulturpsychologischen Perspektive auf Armut können wir demnach das Erleben, Deuten und handelnde Umgehen mit eigener und fremder Armut als kulturelle und damit historische und kontingente Phänomene fokussieren.

Im Folgenden werde ich dies auf der Grundlage einer bereits publizierten Studie (Teupen 2019) am Konzept der symbolischen Prekarität verdeutlichen, mit dem beide genannten Gegenstandsbereiche angesprochen sind und in dem sich psychologische und soziologische Bezüge überschneiden. Materiell arm zu sein impliziert eine symbolisch prekäre Subjektposition, mit der die in Armut lebenden Personen handelnd umgehen müssen und in Relation zu der sie personale Identität herstellen und darstellen müssen. In einer handlungstheoretisch informierten Identitätstheorie wird personale Identität in ihrer Sozialität, Temporalität und Interpretativität verstanden:

„Personale Identität […] bezeichnet die Qualität des Selbst- und Weltverhältnisses einer Person, die sich im individuellen Lebensverlauf fortwährend bildet und verändert. In diesem Prozess ist die Person eingebunden in soziale Bezüge zu anderen Personen, in die Zeit zwischen – kollektiver wie persönlicher – Vergangenheit, Gegenwart und Zukunft sowie in allgemeine, kanonische Sinn- und Bedeutungssysteme und besondere, idiosynkratische Interpretationsgefüge" (ebd., S. 104).

Das Einbeziehen des Kulturellen geschieht insbesondere in der Dimension der Interpretativität. Personale Identität ist grundsätzlich als kulturell und historisch bedingt zu analysieren (Straub 2012) und es stellt sich stets auch die Frage nach Möglichkeiten der Handlungsfähigkeit des Subjekts gegenüber dem Kulturellen. Im Fall der Armut, deren Kulturalität in einer symbolischen Prekarität der Subjektposition von Personen in Armutslagen besteht, wird diese Frage besonders drängend. Mit den Mitteln der Kulturpsychologie lässt sich empirisch untersuchen, mit welchen konkreten Erscheinungsformen symbolischer Prekarität Personen in Armutslagen umgehen müssen, wie sie dieses Umgehen damit gestalten und wie beides – die symbolische Prekarität wie auch der Umgang damit – kulturell gebunden ist.

2   Theoretische Grundlagen

2.1   Zur Relation von materieller Armut und symbolischer Prekarität

Aus klassisch-soziologischer Perspektive wird die Kategorie der Armen gesellschaftlich durch den institutionalisierten Umgang mit Armen hervorgebracht: „Der Arme als soziologische Kategorie entsteht nicht durch ein bestimmtes Maß von Mangel und Entbehrung, sondern dadurch, dass er Unterstützung erhält oder sie nach sozialen Normen erhalten sollte" (Simmel 1908, S. 490). Diese Kategorisierung ist weder normativ neutral noch sozial folgenlos, sondern bildet den Ausgangspunkt für eine Stigmatisierung der so Kategorisierten (Coser 1965). Grundlegend dafür sind kulturell gebundenes Kategorienwissen, Diskurse oder Deutungsmuster in Bezug auf das Phänomen Armut (Paugam 2008).

Armut als kulturelles Phänomen zu verstehen, bündelt sich im Konzept der *symbolischen Prekarität* (Teupen 2019). Symbole als polyvalente Repräsentationen basieren auf kulturell geteilten Annahmen über ihre Bedeutung (Rolf 2006). Die Symbole der Armut in einem bestimmten kulturellen und gesellschaftlichen Kontext können u. a. mit Mitteln der Diskursanalyse untersucht werden. Ein bekanntes Beispiel für ein Armutssymbol im US-amerikanischen Kontext ist die Figur der *welfare queen,* der alleinstehenden Mutter, die Kinder um der Sozialleistungen willen bekomme und zugleich unfähig sei, sie zu erziehen. Im deutschen Kontext kann *Hartz IV* mittlerweile als Symbol der Armut verstanden werden, das über die eigentliche Bedeutung des Zeichens hinaus Bedeutung trägt. In allgemeiner Hinsicht bezeichnet der Begriff ‚Prekarität' das dem Subjektsein anhaftende Risiko der Nicht-Anerkennung und damit des Verlustes des Subjektstatus. Judith Butler (1997) zufolge zeigen Subjektpositionen Subjekten die Grenzen des Lebbaren an. Da die in einem Kontext verfügbaren Subjektpositionen zugleich ermöglichend und begrenzend sind, können Subjekte sich ihnen nicht einfach vollständig entziehen, sondern können sich nur in Relation dazu positionieren. Symbolische Prekarität bezeichnet dann die Unsicherheit, Labilität und Widerrufbarkeit der sozialen Positionierung, Anerkennung und Wertschätzung des Subjekts auf der Grundlage kulturell geteilter Bedeutungen (Teupen 2019). Konstitutiv für alle Subjektivität, erhält symbolische Prekarität in der konkreten Situation der Armut spezifische Bedeutung: Die kulturellen Bedeutungen des Armseins sind in ‚westlichen' Kontexten bis auf wenige Ausnahmen degradierend, was die Subjektposition des Armen von anderen, beispielsweise derjenigen des ‚Aussteigers', unterscheidet.

2.2 Selbsterzählungen als Verhandlungen symbolischer Prekarität

Die Symbole der Armut stellen das Vokabular der Selbstpositionierung von Personen in Armutslagen zur Verfügung, wenn sie ihren Erfahrungen Bedeutung geben und narrativ personale Identität herstellen und darstellen. In Selbsterzählungen artikulieren Personen, wie sie sich selbst verstehen und wie sie verstanden werden wollen. Narrativ nehmen sie gewünschte soziale Positionen ein und widersprechen unerwünschten Positionen. Positionen werden kognitiv anerkannt, die Person identifiziert sich mit diesen, verpflichtet sich ihnen affektiv-emotional und begibt sich in die zugehörigen moralischen Ordnungen (Davies und Harré 1990). Entsprechend ermöglichen Positionierungsakte nicht nur Rückschlüsse auf die Selbstpositionierungen einer Person, sondern ebenso auf kulturell intelligible und anerkennungsfähige soziale Positionen (Butler 1997). Die Erzählerinnen in der unten exemplarisch angeführten Studie investieren aktiv in ihre Selbstpositionierung. Gleichzeitig antizipieren sie Fremdpositionierungen, greifen diese auf und verhandeln sie. In ihre Erzählungen fließt ihr Wissen über verfügbare soziale Positionen und deren Ordnungen ein, weshalb ihre Positionierungen auch einen empirischen Zugang zu den Bedingungen symbolischer Prekarität bieten.

Während die Symbole eine begriffliche Quelle für positionierende Selbsterzählungen bilden (wovon gesprochen werden kann), bieten kulturell verankerte *master narratives* Vorlagen zur formalen und inhaltlichen narrativen Gestaltung der Bedeutungskonstruktion in Bezug auf bestimmte soziale Positionen (in welcher Form von etwas gesprochen werden kann) (Hammack 2008). Personen nehmen in ihren Selbsterzählungen affirmativ oder negierend Bezug auf *master narratives*, um die

Intelligibilität der eigenen Darstellung zu sichern. Dabei ist die Affirmation der Norm der leichtere Weg, Anerkennungsfähigkeit zu erlangen; hier reicht oft ein Verweis auf das *master narrative* aus, um intersubjektiv Einverständnis zu generieren. Um hingegen ein *counter narrative,* also eine von der Norm abweichende Geschichte, ebenso kohärent und plausibel erscheinen zu lassen, ist dagegen besondere Anstrengung und ausführlichere Erläuterung nötig. Jedoch kann auch die Aneignung eines *master narratives* Elemente des Gegenan-Erzählens im Sinne eines *countering* enthalten: Zwischen der nur akzentuierenden Umdeutung des *master narratives* bis hin zur vollständigen Ablehnung dieses und Präsentation einer ganz eigenen Antwort auf die Frage nach dem Guten und Richtigen in einem *counter narrative* liegt ein weites Spektrum an Möglichkeiten. So kann beispielsweise die umdeutende Bezugnahme auf ein *master narrative* intersubjektiv erfolgreicher im Sinne der anerkennungsfähigen Selbstpositionierung sein als die Investition in ein *counter narrative,* das allererst verständlich gemacht werden muss, bevor dessen Anerkennungsfähigkeit begründet werden kann. So können sowohl *counter narratives* als auch *master narratives* auf ihre jeweilige Weise zur Ressource in der narrativen Verhandlung symbolischer Prekarität werden (Teupen 2019). Dies soll nun anhand eines Beispiels verdeutlicht werden.

3 Beispiel: Individualistische Verhandlung des eigenen Armseins in den USA

Das folgende Beispiel entstammt einer Studie zu personalen Identitäten von Frauen vor dem Hintergrund materieller Armut und symbolischer Prekarität (Teupen 2019). Grundlage waren biografisch-narrative Interviews mit Frauen in Armutslagen in Deutschland und den USA, die mit Mitteln der relationalen Hermeneutik, der Analyse narrativer Identität und Elementen der Narrationsanalyse ausgewertet wurden. Die Selbsterzählungen der interviewten Frauen lassen sich als unterschiedliche Versuche lesen, eine gleichermaßen intelligible wie anerkennungsfähige Geschichte des eigenen Lebens, genauer: des eigenen Armwerdens und Armseins, zu erzählen. Dazu schließen die Erzählerinnen an Topoi ihres kulturellen Kontextes an, stellen sich in Diskurse der Armut und verhandeln Subjektpositionen. Die US-amerikanische Interviewpartnerin ‚Georgia Terrell' (53 J.) lehnt die im Diskurs um ‚weibliche' Armut enthaltenen Subjektpositionen ab und betrachtet sich explizit nicht als typischen Fall von Frauenarmut. Um dies zu belegen, schließt sie im Verlauf ihrer Selbsterzählung diskursiv dominante Armutsursachen aus und präsentiert sich zugleich als einzigartig und zur Mittelschicht gehörig, was nur auf den ersten Blick einen Widerspruch darstellt. Ihre Erzählung bietet einen Zugang zu Facetten der symbolischen Prekarität in Verbindung mit materieller Armut im kulturellen Kontext der USA und das Potenzial kulturpsychologischer Analysen im Forschungsfeld Armut lässt sich verdeutlichen.

Georgia Terrell beginnt ihre Selbsterzählung mit einer bemerkenswerten Selbstpositionierung, die eine Spannung zu ihrer gegenwärtigen materiellen Lage der Armut und Wohnungslosigkeit erzeugt: „I'm a very blessed and fortunate woman" (Z. 8). Durchgängig gestaltet sie ihre Selbsterzählung als die Geschichte eines einzigartigen und erstaunlichen Lebens, das sie selbst als „miracle" (Z. 297, 824) bezeichnet. In der folgenden Episode – einer von vielen Passagen, die ihr dem Beleg der Einzigartigkeit dienen – sind einige der hier thematisierten Analyseergebnisse angedeutet:

> „when I was young (1) I loved to run (.) and one night at the dinner table (.) and there was, I had two siblings, my mother, my father, myself so we are at the dinner table //mhm// I said I wanna be in the **Olympics,** //mhm// I wanna run (.) everybody laughed, except my **father,** and he w– as I said was a construction worker he worked very long hours very hard work (1) so the next day he came home and I was doing my homework and he said okay let's go (.) //((schmunzelt))// and he had a **stop**watch and he had me running up and down the hill […] **then** the girls in the (.) neighborhood liked to run, so (.) pretty soon there was like six to seven to eight of us […] a:nd we had our first (1) competition in summer (.) and we were the only (.) girls, and I think I was just, ((tentativ) maybe: (.) in elementary school) (.) // mhm// so maybe just nine (1) well, we beat them a:ll (.) //((schmunzelt))// […] and, there was like five boys and my– just myself, and my father was **across** the field, with my cousin who was doing the shot put (1) and I guess he could tell I was being made fun of ((nach-ahmend) oh she's a girl we're gonna get her da da da), and the **gun** went off you know // mhm// to like go, and all I heard my father say was […] come on Georgie show these boys how fast you are, that's all I heard (.) and I was gone (.) //((lachend) cool)// and we won it ((lachend) **cool** right?)" (Z. 61–101).

Wie hier mit dem Bild des Abendbrottisches schildert Georgia Terrell insgesamt die familiären Umstände ihres Aufwachsens als ideal: Die Eltern werden als romantisches Liebespaar charakterisiert („I was born very blessed because I had parents that were very (.) loving (.) they were high school sweethearts"; Z. 13 f.), als verlässlich und liebevoll, und die Familie wird der Mittelschicht zugeordnet. Die frühere Armut ihrer Familien zur Zeit der Großen Depression während der 1930er Jahre wird normalisiert („both of them grew up, very, poor but (1) that was the time"; Z. 14 f.) und Georgia Terrell führt positiv konnotierte persönliche Eigenschaften und Werte darauf zurück: Sparsamkeit, Umgang mit Geld, Großzügigkeit, Durchhaltevermögen und Ehrlichkeit. Diese rahmt sie als Ressource in Relation zur Armut: „I think what's gonna get me through [this homelessness] is the memories of my, my family (.) and how they handled things" (Z. 222 f.).

Damit schließt Georgia Terrell an zwei zentrale *master narratives* in der US-amerikanischen Kultur an: affirmativ an das des Individualismus und seine Form der Einzigartigkeit und negierend an das der sozial vererbten Armut. Der US-amerikanische Individualismus lässt sich als Kombination zweier Prämissen beschreiben: *Freiheit zur Selbstverwirklichung* und *Chancengleichheit zur sozialen Mobilität* auf Basis individueller Fähigkeiten und Charaktereigenschaften (Bellah et al. 2008; Nash 2016). Einzigartigkeit ist die spezifisch moderne Form der individualistischen Selbstverwirklichung. Sie beinhaltet u. a. aktive und effektive Selbstverwirklichung und ein authentisches oder aber originell entworfenes Selbst sowie die unverwechselbare

Besonderheit der Person (Eberlein 2000). Dabei ist das Ideal der Einzigartigkeit ebenso wie das übergreifende des Individualismus eng mit der US-amerikanischen Mittelschicht verknüpft (Stephens et al. 2007). In der zitierten Episode liegt die Einzigartigkeit nicht primär darin, dass das Mädchen Georgia läuft oder dass sie gegen Jungen antritt oder dass ihr Team das Rennen gewinnt. Als singuläre Person erscheint sie in dieser Episode, weil sie ihr Selbst in einer Weise artikuliert, die sich vom Üblichen und Erwarteten abhebt und die sichtbare Wirkung entfaltet.

Mit der zweiten Prämisse des Individualismus verbunden ist das Ideal des *self-made success* unabhängig vom sozioökonomischen Status der Eltern (Paul 2014). Dennoch werden Familien als „seedbeds of virtue" (McClain 2006, S. 65) gesehen, in denen Individuen sich die Eigenschaften aneignen, die sie zum Individualismus befähigen. Nicht erfolgender sozialer Aufstieg und ausbleibender Erfolg deuten aus dieser Perspektive darauf hin, dass die Person in ihrer familiären Sozialisation nicht die erforderlichen Fähigkeiten und Tugenden erwerben konnte. Expliziert wurde der angenommene Zusammenhang zwischen Herkunft und Armut in der Hypothese einer *culture of poverty*. Der Anthropologe Oscar Lewis hatte eine Relation zwischen niedrigem sozioökonomischen Status und bestimmten Persönlichkeitsmerkmalen, Verhalten und Werten beschrieben, die er einer defizitären Subkultur zurechnete, die über die familiäre Sozialisation von Generation zu Generation weitergegeben werde. Diese individualisierende und kulturalistische Sichtweise ist in der US-amerikanischen Bevölkerung weit verbreitet, wohingegen sozialstrukturelle Erklärungsansätze geringe Bedeutung besitzen (Wilson 2010).

In diesem nur knapp skizzierten kulturellen Kontext ist es nachvollziehbar, dass Georgia Terrell narrativ darin investiert, sowohl ihre Kindheitserfahrungen in der Herkunftsfamilie als auch persönliche Merkmale, die einer *culture of poverty* zugerechnet werden könnten, als Ursachen ihrer gegenwärtigen Lebenslage auszuschließen. Sie plausibilisiert ihre Armutslage stattdessen mit Verweis auf eine chronisch-schubweise verlaufende Erkrankung, die sie wie folgt einführt:

> „it wasn't=til I was probably seventeen and going to college that I found out we had a rare hereditary illness (.) //mhm// it's called [seltene Erbkrankheit] //mhm// (.) and less than 2 % of the world have it (.) //°okay°// so if you look up [seltene Erbkrankheit] […] and life expectancy (.) it is 35 to 45 um, I thank God I'm 53 I'll be 54 this year //mhm// (.) so I'm very blessed (.) there's no cure for it" (Z. 42–49).

Krankheit erweist sich im US-amerikanischen Kontext ebenfalls als intelligible Armutsursache. Ein geringer Kündigungsschutz, fehlende Lohnfortzahlung im Krankheitsfall, eine überwiegend betrieblich organisierte Krankenversicherung und Eigenanteile an Behandlungskosten machen Krankheit auch für Erwerbstätige zu einem Armutsrisiko (Lammert 2016). Georgia Terrell entfaltet eine Selbsterzählung, der zufolge allein ihre körperliche Erkrankung als Ursache ihrer Armut zu verstehen sei. Ihre Herkunft und Familie hat sie bereits als ursächlich ausgeschlossen. Weitere diskursiv dominante Armutsursachen negiert sie ebenfalls narrativ, indem sie von ihrer guten Ausbildung und von beruflichen Erfolgen erzählt, von ihren guten Partnerschaften, ihrer psychischen Gesundheit und ihrer Abstinenz in Bezug auf Drogen und Alkohol. Ihre Krankheit wird als Einflussfaktor gedeutet, der ihrem eigentlichen Wesen fremd ist. Über die gesamte Erzählung hinweg artikuliert sie eine Differenz zwischen ihrer Herkunft und ihrem Wesen auf der einen und ihrer gegenwärtigen Armut auf der anderen Seite. Sie unterscheide sich *wesentlich* von anderen Frauen in ihrer Lage und ihre Persönlichkeit biete ihr die nötigen Ressourcen dafür, die prekäre Lage ohne Weiteres wieder verlassen zu können, wenn die Umstände sich ändern. Auf diese Weise entkoppelt sie ihre Armut von ihrem Selbst und unterstreicht stattdessen die Kontinuität ihres *eigentlichen* Selbst:

„some people say, they're **happy** they're in this situation cause it made them a better person, I think I could have done without **this** ((lachend) personally) //((lacht))// (.) I think I could have been a good person without being homeless" (Z. 832–836).

Dabei orientiert sie sich an Werten und Charakteristika der Mittelschicht: „it could happen to anybody //yeah// (1) cause I had a savings (.) I had a car, and I had a home and I had, a lot of good friends" (Z. 974–981). Die Art und Weise, in der Georgia Terrell symbolische Prekarität verhandelt, erweist sich in der Analyse, auch im Vergleich zu den Selbsterzählungen der Frauen im deutschen Sample, als verwurzelt im kulturellen Kontext der USA, genauer als Ausdruck verschiedener Facetten des kulturellen *master narratives* des Individualismus. Sich als einzigartige Protagonistin einer märchengleichen Erzählung über durch widrige Umstände verhinderten Lebenserfolg zu präsentieren, kann in einem individualistisch orientierten Kontext die angestrebte intersubjektive Wirkung entfalten. In einem anderen kulturellen Kontext, beispielsweise dem des analysierten deutschen Samples, wäre Georgia Terrells Selbsterzählung in der Form nicht in vergleichbarer Weise intelligibel und anerkennungsfähig; dort leitet vielmehr das Ideal der Wohlfahrtstaatlichkeit die Erzählungen (Teupen 2019).

4   Fazit

Materielle Armut ist im jeweiligen kulturellen Kontext mit einer spezifischen symbolischen Prekarität des Subjekts verbunden, mit der die Person in einer Weise umgehen muss, die – wiederum im Rahmen des kulturellen Kontextes – intelligibel und anerkennungsfähig ist. Anhand des hier nur skizzenhaft möglichen Einblicks in ein empirisches Beispiel konnte gezeigt werden, dass der kulturelle Kontext Personen einen allgemeinen Möglichkeitsraum für die konkrete Realisierung der Herstellung und Darstellung personaler Identität bietet. Armut aus kulturpsychologischer Perspektive in den Blick zu nehmen, erweitert so die Möglichkeiten der psychologischen und soziologischen Armutsforschung. Für die kulturpsychologische Forschungspraxis ist es dabei wichtig, *master narratives* nicht vorab zu definieren, beispielsweise auf Grundlage einer Diskursanalyse, und dann die empirischen Daten auf dahin gehende Bezüge zu untersuchen. Produktiver ist es, die im Erzähltext realisierten Bezüge als solche herauszuarbeiten und von da ausgehend das jeweilige *master narrative* interpretativ zu erschließen. Ebenso ist es wichtig, auf eine normative Kritik der Selbstpositionierungen zu verzichten. Selbsterzählungen unter Bedingungen symbolischer Prekarität können eine solche Bewertung durchaus anregen, etwa im Fall der immer wieder zu beobachtenden narrativen Bindung von Personen an potenziell stigmatisierende Subjektpositionen. In manchen Studien scheint an diesen Stellen ein Bedauern der Forschenden durch, dass die Forschungssubjekte so zwar eventuell ihr eigenes Selbst schützen könnten, aber die Möglichkeit zu politischer Kritik verlören, worin sich zugleich der Wunsch der Forschenden nach Verbündeten in der kritischen Analyse zeigt. Auch dies würde jedoch die Möglichkeit verstellen, die den Selbsterzählungen inhärenten Bedeutungskonstruktionen zu verstehen. Letztlich erweist es sich als empirisch fruchtbarer, nicht ein Widerstandspotenzial vorauszusetzen, womöglich in Bezug auf vorab festgelegte Stigmatisierungen, sondern offen auf die realisierten Verhandlungen symbolischer Prekarität zu blicken (Teupen 2019). Dann ermöglicht die kulturpsychologische Perspektive ein differenziertes und vertieftes Verständnis von Armutserfahrungen.

Literatur

Bellah, R. N., Madsen, R., Sullivan, W. M., Swidler, A., & Tipton, S. M. (2008). *Habits of the heart. Individualism and commitment in American life.* 3., überarb. Aufl. Berkeley: University California Press.

Butler, J. (1997). *The psychic life of power. Theories in subjection.* Stanford, CA: Stanford University Press.

Coser, L. A. (1965). The sociology of poverty. To the memory of Georg Simmel. *Social Problems, 13*(2), 140–148.

Davies, B. & Harré, R. (1990). Positioning. The discursive production of selves. *Journal for the Theory of Social Behaviour, 20*(1), 43–63.

Eberlein, U. (2000). *Einzigartigkeit. Das romantische Individualitätskonzept der Moderne.* Frankfurt/Main: Campus.

Hammack, P. L. (2008). Narrative and the cultural psychology of identity. *Personality and Social Psychology Review, 12*(3), 222–247.

Lammert, C. (2016). Sozialpolitik zwischen Markt und Staat. In ders., M. B. Siewert & B. Vormann (Hrsg.), *Handbuch Politik USA* (S. 361–379). Wiesbaden: Springer VS.

McClain, L. C. (2006). *The Place of families. Fostering capacity, equality, and responsibility.* Cambridge & London: Harvard University Press.

Nash, G. H. (2016). Introduction. In ders. (Hrsg.), *American individualism, Herbert Hoover* (S. VII–XXXII). Stanford: Hoover Institution.

Paugam, S. (2008). *Die elementaren Formen der Armut.* Hamburg: Hamburger Edition.

Paul, H. (2014). *The myths that made America. An introduction to American Studies.* Bielefeld: transcript.

Rolf, E. (2006). *Symboltheorien.* Berlin & New York: de Gruyter.

Simmel, G. (1908). *Soziologie. Untersuchungen über die Formen der Vergesellschaftung.* Leipzig: Duncker und Humblot.

Stephens, N. M., Markus, H. R., & Townsend, S. S. M. (2007). Choice as an act of meaning. The case of social class. *Journal of Personality and Social Psychology, 93*(5), 814–830.

Straub, J. (2012). Kann ich mich selbst erzählen – und dabei erkennen? Prinzipien und Perspektiven einer Psychologie des Homo narrator. In A. Strohmaier (Hrsg.), *Kultur – Wissen – Narration. Perspektiven transdisziplinärer Erzählforschung für die Kulturwissenschaften* (S. 75–144). Bielefeld: transcript.

Teupen, S. (2018). Armut. In C. Kölbl & A. Sieben (Hrsg.), *Stichwörter zur Kulturpsychologie* (S. 35–40). Gießen: Psychosozial.

Teupen, S. (2019). *Symbolisch prekär. Personale Identität in Selbsterzählungen armer Frauen.* Wiesbaden: Springer VS.

Wilson, W. J. (2010). Why both social structure and culture matter in a holistic analysis of inner-city poverty. *The ANNALS of the American Academy of Political and Social Science, 629*(1), 200–219.

Werte

Paul H. P. Hanel

Zusammenfassung

Der vorliegende Beitrag gibt einen Überblick über die moderne interkulturelle Werte-forschung. Im Mittelpunkt steht dabei das Wertemodell von Shalom Schwartz, der zeigen konnte, dass die Struktur von Werthaltungen universell über verschiedene Kulturen hinweg ist. Weiterhin wird die Funktion von Werten für die Vorhersage von Verhalten dargestellt. Ebenso wird die Bedeutung von Wertegemeinsamkeiten für die Reduzierung von Vorurteilen und für die Steigerung des subjektiven Wohlbefindens genauer bestimmt. Beispielsweise berichten Menschen, die die Werte von anderen ähnlich wie die eigenen wahrnehmen, tendenziell ein höheres Wohlbefinden. Es wird zudem gezeigt, wie stark kulturelle und universelle Aspekte von Werten zu einem psychologischen Verständnis von moralischen Haltungen und Einstellungen beitragen.

Schlüsselwörter

Menschliche Werte · Universalität · Interkultureller Vergleich · Vorurteile · Verhalten · Wohlbefinden · Moralität

P. Hanel (✉)
University of Essex, Colchester, United Kingdom
E-Mail: p.hanel@essex.ac.uk

1 Einleitung

In der Politik oder Wirtschaft wird gerne die Bedeutung von (gemeinsamen) menschlichen Werten für den Zusammenhalt innerhalb einer Gesellschaft oder eines Unternehmens hervorgehoben. Zudem werden Werte als konstitutiv für Kulturen dargestellt, da sie Beschreibungskategorien darstellen, mit denen sich Kulturen selbst charakterisieren (z. B. „Deutschland ist eine Leistungsgesellschaft", „China ist eine Höflichkeitskultur"). Doch ist diese Zuschreibung gerechtfertigt und welche Funktion erfüllen menschliche Werte? Das vorliegende Buchkapitel versucht, diese und andere Fragen zu beantworten. Zuerst werden Werte definiert und von ähnlichen psychologischen Konstrukten abgegrenzt. Anschließend wird die Literatur zum Zusammenhang von Werten und Einstellungen sowie Verhalten vorgestellt. Ein besonderer Schwerpunkt wird dabei auf moralische Einstellungen gelegt, das heißt inwieweit Werte die Grundlage für Moralität bilden. Der Fokus dieses Kapitels liegt in erster Linie auf einer kulturpsychologischen Sichtweise von Werten. Werte sind auch Gegenstand anderer Wissenschaften (z. B. Philosophie, Soziologie). Deren Perspektiven werden nur kurz dargelegt.

Werte werden in der Psychologie oft als abstrakte Ideale und leitende Prinzipien definiert, die unser Handeln über Situationen hinweg beeinflussen (Maio 2016; Schwartz 1992). Werte werden gelegentlich mit Persönlichkeitseigenschaften (z. B. den *Big Five*) und Einstellungen verwechselt. Persönlichkeitseigenschaften beeinflussen die Gedanken, Gefühle und Handlungen von Menschen im Hier und Jetzt. Im Gegensatz dazu beschreiben Werte abstrakte Ziele, die eher zukünftiges Verhalten vorhersagen. Einstellungen beschreiben, ob wir bestimmte Objekte positiv oder negativ beurteilen. Wir können die Regierung, den Anarchismus oder Gesichtsmasken in Zeiten der Pandemie mögen oder nicht. Im Gegensatz dazu beziehen sich Werte nicht auf konkrete Ideen oder Objekte, sondern auf abstrakte Ideale oder Ziele (z. B. Freiheit), die man zukünftig realisieren möchte. Werte können daher Einstellungen beeinflussen, die wiederum unser Verhalten vorhersagen. Mit anderen Worten: der Einfluss von Werten auf unser Verhalten ist oft indirekt (Maio 2016; und Rokeach 1973, für eine Abgrenzung von Werten zu weiteren psychologischen Variablen).

Mit Werten haben sich schon bedeutende Philosophen wie Aristoteles, Plato, Kant oder Dworkin auseinandergesetzt (Maio 2010; Wolfradt 2021). In der antiken Philosophie etwa wurden Werte mit Tugenden gleichgesetzt, um ihre moralische Grundlage herauszustellen. In der Philosophie habe Werte einen objektiven Charakter (Werteobjektivismus, „etwas ist ein Wert"), welcher einen moralischen Impetus (Sollenscharakter) aufweist. Des Weiteren setzte sich mehr und mehr die Auffassung eines Wertesubjektivismus („etwas hat einen Wert") durch, Wert sei ein Beziehungsbegriff zwischen Subjekt und dem Objekt, dem ein Wert zugeschrieben (Wertung) wird (Objektwert). Ein frühes Wertemodell, das versuchte diese beiden Auffassungen zu vereinen, wurde bereits 1908 von Hugo Münsterberg vorgestellt, allerdings noch ohne empirische Fundierung. Einflussreicher waren die sechs Typen menschlicher

Existenz, die Eduard Spranger 1914 aufbauend auf der Analyse von Tagebüchern von Jugendlichen postulierte, die bestimmte idealistische Werthaltungen ausdrückten: den theoretischen, den ökonomischen, ästhetischen, sozialen, religiösen und Macht-menschen. Der ökonomische Mensch etwa legt Wert auf die Nützlichkeit von Dingen, wohingegen der theoretische Mensch nach Wissen und Wahrheit strebt. Einen Schub bekam die Werteforschung durch die Arbeiten von Milton Rokeach (1973), der die Beziehung von Werten zu Verhalten und Einstellungen erforschte. Die Arbeiten von Rokeach beeinflussten moderne Werteforscher wie Shalom Schwartz maßgeblich.

Von den verschiedenen Modellen, die die große Anzahl an Werte auf einige wenige Dimensionen reduzieren, ist das von Schwartz (1992) entworfene in der Psychologie wohl das verbreitetste (siehe Abb. 1). Schwartz fand, dass 56 ‚Kernwerte‘ in zehn Wertetypen unterteilt werden können, die entlang eines motivationalen Kontinuums angeordnet sind: Universalismus (Beispielswerte sind Gleichheit und Umweltschutz), Benevolenz oder Sozialität (z. B. Hilfsbereitschaft, Loyalität), Tradition (Religiosität, Respekt), Konformität (Gehorsam, Selbstdisziplin), Sicherheit (nationale Sicherheit, soziale Ordnung), Macht (Autorität, Wohlstand), Leistung (Ehrgeiz, Erfolg), Hedonis-mus (Genuss, Vergnügen), Stimulation (ein abwechslungsreiches Leben, Wagemut)

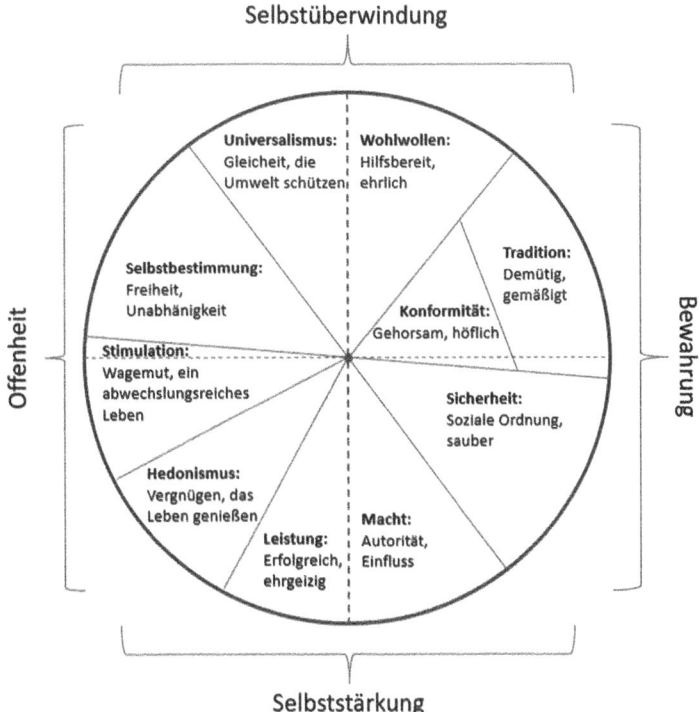

Abb. 1 Das Wertemodell von Schwartz (1992) mit den vier übergeordneten Wertetypen, zehn Wertetypen (fettgedruckt) und jeweiligen Beispielswerten. (Eigene Darstellung)

und Selbstbestimmung (Freiheit, Kreativität). Wenn vermeintlich fehlende Werte von Forscher:innen aus anderen Ländern zusammen mit den 56 Kernwerten erhoben wurden, so ließen sich diese stets einem der zehn Wertetypen zuordnen und bildeten keinen neuen Wertetyp. Dies deutet darauf hin, dass die zehn Wertetypen kulturübergreifend weitgehend vollständig sind. Diese zehn Wertetypen können wiederum in vier übergeordnete Wertetypen zusammengefasst werden, die die Endpole von zwei aus theoretischer Sicht motivational inkongruenten Dimensionen bilden: Selbststärkung (Leistung und Macht) und Selbstüberwindung (Benevolenz und Universalismus) formen eine Dimension, Offenheit für Wandel (Hedonismus, Stimulation und Selbstbestimmung) und Bewahrung (Tradition, Konformität und Sicherheit) die andere.

Ein entscheidendes Merkmal des Schwartz'schen Wertemodell ist, dass die Werte entlang eines motivationalen Kontinuums angeordnet sind. Das heißt, je näher zwei Werte in dem Modell zueinanderstehen, desto motivational kompatibler und deshalb stärker positiv assoziiert sind sie. Beispielsweise ist Menschen, denen Universalismus wichtig ist, tendenziell auch Benevolenz wichtig, da die zugrunde liegende Motivation bei beiden Wertetypen ähnlich ist: Rücksicht auf andere Menschen. Die Struktur des Schwartz- Wertemodells wurde über 70 Länder hinweg meistens konsistent bestätigt (Maio 2016). Das heißt etwa, in den meisten Ländern sind Konformität und Tradition stärker positiv miteinander assoziiert, wohingegen die Beziehung zwischen Konformität und Stimulation weniger stark ist und gegebenenfalls sogar negativ sein kann.

2   Zu kulturellen Gemeinsamkeiten in den Werthaltungen

In Ansprachen beziehen sich Politikerinnen und Politikern in vielen Ländern oft auf die gemeinsamen nationalen Werte eines Landes. Etliche britische Premierminister etwa heben die Wichtigkeit von britischen Werten hervor und US-amerikanische Präsidenten von „amerikanischen [sic!] Werten". Dies legt nahe, dass britische und US-amerikanische Werte unterschiedlich sein können. Tatsächlich werden Werte von Menschen aus anderen Ländern teilweise als anders wahrgenommen. Beispielsweise fanden Wolf und Kolleg:innen (2019), dass Menschen aus Großbritannien, die Bedeutung, die (muslimische) Immigrant:innen und Geflüchtete Universalismus und Benevolenz zurechnen, unterschätzen. Doch unterscheiden sich die Werte tatsächlich zwischen Ländern und Kulturen?

Schwartz und Bardi (2001) untersuchten, welche Werte Menschen wichtig sind. Sie fanden, dass im Durchschnitt Benevolenz der wichtigste Wertetyp ist, gefolgt von Universalismus, Selbstbestimmung und Sicherheit. Mit Abstand am wenigsten wichtig ist Macht. Diese Hierarchie von menschlichen Werten ist fast universell. Das heißt, Menschen ist in fast allen Ländern im Durchschnitt Benevolenz am wichtigsten und Macht am wenigsten wichtig. Anders ausgedrückt: Die Gemeinsamkeiten von Werten liegen in Durchschnitt über 70 Länder hinweg bei zwischen 80 und 94 % (Hanel et al. 2019). Die Wertegemeinsamkeiten sind sogar noch größer zwischen Menschen, die unterschiedliche Bildungsabschlüsse haben, unterschiedlichen Religionen angehören, unterschiedlichen Alters sind oder zwischen Frauen und Männern. Die Universalität der

Wertehierarchie über verschiedene Kultur erklärt Schwartz (1992) basierend auf seiner motivationalen Wertetheorie mit der Annahme, dass Werte grundlegende Bedürfnisse widerspiegeln, die sich in der menschlichen Evolution herausgebildet haben (z. B. das Bedürfnis nach Schutz als Wert Sicherheit).

Diese Befunde mögen auf den ersten Blick überraschen: Wie kann es etwa sein, dass Menschen in allen Ländern im Durchschnitt Gleichheit als sehr wichtigen Wert ansehen, aber gleichzeitig sich beispielsweise die Rechte von Frauen oder Minderheiten von denen der Männer bzw. der Mehrheitsgesellschaft doch stark unterscheiden? Dieses Paradox kann mit den sogenannten Werteinstanziierungen *(value instantiations)* erklärt werden. Diese bezeichnen, vereinfacht ausgedrückt, was Menschen konkret unter Werten verstehen (Maio 2010). Menschen in Ländern mit höherer Ungleichheit zwischen Männern und Frauen verstehen etwa unter dem Wert Gleichheit weniger Geschlechtergleichheit als Menschen in Ländern, in welchen Frauen mehr Rechte haben (Hanel et al. 2017). Das heißt, dass Diskriminierung von Frauen und Geschlechtergleichheit keinen Widerspruch bilden, da ersteres aus Sicht von einigen Menschen schlicht kaum eine Rolle für letzteres spielt.

Der Befund, dass Menschen innerhalb eines Landes (Land/Nation wird in der empirischen interkulturellen Forschung oft mit Kultur gleichgesetzt) meistens deutlich unterschiedlicher in ihren Werten sind als zwischen Ländern, hat die Definition von Kultur als gemeinsames Bedeutungssystem *(shared meaning-system)* erschüttert: Wenn die Unterschiede innerhalb von Ländern größer sind als zwischen Ländern, wie können dann Menschen aus verschiedenen Ländern unterschiedlichen Kulturen angehören? Einen möglichen Ausweg aus diesem Dilemma hat Morris (2014) aufgezeigt. Er argumentierte, dass Werte für die Definition von Kultur weniger wichtig sind als vielmals gedacht. Stattdessen seien sogenannte heilige Werte *(sacred values)* und Normen wichtiger, da diese größere Unterschiede zwischen Ländern zeigten. Zwar sind die Unterschiede für heilige Werte und Normen größer als für Schwartz's (1992) Werte, allerdings ist unklar, ob die Unterschiede zwischen Ländern tatsächlich größer sind als die Gemeinsamkeiten. Nach Branco und Valsiner (2012) können aus kulturpsychologischer Perspektive Werte daher als bedeutungskonstituierende Komponenten von Kultur betrachtet werden, die in Abhängigkeit von dem spezifischen kulturellen Kontext als dynamische Konzepte und nicht nur als bloße Dispositionen aufzufassen sind; Werte bilden erst die Voraussetzung für die Ausübung kultureller Praktiken.

3   Zum Einfluss der Werte auf das Verhalten

Ein wesentlicher Aspekt in der Wertepsychologie ist die Frage, wie stark Werte Verhalten voraussagen. Es gibt zahlreiche Studien, die einen Einfluss von Werten auf das Verhalten untersucht haben. Beispielsweise sagt Universalismus umweltfreundliches Verhalten vorher und Konformität Gehorsamsbereitschaft gegenüber Autoritäten. Allerdings erfassten die meisten Studien nur selbstberichtetes Verhalten, Verhaltensabsichten oder Verhalten in hypothetischen Situationen, was die Aussagekraft solcher Studien erheblich einschränkt, da etwa selbstberichtetes Verhalten oft nicht sehr stark mit tatsächlichem übereinstimmt (Fischer 2017).

Der Zusammenhang zwischen Werten und einzelnen Verhaltensabsichten wie der zwischen Universalismus und der Absicht Müll zu trennen ist beispielsweise oft nur sehr schwach. Das liegt daran, dass Werte abstrakt und situationsunabhängig sind. Sie sagen daher besser ähnliche Verhaltensweisen vorher statt ein sehr spezifisches Verhalten in einer bestimmten Situation (Bardi und Schwartz 2003). Mit anderen Worten, Universalismus sagt besser im Durchschnitt eine Reihe von Verhaltensweisen, die dem Umweltschutz dienen, vorher, als ein einzelnes Verhalten. Zudem sind Werte besser darin, Verhaltensabsichten zu beeinflussen, die weiter in der Zukunft liegen als in der näheren Zukunft. Dies ist nicht überraschend, da weiter in der Zukunft liegende Verhaltensabsichten abstrakter und weniger von Praktikabilitäten beschränkt sind (Fischer 2017).

Ein weiterer Faktor der Werte-Verhalten-Beziehung sind Werteinstanziierungen. Wenn etwa einige Personen unter dem Wert Gleichheit Gleichberechtigung zwischen Frauen und Männern verstehen, dann sollte für diese Personen der Zusammenhang zwischen Gleichheit und Gleichberechtigung stärker sein, als für die Menschen, die unter Gleichheit etwas anderes verstehen (Hanel et al. 2017; Maio 2010). Das heißt, ein Wert sagt ein Verhalten besser vorher, wenn das Verhalten den Wert besser ausdrückt *(value-expressive behaviour)*.

Erste Befunde von Längsschnittstudien deuten darauf hin, dass Werte Verhalten beeinflussen können, aber auch Verhalten Werte (Vecchione et al. 2016). Obwohl es theoretisch vielleicht intuitiver erscheint, dass Werte unser Verhalten beeinflussen, kann es auch sein, dass unser Verhalten unsere Werte beeinflussen. Wenn wir beispielsweise öfters auf eine unseren Werten entgegengesetzte Weise handeln, kann dies zur Folge haben, dass wir mit der Zeit denken, dass dieses Verhalten doch unseren Werten entspricht, um eine mögliche kognitive Dissonanz zu reduzieren. Fischer (2017) spekuliert zudem, dass in der Entwicklung eines Menschen zuerst Verhalten die Werte prägt und dann später auch Werte verstärkt das Verhalten beeinflussen. Beispielsweise könne beobachtetes Verhalten die Wertehierarchie von Kindern beeinflussen.

4   Die Bedeutung von Wertegemeinsamkeiten

Einige Theorien und Befunde deuten darauf hin, dass es bedeutsam sein kann, wenn die eigenen Werte denen von anderen Menschen ähnlich sind oder man dies zumindest glaubt (für einen Überblicksartikel dazu siehe Wolf et al. 2021). So können wahrgenommene Gemeinsamkeiten mit den Werten anderer die Einstellungen gegenüber diesen Menschen sowie das eigene Wohlbefinden nachhaltig beeinflussen.

Wolf und Kollegen (2021) etwa untersuchten anhand einer Stichprobe von 1181 Bürger:innen aus Manchester, England, welchen Einfluss wahrgenommene Wertegemeinsamkeiten auf das Wohlbefinden haben. Die Proband:innen füllten dazu zunächst einen Fragebogen aus, die die 10 Wertetypen von Schwartz's (1992) Wertemodell erfasste. Anschließend füllten sie den gleichen Fragebogen nochmals aus, allerdings wurde gefragt, wie sie die Werte von den Menschen wahrnehmen, die ebenfalls in Manchester wohnen. Zuletzt wurde das Wohlbefinden erfasst. Insgesamt zeigte sich konsistent für Offenheits-, Selbstüberwindungs- und Selbststärkungswerte, dass Kongruenz, also Übereinstimmung, zwischen den eigenen und wahrgenommenen Werten mit im Durchschnitt höherem Wohlbefinden einhergeht. Beispielsweise spielte es kaum eine Rolle für das Wohlbefinden, ob den Probanden Offenheit wichtig ist oder nicht, aber es war relevant, ob sie glaubten, dass die eigenen Offenheitswerte mit denen ihrer Mitbürger:innen übereinstimmten. So berichteten Menschen, denen Offenheit selbst sehr wichtig ist, die aber gleichzeitig glaubten, dass ihren Mitbürger:innen Offenheit überhaupt nicht wichtig ist, geringeres Wohlbefinden als diejenigen, die die Offenheitswerte ihrer Mitbürger:innen höher einschätzten. Zusammengefasst lässt sich sagen, dass es allgemein positive Effekte auf das eigene Wohlbefinden hat, wenn die Werte von anderen Menschen als ähnlich wahrgenommen werden. Diese Effekte sind natürlich klein, da unser Wohlbefinden von sehr vielen Faktoren abhängt. Dennoch sind sie theoretisch und praktisch bedeutsam, da sie zeigen, dass, ob wir die Werte von anderen Menschen als den unsrigen ähnlich ansehen, unser Wohlbefinden beeinflussen kann.

Wie oben schon angedeutet unterschätzten Menschen oft, wie ähnlich die Werte von anderen Gruppen zu den eigenen sind. So glauben viele Briten, dass die Werte von eingewanderten Muslimen zu den eigenen teilweise sehr verschieden seien (Wolf et al., 2019). Was passiert jedoch, wenn falsche Vorstellungen korrigiert werden und Menschen erkennen, dass die Wertegemeinsamkeiten deutlich höher sind als sie bislang glaubten? Hanel und Kollegen (2019) zeigten in mehreren Studien, dass die Betonung von Wertegemeinsamkeiten zu einer Vorurteilsreduktion zwischen beiden Gruppen führt. Dies unterstreicht wie wichtig es ist, stärker auf Gemeinsamkeiten zwischen Gruppen zu verweisen, statt kleine Unterschiede über zu betonen.

5   Werte und Moralität

Die Moralpsychologie setzt sich mit dem Denken und Verhalten von Menschen in ethischen Kontexten auseinander. Werte, die philosophisch eng mit Tugenden zusammenhängen, bilden die Grundlage für moralisches Urteilen und Handeln.

Die neuere Forschung in der Moralpsychologie wurde besonders von Haidt und Graham geprägt, die die Existenz von fünf moralischen Dimensionen *(moral foundations)* postulierten (z. B. Graham et al., 2009): Schaden *(harm/care)*, der Freundlichkeit und Mitleid beinhaltet sowie das Beschützen von anderen Menschen; Gerechtigkeit *(reciprocity/fairness)* bezieht sich auf das Wertschätzen von Fairness und die Ablehnung von Betrug; Loyalität *(loyality/ingroup)* bezieht sich auf die Unterstützung der eigenen Gruppe, Familie oder Land; Autorität *(authority/respect)* bezieht sich auf Respekt vor Autoritäten und das Bewahren von traditionellen Strukturen; und Reinheit *(purity/sanctity),* die sich auf das Vermeiden von Ekel und Zerfall bezieht. Diese fünf Dimensionen werden laut den Autoren von Menschen als Basis für moralische Urteile genutzt: Spielt es eine Rolle, ob eine Person illoyal war, sich nach Gottes Wort verhält oder ihr Heimatland liebt?

Das besondere an den fünf Dimensionen von Haidt, Graham und Kollegen ist, dass sie nicht nur typische Moraldimensionen wie Schaden und Gerechtigkeit berücksichtigen. Sondern sie beziehen auch explizit Dimensionen mit ein, die wichtig für Menschen mit eher konservativen Werten sind. Haidt und Graham postulierten daher, dass „Konservative moralische Intuitionen haben, die liberale [linke] vielleicht nicht wahrnehmen" (2007, S. 98). In der Tat finden Konservative Loyalität, Autorität und besonders Reinheit im Durchschnitt wichtiger als Menschen mit einer eher politisch linken Einstellung. Interessanterweise sind alle fünf Dimensionen für Konservative ungefähr gleichwichtig, wohingegen links-politisch Eingestellte Schaden und Gerechtigkeit wichtiger finden.

Wie Werte sind Haidt und Graham's moralische Dimensionen relevant zur Vorhersage von politischen Einstellungen und vom sozial-kulturellen Umfeld beeinflusst (Feldman 2021). Allerdings erfassen Werte wie bereits dargelegt abstrakte Ideale (z. B. Gleichheit oder Freiheit), wohingegen die moralischen Dimensionen eine Mischung aus Intuitionen, Einstellungen und Überzeugungen beschreiben (z. B. Einstellungen gegenüber der Geschichte des eigenen Landes oder gegenüber Keuschheit). Dennoch hängen Werte und moralische Dimensionen zusammen (Feldman 2021). Zwischen Schaden und Universalismus besteht ein positiver Zusammenhang; Gerechtigkeit hängt am stärksten negativ mit Macht und am stärksten positiv mit Universalismus zusammen; Loyalität hängt am stärksten negativ mit Selbstbestimmung und am stärksten positiv mit Tradition und Konformität zusammen; Autorität hängt am stärksten negativ mit Selbstbestimmung und am stärksten positiv mit Konformität zusammen; und Reinheit am stärksten negativ mit Selbstbestimmung und am stärksten positiv mit Tradition. Insgesamt sind Werte und Moralität nur schwach miteinander assoziiert, was darauf hindeutet, dass sie unterschiedliche Aspekte unserer Persönlichkeit abbilden. Dieser Eindruck wird auch dadurch noch verstärkt, dass sie unterschiedlich stark mit Drittvariablen korrelieren. Beispielsweise hängen die moralischen Dimensionen stärker als Werte mit hypothetischem Verhalten in einem Dilemma zusammen (Heinz Dilemma), wohingegen Werte stärker mit moralischer Identität assoziiert sind.

6   Fazit

Die Werteforschung der vergangenen Jahrzehnte hat viele Fortschritte gemacht. Die Werte wurden zu einem fast universellen Wertesystem gebündelt; sie zeigte, dass die Wichtigkeit von Werten ebenfalls beinahe universell ist, was darauf hindeutet, dass Menschen aus unterschiedlichen Kulturen im Durchschnitt oft ähnlicher sind als vielfach angenommen; das Hervorheben von Wertegemeinsamkeiten kann Einstellungen gegenüber Menschen aus anderen Ländern verbessern; und Werte weisen enge Beziehungen zu verschiedenen moralischen Einstellungen auf.

Allerdings gibt es noch zahlreiche offene Fragen in der Werteforschung. Beispielsweise wie Werte und Verhalten zusammenhängen, welche Rolle dabei das Werteverständnis spielt (Werteinstanziierungen, Hanel et al. 2017; Maio 2010) und wie Werte und Verhalten in einem kausalen Zusammenhang verstanden werden könnten. Schließlich ist die Funktion von wahrgenommenen Wertegemeinsamkeiten bei der Reduzierung von sozialer Diskriminierung näher zu bestimmen und damit, welche Werte hierbei ausschlaggebend sind. Antworten auf diese Fragen können dabei helfen, die Bedeutung, die Werte in unserem Leben haben, besser zu verstehen.

Literatur

Bardi, A., & Schwartz, S. H. (2003). Values and behavior: Strength and structure of relations. *Personality and Social Psychology Bulletin, 29*(10), 1207–1220. https://doi.org/10.1177/0146167203254602

Feldman, G. (2021). Personal values and moral foundations: Examining relations and joint prediction of moral variables. *Social Psychological and Personality Science, 12*(5), 676–686. https://doi.org/10.1177/1948550620933434

Fischer, R. (2017). From values to behavior and from behavior to values. In S. Roccas & S. Lilach (Hrsg.), *Values and behaviour: Taking a cross-cultural perspective* (S. 219–235). Cham: Springer.

Graham, J., Haidt, J., & Nosek, B. A. (2009). Liberals and conservatives rely on different sets of moral foundations. *Journal of Personality and Social Psychology, 96*(5), 1029–1046.

Haidt, J., & Graham, J. (2007). When morality opposes justice: Conservatives have moral intuitions that liberals may not recognize. *Social Justice Research, 20*(1), 98–116.

Hanel, P. H. P., Maio, G. R., & Manstead, A. S. R. (2019). A new way to look at the data: Similarities between groups of people are large and important. *Journal of Personality and Social Psychology, 116*(4), 541–562. https://doi.org/10.1037/pspi0000154

Hanel, P. H. P., Vione, K. C., Hahn, U., & Maio, G. R. (2017). Value instantiations: The missing link between values and behavior? In S. Roccas & S. Lilach (Hrsg.), *Values and behaviour: Taking a cross-cultural perspective* (S. 175–190). Cham: Springer.

Maio, G. R. (2010). Mental representations of social values. In M. P. Zanna (Hrsg.), *Advances in Experimental Social Psychology, Vol. 42* (S. 1–43). San Diego, CA: Academic Press.

Maio, G. R. (2016). *The psychology of human values.* New York, NY: Psychology Press.

Morris, M. W. (2014). Values as the essence of culture foundation or fallacy? *Journal of Cross-Cultural Psychology, 45*(1), 14–24. https://doi.org/10.1177/0022022113513400

Rokeach, M. (1973). *The nature of human values.* New York, NY: Free Press.

Schwartz, S. H. (1992). Universals in the content and structure of values: Theoretical advances and empirical tests in 20 countries. In M. P. Zanna (Hrsg.), *Advances in experimental social psychology,* Vol. 25 (S. 1–65). San Diego, CA: Academic Press. https://doi.org/10.1016/S0065-2601(08)60281-6

Schwartz, S. H., & Bardi, A. (2001). Value hierarchies across cultures taking a similarities perspective. *Journal of Cross-Cultural Psychology, 32*(3), 268–290. https://doi.org/10.1177/0022022101032003002

Vecchione, M., Döring, A. K., Alessandri, G., Marsicano, G., & Bardi, A. (2016). Reciprocal relations across time between basic values and value-expressive behaviors: A longitudinal study among children. *Social Development, 25*(3), 528–547. https://doi.org/10.1111/sode.12152

Wolf, L. J., Hanel, P. H. P., & Maio, G. R. (2021). Measured and manipulated effects of value similarity on prejudice and well-being. *European Review of Social Psychology, 32*(1), 123–160. https://doi.org/10.1080/10463283.2020.1810403

Wolf, L. J., Weinstein, N., & Maio, G. R. (2019). Anti-immigrant prejudice: Understanding the roles of (perceived) values and value dissimilarity. *Journal of Personality and Social Psychology, 117*(5), 925–953. pdh. https://doi.org/10.1037/pspi0000177

Wolfradt, U. (2021). Der Wertbegriff in Psychologie und Psychologie – Erkenntnistheoretische und fachhistorische Perspektiven. In H. Werbik, U. Wolfradt, A. Lailach-Hennrich, & L. Allolio-Näcke (Hrsg.), *Historische Entwicklung und aktuelle Perspektiven des Verhältnisses von Philosophie und Psychologie* (S. 327–348). Würzburg: Königshausen & Neumann.

Branco, A. O. & Valsiner, J. (2012). *Cultural psychology of human values.* Charlotte, NC: Information Age Publishing.

Gewaltforschung

Christian Gudehus

Zusammenfassung

Der Beitrag diskutiert zunächst, wie Gewalt zu definieren ist, und berücksichtigt dabei die Dimensionen Zeit und Raum sowie vier idealtypische Perspektiven auf Gewalt. Es folgt ein knapper Überblick zu gängigen psychologischen Erklärungen kollektiver Gewalt. Das betrifft etwa Ingroup-Outgroup-Konstellationen, (geringes oder bedrohtes) Selbstwertgefühl, Konstruktion von Sündenböcken, Rechtfertigungsnarrative, *othering*, die Rolle von Zuschauern, materieller Gewinn, Idealismus und Weltanschauungen, Sadismus, Gehorsam, Konformität, Tradition, Sicherheit und Ordnung. Im Kontrast dazu werden schließlich einige Beispiele kulturpsychologischer Studien zu Gewalt vorgestellt, um dann abschließend Potentiale zukünftiger kulturpsychologisch angeleiteter Forschung zum Thema aufzuzeigen. Darunter fallen kultursensitive Ansätze etwa im Hinblick auf das Verhältnis von Kultur und individuellen Psychen und als Konsequenz daraus der Einbezug jeweils regionaler Forschungspartner. Weiter bedarf es dringend einer systematischen Berücksichtigung handlungstheoretischer Konzepte.

Schlüsselwörter

(kollektive) Gewalt · Handlungstheorie · Indigene Psychologien · Kultursensitive Forschung · Emische Perspektive · Ko-Autorenschaft

C. Gudehus (✉)
Ruhr-Universität Bochum, Bochum, Deutschland
E-Mail: christian.gudehus@rub.de

© Der/die Autor(en), exklusiv lizenziert an Springer Fachmedien Wiesbaden GmbH, ein Teil von Springer Nature 2022
U. Wolfradt et al. (Hrsg.), *Kulturpsychologie*,
https://doi.org/10.1007/978-3-658-37918-6_31

1   Was ist Gewalt? Über Zeit, Raum und Perspektiven

Was wissenschaftlich unter Gewalt verstanden wird, unterscheidet sich *historisch,* *regional* und hinsichtlich der *Perspektiven* aus der Gewalt erfahren und konzeptualisiert wird. Die *historischen* Differenzen werden offensichtlich, betrachtet man die Ausweitung dessen, was als Gewalt bezeichnet wird bzw. was als illegitime oder illegale Gewaltausübung gilt. Dies trifft etwa zu für Vergewaltigungen, die historisch erst seit kurzer Zeit unter Strafe stehen bzw. deren Verbot sich ausweitet, wie im Falle der Vergewaltigung in der Ehe. Hier zeigen sich auch *regionale* Differenzen, werden doch Formen sexueller Gewalt in einigen Gesellschaften ebenso bezeichnet und negativ sanktioniert, während dies in anderen nicht der Fall ist. So mögen sich Vergewaltigungen hinsichtlich ihrer physischen Merkmale trotz diversem historisch bzw. räumlichen Vorkommens ähneln – die Erfahrung und Bewertung durch Beteiligte und in vielen Fällen deren gesellschaftliche Rahmung kann sich jedoch stark unterscheiden. Entsprechend bedarf es einer emischen Perspektive – also der Rekonstruktion von Wahrnehmungen, Erfahrungen und Deutungen aus Sicht der Beteiligten, um diese Form der Gewalt möglichst umfassend zu verstehen. Allerdings gibt es nicht lediglich *eine Perspektive* auf Gewaltakte. Idealtypisch sind es derer mindestens vier, nämlich jene derjenigen, die *ertragen,* die *ausüben,* die *dabei sind* und jene die *betrachten.* Diese Erfahrungs- und Verstehensdimensionen unterscheiden sich in vielfacher Hinsicht aber vor allem darin, wie aus der Position im oder außerhalb des Geschehens, dieses definiert, interpretiert und, fast noch wichtiger, empfunden wird.

Gewalt zu *ertragen,* heißt, Schmerz oder Schaden gegen den eigenen Willen zugefügt zu bekommen und dabei zu wissen, dass beides in Bezug auf die eigene Person mit schädlichen Intentionen verbunden ist. Nicht zwangsläufig muss das Ertragen passiv geschehen, es kann mit Trotz, Verachtung aber durchaus auch Abwehr verbunden sein. *Ausüben,* heißt Schmerz und Schaden zuzufügen und zu wissen, dass die geschädigte Person das nicht möchte. Das heißt aber nicht zwangsläufig, dass aus beiden Perspektiven ein Geschehen gleichermaßen als gewalthaft definiert werden würde. *Dabei ist* wer nicht Gewalt an sich ausübt. Es kann sich dabei um diverse Formen des Beobachtens handeln – mit Abscheu, mit Heiterkeit, anfeuernd – und schon wird deutlich, wie wenig dazu gehört, um vielleicht selbst zum Ertragenden, Ausübenden oder, ganz anders, zu jemanden zu werden, der dem ertragenden Individuum hilft (möglicherweise mit Gewalt).

Wichtig an dieser Stelle ist lediglich, dass diese Erfahrungen im Gewaltprozess bedeutsam für dessen Deutung sind. Diese Differenzen sind in der Forschung methodologisch zu berücksichtigen. Wie angedeutet mögen Individuen die Perspektiven innerhalb eines großen Geschehens (z. B. Krieg) oder gar einer begrenzten Situation (z. B. einer Gruppenvergewaltigung) wechseln – intentional, oder durch Zwang. Eine weitere Perspektive schließlich, das *Betrachten,* geschieht im Nachhinein. Sie äußert sich in verstehenden und somit interpretierenden Repräsentationen des Geschehens. Damit sind Kunstwerke ebenso gemeint, wie wissenschaftliche Zugänge. Gerade im Fall der

Gewalt, ist dies eine Perspektive, die durchaus von ehemals am Geschehen Beteiligten eingenommen werden kann.

Eine Konsequenz dieser Differenzierungen ist, dass es aus analytischen Gründen weniger sinnvoll sein mag zu diskutieren, was denn als Gewalt zu bezeichnen ist und was nicht. Hilfreicher, um Gewalt zu verstehen, ist es wohl eher, ihre Formen zu differenzieren. So könnte etwa unterschieden werden zwischen Gewalt, die selbst ohne Kenntnisse des Kontexts als solche identifizierbar ist (z. B. Erschlagen, Vergewaltigen, Verstümmeln), und solchen Aktionen, die Teil eines Gewaltkontextes sind, selbst aber an sich keine Gewaltausübung sind (z. B. absperren, Listen anlegen, transportieren). Aber auch in diesem Fall bleiben die Variationen der Deutung durch Zeit, Raum und Perspektiven bestehen. Daher bedarf es zur Orientierung zumindest einiger Grundelemente, die in Gewaltdefinitionen eine Rolle spielen sollten:

1. Die Schädigung mindestens einer Person.
2. Schädigen gegen den Willen der Person, der Schaden zugefügt wird.
3. Das Wissen der Gewaltausübenden (sofern es sich um Individuen handelt), dass sie gegen den Wunsch derjenigen agieren, die sie schädigen.
4. Intentionalität, sicher das umstrittenste Kriterium, da etwa institutionelle und strukturelle Gewalt ohne intentional Gewalt ausübende Akteure auskommen.

2 Psychologie und kollektive Gewalt

Allein die Erwähnung einiger Konzepte und Zugänge, wie Schaden (was wird vom wem als Schaden verstanden?), Emotionen, Kultur, emische Perspektiven machen offensichtlich, welche Potenziale kulturpsychologische Ansätze für ein Verständnis verschiedenster Gewaltformen haben. Um so überraschender mag erscheinen, dass Gewalt ein in der Kulturpsychologie bisher wenig und schon gar nicht systematisch behandelter Gegenstand ist. Dennoch finden sich einige verstreute, allerdings kaum aufeinander bezogene und in den verschiedenen Gewaltforschungen nicht rezipierte Arbeiten. Das eigentliche Pfund mit dem die Kulturpsychologie wuchern kann, sind ihre epistemologischen, theoretischen und methodologischen Reflexionen hinsichtlich der Bedeutung von Kultur für jede Art menschlichen Handelns bzw. von Handlungstheorien grundsätzlich. Um diese Potenziale zu verdeutlichen, lohnt ein Blick auf die Verwendung psychologischen Wissens in der Gewaltforschung. Hier soll der Fokus aus pragmatischen Gründen auf kollektiver Gewalt liegen, deren Grundbedingung, die Existenz von aus Perspektive der Gewaltausübenden mindestens zwei Gruppen ist.

Letztlich versucht jede Forschung zu egal welchem Bereich menschlicher Aktivität, diese zu verstehen. Gewalt stellt vermeintlich eine besondere Herausforderung dar, da sie für die meisten Betrachtenden aus modernen westlichen Gesellschaften außerhalb des persönlichen Erlebens liegt und so als besonders erklärungsbedürftig gilt. Dies trifft umso mehr für extreme physische Gewalt zu, wie sie in Lagern, im Kontext von Kriegen jeder Art oder bei Massakern und Genoziden Gegenstand einer breiten internationalen Forschungslandschaft ist. Erkenntnisse psychologischer Forschung finden sich dort im Wesentlichen auf zweierlei Art: Da ist zum einen eine lange Tradition von Bezügen auf tatsächlich wenige Studien bzw. Konzepte, die seit Jahrzehnten herangezogen werden, wenn es darum geht zu erklären, was Menschen motiviert haben mag, sich zum Beispiel an Erschießungen zu beteiligen. Die Liste wird angeführt von Autoritätshörigkeit, Konformität, Situationalismus, In–Out Group Bias und Dehumanisierung. Unabhängig vom tatsächlichen Erklärungsgehalt solcher oft aus Experimenten gewonnenen Konzepte, steht eine kritische Rezeption hinsichtlich deren tatsächlichen Aussagen, Qualität und Geltung bzw. Übertragbarkeit noch am Anfang (Gudehus 2021).

Zum anderen gibt es insbesondere im englischsprachigen Diskurs eine Reihe von breit rezipierten Monographien, in denen im Kern drei Bereiche diskutiert werden: Persönlichkeit, Situation und sozialkulturelle Konstellationen. Es zeigt sich, dass diese Arbeiten letztlich als Versuche gelesen werden können, durch die Verbindung der drei Bereiche jeweils eine Theorie der Massengewalt zu konstruieren. Darin werden viele, in Teilen äußerst unterschiedliche, Disziplinen, Subdisziplinen, methodologische und theoretische Ansätze versammelt. Seit mehr als 30 Jahren tauchen Bezüge auf einen übersichtlichen Kanon von Konzepten auf, die in unterschiedlicher Weise gewichtet, kombiniert und durchaus auch ergänzt werden. Dazu gehören: eine Kultur der Gewalt, Ingroup-Outgroup-Konstellationen, Gruppendenken, mangelnde Selbstreflexion und Selbstannahme, (geringes oder bedrohtes) Selbstwertgefühl, unbewusste Motivationen, Konstruktion von Sündenböcken, Prozesse der Gewaltdynamisierung, Rechtfertigungsnarrative, *othering,* die Rolle von Zuschauern, materieller Gewinn, Idealismus und Weltanschauungen, Sadismus, Gehorsam, Konformität, Tradition, Sicherheit und Ordnung (Staub 1989; Baumeister 1996; Waller 2007; Anderson 2018). Grundsätzlich mangelt es in den Diskursen eklatant an Reflexionen hinsichtlich der Geltung und den Grenzen der Kombinierbarkeit dieser und weiterer Erklärungsansätze.

3   Beispiele kulturpsychologischer Gewaltforschung

Auch wenn es bisher an einer systematischen, vielleicht gar institutionalisierten kulturpsychologischen Gewaltforschung fehlt, gibt es eine ganze Reihe verstreuter Publikationen, die Aspekte von Gewalt thematisieren (z. B. *culture of honor* von Nisbett und Cohen 1996). Allerdings ist, obwohl diese Arbeiten an entsprechenden Orten veröffentlicht worden sind, ihr kulturpsychologischer Anteil nicht immer offensichtlich. Einige Beispiele, sollen demonstrieren, wie divers diese Thematisierungen ausfallen:

Preben Bertelsen (2005) untersucht nicht Gewalt unmittelbar, sondern *Evil,* das er im Kern als die Verweigerung von Kooperation oder Bindung definiert. Zentral für sein Argument ist die Intentionalität *böser* Handlungen: „Verbrechen und unmoralische

Handlungen werden erst dann wirklich böse, wenn sie bewusst und als/durch Gerichtet-heit [directedness] auf Zerstörung und Schaden als solche abzielen" (ebd., S. 697, Übers. CG). Bertelsen entwickelt eine Handlungstheorie in der, wie in wohl all solchen Theorien, zwischen Arten und Graden der Reflexivität unterschieden wird. So agieren, folgt man ihm, Folternde und Terroristen zwar hochreflektiert in Bezug auf die pragmatischen Aspekte ihres gewaltvollen Handelns. Sie führen jedoch keine Form *höherer Reflexion* aus, in denen die Auswirkungen ihrer Handlungen auf menschliche Koexistenz im Mittelpunkt stehen (ebd., S. 702). Bertelsen konzipiert *böse* Gewalt somit als defizitäres, gestörtes, aber immer intentionales Handeln. Entsprechend fällt die Schwere der ausgeübten Gewalt mit Hinblick auf ihre Beurteilung als böse nur bedingt ins Gewicht, wie das Konzept des *fahrlässig Bösen* illustriert. Als Beispiel dient ein leitendes Individuum, das einen eigenen Fehler auf eine ihm untergebene Person ver-schiebt. So unbedeutend im Verhältnis zu etwa Folter die Folgen einer solchen Handlung sind, so sehr zeigt sich darin erneut das *Böse* in Gestalt der intentionalen Missachtung grundlegender menschlicher Koexistenz (ebd., S. 705).

Als Antwort auf einen Beitrag von Nancy Spalding zum Verhältnis von Kultur und Gewalt in Nigeria macht Félix Díaz Martínez (2000) insbesondere zwei Punkte stark und argumentiert dabei explizit kulturpsychologisch. Erstens beschreibt er die Gewalt nigerianischer Kombattanten in den 1960er Jahren als Folge einer in den militärischen Institutionen verankerten Kultur der Aggression, die eben diese zur standardisierten Weise der Konfliktaustragung gemacht hatten (ebd., S. 341). Interessanterweise sieht er diese Kultur nicht als spezifisch für die Akteure, sondern für militärische Institutionen ganz grundsätzlich; er beschreibt diese explizit als global und stabil (ebd.). Zweitens kritisiert er ein Verständnis von Kultur, das Kollektiven Eigenschaften zuschreibt, die dann für Individuen gelten sollen. Allerdings verschieben die von ihm eingeforderten Differenzierungen wie Klasse, Gender oder institutionelle Zugehörigkeit das Problem lediglich auf andere Ebenen (ebd., S. 335).

Ausgangspunkt der Überlegungen Ernst Eduard Boeschs (1916–2014) zur Aggression und Gewalt sind zwei von ihm formulierte handlungstheoretische Annahmen. Das ist erstens die Vorstellung, dass Menschen stets bemüht sind, ein *Innen-Außen-Gleichgewicht* herzustellen. Sie tun dies durch Ordnungsmaßnahmen, denen bereits ein Gewaltpotenzial innewohnt, wird doch definiert und bekämpft, was keinen Platz in dieser Ordnung hat (Boesch 2005, S. 28). Als zweiten wichtigen Handlungsantrieb benennt Boesch das Prinzip der *Ich-Verstärkung*. Letztlich geht es dabei um positive Emotionen, um Lust gewonnen aus sozialer Anerkennung, Ding- und Personenmanipulation – also Machtausübung, wie Boesch mit Blick auf die Motivation nationalsozialistischer Gewaltausübender erläutert: „Selbst Grausamkeiten, wie sie etwa von SS-Leuten in Konzentrationslagern gemeldet wurden, müssen wohl oft einem Bedürfnis nach Ich-Bestätigung und Sozial-Prestige zugeschrieben werden, dem kein Ärger als Auslöser voranging" (Boesch 1976, S. 379). Auch Gewalt als Handlung wird somit als durch Suche nach Anerkennung motiviert verstanden, also positiven Emotionen und dabei *en passant* enthistorisiert.

Es wird unmittelbar deutlich, dass es zum Verständnis von Gewalt keiner eigenständigen Theorie bedarf. Lust durch soziale Anerkennung und/oder Machtausübung verbunden mit der Einrichtung einer dem Selbst entsprechenden Welt reichen aus, die Konstruktion von Anderen, Feinden und die Motivation, gegen diese vorzugehen, zu erklären. Auch eskalierende Gewaltdynamiken, wie etwa die Radikalisierung der nationalsozialistischen Vernichtungspolitik, lassen sich mit diesem Werkzeug angehen. Umso mehr als Boesch noch im geteilten, gemeinsamen Hass, wie er es nennt, die performative Selbstbestätigung eben des aggressiven Hassens identifiziert und somit kollektive Prozesse zumindest anspricht (Boesch 2005, S. 245). Boesch versteht Aggression als „ein ,funktionales Potenzial', ein Handlungsvermögen, das je nach Situation instrumentell, als ein Mittel, zur Verfügung steht, nicht aber nach der internen Triebdynamik von Spannung und Abfuhr funktioniert" (ebd., S. 249). Folglich ist Aggression als das gewalthaltige Handeln selbst konzipiert, dass dann zum Einsatz kommt, wenn sie als die beste Lösung erscheint. Also jene, die man auszuführen in der Lage ist, die Erfolg verspricht in Angstminderung und Lustgewinn (und sei es nur in der Lust der Gewaltausübung selbst, ohne langfristige Folgen zu kalkulieren). Aber auch jene, die möglicherweise selbst erprobt oder beobachtet worden ist, und schließlich jene, die sozial akzeptiert erscheint (ebd., S. 249 f.). Andersherum kann Gewalt auf dieser Grundlage aber auch als defizitär, schwach und somit als falsch verstanden werden. Boesch schlägt diesen Weg selbst ein: „Die Bereitschaft, im Undurchsichtigen Feindseliges zu vermuten, scheint größer zu sein, als die, es verstehen zu wollen. Denn das zweite ist die schwierigere Handlung" (ebd., S. 243). So wird Aggression zum Ausweg der Ausweichenden, der Faulen, derjenigen, die nicht hinter die Kulissen blicken, die es sich einfach machen. Sie kommt dann zum Einsatz, wenn keine anderen Handlungsoptionen zur Bewältigung von Angst und Unsicherheit und zum Gewinn sozialer Anerkennung ausübbar erscheinen.

Jürgen Straubs (2014) Konzept der *Verletzungsverhältnisse* arbeitet die Bedeutung spezifischer Formen von Erinnerung als Folge und Voraussetzung von Gewalt heraus. Diese Erinnerung ist nicht zwangsläufig narrativ verfasst oder organisiert, sondern diffus und äußert sich in Formen körperlicher und emotionaler Abneigung, wie Ekel oder Angst. Straub prägt dafür den Begriff der *aktionalen Erinnerung,* die sich etwa in Mimik, Gestik und Intonation zumeist unwillkürlich zeigt (ebd., S. 80). Diese Spuren der Vergangenheit müssen nicht unbedingt Folge je eigener Erfahrung sein, sondern können auch oft über Generationen tradiert sein (ebd., S. 85). Folgerichtig spricht Straub auch von *kollektiven Verletzungsverhältnissen,* in denen Erfahrungen von Ungleichheit wie Kolonialismus, Sexismus und Rassismus aufbewahrt sind und der Aktualisierung harren (ebd., S. 86). Der Beitrag ist darüber hinaus ausdrücklich als eine Sensibilisierung von Wissenschaft, Erziehung, Politik und Öffentlichkeit intendiert. Allerdings liegt das Konzept bisher nur in der Theorie vor und erst die Zukunft wird erweisen, inwiefern es sich empirisch einlösen lässt; ob also solche Relationen tatsächlich nachweisbar sind.

4 Potenziale einer kulturpsychologisch fundierten Gewaltforschung

Ein kulturpsychologischer Beitrag zur Gewaltforschung besteht wohl weniger darin, Erklärungslücken zu füllen (Was motiviert Menschen, sich an der Ausübung kollektiver Gewalt zu beteiligen?). Auch kann es nicht darum gehen, eine Theorie der (Massen-) Ggewalt zu entwickeln. Eher im Gegenteil: Statt allgemeingültige Theoreme, die über Zeit, Raum und Perspektive Geltung beanspruchen, geht es eher darum ein theoretisches Instrumentarium zu entwickeln, dass eben diesen drei Differenzbereichen gerecht wird. Genau dies wird dem von Pradeep Chakkarath und Jürgen Straub formulierten Anspruch gerecht, eben keine Subdisziplin zu sein, „sondern eine allgemeine Perspektive auf alle möglichen Gegenstände psychologischer Forschung und damit einhergehende wissenschaftliche, aber auch außerwissenschaftliche Diskurse und deren Manifestationen" (2020, S. 5). Genau daran fehlt es aktuell in zum Beispiel großen Teilen der englischsprachigen Genozidforschung. Dort werden im Westen und für den Westen entwickelte psychologische, soziologische oder kriminologische Erklärungsmodelle mit Interviews so genannter Täter aus Südasien, Zentralafrika und Südosteuropa verbunden (z. B. Anderson, 2018). Dies geschieht ohne eine adäquate Auseinandersetzung mit den eben kulturell bedingten Differenzen etwa bezüglich von Handlungswahl, Sinnbildung, Körperlichkeit oder Emotionalität. Genau diese Aspekte betreffen den Kern dessen was kulturpsychologische Zugänge zu leisten im Stande sind. Gerade was die oben angesprochene Liste zentraler Erklärungsfaktoren angeht, bietet kulturpsychologisches Wissen Werkzeuge zu deren Beurteilung und Differenzierung. Chakkarath und Straub haben dies Potenzial, wohl ohne dabei an Gewalt zu denken, benannt: „Kultur ist demnach nicht einfach eine lediglich vage charakterisierbare ‚symbolische Ordnung' (oder dergleichen), sondern ein differenziell bestimmbares, transindividuelles und handlungsleitendes Wissens-, Zeichen- oder Symbolsystem, das sich zusammensetzt aus

1. kollektiven Zielen, die Individuen übernehmen, situationsspezifisch konkretisieren und als zweckrational handelnde Akteur/innen durch den Einsatz wiederum kulturspezifischen Mittelwissens verfolgen können […];
2. kulturspezifischen Handlungsregeln; dazu gehören auch sprachliche Regeln aller Art, außerdem – wie gesagt – soziale Normen, die in Aufforderungs- bzw. die sie fundierenden Bewertungsnormen oder Werte differenziert werden können […];
3. einem kulturspezifischen Reservoir an geteilten Geschichten, durch die Angehörige einer Kultur ihre Identität, ihr kollektives und individuelles Selbst- und Weltverständnis bilden, artikulieren und tradieren, und dies so, dass nicht zuletzt der zeitlichen und kreativen Dimension der Praxis Rechnung getragen wird" (2020, S. 10).

Es wird deutlich, worauf zu achten ist, welche Art von Daten zu sammeln sind, und dass es adäquater Methoden eben der Sammlung und Deutung bedarf. Eine Konsequenz bestünde beispielsweise darin, Übersetzende nicht als Dienstleistende, sondern als

Forschungspartner zu betrachten. Im Idealfall wären Akteure mit intimen Kenntnissen von Sprache(n) und Kultur(en) bereits möglichst früh in den Forschungsprozess zu integrieren. Das betrifft Forschungsdesign, Datenauswahl, Datenerhebung und deren Analyse. So könnten Prozesse gegenseitigen Erklärens bei entsprechender Erfahrungsoffenheit die kulturfremden Forschenden einerseits und die oft mit den Gebräuchen westlichen Forschens wenig Vertrauten vor Ort andererseits qualifizieren und somit einem verbesserten Verständnis des jeweils untersuchten Gegenstands näherbringen. Eine Konsequenz sollte eine auch sichtbar gemachte Ko-Autorenschaft der Beteiligten sein.

Schließlich ist zu bedenken, dass Theorien und Methoden, die zum Beispiel an Experimenten mit männlichen Studierenden US-Amerikanischer Universitäten in den 1960-70er Jahren entwickelt worden sind, nur bedingt hilfreich sind, wenn es darum geht, gewaltvolles Handeln von anderen Personengruppen, in anderen Weltregionen zu anderen Zeiten zu erklären. Indigene Psychologien bieten hier Alternativen. Genau genommen handelt es sich nicht zwangsläufig um an Universitäten verankerte, sich selbst als Psychologie bezeichnende Konzepte. Vielmehr geht es darum regionale Verstehens- und Denktraditionen für die Gewaltforschung fruchtbar zu machen. Pradeep Chakkarath (2021) weist unter Bezug auf Ankur Barua (2017) etwa auf die Verwendung hinduistischer Kernerzählungen im Hindufundamentalismus hin.

Grundsätzlich fehlt es insbesondere in der englischsprachigen Literatur an anspruchsvollen theoretischen und methodologischen Reflexionen zu Begriffen, Grundannahmen und empirischen Zugängen (fast ausschließlich Interviews). Eine wichtige Voraussetzung dafür, dies zu ändern, ist eine detaillierte Auseinandersetzung mit Handlungstheorien. Hier sind die oben erwähnten Arbeiten Ernst E. Boeschs nur ein Beispiel des reichen Fundus an handlungstheoretischen Überlegungen kulturpsychologischer Prägung, die ihrer Fruchtbarmachung für die Gewaltforschung harren. Konzepte wie Handlung, Intentionalität, Prozesslogik, soziale Rolle oder Identität sind seit langer Zeit Gegenstand (bei Weitem nicht nur) kulturpsychologischer Reflexionen. Es ist allerdings kaum zu erwarten, dass sie ohne ein systematisches Bemühen Eingang in die entsprechenden Diskurse finden werden. Daher ist es an der Zeit, eine Gewaltforschung zu entwickeln, die als allererstes kultursensitiv – und zwar gleich in mehrfacher Hinsicht – ist. Das betrifft die für die Kulturpsychologie paradigmatische Relation von Kultur und individuellen Psychen ebenso wie den Einbezug und die enge Kooperation mit regionalen Forschungspartnern als auch eine systematische Nutzung sogenannter indigener Psychologien. Und dann hat, eigentlich selbstverständlich, jede Erkundung menschlicher Aktivität begrifflich präzise zu sein und bedarf einer eben expliziten handlungstheoretischen Unterfütterung. Die Potenziale sind da. Nun gilt es, diese zu entwickeln und durchaus strategisch in die entsprechenden Diskurse einzuspeisen.

Literatur

Anderson, K. (2018). *Perpetrating genocide: A criminological* account. New York, NY: Routledge.

Barua, A. (2017). Encountering violence in Hindu universes. Situating the other on Vedic horizons. *Journal of Religion and Violence, 5(1),* 49–78.

Baumeister, R. (1996). *Evil. Inside human violence and cruelty.* New York, NY: Holt.

Bertelsen, P. (2005). Evilness as intention. The intentional detachment from destruction of the human condition of co-existence. *Theory & Psychology, 15(5),* 679–710.

Boesch, E. E. (1976). *Psychopathologie des Alltags. Zur Ökopsychologie des Handelns und seiner Störungen.* Bern: Huber.

Boesch, E. E. (2005). *Von Kunst bis Terror. Über den Zwiespalt in der Kultur.* Göttingen: Vandenhoeck & Ruprecht.

Chakkarath, P. (2021). Destruktion und Perfektion: Zum Wechselspiel von Vernichtung und Vervollkommnung im Hinduismus. *Paragrana. Internationale Zeitschrift für Historische Anthropologie, 30(1),* 235–248.

Chakkarath, P., & Straub, J. (2020). Kulturpsychologie. In G. Mey & K. Mruck (Hrsg.), *Handbuch Qualitative Forschung in der Psychologie* (S. 1–22). Springer: Wiesbaden. https://doi.org/10.1007/978-3-658-18387-5_16-1.

Díaz Martínes, F. (2000). Culture at all points, including militarism. *Culture & Psychology, 6(3),* 333–352.

Gudehus, C. (2021). Appropriations of social psychological studies in genocide research exemplified by references to Solomon E. Asch's study of independence and conformity. *Journal of Genocide Research,* https://doi.org/10.1080/14623528.2021.1987039

Nisbett, R. E., & Cohen, D. (1996). *Culture of honor. The psychology of violence in the south.* Boulder, CO: Westview Press.

Staub, E. (1989). *The roots of evil. The origins of genocide and other group violence.* Cambridge, MA: Cambridge University Press.

Straub, J. (2014). Verletzungsverhältnisse. Erlebnisgründe, unbewusste Tradierungen und Gewalt in der sozialen Praxis. *Zeitschrift für Pädagogik, 60(1),* 74–95.

Waller, J. (2007). *Becoming evil. How ordinary people commit genocide and mass killings.* Oxford: Oxford University Press.

Vignetten von Moral und Recht

Ulrich Kobbé

Ob ich des Rechts Mauer
Die hohe oder krummer Täuschung
Ersteig' und so mich selbst
Umschreibend, hinaus
Mich lebe, darüber
Hab ich zweideutig ein
Gemüth, genau es zu sagen. (Hölderlin (1988, S. 295))

Zusammenfassung

Der Beitrag konzeptualisiert Gesetz und Moral als symptomatische Aspekte der Rechtsgeschichte mit kulturpsychologischem Impact. Die strategische Analyse beginnt mit Entwicklung und Kontext objektiv gegebener oder objektivierbarer Alltagsphänomene des Strafrechts. Sie untersucht Fragen der Macht (der Gesetze, der Institutionen, der Moralen). Die methodische Analyse der Rechts- und Moralentwicklung greift archäologische und genealogische Forschungs- und Theoriekonzepte Michel Foucaults auf. Mit ihnen lässt sich nicht nur eine Ethnographie der Machtausübung, sondern auch eine kritisch-archäologische wie genealogische Analytik der von Cesare Beccaria im 18. Jahrhundert paradigmatisch ausgearbeiteten Strafrechtsphilosophie der Moderne vornehmen. Ein kulturpsychologischer Fokus liegt auf der utilitaristisch zwischen individuellem Freiheitsanspruch und gesellschaftspolitischer Notwendigkeit balancierenden Ethik eines nützlichen Straf- und Maßregelrechts.

U. Kobbé (✉)
iwifo-Institut, Lippstadt, Deutschland
E-Mail: ulrich.kobbe@iwifo-institut.de

Schlüsselwörter

Foucaultiade · Gerechtigkeit · Gesetz · Macht · Moral · Strafrechtsphilosophie ·
Utilitarismus

1   Darüber hab ich…

Der hier behandelte Komplex betrifft den kulturpsychologisch bedeutsamen Konnex von
Moral (und Ethik) – Recht – Kultur. Der Essay erarbeitet diese Topoi – siehe das in den
Überschriften 1. – 5. aufgegriffene Eingangszitat – mit der selbstreflexiv oszillierenden
Ambivalenz Hölderlins[1] i. S. einer methodischen Foucaultiade und klärt zunächst die
Grundbegriffe:

- *Moral* als ein System von geschichtlich gewordenen und gesellschaftlich bedingten
  ‚sittlichen' Grundsätzen, Werten und Normen, von denen sich die Menschen in ihrem
  Verhalten zueinander leiten lassen, d. h. einer subkulturellen Ethik, die auf für diese
  Subkultur festgelegten Tugenden und Imperative basiert. Zweckbestimmung von
  Moral ist das bestmögliche Überleben der eigenen Kultur (Gruppe, Organisation etc.),
  was u. U. Konflikte mit interkulturellen (globalen) ethischen Ansprüchen impliziert.
  Ihr wesentlicher Aspekt ist ein kulturelles oder subkulturelles Bewusstsein als Schutz
  einer Gruppe.
- *Ethik* als ein (philosophisches) System von Normen und Maximen der Lebensführung, die sich aus der Verantwortung gegenüber anderen herleiten und das ‚sitt-
  liche' Wollen und Handeln von Menschen in verschiedenen Lebenssituationen
  betrifft. Zweck der Ethik ist das bestmögliche Wohl möglichst aller (global)
  existierenden Individuen sowie deren Lebensräume.
- *Recht* als ein staatlich (territorial-kulturell) verordnetes verbindliches System, das
  (1) kulturell-moralische Vorstellungen regelt und (2) den Verlust von Moral und/oder
  Ethik einzelner Personen sanktioniert. Der Begriff bezeichnet die Gesamtheit der
  vom Staat (Rechtsstaat) festgelegten Normen des menschlichen Verhaltens als dessen
  Rechtsordnung. Ihr wesentlicher Aspekt betrifft Garantien und Reglementierung als
  nationales (territoriales) Bewusstsein, die u. U. kompromisshaft in internationales
  Recht einfließen bzw. diesem nachgeordnet sind.

Diese – den etymologischen Angaben des DWDS[2] folgende – Skizze ist nicht nur eine
thesenartige, im Folgenden auf ihre Voraussetzungen exemplarisch zu untersuchende
Setzung, sondern impliziert unterschiedliche Wertesysteme, die hinsichtlich des

---

[1] Kobbé (2020, S. 60 f.)

[2] DWDS = *Deutsches Wörterbuch der Deutschen Sprache* (http://www.dwds.de).

soziokulturellen Bewusstseins *Recht* als einen Teilaspekt von *Moral* und diese als einem Teilaspekt von *Ethik* bestimmen. Eine DWDS-Schlussfolgerung lautet u. a., ethische Maxime ,inspirierten' die Entwicklung von Moral und Moralvorstellungen ,formten' das Recht.

2   Grundlagen der diskursiven Analyse oder Es genau sagen

Wenn denn Recht und Moral wesentliche Aspekte der Kulturgeschichte darstellen und symptomatisch für deren kulturpsychologischen Impact sind, orientiert sich eine strategische Klärung von Entwicklung und Kontext folgerichtig an der Art und Weise

- wie Symptome auf ihre Genese, Struktur, Dynamik und Funktion untersucht,
- wie Fachtermini anderer Disziplinen auf deren psychologische Bedeutung hin geprüft, in das eigene paradigmatische System ,übersetzt' werden.[3]

Systematisch beginnt eine solche Analyse sinnvollerweise mit den direkt vorfindbaren – objektiv gegebenen oder objektivierbaren – Phänomenen, hier dem des Rechts und darin konkret des Strafrechts (s). Deutlich wird zugleich, dass es sich immer um eine selektive Auswahl des kulturpsychologischen Symptoms handelt und sich die Ergebnisse – zunächst – nur auf diesen vorbestimmten Bereich beziehen, erst in einem weiteren Schritt generalisieren lassen. Indem es sich um Fragen der Macht (der Gesetze, der Institutionen, der Moralen), präziser: um Verhältnisse der Machtausübung handelt, bezieht sich die Untersuchung auf Machtverhältnisse, Kommunikationsbeziehungen und sachliche Fähigkeiten[4], die als „drei Typen von Verhältnissen [...] immer ineinander verschachtelt sind, sich gegenseitig stützen und als Werkzeug benutzen" (Foucault 1994, S. 31).

Methodisch indiziert dies einesteils eine strukturelle Ist-Analyse des Phänomens *Strafrecht,* indes zugleich eine genealogische Untersuchung der Rechts- und Moralentwicklung. Damit knüpft das Vorgehen an die archäologischen und den genealogischen Forschungs- und Theoriekonzepten bei Foucault an, die eine Ethnographie der Machtausübung vollziehen: Wesentlich ist dabei, dass sich die kritisch-archäologische und die genealogische Analytik „nicht so sehr im Gegenstand und im Untersuchungsbereich"

---

[3] Im Falle des Strafrechts geht es für rechtspsychologische Sachverständige bspw. darum, die in § 20 StGB (Schuldunfähigkeit wegen seelischer Störungen) enthaltenen juristischen Begriffe der *krankhaften seelischen Störung*, der *tiefgreifenden Bewusstseinsstörung*, des *Schwachsinns* und der *schweren seelischen anderen Abartigkeit* in klinisch-psychologische Klassifikationen (der *Internationalen Klassifikation psychischer Störungen ICD-10* und/oder des *Diagnostischen und statistischen Manuals psychischer Störungen DSM 5*) zu transformieren und auf deren Relevanz zum Tatzeitpunkt hin zu überprüfen.

[4] Schon allein die Reflexion von Macht(-praktiken), Strafrecht, Moral/Ethik provoziert die Machtfrage als Fähigkeitsfrage: Was macht ,man' ... mit sich?

unterscheiden, „sondern im Ansatzpunkt, in der Perspektive, in der Abgrenzung", sodass sie sich bezüglich der o. g. Verhältnisse in ihren Beschreibungen „abwechseln, stützen und ergänzen" (Foucault 2003a, S. 42–43).[5]

Ein Zitat Foucaults kannibalisierend, bedeutet dies: „Ich gehe von einem Problem in den Begriffen aus, in denen es sich gegenwärtig stellt, und versuche dann, dessen Genealogie durchzuführen. Genealogie heißt, dass ich die Analyse von einer gegenwärtigen Frage aus betreibe" (Foucault 2005, S. 831). *Archäologie* heißt, parallel eine Archivarbeit der diskursiven Formationen, ihrer Entstehungen, Systematiken, Verschiebungen, Brüche zu betreiben, um eine „Feststellung unserer Identität durch das Spiel der Unterscheidungen" als Diagnose „jene[r] Verstreuung" vorzunehmen, „die wir sind und die wir vornehmen" (Foucault 1983, S. 188).

3   Eine archē-Perspektive auf des Rechtes hohe Mauer

Dieser Essai konzentriert sich bei der Thematisierung des Rechts auf die des Strafrechts, da

- hier – weitreichender als im Zivil- und Verwaltungsrecht – Aspekte der Fortschreibung und Umschreibung der Rechtsordnung durch richterliche Präzedenzentscheidungen am weitesten gehen und
- ein Verständnis von Legitimierung staatlicher Gewalt an die rechtliche Ordnung sowohl hinsichtlich der Garantien als auch der Einschränkungen von Grundrechten am prägnantesten aufgezeigt werden kann.

Neben formalen Kriterien begründet Polke (2018, S. 4) das Recht als soziale Institution und soziale Technik sowie unter kulturtheoretischer Perspektive als eine symbolische Form mit diesem „Umstand des Oszillierens zwischen einem engeren und einem weiteren Verständnis von Rechtskultur und damit vom öffentlichen Rechtsbewusstsein mit seinen Ansichten über die Funktion des Rechts". Das Paradigma der symbolischen Formen unterscheidet diese in ihre Ausdrucks-, Darstellungs- und Bedeutungsfunktion (Cassirer 1994a, c): Kulturelle Systeme – also auch Rechtssysteme – sind darin als Resultate charakteristischer und andauernder Formgebungsprozesse bzw. Formierungspraxen zu verstehen.

3.1   Symbolische Formgebung

Die Bestimmung der Besonderheit einer symbolischen Form über die Archäologie ihrer Regeln impliziert deren Rekonstruktion als auch Dekonstruktion. Diese Aspekte

---

[5] Kap.Diskursanalyse

einer Re- und Neufiguration leiten nicht nur „die konkrete Ausgestaltung des Rechts" (Polke 2018, S. 7), sondern bedingen als symbolische Form deren wissenschaftliche Selbstreflexionspraxis, d. h. sowohl Form als auch Dynamik. Dabei ist das Recht eine eigenständige symbolische Form, eine objektivierende Anschauungs-, Reflexions- und Urteilsform, die soziale Realität durch spezifische Regeln, Techniken, Prozeduren, Institutionen erschließt: „Nur über diese in objektive Gestalt gebrachten Formen lassen sich Eigentum, Meineid oder auch Totschlag als soziale Tatsachen fassen, wodurch ihnen objektiv Wirklichkeit zukommt. Nur, wenn diese Formationen lebendig gehalten werden und in der Praxis weiterhin zur Anwendung kommen, bleibt auch das darin zum Ausdruck kommende Rechtsbewusstsein prägnant. Allerdings erschöpft es sich keineswegs darin. Vielmehr gehen Rechtschöpfung wie Rechtsprechung stets über das regelgeleitete und in Ordnungen gegossene geltende Recht hinaus" (Polke 2018, S. 8).

3.2 Symbolischer Formgebrauch

Zwar werden Moral und Ethik von Cassirer als eigene symbolische Formen nicht konzipiert, doch fungiert Moral als ein kulturelles Normen- und Wertesystem, ist Normativität ein strukturelles Element der Moral und insofern im symbolischen System menschlicher Kultur immer schon enthalten: Anstelle einer systematischen Analyse der Moral (oder Ethik), anstelle ihrer historischen Rekonstruktion und Analyse, geht es ihm ob der normativen Funktion jeder symbolischen Form um deren Repräsentanz, um deren determinierende Funktion innerhalb der sozialen Praxis menschlicher Freiheit als einer „echten Autonomie" in der Bedeutung einer „moralische[n] Herrschaft über sich selbst" (Cassirer 1971, S. 104).

3.3 Symbolische Formentwicklung

Die Beziehung von Recht und Moral ist damit ein komplexes, sprich: diffuses und u. U. retroaktives Interaktionsverhältnis, als zwar moralische Normen (i) weder in normativem Recht aufgehen noch umgekehrt, (ii) beide sich aber gegenseitig ‚durchdringen' und (iii) trotz dieser Verschränkung voneinander zu differenzieren sind. Die Entwicklung aktueller Rechtsform(en) ist eng mit der Aufklärung, namentlich der ideengeschicht-lichen – und nicht nur zeitlichen – Nähe von Kants *Kritik der reinen Vernunft* von 1781 und *Kritik der praktischen Vernunft* von 1788 mit der französische Revolution von 1789 insofern verknüpft, als zu untersuchen sei, „ob und inwieweit die gedankliche Grund-tendenz, durch welche Kants theoretische Philosophie und seine Ethik bestimmt wird, mit jenen Tendenzen sich berührt, aus denen die revolutionäre Bewegung in Frankreich entsprungen ist" (Cassirer 1995, S. 15). Dabei erweise sich „Ideologie" als ein „End-produkt" jener französischen Philosophie, wie sie von Montesquieu, Voltaire, Condorcet, Diderot, D'Holbach und Rousseau konzeptualisiert worden sei: „Bei Rousseau opfert das Individuum, indem es durch den Gesellschaftsvertrag mit anderen in Gemeinschaft tritt, sich selbst, ohne Einschränkung, dem Willen der Gemeinschaft auf. Es entäußert sich aller seiner ursprünglichen Rechte – und eben diese Entäußerung ist es, die das oberste Prinzip der Rousseauschen Staatstheorie bildet" (Cassirer 1995, S. 16). Für die Entwicklung von Rechtsstaat, allgemeinen Menschen- und individuellen Bürgerrechten, mithin auch eines allgemeinen und gerechten Strafrechts, verweist er – trotz einer grundsätzlichen Diskrepanz seiner Symbol- und Repräsentanztheorie mit der demokratischen Identitätskonstruktion Rousseaus – exemplarisch auf dessen Entwurf eines Gesellschaftsvertrags, auf eine politische Philosophie also, mit der „der Gedanke der unveräußerlichen Grundrechte des Individuums aus der Sphäre der reinen Theorie in die der praktischen Politik übergreift" (Cassirer 1995, S. 19). Unverkennbar klärungs- und rechtfertigungsbedürftig bleibt dabei für Cassirer (1991) das Spannungsverhältnis von idealistischem Vernunftstaat zur ‚natürlichen' Normativität individueller Bürgerrechte: Denn zwar verbürge der Rechtsstaat mit der rechtlichen Sicherung von Selbstbestimmung den Bürger:innen lediglich eine Form ‚negative' Freiheit, dies allerdings nur, um hierdurch deren moralische Freiheit zu garantieren und zu ermöglichen.

4   Eine Genealogik als Ersteige(r)n des Rechtes Mauer krummer Täuschung

Rechtsdynamik
Gegenwärtige, eine genealogische (Text-)Analyse indizierende Fragen auf dem Gebiet des Strafrechts betreffen u. a.

1. 1998 gesetzliche Erleichterung der Anordnung von Sicherungsverwahrung (§ 66 StGB[6]) für Taten gegen die sexuelle Selbstbestimmung und die körperliche Unversehrtheit oder entsprechende ‚Rauschtaten';
2. 2004 Ergänzung des § 66 StGB durch die Möglichkeit einer nachträglichen Anordnung von Sicherungsverwahrung;
3. 2011 Grundsatzentscheidungen des Europäischen Gerichtshofes für Menschenrechte (EGMR) und in der Folge des Bundesverfassungsgerichts zur Rechtswidrigkeit einer nachträglichen Sicherungsverwahrung, da dies gegen das Rückwirkungsverbot der Europäischen Menschenrechtskonvention (EMRK) verstoße;
4. 2013 gesetzliche Neuregelungen der Sicherungsverwahrung mit den Maßgaben eines freiheitsorientierten und therapiegerichteten Vollzugs, der in deutlichem Abstand zum Strafvollzug auszugestalten ist;

---

[6] StGB = Strafgesetzbuch (vom 15.05.1871 in der aktuellen Fassung, zuletzt geändert durch Gesetz vom 10.07.2020).

5. 2016 Neuregelungen der Verhältnismäßigkeit der Dauer der freiheitsentziehenden Unterbringung (gem. § 63 StGB) im Maßregelvollzug (MRV);

6. 2020 geplante Strafverschärfungen bei Kinderpornografie und sexualisierter Gewalt gegen Kinder in einem Gesetzesentwurf der Bundesjustizministerin,
aber auch

7. 2001 die Forderung des damaligen Bundeskanzlers Schröder, bei sexueller Gewalt an Kindern könne es für die Täter „nur eine Lösung geben: Wegschließen – und zwar für immer" (Kobbé 2010, S. 22 f.).

Während es einerseits um Sicherungsverwahrung nach der Strafhaft und um Strafverschärfungen geht, betreffen andere Neuerung die Verhältnismäßigkeit bzw. die Begrenzung des Freiheitsentzugs. Dies bedeutet, dass „die Geschichtlichkeit, die uns […] bestimmt, […] nicht sprachlicher Natur [ist]. Machtbeziehung, nicht Sinnbeziehung" (Foucault 2003b, S. 192). D. h. die Erschließung der moralischen und rechtsphilosophischen Logik(en) dieser Rechtsakte bedarf jener genealogischen Methode, „die der Konstitution der Wissensarten, der Diskurse, der Gegenstandsbereiche usw. Rechnung trägt, ohne sich auf ein Subjekt beziehen zu müssen, ob dieses nun dem Feld der Ereignisse gegenüber transzendent ist oder ob es in seiner leeren Identität an der Geschichte entlangläuft" (Foucault 2003b, S. 195).

4.1 Rechtsgenese

Mit seinem Bezug auf Rousseau stellt Cassirer nicht nur einen inhaltlichen Anhalts-, sondern auch einen historischen Zeitpunkt zur Verfügung; im Folgenden wird daher eine Abhandlung *Über Verbrechen und Strafen* untersucht werden, die Cesare Beccaria 1764 – d. h. 16 Jahre nach Montesquieus *Geist der Gesetze* (1748) und 2 Jahre nach Rousseaus *Émile oder die Erziehung* (1762) – herausgab. Dass dieses von Umfang und Titel her unscheinbare Traktat „als ‚Auftakt' des modernen Strafrechts wie der Strafpraxen der Moderne (und Postmoderne) gewählt" wird, betrifft nicht allein dessen Relevanz als „historischer Reformentwurf eines neuen juristischen Paradigmas […], sondern als Entwurf einer Ethik des Rechts, einer Ethik des gesellschaftlichen Diskurses" (Kobbé 2010, S. 8 f.). Dieser dogmatische, hier exemplarisch untersuchte, Text war – im Kontext anderer Grundlagenwerke der Aufklärung – bedeutsam und zeigte in seiner Programmatik europaweit Wirkung, wie die Titelwahl Dostojewskis für seinen Roman *Преступление и наказание* (1866) verdeutlicht: In der moralisierenden deutschen Übersetzung *Schuld und Sühne* von 1908 noch nicht erkennbar, geht es – wie die korrekte Übersetzung von 1994 als Wiederaufnahme von Beccarias Buchtitel ausweist – um *Verbrechen und Strafen,* um jene Prinzipien modernen Strafrechts, die bis in das aufgeklärt-absolutistische Russland von Katharina II. reichten. Foucault (1989) greift diese Initialisierung eines Reformprogramms der Strafgewalt und -praxis (als *Geburt des Gefängnisses*) auf.

4.2   Rechtsgestaltung

Im Trakt *Über Verbrechen und Strafen* heißt es u. a.:

III *Folgerungen* (1) „…daß allein die Gesetze die Strafe für Verbrechen bestimmen können" (Beccaria 1988, S. 61).[7]

III *Folgerungen* (2) …dass weiter „jedes Mitglied der Gesellschaft" dieser „durch einen Vertrag verbunden ist, der seiner Natur nach beide Teile verpflichtet. Diese Verpflichtung, welche vom Thron bis zur Hütte reicht und in gleicher Weise den größten und den elendsten unter den Menschen bindet, bedeutet nichts anderes, als daß es das Interesse aller ist, die für die größte Zahl nützlichen Verträge zu achten" (Beccaria 1988, S. 61 f.).

III *Folgerungen* (3) „…sollte es erweisbar sein, die Härte der Strafen wäre, wenn nicht unmittelbar dem öffentlichen Wohl und dem Zweck, der in der Verhinderung der Verbrechen besteht, zuwider, sondern lediglich unnütz, auch dann stände sie nicht allein jenen wohltätigen Tugenden entgegen, welche die Wirkung einer erleuchteten Vernunft sind […], sondern sie verstieße zugleich gegen die Gerechtigkeit und die Natur des Gesellschaftsvertrags selber" (Beccaria 1988, S. 62).

VI *Das Verhältnis zwischen Verbrechen und Strafe* „Es muss […] ein bestimmtes Verhältnis zwischen Verbrechen und Strafe bestehen" (Beccaria 1988, S. 68).

XII *Zweck der Strafen* „…daß der Zweck der Strafen nicht darin besteht, ein mit Empfindung begabtes Wesen zu quälen und zu kränken noch ein begangenes Verbrechen ungeschehen zu machen" (Beccaria 1988, S. 83).

XX *Gewalttätigkeiten* „Nirgends gibt es Freiheit, wo die Gesetze es erlauben, daß bei bestimmten Vorgängen der Mensch aufhört, *Person* zu sein, und zur *Sache* wird" (Beccaria 1988, S. 107).[8]

Zusammengefasst bedeutet dies im Grundsatz, dass

- Strafe nicht beliebig, sondern nur ‚nach Recht und Gesetz' erfolgen soll,
- niemand – weder der Adlige noch der Irre – außerhalb des Gesetzes steht,
- Strafen verhältnismäßig (‚gerecht') sein müssen,
- Strafe die Täter:innen weder demütigen noch quälen noch beschädigen soll,
- die Täter:innen als Mensch geachtet bleiben müssen.

---

[7]Cassirer (1991, S. 33) verweist darauf, dass dieses Rousseausche „Fundamentalprinzip jeder ‚legitimen' gesellschaftlichen Ordnung" als „Grundgesetz der reinen praktischen Vernunft" bei Kant „Nachklang und Widerhall" findet: „Handle so, daß die Maxime deines Willens jederzeit zugleich als Prinzip einer allgemeinen Gesetzgebung gelten kann".

[8]Cassirer (1991, S. 34) macht darauf aufmerksam, dieses Prinzip trete „besonders deutlich" in „der zweiten markanten Formulierung des ‚kategorischen Imperativs' hervor", in dem Kant fordert: „Handle so, daß du die Menschheit, sowohl in deiner Person als in der Person eines jeden andern, jederzeit zugleich als Zweck, niemals bloß als Mittel brauchst".

4.3 Rechtsfiguren

Dies bedeute, so Foucault (1989, S. 94), dass „der ‚Mensch‘, den die Reformer gegen den Despotismus des Schafotts zur Geltung gebracht haben, […] nicht das Maß der Dinge, sondern das Maß der Macht" sei. Was damit nicht nur verändert, sondern rückgängig gemacht wurde, ist jene (Fehl-)Entwicklung, die in einer ebenso unerbittlichen (unbarmherzigen), verobjektivierenden und buchstabengetreu verengten Lesart des göttlichen Gesetzes in die Praxis der ‚peinlichen‘, der Pein zufügenden Körperstrafen (Quälen, Foltern, Brandmarken, Abtrennen von Gliedmaßen, Verstümmeln, Hinrichten) mündete. Zunächst mag es erscheinen, als werde das oft zitierte Aug-um-Aug-Prinzip eines – vermeintlich gerechten – Ausgleichs darin konsequent umgesetzt, doch verhält es sich bei genauer Analyse anders: Diese als *Gesetz des Talion*[9] bekannte antike Rechtsfigur ist, ursprünglich im *Codex Hammurabi* (einer babylonischen Sammlung von Rechtssprüchen des 18. vorchristlichen Jahrhunderts) enthalten, als Rechtssatz in die *Tora* (הָרָ֑ות) des *Tanach* (ך"נת), die Sammlung Heiliger Schriften des Judentums (1000–500 v. Chr.), übernommen worden. Dort heißt es: „[Von Rechts wegen sollte] Auge für Auge [sein], Zahn für Zahn, Hand für Hand, Fuß für Fuß, Brandmal für Brandmal, Wunde für Wunde, Beule für Beule [daher muss der Täter Geld dafür geben]." Wie der Nachsatz anzeigt, ging es, indem ein Entgelt verlangt/entrichtet wird, um eine Begrenzung von Strafen (Unterbindung von Vergeltung und Rache) sowie um eine Gleichbehandlung aller Bürger:innen ohne Unterschiede nach sozialem Status und Geschlecht. In 2. Mose 21, 23–25 des Alten Testaments findet sich analog die Formulierung:

> 23 Entsteht ein dauernder Schaden, so sollst du geben Leben um Leben,
> 24 Auge um Auge, Zahn um Zahn, Hand um Hand, Fuß um Fuß,
> 25 Brandmal um Brandmal, Wunde um Wunde, Beule um Beule.

Gerade in der mittelalterlich erstarrten Präposition ‚um‘ ist dieser Gedanke des Entgelts als Begrenzung der Strafmacht enthalten (Kobbé 1995, S. 136 f.) und – wenngleich nicht immer in seiner Ethik des Zurückzahlens erkannt – als moralischer Anspruch bis heute wirksam.

4.4 Rechtsbrüche

Bei fortgesetzter Beccaria-Lektüre finden sich jedoch Bruchlinien in diesem ‚humanistischen‘ Ansatz:

XXVIII *Über die Todesstrafe* „Wer behaupten wollte, daß die lebenslängliche Zwangsarbeit ebenso schmerzlich ist wie der Tod und deswegen im gleichen Maße

---

[9] von *talio* (lat.) = Entgeltung im Sinne eines Ausgleichs.

grausam sei, dem würde ich antworten, daß sie […] vielleicht noch schmerzlicher ist; diese Augenblicke jedoch erstrecken sich auf das ganze Leben […] und gerade darin liegt der Vorteil der Freiheitsstrafe, daß sie mehr denjenigen erschüttert, dem sie zum Anblick wird, als den, der sie erleidet" (Beccaria 1988, S. 127 f.).

XLVII *Schluss[folgerung]* „… daß das Maß der Strafen dem Zustand der Nation entsprechen muss" bedeutet dennoch: „Damit die Strafe nicht die Gewalttat eines einzelnen oder vieler gegen einen einzelnen Bürger sei, muss sie durchaus öffentlich, rasch, notwendig, die geringstmögliche unter den gegebenen Umständen, den Verbrechen angemessen und vom Gesetz vorgeschrieben sein" (Beccaria 1988, S. 177).

Mit diesen weiteren Ausführungen

- zum Einsatz und Ausgestaltung von Strafen unter Aspekten der Abschreckung,
- zur Anpassung des Strafmaßes an staatliche Bedarfe,
- zur Überdeterminierung von Straftheorie und -praxis

wird deutlicher, dass Beccaria nicht einfach humanistischer Strafrechtsreformer und empfindsamer Rechtsphilosoph, sondern als Rationalist utilitaristischen Grundprinzipien verpflichtet war. Dies trug ihm die Kritik ein, keineswegs ein *per se* humanes und gerechtes, vielmehr ein ‚nur' effizientes und gesellschaftlich nützliches Strafrecht (sog. *Beccaria-Schema*) zu vertreten, bei der die Humanisierung des Strafens nicht dem Rechtsbrecher, sondern der Gesellschaft diene (sog. *Beccaria-Falle*), sodass Humanität und Rechtstaatlichkeit durch den utilitaristischen Rückbezug auf die Nützlichkeit sowohl entwertet wie auch als Pseudoargumente entlarvt würden.

4.5   Rechtskultur

In dieser Hinsicht wird anhand der genealogischen Exegese dieses Traktakts manifest, dass die auf Abgeltung individueller Schuld (durch Entgelt und/oder Freiheitsentzug) beruhenden Grundprinzipien eines Schuldstrafrechts auf den Kriterien

- der Rechtsstaatlichkeit,
- der Freiheit des Individuums,
- des sozialen Nutzens und
- der kollektiven Verantwortung

basiert und diese den affektlogischen ‚Zyklen der Kriminalpolitik' folgend – vermeintlich gesellschaftlichen Modeschwankungen gleich – einmal mehr den Strafgedanken, ein andermal mehr den Behandlungs- oder Resozialisierungsgedanken favorisieren (Kobbé 2010, S. 12). Doch die Inhaftierung, der Freiheitsentzug, die Strafhaft bleibt, so scheint es bei exemplarischer Lektüre des aufklärerischen Beccaria-Textes, jene.

verabscheuungswürdige Lösung, um die man nicht herumkommt. Diese Selbstverständlichkeit des Gefängnisses, von der wir [gerade als Teil unserer Kultur] kaum loskommen, beruht zunächst auf der Einfachheit der ‚Freiheitsberaubung'. Wie sollte das Gefängnis nicht die Strafe par excellence in einer Gesellschaft sein, in der die Freiheit ein Gut ist, das allen gleichermaßen gehört und an dem jeder mit einem ‚universalen und beständigen' Gefühl hängt? Ihr Verlust trifft darum alle gleich; in höherem Maße als die Geldbuße ist darum das Gefängnis ‚egalitär'. [...] Die Selbstverständlichkeit des Gefängnisses beruht aber auch auf seiner vorausgesetzten oder geforderten Rolle als Apparat zur Umformung von Individuen. [...] Diese zweifache Begründung – die juristisch-ökonomische und die technisch-disziplinäre – hat das Gefängnis als die einleuchtendste und zivilisierteste aller Strafformen erscheinen lassen, und diese zweifache Begründung hat ihm von Anfang an seine Dauerhaftigkeit verliehen. Eines steht ja fest: das Gefängnis war nicht zuerst eine Freiheitsberaubung, der man dann die technische Funktion der Besserung aufgebürdet hat. Die Gefängnisstrafe war immer schon eine ‚legale Haft' mit dem Zweck der Besserung bzw. ein Unternehmen zur Veränderung von Individuen, das durch die Freiheitsberaubung legalisiert wird (Foucault 1989, S. 296 ff.).

4.6   Rechtsmoralen

Deutlich wird zugleich, dass Sanktionen nicht den Zweck einer Beschädigung oder Erniedrigung der Täter:innen verfolgen, sondern strategisch als Mittel zur Reintegration des seine Schuld abgeltenden Individuums in die Gesellschaft eingesetzt werden. So wird nachvollziehbarer, warum die bundesdeutsche Rechtsprechung ein publizistisches Outen z. B. von Sexualstraftätern nach deren Haftverbüßung[10] nicht nur aus Gründen des Persönlichkeitsschutzes, sondern auch des strategischen staatlichen Reintegrationsinteresses nicht zulassen ‚darf'. Die scheinbar moralische Kategorie der *Schuld* erweist sich dabei mit Blick in § 21 StGB als eine gut operationalisierte „Fähigkeit des Täters, [zum Zeitpunkt der Tat] das Unrecht der Tat einzusehen oder nach dieser Einsicht zu handeln". Allerdings habe alles, zitiert Cassirer (1991, S. 13) Kant, „im Reiche der Zwecke [...] entweder einen *Preis* oder eine *Würde*. Was einen Preis hat, an dessen Stelle kann auch etwas anderes als *Äquivalent* gesetzt werden; was dagegen über allen Preis erhaben ist, mithin kein Äquivalent verstattet, hat nicht bloß einen relativen Wert, d. i.[11] einen Preis, sondern einen inneren Wert, d. i. *Würde*". Die scheinbar ‚humanere' Haftstrafe eines äquivalenten ‚Ausgleichs' von Schuld durch Strafe ist offensichtlich

---

[10] Öffentliche Bloßstellung z. B. mit Bekanntmachung/Plakatierung ihrer Wohnadresse und Verurteilungen wie in den USA auf der Grundlage von *Megan's Law* 1984 oder in Großbritannien mit *Sarah's Law* 2006.

[11] *d. i. = das ist*, alte philosophische Formel gleichbedeutend mit *d. h. = das heißt*.

als „bloßgesellschaftliche Tugend" so ethisch nicht: Ihre zweckrationale, utilitaristische „Moralität" reduziert – wie Cassirer (1991, S. 12) unerbittlich festhält – „menschliche Tugend" bzw. Untugend auf einen äquivalenzfähigen Preis und erweise sich mit einem Zitat Kants als „Scheidemünze" einer tatsächlichen versus fiktionalen Moral/Ethik. Wenn Foucault (1986, S. 76 f.) feststellt, „das Geständnis der Wahrheit" fungiere „als Garantie von Stand, Identität und Wert", be- und erzeuge – als Beichte in der Institution *Kirche,* als Geständnis in der Institution *Justiz,* als Anamnese in der Institution *Medizin,* als Wahrhaftigkeit in der Institution *Familie* – die Einbindung des Individuums in diese sozialen Kontexte, wird der Doppelcharakter dieser Sozialisierungspraktiken offensichtlich: „Das Geständnis hat sich ins Herz der Verfahren eingeschrieben, durch die die Macht die Individualisierung betreibt" und das Subjekt „erpresst", dieses durch abendländische Akkulturation zum „Geständnistier" werden lassen. Denn „die Verpflichtung zum Geständnis wird uns mittlerweile von derart vielen verschiedenen Punkten nahegelegt, sie ist uns so tief in Fleisch und Blut übergegangen, dass sie uns gar nicht mehr als Wirkung einer Macht erscheint, die Zwang auf uns ausübt" (ders., S. 77), dies auch, weil diese Praxis kulturinhärente (moralische) Grundvoraussetzung sozialer Anerkennung, Integration, Förderung, Beziehungen ist.

5 Sich selbst umschreibend zwiespältig über sich hinausleben

Der oben am Beispiel des Strafrechts skizzierte Ansatz einer sowohl archäologischen als auch genealogischen und textexegetischen Untersuchung ist anschaulich geeignet, die Straflogik und -moral der beispielhaften Eingangsfragen (1) bis (7) in ihren rechtsphilosophisch wie kulturpsychologisch tradierten Aspekten – ihren rechtsdogmatischen Einstellungs-, Urteils- und Strafgewohnheiten – zu erhellen. Die Analyse berücksichtigt die von Foucault (1994) geforderten Punkte des Systems der Differenzierungen, der Typen von Zielen, der instrumentellen Modalitäten, der Formen der Institutionalisierung und der Grade der Rationalisierung. Deutlich wird, dass die mit dem (Straf-)Recht verquickte Moral eine utilitaristische Ethik des Strafens betrifft:

- Ob von den Optionen der Haft – traditionell *Arbeitshaus, Gefängnis, Zuchthaus,* in manchen europäischen Staaten zusätzlich *Festungshaft* (für politische Gefangene) und *Verbannung* (in Kolonien) – in Deutschland das *Arbeithaus* 1969 und das *Zuchthaus* 1977 abgeschafft wurden,
- ob die Lehre vom *besonderen Gewaltverhältnis* 1972 aufgegeben wurde,
- ob weiterhin *Schwachsinn* und *seelische Abartigkeit* zugeschrieben werden (§ 20 StGB),
- ob der Regelvollzug der Strafhaft durch einerseits eine *Sozialtherapeutische Anstalt,* andererseits eine sich ggf. anschließende *Sicherungsverwahrung* (§ 66 StGB) ‚komplettiert',

- ob innerhalb der freiheitsentziehenden Maßregeln die *Maßregel der Sicherung und Besserung* 1977 in eine – das Primat der Behandlung akzentuierende – *Maßregel der Besserung und Sicherung* (§§ 63, 64 StGB) umbenannt wurden,

verdeutlichen bedarfsweise neu formulierte Gesetze und ausdifferenzierte Institutionen eine uneindeutige (mehr gesellschaftspolitischem Zeitgeist denn einer humanistischen Ethik der Aufklärung unterworfene) pragmatische Entwicklung des Rechts und dessen Anwendung. Symptomatisch wird dies manifest, wenn – siehe Pkt. (7) – der studierte Jurist Gerhard Schröder, obwohl er es zweifelsohne besser wusste, in einer politischen Rollendiffusion, als sei dies beliebig möglich, sowohl das durch ihn repräsentierte Staatsrecht als auch dessen Ethik in einer Art markigen Agitprop subvertierte und diskreditierte. Letztlich erweist sich die hier skizzierte kulturpsychologische Momentaufnahme, Analyse und Einordnung der Macht als eine ‚unendliche' Selbstaufklärung, wie ein Subjekt sowohl *sich selbst regiert* als auch *von anderen regiert* wird.

Literatur

Beccaria, C. (1988). *Über Verbrechen und Strafen*. Frankfurt/Main: Insel.
Cassirer, E. (1971). *Zur Logik der Kulturwissenschaften. 5 Studien*. Darmstadt: WBG.
Cassirer, E. (1991). *Rousseau, Kant, Goethe*. Hamburg: Meiner.
Cassirer, E. (1994a–c). *Philosophie der symbolischen Formen. Bd. 1–3*. Darmstadt: WBG.
Cassirer, E. (1995). *Zur Metaphysik der symbolischen Formen*. Hamburg: Meiner.
Foucault, M. (1983). *Archäologie des Wissens*. Frankfurt/Main: Suhrkamp.
Foucault, M. (1986). *Sexualität und Wahrheit, Bd. 1: Der Wille zum Wissen*. Frankfurt/Main: Suhrkamp.
Foucault, M. (1989). *Überwachen und Strafen. Die Geburt des Gefängnisses*. Frankfurt/Main: Suhrkamp.
Foucault, M. (1994). Wie wird Macht ausgeübt? In ders. & W. Seitter (Hrsg.), *Das Spektrum der Genealogie* (S. 29–47). Bodenheim: Philo.
Foucault, M. (2003a). *Die Ordnung des Diskurses*. Frankfurt/Main: Fischer.
Foucault, M. (2003b). Gespräch mit Michel Foucault. In D. Defert & F. Ewald (Hrsg.), *Michel Foucault. Schriften in vier Bänden. Dits et Ecrits. Bd. III: 1976–1979* (S. 186–213). Frankfurt/Main: Suhrkamp.
Foucault, M. (2005). Die Sorge um die Wahrheit. In D. Defert & F. Ewald (Hrsg.), *Michel Foucault. Schriften in vier Bänden. Dits et Ecrits. Bd. IV: 1980–1988* (S. 823–836). Frankfurt/Main: Suhrkamp.
Hölderlin, F. (1988). Das Unendliche. Pindar-Kommentar VII. In D. E. Sattler (Hrsg.), *Friedrich Hölderlin – Sämtliche Werke. Kritische Textausgabe, Bd. 15: Pindar* (S. 277–295). Darmstadt: Luchterhand.
Kobbé, U. (1995). Die vertikale Richtung der narzisstischen Apokalypse. Psychoanalytisch-philosophischer Essay zur Sozialpsychologie des Verbrechens. *Forensische Psychiatrie und Psychotherapie, 2*(1), 117–148.
Kobbé, U. (2010). Verbrechen und Strafen: Beccaria con Foucault. Eine Re-Lektüre rechts- und gesellschaftsphilosophischer Grundlagen. *Psychologie & Gesellschaftskritik, 34*(3), 7–37.

Kobbé, U. (2020). Fluchten der Sprache: Metaphrase und Mimikry, Pathos und Pathologisierung des dissidenten Sprachwesens Hölderlin. In D. Sollberger, E. Boehlke & U. Kobbé (Hrsg.), *Leiden – Pathos – Ausdruck. Schriftenreihe der DGPA, Bd. 39* (S. 55–76). Lengerich: Pabst.

Polke, C. (2018). Vom Bruch im Recht. Kulturtheoretische Vorüberlegungen mit Ernst Cassirer. *Ethik und Gesellschaft, 2: Rechts-Brüche*, S. 1–20. Online-Publ.: https://doi.org/10.18156/eug-2-2018-art-3 (Stand: 16.12.2020).

Religion und Religiosität

Lars Allolio-Näcke und Sarah Demmrich

Zusammenfassung

Religion und Religiosität zählen zu den umstrittensten Begriffen der Kulturpsychologie. Während Religion auf einer äußerlichen Beschreibungsebene eines Symbolsystems mit kosmischer Wahrnehmung verbleibt, so kennzeichnet Religiosität ein inneres Erleben und überlässt eigentlich dem Individuum die definitorische Hoheit, was in seiner/ihrer Alltagswelt religiös ist. Jedoch wurde durch die Zunahme an euro-amero-zentrierten Messinstrumenten von Religiosität – die zunehmend und häufig ungeprüft transkulturell angewandt werden – diese Idealvorstellung verwischt. Nach dieser Gegenstands- und Begriffsbestimmung folgt eine theoretisch-historische Einführung in der Religionspsychologie und in die rezente kulturpsychologische Religionspsychologie. Zum Schluss wird die euro-amero-zentrischen Verzerrung unseres Fachgebiets mittels eines Fallbeispiels aus dem türkisch-muslimischen Kontexts in Frage gestellt und für eine weitere Dekolonialisierung des Fachs plädiert.

Schlüsselwörter

Religion als Symbolsystem · Religiosität als inneres Erleben · Religiositätsskalen · Euro-amerikanische Verzerrung · Diachron · Synchron · Dekolonialisierung

L. Allolio-Näcke
Friedrich-Alexander-Universität Erlangen-Nürnberg, Erlangen, Deutschland
E-Mail: lars.allolio-naecke@fau.de

S. Demmrich (✉)
Westfälische Wilhelms-Universität Münster, Münster, Deutschland
E-Mail: kabogan@uni-muenster.de

© Der/die Autor(en), exklusiv lizenziert an Springer Fachmedien Wiesbaden GmbH, ein Teil von Springer Nature 2022
U. Wolfradt et al. (Hrsg.), *Kulturpsychologie*,
https://doi.org/10.1007/978-3-658-37918-6_33

377

1   Gegenstandsbereich und Definition

Um die Begriffe der Religion und der Religiosität wurde und wird viel gestritten. Insbesondere die postkoloniale Kritik hat den unbefangenen wissenschaftlichen Umgang gerade mit dem Religionsbegriff unmöglich gemacht. So wird zum einen darauf hingewiesen, dass Religion selbst eines der Zwangsmittel war, mit denen die kolonisierten Völker indoktriniert wurden – und das bis heute nachwirkt (Jahnel 2015). Zum anderen wird dem euro-amero-zentrischen Wissenschaftsdiskurs vorgeworfen, sich mit dem im Kolonialismus entstehenden Religionsbegriff (vgl. J. Z. Smith 1998) ein Monopol auf die Definition und Interpretation von Glaubenspraxen und Lebensweisen, die von ihm als Religion bezeichnet werden, geschaffen zu haben (Masuzawa 2005; Spickard 2017).

In der Religionswissenschaft, die auf den in Oxford lehrenden Sprachwissenschaftler und Indologen Friedrich Max Müller (1823–1900) zurückgeht, geht die Distanz zum Religionsbegriff deshalb bisweilen soweit, dass man versucht weitgehend auf ihn zu verzichten. So schlug bereits 1962 Wilfred C. Smith vor, den Begriff durch *faith* und *cumulative tradition* zu ersetzen (W. C. Smith 1962). Oder man geht soweit, sich dem Phänomen ganz zu verweigern: „There is no data for religion. Religion is solely the creation of the scholar's study. It is created for the scholar's analytic purposes by his imaginative acts of comparison and generalization" (J. Z. Smith 1982, S. XI).

Das im Hinterkopf behaltend und in den wissenschaftlichen Diskursen berücksichtigend gibt es in der Welt des Alltagsmenschen durchaus etwas, das wir ‚Religion' nennen können und das praktiziert wird. Wir können hier von einem erfahrungsnahen Konzept sprechen: „People use experience-near concepts spontaneously, unselfconsciously, as it were colloquially; they do not, except fleetingly and on occasion, recognize that there are any ‚concepts' involved at all" (Geertz 1984, S. 125). Sie sind damit vertraut, sie handeln danach, aber reflektieren nicht, dass es sich um ein (euro-amero-zentrisches) Konzept handelt. Es ist in die kulturelle Alltagswelt des Menschen integriert, indem es praktiziert wird. Und die Denkvorgänge und die Handlungen, die mit diesem erfahrungsnahen Konzept verbunden sind, können auch sozialwissenschaftlich untersucht werden. Und dies tut denn auch die (kulturpsychologische) Religionspsychologie.

Eines ihrer einschlägigsten Werke, welches in diesem Kontext erwähnenswert scheint, stellt *Die Vielfalt religiöser Erfahrungen* von William James (1902/1997) dar. Den Definitionsproblemen von Religion der damaligen religionswissenschaftlichen Debatten folgend unterschied James zwischen institutioneller und privater Religion. Während die institutionelle Religion eine unpersönliche Religion darstellt, in der Theologie und Institutionen zentral sind, so grenzt James sein Interesse auf die private Religion, d. h. einer tief-emotionalen, individuell gelebten Religion, ein. Die institutionelle Religion wird nicht nur durch das Attribut des sekundären abgewertet, sondern es wird ihr sogar eine Schwächung von Tiefe und Vielfalt privater Religion unterstellt. James‘ berühmte Definition religiöser Erfahrungen als *„Gefühle, Handlungen und Erfahrungen von* *einzelnen Menschen in ihrer Abgeschiedenheit, die von sich selbst glauben, daß [sic!] sie in Beziehung zum Göttlichen stehen"* (James 1902/1997, S. 63–64), findet bis heute Einfluss in gängige Definitionen von Religiosität (z. B. wenn Paloutzian, 2017, die Aufgabe der Religionspsychologie beschreibt als: „how psychological processes work in people's lives to make what people call the religious", S. 22).

Folglich kann Religiosität als ein subjektives, *inneres* Erleben von Gefühlen, Handlungen und Erfahrungen, die das Individuum als göttlich, heilig, übernatürlich oder realitätstransformierend wahrnimmt, definiert werden. Davon grenzt sich Religion ab, da sie eine *äußerliche* Beschreibung eines Symbolsystems darstellt, welches eine kosmische Wahrnehmung kennzeichnet, die auch die Welt mit ihren zwischenmenschlichen Beziehungen und damit verbundenen Handlungen einbezieht (Geertz 1973).

Die Religionspsychologie bedient sich genau dieser Unterscheidung und versucht damit das aufgrund seiner kolonialen Prägung definitorische Schlachtfeld der (institutionellen) Religion zu umgehen, indem sie das Forschungsfeld auf die individuell gelebte, in der kulturellen Alltagswelt integrierte persönliche Religiosität eingrenzt (Lämmermann 2006). Dies hat den Vorteil, dass dem Individuum die definitorische Hoheit überlassen ist, was in seiner/ihrer Alltagswelt religiös ist (z. B. paranormale Erfahrungen, Beschneidungsritual, Meditation können sowohl religiös als auch nichtreligiös vom Individuum wahrgenommen werden). Jedoch ist der Religionspsychologie dieser Trick in den Dekaden nach James immer weniger gelungen. Denn mit der zunehmenden Etablierung v. a. naturwissenschaftlich methodologischer Paradigmen in der Religionspsychologie ging diese Deutungshoheit des Individuums über das Religiöse zunehmend an die jeweiligen Religionspsycholog:innen verloren. Denn die entwickelten Messverfahren von Religiosität sind aus einem kulturell geprägten Interesse entstanden und somit durch eine bestimmte, meist euro-amero-zentrische Perspektive auf Religion geprägt. Derartige Messinstrumente werden, wie wir im Anwendungsbeispiel dieses Kapitels noch sehen werden, häufig in andere Kulturkreise exportiert – und dies mit nur bedingtem Erfolg.

2   Grundlagen: Historisch-Theoretisch

2.1   Religionspsychologie

Ähnlich wie die Religionswissenschaft entstand die Religionspsychologie Ende des 19. und Anfang des 20. Jahrhunderts als Teil der Theologie jedoch auch der Psychologie. Bis heute ist aber unklar, was unter Religionspsychologie verstanden wird und was ihre genuinen Ziele sind. Fest steht, dass sie zumindest im deutschsprachigen Bereich keine Teildisziplin der Psychologie (mehr) ist (Demmrich et al. 2022) und auch nur von wenigen Psycholog:innen betrieben wird, denn „[w]enn man heute in Deutschland als psychologischer Wissenschaftler empirisch-religionswissenschaftliche Forschungsarbeiten durchführen oder initiieren möchte, so läuft man Gefahr, sich angesichts der besonderen

Entwicklung der deutschsprachigen Religionspsychologie einigen Missverständnissen ausgesetzt zu sehen: Wendet man sich an die psychologische Fachöffentlichkeit, muss man sich nicht nur mit den Problemen einer fehlenden Forschungstradition […] auseinander setzen, sondern auch befürchten von den Fachkollegen voreilig als Vertreter einer Religionsapologetik missverstanden oder in die Nähe der methodischen Traditionen der theologischen Religionspsychologie oder der Psychoanalyse gerückt zu werden und damit seine wissenschaftliche Reputation zu gefährden" (Moosbrugger et al. 1996, S. V).

Folglich sind es überwiegend Theolog:innen, und hier neben wenigen Systematiker:innen und Religionswissenschaftler:innen überwiegend Praktische Theolog:innen und Religionspädagog:innen, die Religionspsychologie betreiben. Damit wäre die aktuelle Religionspsychologie als 'Bindestrich-Wissenschaft' zu kennzeichnen, die 1) eher „Pastoralpsychologie mit ihren praktischen seelsorgerischen Interessen" ist. 2) „Oder man versucht, pädagogische und homiletische Probleme psychologisch zu unterfüttern" (Lämmermann 2006, S. VI). D. h. sie ist Anwendungswissenschaft und auf den Gegenstand, nicht auf die psychischen Prozesse dahinter bezogen. Insofern kann kritisch gefragt werden, ob hier *Psychologie* betrieben oder theologische Annahmen psychologisch begründet werden.

Was das Ziel der Religionspsychologie betrifft, so findet sich ganz überraschenderweise eine große Einigkeit der Beteiligten. Entweder schlagen sich die Protagonisten auf die Seite der *substanziellen* oder der *funktionalen* Bestimmung von Religion, um eine Definition zu gewinnen. Als substanziell wären bspw. alle Definitionen zu nennen, die die Religiosität bzw. neuerdings die Spiritualität des Einzelnen in den Mittelpunkt stellen; funktional all diejenigen, die bspw. von Kontingenzbewältigung oder kognitiver Entlastung sprechen. Eine dritte Gruppe, und das sind diejenigen, die der rezenten akademischen Psychologie am nächsten kommen wollen, definiert die Religionspsychologie *formal* über die zuständige Fachwissenschaft und ihre Methoden: „Religionspsychologie ist […] eine Spezialdisziplin der Psychologie […], die mit den Fragestellungen, Konstrukten und Methoden erfahrungswissenschaftlicher Psychologie faktisches religiöses Erleben, Erkennen und Verhalten […] beschreibt und im Hinblick auf ihre psychosozialen und intrapsychischen Bedingungen erklärt und vorhersagt" (Grom 2007, S. 12).

Die beiden ersten Bestimmungen entspringen der theologischen bzw. religionswissenschaftlichen Tradition und neigen dazu, den Gegenstand so zu begrenzen, dass er in seiner psychischen Breite aus dem Blick gerät, oder Methoden und Theorien zu verwenden, die der akademischen Psychologie fremd sind. So beschäftigt sich ein großer Teil mit tiefenpsychologischen Ansätzen, die nicht zum Kanon der akademischen Psychologie gehören. Dahingegen neigt letztere Bestimmung zur unreflektierten Übernahme der 'klassischen' Eigendefinition der Psychologie, nämlich die Wissenschaft vom Erleben und Verhalten zu sein. Sie stellt sich damit in eine Wissenschaftstradition, die zwar dezidiert Methoden, aber keinen Gegenstand mehr hat. Oder wie es Michael Utsch (1998, S. 171) zu fassen versucht, lässt sich für die Religionspsychologie eine „szientistische Einseitigkeit" (Religionspsychologie ohne Religion) postulieren, wenn

„psychologisch rubrizierten Bewusstseinsaktivitäten die als religiös beanspruchten Inhalte" dominieren. Andererseits lässt sich insbesondere für die Theologie bzw. Religionswissenschaft eine „fundamentalistische Einseitigkeit" (Religionspsychologie ohne Psychologie) postulieren, wenn „die zur Substanz erklärten Inhalte einer religiösen Tradition" die Forschungslandschaft dominieren – wobei sich die kulturwissenschaftliche Religionsforschung der jüngsten Jahre hiervon wohlwollend distanziert hat (Nehring und Valentin 2008).

Stellvertretend für die hier vertretene Position sei Edgar Schmitz' Definition zitiert: „Religionspsychologie erklärt, wie der Mensch eine religiöse Beziehung, die für sein Leben bedeutungsvoll ist, entwikkelt [sic!] oder eben nicht entwickelt. Religion ist ein symbolisches System von Glaubensaussagen, Einstellungen, Praktiken und Riten, durch die Menschen zu einer transzendenten Welt und zueinander in Beziehung treten" (2003, S. 184). Grundlegend stellt Schmitz die beiden Bereiche heraus, denen sich Religionspsychologie zu widmen hat: die Entwicklung von persönlicher Religion und die Religion als symbolisches System. Denn nur in der (Onto-)Genese des Phänomens Religion können sein Wesen und seine Bestimmung erkannt und erklärt werden (Allolio-Näcke 2021). Zu dem treten verschiedene Phänomene hinzu, die religionspsychologisch untersucht werden können, wie z. B. Zungenreden, Besessenheit aber auch Spiritualität und Esoterik.

Im Zusammenhang mit dem Wiedererstarken der Religionspsychologie und auch ihrer Internationalisierung seit den frühen 2000er Jahren (Belzen 2015) haben sich erst in jüngerer Zeit deutsche Psycholog:innen wieder dem Thema Religion zugewandt und betreiben – wenn auch meist außerhalb der Psychologie – Religionspsychologie. So sind zu nennen Sebastian Murkens (Marburg) und Christian Zwingmanns (Bochum) Arbeiten zu Religiosität und Gesundheit, Uwe Wolfradts (Halle/Saale) Arbeiten zu dissoziativen Erfahrungen und paranormalem Glauben, Heinz Streibs (Bielefeld) biographische Religiositätsforschung, Sarah Demmrichs (Münster) Arbeiten zu Religiosität jenseits des Christentums, Henning Freunds (Marburg) und Michaels Utschs (Marburg, Berlin) Arbeiten zur Psychotherapieforschung und Religiosität sowie die Arbeiten von Lars Allolio-Näcke (Erlangen) zur religiösen Entwicklung. Nicht aus Deutschland, aber dem deutschen Diskurs eng verbunden, sind Stefan Huber (Bern) als empirischer Religionsforscher und die beiden Amsterdamer Religionspsycholog:innen Jakob van Belzen mit seinen überwiegend historischen Arbeiten und Ulrike Popp-Baier mit ihren überwiegend qualitativen Studien zu Religiosität und Biografie.

2.2   Kulturpsychologische Religionspsychologie

Kulturpsychologisch orientierte Religionspsycholog:innen stützen sich auf einen Kulturbegriff, der „charakterisiert werden kann als Zeichen-, Wissens-, Regel- und Symbolsystem, das einerseits als kulturspezifisches Fundament den Handlungsraum von Menschen strukturiert, andererseits aber selbst im Vollzug der Handlungs- und

Lebenspraxis (re-)konstruiert und verändert wird" (Billmann-Mahecha 2003, S. 97). Da Religion ein Teilbereich der Kultur ist, werden im Feld der Religionspsychologie eben religiöse Zeichen-, Wissens-, Regel- und Symbolsysteme sowie damit verbundene Handlungen und Lebenspraxen untersucht (Geertz 1973). Dabei kann sowohl synchron als auch diachron geforscht werden. Synchron bedeutet, sich den aktuellen Phänomenen zuzuwenden und diese aus dem Zusammenspiel von Kultur und Psyche zu verstehen und zu erklären; diachron bedeutet, sich mit historischen Phänomenen zu beschäftigen und diese durch den Vergleich mit gegenwärtigen Phänomenen zu verstehen und zu beschreiben. Neben synchron und diachron kann auch emisch und etisch geforscht werden. Emisch bedeutet, aus der Religion selbst heraus zu forschen, während etisch bedeutet, die Religion von außen zu beforschen. Oft ist es essenziell, beide Perspektiven zu erheben und miteinander ins Gespräch zu bringen.

Da Zeichen- und Bedeutungssysteme und deren Interaktion mit den handelnden Subjekten untersucht werden, bieten sich primär Methoden der rekonstruktiven Sozialforschung (Interview, [teilnehmende] Beobachtung) aber auch klassische Fragebogenerhebungen, Messinstrumente (Skalen) und Fallstudien an (Jensen 2021). Meist steht dabei der individuelle Sinn, den eine Person einem Ereignis oder einer Handlung zuschreibt, im Mittelpunkt der Forschung.

3   Anwendung der jeweiligen theoretischen Perspektive auf ein Beispiel

Als Anwendungsbeispiel werden an dieser Stelle die stark verbreiteten Konzepte und Messinstrumente der religiösen Orientierung, nämlich intrinsische, extrinsische und Quest-Religiosität im Zuge der Internationalisierung der Religionspsychologie (Belzen 2015) auf den muslimischen Kulturkreis mit besonderem Bezug zum türkisch-muslimischen Kulturkreis angeführt. Dabei handelt es sich um eine synchrone Forschung mittels klassischer Religiositätsskalen, wobei deren euro-amero-zentrische Perspektive kritisch beleuchtet und aktuelle sowie zukünftige kulturpsychologische Perspektiven aufgezeigt werden.

Basierend auf der im US-amerikanischen Kontext entstandenen Unterscheidung zwischen intrinsischer und extrinsischer Religiosität (kurz: I-E-Religiosität, Allport und Ross 1967) etablierte sich das wohl populärste Messinstrument der Religionspsychologie (Lämmermann 2006). Allport und Ross intendierten für die Vorurteilsforschung eine Skala zu entwickeln, die verschiedene religiöse Orientierungen abbildet, welche gegensätzliche Befunde zu Vorurteilen erklären können. Intrinsische Religiosität, d. h. aus einer intrinsischen Motivation heraus religiös zu sein (z. B. innige Gottesbeziehung), zeigt eher eine geringe Vorurteilsneigung, während extrinsische Religiosität, persönliche und soziale Vorteile zu genießen (Trost zu finden und Freunde im Gottesdienst zutreffen), eine erhöhte Vorurteilsneigung aufzeigt. Batson (1976) erweiterte das I-E-Konzept um eine zusätzliche religiöse Orientierung, nämlich Quest. Diese umfasst das kritische Hinterfragen von und Zweifel an Religion (z. B. ‚Gibt es Gott tatsächlich?') sowie Offenheit für die Möglichkeit, dass es keine eindeutigen oder abschließenden Antworten auf diese Fragen gibt. Eine implizite und auch mitunter explizite Konnotation von Quest als eine besonders ‚reife' religiöse Orientierung stieß seitdem auf breite Kritik in der Religionspsychologie. Heutzutage sind jedoch alle drei religiösen Orientierungen in der US-amerikanischen Forschung stark etabliert.

Sowohl das I-E-Konzept als auch die Quest-Skala internationalisierten sich schnell – zunächst jedoch ohne ausreichende kulturübergreifende Validierungsstudien. Gerade im muslimischen Kulturkreis drängt sich die Frage nach einer transkulturellen Anwendbarkeit intrinsischer, extrinsischer und Quest-Religiosität auf, die sich im nordamerikanisch-christlichen Kulturraum so bewährt hat. Eine anfänglich euro-amero-zentrisch geprägte, unhinterfragte Anwendung des I-E-Konzeptes in Studien mit Muslim:innen stieß nach und nach auf religiös-kulturell begründete Einwände: im muslimischen Kulturkreis werde eine innere Verpflichtung gegenüber Religion sowie die Befriedigung von persönlichen und sozialen Bedürfnissen durch die Religionsgemeinschaft gleichermaßen wertgeschätzt. Dies bildete sich auch in empirischen Ergebnissen einer Vielzahl an Studien ab, die nicht nur wiederholt eine hohe Interkorrelation zwischen intrinsischer und extrinsischer Religiosität fanden, sondern auch keine unterschiedlichen psychologischen Effekte von intrinsischer ‚versus' extrinsischer Religiosität (Demmrich et al. 2017).

Aus diesen Gründen entstanden in den letzten Jahren im muslimischen Kulturraum zunehmend theorie- und empiriegeleitete Neukonzeptionen religiöser Orientierungen aus einer emischen Perspektive (Ağilkaya-Şahin 2020). So ist hier als Beispiel die Religiositätsskala des türkischen Sozialwissenschaftlers Çoştu (2009) anzuführen, welcher sich auf das kulturspezifische Fundament der türkischen Religion bezieht und eine normative von einer populären religiösen Orientierung unterscheidet. Während die erstere für moralische, pragmatische und Glaubensaspekte, die sich direkt aus Lehren des Islam ableiten, steht, basiert populäre Religiosität auf mystischen Elementen, die nicht mit dem orthodoxen Islam verbunden sind, jedoch eine lange religiöse Tradition in der Türkei aufweisen (z. B. Glaube an den bösen Blick). In Studien finden sich dann nicht nur eine empirische Differenzierung der beiden Religiositätsformen, sondern auch unterschiedliche psychologische Konsequenzen (Demmrich et al. 2017). Da das Feld indigener Religionskonzepte im muslimischen Bereich gerade erst erstarkt (Ağilkaya-Şahin 2020), werden wohl noch deutlich mehr kulturpsychologische Konzeptualisierungen von Religion in naher Zukunft zu erwarten sein.

Vor allem Quest-Religiosität ist ein stark umstrittenes Konzept in der transkulturellen Religiositätsforschung. Das fortwährende kritische Hinterfragen und Bezweifeln der eigenen Religions- und Glaubensgrundlagen und dessen Konnotation als besonders ‚reife' religiöse Orientierung scheint in einer christo-zentrischen Denkweise (protestantischer Prägung) verwurzelt zu sein, welche stark von der europäischen Aufklärung geprägt ist. Reflexionen über und die Suche nach der Wahrheit und nach Gott werden jedoch auch intensiv im Islam und seinen Fundamenten, dem Koran und den Hadithen, befürwortet. Aus dieser emischen Perspektive heraus entwickelten Dover et al. (2007) das Konzept der muslimisch-religiösen Reflexion als „an examination of one's religious beliefs through active and ongoing processes of thinking, questioning, contemplating, and searching" (S. 190). Die Validierungsstudie der daraus resultierenden Skala unter Muslim:innen in verschiedenen Kulturkreisen erbrachte entgegen der Intention der Autoren keine empirische Beziehung zwischen religiöser Reflexion und Quest. Quest scheint vielmehr eine epistemologische Perspektive zu sein, die Religion *von außen* hinterfragt, während muslimisch-religiöse Reflexion die Suche nach Wahrheit *innerhalb* des eigenen Glaubens widerspiegelt.

Doch nicht nur *Religiosität*sansätze, die auf muslimischen Glaubensgrundlagen beruhen, entstehen zunehmend. Auch kommen zunehmend Konzepte auf, die muslimische *Religion* aus einer stärker kulturpsychologischen Perspektive heraus im Zusammenhang mit rezenten gesellschaftlichen Wandlungsprozessen analysieren. Ein Phänomen, welches im türkisch-muslimischen Kulturkreis seit 2018 fortschreitend Aufmerksamkeit erhält, ist der sogenannte ‚Deismus'. Beobachter dieses Feldes, wie der Istanbuler Religionsphilosoph Enis Doko, beschreiben Deisten als Personen, die ihren individualisierten Glauben an Gott betonen, sich jedoch aufgrund ihres starken Hinterfragens des Islam *von außen* von religiös-institutionellen Bezügen abgrenzen (persönliche Korrespondenz mit der Zweitautorin, 9. Februar 2021). Ob sich dies tatsächlich, wie Doko behauptet, um eine neue (unorganisierte) Bewegung unter jungen Menschen, die keineswegs ausschließlich auf die Türkei beschränkt sei, sondern viele Kulturkreise innerhalb der MENA-Region durchziehe und auf einen in den nächsten Jahrzehnten massiven kulturell-religiösen Wandel mit starken Säkularisierungstendenzen hinweist, bleibt abzuwarten. Empirische Forschung zu diesem Thema steht noch aus. Um damit zusammenhängende kulturpsychologische Fragen zu klären, z. B. was sich hinter der Selbstbezeichnung als Deist genau verbirgt und welches Zusammenspiel zwischen Kultur und Psyche diesem zugrunde liegt, sollte wohl zunächst mittels Tiefeninterviews untersucht werden.

4   Fazit

Das kulturelle Verständnis von Religion und Religiosität unterliegt zunehmend einem gesellschaftlichen Wandel, der auf eine fortschreitende Globalisierung zurückzuführen ist. Religion und Religiosität sind immer noch, wenn auch immer weniger, von normativen Deutungen aus einer euro-amero-zentrischen Perspektive geprägt. Aus kulturpsychologischer Perspektive kann Religion – als ein Teilbereich der Kultur – als religiöse Zeichen-, Wissens-, Regel- und Symbolsysteme und damit verbundenen Handlungen und Lebenspraxen transkulturell untersucht werden. Eine solche wissenschaftliche Untersuchung kann sich synchron oder diachron und emisch oder etisch vollziehen. Die Religionspsychologie findet durch eine methodische Ergänzung ihrer klassischen quantitativen Erhebungsinstrumente um qualitative Methoden der rekonstruktiven

Sozialforschung, aus ebendieser kulturpsychologischen Perspektive, einen Mehrwert. Zudem trägt die Hervorhebung indigener und individueller Perspektiven auf die gelebte Religiosität zur Dekolonialisierung des euro-amero-zentrischen Religionsdiskurses bei.

Literatur

Ağılkaya-Şahin, Z. (2020). A critical overview of Turkish measures of religiosity. *Journal of Empirical Theology, 33*(1), 6–38. https://doi.org/10.1163/15709256-12341401

Allolio-Näcke, L. (2021). *Anthropologie und Kulturpsychologie der religiösen Entwicklung. Eine Religionspsychologie.* Stuttgart: Kohlhammer.

Allport, G. W., & Ross, J. M. (1967). Personal religious orientation and prejudice. *Journal of Personality and Social Psychology, 5*(4), 432–443. https://doi.org/10.1037/h0021212

Batson, C. D. (1976). Religion as prosocial: Agent or double agent? *Journal for the Scientific Study of Religion, 15*(1), 29–45. https://doi.org/10.2307/1384312

Belzen, J. van (2015). *Religionspsychologie. Eine historische Analyse im Spiegel der internationalen Gesellschaft.* Berlin/Heidelberg: Springer.

Billmann-Mahecha, E. (2003). *Kulturpsychologie: In Psychologie von A-Z. Die sechzig wichtigsten Disziplinen* (S. 96–99). München: Spektrum.

Çoştu, Y. (2009). Dine normatif ve popüler tarzı yaklaşım: Bir dini yönelim ölçeği denemesi [Ein Ansatz normativer und populärer Religion: Ein Versuch einer Skala religiöser Orientierung]. *Journal of Divinity Faculty of Hitit University, 8*(15), 119–139. https://hdl.handle.net/11491/317

Demmrich, S., Allolio-Näcke, L., & Wolfradt, U. (2022). Psychology of Religion in Germany up to 2020. In K. Ladd et al. (Hrsg.), *Cambridge Handbook for the Psychology of Religion.* Cambridge: Cambridge University Press.

Demmrich, S., Atmaca, S., & Dinç, C. (2017). Body image and religiosity among veiled and non-veiled Turkish women. *Journal of Empirical Theology, 30*(2), 127–147. https://doi.org/10.1163/15709256-12341359

Dover, H., Miner, M., & Dowson, M. (2007). The nature and structure of Muslim religious reflection. *Journal of Muslim Mental Health, 2*(2), 189–210. https://doi.org/10.1080/15564900701614858

Geertz, C. (1973). Religion as a cultural system. In ders., *The interpretation of cultures: selected essays* (S. 87–125) New York, NY: Basic Books.

Geertz, C. (1984). From the native's point of view. In R. A. Shweder & R. A. LeVine (Hrsg.), *Culture theory: Essays on mind, self and emotion* (S. 123–136). Cambridge: Cambridge University Press.

Grom, B. (2007). *Religionspsychologie.* München: Kösel.

Jahnel, C. (2015). *Interkulturelle Theologie und Kulturwissenschaft: Untersucht am Beispiel afrikanischer Theologie.* Stuttgart: Kohlhammer.

James, W. (1997). *Die Vielfalt religiöser Erfahrung.* Berlin: Insel (Original: 1902).

Lämmermann, G. (2006). *Einführung in die Religionspsychologie. Grundfragen, Theorien, Themen.* Neukirchen-Vluyn: Neukirchner.

Masuzawa, T. (2005). *The invention of world religions: Or, how European universalism was preserved in the language of pluralism.* Chicago, IL: University of Chicago Press.

Moosbrugger, H., Zwingmann, C., & Frank, D. (Hrsg.). (1996). *Religiosität, Persönlichkeit und Verhalten: Beiträge zur Religionspsychologie.* Münster: Waxmann.

Nehring, A., & Valentin, J. (Hrsg.). (2008). *Religious turns – Turning religions: Veränderte kulturelle Diskurse – neue religiöse Wissensformen.* Stuttgart: Kohlhammer.

Paloutzian, R. (2017). *Invitation to the psychology of religion.* New York, NY: The Guilford Press.

Schmitz, E. (2003). Religionspsychologie. In *Psychologie von A – Z. Die 60 wichtigsten Disziplinen* (183–186). München: Spektrum.

Smith, J. Z. (1982). *Imagining religion: From Babylon to Jonestown.* Chicago, IL: University of Chicago Press.

Smith, J. Z. (1998). Religion, religions, religious. In M. Taylor (Hrsg.), *Critical terms for religious studies* (S. 269–284). Chicago, IL: University of Chicago Press.

Smith, W. C. (1962). *The meaning and end of religion.* New York, NY: The Macmillan Company.

Spickard, J. V. (2017). *Alternative sociologies of religion: Through non-Western eyes.* New York, NY: New York University Press.

Utsch, M. (1998). *Religionspsychologie. Voraussetzungen, Grundlagen, Forschungsüberblick.* Stuttgart: Kohlhammer.

Jensen, L. A. (2021) The cultural psychology of religiosity, spirituality and secularism in adolescence. *Adolescent Research Review 6*(3) 277-288 10.1007/s40894-020-00143-0

Psychologisierung

Anna Sieben

Zusammenfassung

Dieser Beitrag erläutert das komplexe, wechselseitige Verhältnis zwischen psycho-logischem, wissenschaftlichem Wissen und Alltagswissen und entwickelt auf dieser Grundlage eine Definition des Begriffs *Psychologisierung*. Soziologische und historische Arbeiten untersuchen Psychologisierungen entweder als lokale, kontext-spezifische oder als globale, verschiedene Lebensbereiche umfassende Phänomene. Während einige Arbeiten Psychologisierung mit neoliberaler Subjektivierung gleich-setzen und kritisch betrachten, versuchen andere die Mechanismen zu analysieren, die der Psychologie im Alltag zur Verbreitung verholfen haben. Dieser Beitrag entwickelt eine kulturpsychologische Forschungsperspektive zur Untersuchung von Psycho-logisierungen. Ausgangspunkt ist die Annahme, dass es sich bei Psychologisierungen um vielfältige, kontextspezifische Phänomene handelt. Konkret werden neoliberale, emanzipatorische und konservative Formen der Subjektivierung unterschieden, die mit Psychologisierungen einhergehen können. Es wird dafür plädiert, dass Psycho-logisierungen mehr als bisher in unterschiedlichen Kulturen und sozialen Milieus sowie in Bezug auf verschiedene popularisierte psychologische Denktraditionen studiert werden sollten, um diese Vielfältigkeit empirisch einzufangen.

Schlüsselwörter

Psychologisierung · Alltagspsychologie · Subjektivierung · Kulturpsychologie · Qualitative Methoden

A. Sieben (✉)
Universität St. Gallen, St. Gallen, Schweiz
E-Mail: anna.sieben@unisg.ch

U. Wolfradt et al. (Hrsg.), *Kulturpsychologie,*
https://doi.org/10.1007/978-3-658-37918-6_34

1   Gegenstandsbereich und Definition

Während die Psychologie eine vergleichsweise junge Wissenschaft ist, hat das psychologische Denken im Alltag in Form einer *common sense psychology* eine lange Geschichte. Der Kulturpsychologe Bruner argumentiert, dass die *folk psychology* zum Kern von Kulturen gehört:

> All cultures have as one of their most powerful constitutive instruments a folk psychology, a set of more or less connected, more or less normative descriptions about how human beings ‚tick‘, what our own and other minds are like, what one can expect situated action to be like, what are possible modes of life, how one commits oneself to them, and so on (Bruner 1990, S. 35).

Alltagspsychologische Erklärungen für das Verhalten und Handeln der Mitmenschen zu finden, ist ein grundlegendes menschliches Bedürfnis.

Die Psychologie stellt der Alltagspsychologie seit ca. 150 Jahren akademisches Wissen zur Seite, das mit der *folk psychology* in folgendem Verhältnis steht: Alltagspsychologische Überlegungen werden von Forschenden, mehr oder weniger bewusst, aufgegriffen und in wissenschaftliche Hypothesen und Theorien integriert. Andersherum gelangen wissenschaftliche Erkenntnisse über verschiedene Wege in die Alltagswelt zurück. Man denke etwa an populärwissenschaftliche Schriften oder die Psychoedukation. Ich verwende den Begriff der *Psychologisierung,* um die Verwendung psychologischer Konzepte, Theorien, Methoden oder Techniken im Alltag, insbesondere auch außerhalb von professionellen Settings, zu bezeichnen. Diese Bestimmung des Begriffs der Psychologisierung ist nicht normativ. Sie sagt noch nichts darüber aus, wie man solche Vorgänge zu bewerten hat und verpflichtet die empirischen Disziplinen vielmehr darauf, vor jeder etwaigen moralischen und politischen Beurteilung genau hinzusehen, was Psychologisierung im einzelnen Fall konkret bedeutet und bewirkt.

Die Abgrenzung einer psychologisierten Alltagspraxis gegenüber einer professionellen Verwendung psychologischen Wissens nehme ich über den Kontext vor, nicht über die beteiligten Personen. So kann auch ein:e ausgebildete:r Psycholog:in außerhalb des beruflichen Handlungsfeldes Teil psychologisierter Diskurse sein. Allerdings ist auch der Kontext nicht immer ein trennscharfes Kriterium. So verwenden Psycholog:innen möglicherweise auch in einem professionellen Feld Wissen, das sie aus populärwissenschaftlichen Quellen erworben haben. Manche Veröffentlichungen von Psycholog:innen lassen sich zudem nicht eindeutig als wissenschaftlich oder populärwissenschaftlich einordnen; sie wurden von Anfang an für eine heterogene Leser:innenschaft geschrieben. Diese Abgrenzungsschwierigkeiten werden dadurch verstärkt, dass viele psychologische Fachbegriffe alltagssprachlich verwendet werden. Auch Eva Illouz stellt fest, dass Konzepte wie ‚Traum‘, ‚Extroversion‘ oder ‚Phobie‘ gleichzeitig Teil formeller und informeller Wissensbestände sind:

> Mithin ist der therapeutische Diskurs sowohl ein *formales* Wissenssystem, das durch klare disziplinäre Grenzen und Regeln der Textproduktion gekennzeichnet ist, in offiziellen

Institutionen hervorgebracht und von professionellen Netzwerken, vor allem ‚Wissens-produzenten‘, getragen wird, als auch ein *informelles*, amorphes und diffuses kulturelles System, das sich in den alltäglichen kulturellen Praktiken und Selbstverständnissen der Menschen niederschlägt (2009, S. 25).

Diese komplexen Beziehungen zwischen Alltagswissen und wissenschaftlichem Wissen wurden früh von Ludwik Fleck beschrieben und analysiert (Fleck 1980; s. auch Sabisch 2016). Heinemann und Heinemann (2016) zeigen am Beispiel *burnout* anschaulich, wie sich die Grenzen zwischen alltagssprachlicher, metaphorischer, wissenschaftlicher und psychologisierter Begriffsverwendung dynamisch verschieben.

Es lässt sich zusammenfassen, dass die Verwissenschaftlichung des Alltags im Falle der Psychologie keinen unidirektionalen Verlauf aufweist, bei dem wissenschaftliches Wissen nach und nach in den Alltag diffundiert. Bildlich gesprochen lässt sich die Psychologisierung des Alltags also nicht als ein Stausee vorstellen, in dem man anhand der Sedimente die weiter oben im Bachlauf vorfindlichen Gesteine identifizieren kann. Ein passenderes Bild ist ein vielstimmiger Dialog oder eine immer wieder neu auf-genommene Diskussion, in der die Beteiligten irgendwann gar nicht mehr so genau erinnern, ob das vorgebrachte Argument eigentlich ihr eigenes ist oder ob es schon ein-mal von jemand anderem vorgetragen wurde.

Sowohl in der Wissenschaft als auch im Alltag lassen sich unterschiedliche Formen psychologischen Wissens ausdifferenzieren. Für wissenschaftliches Wissen bietet sich ein strukturalistisches Theoriekonzept an (z. B. Herrmann 1976), das Theorien in Grund-annahmen, Theoriekerne sowie abgeleitete Spezialgesetze und empirische Sätze auf-gliedert. Im Alltag kann psychologisches Wissen sowohl als explizites theoretisches Wissen auftauchen als auch als implizites Wissen die Praxis anleiten. Insbesondere psychologische Wissensbestände, die schon seit Jahrzehnten im Alltag zirkulieren, haben eine atheoretische, habituelle Form angenommen. Ist psychologisches Wissen Teil konkreter Praktiken, so wird es implizit vermittelt.

2   Soziologisches und historisches Forschungsfeld

Das soziologische und historische Forschungsfeld zu Psychologisierungen lässt sich anhand von zwei verschiedenen Ebenen sortieren. Auf der ersten Ebene lassen sich Arbeiten voneinander unterscheiden, die entweder eine konkrete psychologische Theorie und ihre Verbreitung untersuchen oder die Psychologisierung als breites, schulüber-greifendes Phänomen im Blick haben. Forschungen des erstgenannten Typs untersuchen die Ausbreitung einer konkreten Theorierichtung in einem historisch und kulturell ein-gegrenzten Kontext. Ein Beispiel hierfür ist die Studie von Kanieski (2010), welche die Verbreitung der Erkenntnisse der Bindungstheorie über britische Radiosender in der Zeit nach dem Zweiten Weltkrieg untersucht hat. Ein anderes Beispiel ist Mahlmanns (1991) detaillierte, historisch angelegte Studie von Psychologisierungen in deutsch-sprachigen Eheratgebern. Beim zweiten Typ von Studien wird gefragt, wann, warum und

auf welche Weise es zu einer umfassenden Psychologisierung der Gesellschaft kam –
über unterschiedliche Bevölkerungsgruppen und Kontexte hinweg. Dabei besteht Einigkeit darüber, dass es in vielen Ländern des sogenannten Westens in den 1970er Jahren
zu einer umfassenden Verbreitung psychologischen Wissens kam (Illouz 2009; Maasen
et al. 2011). Im Detail geht Tändler in seiner historischen Arbeit zur Psychologisierung
in Deutschland diesen Entwicklungen in den 1970er Jahren nach. Er folgt der These,

> dass der in den siebziger Jahren einsetzende Psychologisierungs- und Therapeutisierungsprozess
> eine nachhaltige Veränderung von Selbst- und Sozialverhältnissen bewirkte. Der Psycho-
> boom lässt sich dabei als ‚heiße' Experimentier- und Formierungsphase eines neuartigen,
> therapeutisch orientierten ‚Regimes des Selbst' (Bröckling 2007) verstehen, in dessen Mittel-
> punkt das Ideal eines emotional expressiven und kommunikativen, zugleich authentischen und
> selbstbestimmten wie auch sozial flexibel anpassungsfähigen Subjekts steht (2016, S. 10 f.).

Auf der zweiten Ebene lassen sich jene soziologischen bzw. historischen Arbeiten unterscheiden, die Psychologisierungen primär empirisch untersuchen und eine normative
Perspektive hintanstellen, und solchen Arbeiten, deren Analyse (und empirischer Zugang)
dezidiert kritisch angelegt ist. Dabei ist die These leitend, dass es sich bei der Psychologisierung der Lebenswelt um einen machtvollen Zugriff auf das Subjekt handelt,
der zumeist als individualisierend und/oder neoliberal bezeichnet wird. Diese Unterscheidung ist allerdings gradueller, nicht prinzipieller Art: Auch die erstgenannten
Arbeiten sind nicht frei von normativen Perspektiven und in einigen der zweitgenannten
finden sich detaillierte empirische Untersuchungen. Eine solche dezidiert kritische
Perspektive findet man in den Schriften von Nikolas Rose (u. a. 1998), der die Entwicklung der Psy-Disziplinen in der Spätmoderne als Teil einer Entwicklung hin zur
neoliberalen Subjektivierung versteht. Die Bearbeitung psychologischer Schwierigkeiten sowie die Weiterentwicklung eigener Möglichkeiten im Sinne einer Optimierung
des Selbst wird als neoliberale Subjektivierungsform identifiziert. Dabei wird der Begriff
der Subjektivierung zumeist in einer Foucaultschen Denktradition verwendet. Einen
ebenso kritischen Ton findet man in dem 2010 im *Annual Review of Critical Psychology*
erschienenen Sonderheft *Psychologisation under scrutiny,* in dem Psychologisierung als
eine bestimmte Form der Individualisierung bezeichnet wird, die den Menschen auf sich
allein stellt und Schwierigkeiten im Leben als persönliche Entwicklungsnotwendigkeiten
rahmt. Theoretisch steht eine solche (oder vergleichbare) Kritik am Individualismus der
Psychologisierung entweder marxistischen oder kommunitaristischen Positionen nahe.

In Abgrenzung zu diesen explizit kritischen Zugängen arbeiten kultursoziologische
und kulturpsychologische Arbeiten zur Psychologisierung mit dem Anspruch, Psychologisierungen konkret empirisch zu untersuchen und dabei ihre Vielgestaltigkeit, Polyvalenz und Multifunktionalität aufzuzeigen. Ein prominentes Beispiel hierfür ist die
Arbeit von Illouz (2009). An das empirische Material (hauptsächlich Interviews) richtet
sie die Frage, warum psychologisiertes Denken sich in bestimmten Kulturen (Illouz hat
die USA im Blick) so erfolgreich verbreiten konnte,

warum und auf welche Weise die therapeutische Sprache mittlerweile die Sprachen des Selbst definiert und was sie zu einer *kulturellen Ressource* macht, zu einer Möglichkeit für Akteure, Handlungsstrategien zu ersinnen, die es ihnen erlauben, bestimmte Vorstellungen vom guten Leben zu verwirklichen (S. 40 f.).

Die empirische Analyse von Psychologisierungen in konkreten sozialen Kontexten kann dann zu einer kritischen Betrachtung führen. Beispielsweise begreift Illouz (2009) mit Bezug auf Bourdieu die Psychologisierung als einen bestimmten Habitus, der abhängig ist von der individuellen Position in der Sozialstruktur, der also durch soziale Ungleichheit hervorgebracht wird und diese stabilisiert. Tändler (2016) greift diese Beschreibung auf und untermauert sie mit aktuellen Zahlen zu den Leser:innen der Zeitschrift *Psychologie Heute:* 2/3 sind Frauen, 67 % haben als höchsten Bildungsabschluss ein abgeschlossenes Studium, 18 % Abitur. Nimmt man diese Zahlen als Indikator, so erscheinen psychologisierte Lebenswelten (immer noch) als Lebenswelten der „oberen" Mittelschicht. Dass es sich bei der Verfügbarkeit von psychologisierten bzw. spezifischer psychotherapeutisierten Lebenswelten allerdings um ein ambivalentes Privileg handelt, zeigt Straub (2020) im Detail, indem er zu und mit dem Begriff der Prothese arbeitet. In der Tradition der kritischen Theorie bezieht Straub in seine Überlegungen auch die Psychoanalyse ein, wobei er insbesondere auf Freuds Beschreibungen des „Prothesengotts" in seinem Aufsatz *Das Unbehagen in der Kultur* Bezug nimmt.

3   Kulturpsychologische Forschungsperspektive

Wie bereits deutlich geworden ist, weist eine kulturpsychologische, handlungstheoretische Perspektive (Boesch und Straub 2007; Bruner 1990; Straub 2021) viele Überschneidungen mit Illouz' kultursoziologischem Forschungsansatz auf (wobei diese Autorin ihre Arbeiten selbst in unterschiedliche soziologische Traditionen stellt, u. a. in die von Bourdieu repräsentierte; die Tradition des Pragmatismus ist wohl das stärkste Bindeglied zur Kulturpsychologie). Aber es lassen sich auch weitere benachbarte Forschungstraditionen ausmachen, hierzu zählen insbesondere die Wissenssoziologie und Wissenschaftssoziologie (s. etwa Knoblauch 2014; Schützeichel 2012), aber auch mikrosoziologische oder subjekttheoretische Arbeiten (z. B. Reckwitz 2006; Sabisch 2016). Alle genannten Traditionen teilen einen komplexen Wissensbegriff, der implizite und explizite Wissensbestände umfasst, der Wissen als eingelassen in Praktiken, Erfahrungen und Empfindungen im Alltag begreift. Die kulturpsychologische Perspektive lässt sich also nicht in Abgrenzung, sondern als Ergänzung zu den genannten Ansätzen einordnen.

Folgende vier Akzentsetzungen kann eine kulturpsychologische Perspektive auf Psychologisierungen anbieten: Erstens sind Kulturpsycholog:innen häufig selbst als Psycholog:innen ausgebildet. Sie kennen daher die Disziplin ‚von innen' und können die Relevanz verschiedener Ansätze einschätzen. Zweitens betont die Kulturpsychologie stärker als beispielsweise wissenssoziologische Arbeiten den Kulturvergleich und legt es daher eher nahe, Psychologisierungen jenseits des sogenannten Westens zu untersuchen. Drittens gilt das Interesse kulturpsychologischer Forschung zu Psychologisierungen – wie ich sie hier verstehe – denjenigen Menschen, die psychologisches Wissen aufgreifen, aneignen und nutzen. Im Unterschied zu einer diskursanalytischen Perspektive (siehe Kap. Diskursanalyse) wird der Fokus damit auf die Aneignung und Verwendung von Wissen und Praktiken gelegt oder wie der Kulturpsychologe Bruner schreibt:

> Folk psychology is not once for all. It alters with the culture's changing responses to the world and to the people in it. It is worth asking how the views of such intellectual heroes as Darwin, Marx, and Freud gradually become transformed and absorbed into folk psychology (1990, S. 14).

Viertens nutzt die Kulturpsychologie auch psychologische (inklusive psychoanalytischer) Theorien und Begriffe in der Analyse des empirischen Materials. Nach meiner Beobachtung sind kulturpsychologische Arbeiten dadurch tendenziell etwas näher ‚dran' an den Erfahrungen und Empfindungen der in die empirische Forschung einbezogenen Menschen als etwa wissenssoziologische Arbeiten.

Die Kulturpsychologie teilt mit der Kultursoziologie das auch methodische Interesse an Narrativen, Metaphern und „emotionalen Stilen" (Illouz 2009, S. 31). Wie Illouz betrachtet Bruner (1990) die *folk psychology* als narrativ strukturiert. Diese Fokussierungen und Perspektivierungen haben unmittelbare Konsequenzen für die empirische Forschung: Sie legen es nahe, erstens Datenmaterial zu nutzen, das direkte Artikulationen der Menschen beinhaltet (Interviews, Gruppendiskussionen, Tagebucheinträge etc.) und zweitens Narrationen in diesem Material anzuregen – oder (etwa im Falle von Tagebüchern) Narrative in den Blick zu nehmen.

Im Rahmen kulturpsychologischer Forschung kann eine kritische Perspektive auf der Grundlage der vorgenommenen Interpretationen herausgearbeitet werden. Die dabei entwickelten Auslegungen und Auffassungen können durchaus über die Perspektive der Akteur:innen selbst hinausgehen:

> Empirische Forschung in den Sozial- und Kulturwissenschaften kann schon mehr sehen und anderes zu erkennen geben, als Subjekte in ihrem Alltag und auf dem Boden ihres alltagsweltlichen Selbstverständnisses gemeinhin wissen und zu sagen imstande sind. Auch wohl bedachte, nicht bloß den voreingenommenen Maßstäben und Vorurteilsstrukturen des eigenen Selbst verhaftete Kritik ist ein legitimer Bestandteil dieser Wissenschaften (Straub 2020, S. 50).

Hier seien exemplarisch sechs mögliche kritische Blickrichtungen auf psychologisierte Lebenswelten aufgezählt:

- Sind Psychologisierungen Teil sozialer Dynamiken, die Ungleichheit hervorbringen bzw. aufrechterhalten und legitimieren?
- Wird psychologisches Wissen im Alltag genutzt, um andere Kulturen bzw. kulturelle Lebensformen abzuwerten?

- Erscheinen manche (z. B. geschlechterkonnotierte) Verhaltensweisen als unangemessen, weil sie bestimmtem psychologischem Wissen nicht entsprechen?
- Werden auf der Grundlage psychologischen Wissens Anforderungen formuliert, die Menschen überfordern?
- Werden durch psychologisches Wissen andere Wissensbestände bzw. die Personen abgewertet, die diese Wissensbestände verbreiten und wertschätzen? Wird Vertrauen in andere Wissensbestände unterminiert?
- Führt die Psychologisierung zur starken Fokussierung auf die eigene Person, die den Blick und ein solidarisches Eintreten für andere, Gemeinschaftssinn und eine kooperative Koexistenz erschwert?

4 Im Fokus der Kulturpsychologie: Psychologisierungen als heterogene, ambivalente und multifunktionale Phänomene

Dreh- und Angelpunkt meiner Überlegungen ist die These, dass es sich bei Psychologisierungen im Alltag um heterogene, ambivalente und multifunktionale Phänomene handelt, deren Vielfältigkeit in der bisherigen Forschung, die den Fokus stark auf Therapie und Beratung in Ländern des sogenannten Westens gelegt hat, nicht bzw. nicht hinreichend herausgearbeitet wurde. Zur Skizzierung meiner kulturpsychologischen Überlegungen und Perspektivierungen gehe ich zunächst kurz auf die Foucaultsche Perspektive ein und greife das Konzept der neoliberalen Subjektivierung auf. Ich stelle die These auf, dass es auch emanzipatorische und konservative Subjektivierungen in Kontexten der Psychologisierung gibt, die als Ergänzung zu neoliberalen Subjektivierungen zu fassen sind. Auf Grundlage dieser Differenzierung schlage ich sodann drei verschiedene Forschungsperspektiven vor, die die Vielgestaltigkeit von Psychologisierungen in den Fokus rücken.

Die Foucaultsche Grundthese – dass sich Macht in der Moderne zunehmend als diffuse Macht zeigt, die über Selbstführung und Selbstsorge vermittelt operiert – ist sicherlich zutreffend und geeignet, um auch das Phänomen einer psychologisierten Kultur bzw. ‚Beratungsgesellschaft' (z. B. Maasen et al. 2011; Duttweiler 2007; Elberfeld und Eitler 2015) als Ganzes in den Blick zu nehmen. Gleichzeitig sind Begriffe wie ‚Überwachung', ‚Gouvernementalität' oder ‚Biomacht' jedoch sehr allgemein und bestimmen in erster Linie das Verhältnis zwischen Regierung und Subjekten. Meines Erachtens können sie das Spezifische der Nutzung psychologischen Wissens und von Psychopraktiken in bestimmten Kontexten nur bedingt erfassen. Möglicherweise liegt dieses Problem aber weniger an den Arbeiten Foucaults an sich, als an einer bestimmten Rezeption, die nahelegt, dass mit der Identifikation von Phänomenen als Biomacht oder Gouvernementalität eigentlich schon alles über diese Phänomene gesagt sei – obwohl meines Erachtens gerade hier die kulturpsychologische empirische Arbeit und differenzierte Analyse anfangen sollte. Wie Straub schreibt ist „Psycho-Macht ein Teil der Bio-Macht" (Straub 2020, S. 92) – wo und auf wen sie aber wie genau wirkt, ist damit noch nicht herausgearbeitet. Ähnlich verhält es sich mit dem – in den Sozialwissenschaften sowohl häufig verwendeten als ebenso häufig kritisch diskutierten – Konzept der ‚Individualisierung'. Ob und wie psychologisches Wissen in Prozesse der Individualisierung eingebunden ist, stellt für mich zunächst eine empirische Frage dar.

In der Forschung zu Psychologisierungen wird im Anschluss an die Foucaultsche Perspektive das Konzept der neoliberalen Subjektivierung verwendet (insbesondere Rose 1998; Maasen et al. 2011). In der Perspektive der Gouvernementalitätsstudien versteht man unter einer neoliberalen Subjektivierung eine Form der Ansprache an den und des Einzelnen, die ihm weitreichende Verantwortlichkeit für das Führen eines subjektiv gelungenen Lebens zuweist. Dabei wird nur auf eine geringe Solidarität mit anderen gesetzt und eine Steigerungslogik angelegt (Lemke 2007; Duttweiler 2007; Bröckling 2007). Es besteht kein Zweifel daran, dass es bestimmte Formen der Psychologisierung der Lebenswelt gibt, die hierzu bestens passen. Einige wurden auch bereits treffend analysiert: Hierzu zählen besonders deutlich und unmissverständlich popularisierte Formen der humanistischen Psychologie, aber auch der sogenannten positiven Psychologie, die eine Nähe zum *human potential movement* oder der *new age*-Bewegung aufweisen (s. u. a. Tändler 2016; Straub 2012). Speziell für diese Formen trifft zu, was Straub (2020) in seinen Ausführungen zum „Prothesengott" als ein Streben nach Vervollkommnung, Macht über die eigene Natur und auch Maßlosigkeit analysiert.

An den oben erwähnten historischen Arbeiten lässt sich aber auch zeigen, warum es zu unspezifisch ist, unterschiedliche psychologisierte Lebenswelten unter dem Begriff der neoliberalen Subjektivierung zusammenzufassen. Die Verbreitung von Psychowissen und -praktiken ging in den 1970er Jahren häufig von politischen Bewegungen des linksalternativen Milieus aus. In Deutschland war dies unter anderem an die Aufarbeitung der eigenen familiären Verstrickung in das NS-Regime gekoppelt. Gerade Gruppen der sogenannten Studentenbewegung waren von der Kritischen Theorie und damit auch der Psychoanalyse beeinflusst. Eine ähnliche Dynamik beschreibt Ruck (2015) für *consciousness raising groups*. Auch Teile der feministischen Bewegung setzten (und setzen bis heute) direkt an der individuellen Erfahrung von Geschlechterungerechtigkeit an. Deren Aufarbeitung und Überwindung macht möglicherweise therapieähnliche Formen notwendig, zumindest interessant für die Protagonist:innen.

Wenn man an diese (in der Selbstbezeichnung) dezidiert anti-kapitalistischen, emanzipatorischen Formen der Psychologisierung denkt, wirkt das Etikett des Neoliberalismus zunächst unpassend. Nun lässt sich selbstverständlich fragen, ob sich nicht die gesamte Alternativkultur der 1970er Jahre letztendlich in ein Projekt neoliberaler Subjektivierung verwandelt hat (und diese These ist durchaus diskussionswürdig, und zahlreich vertreten bzw. erörtert worden, z. B. Tändler 2016; Reckwitz 2006; Maasen et al. 2011; auch Foucault 1983). Dass es zu dieser Entwicklung kam, bedeutet aber nicht, dass auch schon vorherige Unterfangen neoliberal waren oder dass in der Folge alle weiteren Unternehmungen der Psychologisierung neoliberale Züge haben. Bis heute kann man auch solche Felder ausmachen, in denen es durchaus um

Emanzipation geht. Dabei bin ich mir durchaus der problematischen und normativen Abgrenzung der Begriffe neoliberal und emanzipatorisch bewusst. Ich verwende den Begriff emanzipatorisch, wenn die Veränderungsbestrebungen Teil einer kritischen Auseinandersetzung mit gesellschaftlichen Machtstrukturen sind und darauf ausgerichtet sind, an Kultur, Geschlecht, Alter oder andere soziale Kategorien gebundene Ungleichheiten zu überwinden. Selbst der in heutigen Ohren durch und durch nach neoliberaler Subjektivierung klingende Begriff der ‚Selbstverwirklichung' hatte z. B. im Kontext der Frauenbewegung eine emanzipatorische Funktion, nämlich dort, wo es um die Infragestellung geschlechtsspezifischer ‚Normalbiografien' ging.

Die emanzipatorischen und neoliberalen Formen der Psychologisierung vereint ihr Impuls zur Veränderung, zur Überwindung des Althergebrachten. Das wirft die Frage auf, ob eigentlich Psychologisierungen im Alltag auch konservative Formen annehmen können, ob sie, verkürzend gefasst, auch Subjektivierungen anbieten, die sich der Veränderung verweigern, ob sie für Menschen etwas bieten, die bei traditionellen Werten bleiben oder zu diesen zurückkehren möchten. Nun ist es wichtig zu betonen, dass auch der Konservatismus kein bloßer Gegenspieler des Neoliberalismus ist. Tendenziell wird im Konservatismus aber stärker der Wert bestimmter, traditioneller Gemeinschaften (wie der Familie) betont; das Individuum wird als in bewährten Lebensweisen verankert betrachtet, die es im eigenen Leben zu wiederholen gilt. Interessant ist allerdings die Frage, welche Subjektivierung entsteht, wenn sich konservative Einstellungen in einem mehrheitlich liberalen Kontext etablieren wollen (man denke etwa an Vertreter:innen der Neuen Rechten in Deutschland, die sich als konservative Minderheit in einer neoliberalen Mehrheitsgesellschaft inszenieren). In diesen Fällen wird zwar politisch Konservatismus auf die Agenda geschrieben, für den Einzelnen bedeutet das aber vielleicht eine Veränderungsnotwendigkeit, eine individuelle Abkehr beispielsweise von eigenen liberalen Lebensweisen. Die Frage ist also, wie psychologisches Wissen ins Spiel kommt, wenn konservativ orientierte Subjekte entweder an Bestehendem festhalten wollen oder wenn sie sich selbst zum Konservativen hin entwickeln möchten. Das von mir empirisch untersuchte Feld des *attachment parenting*, einer popularisierten Form der Bindungstheorie, ist hierfür ein interessantes Beispiel (Sieben und Yıldırır 2019). Ein Teil derjenigen, die sich als *attachment parents* verstehen, verfolgen durchaus eine konservative Agenda. Konservative Subjektivierungen lassen sich aber auch dort studieren, wo der Behaviorismus Einzug in den Alltag gehalten hat: Der Einsatz von Belohnungssystemen durch andere oder auch sich selbst dient meist der Einhaltung von Grenzen, sozialen Normen etc. Solche Systeme und Praktiken dienen der Disziplinierung und sollen unerwünschtes Verhalten vermeiden helfen. Ein besonders drastisches Beispiel hierfür ist der Einsatz lerntheoretischer Prinzipien zur sogenannten ‚Behandlung' von Menschen mit homosexuellem Begehren (Jagose 2013). Dass es unterkomplex ist, (populär-)wissenschaftliche Formen des Behaviorismus als konservative Subjektivierung zu analysieren, zeigen allerdings in schillernder Form die Ausführungen von Skinner in seinem utopischen Roman *Walden Two*. In diesem Roman vereint sich ein radikaler Veränderungswille mit einem eher versteckten autoritären System. Da es aber im

Behaviorismus immer die Person gibt, die Belohnungssysteme installiert und anwendet, liegt ihm prinzipiell ein autoritäres Modell zugrunde – weshalb der Behaviorismus zwar bisweilen revolutionär klingt, aber ganz sicher nicht mit dem neoliberalen Modell der Selbstformung und -verantwortung vereinbar ist. Ein weiteres mögliches Beispiel für konservative Subjektivierungen ist die Anwendung von (populär-)psychologischen Tests. Diese vermitteln den Testenden und Getesteten – die bei Tests in Zeitschriften oder im Internet dieselben sind, weil Menschen sich hier selbst testen – die Vorstellung, über festgelegte Charaktereigenschaften und Fähigkeiten zu verfügen oder auch nicht zu verfügen – eine Vorstellung, die nicht zu (neo-) liberalen oder emanzipatorischen Formen der Selbstformung passt. Deutlich wird dies an den Schriften des Persönlichkeitspsychologen Eysenck, insbesondere an der Arbeit *Die Ungleichheit der Menschen* (1975), in der er eine Gesellschaftsvision entwickelt, nach der soziale Positionierung auf der Grundlage der Intelligenz von Kindern vorgenommen werden solle. Auch wenn die meisten Persönlichkeitspsycholog:innen nicht so aggressiv argumentieren wie Eysenck, so verbindet sie doch die Vorstellung, dass den Entwicklungsmöglichkeiten des Einzelnen durch angeborene Fähigkeiten und Eigenschaften klare Grenzen gesetzt seien.

Die Auflistung von emanzipatorischen, neoliberalen und konservativen Formen der Psychologisierung ist nicht systematisch und vollständig, sie zeigt aber die Vielfältigkeit und Ambivalenz von psychologisierten Lebenswelten. Es erscheint mir daher ratsam, nicht von ‚der‘ Psychologisierung, ‚dem‘ Psycho-Boom oder ‚der‘ therapeutischen Kultur zu sprechen, sondern diese jeweils in den Plural zu setzen. Das Interessante einer empirischen Erforschung von Psychologisierungen liegt meines Erachtens genau in dieser Vielgestaltigkeit. Ich betrachte es als Aufgabe kulturpsychologischer Forschung, die darin liegenden Ambivalenzen analytisch herauszuarbeiten. Hier kann man an verschiedenen Stellen ansetzen:

a) Popularisierte Formen *unterschiedlicher* psychologischer Theorieströmungen und damit einhergehender Praktiken können in den Blick genommen werden. In vielen Arbeiten liegt bislang der Fokus auf der ‚therapeutischen Kultur‘, also der Verbreitung therapeutischer und/oder beratender Praktiken und dabei wird zumeist entweder auf gesprächspsychotherapeutische oder psychoanalytische Verfahren geschaut. Behavioristische Psychotherapieverfahren und ihre Verbreitung im Alltag werden selten analysiert. Ihre intensivierte Beforschung wäre jedoch insbesondere deswegen interessant, weil sie zum Teil ein anderes Modell der Subjektivierung nahelegen. Eine Diversifizierung der Psychologie über die Klinische Psychologie hinaus wäre außerdem erkenntnisfördernd und weiterführenden (komparativen) Analysen und Differenzierungen zuträglich. Zu denken wäre beispielsweise an: popularisierte Vorstellungen von Intelligenz, Persönlichkeit(-stestung), Partner:innenwahl, Motivation.

b) Psychologisches Wissen wird – das ist eigentlich trivial – vermutlich niemals von allen Personengruppen gleich aufgenommen. Die Forschung hat sich bislang vor allem mit akademischen Milieus in Kulturen des sogenannten Westens und ihrer

Psychologisierung beschäftigt. Über die Psychologisierung anderer sozialer Milieus ist weniger bekannt.

c) Hieran unmittelbar anschließend lässt sich fragen, welche Formen der Psychologisierung sich in Kulturen jenseits des sogenannten Westens beschreiben lassen. Implizit oder explizit wird der Einfluss der Psychologie auf den Alltag und das Selbstverständnis der Menschen primär als ein kulturelles Phänomen des Westens oder ‚globalen Nordens' betrachtet (z. B. Herman 2003). Dort wurde die Psychologie als akademische Disziplin etabliert sowie institutionalisiert und dort sind die Psychologie-Departments immer noch weltweit führend und besonders einflussreich. Doch psychologisches Wissen hat sich längst global verbreitet, als akademisches, aber auch als populärwissenschaftliches Wissen (auch wenn die Verbreitungswege nicht frei sind von post-kolonialen Machtverhältnissen und -wirkungen, z. B. Gergen et al. 1996; Chakkarath 2021). Sehr wenig ist bislang bekannt über die Prozesse der Übersetzung (wortwörtlich und metaphorisch im Sinne eines sozial- und kulturwissenschaftlichen Übersetzungsbegriff u. a. Bachmann-Medick 2019; Renn et al. 2002) sowie der Aneignung, die stattfinden, wenn sich psychologisches Wissen transkulturell ‚bewegt' bzw. bewegt, übermittelt und adaptiert wird (s. z. B. Sieben und Yildirir 2019 zur Aneignung von *attachment parenting* in der Türkei). Die kulturvergleichende Erforschung dieser psychologisierten Lebenswelten – in ihrer Unterschiedlichkeit, aber auch Ähnlichkeit und gegenseitiger Prägung und Bezugnahme – ist eine genuin kulturpsychologische Aufgabe.

Literatur

Bachmann-Medick, D. (2019). Übersetzung und Transnationalität. In D. Bischoff & S. Komfort-Hein (Hrsg.), *Handbuch Literatur & Transnationalität* (S. 62–78). Berlin, Boston: De Gruyter.

Boesch, E. E., & Straub, J. (2007). Kulturpsychologie. Prinzipien, Orientierungen, Konzeptionen. In H.-J. Kornadt & G. Trommsdorff (Hrsg.), *Kulturvergleichende Psychologie. Enzyklopädie der Psychologie. Serie VII. Themenbereich C „Theorie und Forschung"* (S. 25–95). Göttingen: Hogrefe.

Bröckling, U. (2007). *Das unternehmerische Selbst. Soziologie einer Subjektivierungsform.* Frankfurt/Main: Suhrkamp.

Bruner, J. (1990). Folk psychology as an instrument of culture. In ders., *Acts of Meaning* (S. 33–65). Cambridge, MA: Harvard University Press.

Chakkarath, P. (2021). How India almost lost its soul: The detrimental effects of ethnocentrism and colonialism on the psychology of spirituality. In A. Dueck (Hrsg.), *Indigenous psychology of spirituality. In my beginning is my end* (S. 227–251). London: Palgrave Macmillan.

Duttweiler, S. (2007). Beratung als Ort neoliberaler Subjektivierung. In R. Anhorn, F. Bettinger & J. Stehr (Hrsg.), *Foucaults Machtanalytik und Soziale Arbeit* (S. 261–275). Wiesbaden: Springer VS.

Elberfeld, J., & Eitler, P. (Hrsg.). (2015). *Zeitgeschichte des Selbst. Therapeutisierung – Politisierung – Emotionalisierung.* Bielefeld: transcript.

Eysenck, H. J. (1975). *Die Ungleichheit der Menschen.* München: List.

Fleck, L. (1980*). Entstehung und Entwicklung einer wissenschaftlichen Tatsache – Einführung in die Lehre vom Denkstil und Denkkollektiv*. Frankfurt/Main: Suhrkamp (Original: 1935).

Foucault, M. (1983). *Der Wille zum Wissen. Sexualität und Wahrheit 1*. Frankfurt/Main: Suhrkamp.

Gergen, K., Gülerce, A., Lock, A., & Misra, G. (1996). Psychological science in cultural context. *American Psychologist, 51*(5), 496–503.

Heinemann, L., & Heinemann, T. (2016). Burnout. Zur gesellschaftlichen Konstruktion einer umstrittenen Diagnose. In E. Mixa, S. Pritz, M. Tumeltshammer et al. (Hrsg.), *Un-Wohl-Gefühle. Eine Kulturanalyse gegenwärtiger Befindlichkeiten* (S. 235–252). Bielefeld: transcript.

Herman, E. (2003). Psychologism and the child. In T. Porter & D. Ross (Hrsg.), *The Cambridge History of Science* (S. 649–662). Cambridge, MA: Cambridge University Press.

Herrmann, T. (1976). *Die Psychologie und ihre Forschungsprogramme*. Göttingen: Hogrefe.

Illouz, E. (2009). *Die Errettung der modernen Seele. Therapien, Gefühle und die Kultur der Selbsthilfe*. Frankfurt/Main: Suhrkamp.

Jagose, A. (2013). *Orgasmology*. Durham, NC: Duke University Press.

Kanieski, M. A. (2010). Securing attachment: The shifting medicalization of attachment and attachment disorder. *Health, Risk & Society, 14*(3), 335–344.

Knoblauch, H. (2014). *Wissenssoziologie*. Konstanz: UVK.

Lemke, T. (2007). *Gouvernementalität und Biopolitik*. Wiesbaden: Springer VS.

Maasen, S., Elberfeld, J., Eitler, P., & Tändler, M. (Hrsg.). (2011). *Das beratene Selbst: Zur Genealogie der Therapeutisierung in den ‚langen' Siebzigern*. Bielefeld: transcript.

Mahlmann, R. (1991). *Psychologisierung des „Alltagbewusstseins". Die Verwissenschaftlichung des Diskurses über die Ehe*. Opladen: Westdeutscher Verlag.

Reckwitz, A. (2006). *Das hybride Subjekt: Einer Theorie der Subjektkulturen von der bürgerlichen Moderne zur Postmoderne*. Weilerswist: Velbrück.

Renn, J., Straub, J., & Shimada, S. (Hrsg.). (2002). *Übersetzung als Medium des Kulturverstehens und sozialer Integration*. Frankfurt/Main, New York: Campus.

Rose, N. (1998). *Inventing our Selves: Psychology, power, and personhood*. Cambridge, MA: Cambridge University Press.

Ruck, N. (2015). Liberating minds: Consciousness-raising as a bridge between feminism and psychology in 1970s Canada. *History of Psychology, 18*(3), 297–311.

Sabisch, K. (2016). *Der Mensch als wissenschaftliche Tatsache. Wissenssoziologische Studien mit Ludwik Fleck*. Berlin: Kadmos.

Schützeichel, R. (2012). Wissenssoziologie. In S. Maasen, M. Kaiser, M. Reinhart et al. (Hrsg.), *Handbuch Wissenschaftssoziologie* (S. 17–26). Wiesbaden: Springer VS.

Sieben, A., & Yıldırır, A. (2019). Cultural spaces of popularized psychological knowledge. Attachment parenting in Turkey. *Culture & Psychology, 26*(3), 335–357.

Straub, J. (2012). Humanistische Psychologie als wissenschaftliche Macht zur Optimierung des Menschen. Ein Vorwort. In ders. (Hrsg.), *Der sich selbst verwirklichende Mensch. Über den Humanismus der Humanistischen Psychologie* (S. 7–14). Bielefeld: Transcript.

Straub, J. (2020). *Vom Prothesengott zur Psycho-Prothese. Über Psychotherapie und Selbstoptimierung*. Gießen: Psychosozial.

Straub, J. (2021). *Verstehendes Erklären. Zur Methodologie einer relationalen Hermeneutik. Schriften zu einer handlungstheoretischen Kulturpsychologie*. Gießen: Psychosozial.

Tändler, M. (2016). *Das therapeutische Jahrzehnt: Der Psychoboom in den siebziger Jahren* Göttingen: Wallstein.

Psychotherapie

Thomas Slunecko

Zusammenfassung

In diesem Text werden mehrere aufeinander aufbauende kulturpsychologische Perspektiven auf Psychotherapie entworfen. Zu Beginn eine historische, welche die Entwicklung der Psychotherapie von Mesmer bis Freud skizziert und in Fragen der Berufszuganges bzw. der Psychotherapieausbildung mündet, die sich aus dieser Geschichte ergeben. Auf dieser Basis wird ein wissenssoziologisches Profil der Psychotherapie entwickelt, aus dem heraus einige Aspekte ihres Spannungsverhältnisses zu gesellschaftlichen Mitspielern wie Gesetzgebern und Krankenkassen verstehbar werden. Abschließend weitet sich die Perspektive hin auf einen größeren ,zeitdiagnostischen' Horizont, vor dem aktuelle Herausforderungen für die Psychotherapie – ihre Mobilisierbarkeit im Rahmen einer neoliberalen Agenda sowie, damit eng verbunden, die Auswirkungen der Digitalisierung auf sie – in den Blick kommen.

Schlüsselwörter

Psychotherapie · Kulturpsychologie · Geschichte der Psychotherapie · Psychotherapieausbildung · Gouvernementalität · Wissenssoziologie · Digitalisierung

T. Slunecko (✉)
Universität Wien, Wien, Österreich
E-Mail: thomas.slunecko@univie.ac.at

© Der/die Autor(en), exklusiv lizenziert an Springer Fachmedien Wiesbaden GmbH, ein
Teil von Springer Nature 2022
U. Wolfradt et al. (Hrsg.), *Kulturpsychologie,*
https://doi.org/10.1007/978-3-658-37918-6_35

1   Psychotherapie in kulturpsychologischer Perspektive

Befragt man herkömmliche Lehrbücher aus dem klinisch-psychologischen oder medizinischen Kontext zur Psychotherapie, findet man darin in aller Regel eine historisch flache, dekontextualisierte und statische Definition vom Typus ‚Psychotherapie *ist…'*. Kulturpsychologie versteht im Unterschied dazu Psychotherapie als etwas, das ständig *wird,* weil sie unhintergehbar in das kulturelle Gewebe verstrickt ist. Dies wird zum einen historisch gedacht, als Verstricktsein in die Geschichte einer Kultur, zum anderen aktuell, d. h. als unhintergehbares Eingebundensein in die jeweiligen Spannungsfelder gesellschaftlicher Differenzierungs- und Aushandlungsprozesse. In kulturpsychologischer Perspektive ist Psychotherapie also etwas, das zum einen auch aus seinem Gewordensein zu verstehen ist, zum anderen sich in dynamischer Wechselwirkung mit anderen kulturellen *playern* unter je spezifischen sozio-ökonomischen und medialen Bedingungen ständig entfaltet und umformt. Beides soll in diesem Text beleuchtet werden.

Gewordensein bedeutet Standort*ver*bundenheit. Auch wenn sie sich heute in verschiedenen Facetten und Färbungen fast weltweit verbreitet hat, ist die Psychotherapie doch ein Abkömmling des christlichen Abendlandes. Erst im Ausklang der europäischen Antike – insbesondere bei Augustinus – kommt überhaupt eine Vorstellung dafür auf, dass sich aus dem bejahten Ereignis einer intimen Begegnung mit dem Anderen (hier bewusst groß geschrieben, weil diese Vorstellung erst in der Moderne von Gott gelöst und auf menschliche Andere – und damit letztlich auch auf Psychotherapeuten – übertragbar wird) ein entscheidend neuer Verlauf im Leben ergeben kann, wir also nicht vom Schicksal, den Ahnen, den Standesbedingungen etc. auf einen Lebensentwurf festgeschraubt sind, zumindest nicht in seelischen Belangen (Jullien 2014).

Und doch lässt sich in nahezu jeder Kultur ein Platz ausmachen, an dem ‚seelisches Leiden' behandelt wird, wobei implizit auch über die Bedeutung dieses Leidens verhandelt wird bzw. darüber, welches Leiden und welches Handeln (gerade noch) in den kulturellen Innenraum integriert werden kann. Die Autorität dafür liegt zumeist in den Händen von spirituellen bzw. Heilerspezialisten – eine Funktion, die mit der für die Aufrechterhaltung der bestehenden Ordnung und Hierarchie und für die Kriegsführung zuständigen Autorität zusammenfallen kann (z. B. wenn der Häuptling auch Medizinmann ist), aber keineswegs muss. Ebenso kann das Heilerische mit dem Spirituellen zusammenfallen, wie in den Figuren des Schamanen oder des *brujos* (wobei in diesen Fällen der Umstand, dass der Behandelnde selbst ein seelisch Verletzter ist, meist noch nicht versteckt werden muss). Mit steigender Differenzierung und dementsprechender Differenzierung des mit den jeweiligen Funktionen verbundenen Wissens und Könnens bilden Kulturen allerdings gerne Doppel- oder Mehrfachspitzen aus. Die Funktion des Heilers – jetzt Arztes – wird dann von der des spirituellen – jetzt religiösen – und politischen Anführers getrennt: Arzt, Priester und Fürst; Medicus, Papst und Kaiser; Dr. Fauci und Donald Trump.

2   Zur Vorgeschichte der Psychotherapie

Die unmittelbaren europäischen Ahnen der Psychotherapie liegen im Exorzismus und Magnetismus (Ellenberger 1970). Auf dem Weg zur heutigen Psychotherapie wird dann zum einen der Exorzismus in das Feld des Religiösen abgetrennt (wo er bis heute in der ‚Verantwortung‘ von Priestern ausgeübt wird) und – auf der ärztlichen Linie – der Magnetismus zur Hypnose umgearbeitet. Eine Schlüsselszene dafür spielt im Jahr 1784, als es Franz Anton Mesmer, dem therapeutischen ‚Popstar‘ des späten 18. Jahrhunderts, misslingt, eine Kommission der französischen Akademie der Wissenschaften vom animalischen Magnetismus und von seinem darauf beruhenden Behandlungsverfahren zu überzeugen. Keines der um seinen magnetisierten Badezuber versammelten Akademie-mitglieder kann eine Wirkung spüren. Selbst eine vom Verfahren überzeugte ‚Kranke‘ kann Mesmers Fluidum in einem ‚Blindtest‘ (übrigens einem der ersten, der in der Wissenschaftsgeschichte überliefert ist) nicht von gewöhnlichem Wasser unterscheiden. Als Mesmer ihr allerdings die Tasse mit seinem Fluidum selbst gibt, setzt die ekstatische Heiltrance sofort ein (Schmidbauer 2012).

Aus dieser Szene lassen sich einige Momente herauspräparieren, die für ein Verständnis der Psychotherapie bis heute wesentlich sind: Ihre Wirkung entfaltet sich in spezifischen Situationen, aus denen sie sich nicht oder nur mit großen Verlusten ablösen lässt; und sie entfaltet sich daher innerhalb einer persönlichen, mit Bedeutung aufgeladenen Beziehung und Begegnung, von der sie ebenfalls nicht zu trennen ist. Beides trägt dazu bei, dass sich die Wissenschaft, zumindest in ihrer experimentell-nomothetischen Ausrichtung, mit dem Therapeutischen bis heute schwertut. Denn eine derart ausgerichtete Wissenschaft, wie sie auch der Hauptstrom der heutigen akademischen Psychologie darstellt, ist zum einen grundsätzlich anti-situativ und will zum anderen nicht von Wirkungen berichten müssen, die an persönlichen Konstellationen oder Charismen hängen und für die sich keine eindeutigen Kausalketten zu den eingesetzten Verfahren spannen lassen. Jedenfalls sehen wir in dieser Szene, dass ein weiterer Mitspieler die Bühne betritt, der für die Psychotherapie außerordentlich bedeutsam werden wird: die Wissenschaft!

Ungeachtet der Widerstände gegen Mesmer blieb sein Ansatz das ganze 19. Jahrhundert hindurch ein – zumindest randständiger – Teil der ärztlichen und aristokratischen Welt. Der Begriff Hypnose selbst kommt dann erst Mitte des 19. Jahrhunderts bei Baird auf – Mesmer hatte ihn noch nicht verwendet. Hypnose greift auf bestimmte Elemente des Mesmerschen Ansatzes zu – wie den Rapport zwischen Arzt und Kranken oder das Hervorrufen veränderter oder ‚somnambuler‘ Bewusstseinszustände –, löst aber den Ansatz von allen astrologischen, charismatischen und gesellschaftsutopischen (bei den gemeinsam um Mesmers Fluidum Versammelten und magnetisch Durchströmten kamen bisweilen Hochstimmungen und Solidaritätsgefühle auf) Bezügen.

Freud lernte die Hypnose daher als schon domestiziertes, physiologisch (Baird) und psychologisch (Bernheim) begründetes Verfahren für Einzelpersonen im Zuge seines

Paris-Aufenthaltes bei Charcot näher kennen, aber er war kein begeisterter Hypnotiseur und entwickelte eine neue Art des Umgangs mit zwischenmenschlichen Resonanz-phänomenen und des Hervorrufens veränderter Bewusstseinszustände qua Übertragung und freier Assoziation. Mit der von Freud begründeten Psychoanalyse bricht eine erste Form von Psychotherapie in das kollektive Bewusstsein durch. Dieser Durchbruch muss – wie letztlich jede kulturelle Erfolgsgeschichte – im Kontext ihrer sozio-ökonomischen und medialen Rahmenbedingungen gelesen werden: Offenbar hat Freud für die von der zweiten industriellen Revolution und der sie begleitenden Urbanisierung ausgelöste historisch neue Erfahrung eines ,persönlichen Lebens' und den Verlust traditioneller Einbettungen eine passende Form der Problematisierung und Behandlung gefunden (Zaretsky, 2006). Oder mit Foucault gesprochen: eine passende Antwort auf einen pragmasemantischen Notstand (urgence) seiner Zeit. Dies gilt v. a. für dessen bürger-liche Form mit ihrer hochgradigen Privatisierung des Seelischen und Einschränkung des Sexuallebens, insbesondere für die ,höheren Töchter'.

3   Das wissenssoziologische Profil der Psychotherapie

3.1   Welches Wissen brauchen Psychotherapeut:innen?

Eine passende Form der Behandlung heißt am Beginn des 20. Jahrhunderts zunächst, dass diese von Ärzten ausgeübt wird. Doch schon Freud merkt, dass dieses Junktim nicht friktionsfrei ist. In seiner Schrift zur *Laienanalyse* gibt er unmissverständlich zu Protokoll, dass „der Arzt in der medizinischen Schule eine Ausbildung erfahren hat, die ungefähr das Gegenteil von dem ist, was er als Vorbereitung zur Psychoanalyse brauchen würde" (Freud 1926, S. 261–262). Die ärztliche Ausbildung erschien ihm als „ein beschwerlicher Umweg zum analytischen Beruf" (ebd., S. 287), sie würde dem Arzt nämlich zu viel aufladen, „was er [dafür] nie verwerten kann", und die Gefahr mit sich bringen, dass „sein Interesse wie seine Denkweise von der Erfassung der psychischen Phänomene abgelenkt wird" (ebd.).

Praktisch vom Beginn der modernen Psychotherapie an ist also umstritten, was zum psychotherapeutischen Wissenskanon bzw. zur therapeutischen Ausbildung gehören soll bzw. auf Basis welcher fachlichen Grundausbildung eine solche zu erfolgen hätte. Freud selbst hatte bei den therapeutisch verwertbaren Wissensbeständen neben medizinischen, biologischen und (tiefen-)psychologischen durchaus auch solche im Auge, die wir heute den Geisteswissenschaften zuordnen würden (wie Kulturgeschichte, Mythologie, Religionspsychologie und Literaturwissenschaft). Tatsächlich drängte allerdings vor allem eine relativ neue akademische Disziplin in das Feld der Psychotherapie hinein: die Psychologie, die ab der Mitte des 20. Jahrhunderts eine bis heute ungebrochene Kon-junktur innerhalb der Universitäten erfahren hat, die von einer ebenso erfolgreichen berufsständischen Lobbypolitik begleitet war.

3.2   Berufszugang

In vielen Ländern ist heute der Zugang zur Ausübung von Psychotherapie auf Ärzt:innen und Psycholog:innen verengt, wobei sich für letztere – wenn sie ein naturwissenschaftlich, d. h. an Experiment und Statistik ausgerichtetes Studium durchlaufen haben – unschwer eine ähnlich unpassende Vorbereitung auf den Beruf der Therapeutin behaupten lässt, wie sie Freud für die Ärzte konstatiert hat. Und doch: Seitdem in Deutschland das *Psychotherapeutengesetz* in Kraft getreten ist (1999), können neben Ärzt:innen nur Psycholog:innen die uneingeschränkte Approbation für die Durchführung von Psychotherapie bei Erwachsenen erhalten. In Österreich hingegen bestehen diesbezüglich keine Einschränkungen; nicht einmal ein universitärer Abschluss bzw. akademischer Titel (wohl aber eine einschlägige psychotherapeutische Fachausbildung) war bislang Voraussetzung zur Berufsausübung.

3.3   Schulenvielfalt und deren Folgewirkungen

Mit derartigen Zuständigkeitsfragen ist ein Teil des aktuellen wissenssoziologischen Problemprofils der Psychotherapie benannt. Ein anderer, ebenso wesentlicher Teil besteht darin, dass Psychotherapie nicht in der Einzahl vorkommt, sondern sich als – selbst für langjährig in diesem Feld Tätige – kaum überschaubare Vielfalt aus Schulen und Subschulen präsentiert; Wedding und Corsini (2018) schätzen die Anzahl der therapeutischen Verfahren auf mindestens 250. Dass nicht alle davon einen Anschluss an berufs- und sozialversicherungsrechtliche Bestimmungen finden, steht auf einem anderen Blatt. Auch diesbezüglich ist die Situation in Deutschland deutlich restriktiver als in Österreich oder in der Schweiz, für die sich in Bezug auf die zugelassenen psychotherapeutischen Verfahren nachgerade von Modellversuchen in Sachen Pluralismus sprechen ließe[1,2].

In einer kulturellen Situation, die entgegen ihrer Sonntagsreden auf eine immer stärkere Vereinheitlichung der Lebens- und Praxisformen hinausläuft, stellt ein derart heterogenes Wissensfeld, das ständig in Bewegung ist und in das viele ‚hineindrängen', eine Herausforderung dar. Keine rechte Freude haben damit in aller Regel die Sozialversicherungsträger, die den Umgang mit dem monolithischen (oder zumindest

---

[1] Für einen Überblick über anerkannte Therapierichtungen im deutschsprachigen Raum siehe http://de.wikipedia.org/wiki/Psychotherapie.

[2] Das Phänomen der Schulenvielfalt ist mit der bereits geschilderten Frage nach der akademischen Grundausbildung der Therapeut:innen verzahnt: etwa sind in Amerika Ärzt:innen und Psycholog:innen in der Psychoanalyse überrepräsentiert, in humanistischen Verfahren dagegen unterrepräsentiert (Norcross und Goldfried, 2019) – mit entsprechenden Konsequenzen für das *standing* der Verfahren gegenüber den Sozialversicherungen und in der Wissenschaft.

so anmutenden) medizinischen Wissenskorpus gewohnt sind. Die Bedeutung der Versicherungen für die Psychotherapie hat in den letzten Jahrzehnten sehr stark zugenommen und je enger sich die psychotherapeutische Praxis mit dem Versicherungswesen koppelt, desto mehr gleichen sich ihre Rahmenbedingungen denen der medizinischen Krankenbehandlung an. Diese Einhegung in den Logos der Medizinalisierung geht zunächst und zumeist mit einer Aufwertung der Bedeutung von defizit-orientierter Diagnostik und einem Kniefall vor Zauberworten wie ‚Evidenzbasierung' oder ‚Qualitätsmanagement' einher. Und sofern viele Versicherer profitorientierte Unternehmen sind, entscheiden sie auf der Basis von Profitorientierung auch darüber, welche Therapien angeboten werden und in welcher Länge – was wiederum bestimmte Verfahren (allen voran die kognitiv-behavioralen) gegenüber anderen (solchen, die weniger standardisierbar sind oder längere Behandlungszeiten aufweisen) in Führung bringt. *Managed care* bedeutet eben in erster Linie ein Management des Zugangs zu Behandlungsleistungen, das an Kostenreduktion orientiert ist.

4   Medizinalisierung und Bürokratisierung

Für die praktizierenden Therapeut:innen ergibt sich aus dieser Allianz mit dem Versicherungswesen vor allem eine Aufblähung administrativer Aufgaben: Dokumentations-, Berichts- sowie eigene Versicherungs- und Fortbildungspflichten nehmen zu, werden im Detail (z. B. Höhe der von der Pflichtversicherung gedeckten Schadenssumme, Ausmaß der jährlich zu absolvierenden Fortbildungsstunden) vorgeschrieben und als ‚Qualitätsmanagement' bezeichneten Kontrollprozeduren zugänglich (Kirkcaldy et al. in Vorbereitung). Umgekehrt geht diese Einhegung in den Logos der Medizinalisierung, Bürokratisierung und Ökonomisierung mit einer fortschreitenden Abblendung von nicht in einem medizinischen Sinn kurativen, d. h. nicht an der Behandlung ‚krankheitswertiger Störungen' orientierten Aspekten von Psychotherapie einher. Für die Vermittlung von persönlicher Orientierung und Lebensphilosophie, für unverzweckte Selbstreflexion, für Persönlichkeitsentfaltung, *consciousness raising* oder gar spirituelle Entwicklung ist daher heute kaum mehr Platz in der offiziellen Psychotherapie. Insbesondere für in spirituellen Belangen Hellhörige ist sie – ganz im Gegensatz zur Situation um die Mitte des 20. Jahrhunderts (man denke nur an Figuren wie Jung oder Rogers) – in vielen westlichen Ländern heute ein weitgehend versiegeltes Terrain.

5   Neoliberale Mobilisierung

In den sich ausdifferenzierenden Gesellschaften sind für die Psychotherapie noch weitere neue Mitspieler auf den Plan getreten, mit denen sie sich arrangieren muss: Nahezu überall haben die Gesetze nach der Psychotherapie gegriffen; nahezu überall ist sie engmaschig berufsständisch organisiert, an Politik und Verwaltung über Institutionen wie

Psychotherapiebeiräte oder -kammern angebunden und entsprechend mobilisier- und kontrollierbar. Es hat dabei ganz den Anschein, als hätten die Mächte des Bestehenden die emanzipatorisch-gesellschaftspolitischen Anliegen und Verheißungen, die noch für große Teile der Psychotherapie in den ‚wilden' 1960er- und 1970er-Jahren, den Jahren des sog. ‚Psycho-Booms', kennzeichnend waren, weitgehend wieder eingefangen und derartige mit der Psychotherapie verbundene Verheißungen ‚zurückgeschluckt' bzw. umkodiert, um sie zur eigenen Steigerung zu verwenden. In ihren staatlich approbierten Formen ist Psychotherapie heute jedenfalls mehr oder weniger Bestandteil der neoliberalen Gouvernementalität (Foucault z. B. 2004), d. h. der Art und Weise, wie zeitgenössische Gesellschaften regiert werden, indem nämlich die Selbstführung der Subjekte regiert wird (Bröckling et al. 2000). ‚Psycho-Expert:innen' spielen bei dieser Verschränkung von Herrschafts- und Selbsttechniken eine zentrale Rolle, insofern sie vermitteln, wie das ‚richtige', das ‚gesunde', und das heißt heute: das sich selbst steigernde Leben geführt werden soll (Rose, 1989, 1998). Denn nur auf diese Weise, d. h. orientiert an einem von staatlichem Einfluss vermeintlich freien, nicht offensichtlich ideologisch gestützten Wissen, können unsere privaten Sphären, auf die doch keine öffentliche Macht mehr ausgeübt werden soll, dennoch im Sinn der Weltlage reg(ul)iert werden.

Der Druck, der diesbezüglich heute auf der Psychotherapie lastet, kommt nicht zuletzt aus jenem alles durchdringenden Selbstoptimierungsimperativ (Sieben et al. 2012; Straub 2013), der die spätkapitalistischen Gesellschaften erfasst hat. Mehr denn je arbeiten von Gesetzen und Krankenkassen ‚gezähmte' Psychotherapeut:innen dieser Tage jenen institutionellen Gestellen und jenen sozio-ökonomischen Verhältnissen zu bzw. assimilieren sich mit diesen, die mit für das allgemeine *Unbehagen in der Kultur* verantwortlich sind. Dann nämlich, wenn sie lediglich mithelfen, diese Verhältnisse so in Formen von Subjektivierung zu transponieren, dass die derart behandelten Subjekte sich bei seelischen Irritationen in den Weltlauf nur wieder schnell und geräuschlos einfügen wollen und eingefügt werden – bloß flexibler, resilienter und zur weiteren Steigerung brauchbarer als zuvor (Slunecko 2017; Meister und Slunecko 2021).

6   Digitalisierung

Die neoliberale Mobilisierung der Psychotherapie reitet auf der wohl mächtigsten kulturellen Welle der Gegenwart, ohne deren Reflexion eine kulturpsychologische Betrachtung nicht vollständig sein kann: die Digitalisierung. Und ebenso wie das in anderen Bereichen des Gesundheitswesens oder an den Universitäten der Fall gewesen ist, konnten sich die in den letzten Absätzen für die Psychotherapie skizzierten Entwicklungen nur im Verein mit den neuen Optionen des Digitalen durchsetzen bzw. haben sich dadurch potenziert, insbesondere durch die gesteigerten Möglichkeiten des *controllings* (Slunecko im Druck).

Aber auch die eigentliche Handlungspraxis der Psychotherapie ist durch die neuen medialen Möglichkeiten vielfach herausgefordert: von der therapeutischen Ausbildung, über die Vermittlung therapeutischer Angebote inkl. deren versicherungstechnischer Abwicklung qua Online-Plattformen, über therapeutische Online-Programme, die z. T. ganz ohne menschliche Therapeut:innen auskommen oder nur mehr ‚Cockpit-Funktionen' für diese vorsehen (um ggf. Ergebnisse von Online-Übungen in eine traditionelle, wenn auch digital vermittelte Face-to-Face-Psychotherapie zu integrieren), bis hin zur Psychotherapie mit rein künstlicher Intelligenz gerät das Handlungsfeld Psychotherapie mehr und mehr in den Sog von Verwertungs- und Verrechnungslogiken, deren Zugriff es sich außerhalb des Digitalen noch halbwegs hatte widersetzen können. Insbesondere wird es im Rahmen solcher Applikationen mit den Mikrodispositiven der neuen Medien verschaltet, allen voran mit der Praxis des *self-trackings* (Wiedemann 2019) eigener Befindlichkeiten und Aktivitäten, eine Verschaltung, die massiv in die Selbstverhältnisse eingreift und diese in einer für neoliberale Reg(ul)ierung passenden Weise – in Richtung auf Selbstvergegenständlichung und Selbstquantifizierung – moduliert. Versicherungen, (Pharma-)Konzerne und *start-ups* haben das Potenzial derartiger Optionen erkannt, das nicht zuletzt darin besteht, (Meta-)Daten der Nutzer:innen (die diese per *tracking*-Funktionen zu einem guten Teil selbst erzeugen) z. B. für Werbe- oder anderweitige Verwertungszwecke im Überwachungskapitalismus (Zuboff 2018) zu erschließen.

Dass die hier vorgetragenen Überlegungen in eine derart kritische Perspektive münden, soll nicht in Abrede stellen, dass Psychotherapie für viele Menschen eine höchst wertvolle, freisetzende, heilende Erfahrung war und immer noch sein kann. Gerade deswegen ist angesichts einer kulturellen Großwetterlage, in der sie zunehmend in den Sog eines umfassenden digital vermittelten Optimierungs- und Überwachungsimperativs geraten ist, eine solch kritisch-reflexive Perspektive wesentlich. Um Foucault zu paraphrasieren, geht es dieser Kritik darum, die Kunst und die Möglichkeit offen zu halten, nicht so therapiert zu werden.

Literatur

Bröckling, U., Krasmann, S., & Lembke, T. (2000). *Gouvernementalität der Gegenwart*. Frankfurt/ Main: Suhrkamp.

Ellenberger, H. F. (1970). *Die Entdeckung des Unbewußten. Geschichte und Entwicklung der dynamischen Psychiatrie von den Anfängen bis zu Janet, Freud, Adler und Jung*. Zürich: Diogenes.

Foucault, M. (2004). *Geschichte der Gouvernementalität*. Frankfurt/Main: Suhrkamp.

Freud, S. (1926). Die Frage der Laienanalyse. In *Gesammelte Werke XIV* (S. 207–296). Frankfurt/ Main: Fischer.

Jullien, F. (2014). *Vom Intimen. Fern der lärmenden Liebe*. Wien: Turia + Kant.

Kirkcaldy, B., Fatemi, S. M., & Athanasou, J. (in Vorbereitung) Does psychotherapy need therapy. A systematic critique. In B. Kirkcaldy (Hrsg.), *The art and science of health care* (2nd revised edition). Cambridge, MA: Hogrefe Publishing.

Meister, M., & Slunecko, T. (2021). Digitale Dispositive psychischer Gesundheit. Eine Analyse der Resilienz-App ‚SuperBetter‘. *ZQF – Zeitschrift für Qualitative Forschung, 22*(2), 242–265.

Norcross, J. C., & Goldfried, M. R. (2019). *Handbook of psychotherapy integration* (3rd edition). Oxford: Oxford University Press.

Rose, N. (1989). *Governing the soul. The shaping of the private self.* London: Routledge.

Rose, N. (1998). *Inventing our selves. Psychology, power and personhood.* Cambridge, MA: Cambridge University Press.

Schmidbauer, W. (2012). *Die Geschichte der Psychotherapie: Von der Magie zur Wissenschaft.* München: Herbig.

Sieben, A., Sabisch-Fechtelpeter, K., & Straub, J. (2012). *Menschen machen. Die hellen und dunklen Seiten humanwissenschaftlicher Optimierungsprogramme.* Bielefeld: transcript.

Slunecko, T. (2017). Psychotherapie – eine Lagebestimmung. In T. Slunecko (Hrsg.), *Psychotherapie. Eine Einführung* (S. 11–32). Wien: facultas UTB.

Slunecko, T. (im Druck). Gegen die Akademisierung von Psychotherapie aus dem Geist der Klinischen Psychologie. In W. Datler, A. Drossos, E. Gornik & C. Korunka (Hrsg.), *Akademisierung der Psychotherapie. Aktuelle Entwicklungen, historische Annäherungen und internationale Perspektiven.* Wien: Facultas.

Straub, J. (2013). Selbstoptimierung im Zeichen der „Auteronomie". Paradoxe Strukturen der normierten Selbststeigerung: von der „therapeutischen Kultur" zur „Optimierungskultur". *Psychotherapie & Sozialwissenschaft, 15*(2), 5–38.

Wedding, D., & Corsini, R. (2018). *Current psychotherapies* (11th edition). Boston, MA: Cengage Learning.

Wiedemann, L. (2019). *Self-Tracking. Vermessungspraktiken im Kontext von Quantified Self und Diabetes.* Wiesbaden: Springer VS.

Zaretsky, E. (2006). *Freuds Jahrhundert. Die Geschichte der Psychoanalyse.* Wien: Zsolnay.

Zuboff, S. (2018). *Das Zeitalter des Überwachungskapitalismus.* Frankfurt/Main: Campus.

Krankheit und Gesundheit

Uwe Wolfradt

Zusammenfassung

Krankheit genauso wie Gesundheit sind konzeptuell stark von kulturellen Über-zeugungen und Werten geprägt. Die Art und Weise, wie Krankheiten über bestimmte Kriterien in internationalen Diagnose-Systemen aufgenommen werden, ist von kulturell entstandenen Regeln der Akteure der Gesundheitssysteme bestimmt. Neben den medizinisch-organischen Symptomen spielt das subjektive Bewusstsein, was für gesund und krank gehalten wird, eine bedeutsame Rolle. Die Bedeutung von Erleben und Verhalten bezüglich Krankheit und Gesundheit ist von kulturellen Repräsentationen geformt, die in der kulturellen Gemeinschaft durch Sozialisations-erfahrungen vermittelt werden. Krankheit und Gesundheit sind damit soziokulturelle Konstrukte. An Beispielen kulturspezifischer Störungen wie der ‚Arktischen Hysterie‘ *(pibloktoq)* der Inuit und sozialer Ängstlichkeit *(taijin kyofusho)* in Japan wird der problembehaftete Einfluss von westlichen Krankheitskonzepten auf indigene Reaktionsformen durch neue herausfordernde Stressbedingungen dargestellt.

Schlüsselwörter

Krankheit · Gesundheit · Kultur · Hysterie · Ängstlichkeit · Ätiologie

U. Wolfradt (✉)
Martin-Luther-Universität Halle-Wittenberg, Halle, Deutschland
E-Mail: uwe.wolfradt@psych.uni-halle.de

U. Wolfradt et al. (Hrsg.), *Kulturpsychologie,*
https://doi.org/10.1007/978-3-658-37918-6_36

1   Einleitung: Gegenstandsbereich und Ausgangslage

Krankheit und Gesundheit sind im hohen Maße durch kulturelle Werte und Konventionen bestimmt. Welche und wie viele Symptome einer psychischen oder organischen Störung eine erhebliche Einschränkung bedeuten und über welchen Zeitraum ihnen ein Krankheitswert zugesprochen wird, unterliegt Konventionen von Mediziner:innen verschiedener Kulturen. In der *International Statistical Classification of Diseases and Related Health Problems* (ICD) wird eine internationale Zu- bzw. Einordnung der Krankheiten vorgenommen, die weltweit Anwendung finden soll. Hierbei tauchen neue Krankheitsbilder auf (z. B. Erkrankungen des Immunsystems), andere wurden aufgrund des soziokulturellen Wertewandels herausgenommen (z. B. 1992 Homosexualität als psychische Erkrankung). Ebenso werden aus einer kulturrelativistischen Perspektive besondere Störungsbilder als kulturgebundene Syndrome oder kulturspezifische Störungen im *Diagnostic and Statistical Manual of Mental Disorder* (DSM) der amerikanischen Psychiater:innen wie auch im ICD eingeordnet, d. h. sie manifestieren sich in einem spezifischen kulturellen Kontext und unterscheiden sich in Symptomatik und Erscheinungsbild von den allgemeinen psychischen Krankheitsbildern (Paniagua 2018). Derartige Störungen können durch kulturspezifische Stressbedingungen, wie Familienbräuche und -strukturen (z. B. enge soziale Beziehungen mit hoher Normkontrolle), ökologische Bedingungen (z. B. Einsamkeit in menschenleeren Landschaften) sowie hohen sozialen Erwartungen (z. B. Leistungen für die Familie zu erfüllen) bedingt sein und bestimmen, ob durch den Stress hervorgerufenen Gefühle gezeigt oder unterdrückt werden (Quekelberghe 1991). Heim und Maercker (2017) weisen bei dem in Südamerika auftretenden kulturgebundenen Syndrom *ataque de nervios* auf das Problem der diagnostischen Zuordnung hin. *Ataque de nervios* – ein intensiver Gefühlszustand, der sich durch negative Emotionen, starke Körperempfindungen (wie Zittern und Brustschmerzen), unkontrolliertes Verhalten in Form von Fremd- und Selbstaggressionen sowie veränderte Bewusstseinszustände mit Amnesien äußert, zeigt auch eine hohe Affinität zu Panikattacken und dissoziativen Störungen (siehe zum Einfluss der Kultur auf Dissoziation Wolfradt 2013).

Den Begriff *Gesundheit* definiert die Weltgesundheitsorganisation (WHO) in ihrer Satzung folgendermaßen: „[E]in Zustand vollständigen körperlichen, seelischen und sozialen Wohlbefindens und nicht nur das Freisein von Krankheit oder Gebrechen" (Nordenfelt 2007). Damit wird das subjektive Wohlbefinden für Gesundheit wie auch für Krankheit zentral. Die WHO hat es allerdings lange versäumt, den Fokus von Krankheit und Mortalität auf Gesundheit und Wohlbefinden zu lenken und sich zu fragen, wie Wohlbefinden erfasst und dokumentiert werden soll (Nordenfelt 2007).

Gesundheit wie auch Krankheit sind von normativen Überlegungen bestimmt: Hinsichtlich der Unterscheidung zwischen ‚psychisch normales' versus ‚psychisch gestörtes' Verhalten, also psychiatrischen Erkrankungen, unterscheidet Hofstätter (1957) folgende Normen: 1) die Ideale Norm: derjenige ist normal, der ohne Beschwerden lebt, 2) die

Soziale Norm: derjenige ist normal, der lebt, wie es die Gesellschaft von ihm erwartet, 3) die Statistische Norm: derjenige ist normal, welcher der Mehrheit aller Personen angehört und 4) die Funktionelle Norm: derjenige ist normal, der seine Aufgaben erfüllen kann. In der englischen Sprache wird bezüglich Krankheit zwischen einer biomedizinischen Perspektive als *disease*, die die biologische und physiologische Fehlfunktion widerspiegelt, und einer soziokulturellen Perspektive als *illness*, die die subjektive Wahrnehmung bzw. das Erleben und das kulturelle Verständnis der physiologischen Erkrankung (von *disease*) ausdrückt, unterschieden (Susser 1973). Zusätzlich steht *sickness* für die sozialen Folgen der Erkrankung (zum Überblick, Morgenroth 2019).

Wie stark kulturelle Normen und Werte die Erscheinung und die Interpretation von Erkrankungen bestimmen, wird an psychischen Erkrankungen wie den Essstörungen deutlich: Westliche Schlankheitsideale für Frauen, vermittelt über globale Medien (Werbung, Filme), führen weltweit zu obsessivem Diätverhalten, das sich in einer gefährlichen Magersucht *(Anorexia nervosa)* manifestieren kann (MacLachlan 1997). Die weltweit höchste Rate an *Diabetes mellitus* weist die kleine mikronesische Insel Nauru auf, die nach ihrer Unabhängigkeit 1968 durch den Phosphat-Abbau ein Wirtschaftswunder erlebte. Bei den Bewohnern Naurus führte dieser Wohlstand zu einer Abkehr von ihrer traditionellen Lebensweise. Stattdessen wurde eine importierte hochkalorisch verarbeitete Nahrung nach westlichem Modell (wie fett- und zuckerhaltige Getränke und Speisen) konsumiert. Übergewicht, körperliche Untätigkeit und eine geschwächte Glukosetoleranz waren die unmittelbare Folge. Seit dem Ende des Phosphatabbaus nimmt auch die Prävalenz von Diabetesfällen deutlich ab, da die wirtschaftlichen Voraussetzungen für einen westlichen Lebensstil nicht mehr gegeben sind (Khambalia et al. 2011).

2 Grundlagen: Historische und theoretische Einordnung

Eine Klinische oder Medizinische Kulturpsychologie hat sich bisher nur in einem geringen Maße neben dem Mainstream der naturwissenschaftlich-dominierten Klinischen Psychologie etablieren können. Ryder und Chentsova-Dutton (2015) vertreten für mentale Erkrankungen eine *cultural-clinical psychology*, deren Ausgangspunkt kulturelle Repräsentationen sind, die als Schemata oder Skripte bestimmen, wie die Aufmerksamkeit auf wichtige Ereignisse gelenkt, Ereignisse im Gedächtnis abgespeichert und erinnert werden. Derartige kulturelle Repräsentationen werden in der Sozialisation (oder Erziehung) oder durch äußere soziale Ereignisse (wie Wertewandel durch kulturelle Einflüsse) vermittelt. Sie bestimmen die Art der Wahrnehmung und die Interpretation von negativen stressvollen Ereignissen, welche mentale Erkrankungen auslösen können. Hierzu stellen sie weitere Faktoren wie die Glaubwürdigkeit der Quelle und die psychologische Beeinflussbarkeit heraus: „Like most cultural representations, scripts of distress differ in their stability, popularity, and ability to spread in a given cultural-historical marketplace of ideas. Successful propagation of an idea depends on the credibility and prestige of the source (e.g., a respected healer) and the psychological ‚susceptibility' of the people who learn these ideas and pass them on" (S. 406). Neben kulturellen Repräsentationen spielen individuelle Unterschiede, wie bestimmte Persönlichkeitsmerkmale (z. B. Neurotizismus oder Ängstlichkeit), eine wichtige Rolle bei der Wahrnehmung und Interpretation von Krankheitssymptomen. So lernen Kinder früh, eine traurige Stimmung mit bestimmten negativen Gedanken zu assoziieren. Krankheitssymptome sind daher sowohl in kulturelle Kontexte eingebettet als auch somatisch auf einer körperlichen Ebene erfahrbar. In einer Studie von Levesque und Li (2014) wurden drei kanadische Gruppen aus dem englischen und dem französischen Teil Kanadas sowie Indigene Kanadas *(first nation)* bezüglich ihrer Konzeption von Gesundheit sowie Gesundheitspraktiken interviewt bzw. befragt. Die Ergebnisse zeigen, dass im Gegensatz zu den europäisch-stämmigen Kanadier:innen die indigenen Befragten bei Gesundheit immer die Perspektive ihrer Familie, Gemeinschaft oder Umwelt miteinbezogen. Dies betraf ebenso das Gesundheitsverhalten und die Praktiken: Die Förderung von Gesundheit ist für die Indigenen Teil der Tradition der kulturellen Gemeinschaft und keine individuelle Angelegenheit. Die indigene Gruppe räumte der geistigen Gesundheit gegenüber der körperlichen Gesundheit auch eine höhere Bedeutung ein als die europäisch-stämmigen Kanadier:innen. Zudem begreifen die europäisch-stämmigen Kanadier:innen Gesundheit als einen zu erreichenden Endzustand, während die Indigenen Gesundheit als einen kontinuierlichen Prozess auffassen. Die drei Gruppen wiesen aber auch Gemeinsamkeiten hinsichtlich der Wichtigkeit von Gesundheitsdefinitionen bezüglich der folgenden Merkmale auf: negative Gesundheit, Funktionalität, Wohlbefinden, mentale und soziale Gesundheit sowie den Gesundheitspraktiken (Aufsuchen von Ärzten, Anpassen der Praktiken an Bedürfnisse, ein ausgeglichenes Leben führen) auf.

Wichtige Impulse für eine Klinische Kulturpsychologie können durch eine interdisziplinäre Zusammenarbeit mit der Medizinethnologie *(medical anthropology)* und der Medizinsoziologie *(medical sociology)* ausgehen. In der Medizinsoziologie wird eine sozialkonstruktivistische Perspektive vertreten, welche betont, dass kulturelle Bedeutungen von Krankheiten das Ergebnis des sozialen Einflusses sind, wie Krankheiten innerhalb einer Gesellschaft erfahren und interpretiert werden. Krankheiten und ihre kulturelle Bedeutung als auch medizinisches Wissen über Krankheiten sind daher sozial konstruiert, d. h. die Auffassung und das Verständnis von Krankheiten der Patient:innen sind durch gesellschaftlich vermittelte Normen sowie soziale Akteure (wie z. B. Ärzteschaft, Pharma-Industrie, politisches Gesundheitssystem) geformt (Conrad und Barker 2010) (Kap. Sozialkonstruktivistische Perspektive).

Die Medizingeschichte von Krankheit und Gesundheit ist aus einer vornehmlich westlich-abendländischen Perspektive geschrieben. Bereits in der Antike wurde dem Körper vor der Seele Vorrang eingeräumt: *mens sana in corpore sano* (ein gesunder Geist in einem gesunden Körper) galt als das Credo der antiken Medizin. Der römische Arzt Claudius Galenus von Pergamon (129–199 n. Chr.) wollte mentale

Eigenschaften durch das Mischungsverhältnis von Körpersäften erklären. Galenus verstand Gesundheit und Krankheit nicht als Gegensätze, sondern nahm ein Kontinuum zwischen optimaler Gesundheit/milder Krankheit und kranker Gesundheit/ernster Krankheit mit einem neutralen Zustand dazwischen an. So kann ein/e Patient:in weder gesund noch krank sein, wenn er/sie sich zwischen den beiden Zuständen befand. Ein weiterer Gedanke von Galenus war die Idee von Gesundheit als Zustand der Balance: Ein gesunder Körper verfügt über eine Homöostase von primären Eigenschaften (nass, trocken, kalt, heiß). In der indischen Ayurvedalehre führt ebenfalls ein fehlendes Gleichgewicht zwischen den Körperflüssigkeiten im Atem *(vata),* in der Galle *(pitta)* und Schleim *(kapha)* zu gesundheitlichen Störungen. Shweder (2008) verdeutlicht für Indien, dass eine Störung dieses Gleichgewichts durch karmische Schuld oder eine Pflichtverletzung in einem früheren Leben herrühren kann, indem ein böser Geist Besitz vom Körper ergreift und eine Krankheit verursacht. Im chinesischen Daoismus, der in die Traditionelle Chinesische Medizin (TCM) Eingang gefunden hat, findet man ebenso den energetischen Gleichgewichtsgedanken: *yin* (die weibliche Energie) muss in einem ausbalancierten Verhältnis zu *yang* (männliche Energie) stehen. Diese Balance-Konzepte für Gesundheit und Krankheit waren auch in Europa bis ins Mittelalter in der Medizin vorherrschend. Mit der cartesianischen Trennung von Leib und Seele setzte sich eine klare Gegenüberstellung von Gesundheit und Krankheit durch, die ihren Niederschlag in der funktionalistischen Perspektive fand, Gesundheit sei die Abwesenheit von Krankheit. Aktuelle Auffassungen von Gesundheit betonen die Bedeutung von subjektivem Wohlbefinden, die individuell davon abhängt, welche Erfahrungen von Erkrankung (Schmerzen) und Gesundung man individuell gemacht hat. Gegen die WHO-Definition von Gesundheit als Wohlbefinden wurde die Kritik vorgebracht, Menschen, die in ihrem Leben nicht erfolgreich seien, lebten automatisch ungesund (vgl. zur Geschichte und zur Diskussion Nordenfelt 2007).

Das Interesse am Einfluss der Kultur auf Gesundheit und Krankheit ist mit dem Mediziner Rudolf Virchow (1821–1902) verbunden, der den Einfluss von sozialer Armut auf Erkrankungen zu seinem Thema machte. Sein Schüler Georg Groddeck (1866–1934) fand als erster zur Unterscheidung zwischen Krankheit *(disease)* und Erkrankung *(falling ill).* Emil Kraepelin (1856–1926) kann als Begründer der Transkulturellen Kulturpsychologie angesehen werden – er untersuchte 1904 auf Java 225 Einheimische und Patient:innen des niederländischen Kolonialdienstes bezüglich verschiedener psychischer Störungen. Damit versuchte er herauszufinden, „ob gewisse, bei uns geradezu den Hauptinhalt unserer Anstalten bildende Formen des Irrsinns auch unter ganz anderen Lebensbedingungen und bei ganz anderen Volksstämmen in gleicher Weise und in gleicher Häufigkeit auftreten wie bei uns" (Bendick 2017, S. 109). Kraepelin wollte ein tieferes Verständnis der Eigenart eines Volkes gewinnen, indem er den Einfluss kultureller Faktoren auf das klinische Erscheinungsbild psychischer Störungen postulierte.

Kulturelle Normen und Werte haben nach Kleinman (1978) einen Einfluss auf die Erklärungsmodelle von Krankheit und Gesundheit, d. h. auf die Überzeugungen über mögliche Ursachen von Krankheiten (Ätiologie), die Entstehung und Entwicklung von Symptomen (Pathogenese), die Pathophysiologie der Erkrankung, die Schwere der Erkrankung und mögliche Behandlungen. Gesundheit, Krankheit und Heilung lassen sich daher als kulturelle Bedeutungssysteme verstehen, welche wie auch Verwandt-schafts- oder Religionssysteme die Welt ordnen.

Zur Ätiologie von Erkrankungen werden zwischen 1) ‚vorgeburtlich angelegten Krankheitsursachen' wie Karma, Erbsünde, Sterne – Kosmische Prinzipien, Vererbung und Schicksal, 2) ‚im Laufe des Lebens erworbene, von außen betreffende Krank-heitsursachen' wie Aggression, Krieg, Strafe von Göttern und Geistern (Besessenheit), böswillige Menschen – Hexen mit Schadzauber, schädigende Lebens- und Umwelt-bedingungen, Infektionen, Nebenwirkungen von Medikamenten, der böse Blick sowie 3) ‚aus dem Innern wirkende Krankheitsursachen' wie Altern, Träume als Vorzeichen, psychosoziale Probleme, Stress, falsche Lebensweise, Tabus – unreines Verhalten, Ver-lust der Seele und Verlust von Gleichgewicht – unterschieden (Keller 1995). Hierbei ist hervorzuheben, dass Menschen in nicht-westlichen Kulturen keine strikte Trennung in psychische und somatische Erkrankungen vornehmen, da Leib und Seele in einem Wechselverhältnis zueinander betrachtet werden.

3   Beispiele: Arktische Hysterie *(pibloktoq)* bei den Inuit und eine Form von sozialer Ängstlichkeit *(taijin kyofusho)* in Japan

Als kulturspezifische Störungen sollen nun zwei Beispiele vorgestellt werden, die den Einfluss kultureller Erwartungen aus westlicher und indigener Perspektive zum Ausdruck bringen:

Die ‚arktische Hysterie' *(pibloktoq)* bei den Inuit (Übersetzung: Menschen) im zirkum-polaren Bereich (vorwiegend die arktischen Gebiete Nord-West-Grönlands betreffend) zeichnet sich durch folgende Symptome aus: 1) anfallartiges ganzes oder teilweises Auskleiden, 2) Nachahmung tierischer Laute und Glossolalie, 3) Umher-rennen in einem agitierten Bewusstseinszustand durch die Tundra, 4) sich in den Schnee werfen und rollen, ins Eiswasser springen, 5) ‚unsinnige' Handlungen durchführen, wie z. B. das Horten alter, unbedeutender Gegenstände, 6) Gegenstände um sich werfen und 7) verschiedene Gesichts- und pantomimische Bewegungen (vgl. Quekelberghe 1991, S. 119). Diese Zustände können von wenigen Minuten bis zu mehreren Stunden andauern. Die Anfälle kündigen sich zumeist durch Depressivität und Verwirrung an. Nach der *pibloktoq*-Episode ist der/die Betroffene erschöpft und fällt in einen tiefen Schlafzustand. Beim Aufwachen ist der/die Betroffene in einem normalen Bewusstseins-zustand und kann sich an den vorherigen Zustand nicht erinnern. Es waren amerikanische und dänische Beobachter, die zu Beginn des 20. Jahrhunderts erstmals von *pibloktoq* berichteten (zur Darstellung der Entstehung des Konzeptes Dyck 1995). Der Begriff *pibloktoq* wurde erstmal 1894 von Josephine Diebitsch-Peary (1863–1955) und ihrem

Mann, dem Entdecker des Nordpols Robert E. Peary (1856–1920), basierend auf einem
Fall einer Inuit-Frau eingeführt und in Zusammenhang mit Hysterie gestellt. Der Psychoanalytiker Abraham A. Brill (1874–1948) übernahm die These von Peary und sah in
pibloktoq eine Form der weiblichen Hysterie und regressivem kindlichen Verhalten, da
sie vornehmlich bei Inuit-Frauen auftrat. Diese Charakterisierung entsprach seinerzeit der im Westen weitverbreiteten evolutionistischen Perspektive, indigene Völker als
‚primitiv' zu klassifizieren. Der schwedische Ethnologe Åke Ohlmarks (1911–1984) sah
den weit verbreiteten Schamanismus in der arktischen Hysterie begründet und trug so zu
dem Vorurteil bei, bei Schamanen würde es sich um ‚verrückte Heiler' handeln. Dieser
Pathologisierung von fremden unverstandenen Verhaltensweisen einer indigenen Gruppe
entgegnete man mit Einwänden, die weniger in den Frauen als in den spezifischen ökologischen und kulturellen Bedingungen der Inuit begründet lagen. Die harte Lebenswelt
der Arktis von extremer Kälte und starker Dunkelheit im Winter wurden zu Faktoren, die
die als ‚hysterisch' diagnostizierten Verhaltensweisen erklären konnten. Insbesondere
der harte Bruch zwischen dem kurzen lichtintensiven Sommer und dem langen dunklen
Winter galten als eine Ursache für *pibloktoq*. Als verstärkende Bedingungen galten
zudem Einsamkeit und Stille, sodass jede Veränderung in der Umwelt einen plötzlichen
Schock auslösen konnte. Neben diesen Bedingungen wurde das veränderte Kalzium-
Niveau durch die fortwährende zirkadiane Desynchronisation wie auch ein Mangel
in der Ernährung (z. B. Fehlen von Vitamin D3 oder erhöhtes Niveau an Vitamin A)
angenommen. Auch die Möglichkeit einer genetischen Disposition zur Epilepsie bei
pibloktoq wurde zeitweise diskutiert. Eine andere Perspektive auf *pibloktoq* ergibt sich,
wenn man die Perspektive der Inuit berücksichtigt: Das genaue Wort *pibloktoq* findet sich
nicht in der Inuit-Sprache, jedoch stehen ähnliche Begriffe für Entkräftigung, Hysterie
und Verrücktsein und lassen sich daher nicht eindeutig zuordnen. Das Auftreten von
pibloktoq hängt wohl aber stärker mit spezifischen Stressbedingungen der Inuit, wie
dem Verlassen der Familie im Herbst, um auf die Jagd zu gehen, oder den heutigen
Anforderungen eines westlichen Lebensstils, der auch das Verlassen der Inuit-Siedlungen
für Arbeit außerhalb erfordert, zusammen. Dyck (1995) fasst zusammen: „,[P]ibloktoq'
did not constitute a specific disorder but rather encompassed a multiplicity of behaviors
associated with Inuhuit psychological stress. These apparently included reactions of acute
anxiety, symptoms of physical (and perhaps feigned) illness, expressions of resistance
to patriarchy and possibly sexual coercion, and shamanistic practice" (S. 23). Das Beispiel von *pibloktoq* zeigt deutlich, wie aus einer ethnozentrischen Haltung der Ende des
19. Jahrhunderts in Europa vorherrschende Begriff ‚Hysterie' für weibliche Verrücktheit
unkritisch auf das Verhalten von Indigenen übertragen wurde und so zur Pathologisierung
und Abwertung ‚fremder' Erlebensformen beigetragen hat.

Das zweite Beispiel bezieht sich auf ein kulturgebundenes Syndrom in Japan:
Die Angst vor Menschen *(taijin kyofusho)* (TKS). *Taijin* bedeutet im Japanischen
‚interpersonal'; *kyofu* steht für ‚Angst' und *sho* für ‚Symptom'; oftmals werden die
Synonyme ‚Sozialphobie' oder ‚Anthropophobie' verwendet. Historisch ist TKS aus
dem westlichen Neurasthenie-Konzept hervorgegangen, da dieses Konzept ein adäquates

Interpretationskonstrukt für psychosomatische Reaktionsweisen auf soziokulturelle Veränderungen in Japan Anfang des 20. Jahrhunderts darstelle. Nach der Öffnung Japans in der Mejii-Periode (1868–1912) entwickelte sich das Land rasant zu einem modernen Industriestaat – die traditionelle Gesellschaft Japans veränderte sich und die sozialen Anforderungen an jede/n Einzelne/n erhöhten sich, wie auch in Europa und den USA (Wolfradt 2001). Neurasthenie als eine körperliche und seelische Erschöpfung, die sich in der französischen und angloamerikanischen Psychiatrie etablierte, wurde als eine Diagnose für die zunehmenden somatischen Probleme in der Anpassung an die Belastungen der neuen Zeit verwendet. Japanische Psychiater, die in Frankreich studierten, führten das Konzept der Neurasthenie in Japan ein, dessen Ursache in einer körperlich-konstitutionellen Schwäche liegt. Anfang der 1920er Jahren kam das *shinkeishitsu*-Konzept als eine indigene Konzeption der Neurasthenie in der japanischen Kultur auf. *Shinkeishitsu* kann als ein physiologischer Erschöpfungszustand verstanden werden, wie er sich seinerzeit an den psychodynamischen Konzeptionen (z. B. der Psychoanalyse) orientierte. Derartige hypersensitive Reaktionen des Nervensystems gegenüber Stimulationen werden auf eine genetische Konstitution sowie negative Einflüsse der Erziehung während der Kindheit zurückgeführt. Die hohen Rollenerwartungen an männliche Jugendliche in Japan, die am Ende der Pubertät sehr starkem Stress ausgesetzt sind (z. B. gute Schulleistungen für Berufschancen zu erbringen), führt zu einem überproportionalen Anteil von jungen Männern mit TKS. TKS ist oft die psychische Folge einer derartigen subjektiv wahrgenommenen Überforderung. Es war der japanische Mediziner Masatake Morita (1874–1938), der über die indigene Form der Neurasthenie (*shinkeishitsu*) den Begriff für soziale Ängstlichkeit *taijin kyofusho* einführte (Überblick bei Wolfradt 2001). TKS als ein kulturabhängiges Syndrom zeichnet sich durch folgende Symptome aus: 1) Angst, dass der eigene Blick auf andere unangenehm sein könnte (insbesondere die Blickdauer); 2) Angst zu Erröten (Erythrophobie); 3) Angst, durch Körpergeruch andere zu stören; 4) Angst davor, einen unangenehmen Gesichtsausdruck zu haben (Dysmorphophobie). TKS geht mit einer gesteigerten Aufmerksamkeit für die Handlungen und die Körpersprache anderer einher. Nach Morita führt eine introvertierte Einstellung bei TKS zu einer verstärkten Konzentration auf das eigene Verhalten bzw. körperliche Ausdrucksformen (z. B. Blickverhalten, Körpergeruch etc.). Durch ein zufälliges negatives Ereignis kann nun der/die Ängstliche zu einer negativen Interpretation von interpersonalen Ereignissen (z. B. angenommene Ablehnung) neigen. Die Folge kann ein selbstverstärkender Kreislauf zwischen Empfindung und Aufmerksamkeit sein, der zu einer Furcht vor interpersonalen Situationen und zu einer Sensibilität gegenüber Körperempfindungen führen kann (Wolfradt 2001).

TKS als ein kulturspezifischer Typ der sozialen Ängstlichkeit hat seinen Ursprung in der traditionellen japanischen Kultur, in der bestimmte Verhaltensregeln zwischen öffentlichem Auftreten und privaten (persönlichen) Denkweisen bestehen. TKS ist aus japanischer Perspektive die Folge einer Störung der Balance zwischen außen *(tatemae)* und innen *(honne)* (Wolfradt 2001). *Tatemae* bedeutet die Regulierung des eigenen Verhaltens nach bestimmten Interaktionsregeln (Kontrolle der Gesten, der Bewegungen, des Gesichts und des Redens), um im öffentlichen sozialen Raum Akzeptanz zu finden. *Honne* hingegen steht für die subjektiven Motive und Absichten, die anderen nicht direkt zugänglich sind. Aus *honne* entspringen die inneren Ängste, die in der Verletzung von *tatemae*, z. B. durch Meidung sozialer Situationen, zum Ausdruck kommen (Wolfradt 2001).

4 Fazit

Krankheit und Gesundheit sind Konzepte, deren Bedeutung stets in einem kulturellen Kontext geformt und konstruiert werden. Werte und Normen bestimmten die Einstellung und das Verhalten zu Gesundheit und Krankheit. In nicht-westlichen Ländern wird häufig nicht das biopsychosoziale Modell für die Entstehung von Krankheiten zugrunde gelegt, sondern eher traditionelle Konzepte von Ätiologie (wie z. B. der böse Blick oder Besessenheit), welche mit ihrer kulturspezifischen Metaphorik in den jeweiligen Heilungsprozess integriert sind. Organische und psychische Störungen werden hier nicht deutlich getrennt. Psychische Störungen können zuweilen in traditionellen Kulturen stigmatisiert und Kranke versteckt werden, um die Familienehre zu wahren. Die in der Kultur entstandenen Konzepte von Krankheit und Gesundheit vermitteln Art und Weise, wie Symptome interpretiert und nach außen kommuniziert werden (Morgenroth 2019). Diese Beispiele zeigen, wie stark Kultur unsere Anschauungen von Krankheit und Gesundheit bestimmt. Kulturspezifische Störungen ermöglichen es uns zu verstehen, dass eine Krankheit nicht nur einen medizinisch-organischen Kern hat, sondern ganz entscheidend von den kulturellen Überzeugungen geprägt ist. Eine klinische Kulturpsychologie sollte daher die westliche Schulmedizin als eine weitere kulturspezifische Perspektive auf Krankheit und Gesundheit verstehen, die neben den verschiedenen indigenen Perspektiven gleichwertig besteht. Gesundheit wie Krankheit sollte wie bereits in der Antike sowie in den großen indigenen Medizintraditionen Indiens und Chinas als ein Prozess und nicht als ein End-Zustand verstanden werden. Zudem wird der Heilungsprozess durch Formen ritualisierten Handelns durch kulturelle Überzeugungen und Einstellungen maßgeblich bestimmt.

Literatur

Bendick, C. (2017). Abseits ausgetretener Pfade: Deutsche Mediziner im kolonialen Indonesien. *Aktuelle Dermatologie, 43*(3), 109.

Conrad, P., & Barker, K. K. (2010). The social construction of illness. Key insights and policy implications. *Journal of Health and Social Behavior, 51*(1), 67–79.

Dyck. L. (1995). ‚Pibloktoq' (Arctic hysteria): A construction of European-Inuit relations. *Arctic Anthropology, 32*(2), 1–42.

Heim, E., & Maercker, A. (2017). Kulturelle Anpassung in Diagnostik und Psychotherapie. *Psychotherapeutenjournal, 16*(1), 4–10.

Hofstätter, P. R. (1957). *Psychologie*. Frankfurt/Main: Fischer.

Keller, F. B. (Hrsg.). (1995). *krank warum? Vorstellungen der Völker, Heiler, Mediziner*. Ostfildern: Cantz.

Khambalia, A. et al. (2011). Prevalence and risk factors of diabetes and impaired fasting glucose in Nauru. *BMC Public Health, 11*, 719.

Kleinman, A. (1978). Concepts and a model for the comparison of medical systems as cultural systems. *Social Science & Medicine, 12*, 85–93.

Levesque, A., & Li, H. Z. (2014). The relationship between culture, health conceptions, and health practices: A qualitative-quantitative approach. *Journal of Cross-Cultural Psychology, 45*(4), 628–645.

MacLachlan, M. (1997). *Culture and health*. Chichester, West Sussex: Wiley.

Morgenroth, O. (2019). Krankheitskonzepte und Gesundheitsvorstellungen als Mittler zwischen Kultur, Psyche und Gesundheit. In O. Morgenroth & A. Kindervater (Hrsg.), *Kultur, Psyche und Gesundheit. Psychologie im Kontext der Globalisierung* (S. 59–82). Lengerich: Pabst.

Nordenfelt, L. Y. (2007). The concepts of health and illness. In R. E. Ashcroft, A. Dawson, H. Draper & J. R. McMillan (Hrsg.), *Principles of health care* (S. 537–542). Chichester, West Sussex: Wiley.

Paniagua, F. A. (2018). ICD-10 versus DSM-5 on cultural issues. *Sage Open, 1*, 1–14.

Quekelberghe, R. v. (1991). *Klinische Ethnopsychologie. Einführung in die transkulturelle Psychologie, Psychopathologie und Psychotherapie*. Heidelberg: Asanger.

Ryder, A. G., & Chentsova-Dutton, Y. E. (2015). Cultural-Clinical Psychology. From cultural scripts to contextualized treatments. In L. J. Kirmayer, R. Lemelson & C. A. Cummings (Hrsg.), *Re-Visioning psychiatry. Cultural phenomenology, critical neuroscience, and global mental health* (S. 400–433). New York, NY: Cambridge University Press.

Shweder, R. A. (2008). The cultural psychology of suffering. The many meanings of health in Orissa, India (and elsewhere). *Ethos, 36*(1), 60–77.

Wolfradt, U. (2001). Taijin Kyofusho. Ein japanisches Konzept zwischen Neurasthenie und sozialer Ängstlichkeit. *Zeitschrift für Klinische Psychologie, Psychiatrie und Psychotherapie, 49*(2), 166–184.

Wolfradt, U. (2013). Kultur und dissoziative Prozesse: Eine integrative Perspektive. In U. Wolfradt, G. Heim & P. Fiedler (Hrsg.), *Dissoziation und Kultur. Pierre Janets Beiträge zur modernen Psychiatrie und Psychologie, Band 3* (S. 11–21). Lengerich: Pabst.

Kunst und künstlerisches Handeln

Sebastian Salzmann

Zusammenfassung

Dieser Beitrag stellt das Thema Kunst als Gegenstand der Kulturpsychologie vor. Im Anschluss an eine knappe Darstellung des Phänomenbereichs wird die kulturpsychologische Perspektive auf Kunstwerk, künstlerisches Handeln und ästhetische Erfahrung zunächst in einen disziplinären und wissenschaftshistorischen Zusammenhang eingeordnet. Im darauffolgenden Beispiel steht das künstlerische Handeln im Mittelpunkt. Hierbei wird insbesondere dessen welterschließende und orientierungsstiftende Funktion genauer betrachtet, d. h. die Bedeutung, die dem künstlerischen Handeln für das individuelle Selbst- und Weltverhältnis zukommt. Zugleich wird dabei die Rolle von Kunst für die Gestaltung und Ausweitung des eigenen und geteilten Handlungsfeldes thematisiert.

Schlüsselwörter

Künstlerisches Handeln · Kunstwerk · ästhetisches Objekt · Rezeption · Kontingenzbewältigung

S. Salzmann (✉)
Ruhr-Universität Bochum, Bochum, Deutschland
E-Mail: sebastian.salzmann@rub.de

© Der/die Autor(en), exklusiv lizenziert an Springer Fachmedien Wiesbaden GmbH, ein Teil von Springer Nature 2022
U. Wolfradt et al. (Hrsg.), *Kulturpsychologie*,
https://doi.org/10.1007/978-3-658-37918-6_37

1   Einleitung: Gegenstandsbereich und Ausgangslage

Kunst als integraler Bestandteil der menschlichen Lebenswelt ist für die Kulturpsychologie, der es um die Interpretation und Rekonstruktion individueller Sinngebungen und Bedeutungszuschreibungen in verschiedenen sozialen und kulturellen Kontexten geht (Chakkarath und Straub 2020), von besonderem Interesse. Zugleich lässt sich feststellen, dass das Themengebiet ‚Kunst' im Bereich kulturpsychologischer Forschung vergleichsweise wenig Aufmerksamkeit erfährt. Hier bietet vor allem die Beschäftigung mit Bildern, Bildpraktiken und -rezeption wichtige Anknüpfungspunkte (Köhnen und Plontke 2018, S. 74–75). Eine zentrale Rolle nimmt das Thema Kunst in der Kulturpsychologie Ernst E. Boeschs (1983, 1998, 2005) ein, wobei wichtige Impulse nicht selten den Nachbardisziplinen – etwa der Ethnologie – entstammen. Das Thema ‚Kunst' als Gegenstand der Kulturpsychologie lässt sich in drei (nichtsdestotrotz miteinander verbundene) Phänomen- oder Themenbereiche einteilen (Salzmann 2020, S. 314–315):

A) Kunst bzw. das Kunstwerk als ästhetisches Objekt und kulturelle Objektivation
B) Künstlerisches Handeln als aktives Gestalten und Erschaffen eines Werkes (s. Abschn. 3)
C) Ästhetische Erfahrung und Rezeption

Der Gegenstand ‚Kunst' stellt uns vor verschiedene Herausforderungen. Im Mittelpunkt steht dabei stets der Sinn- und Bedeutungszusammenhang, in den künstlerisches Handeln und ästhetische Erfahrung, die häufig an ein Objekt gebunden sind, eingebunden sind. Die Bedeutung, die das Verzieren, Gestalten und Erschaffen von Gegenständen und Werken in verschiedenen Gesellschaften hat, hat dabei eine subjektive wie auch eine kollektiv bedeutsame Dimension. Die besondere Schwierigkeit liegt in der prinzipiellen ‚Offenheit' des Gegenstandes, die sich in den zahlreichen Varianten künstlerischen Handelns bzw. ästhetischer Erfahrung widerspiegelt. Eine erste Annäherung an die genannten Phänomene bietet der folgende Abschnitt, der die kulturpsychologische Perspektive disziplinär und historisch einzuordnen versucht, um dann auf dieser Grundlage der Bedeutung des Kunsthandelns nachzuspüren.

2   Grundlagen: Historische und theoretische Einordnung

Die Frage nach den Beweggründen künstlerischen Handelns und der Versuch seiner Systematisierung, begleitet die Menschheit ebenso lang wie die Frage nach der Natur ästhetischer Erfahrung. Sei es das Spielen eines Musikinstrumentes, das Schreiben eines Gedichtes oder die Gestaltung eines Bildes – woher rührt dieser Akt der Gestaltung? Und was macht die Besonderheit künstlerischer Erfahrung aus? Diese Frage stellt sich bei den frühen Malereien in der Höhle von Altamira nicht weniger als bei den *performances* bzw. der Aktionskunst der Gegenwart. Sowohl für diejenigen, die an ihrer

Ausführung beteiligt sind, als auch für die Rezipient:innen. Hier schließt sich auch die Frage nach der Besonderheit des Gegenstandes ‚Kunst' für die interpretative, sozial- und kulturwissenschaftliche orientierte Psychologie an.

Diese knappe Darlegung macht bereits deutlich, dass das Thema ‚Kunst' eine ganze Reihe von Disziplinen beschäftigt, die sich auf jeweils unterschiedliche Aspekte fokussieren: so nehmen Kunstsoziologie, Ethnologie, philosophische Ästhetik, Kunstgeschichte oder die historische Anthropologie eine jeweils andere Perspektive ein, wobei Überschneidungen zu den Fragestellungen der Nachbardisziplinen nicht ausgeschlossen sind.

Die kulturpsychologische Auseinandersetzung mit ästhetischen Objekten oder künstlerischem Handeln, wie sie etwa in den Schriften Ernst E. Boeschs (Salzmann 2020) zu finden ist, ist auf das Interesse an der Orientierungsfunktion kultureller Kontexte (und Objektivationen) auf unser Denken, Handeln und Fühlen zurückzuführen. Kultur kann als ein „differenziell bestimmbares, transindividuelles und handlungsleitendes Wissens-, Zeichen- oder Symbolsystem" (Chakkarath und Straub 2020, S. 292) aufgefasst werden, das nicht nur sprachlich strukturiert ist, sondern auch bildhafte Fantasmen und Mythen transportiert, die das künstlerische Handeln oder den ‚Rahmen' ästhetischer Erfahrung betreffen. Die handlungs- und kulturpsychologische Betrachtung des Phänomenbereichs ‚Kunst' hebt sich auch von jener psychologischen Kunstforschung ab, der es im Anschluss an die empirische Ästhetik – von *aísthēsis:* Wahrnehmung – Gustav Fechners vor allem um wahrnehmungspsychologische Fragen ging (zur psychologischen Ästhetik siehe Allesch 2006). Und nicht nur das: So weist etwa Boesch (1983, S. 222) darauf hin, dass viele Psychologien ratlos vor der Kunst stünden, sofern sie „von ‚guter Gestalt' oder von ‚Optimierung des Reizniveaus'" sprächen. Die Kulturpsychologie des künstlerischen Handelns und ästhetischen Erlebens betrachtet nicht zuletzt die Wahrnehmung von Kunstwerken im Zusammenhang mit ihrer subjektiven Bedeutung in einem komplexen, ausdifferenzierten Handlungsfeld. Allein die Wahrnehmung von Kunst *als Kunst* sei dabei nicht zu verallgemeinern, obwohl Kunst (als im weiteren Sinne von reiner Funktionalität unterschiedene ‚verschönernde' Gestaltung) eine anthropologische Konstante darstelle (ebd., S. 223–224). Die Umstände, unter denen der künstlerische Akt und auch seine ‚Produkte' einen bestimmten Sinn oder eine bestimmte Bedeutung entfalten – vom Begriff der Schönheit oder der jeweiligen Kunsttheorie ganz zu schweigen –, sind zudem innerhalb eines kulturellen wie *historischen* Zusammenhangs zu betrachten. Dies ließe sich etwa an der ‚Herausbildung' der modernen (europäischen und nordamerikanischen) Kunst aufzeigen und deren überwiegender Loslösung aus sakralen Kontexten. Die Veränderung des kulturhistorischen Rahmens betrifft nicht nur die individuelle, kulturpsychologisch bedeutsame ‚alltägliche' Deutung oder Wahrnehmung, sie findet auch ihren Eingang in das Werk selbst, das somit zum Dokument historischer und kultureller Transformationsprozesse wird, die Psyche und Kultur gleichermaßen betreffen. Als Beispiel ließe sich hier eine Analyse Max Imdahls (1996) anführen: In seiner Arbeit zum *Gerokreuz* (Ende des 10. Jahrhunderts; Kruzifix, Kölner Dom) kommt er auf jenen ikonographischen Umbruch zu sprechen, in dessen Folge ein verstorbener, menschlicher Jesus die zuvor überwiegend heroischen Darstellungen ablöst (ebd., S. 104–118). Das Bild ist nicht zuletzt im Kontext seiner ursprünglichen Rezeption, d. h. in seiner Wirkung auf die Betrachtenden, zu analysieren wie auch als kulturelle Objektivation und Dokument eines historisch gebundenen Bewusstseins. Als solches steht es für den Eintritt des Heilsgeschehens, welches im Bild des Gekreuzigten in die menschliche Gegenwart eintrete, insofern dieser „doppelt bedeutsam, als leiblich und direkt gegenwärtig, doch zugleich auch als wesenhaft andersartig, sogar als unnahbar" (ebd., S. 120) erscheint. Somit steht das Kruzifix am Beginn eines historischen und kulturellen Wandels in Europa, der schließlich zu jener neuzeitlichen Vorstellung von Subjektivität führen sollte, die mit der Idee des gestalterischen Menschen und dem Konzept der Individualität in Zusammenhang steht. Insbesondere der Fokus auf den Aspekt der Leiblichkeit verweist auf ein historisch und kulturell situiertes Ausdrucksbedürfnis, das sich innerhalb des eigenen Handlungsfeldes artikuliert und dieses dadurch zu erweitern sucht. Somit führt es uns wieder zurück zur Frage nach der wissenschaftlichen Erforschung künstlerischen Handelns.

Vorläufer:innen innerhalb der eigenen Disziplin findet die kulturpsychologische Kunstforschung dahingehend in der Psychoanalyse Sigmund Freuds, dessen Schrift *Der Dichter und das Phantasieren* (2000) von Boesch (1983, S. 227) entsprechend rezipiert wird. Von besonderem Interesse ist hier eine Formulierung Freuds (2000, S. 174): „[J]ede einzelne Phantasie ist eine Wunscherfüllung, eine Korrektur der unbefriedigenden Wirklichkeit." Phantasien – oder Tagträume – seien, so Freud, wie der Traum im Allgemeinen, Erfüllungen unerreichter, verdrängter und unbewusster Wünsche, deren Nichterfüllung das Individuum belaste (ebd., S. 175). Ähnliches ließe sich für die Dichtung sagen, in welcher der Dichter eine von der Wirklichkeit unterschiedene „Phantasiewelt" (ebd., S. 172) erschaffe, in welcher ein verdrängter Wunsch ‚verdichtet' bzw. über kulturell verfügbare, sozial verträglichere Umwege zum Ausdruck komme (ebd., S. 177).

In der *Psychologie der Kunst* (Wygotski 1976) Lew S. Wygotskis, einem der Begründer der kulturhistorischen Schule, kommt der Phantasie bzw. „verstärkte[n] Phantasietätigkeit" (ebd., S. 245) ebenfalls eine wichtige Rolle zu: Als primär geistige Tätigkeit sei diese zentral für die Verarbeitung, Auflösung oder „Vernichtung" (ebd., S. 248) einer von (entgegengesetzten) Affekten ausgelösten Spannung, die durch Form und Inhalt eines Kunstwerkes evoziert würde, und verhindere zugleich deren motorische Entladung. Diese errungene „Einheit von Gefühl und Phantasie" (ebd., S. 251) macht für Wygotski die Eigentümlichkeit der „ästhetische[n] Reaktion" (ebd.) auf Kunstwerke und dessen „kathartische Wirkung" (ebd.) aus. Die Auseinandersetzung mit Kunst sei dabei stets sozial *und* individuell, insofern die Gesellschaft durch die Gegenstände der Kunst „die intimsten und persönlichsten Seiten unseres Wesens in den Umkreis des sozialen Lebens einbezieht." (ebd., S. 295).

Wissenschaftshistorische Parallelen lassen sich abschließend auch zu Aby Warburgs *Reise-Erinnerungen aus dem Gebiet der Pueblo Indianer in Nordamerika* (2010) ziehen, die schon fast als kulturpsychologische Betrachtungen im oben genannten Sinne

bezeichnet werden könnten – zumal der Begriff ‚kulturpsychologisch' bereits von Warburg bemüht wird. Sein Interesse gilt dabei vor allem jenem – modern ausgedrückt:
interdisziplinären – Vorhaben, das er als „Psychologie der menschlichen Ausdrucks-
kunde" (ebd., S. 582) bezeichnet. Ungeachtet der problematischen Auffassung einer auf
einer bestimmten ‚Entwicklungsstufe' stehenden ‚primitiven' Kultur, bleibt der Ansatz
Warburgs aufschlussreich und historisch bedeutsam. Es geht ihm wie der späteren
Kulturpsychologie nicht um eine kulturvergleichende Analyse psychischer Phänomene,
sondern um Sinn und Bedeutung, die einer bestimmten Handlung, beispielsweise dem
künstlerischen Handeln, im Rückgriff auf bestehendes Wissen zugeschrieben werden.
So wird nicht der Einfluss einer Variablen auf eine Handlung untersucht, sondern deren
Tradierung und ihre Bedeutung für ein Individuum innerhalb eines soziokulturellen
Handlungsfeldes. Das Ergebnis ist eine Theorie von Kunstwerk und künstlerischer
Tätigkeit, die gesättigt ist mit subjektiver Erfahrung, lebensweltlichen Bezügen und
historischem, kulturellem Wissen: „Der künstlerische Prozess steht zwischen Mimik
und Wissenschaft" (ebd., S. 587). Die historische Beschäftigung mit der indianischen
Kultur führe, so Warburg, zum „Untergrund der klassischen Bildung" (ebd., S. 589),
d. h. sie ermögliche es, Beweggründe des eigenen Handelns besser zu verstehen. Auch
die situative Gebundenheit möglicher Ausdrucksformen wird von ihm betont, d. h. die
(kultur-)spezifische Ausprägung von Handlungen und Objekten, ihre Angewiesenheit auf
kulturelle Wissensbestände, Mythen und Erzählungen.

Die kulturpsychologische Kunstforschung ließe sich folglich in eine lose Tradition
kulturhistorisch und psychologischer Forschung zu Kunst, ästhetischer Erfahrung oder
künstlerischem Handeln einfügen, die die subjektiven Sinn- und Bedeutungszusammenhänge des Kunstgenusses bzw. des Kunsthandelns als von der individuellen Biographie
und den historischen, sozialen sowie kulturellen Kontexten nicht ablösbar betrachtet.

3 ‚Gegen-Welt' und Mythos: Künstlerisches Handeln als Gegenstand der Kulturpsychologie

Neben der Bedeutung des künstlerischen Objektes für die individuelle Erschließung der
Welt, ist es das künstlerische Handeln, das für die kulturpsychologische Forschung von
großem Interesse ist (Boesch 1983, 1998, 2005; Salzmann 2018, S. 232). Im folgenden
Abschnitt steht es daher in seiner individuellen Bedeutung (insbesondere als Bearbeitung
von Kontingenz) im Mittelpunkt. Von Boeschs Aufsatz *Der Ton der Geige* (1998) führt
der Weg zum Beispiel des *Ästhetischen Fundamentalismus* (Breuer 1996). Die Beispiele
dienen der Verdeutlichung und Zusammenführung zentraler Aspekte einer kulturpsychologischen Theorie des Kunsthandelns.

Neben dem handwerklichen Geschick stellt Boesch (1998, S. 204) heraus, dass das
Erlernen eines Instruments „beeinflußt, wie der Schüler sich selbst erlebt und einordnet",
wobei die dabei aufgenommenen, gesellschaftlichen Vorstellungen von Kunst eine entscheidende Rolle spielen, sodass „das Kind dem Mythos der Reinheit, dem apollinischen

Utopia" (ebd.) zuneige. Die Auseinandersetzung mit Kunst ist kulturpsychologisch bedeutsam, weil sie die subjektive wie die objektive Dimension des Handelns und die Bedeutung der aufgegriffenen, polyvalenten Ideen und Konzepte besonders gut erkennen lässt.

Ein eindrückliches Beispiel für die politisch-kulturelle wie auch psychologisch bedeutsame Dimension künstlerischen Handelns als Gestaltung von ‚Kultur' finden wir in einer künstlerischen Strömung gegen Ende des ‚langen 19. Jahrhunderts'. Was Stefan Breuer (1996) als *Ästhetischen Fundamentalismus* bezeichnet wird zu einem – wenn auch nur punktuell – heute noch wirkmächtigen Fundus an Erzählungen, Mythen, Welt- und Menschenbildern, zu einem Bezugs- und Ausgangspunkt von Denken und Handeln in modernen Gesellschaften.

Dieser Fundamentalismus sei, so Breuer (ebd., S. 11) im Kern eine „innerwelt- liche Religion […]: [eine] Kunstreligion" gewesen, die gegen die moderne Welt, die mit ihr verbundene, vermeintliche ‚Degeneration' der Kultur, den ‚kulturellen Ver- fall' in Stellung gebracht worden ist. Konkret gemeint ist ein heterogener Zusammen- schluss, eher eine Gruppe von Kreisen und wechselnden Personengruppen um Stefan George, Rudolf Borchardt, Hugo von Hofmannsthal oder auch Ludwig Klages, deren zum Teil uneinheitliche Vorstellungen von Breuer unter dem genannten Begriff sub- sumiert werden. Hier geht es vor allem um den Begriff der ‚Kunstreligion' in hand- lungstheoretischer Perspektive, der auch Warburgs *Reise-Erinnerungen* durchzieht. Bei Ernst Boesch findet sich eine wichtige Unterscheidung: Wenn er auch zunächst auf die „beschwörende Intention" (2005, S. 85) des künstlerischen Arbeitens eingeht, so stellt er anschließend fest, dass der Bezugspunkt der religiösen Beschwörung ein anderer ist. Die ‚Beschwörung' der Kunst ziele nicht auf die Hilfe einer höheren Macht, sondern wirke „aus der inneren Kraft des Gestaltenkönnens" (ebd.). Dahingehend verweist auch die (moderne, europäische – in diesem Fall: deutsche) Vorstellung von Kunst- religion auf eine Erlösung „[i]nnerweltlicher Art" (Breuer 1996, S. 18). Ihr Bezugs- punkt ist kein jenseitiger, sondern die Überwindung eines als unerträglich empfundenen gesellschaftlichen Zustandes, eher also eine „Zeit- als eine Weltablehnung" (ebd., S. 19) – was uns im Hinblick auf die kulturpsychologische Vorstellung einer ‚Beschwörung' der „Gegen-Welt" (Boesch 1983, S. 221, 2005, S. 144) noch beschäftigen wird. Im Zeitalter der sogenannten Moderne bieten nicht zuletzt verschiedene Verfallsbilder und -narrative, etwa die Gegenüberstellung von (bedrohlich imaginierter) Zivilisation – moderne Rationalität, Industrie, Arbeitsteilung, Entfremdung – und (vermeintlich bedrohter) Kultur, Motivation und Inhalt für das eigene künstlerische Handeln. Gegen eine als flüchtig und zersplittert wahrgenommene Moderne wird eine Vorstellung von Kultur mobilisiert, die „Einheit" (Breuer 1996, S. 192) verspricht. Diese ‚Einheit' wird schließlich mit dem „Eigenen" (ebd., S. 201), der Erzählung der ‚eigenen Tradition' identifiziert und anschließend auf der Grundlage kultureller Wissensbestände zum Aus- druck gebracht: etwa in der künstlerischen Verarbeitung von kollektiven Mythen und Geschichten, wie sie z. B. aus Georges *Rhein* (2018) bekannt ist, der künstlerischen Beschwörung der eigenen ‚Tradition', die anderswo ins antike Griechenland zurückver-

folgt wird, oder in der eigenen (ästhetisch-moralischen) Lebensführung. Die Werke entwerfen eine ‚Gegen-Ordnung', fundiert in Mythen, Wissensbeständen und Bilderwelten
einer Epoche. Sie wirken dabei auf vielfache Weise: gemeinschaftsstiftend, auf ein Ziel
einschwörend, zugleich im Hinblick auf das eigene Selbst bildend. Was ein Kunstwerk
dabei ‚transportiert' – eher noch als etwa ein politisches Manifest oder ein Zeitungs-
artikel – beschreibt Boesch (2005, S. 86) wiederum wie folgt: „Jedes Kunstwerk wirkt
nach zwei Seiten. Einmal wirkt es, als ein veräußerlichtes Innen, Stück dinggewordenes
Selbst, auf den Künstler zurück; zugleich aber wirkt es nach außen, mit einem Anspruch
auf Gültigkeit durch Form und Inhalt." Die Symbolik des Werkes verweise „auf ein
Ganzes" (ebd.). Im Werk überwiege dabei das Handlungsziel, „[d]em Bösen das Heile
vorzuhalten, das Chaotische durch die Kraft des Geformten zu unterwerfen" (ebd.,
S. 87). Individuelle Sinn- und Bedeutungszuschreibungen bleiben dabei auf ein zeitlich
begrenztes Handlungsfeld angewiesen. Das bedeutet keineswegs, dass sie determiniert
sind, bleiben sie doch (auch im künstlerischen Kontext) auf Auswahl und die Kreativität des Handelns angewiesen, die dem Zu- und Rückgriff auf Inhalt und Form zugrunde
liegen. Dabei handelt (bzw. reagiert) das Subjekt in enger Bezogenheit auf die eigene
Umwelt: Boesch (1983, S. 249) stellt fest, dass „[j]edes neu gestaltete Objekt […] der
personfremden ‚Gegenwelt' ein Element ein[fügt], das persönliches Handeln abbildet,
ein Stück subjektive Materie". Das Werk wirke dadurch zugleich „stabilisierend" (ebd.,
S. 250), insofern es Herrschaft über die einbrechende Kontingenz behaupte. Zugleich
falle das Gelingen eines Werkes für Boesch (ebd., S. 251) mit einem Gefühl der Freude
zusammen, eine Reaktion auf das Sich-*bestätigt*-Haben. Gegenüber der Welt, aber
auch als Selbst. Es werden kulturell verfügbare Möglichkeiten ergriffen, dieses Gleichgewicht beizubehalten, die „Gegen-Welt" (ebd., S. 221) handhabbar zu machen, denn
„das Potenzial zur Gestaltung und Gliederung unserer Welt führt nur dann zu ästhetisch
anmutendem Handeln, wenn es sich im Auflösen und Neuordnen, in einer Art von
Gestaltung bewährt, die zugleich unsere Freiheit ausdrückt" (ebd., S. 261).

Diese Freiheit befähigt den/die Künstler:in im Angesicht ausufernder Kontingenz ein-
hegend auf diese einzuwirken. Das (reaktive) Handeln wählt frei, aber auf der Grundlage eines ‚kulturspezifischen Angebotes'. Die innerhalb des Handlungsfeldes angelegte
Möglichkeit, durch künstlerisches Handeln tätig zu werden, bietet zugleich die Option
der Erweiterung und Erschließung des eigenen Feldes. „Eine fertige Welt wäre nur abzubilden, eine unfertige ist fort- und umzubilden", heißt es bei Waldenfels (1990, S. 207).
Er spielt darauf an, dass der künstlerische Akt keine abgesonderte Welt erschafft,
sondern *dieser* etwas hinzufüge; es sei „*dieselbe* Welt, in der wir alle leben, nur eben
als *andere*" (ebd., S. 215). Er biete eine Welt bisher unbekannter oder eingeschränkter
(Handlungs-)Möglichkeiten und wirke somit auf die Handelnden (wie auch die
Rezipient:innen) zurück: „Ein endlich freies Sehen und Handeln hebt im Falle der Maler
die gewöhnliche Anordnung der Dinge auf und gruppiert sie neu – im Falle der Dichter
geschieht dies mit den Worten" (Merleau-Ponty 2003, S. 136). Dieser phänomenologischen Interpretation ließe sich eine kulturpsychologische an die Seite stellen. So ist
auch die psychosoziale Dimension künstlerisch Handelnder innerhalb eines spezifischen

historisch-kulturellen Kontextes zu berücksichtigen, der Rückgriff auf die zum eigenen emotionalen Bedürfnis passenden Wissens- und Bildbestände. Künstlerische Handlung vermag das eigene Handlungsfeld (symbolisch, in der Imagination) zu erweitern. Wie im oben erwähnten künstlerischen Zusammenhang, dem *Ästhetischen Fundamentalismus*, ist die im Werk erblickte oder erschaffene Welt durchaus eine andere, die aber Züge der allzu bekannten aufweisen kann. Mag das ästhetische Arbeiten auch einen Ausweg, ein Mittel gegen die „Gegen-Welt" oder die eigene Zeit darstellen, so wirkt es in seinem Weg zu einer anderen Welt doch auf die *Gestaltenden* zurück – sofern diese:r für das Präsentierte ansprechbar ist. Die künstlerische Vision einer neuen Ordnung wird zur Aufforderung, die im Werk objektiviert ist. So kann ein Programm der „Remythologisierung" der ‚modernen Welt', wie es von Botho Strauß (1999, S. 47–49) referiert wird, den empfundenen Verfall nur durch den Rekurs auf Überlieferung (einer ‚Gegen-Ordnung') unzureichend kompensieren, dem zugleich ein genuiner Aufforderungscharakter zuteilwird. Die jedem Werk grundsätzlich eigene Polyvalenz fußt in seiner Offenheit (Salzmann 2018, S. 231). Handlung kann folglich auch Beschwörung von ‚Einheit', Nivellierung von Widersprüchen und Ambivalenz bedeuten, eine Option, die nicht nur durch politische Narrative nahegelegt wird; auch durch Werke, die in einem kulturellen bzw. individuellen Sinn- und Bedeutungszusammenhang stehen, die den Mythos von ‚Einheit' attraktiv und anziehend machen. Das Werk selbst ist hierbei nicht nur als handlungsleitend und -motivierend zu verstehen, sondern zugleich in seiner bildenden Funktion, die unmittelbar auf das Selbst- und Weltverhältnis der Handelnden einwirkt.

4   Fazit

Kunstwerk, künstlerisches Handeln und ästhetische Erfahrung sind wichtige Themen für die Kulturpsychologie und die psychologisch informierten Sozial- und Kulturwissenschaften. Für die kulturpsychologische Forschung bedeutet dies, die Dimensionen des Gegenstandes im Hinblick auf die ‚Richtung' der Analyse ernst zu nehmen, d. h. Handlung, Werk und Kontext in ihrer Verwobenheit einzubeziehen. Die Rekonstruktion der sozial, historisch und kulturell eingebetteten Sinn- und Bedeutungszuschreibungen hebt die Besonderheit des künstlerischen Handelns für die Subjekte hervor, für die es eine Möglichkeit darstellt, das eigene Handlungsfeld zu erleben, aufzunehmen und mitzugestalten.

Die wesentlichen Aspekte künstlerischen Handelns sind hierbei:

A) Enkulturation und Bildung des Selbst: Bereits im kindlichen Spielen finden sich Züge ästhetischen Gestaltens (oder auch Tätigseins) (Billmann-Mahecha 1996, S. 223). Künstlerisches Handeln und ästhetische Erfahrung bieten einen Zugang zu neuen kulturellen „Erfahrungsräume[n]" (ebd., S. 225), die für das Selbst- und Weltverhältnis von großer Bedeutung sind. Die Bilder- und Mythenwelt einer Gesellschaft bedingt das Handeln, wird durch dieses zugleich tradiert und erweitert.

B) Ver- und Bearbeitung (empfundenen) Mangels: Der Rückgriff auf kulturell tradierte Ausdrucksmöglichkeiten ermöglicht die Auseinandersetzung mit Mangel- und Bedrohungsempfindungen, die im Handeln symbolisch überwunden werden sollen.

C) Erweiterung und Strukturierung des Handlungsfeldes: Die in der Offenheit des Werkes angebotene Transzendenz, die in ihm dargestellten Vorstellungen von Perfektion (und auch Gefühle der Erhabenheit) entheben das endliche, leiblich verfasste Subjekt der Enge des Sichtfeldes.

D) Gestaltung und ‚Aneignung' der Umwelt: Durch die Gestaltung von Objekten und deren Integration in das Handlungsfeld wird dieses entsprechend der eigenen Vorstellungen ‚wohnlich' gestaltet. Zugleich erfolgt eine Aneignung durch das Hinterlassen subjektiver „Spuren" (Boesch 1983, S. 244), die das Fremde dem Eigenen annähern, die Umwelt vertrauter machen sollen.

Literatur

Allesch, C. G. (2006). *Einführung in die psychologische Ästhetik*. Wien: WUV Facultas/UTB.

Billmann-Mahecha, E. (1996). Ästhetische Erfahrung und Enkulturation – gestalttheoretische und kulturpsychologische Aspekte. *Psychologie und Geschichte, 7*(3), 217–229.

Boesch, E. E. (1983). *Das Magische und das Schöne. Zur Symbolik von Objekten und Handlungen*. Stuttgart: frommann-holzboog.

Boesch, E. E. (1998). Der Ton der Geige. In ders., *Sehnsucht. Von der Suche nach Glück und Sinn*. Bern: Huber.

Boesch, E. E. (2005). *Von Kunst bis Terror. Über den Zwiespalt in der Kultur*. Göttingen: Vandenhoeck & Ruprecht.

Breuer, S. (1996). *Ästhetischer Fundamentalismus. Stefan George und der deutsche Antimodernismus*. Darmstadt: Primus.

Chakkarath, P., & Straub, J. (2020). Kulturpsychologie. In G. Mey & K. Mruck (Hrsg.), *Handbuch Qualitative Forschung in der Psychologie* (Bd. 1, S. 284–304). Wiesbaden: Springer.

Freud, S. (2000). Der Dichter und das Phantasieren. In ders., *Studienausgabe* (Bd. X, S. 171–179). Frankfurt/Main: Fischer (Original: 1908).

George, S. (2018). Rhein. In ders., *Geheimes Deutschland. Gedichte* (S. 51). München: Beck Original: 1907).

Imdahl, M. (1996). Das Gerokreuz im Kölner Dom. In ders., *Gesammelte Schriften* (Bd. 2, S. 104–146). Frankfurt/Main: Suhrkamp.

Köhnen, R., & Plontke, S. (2018). Bild. In C. Kölbl & A. Sieben (Hrsg.), *Stichwörter zur Kulturpsychologie* (S. 71–77). Gießen: Psychosozial.

Merleau-Ponty, M. (2003). Das indirekte Sprechen und die Stimme des Schweigens. In ders, *Das Auge und der Geist. Philosophische Essays* (S. 111–175). Hamburg: Meiner (Original: 1952).

Salzmann, S. (2018). Kunst. In C. Kölbl & A. Sieben (Hrsg.), *Stichwörter zur Kulturpsychologie* (S. 229–234). Gießen: Psychosozial.

Salzmann, S. (2020). Die Rolle der Kunst in und für Ernst E. Boeschs Psychologie. In J. Straub, P. Chakkarath & S. Salzmann (Hrsg.), *Psychologie der Polyvalenz. Ernst Boeschs Kulturpsychologie in der Diskussion* (S. 313–351). Bochum: Westdeutscher Universitätsverlag.

Strauß, B. (1999). Der Aufstand gegen die sekundäre Welt. Bemerkungen zu einer Ästhetik der Anwesenheit. In ders., *Der Aufstand gegen die sekundäre Welt. Bemerkungen zu einer Ästhetik der Anwesenheit* (S. 37–53). München/Wien: Hanser.

Waldenfels, B. (1990). Das Rätsel der Sichtbarkeit. Kunstphänomenologische Betrachtungen im Hinblick auf den Status der modernen Malerei. In ders., *Der Stachel des Fremden* (S. 204–224). Frankfurt/Main: Suhrkamp.

Warburg, A. (2010). Reise-Erinnerungen aus dem Gebiet der Pueblo Indianer in Nordamerika. In ders., *Werke in einem Band* (S. 567–600). Frankfurt/Main: Suhrkamp (Original: 1923).

Wygotski, L. S. (1976). *Psychologie der Kunst.* Dresden: VEB Verlag der Kunst (Original: 1925).

Musik

Uwe Wolfradt und Christian G. Allesch

Zusammenfassung

Musik ist mehr als die bloße Abfolge von Tönen, sondern ein aktiver kultureller Gestaltungsprozess, der sich in der menschlichen Evolution herausgebildet hat. Das Hören sowie die vokale und instrumentale Erzeugung von Klängen sind hierbei essentielle Bestandteile der menschlichen Kultur. Über alle Kulturen hinweg existieren verschiedene universale Merkmale der Musik und ihre Funktionen sind trotz unterschiedlicher kulturspezifischer musikalischer Ausdrucksformen identisch. Im vorliegenden Kapitel wird eine Kulturpsychologie der Musik vorgestellt, in der die Interpretation von Klängen, Stille, Geräuschen oder Lärm in Abhängigkeit vom kulturellen Kontext behandelt wird. Am Beispiel einiger Kompositionen von John Cage wird das kulturelle Verständnis von Hörerfahrungen verdeutlicht. Musik kann als eine grundlegende menschliche Ausdrucksmöglichkeit im Rahmen eines semiotischen Systems von Klängen verstanden werden.

Schlüsselwörter

Musik · Kultur · Klang · Stille · Hören · Lärm

U. Wolfradt (✉)
Martin-Luther-Universität Halle-Wittenberg, Halle, Deutschland
E-Mail: uwe.wolfradt@psych.uni-halle.de

C. G. Allesch
Paris Lodron Universität Salzburg, Salzburg, Österreich
E-Mail: christian.allesch@sbg.ac.at

U. Wolfradt et al. (Hrsg.), *Kulturpsychologie,*
https://doi.org/10.1007/978-3-658-37918-6_38

429

1   Einleitung: Gegenstandsbereich und Definition

Musik gehört zu den essentiellen Bestandteilen der menschlichen Kultur und bildete sich in der menschlichen Evolution als eine künstlerische Ausdrucksform heraus. Musik, vom griechischen Wort *mousiké* (Musenkunst) stammend, ist mehr als nur von Menschen organisierte Klänge i. S. eines Produktes, sie stellt einen kulturellen Prozess dar (Koch 2019). Sie ist daher ein Phänomen, das in allen menschlichen Kulturen anzutreffen ist. So steht die Musik der australischen Aborigines mittels des Ausführens von arrangierten Liedreihen *(songlines)* für eine rituelle Handlung, den Anspruch auf die Nutzungsrechte bestimmter Territorien zu unterstreichen. Im Zentrum des musikalischen Rituals der Aborigines steht die Traumzeit *(dreamtime)*, eine mythische Ursprungs- und Schöpfungswelt: Durch das Singen von Texten, die Geistern entstammen und auf heilige Orte verweisen, soll die Traumzeit vergegenwärtigt werden (Koch 2019).

Nach dem Psychologen Carl Stumpf (1848–1936) ist Musik nicht das bloße Hervorbringen von Tönen, sondern der Prozess sinnhaft Tonabfolgen (Melodien) zu erzeugen. „Und dabei ist es für die Musik im menschlichen Sinne ein ganz wesentliches Merkmal, daß diese Anordnung unabhängig von der absoluten Tonhöhe wiedererkannt und wiedererzeugt werden können", so Stumpf (1911, S. 10). Musik kann daher als aktiver Gestaltbildungsprozess verstanden werden, bei der eine Abfolge akustischer Ereignisse in der Zeit mittels Tonhöhe, Tondauer und Lautstärke gebildet werden, die in der menschlichen Wahrnehmung als Rhythmus, Melodie, Klangfarbe und Harmonie verarbeitet werden (Allesch 1982, S. 52). Obgleich Musik eine physikalische Erscheinung darstellt, entfaltet sie ihre psychologische Wirkung erst in der Rezeption (Wahrnehmung und Vorstellung) und der Produktion (durch aktives vokales oder instrumentales Musikerzeugen). Musik kann dabei eine aktivierende oder beruhigende Wirkung auf die Hörer:innen ausüben, die sich in physiologischen Parametern (z. B. Pulsfrequenz) zeigen kann (Hesse 2003).

In der Entwicklungsgeschichte der Menschheit wurden zunächst vokale Signale verwendet, um kollektive Aktivitäten, wie das Jagen, zu koordinieren bzw. andere Gemeinschaftsmitglieder vor kriegerischen Aktivitäten zu warnen. Ebenso wurde z. B. das Jodeln in Bergregionen entwickelt, um über weite Strecken unter Ausnutzung der akustischen Bedingungen (das Widerhallen von Tönen, Echo in Tälern) eine Kommunikation zu anderen aufzubauen. Aber diese Form der akustischen Kommunikation stellt noch keine Musik im eigentlichen Sinn dar. Auch sind religiöse Gesänge im Bewusstsein der Ausführenden nicht unbedingt Musik, wie z. B. die teils melodischen Koran-Rezitationen im Islam *(tajwid)*. Ebenso gibt es in verschiedenen Kulturen keine klare Abgrenzung von Musik gegenüber anderen Aktivitäten. So steht der Begriff *ngoma* in den Bantu-Sprachen Afrikas nicht nur für bestimmte Trommeln, sondern auch für Musik und Tanz. Sehr komplex wird es, wenn Musik nur in der Vorstellung von Menschen existiert, ohne dass sie akustisch zum Ausdruck kommt. Beispielhaft sind die Tänze von Bewohner:innen auf Vanuatu (Melanesien), die nur durch die Melodie im Kopf eines Gehilfen unter dessen Anleitung ausgeführt werden, z. B.

beim Wechsel von Tanzschritten (Hentschel et al. 2019). Bei allen kulturspezifischen Ausformungen musikalischer Gestaltungen gibt es auch grundsätzliche kulturelle Gemeinsamkeiten. Brown und Jordania (2011) stellen eine Typologie von musikalischen Universalien auf, also den Merkmalen, welche in der Musik weltweit vorkommen. Sie unterscheiden vier Typen von Universalien: 1) *Konservierte Universalien* (alle musikalischen Äußerungen): Verwendung diskreter Töne, eine Oktaven-Äquivalenz, die Transponierbarkeit der Musik, die Organisation der Musik in Sätzen, Erregungs-faktoren im emotionalen Ausdruck (Tempo, Tonhöhe); 2) *Prädominante Muster* (alle Musiksysteme und -stile): Skalen haben sieben Tonlagen pro Oktave, Vorherrschen von präzisen (isometrischen) Rhythmen in der Musik, bereichsbezogene Organisation der zeitlichen und rhythmischen Struktur, Verwendung motivischer Muster bei der Erzeugung der Melodien, Idiophone (selbstschwingende Instrumente) und Trommeln, religiöser und ritueller Kontext des Musikschaffens, Verwendung verbaler Texte bei vokaler Musik (Gesang) und kommunikationsfördernde und sozial-positive Ein-stellungen gegenüber Musik; 3) *Allgemeine Muster* (viele musikalische Systeme und Stile): kleine Tempobreite für eine musikalische Form/Stil, Prädominanz für das Silben-singen, Verwendung von Blasinstrumenten, Stimme/Instrument aufgrund von Imitation, Verwendung der akustischen Beschreibung in der Musik, Verbindung von Tanzen mit Musik; und 4) *Breite von Universalien* (ein diskretes Set von möglichen Zuständen für alle musikalischen Systeme/Stile): gemessene versus ungemessene Rhythmustypen, monophonische versus homophonische versus polyphonische Strukturtypen, Solo versus Gruppen, Auftrittsanordnung.

Welche Funktionen kommen der Musik für die menschliche Kultur zu? So kann Musik der individuellen und kollektiven Unterhaltung und Entspannung in der Freizeit dienen (mittels Tanzen und Hören von Musik). Musik kann in einem soziokulturellen Kontext das Zusammengehörigkeitsgefühl und die kollektive Identitätsbildung stärken (z. B. durch das gemeinsame Singen der Nationalhymne). Musik hat eine religiöse Funktion, indem es veränderte Bewusstseinszustände oder ekstatische Erfahrungen anregt (z. B. durch monotones Trommeln, Orgelmusik in der Kirche), die einen transzendentalen-spirituellen Zugang eröffnen (z. B. Verbindung mit Gottheiten oder Ahnen und Verstorbenen in einer jenseitigen Welt aufnehmen) (Suppan 1984; Allesch 2013). Musik fördert zudem die Rhythmisierung von Bewegungs- und Arbeitsprozessen durch gemeinsames Singen (z. B. gemeinsames Singen beim Marschieren oder Arbeiten).

Der Wirtschaftswissenschaftler Karl Bücher (1847–1930) hat in seiner Monographie *Arbeit und Rhythmus* die These vertreten, dass Arbeit in Verbindung mit rhythmischen Körperbewegungen entstanden ist. Hierzu suchte er Belege bei ‚Naturvölkern' und sah in den von ihnen verwendeten Werkzeugen, die rhythmische Arbeitsgeräusche erzeugen, eine Quelle für die positive Motivation für gemeinsame Tätigkeiten (Suppan 1984). Ins-besondere rituell-performative Formen der Musik weisen nach Dissayanake (2006) sechs universelle Merkmale in Traditionalkulturen auf: 1) Zurschaustellung von Ressourcen, 2) Kontrolle und Kanalisieren von Aggressionen, 3) Förderung der Brautwerbung, 4)

Begründung der sozialen Identität durch *rites de passage* (z. B. Übergang vom Kind zum Erwachsenen), 5) Hilfe bei Angst und psychischen Schmerzen und 6) Förderung der Gruppenkooperation und des Wohlstandes.

Musik ist ein weltweites Phänomen, das sich in der Evolutionsgeschichte des Menschen als ein kultureller Gestaltungsprozess entwickelt hat. Hierbei ist die Abgrenzung von Musik gegenüber anderen Formen der Tonhervorbringung nicht immer einfach. Musik erfüllt in den verschiedenen Kulturen ähnliche Funktionen und weist universale Merkmale auf.

2   Theoretische und historische Grundlagen

Auf die Analogie zwischen musikalischen Strukturen und bestimmten Organisationsformen der menschlichen Erfahrung hat bereits Susanne K. Langer (1895–1985) hingewiesen und hier auf spezifische „Muster von Ruhe und Bewegung, Spannung und Entspannung, Übereinstimmung und Unstimmigkeit, Vorbereitung, Erfüllung, Erregung, plötzlichem Wechsel" aufmerksam gemacht (1984, S. 225). Und weiter hebt sie hervor, dass die Imaginationen, die durch die Musik angeregt werden, persönlich und gefühlshaft, „durchdrungen vom Rhythmus des Körpers und von Träumen sind". Dieses „wortlose Wissen" um grundlegende Themen des Lebens, Sterben und Fühlens vermag Musik zu offenbaren, allerdings nur als „flüchtige Assoziation", als „aufblitzende Einsicht", die über den Klang nicht hinausreicht (1984, S. 239).

In seiner symbolischen Handlungstheorie unterscheidet Boesch (1991) zwischen ‚objekt-instrumentalen' und ‚subjektiv-funktionalen' Qualitäten von Handlungen und Wahrnehmungsgegenständen. Auf die Musik bezogen spiegeln akustische Reize mit einer Lebensfunktion eine objektiv-instrumentale Qualität (z. B. der Warnruf) wider. Währenddessen wäre die subjektiv-funktionale Qualität der Musik, der innere Nachvollzug einer musikalischen Struktur (Musikhören) mit der Folge einer Ich-Stärkung (Allesch 2016). Boesch (1998) versucht am Beispiel der Geige nachzuzeichnen, wie der Musiker mit seinem Instrument eine harmonische Beziehung findet: Hierbei ist der schöne Ton „der unmittelbare Ausdruck einer engen Mensch-Ding-Symbiose" (1998, S. 212). Und weiter:

> Die Erfindung eines Objektes bedeutet eine Objektivierung, also die Transformation einer Idee in eine äußere Wirklichkeit; lernt man, das Instrument zu spielen, so assimiliert man es – das Objekt wird also subjektiviert, verinnerlicht, zugleich paßt sich aber der Spieler ihm an, akkommodiert sich an seine Struktur, was ihn selbst objektiviert (1998, S. 212).

Der spezifische Interaktionskreis Objekt – Spieler – Objekt entspricht, so Boesch, dem allgemeinen Interaktionskreis Kultur – Individuum – Kultur (Allesch 2016).

Dass intensive Musikerfahrungen einen nachhaltigen Einfluss auf die menschliche Biografie nehmen, zeigte eine qualitative Interview-Studie von Schäfer et al. (2014) bei 13 Studierenden (7 Frauen, 6 Männer). Es sollte der Einfluss von Musik auf verschiedene Faktoren, wie die Veränderung der Beziehungen zu anderen, die Vitalität, die Bewusstseinsentwicklung (neue Einsichten, reiferes Wissen), die Bedeutung des Lebens, der Wandel von Werten und Engagement sowie Inspiration, erfragt werden. Hinsichtlich aller Faktoren ergaben sich positive Veränderungen aufgrund der intensiven Musikerfahrungen, zumeist bei klassischer Musik. Die intensiven Musikerfahrungen regten veränderte Bewusstseinserfahrungen an, die sich in positiven Wahrnehmungserfahrungen bezüglich der Faktoren Zeit, Raum, Körperschema zeigten. Ebenso kamen positive Gefühle und tiefes Harmonieempfinden unter der Abwesenheit von Gedanken (*rumination*) auf. Nach den intensiven Musikerfahrungen stellte sich bei den Befragten eine verstärkte Motivation ein, Gefühle von Harmonie in ihrem Leben und in Beziehungen zu fördern, Probleme wurden als weniger dominant erlebt, das Angst-Niveau war reduziert und individuelle Bedürfnisse wurden klar erkannt.

In der historischen Entwicklung der (kulturvergleichenden) Musikpsychologie können neben Carl Stumpf auch der Physiologe Hermann von Helmholtz (1821–1894) und der Philosoph Christian von Ehrenfels (1859–1932) als bedeutende Vertreter genannt werden (Fitzner 2021). Stumpf war der eigentliche Begründer der (kultur)vergleichenden Musikwissenschaft *(ethnomusicology),* in dem er die Gesänge der Bella Coola Indianer *(Nuxalk)* der Nordwest-Küste Kanadas während ihres Aufenthalts in Halle (Saale) 1885 festhielt und ihrer Musik eine gleichberechtigte Anerkennung zubilligte. Mit der Anregung die Gesänge indigener Völker mit Phonographen aufzuzeichnen, begründete er zusammen mit seinem Assistenten Erich Moritz von Hornbostel (1877–1935) das Berliner Phonogrammarchiv mit über 150.000 Aufnahmen (Fitzner 2021). Mit seiner von ihm entwickelten Tonpsychologie verband Stumpf das Anliegen, neben der visuellen Wahrnehmung das Hören als gleichberechtigte Quelle der Erkenntnis in der Psychologie zu verankern. In seiner Verschmelzungstheorie zeigte er die Besonderheiten des auditiven Sinnes für die subjektive Wahrnehmung von Tonabfolgen auf (Fitzner 2021).

Helmholtz entwickelte ausgehend von den physiologischen und physikalischen Bedingungen der akustischen Wahrnehmung eine Theorie der Musik. Im Zentrum stand die Beziehung von Klangfarben und Obertönen. Dem Hören als subjektive Wahrnehmungsqualität sollte neben den akustischen und musikalischen Dimensionen eine größere Bedeutung zukommen (Fitzner 2021). Ehrenfels verdeutlichte anhand von Melodien, also Tonabfolgen, dass diese sich in andere Tonarten übertragen ließen *(Transponierbarkeit)* und dass sich einzelne Töne zu einer einheitlichen Ganzheit (Gestalt) in der Hör-Wahrnehmung formieren *(Übersummativität)*.

In den Fokus der musikpsychologischen Forschung kam zunehmend das Musikerleben sowie der subjektive Höreindruck. Der Musikwissenschaftler Hugo Riemann (1849–1919) war als pädagogisch interessierter Pianist am Entstehen von musikalischen Harmonien, also der konsonanten Wahrnehmung des Molldreiklangs im Gegensatz zum Durdreiklang *(Dur-Moll-Polarität)*, interessiert. Er vertrat einen harmonischen Dualismus, in dem der Dur- und der Mollakkord gleichberechtigt sind. Der Durakkord beziehe, so Riemann, sein Klangmaterial aus der Obertonreihe seines Grundtones und der Mollakkord baue auf die Reihe der natürlichen Untertöne auf (Fitzner 2021). Wesentliche

Beiträge zur Musikpsychologie kommen Friedrich von Hausegger (1837–1899) zu, der in seiner Schrift *Die Musik als Ausdruck,* basierend auf den Schriften Charles Darwins zur mimischen Ausdrucksfunktion, Musik in ihrer emotionalen Ausdruckskraft auf alte vergessende Instinkte zurückführt. Ferner haben Tonhöhen in der Musik eine ähnliche Signalfunktion wie in der sprachlichen Kommunikation. Ebenso würde sich, so Hausegger, der Rhythmus der Musik im gleichen Bereich wie der menschliche Herzschlag bewegen (1887, S. 5ff.). Der Kulturpsychologe Julius Bahle (1903–1986) suchte differenzialpsychologisch unter Musikschaffenden und Komponisten (alle männlich) basierend auf einer Befragung verschiedene musikalische Typen zu identifizieren. In einer ersten Untersuchung (1930) fand er 1) den *Ausdruckstypus,* der auf seinen eigenen Empfindungen basierend Musik schafft, 2) den *Darstellungstypus,* der dem Nichtmusikalischen in der Darstellung der Musik eine höhere Bedeutung einräumt, und 3) den *Formkünstler,* dem es entweder um die Formwahrnehmung (*intellektueller* Subtypus, z. B. Schönberg) oder um die ästhetische Formwirkung (*ästhetischer* Subtypus, z. B. Mozart) geht. Bei der Studie mit Komponisten (1938) unterschied er den *Arbeitstypus* (introvertiert, experimentelles Ausprobieren, Inhalt und Form werden gedanklich vorweggenommen, wie z. B. bei Bach und Beethoven) vom *Inspirationstypus* (extravertiert, improvisieren, emotionale Vorwegnahme von Inhalt und Form, wie z. B. bei Schubert und Tschaikowsky) (zur Biografie von Bahle, Wolfradt und Allolio-Näcke 2022). Ein besonderer Zweig bildet die kulturelle Volkslieder-Forschung. Beispielhaft können die Arbeiten von Richard Thurnwald (1869–1954) genannt werden, der auf der Salomonen-Insel Bougainville (Melanesien) die Liedtexte unter kulturpsychologischen Aspekten analysierte und so auf psychische Merkmale der Indigenen schloss (z. B. Gehemmtheit und Fantasie, Wolfradt 2016).

3   Beispiel: Zur semiotischen Bedeutung von Klangwelten – Klang, Stille, Geräusch und Lärm

Eine Kulturpsychologie der Musik sollte die Bedeutung von Klangwelten in das Zentrum ihrer Aufmerksamkeit rücken, sie sollte zu einer Kulturpsychologie des Klanges werden, wie Boesch (1998) bereits in Bezug zum schönen Ton beim Geigespielen feststellte. Zittoun (2012) verdeutlicht, dass Hintergrundgeräusche *(soundscapes)* stärker unsere Erfahrungen beeinflussen als räumliche oder materielle Komponenten unserer Lebensräume. Klänge können hierbei als spezifische semiotische Systeme aufgefasst werden, die als eine Modalität der sozialen Bedeutungskonstituierung und persönlichen Sinnfindung zu verstehen ist. Klänge sind in diesem semiotischen System auf eine bestimmte Weise organisiert. Grundsätzlich sind Klänge räumlich sowie zeitlich und damit Teil unserer physikalischen Umwelt, sie sind das Produkt von Bewegungen (Geräusche beim Gehen, Autofahren, Musik machen). Klänge können als Lärm oder Geräusche unsere Aufmerksamkeit erregen. Sie konstituieren als eine Modalität folglich die Sphäre, in der wir leben. Die Bedeutung von Klängen basieren hierbei auf einem Prozess der kulturellen Konstruktion. Welche subjektive Bedeutung Klänge für uns gewinnen, ist durch einen personalen Prozess der Aneignung der akustischen Welt bestimmt. Wohlklang in der Musik oder Missklang im Lärm sind von individuellen Hörgewohnheiten sowie kulturellen Sozialisationserfahrungen abhängig. Boesch (1998) verwies bereits darauf, dass der schöne Klang ein Mythos sei, zwischen dem kulturellen Ideal der Reinheit oder des Lärms (Zittoun 2012, S. 475). Wie stark der soziokulturelle Einfluss auf Klänge ist, zeigt eine Studie von Chuengsatiansup (1999) in der thailändischen Ortschaft *Thui*. Der Autor beschreibt die Krankheiten von Frauen aufgrund einer emotionalen Hypersensibilität gegenüber alltäglichem Lärm (hier laute Motorräder, Betrunkene, streitende Nachbarn, Maschinenlärm durch Abforstung von Wäldern). Dieser Lärm wird als sehr unangenehm erlebt und führt bei den Frauen zu Krankheitssymptome wie tiefer Müdigkeit, Taubheit, Schlaflosigkeit, ohne dass es hierfür organische Ursachen gibt. Chuengsatiansup (1999) verdeutlicht, dass die Krankheitssymptome der Frauen einen psychosomatischen Ausdruck für die rapide Veränderung der traditionellen Lebensweise durch den Einzug westlicher Einflüsse (Industrie, Medien- und Alkoholkonsum) darstellen. Die Geräusche werden als Lärm interpretiert und stehen symbolisch für die kulturelle Veränderung der Lebenswelt und damit den einhergehenden differenten Bedeutungserfahrungen. Klänge und Geräusche bilden somit einen Teil des semiotischen Systems, in das Menschen eingebunden sind.

Schweigen oder Stille ist ein Phänomen für sich und gehört zur Grundstruktur des Menschen. Aber Stille bedeutet nicht Lautlosigkeit, sondern beschreibt einen akustischen Raum von kaum merklichen Geräuschen. Absolute Stille herrscht auch nicht einmal in echofreien, schalltoten Räumen, wo noch die eigenen Körpergeräusche (wie Atmung oder Blutzirkulation) wahrnehmbar sind. Der Kulturphilosoph Max Picard (1888–1965) schreibt: „Das Schweigen hat alles in sich selbst, es wartet auf nichts, es ist immer ganz da und füllt immer ganz den Raum aus, wo es erscheint" (1950, S. 11). Und weiter: „Bei keinem anderen Phänomen als beim Schweigen sind Ferne und Nähe, Weite und Gegenwärtigkeit, Allumfassendes und Besonderes so sehr in einer Einheit beieinander" (1950, S. 12). Er kommt zur Feststellung: „Musik ist Schweigen, das, träumend, anfängt zu tönen. Nie ist das Schweigen mehr hörbar, als wenn der letzte Ton der Musik vergangen ist" (1950, S. 21). Musik kann in einem Raum nur aus dem Schweigen und der Stille heraus entstehen. Komponisten arbeiten mit Stille: Mit Pausen können Spannungen und Erwartungen bei den Hörer:innen geweckt werden. Aber auch leise, fast stille Stellen in einem Musikstück laden zu einem konzentrierten Hören (Horchen) ein. Kein anderer hat die Stille in seinen Kompositionen zum Thema gemacht wie der Komponist John Cage (1912–1992). Sein 1952 entstandenes Werk *4'33"* besteht lediglich aus drei Stille-Perioden *(tacets)* von 4 min und 33 s in der Partitur, der Dauer, für die man etwas mehr Konzentration als nötig braucht. Anfang und Ende der Sätze werden durch das Zuklappen und Aufklappen des Klavierdeckels durch den Pianisten markiert. Im Zentrum stehen die Bewegungen des Pianisten, der nach der Partitur greift und sie nach einer kurzen Dauer niederlegt, ohne je einen Klavierton gespielt zu haben. Die Sätze sind durch die Hintergrundgeräusche des Publikums ausgefüllt und die anwesende

Musik der Stille vermag es, das Hören damit hörbar zu machen. Die Erzeugung eines Klanges kann als ein intentionaler Akt verstanden werden, im Gegensatz zur Stille, die als Geräusch zufällig auftritt. Cage empfand eine tiefe Verbundenheit zur Stille, suchte aber eigentlich nach dem Raum zwischen Klang und Stille. Innere Klarheit und äußere Stille als „Ruhe der reinen Betrachtung" waren für ihn das höchste ästhetische Ideal (Cage 1995, S. 41). Dies wird deutlich in seinem Werk ASLSP *(as slow as possible)*, in dem Töne ausklingen und nicht weitergeführt werden. Die Töne stehen wie einzelne Ereignisse im Raum, in der die Ruhe zwischen den Tönen ihre Zusammenhangslosigkeit offenbaren. Die musikalische Stille im absoluten Sinne gibt es nicht (z. B. es gibt stets die Hintergrundgeräusche eines Publikums), sie schafft allerdings eine Öffnung für das Hören, um den Raum zwischen Stille und Klang in seiner Vergänglichkeit erfahrbar zu machen. Beeman (2005) verdeutlicht die verschiedenen Funktionen von Stille in der Musik: 1) Stille ist ein kulturelles Konstrukt, das stets in Abgrenzung vom Klang konstituiert wird, sie kann aber auch als ein Klangtyp im Vergleich zu anderen Klangtypen verstanden werden. So ist der Klang der Stille *(sound of silence)* als die mehrdeutigen Geräusche der Umwelt zu verstehen, die nicht vom Musiker oder dem Sprecher beabsichtigt herbeigeführt wurden. 2) Stille lässt sich als eine ambivalente, wenig bedeutungshaltige Information (leise, ungeordnete Geräusche), die im gestaltpsychologischen Sinne den Grund bildet, von dem sich die Musik mit ihren vielen geordneten akustischen Informationen (Ordnung und Abfolgen von Tönen) als Figur abheben kann. 3) Stille begrenzt den Raum eines Musikstückes durch einen Anfang und einen Schluss. Aber auch innerhalb des Musikstückes dienen Pausen der Strukturierung der Bewegungen *(tempi)* von allegro bis adagio. 4) Stille schafft es bei mehrstimmigen Musikkompositionen mit Kontrapunkten als Kurzpause eine Unterscheidung zwischen verschiedenen Musikinstrumenten oder Stimmen herzustellen, die in einem Dialog stehen (Reaktion und Gegenantwort). (Beeman 2005, verdeutlicht diese Funktionen auch am Beispiel von Cages Stück *4' 33"*).

4   Fazit

Eine Kulturpsychologie der Musik sollte sich verstärkt der kulturellen Bedeutung von Klangwelten annehmen. Auf das zeichenbezogene Zusammenwirken von Musikerfahrung (subjektive Interpretation), Musikaktivitäten (Singen, Tanzen, Komponieren), Musikkultur (musikalische Ausdrucksformen, Stile, Aufnahmen, Konzerte) und Musikwahrnehmung (Musikhören, Wahrnehmung der akustischen Umwelt) innerhalb eines semiotischen Kreises hat Spychiger (2001) aufmerksam gemacht. Das Hören oder Erzeugen von Klängen ist ein aktiver kultureller Gestaltungsprozess, bei dem Musik tiefgreifende Emotionen wecken kann. Musik ist bezüglich ihrer Struktur und Funktionalität ein universales Phänomen über alle Kulturen. Im Gegensatz zum Sehen weist das musikalische Hören eine andere Qualität auf, die eine Zeitlichkeit und Räumlichkeit von existentiellen Erlebnissen vermittelt, die unmittelbarer sind und mit denen eine besondere ästhetische Erhabenheit verbunden sein kann. Schließlich ist das Hören von Musik ein Akt der kulturellen Teilhabe, der sich mit dem Zuhören der Anderen und dem eigenen Gehörtwerden in der kulturellen Mitwelt verbindet.

So verweist Fitzner (2021) auf das Hören von Klängen als eine Haltung des Zuhörens und damit eine kommunikative Verständigung:

> Die Wertschätzung eines Klanges als Musik und die Bereitschaft, diesen Klang verstehen zu wollen, beziehen sich nun auf eine größere Vielfalt von Klängen. Damit beinhaltet das neue Hören eine Hoffnung auf Verständigung: das Verstehen-Wollen als Ausgangspunkt der Begegnung mit dem, was einem noch nicht vertraut ist, was außerhalb der eigenen Gewohnheiten liegt. Das neue Hören löst die absolute Gegenüberstellung von Eigenem und Fremdem ins Graduelle auf, ein Kontinuum von schon Gewohntem und noch Ungewohntem (S. 529).

Literatur

Allesch, C. G. (1982). Das Musikerleben als personaler Gestaltungsprozeß. In K.-E. Behne (Hrsg.), *Musikpädagogische Forschung. Band 3: Gefühl als Erlebnis – Ausdruck als Sinn* (S. 47–66). Lilienthal: Laaber.

Allesch, C. G. (2013). Musik und Religion. Eine kulturpsychologische Perspektive. In J. A. v. Belzen (Hrsg.), *Musik und Religion* (S. 39–56). Heidelberg: Springer.

Allesch, C. G. (2016). Musik, Zeiterfahrung und kulturelle Evolution. In M. Ebeling (Hrsg.), *Carl Stumpfs Berliner Phonogrammarchiv. Ethnologische, musikpsychologische und erkenntnistheoretische Perspektiven* (S. 73–84). Frankfurt/Main: Lang.

Bahle, J. (1930). *Zur Psychologie des musikalischen Gestaltens*. Leipzig: Akademische Verlagsgesellschaft.

Bahle, J. (1938). Arbeitstypus und Inspirationstypus im Schaffen der Komponisten. *Zeitschrift für Psychologie, 142*, 313–322.

Beeman, W. O. (2005). Silence in music. In Maria-Luisa Achino-Loeb (Hrsg.), *Silence: the currency of power* (1. Ed) (S. 23–33). New York, NY: Berghahn.

Boesch, E. E. (1991). *Symbolic action theory and cultural psychology*. New York, NY: Springer.

Boesch, E. E. (1998). *Sehnsucht. Von der Suche nach Glück und Sinn*. Bern: Huber.

Brown, S., & Jordania, J. (2011). Universals in the world's musics. *Psychology of Music, 41*(2), 1–20.

Cage, J. (1995). *Silence*. Frankfurt/Main: Suhrkamp (Original: 1954).

Chuengsatiansup, K. (1999). Sense, symbol, and soma: Illness experience in the soundscape of everyday life. *Culture, Medicine, and Psychiatry, 23*(3), 273–301.

Dissayanake, E. (2006). Ritual and ritualization: Musical means of conveying and shaping emotion in humans and other animals. In S. Brown & U. Volgsten (Hrsg.), *Music and manipulation: On the social use and social control of music* (S. 31–56). New York, NY: Berghahn Books.

Fitzner, F. (2021). *Der hörende Mensch in der Moderne. Medialität des Musikhörens um 1900*. Göttingen: Wallstein.

Hausegger, E. (1887). *Musik als Ausdruck* (2. Aufl.). Wien: Konegen.

Hentschel, F., Grupe, G., & Schlüter, B. (2019). Die terminologische Perspektive: Welcher Musikbegriff liegt der Historischen Musikwissenschaft zugrunde? In F. Hentschel (Hrsg.),

Historische Musikwissenschaft. Gegenstand – Geschichte – Methodik (S. 48–73). Lilienthal: Laaber.

Hesse, H.-P. (2003). *Musik und Emotion. Wissenschaftliche Grundlagen des Musik-Erlebens.* Wien: Springer.

Koch. L. (2019). *Musikethnologie.* Darmstadt: Wissenschaftliche Buchgesellschaft.

Langer, S. K. (1984). *Philosophie auf neuem Wege. Das Symbol im Denken, im Ritus und in der Kunst.* Frankfurt/Main: Fischer (Original: 1942).

Picard, M. (1950). *Die Welt des Schweigens.* Zürich: Rentsch.

Schäfer, T., Smukalla, M., & Oelker, S.-A. (2014). How music changes our lives: A qualitative study of the long-term effects of intense musical experiences. *Psychology of Music, 42*(4), 525–544.

Spychiger, M. (2001). Understanding musical activity and musical learning as sign processes: Toward a semiotic approach to music education. *The Journal of Aesthetic Education, 35*(1), 53–67.

Stumpf, C. (1911). *Die Anfänge der Musik.* Leipzig: Barth.

Suppan, W. (1984). *Der musizierende Mensch. Eine Anthropologie der Musik.* Mainz: Schott.

Wolfradt, U. (2016). Musik- und Volksliedforschung im ethnopsychologischen Kontext – Zu den Studien Richard Thurnwalds in Buin auf der Salomonen-Insel Bougainville. In M. Ebeling (Hrsg.), *Carl Stumpfs Berliner Phonogrammarchiv. Ethnologische, musikpsychologische und erkenntnistheoretische Perspektiven* (S. 85–101). Frankfurt/Main: Lang.

Wolfradt, U., & Allolio-Näcke, L. (2022). Auf dem Weg zu einer Kulturpsychologie. Julius Bahle und Hans Werbik – biografische Parallelen. *cultura & psyché: Journal of Cultural Psychology,* https://doi.org/10.1007/s43638-022-00030-6.

Zittoun, T. (2012). The art of noise: Comment on The sound of silence. *Culture & Psychology, 18*(4), 472–483.

Subjektivität und Technik

Ernst Schraube

Zusammenfassung

Die Frage nach der Bedeutung technischer Dinge im menschlichen Leben spielt in der Kulturpsychologie eine zentrale Rolle. Auf der Grundlage historischer Analysen der Entwicklung des Psychischen zeigt dieses Kapitel den inneren Zusammenhang zwischen psychologischen, technischen und gesellschaftlichen Prozessen und beschreibt die Rolle menschlicher Subjektivität und Handlungsfähigkeit bei der Hervorbringung der Welt der Technik. Darauf aufbauend werden theoretische und methodologische Grundbegriffe sowie Leitlinien kulturpsychologischer Technikforschung vorgestellt, die zu einem Zusammenhangsdenken und integrierten Verständnis von Mensch und Technik im alltäglichen Leben beitragen können.

Schlüsselwörter

Technikpsychologie · Technische Vermitteltheit des menschlichen Lebens · Vergegenständlichung und Aneignung · Handlungsfähigkeit · Alltägliche Lebensführung · Technik als materialisiertes Handeln

E. Schraube (✉)
Roskilde University, Roskilde, Dänemark
E-Mail: schraube@ruc.dk

1   Einleitung

Seit der Entstehung des Menschen ist Technik ein Teil der menschlichen Lebenswelt und hat von früh an zu grundlegenden Veränderungen menschlicher Subjektivität, Handlungsfähigkeit und der Art und Weise, wie das alltägliche Leben gelebt wird, beigetragen. Mit der Beschleunigung des technischen Fortschritts in der modernen Welt und der Digitalisierung der letzten Jahrzehnte haben diese Veränderungen eine neue Qualität gewonnen. Heute spielen technische Dinge in nahezu allen Bereichen des alltäglichen Lebens eine zentrale Rolle; im Familienleben und den zwischenmenschlichen Beziehungen bis hin zu Bildung, Arbeit und Institutionen. Technische Entwicklungen eröffnen neue Möglichkeiten und können menschliche Subjektivität, Handlungsfähigkeit und die Lebensqualität enorm erweitern. Allerdings sind sie nicht frei von Widersprüchen. Sie können das menschliche Leben auch untergraben und die Gesellschaft an ihre Grenzen bringen. Innerhalb der Sozial- und Humanwissenschaften sind diese Veränderungen zunehmend Thema und es werden disziplinäre wie auch inter- und transdisziplinäre Programme entwickelt, um die Bedeutung der Technik für die Gesellschaft sowie das menschliche und mehr-als-menschliche Leben zu untersuchen.

Auch die Kulturpsychologie trägt zu diesem Forschungsfeld bei. Hier wurde schon früh, seit Anfang des 20. Jahrhundert in den Arbeiten der kulturhistorischen Schule (insbesondere in den Schriften von Wygotski, Luria und Leontjew), die zentrale Bedeutung der Technik für das menschliche Leben erkannt und insbesondere untersucht, wie die menschliche Tätigkeit sowie das Verhältnis von Individuum und Gesellschaft durch geschaffene Werkzeuge und Dinge vermittelt sind (zur kulturhistorischen Schule siehe auch Kap. Die kulturhistorische Perspektive). Der Begriff ‚Technik' verweist auf die von Menschen hergestellten Werkzeuge und Dinge, wie etwa Windräder, Computer oder das Internet, und kann als der Zusammenhang der Maschinen, Systeme und Verfahren verstanden werden, die der menschlichen Kultur und Gesellschaft zugrunde liegen. Der Begriff geht zurück auf das altgriechische Wort *téchne,* das sich nicht nur auf materielle Dinge und die *Resultate* menschlicher Tätigkeit bezieht, sondern auch auf den *Prozess* menschlicher Tätigkeit sowie die Kunst, etwas hervorzubringen. Kulturpsychologie basiert auf der Annahme, dass die phylogenetische Entwicklung höherer psychischer Prozesse einhergeht mit der Fähigkeit, Werkzeuge und andere Dinge hervorzubringen und zu verwenden, und sich die Menschen durch die Verwendung der von ihnen hergestellten Dinge selbst verwandeln. Mit den Worten Jaan Valsiners: „We *make* things. And through those things we *modify ourselves*" (2014, S. 135). Ein solches Verständnis des Menschen als ein bedeutungsschaffendes Wesen, das eine gesellschaftlich-materielle Welt hervorbringt, in der und durch die es sein Leben führt und sich dabei selbst verändert, ermöglicht die Überwindung individualistischer und de-kontextueller Psychologie in Richtung eines theoretisch und methodologisch fundierten, wissenschaftlichen Zusammenhangsdenkens des menschlichen Lebens *in* der Welt.

2 Historische Entwicklung und theoretische Grundannahmen: Der innere Zusammenhang von Psyche, Téchne und Gesellschaft

Psychologische Theorien der historischen Entwicklung des Psychischen beschreiben detailliert die evolutionäre Herausbildung der menschlichen Hervorbringungs- und Herstellungsfähigkeit (Leontjew 1980; Holzkamp 1983). In ihrer Analyse der phylo-genetischen Entwicklung des Psychischen, also beim Übergang vom Tier zum Menschen, zeigen sie, wie, auf dem Weg zum Homo sapiens, aus der Fähigkeit, Dinge zu manipulieren und zu benutzen, sich schrittweise die Fähigkeit ausbildet, Werkzeuge herzustellen und zu verwenden – der Ursprung von Kultur und Technik. Darüber hinaus skizzieren sie die Entwicklung eines parallelen Prozesses, in dem, aus der elementaren Kommunikationsfähigkeit, den Lauten und der Verständigung im Sozialverband, sich die Fähigkeit zur Sprach- und Bewusstseinsbildung ausbildet, die nicht nur die Voraus-setzung für den Herstellungsprozess und die Schaffung von Wissenschaft, Technik und Erkenntnis bildet, sondern auch die Möglichkeit zur Reflexion und zur gemeinschaft-lichen Verständigung über sich und die selbstgeschaffene soziale und materielle Welt. In dieser Besonderheit nicht einfach sozial, d. h. gemeinsam mit anderen seiner Art in einer unmittelbar vorgefundenen *natürlichen* Welt zu leben, sondern entsprechend konkreten Bedürfnissen, Interessen und Vorstellungen seine eigene *gesellschaftliche und technische* Welt zu schaffen sowie zu dieser sich bewusst ins Verhältnis setzen zu können, zeigt sich die gesellschaftliche Natur des Menschen. Da Menschen also, im Gegensatz zu allen anderen Lebewesen, ihr alltägliches Leben vermittelt durch gesellschaftliche und materielle Strukturen leben, die von ihnen selbst gesellschaftlich erzeugt werden und der Möglichkeit nach begriffen, verwendet und auch verändert werden können, kann von einer *gesellschaftlich-materiellen Vermitteltheit individueller Existenz* gesprochen werden.

Der menschliche Schaffungs- und Herstellungsprozess ist als ein zweipoliger Hand-lungszusammenhang zu verstehen, der sowohl die Erzeugung der Dinge wie auch die Veränderung des Menschen durch die Dinge umfasst. Die in der kulturhistorischen Schule entwickelten Begriffe *Vergegenständlichung* und *Aneignung* beschreiben diesen Doppelcharakter des menschlichen Schaffungsprozesses. Mit *Vergegenständ-lichung* wird die Herstellung als ein gesellschaftlicher Prozess der Externalisierung menschlicher Fähigkeiten in den hergestellten Dingen verstanden. Die Wurzeln dieses Prozesses sind in den Versuchen der Überwindung körperlichen Schmerzes zu finden (Scarry 1992), oder, allgemeiner formuliert, in den Bemühungen, die durch natürliche sowie gesellschaftlich-kulturelle Verhältnisse bedingten Grenzen zu überschreiten und die Verfügung über die relevanten Lebensbedingungen zu erweitern (Holzkamp 1983). Die menschliche Psyche stellt eine Grundvoraussetzung für den Herstellungsprozess dar. Nicht nur, weil sie die Fähigkeit des menschlichen Handelns und Herstellens erst ermöglicht, sondern auch, weil die Inhalte psychischer Prozesse, wie etwa spezifische

Erfahrungen, Bedürfnisse, Intentionen, Erkenntnisse – alles Früchte der tätigen Auseinandersetzung mit der Welt – in den Herstellungsprozess einfließen. Deshalb können die geschaffenen Dinge als Verkörperungen der menschlichen Psyche und ihrer Fähigkeiten betrachtet werden oder wie Alexej Leontjew erklärt: „Selbst in den einfachsten produzierten Dingen haben wir vergegenständlichte menschliche Fähigkeiten, haben wir die ‚Wesenskräfte des Menschen' vor uns" (1980, S. 280).

Während sich der Begriff der Vergegenständlichung auf den Herstellungsprozess bezieht, geht es beim Begriff der *Aneignung* um den zweiten Pol des Schaffungsprozesses und um den Prozess der Rückbeziehung der hergestellten Dinge auf das menschliche Leben. *Aneignung* beschreibt, wie Menschen als Subjekte die hergestellten Dinge erfassen, wie sie Zugang zu den Dingen gewinnen, wie sie diese erfahren, verstehen und ihnen Bedeutung geben und wie diese in die Ausbildung der Handlungsfähigkeit einbezogen sind. Der Begriff versucht deterministische Sichtweisen zu überwinden und konzeptualisiert die Inkorporation technologischer Dinge in die Praxis des menschlichen Lebens als einen aktiven, wechselseitigen Prozess, der auf menschlicher Subjektivität, Handlungsfähigkeit und alltäglicher Lebensführung basiert, diese gleichzeitig aber auch transformiert.

Vergegenständlichung und Aneignung haben somit ihren Ursprung und ihren Endpunkt in der Praxis des alltäglichen Lebens. Eben weil sie derart miteinander verstrickt sind, ist der menschliche Schaffungsprozess nur als ein Gesamtzusammenhang zu verstehen, der beide Prozesse umfasst. Wie Elaine Scarry in ihrer Analyse zur *Erfindung der Kultur* erklärt:

> Wenn wir menschliche Schöpfung begreifen wollen, dann kann unsere Aufmerksamkeit nicht bei dem Artefakt […] haltmachen, denn *das Artefakt ist nur ein Drehpunkt oder Hebel, über den die schöpferische Kraft zurück zum Menschen fließt* und ihn seinerseits verändert. Die Frau, die den Mantel herstellt, hat kein Interesse an dem Mantel an sich, sondern daran, etwas herzustellen, das wärmt. Ihr geschickter Umgang mit Stoffen und Garn, mit Nähten und Säumen objektiviert die Tatsache, dass sie dabei ist, menschliches Gewebe vom Problem der Kälte zu befreien. Sie könnte dieses Ziel erreichen, indem sie ihre Arme um die frierende Person schlingt […,] statt dessen erreicht sie ihr Ziel (und besser) auf indirektem Weg – indem sie ein eigenständiges Artefakt herstellt, dass dann im Gegenzug den Menschen verändert, der ihr eigentliches Ziel war. (1992, S. 449)

Die Welt der Technik kann daher nicht unabhängig und losgelöst vom Menschen verstanden werden, vielmehr steht sie in einem inneren Zusammenhang zum Menschen auch als individuelles Subjekt. Menschen erzeugen als individuelle Subjekte eingebettet in spezifisch sprachliche und kulturelle Verhältnisse, Gemeinschaften, Institutionen, Arbeitsstrukturen usw. – eben gesellschaftlich vermittelt – die Welt der Technik, umgekehrt aber sind wir Menschen als individuelle Subjekte von dieser Welt auch unmittelbar betroffen, wir führen in ihr und durch sie unser Leben und verändern uns selbst durch diese selbstgeschaffene Welt. Als Individuen stehen wir also der gesellschaftlich-technischen Welt nicht in einem einseitigen Verhältnis gegenüber, wir sind nicht einfach von ihr bedingte Wesen, vielmehr stehen wir zu ihr in einem zweiseitigen Verhältnis wechselseitiger Bestimmung. Die Besonderheit menschlicher Subjektivität liegt genau in dieser Zweiseitigkeit der menschlichen Handlungsfähigkeit und der Möglichkeit, sich zu den Dingen zu verhalten. So zeigt sich in diesem doppelten Moment der Erschaffung und Veränderung, der Vergegenständlichung und Aneignung, der Produktion und Reproduktion der innere Zusammenhang von Psyche, *téchne* und Gesellschaft. Mit dieser Einsicht stellt sich für die kulturpsychologische Technikforschung die Aufgabe, theoretische Begriffe und methodologische Zugänge zu entwickeln, die es ermöglichen, die innere Verbundenheit und das komplexe Wechselverhältnis von menschlicher Subjektivität und der Welt der Technik zu untersuchen.

3 Theoretische Begriffe und methodologische Prinzipien kulturpsychologischer Technikforschung

3.1 Die subjektive Dimension einbeziehen: Von Subjektivität zu alltäglicher Lebensführung

Ein erster wichtiger Schritt in diesem Bestreben ist die Einbeziehung der subjektiven Dimension des menschlichen Lebens in die wissenschaftliche Konzeption. Nur mit dem Einbezug menschlicher Subjektivität können psychische Prozesse erst wirklich ins Blickfeld kommen. Innerhalb derzeit dominierender Psychologie wird menschliche Subjektivität allerdings – oft immer noch systematisch – ausgeklammert. Ein typisches Argument lautet: „Das Ziel unserer Forschung ist, verlässliches und objektives Wissen zu entwickeln, daher können wir uns nicht mit menschlicher Subjektivität befassen". So maßgeblich epistemische Objektivität als Kriterium psychologischer Erkenntnisgewinnung auch sein mag, das Argument beruht auf einer Verwechslung zwischen der *epistemischen* Objektivität der wissenschaftlichen Untersuchung und der *ontologischen* Objektivität des Untersuchungsgegenstandes (Højholt und Schraube 2019). Da die ontologische Gegebenheitsweise psychischer Phänomene – wie Erfahrung, Emotion, Denken oder Bewusstsein – subjektiv ist, bildet gerade die Anerkennung der subjektiven Konstitution psychischer Phänomene den Ausgangspunkt einer psychologischen Forschungspraxis, die sich wissenschaftlicher Objektivität verpflichtet sieht. Wie Valsiner betont: „We need to come to terms with the uneasy recognition that it is the *personally unique subjectivity* that is objective in psychology" (2014, S. 6).

Entsprechend sind in der Geschichte der Psychologie und insbesondere in der Kulturpsychologie theoretische und methodologische Zugänge zu finden, die sich psychischen Prozessen nicht nur in der abstrakten Form von Zahlen und Variablen nähern, sondern diese als subjektive Prozesse von Personen und deren Aktivitäten verstehen. Theoretische Begriffe wie *Erfahrung, Identität, Selbst, Tätigkeit* oder *Handlungsfähigkeit* wurden einflussreich, eben weil sie die Erforschung der subjektiven Dimension psychischer Prozesse ermöglichen. Dabei verstehen sie die subjektive Dimension nicht individualistisch und isoliert von der gesellschaftlich-technischen Welt. Im Gegenteil, eben weil wir Menschen als individuelle Subjekte gesellschaftliche Wesen sind, werden in kulturpsychologischen Begriffen die subjektiven Prozesse als weltlich situierte, gesellschaftlich und technisch vermittelte Prozesse aufgefasst.

Der Begriff ‚alltägliche Lebensführung' bildet in der psychologischen Technikforschung einen wichtigen Baustein zur Präzisierung des Subjektivitätsverständnisses. Durch seinen Blick auf die Art und Weise, wie Menschen ihr alltägliches Leben in ganz unterschiedlichen Kontexten führen, ermöglicht er ein integrierendes Verständnis einerseits der unterschiedlichen psychischen Funktionen und Prozesse und anderseits des Zusammenhanges von individuellem Subjekt, anderen Menschen sowie der Multiplizität der alltäglichen Lebenswelt (Holzkamp 1996; Schraube und Højholt, 2016). Der Begriff fundiert Technikpsychologie, indem er neben dem Konzept der *Bedeutung* das Konzept der *subjektiven Handlungsgründe* als zweite zentrale Vermittlungsebene zwischen individuellem Subjekt und der gesellschaftlich-technischen Welt einführt. Technische Dinge erscheinen den Subjekten nicht als solche, sondern immer vermittelt durch gesellschaftliche Bedeutungskonstellationen. Der Bedeutungsbegriff ersetzt das kausalistische Reiz- bzw. Input-Konzept der Variablenpsychologie und ist damit ein Schlüsselbegriff der Kulturpsychologie (Brockmeier 2009; Bruner 1990). Menschen führen ihr alltägliches Leben auf der Grundlage aufeinander bezogener gesellschaftlicher Bedeutungskonstellationen, die mehr oder weniger angemessen die Bedeutung der jeweiligen Dinge artikulieren. Die Bedeutungskonstellationen bedingen aber nicht einfach das alltägliche Erleben und Handeln (eine solche Sichtweise würde uns zu einem kausal-deterministischen Erklärungsmodell zurückführen), sondern stellen für das einzelne Subjekt spezifische Handlungsmöglichkeiten (und -behinderungen) dar, die die Person – je nach ihren *subjektiven Handlungsgründen* – in ihrer alltäglichen Lebensführung umsetzen kann, aber keineswegs muss. Die Welt der Dinge wird vermittelt durch gesellschaftliche Bedeutungskonstellationen erfasst, die in die Prämissen der subjektiven Handlungsgründe einfließen. In diesem Sinn ist menschliche Subjektivität nicht einfach durch die technischen Bedingungen *bedingt,* sondern in ihnen als Möglichkeiten und Grenzen des alltäglichen Tuns und Handelns *begründet.*

Die Arbeit mit dem Konzept ‚alltägliche Lebensführung' ermöglicht psychische Prozesse und das Subjektive in der gemeinsamen alltäglichen Lebenswelt zu verorten und dabei auch die Erfahrungen, Bedeutungskonstruktionen sowie Handlungsgründe und -spielräume im Verhältnis zu den technischen Dingen ins Blickfeld zu bekommen. Da technische Dinge einen integralen Bestandteil der alltäglichen Lebenswelt bilden, stellt sich als zweiter wesentlicher Schritt psychologischer Technikforschung die Frage, wie Technik zu verstehen und zu konzeptualisieren ist. Wie kann ein Begriff der Technik entwickelt werden, der einen integrierende Blick auf das Subjektive aber auch auf den inneren Zusammenhang von individuellem Subjekt und der Welt der Technik ermöglicht?

3.2   Technikbegriff: Vom Mittel zum Zweck zu Technik als materialisiertes Handeln

Ein im Alltagsdenken aber auch in der psychologischen Forschungspraxis verbreitetes Verständnis ist die Vorstellung der *Technik als Mittel zum Zweck.* Aus dieser Sicht erscheinen technische Dinge als für bestimmte Zwecke konstruierte Werkzeuge oder Instrumente, über die die Menschen frei verfügen können und es scheint allein darauf anzukommen, wie die Dinge individuell oder gesellschaftlich verwendet werden. Ein Mobiltelefon, beispielsweise, wird als ein Mittel zum Zweck des Telefonierens aufgefasst. Auch in der Kulturpsychologie ist ein solcher instrumenteller Technikbegriff zu finden und er verweist durchaus auch auf wichtige Einsichten. Mit der Betonung auf die individuelle und gesellschaftliche Verwendung technischer Dinge bezieht er systematisch die subjektive Dimension des menschlichen Lebens mit ein und erkennt, wie technische Dinge einen integrierten Teil des menschlichen Handelns bilden und dieses auch erweitern können. Kein Mittel aber ist nur Mittel. Die Mittel-zum-Zweck Auffassung der Dinge verbleibt einseitig und verkürzt, weil nicht nur die Menschen etwas mit den Dingen tun, sondern die Dinge tun auch etwas mit den Menschen. Mobiltelefone, um bei diesem Beispiel zu bleiben, sind nicht nur einfach Mittel, um jemanden anzurufen; sie stellen komplexe Geräte dar, die menschliche Beziehungen verändern und grundlegend die Art und Weise transformieren, wie Menschen ihr alltägliches Leben führen. Das Mittel-zum-Zweck Verständnis betont den subjektiven Pol des Schaffungsprozesses, der Pol der hergestellten Dinge aber, deren Eigenständigkeit, sowie die Inter-Aktivität und Zweiseitigkeit des Verhältnisses von Subjektivität und Technik bleibt unterbelichtet. In der heutigen Wissenschafts- und Technikforschung sind die Grenzen des instrumentellen Technikverständnisses erkannt und auch in der Psychologie gibt es Theorieentwicklungen, die zu einem Verständnis des Prozesses der Rückbeziehung und des in den Dingen *materialisierten Handelns* (Schraube 2009) beitragen.

Ein Beispiel wäre etwa der Begriff des ‚Aufforderungscharakters' der Dinge (Gibson 1982) oder der Vorschlag, die hergestellten Dinge als ‚evokative Objekte' (Turkle 1984), als ‚Akteure' (Latour 2005) oder als ‚politische Formen des Lebens' (Winner 2020) zu konzeptualisieren. Auch wenn das in den Dingen verkörperte Tun und Handeln eine verallgemeinernde, objektivierende Dimension beinhaltet – Scarry etwa spricht von den hergestellten Dingen als vergegenständlichtem „Mitgefühl" (1992, S. 427) –, so ist diese Verallgemeinerungsbewegung immer auch einseitig, gebrochen und partiell, und die hervorgebrachten technischen Dinge sind widersprüchlich und konflikthaft. Günther Anders erkennt dabei, wie sich, vor allem aufgrund der Beschleunigung der modernen technischen Entwicklung und der enormen Größe der geschaffenen Produkte, eine zunehmende Diskrepanz, ein „prometheisches Gefälle" (2018, S. 18) zwischen der menschlichen Herstellungs- und Vorstellungsfähigkeit ausbildet. In dieser paradoxen Situation, dass „wir kleiner seien als wir selbst" (ebd., S. 324), sieht er den Grundkonflikt der heutigen hochtechnisierten Welt und in dessen Überwindung die entscheidende Aufgabe unserer Zeit.

Technische Dinge sind Teil des menschlichen Lebens und können zweifellos nützlich sein. Sie können die menschliche Erfahrung und Handlungsfähigkeit erweitern und das Leben erleichtern. Die Vorstellung der Technik als Mittel zum Zweck aber reicht nicht weit genug, um die heutige hochkomplexe Welt der Technik zu verstehen. Moderne Technologien sind mehr als nur Mittel, über deren Zwecke wir frei verfügen können. Es sind machtvolle Dinge, die menschliche Subjektivität, Handlungsfähigkeit und die alltägliche Lebensführung auf widersprüchliche Weise mitkonstituieren. Daher wird in der kulturpsychologischen Technikforschung auch die Eigenständigkeit und Widersprüchlichkeit der Dinge untersucht und gefragt, was diese mit dem menschlichen und mehrals-menschlichen Leben machen und machen werden.

4   Fazit: Perspektiven psychologischer Technikforschung

Traditionelle, experimentell-statistische Methodik kann nicht viel zur psychologischen Erforschung der Bedeutung der Technik im menschlichen Leben beitragen. Sie entsprachlicht die subjektive Dimension psychologischer Phänomene und trennt die Erfahrung und das Handeln der Menschen von der Welt der Technik. Die Entwicklung einer Psychologie der Technik erfordert daher ein grundlegendes Umdenken psychologischer Theorie, Methodologie und Forschungspraxis. Allerdings muss das Rad nicht neu erfunden werden. In der Geschichte der Psychologie wurden neben nomothetischen auch ideographische und qualitative Zugänge wissenschaftlicher Erkenntnisgewinnung hervorgebracht, die die Erforschung psychologischer Phänomene in ihren komplexen sozialen, kulturellen und technischen Zusammenhängen ermöglichen. In der Kulturpsychologie kann daher, wie allgemein in der Wissenschafts- und Technikforschung, auf eine Fülle qualitativer Traditionen aufgebaut werden, einschließlich dialogischer und partizipativer Methoden wie Ethnographie, Handlungs- und Praxisforschung.

Ausgangspunkt der Erkenntnisgewinnung qualitativer Technikpsychologie sind die Probleme und Konflikte der Menschen im alltäglichen Leben mit Technik. Im Gegensatz zu einem Verständnis wissenschaftlicher Methodik als Anwendung eines feststehenden Verfahrens werden die methodischen Herangehensweisen ausgehenden vom spezifischen Gegenstand und Inhalt der Forschung strukturiert. Sie beschreiben und analysieren die Erfahrungen, das Denken und Handeln der Menschen und wie diese sich in der Interaktion mit technischen Dingen ausbilden. Da sich die Bedeutung technischer Dinge sowohl auf einen subjektiven als auch auf einen objektiven Pol bezieht, muss auch die Realität der Dinge, deren Eigenständigkeit und deren materialisiertes Handeln in die Forschungsperspektive miteinbezogen werden. Ein weiteres methodologisches Grundprinzip besteht daher darin, die spezifischen Handlungsformen, die die Dinge verkörpern, sowie deren Implikationen für das menschliche Handeln zu erforschen. Hier kann auf Bruno Latours erkenntnistheoretische Maxime „to follow the actors themselves" (2005, S. 12) aufgebaut werden oder auf der etwas drastischer formulierten Aufforderung von Günther Anders: *„Die Dinge foltern, bis sie ihr Geständnis ablegen"* (2018, S. 428). In rudimentärer Form ist das materialisierte Handeln der Dinge bereits in der alltäglichen Erfahrung sichtbar. Um menschliche Erfahrung und Subjektivität jedoch im Zusammenhang mit der technologischen Wirklichkeit zu verstehen, erfordert die Analyse einen integrierten, zweiseitigen methodologischen Ansatz, in dem sowohl das Handeln der Menschen als auch das in den Dingen materialisierte Handeln zum Ausdruck kommen.

Technik und die Probleme, mit denen wir Menschen in unserer heutigen Welt konfrontiert sind, stellen eine Chance für die Psychologie dar. Einerseits bieten sie eine Gelegenheit zur Selbstreflexion und zum Nachdenken darüber, wie die Psychologie als Wissenschaft zu den Problemen und Krisen des menschlichen Lebens beigetragen hat. Andererseits bietet psychologische Technikforschung die Chance, sich von mechanistisch-instrumenteller Theorie und Methodologie zu befreien, die die menschliche Subjektivität und die Komplexität des alltäglichen Lebens de-artikuliert. Sie kann zur Entwicklung eines neuen, angemesseneren wissenschaftlichen Selbstverständnisses beitragen, in dem die traditionellen Dichotomien zwischen Natur- und Sozialwissenschaft, zwischen theoretischer und empirischer Arbeit, zwischen menschlichen Subjekten und technischen Dingen überwunden werden. Eine solche wissenschaftliche Perspektive reflektiert nicht nur kritisch, wie technische Dinge menschliches Erleben und Handeln erweitern, sondern auch, wie die Dinge Zwang, Desintegration oder gar die Negation menschlicher Subjektivität verkörpern. Psychologische Technikforschung könnte eine wichtige Stimme in der öffentlichen Debatte werden, wie Menschen sich selbst und das Leben in einer hochtechnisierten Welt verändern.

Literatur

Anders, G. (2018). *Die Antiquiertheit des Menschen. Band 2. Über die Zerstörung des Lebens im Zeitalter der dritten industriellen Revolution*. München: Beck (Original: 1980).

Brockmeier, J. (2009). Reaching for meaning: Human agency and the narrative imagination. *Theory & Psychology, 19*(2), 213–233.

Bruner, J. (1990). *Acts of meaning. Four lectures on mind and culture*. Cambridge, MA: Harvard University Press.

Gibson, J. J. (1982). *Wahrnehmung und Umwelt. Der ökologische Ansatz in der visuellen Wahrnehmung*. München: Urban & Schwarzenberg.

Højholt, C., & Schraube, E. (Hrsg.). (2019). *Subjectivity and knowledge: Generalization in the psychological study of everyday life*. Cham: Springer.

Holzkamp, K. (1983). *Grundlegung der Psychologie*. Frankfurt/Main: Campus.

Holzkamp. K. (1996). Psychologie: Selbstverständigung über Handlungsbegründungen alltäglicher Lebensführung. *Forum Kritische Psychologie, 36*, 7–112.

Latour, B. (2005). *Reassembling the social: An introduction to actor-network theory*. New York, NY: Oxford University Press.

Leontjew, A. N. (1980). *Probleme der Entwicklung des Psychischen* (3.Aufl.). Königsstein/Ts.: Athenäum.

Scarry, E. (1992). *Der Körper im Schmerz. Die Chiffren der Verletzlichkeit und die Erfindung der Kultur*. Frankfurt/Main: Fischer.

Schraube, E. (2009). Technology as materialized action and its ambivalences. *Theory &*
Psychology, 19(2), 296–312.

Schraube, E. & Højholt, C. (Hrsg.). (2016). *Psychology and the conduct of everyday life*. London:
Routledge.

Turkle, S. (1984). *Die Wunschmaschine. Vom Entstehen der Computerkultur*. Reinbek: Rowohlt.

Valsiner, J. (2014). *An invitation to cultural psychology*. London: Sage.

Winner, L. (2020). *The whale and the reactor: A search for limits in an age of high technology (2.*
Aufl.). Chicago, IL: University of Chicago Press.

Umwelt

Uwe Wolfradt und Paul Sebastian Ruppel

Zusammenfassung

Die Kulturpsychologie der Umwelt betrachtet Mensch-Umwelt-Beziehungen bzw. Mensch-Raum-Beziehungen als bedeutungsvermittelte und zumindest partiell subjektive Relationierungen. Hierbei bilden Umwelten den Rahmen, in dem kulturelle Bedeutungssysteme sich manifestieren und in denen Menschen handeln. Historisch leitet sich der Umweltbegriff aus der Geografie, der Soziologie und der Biologie ab und fand über die Begriffe des sozialen und personalen Lebensraums in die Psychologie. Im Beitrag wird erläutert, wie stark eine emotionale Bindung an Raum und Orte (Beheimatung) über psychologische Prozesse vermittelt wird. Zudem wird verdeutlicht, dass Umwelt als eine semiotische Karte fungiert, in der Elementen der natürlichen Umwelt eine wichtige Rolle für die Mensch-Umwelt-Beziehungen zukommt. Am Beispiel der Mapuche in Chile wird die Sakralisierung von Umwelt als kulturspezifische Form der Behandlung der Natur als spirituelle Quelle im indigenen Gedächtnis vorgestellt

Schlüsselwörter

Umwelt · Raum · Ort · Heimat · Hellpach · Uexküll

U. Wolfradt (✉)
Martin-Luther-Universität Halle-Wittenberg, Halle, Deutschland
E-Mail: uwe.wolfradt@psych.uni-halle.de

P. S. Ruppel
Ruhr-Universität Bochum, Bochum, Deutschland
E-Mail: paul-sebastian.ruppel@rub.de

1   Einleitung

Umwelt umfasst den gesamten Lebensraum des Menschen, d. h. alle sozialen und kulturellen Einrichtungen sowie die natürlichen Lebensgrundlagen, Boden, Wasser, Luft, Klima, Natur- und Landschaft mit ihren Lebensräumen für Pflanzen, Tiere und sonstige Organismen (so die deutschen Naturschutzbestimmungen). Aus kulturpsychologischer Perspektive bilden Umwelten *(environments),* Räume *(spaces)* und Orte *(places)* den Rahmen, in dem Menschen leben und handeln. In ihnen sind Menschen, andere Lebewesen, kulturelle Artefakte, diverse Objekte und natürliche Gegebenheiten vorzufinden und sinnhaft aufeinander bezogen. Kulturpsychologische Analysen tragen dazu bei, diese Umwelten zu kontextualisieren und Mensch-Umwelt-Beziehungen bzw. Mensch-Raum-Beziehungen als bedeutungsvermittelte und zumindest partiell subjektive Relationierungen zu verstehen (Ruppel 2018). Umwelten bilden den Rahmen, in dem Kultur sich manifestiert. Sie verfügen über kulturspezifische Bedeutungen für die sie bewohnenden und in ihnen handelnden Menschen. Insbesondere natürliche Umwelten reflektieren für den Menschen sehr diskrepante historische Erfahrungen (Gefahren, wie Naturkatastrophen oder das harmonische Zusammenleben von Mensch und Natur), wie sie in Mythen und kulturellen Zeugnissen zum Ausdruck kommen (Eckensberger 2008). Den Maori, der indigenen Bevölkerung Neuseelands, gelang es 2017, dass dem Whanganui Fluss Rechte zugesprochen wurden und er nunmehr als Rechtsperson durch die neuseeländischen Behörden behandelt wird. Damit war verbunden, dass er nicht nur seinen alten Maori-Namen zurückerhielt und als handelndes Subjekt mit Schutzrechten, sondern auch im holistischen Weltbild der Maori als Quelle des spirituellen Lebens anerkannt wurde (Knauss 2020). Dieses Beispiel aus der interkulturellen Umweltethik verdeutlicht, dass Umwelten für kulturelle Formen der Aneignung und Beheimatung stehen.

Der Umweltbegriff, der sich etymologisch vom dänischen Wort *omverden* (umgebendes Land; umgebende Welt) ableitet, kam in der 2. Hälfte des 19. Jahrhunderts als Ersatzwort für frz. *milieu* (soziale Schicht und Welt) in Verwendung (z. B. Anlage-Umwelt-Problem – der Einfluss von Genetik und Erziehung auf z. B. Intelligenz) (Ruppel 2018). Schon der deutsche Psychologe Willy Hellpach (1877–1955) findet zur Unterscheidung zwischen 1) einer *natürlichen* Umwelt mit Einflüssen von Wetter, Klima, Boden und Landschaft auf den Menschen, 2) einer *räumlich-sozialen* Umwelt, also sinnhaft strukturierte Räume (Gebäude, Plätze, Ortschaften), die von Menschen genutzt werden und der Pflege sozialer Beziehungen dienen (z. B. Nachbarschaften, Freundschaften), und 3) einer *kulturell-zivilisatorischen* Umwelt, die den Menschen durch die wissenschaftlich-technischen und kulturellen Leistungen sowie Institutionen zu einer von der Natur relativ autonomen Lebensweise befähigt (z. B. weite Strecken in kurzer Zeit mittels neuer Transportmöglichkeiten wie Flugzeug und Eisenbahn zurückzulegen) (Hellpach 1924). Der Begriff ,Umwelt' ist in der vorherrschenden Umweltpsychologie und im politischen Diskurs mit den menschengemachten Klima- und Umweltveränderungen sowie den entsprechenden einstellungs- und verhaltensbezogenen

Maßnahmen konnotiert. Ferner ist der politische Umweltbegriff mit dem nachhaltigen Umgang mit natürlichen Ressourcen zum Erhalt von Biodiversität und Lebensbedingungen auf der Erde (Umweltschutz) verbunden (Hellbrück und Kals 2012). Der Begriff ‚Umwelt' ist damit heute, gerade in seiner zeithistorisch-politischen Bedeutung aus Alltag, Praxis und Wissenschaft nicht mehr wegzudenken.

2   Theoretische und historische Grundlagen

Der Mensch hat aufgrund seiner kulturellen und biologischen Anpassungsfähigkeit an die ökologischen Bedingungen der Erde – unabhängig von Klima (z. B. die Inuit in der Arktis oder die Tuareg in der Sahara) oder wirtschaftlichen Nutzungsmöglichkeiten (nomadische versus sesshafte Lebensweise) – unterschiedliche Umwelten zum Mittelpunkt seines Lebens gemacht. Der Ausdruck ‚Ökologie' wird dem Zoologen und Anhänger der Evolutionslehre Darwins Ernst Haeckel (1834–1919) zugeschrieben, der 1866 damit die „Physiologie der Beziehungen des thierischen Organismus zur Aussenwelt" (1866, S. 237/238, 1. Band) wie auch die Wechselbeziehungen der Organismen untereinander bezeichnete. Es waren aber zunächst Geografen, die den Einfluss der Umwelt auf Kulturen und menschliches Leben in das Zentrum rückten: Alexander von Humboldt (1769–1859) erkannte schon früh das ökologische Wechselspiel von natürlicher Umwelt und Menschen (Einheit von Natur und Kultur) sowie die Gefahren für den Bestand der Natur, indem er den anthropogenen Einfluss auf das Klima beschrieb (z. B. durch die Zerstörung von Wäldern). Aber die Umwelt wirkt ebenso auf das menschliche Leben (Humboldt 1844). Der Geograf Carl Ritter (1779–1859) betrachtete den Menschen als aktives Wesen, das von der Struktur der Natur lernen und daran sein Handeln ausrichten solle. Der Anthropogeograf Friedrich Ratzel (1844–1904) war einer der ersten, der den Umweltbegriff in die Kulturwissenschaften einführte und einen Umweltdeterminismus vertrat: Die Naturbedingungen nähmen Einfluss nicht nur darauf, wie Menschen sich in Umwelten einrichten, sondern auch, wie sie handeln. Das Ziel für Ratzel ist daher Gesetzmäßigkeiten des Einflusses der Natur auf die Menschen und ihre Kultur zu bestimmen. Grenzen und Raum bilden zwei zentrale Begriffe für seine Anthropogeografie. So bilden Gebirge für Ratzel eine natürliche Grenze, die eine weitere Wanderung erschwere. Diese natürliche Umwelt könne den Menschen in seinem Habitus beeinflussen, da das Gebirge harte Anforderungen an die dortigen Bewohner stelle: „Doch gilt es freilich längst als ein Erfahrungssatz, dass die Gebirgsbewohner körperlich und geistig, wenn nicht kräftiger, so doch frischer und schneidiger seien als die der Ebenen" (1882, S. 201). Sein Schüler Willy Hellpach (1911) zeigte später den Einfluss von Umweltbedingungen, wie Landschaft, Klima und Wetter auf psychische Phänomene auf (wie z. B. die Wirkung von Regen oder Sonne auf Stimmungen). In der Soziologie wurde Umwelt als sozialer Raum und Milieu gefasst: Émile Durkheim (1858–1917) und Georg Simmel (1858–1918) thematisierten das Verhältnis von Gesellschaft und Raum und setzten sich deutlich von dem Umwelt- und Raumbegriff der

Geografie ab. Durkheim versuchte am Beispiel australischer Stammesgesellschaften, aus der Gliederung des dörflichen Raumes auf die Repräsentationen im sozialen Bewusstsein zu schließen. Raum und Zeit als Ordnungssysteme stellen nach Durkheim erworbene kollektive Repräsentationen sozialer Lebenserfahrungen dar und sind Produkte der Sozialstruktur. Der Raum ist anders als in der Geografie kein homogenes Gebilde, sondern stets gegliedert und wird durch affektive Werte zu einem sozialen Raum (Löw und Sturm 2005). Simmel entwickelt seine Raumvorstellung am Beispiel der Großstadt, indem er sie als Träger des objektiven Sinnes sozialer Formen beschreibt – menschliches Handeln vollzieht sich in räumlichen Strukturen. Er wendet sich gegen die Auffassung von geophysischen Räumen, welche das soziale Leben als von außen determiniert versteht. Vielmehr besteht ihm zufolge eine Interaktion zwischen räumlichen Ordnungen und sozialen Beziehungen – Raum ist beides: Bedingungs- und Möglichkeitsform. Grundlage ist eine Anschauung von Raum als ein selektiver kompositorischer Bewusstseinsakt, d. h. in einer mehrdeutigen Natur greift der Mensch Dinge als getrennt (Lösen) oder zusammenhängend (Binden) heraus und setzt sie so in Beziehung zueinander. Hierdurch kann er gestaltend und ordnend wirken (einen Fluss als durch zwei Ufer getrennt aufzufassen, ermöglicht beispielsweise den Bau einer Brücke) (Glauser 2005).

Für die Umweltforschung bedeutsam wurden die Überlegungen des Biologen Jakob von Uexküll (1864–1944), insbesondere seine Unterscheidung zwischen Umwelt und Umgebung. In seinem Werk *Umwelt und Innenwelt der Tiere* (1909) erläutert er am Beispiel von verschiedenen Tieren (z. B. dem Seeigel), wie die Umgebung als physikalische Welt von Objekten unverändert bleibt, obgleich sich die Umwelt als Folge der Reaktionsfähigkeit der Lebewesen auf die Umgebung fortwährend ändern kann. Umwelt wird zu einem Relationsbegriff, der sich als subjektive Wirklichkeit über die spezifische Beziehung des Lebewesens zu seiner Außenwelt (oder Eigenwelt) abbildet – so gibt es eine Umgebung, aber in Abhängigkeit von den verschiedenen Lebewesen unterschiedliche Umwelten. Umwelt lässt sich nicht verdinglichen, sie ist abhängig von den artspezifischen Sinnesmodalitäten bezüglich der Wahrnehmung, was relevant ist *(Merkwelt)*, und der Reaktion, was anziehend ist *(Wirkwelt)*. Eine Fliege nimmt ihre Umgebung von Gegenständen als Umwelt anders wahr und reagiert anders auf sie als ein Mensch: „Damit ist aber bereits das Tor erschlossen, das zu den Umwelten führt, denn alles, was ein Subjekt merkt, wird zu seiner *Merkwelt*, und alles was es wirkt, zu seiner *Wirkwelt*. Merkwelt und Wirkwelt bilden gemeinsam eine geschlossene Einheit, die *Umwelt*" (Uexküll und Kriszat 1983, S. 4).

Der Umweltbegriff von Uexküll, der durch Wahrnehmung, Aktivität und Bedeutung bestimmt ist und Lebewesen ihre subjektive Zeit und ihren subjektiven Raum zuspricht, fand seinen Niederschlag auch im Begriff des personalen Lebensraumes von William Stern (1871–1938). Der personale Lebensraum ist strukturiert und um die Person zentriert – der Raum stellt eine Erweiterung der Persönlichkeit dar. Raum und Zeit stehen in einem interfunktionellen Verhältnis zueinander, d. h. Raum ist auf Präsenz einer Person zu einem bestimmten Zeitpunkt angewiesen – er wird somit zu einem *gelebten* Raum (1950, S. 138/139). Seine Mitarbeiterin Martha Muchow (1892–

1933) untersuchte den Lebensraum des Großstadtkindes in Hamburg, in dem es lebt (als geografischer Raum, Wohnbezirk), ihn erlebt (als Raum, in dem Erfahrungen gemacht werden, z. B. in der Familie) und durchlebt (als Räume, die aufgesucht und gestaltet werden, fern der Blicke der Erwachsenen). Sie unterscheidet den Lebensraum des Kindes in *Spielraum* (gut bekannte Alltagsbereiche, die aufgesucht werden) und *Streifraum* (Räume, die weniger bekannt sind und nur gelegentlich besucht werden), die sie kartografisch mithilfe der Kinder erfasst. Die Struktur dieser kindlichen Lebensräume zentriert sich um die Wohnung und die Wohnstraße und wird ausgewählt aufgrund der Geeignetheit als Spielgelände, der Spielplatznähe und der Bebauungsart. Zudem sind die Lebensräume des Großstadtkindes u. a. von seinem Alter und Geschlecht abhängig. So bewegen sich z. B. jüngere Kinder und Mädchen häufiger in der Nähe des Wohnbezirkes als ältere Kinder und Jungen (Muchow und Muchow 2012, S. 93). Der Sozialpsychologe Kurt Lewin (1890–1947) betrachtete Umwelt als ein psychologisches Feld, in dem Personen bezüglich ihres Verhaltens Wirkkräften von Anziehung *(positive Valenz)* und Abstoßung *(negative Valenz)* ausgesetzt sind. Person und Umwelt werden als in einem wechselseitig abhängigen Verhältnis zueinanderstehend aufgefasst. Wie ein Kind seine physische Umgebung sieht (z. B. ob es einen zugefrorenen See als gefährlich betrachtet oder nicht) sei durch seinen Entwicklungsstand und Charakter sowie seine Vorstellungswelt bestimmt (1963). Sehr eng an Lewin orientiert beschreibt der Kulturpsychologe Ernst E. Boesch (1916–2014) „Kultur als ein Handlungsfeld, dessen Inhalte vom von Menschen geschaffenen oder genutzten Objekten bis zu Institutionen und Ideen oder Mythen reichen" (1980, S. 17). Kultur kann Boesch zufolge als ein Biotop betrachtet werden, da die kulturelle Umwelt bereits Konsequenz vollzogener bedeutungsschaffender Handlungen und Gestaltungen der natürlichen Umwelt sei, ja schon die bloße Betrachtung der Natur nach strukturellen Schemata des Handelns und Denkens erfolge. Kultur und Natur – Mensch und Umwelt bilden keinen Gegensatz, Natur ohne Kultur ist ebenso unmöglich wie umgekehrt. Deutlich wird dies an der sogenannten ‚Kulturlandschaft‘: Orte, die entweder mit Vorstellungen (spritueller-geistiger Art) behaftet und dadurch gemieden oder aufgesucht werden, oder Land- und Wasserflächen, die der Mensch verändert und umgestaltet (z. B. für die Landwirtschaft oder als Gartenreich, Herrmann und Sieglerschmidt 2017). Der Dualismus von Natur und Kultur existiert so nicht bei indigenen Völkern, die von einer beseelten Natur ausgehen, in der Menschen auch verwandtschaftliche Beziehungen zu Tieren haben können (Descola 2011).

Die Umweltpsychologie *(environmental psychology)*, die sich in den 1960er Jahren in den USA entwickelt hatte, versuchte der Kritik an Institutionen wie Krankenhäusern und Gefängnissen sowie den Wohn- und Arbeitsverhältnissen mit psychologischen Maßnahmen zu begegnen. Zusammen mit Vertreter:innen der Medizin und der Architektur sollten mithilfe der Psychologie Lösungen für die räumliche Gestaltung gefunden werden, die mehr soziale Begegnungen in einem angenehmen baulichen Kontext ermöglichen und damit Stress und Konflikte minimieren (Kruse et al. 1990). Fragen des Umweltverhaltens und -schutzes traten in den 1970er Jahren im Bewusstsein der sich abzeichnenden Umweltkrise hinzu und sind u. a. die Folge der Veröffentlichung der Studie *Die Grenzen des Wachstums* des *Club of Rome,* der Ersten Konferenz der Vereinten Nationen über die Umwelt des Menschen sowie der Gründung des UN-Umweltprogramms im Jahr 1972 (Ruppel 2018).

Kruse (1974) versucht eine Taxonomie von Raumbegriffen: 1) *Umwelt* als Raumbegriff steht für die Summe von Konditionen, die Einfluss auf die menschliche Psyche nehmen (wie Klima, andere Menschen), 2) *Lebensraum* als sozialer und physikalischer Raum, der Einfluss auf das menschliche Verhalten nimmt, setzt sich zusammen aus dem *kognitiven Raum* (z. B. der lokalisierbare Ort), *erfahrenen Raum* (Orte, die wichtig oder unwichtig sind) und dem *gelebten Raum* (das alltägliche Lebensumfeld wie die Wohnung), 3) *Lebenswelt* als Einheit von physikalischer, sozialer und kognitiver Welt, 4) *In-der-Welt-sein* als Raum, mit dem eine Person eine tiefe Vertrautheit verbindet, 5) *gelebter Raum* bezeichnet den Raum, in dem sich das Leben und die Aktivitäten von Menschen abspielen – der menschliche Körper ist hier Zentrum des gelebten Raumes, 6) *objektiver* und *persönlicher Raum* drücken aus, wie sich Menschen verhalten, ob sie sich dem Raum anpassen (objektiver Raum) oder den Raum an ihre persönlichen Vorstellungen anpassen (persönlicher Raum), 7) *potentieller Raum* bezeichnet den Raum, in dem sich Menschen nicht befinden, den sie aber potenziell aufsuchen können (z. B. ein Ferienort), 8) *habitueller Raum* bezeichnet den Raum aus dem gewohnten Lebensumfeld, der vertraut ist und wo man sich häufig aufhält, und 9) *behavior-setting* nach Roger Barker (1968) den Raum, in dem sich Menschen aufgrund seiner physische Merkmale konform verhalten (z. B. Kirchen, die zu Stille mahnen). Insbesondere der gelebte Raum zeichnet sich durch die *Stimmung* von Raum und Person aus – Merkmale für die Stimmung des Raumes sind Form, Größe und Farbe, Klang, Nähe/Ferne und Bewegung (Kruse 1974, S. 63). Ebenso ist der gelebte Raum durch Orientierung gekennzeichnet, Höhe wird zumeist konstant wahrgenommen, während Breite (rechts und links) und Tiefe (vorne und hinten) sich durch die körperliche Bewegung ändern können. Ein Raum kann entweder zu einem Handlungsraum mit orientierenden Eigenschaften werden, in dem gehandelt wird oder Dinge im Raum thematisch strukturiert bzw. geordnet werden, oder zu einem Wahrnehmungsraum, in dem Dinge durch Fühlen, Riechen, Hören, Schmecken und Sehen erfasst werden (z. B. das Wiederfinden von Dingen im Raum, Kruse 1974, S. 110). Die Bedeutung von Raumbegriffen wird ersichtlich, wenn man sich interdisziplinär mit den Vorstellungen von Raum in Geografie (Raumordnung), Architektur (bauliche Raumgestaltung), Soziologie (sozialer Raum) und Psychologie (Raumwahrnehmung) befasst. Die meisten theoretischen Ansätze bezüglich der Person-Raum-Beziehung behandeln die Wechselbeziehung zwischen Individuum, gesellschaftlichem Raum und physischem Raum und legen unterschiedliche Wirkverhältnisse fest (Einfluss des Individuums auf den physischen Raum; wechselseitiger Einfluss; Einfluss des physischen Raumes auf das Individuum). In der Sozialpsychologie wurde die Wirkung von Räumen zu einem Forschungsfeld, in dem u. a. die subjektive Wahrnehmung von räumlicher Enge *(crowding)* und die objektive räumliche Dichte durch Raumgröße und Anwesenheit anderer Personen *(density)* differenziert wird (Stokols

1972). Räumliche Nähe oder Distanz spielt in interpersonalen Beziehungen eine große Rolle in Abhängigkeit von Personen (fremd, bekannt, intim), Geschlecht und Umweltfaktoren (wie die durchschnittliche Tagestemperatur eines Landes). In einer interkulturellen Studie von Sorokowska et al. (2017) mit Teilnehmenden aus 42 Ländern wurde die interpersonale Distanz untersucht. Die Befunde zeigten z. B., dass gegenüber Fremden von Frauen und Bewohner:innen kälterer Länder eine größere persönliche Distanz präferiert wird. Wie der kulturelle Kontext diesen Prozess der räumlichen Annäherung oder Distanzierung beeinflusst, ist noch nicht ausreichend untersucht worden. Ein weiteres Feld einer Kulturpsychologie der Umwelt ist die emotionale Bindung an Orte. Nach Scannell und Gifford (2010) entsteht eine Ortsbindung *(place attachment)* aus dem Zusammenwirken von Person, die einer Gruppe kulturell zugehörig ist (z. B. historisch, religiös) und individuelle Erfahrungen gemacht hat, dem Ort selbst als sozialer Raum mit Symbolen (z. B. eine Dorfkirche) sowie physischen Merkmalen (z. B. Landschaft). Schließlich sind psychische Prozesse beteiligt, wie Affekte (z. B. Freude, Trauer), Kognitionen (z. B. Erinnerungen, Wissen, Bedeutungen) und Verhaltensweisen (z. B. Aufsuchen des Ortes, Erhalt des Gebäudes). Eine besondere Form der Ortsbindung ist die Beheimatung, die sich aus der Ortsidentität *(place identity),* wenn der Ort Teil der Selbstdefinition wird, dem Ortgefühl *(sense of place)* und Gefühlen der Bindung an den physischen und sozialen Raum mit der Folge einer Verwurzelung *(rootedness)* zusammensetzt. Mitzscherlich (2019) betrachtet Heimat als Ergebnis eines aktiven subjektiven Konstruktionsprozesses (Beheimatung). Hierbei hat sich Heimat als spezifischer geografischer Begriff im Zuge der Wanderung durch die Industrialisierung im 19. Jahrhundert (in die Industriemetropolen oder Auswanderung) zu einem psychologischen Begriff gewandelt, der auf etwas verweist, das sich in der subjektiven Innenwelt von Menschen bezüglich eines äußeren Raumes konstituiert. Heimat drückt eine „starke emotionale (Ver-)Bindung zu einem Herkunfts- oder Wohnort, einer Region, einem Land, sozialen Gemeinschaften und deren als ‚Kultur' konzeptualisierten, durchaus heterogenen Lebensformen, Gewohnheiten, Regeln" aus (2019, S. 183). Sehr zentral für Heimat als subjektives Konzept ist das Heimatgefühl, das mit den positiven Gefühlen „Geborgenheit, Sicherheit, Vertrautheit in Bezug auf Menschen und räumliche Umgebungen beschrieben" wird (2019, S. 185). Durch die erhöhte räumliche Mobilität wird stärker zwischen Herkunftsort und Lebensmittelpunkt unterschieden, sodass mehrere Formen der Heimat parallel existieren können. Schließlich dient Heimat auch als Kontrastentwurf gegenüber der Fremde oder des Verlustes von Heimat (z. B. durch Migration). Heimat steht nach Mitzscherlich (2019) für ein Bedürfnis nach territorialer Vertrautheit, indem physische Orte und Wege bekannt sind, soziale Beziehungen gepflegt und Handlungen vollzogen wurden, die Teil eines Narrativs der autobiografischen Erinnerung werden. Mitzscherlich betrachtet Heimat als einen Prozess, den sie als Beheimatung beschreibt, der sich durch ein Sich-Verbinden mit Orten, Menschen, kulturellen und geistigen Bezugssystemen auszeichnet (S. 188). Drei Komponenten sind wesentlich für diesen Prozess: 1) *Sense of community* – Arbeit an sozialer Integration und Zugehörigkeit, 2) *Sense of control* – Arbeit an Gestaltungsmöglichkeiten und 3)

Sense of coherence – Arbeit an einem kulturellen Werte- und Sinnsystem. Aber Heimat kann nicht nur aus einer individuumszentrierten Perspektive betrachtet werden, sondern sie schafft auch eine kollektive Identifikation mit einer bzw. für eine Gruppe von Menschen an einem Ort, die in der globalisierten Welt Orientierung vermittelt. Neben der Beziehung zwischen Menschen, Umwelten, Räumen und Orten kann demnach die emotionale Bindung an bzw. durch komplexe Konzepte wie ‚Heimat' für die Identitätsbildung von Bedeutung sein.

3   Beispiel: Die Sakralisierung von Umwelt im indigenen Bewusstsein der Mapuche in Chile

Indigene Vorstellungen von territorialen Räumen sind häufig eng mit der historischen und natürlichen Umwelt der Vorfahren und Ahnen verbunden. Pérez und Marsico (2021) haben am Beispiel der Mapuche in Chile zeigen können, dass Umwelt ein Bedeutungssystem (sensu Uexküll) darstellt, das kulturspezifische Räume und Orte zu Bezugspunkten für die indigene Identität werden lässt. Das Land der Ahnen der Mapuche liegt in Süd-Chile zwischen dem Fluss Bio Bio und der Insel Chiloé. Durch die spanische und spätere chilenische Herrschaftspolitik wurde das Land zu etwa 95 % den Mapuche entzogen, das noch bis Ende des 19. Jahrhunderts von ihnen erfolgreich verteidigt wurde. In der Vorstellungswelt der Mapuche besteht eine enge Beziehung zwischen Mensch und Natur: alle Arten sind gleich wichtig und die Menschen sollen die Umwelt schützen. Umwelten sind das Ergebnis bedeutungschaffender Prozesse, bei denen die Welt symbolisch geformt wird. Geschichten, Mythen oder Bilder geben der so geschaffenen Umwelt eine strukturelle Wirklichkeit. Umwelt ist Uexküll folgend eine subjektive und sinnhafte Welt von Organismen. Hierbei besteht bezüglich der Umwelt ein Verhältnis zwischen Zeichen und Bedeutung im menschlichen Leben (Magnus und Kull 2012). Das Territorium der Mapuche zeichnet sich durch eine hohe Biodiversität (vielfältige endemische Fauna und Flora) zwischen dem Meer (Pazifischer Ozean) und Gebirge (Anden) aus. Basierend auf dem Regelwerk *Ad Mapu* (Erde) haben alle Lebensformen *(ixofilmogen)* der Umwelt einen Geist von gleicher Wichtigkeit. Insbesondere die Küstenregion mit dem Ozean ist der Ort für religiöse Zeremonien. Bäume wie auch Sümpfe haben eine spirituelle Rolle für schamanische Rituale, so werden Altare aufgebaut, um den Verstorbenen Essen zu bringen und ihre Seelen zu beruhigen. Auch die Vulkane und ihre seismische Aktivität werden als Ausdruck von großen Geistern betrachtet, die Menschen bestrafen können, wenn sie das *Ad Mapu* verletzen. Das Land der Ahnen der Mapuche ist spirituell aufgeladen und ein wichtiger Identifikationspunkt für die indigene Gemeinschaft. Große Baumrodungen, Wasserstauprojekte des Flusses Bio Bio und Umweltverschmutzungen im Land haben das Ökosystem nachhaltig gestört und wichtige heilige Orte der Mapuche zerstört. Die Mapuche klagen ihre traditionellen Rechte gegenüber Chile ein, indem sie zwar keine Eigentumsrechte geltend machen, wohl aber auf ihr kulturelles Recht bestehen, die Umwelt zu schützen. Viele von ihnen fühlen sich verpflichtet, Kontakt zu ihrem Ursprungsland zu halten, was eine große

Herausforderung darstellt, nicht zuletzt da ca. 80 % der Mapuche in den Städten in der Diaspora leben, da sie zuvor von ihrem Land vertrieben wurden.

Für die Mapuche bildet das *Ad Mapu* eine semiotische Karte, so die Darstellung von Pérez und Marsico (2021), auf der die spirituelle Kraft jedes Elements in der Biosphäre anerkannt wird. Menschen können sich demnach nicht isoliert betrachten, sondern sind mit der Natur eng verbunden. Das *Ad Mapu* als Regelsystem der Ahnen schafft eine semiotische Kartografie, die wesentlich für das Weltverständnis der Mapuche ist. Hierbei kommt den Mapuche, die im Land der Ahnen leben, ebenso wie den Mapuche, die außerhalb in den Städten leben, die Rolle zu, die Traditionen des *Ad Mapu* über Zeremonien und Narrative weiterzutragen.

4   Fazit

Eine Kulturpsychologie der Umwelt fasst diese weiter als Natur. Sie ist bedeutungsbe- und durchzogener Lebenskontext, der als kultureller Raum und Ort Strategien der Aneignung und Gestaltung erfordert, wie dies etwa die Arbeiten von Uexküll, Stern und Muchow verdeutlichen. Eine verstärkte Beschäftigung mit den Beziehungen zwischen Mensch, Raum und Ort scheint für eine Kulturpsychologie der Umwelt aussichtsreich. Hierbei sind Räume und Orte nicht gleichzusetzen: Nach Michel de Certeau (1925–1986) weist der Ort eine Struktur des Eigenen durch eine momentane Konstellation fester Punkte und in der Anordnung der Elemente auf – demgegenüber entsteht ein Raum erst durch bestimmte Handlungen und Bewegungen, z. B. Gehen, die ihm Richtung und Zeit vermitteln (Certeau 1988, S. 345). Räume und Orte spiegeln aber auch kollektive Erinnerungen wider und werden durch Kommunikationen und Praktiken ko-konstituiert. Kultur ist hierbei das Ergebnis des fortlaufenden Austausches zwischen Personen und ihren Umwelten. Kultur ist wiederum bedeutsam für verschiedene psychologische Prozesse, in denen sich Personen auf ihre Umwelten beziehen (Valsiner 2007). Kulturelle Kontexte prägen die Vorstellungen über den Charakter einer Umwelt, z. B. als magisch-spiritueller Ort oder als Raum der Ressourcennutzung. Die Forschungen von Uexküll, Stern und Muchow zeigten, dass die physikalische Umgebung gleich sein mag, aber die Wahrnehmung und Deutung der Umwelten subjektiv verschieden. Zum Verständnis der im Wechselspiel mit den Außenwelten entwickelten – historisch, kulturell, sozial und biografisch sich wandelnden und variierenden – Innenwelten von Menschen beizutragen, kann als wichtige Aufgabe einer Kulturpsychologie der Umwelt gelten.

Literatur

Barker, R.G. (1968). *Ecological psychology: Concepts and methods for studying the environment of human behavior*. Stanford, CA: Stanford University Press.

Boesch, E. E. (1980). *Kultur und Handlung. Einführung in die Kulturpsychologie*. Bern: Huber.

Certeau, M. de (1988). *Kunst des Handelns*. Berlin: Merve.

Descola, P. (2011). *Jenseits von Natur und Kultur*. Berlin: Suhrkamp.

Eckensberger, L. H. (2008). Kultur und Umwelt. In E.-D. Lantermann & V. Linneweber (Hrsg.), Enzyklopädie der Psychologie; Themenbereich C, Serie 9, Bd. 1: Umweltpsychologie: Grundlagen, Paradigmen und Methoden der Umweltpsychologie (S. 237–272). Göttingen: Hogrefe.

Glauser, A. (2005). Pionierarbeit mit paradoxen Folgen? Zur neueren Rezeption der Raumsoziologie von Georg Simmel. *Zeitschrift für Soziologie, 35*(4), 250–268.

Haeckel, E. (1866). *Generelle Morphologie der Organismen* (2. Bände). Berlin: Reimer.

Hellbrück, J., & Kals, E. (2012). *Umweltpsychologie*. Wiesbaden: Springer VS.

Hellpach, W. (1911). *Die geopsychischen Erscheinungen. Wetter, Klima und Landschaft in ihrem Einfluss auf das Seelenleben*. Leipzig: Engelmann.

Hellpach, W. (1924). Psychologie der Umwelt. In E. Aderhalden (Hrsg.), *Handbuch der biologischen Arbeitsmethoden. Abt. VI: Methoden der experimentellen Psychologie* (Band C, 3). Berlin: Urban & Schwarzenberg.

Herrmann, B., & Sieglerschmidt, J. (2017). *Umweltgeschichte in Beispielen*. Heidelberg: Spektrum.

Humboldt, A. v. (1844). *Central-Asien. Untersuchungen über die Gebirgsketten und die vergleichende Klimatologie*. Berlin: Kleemann.

Knauss, S. (2020). Planetarische Integrität – Was Umweltethiker und interkulturell interessierte Philosophen voneinander lernen können. In M. Kirloskar-Steinbach & M. Diaconu (Hrsg.), *Environmental ethics: Cross-cultural explorations* (S. 171–184). Freiburg i.Br.: Alber.

Kruse, L. (1974). *Räumliche Umwelt*. Berlin: De Gruyter.

Kruse, L., Graumann, C.-F., & Lantermann, E.-D. (Hrsg.). (1990). *Ökologische Psychologie – Ein Handbuch in Schlüsselbegriffen*. München: PVU.

Lewin, K. (1963). *Feldtheorie in den Sozialwissenschaften*. Bern: Huber.

Löw, M., & Sturm, G. (2005). Raumsoziologie. In F. Kessl, C. Reutlinger & O. Frey (Hrsg.), *Handbuch Sozialraum* (1. Aufl.) (S. 31–48). Wiesbaden: VS Verlag für Sozialwissenschaften.

Magnus, R., & Kull, K. (2012). Roots of culture in the Umwelt. In J. Valsiner (Hrsg.), *The Oxford handbook of culture and psychology* (S. 649–663). New York, NY: Oxford University Press.

Mitzscherlich, B. (2019). Heimat als subjektive Konstruktion. In E. Costadura, K. Ries & C. Wiesenfeldt (Hrsg.), *Heimat global. Modelle, Praxen und Medien der Heimatkonstruktion* (S. 183–195). Bielefeld: transcript.

Muchow, M., & Muchow, H. H. (2012). *Der Lebensraum des Großstadtkindes*. Hamburg: Riegel (Original: 1935).

Pérez, C., & Masico, G. (2021). Return to the ancestral land: The semiotic map of the Mapuche people. *Culture & Psychology, 27*(2), 258–269.

Ratzel, F. (1882). *Anthropogeographie. Grundzüge der Anwendung der Erdkunde auf die Geschichte*. Stuttgart: Engelhorn.

Ruppel, P. S. (2018). Umwelt. In C. Kölbl & A. Sieben (Hrsg.), *Stichwörter zur Kulturpsychologie* (S. 393–398). Gießen: Psychosozial.

Scannell, L., & Gifford, R. (2010). Defining place attachment: A tripartite organizing framework. *Journal of Environmental Psychology, 30*(1), 1–10.

Sorokowska, A. et al. (2017). Preferred interpersonal distances: A global comparison. *Journal of Cross-Cultural Psychology, 48*(4), 577–592.

Stokols, D. (1972). On the distinction between density and crowding: Some implications for future research. *Psychological Review, 79*(3), 275–277.

Uexküll, J. v. (1909). *Umwelt und Innenwelt der Tiere*. Berlin: Springer.

Uexküll, J. v., & Kriszat, G. (1983). *Streifzüge durch die Umwelten von Tieren und Menschen. Bedeutungslehre*. Frankfurt/Main: Fischer (Original: 1934).

Valsiner, J. (2007). *Culture in minds and societies: Foundations of cultural psychology*. New Delhi: Sage.

Wirtschaft

Ralph Sichler

Zusammenfassung

Im Beitrag wird Wirtschaft als wesentlicher Teil der Kultur moderner Gesellschaften vorgestellt. Als über den Austausch von wirtschaftlichen Gütern konstituiertes, rollengestütztes und symbolisch vermitteltes Interaktionssystem nimmt sie tiefgreifenden Einfluss auf das soziale Handeln und die Konstitution von Individualität. Im Rahmen einer Kulturpsychologie der Wirtschaft werden insbesondere die Phänomene Arbeit, Markt, Konsum und Geld näher beleuchtet. Als Beispiel einer kulturpsychologischen Analyse der modernen Wirtschaftswelt werden abschließend die Emotionalisierung des Kapitalismus und der Gefühlscharakter von Waren thematisiert.

Schlüsselwörter

Arbeit · Emotion · Geld · Individuum · Konsum · Kulturpsychologie · Markt

1 Einleitung

Kaum ein anderes soziales System moderner Gesellschaften nimmt so nachdrücklich Einfluss auf menschliches Handeln und Erleben wie die Wirtschaft. Dies gilt auch dann, wenn im Rahmen einer sozialen Interaktion für die beteiligten Personen etwas anderes im Zentrum steht als das Herstellen, Veräußern oder Erwerben von wirtschaftlichen Gütern. Ob es etwa um die Planung des Abendessens geht, um die Vorbereitung einer

R. Sichler (✉)
Fachhochschule Wiener Neustadt, Wiener Neustadt, Österreich
E-Mail: ralph.sichler@fhwn.ac.at

© Der/die Autor(en), exklusiv lizenziert an Springer Fachmedien Wiesbaden GmbH, ein   459
Teil von Springer Nature 2022
U. Wolfradt et al. (Hrsg.), *Kulturpsychologie,*
https://doi.org/10.1007/978-3-658-37918-6_41

Urlaubsreise, um die Wahl neuer Kleidung oder um die Ausgestaltung einer Feier, immer stellen mindestens im Hintergrund auch wirtschaftliche Transaktionen einen wesentlichen Teil der genannten Aktivitäten dar.

Dies betrifft ebenso das Verhältnis der Formen des Wirtschaftens zu Kulturen. Aus *interkultureller* Perspektive betrachtet kommen vor allem durch Handelsbeziehungen nicht selten sehr unterschiedliche Kulturen miteinander in Kontakt. Über den Austausch von Waren wird dabei nicht nur die jeweilige materielle Kultur über Kulturgrenzen hinweg beeinflusst. Auch andere Kulturmerkmale (wie zum Beispiel auf dem Gebiet der Religion) durchlaufen durch transkulturelle Wirtschaftsbeziehungen oft einen nachhaltigen Transformationsprozess. Dies ist ein Phänomen, das schon in historisch weit zurückliegenden Epochen beobachtet werden kann, beispielsweise an den durch Handel und Kulturaustausch hervorgebrachten Beziehungen griechischer Stadtstaaten zu den Imperien des heutigen Nahen Ostens. Gleichzeitig muss aus *intrakultureller* Perspektive festgehalten werden, dass wirtschaftliches Handeln mit der jeweils vorherrschenden Kultur einer Gesellschaft selbst eng verwoben ist. Dabei verlaufen Einflussprozesse in beide Richtungen: einerseits wird durch die symbolisch vermittelte Praxis in Kulturen überhaupt erst entschieden, was als legitimes wirtschaftliches Gut gelten kann. So prägen die Merkmale einer Kultur die Formen des Herstellens, Austauschens und Konsumierens von wirtschaftlichen Gütern. Andererseits wirken sich die in einer Gesellschaft bestehenden Formen des Wirtschaftens in hohem Maße auf kulturelle Orientierungen, Normen, Werte und Praktiken aus. Dabei schlägt der Einfluss oft bis auf die Person und ihre Individualität durch.

Genau betrachtet stehen Wirtschaft und Kultur in einem komplexen Interdependenzverhältnis zueinander. Gerade dies macht die Wirtschaft und die in diesem sozialen System auftretenden symbolisch vermittelten Interaktionsprozesse zu einem Forschungsgegenstand der Kulturpsychologie *par excellence*. Wirtschaft ist ein gesellschaftliches, mithin überindividuelles Phänomen. Das bedeutet: Akteure, die in dieses System eintreten, können nur aufgrund und im Rahmen der dort vorgesehenen Rollen handeln. Sie sind aus erster oder zweiter Hand Erzeuger:innen oder Konsument:innen von wirtschaftlichen Gütern. Es gilt das von Ernst Cassirer (1961, S. 49) festgehaltene „Faktum der Kultur", wonach Akteure einer Kultur „in einem funktionalen Verhältnis der Wechselbedingtheit" stehen. Erst auf der Grundlage dieses Verhältnisses ergeben sich die Möglichkeiten individuellen Handelns. Dies gilt ebenso für das System der Wirtschaft. Das, was zwei oder mehr Personen in einem wirtschaftlichen Handlungskontext füreinander, aber auch jeweils für sich sind, ergibt sich erst aus den immer auch kulturell mit konstituierten sozialen Formen des Wirtschaftens. Das ‚Ich' und ‚Du' wirtschaftlicher Akteure resultiert somit nicht aus in der Person begründeten Gegebenheiten, vielmehr werden die individuellen Welten der Handelnden, ihre kognitiven und emotionalen Stile, aber auch ihr Lebensstil insgesamt, im Zuge des Eintretens in den Interaktionskontext des soziokulturellen Systems ‚Wirtschaft' erst konstituiert. Wirtschaft als kulturelles Phänomen zu begreifen bedeutet, die dort auftretenden Akteure als Rollenhandelnde in ihrer Wechselbedingtheit zu sehen.

Auch die gesellschaftliche und die individuelle Seite stehen in einem Interdependenzverhältnis. Wirtschaft kann als Medium kulturbedingter und kulturvermittelter
Interaktionsprozesse betrachtet werden. Es lassen sich dort sowohl Momente der Vergesellschaftung als auch der Individuierung nachweisen. Gesellschaft und Individuum
sind zwei Seiten ein und derselben Medaille, welche alle symbolisch vermittelten
sozialen Interaktionen im System ‚Wirtschaft' auf sich vereint. Dies gilt es im folgenden
Beitrag einerseits theoretisch anhand der wesentlichen Grundbegriffe zu konkretisieren
und andererseits an kurz skizzierten Beispielen wirtschaftlicher Handlungsfelder zu veranschaulichen.

2   Grundbegriffe der Wirtschaft aus kulturpsychologischer Sicht

2.1   Wirtschaft

Wirtschaft kann auf unterschiedliche Weise definiert werden. Aus kulturpsychologischer Sicht liegt es aufgrund des eingangs Gesagten nahe, von einem Verständnis des Wirtschaftens auszugehen, das sowohl die damit verbundenen soziokulturell
konstituierten, oft komplexen Austauschprozesse als auch die in der Arbeits- und
Konsumwelt generierte Bedeutung wirtschaftlicher oder wirtschaftsnaher Phänomene für
das Individuum und dessen lebensweltliche Bezüge thematisiert.

Auf dieser Grundlage kann Wirtschaft als gesellschaftliches, mithin transindividuelles, symbolisch vermitteltes und kulturell geprägtes Interaktionssystem zur
Regelung und Abwicklung der organisierten Produktion, des sozialen Austausches und
des Konsums von Waren und Dienstleistungen verstanden werden. Das Individuum
ist Akteur in diesem System. Dessen Handeln (beispielsweise als Arbeitskraft oder als
Konsument:in) ist einerseits in hohem Maße normiert (insbesondere auch durch Rechts-
normen) und wird durch bestimmte Rollenvorgaben seitens der Wirtschaftsgesellschaft
insgesamt oder durch wirtschaftliche Subsysteme wie beispielsweise Unternehmen
beeinflusst. Andererseits weist das wirtschaftliche Handeln immer auch ein erhebliches
Maß an Freiheitsgraden auf. Dies betrifft nicht nur die Käufer:innen in ihrer prinzipiell
freien Wahl von Waren und Dienstleistungen, auch auf Seite der produzierenden Unternehmen können (und müssen) Entscheidungen zwischen Alternativen getroffen werden
(Strategie-, Investitions-, Personalentscheidungen etc.).

Akteure im Wirtschaftssystem sind sehr häufig selbst überindividuelle Einheiten
(Institutionen). Kaufentscheidungen werden nicht selten von Haushalten (z. B. Familien,
Vereinen) getroffen, die Erzeuger:innen und Anbieter:innen von Waren und Dienstleistungen sind meist Unternehmen. Dies macht die Interaktionsprozesse im System
‚Wirtschaft' überaus komplex. Es gibt beispielsweise den Austausch von Dienstleistungen
innerhalb eines Unternehmens. Dies führt dann zu marktüblichen, oft aber konflikt-
anfälligen Kund:innen-Lieferant:innen-Beziehungen in einer Organisation. Oder es

taucht das Problem der Zuschreibung von Verantwortung an kollektive Akteure auf. So hängt etwa die Art der Attribution von Verantwortung für wirtschaftliches Handeln davon ab, in welchem Umfang ein betroffenes Mitglied eines Unternehmens sich dabei auf organisationsumfassende Rollenvorgaben berufen kann oder selbst Rede und Antwort für das eigene Tun stehen muss.

Ein entscheidendes Merkmal des Wirtschaftens ist die Trennung von Produktion und Konsum. Dadurch kommt es zum Austausch von Waren und Dienstleistungen, in nicht wenigen Fällen auch schon in frühen und frühesten Zeiten der Menschheitsgeschichte über die Grenzen unterschiedlicher Kulturen hinweg. Als Beispiele seien für die Bronzezeit die Bernsteinstraße und für das Mittelalter die Seidenstraße genannt. Erst die Trennung von Produktion und Konsum bewirkt die für das Wirtschaften typischen Erscheinungen wie den Handel und die Ausdifferenzierung von Arbeits- und Konsumformen. All dies kann bereits in frühen Kulturen beobachtet werden, wo beispielsweise die Landwirtschaft und das Handwerk in seinen unterschiedlichen Ausgestaltungen schon getrennt vorliegen. Dem skizzierten Kontext entsprechend kann die Subsistenzwirtschaft als ein Grenzfall des Wirtschaftens ausgewiesen werden. Dort werden idealtypisch innerhalb einer wirtschaftlichen Einheit, einem Haushalt *(oikos)*, alle fürs Leben erforderlichen Güter durch Landwirtschaft und einfaches Handwerk produziert und konsumiert. Im Rahmen dieser autarken Selbstversorgung findet ein wirtschaftlicher Austausch mit anderen sozialen Akteuren (so gut wie) nicht statt. Erst wenn beispielsweise für die Lagerung von landwirtschaftlichen Erzeugnissen Tonwaren benötigt werden und diese außerhalb des Haushalts hergestellt und im Austausch gegen eigene Leistungen oder Werte bezogen werden, tritt wirtschaftliches Handeln im eigentlichen Sinn in Erscheinung.

2.2   Markt

Vor diesem Hintergrund ist die wohl bedeutendste soziale Arena der Wirtschaft insgesamt der Markt. Dort kommt es zu dem beschriebenen Austausch von Waren und Dienstleistungen. Idealtypisch kann Max Weber (1980, S. 382) zufolge von einem Markt genau dann gesprochen werden, wenn für die Veräußerung oder den Erwerb einer Ware oder einer Dienstleistung durch Tausch zwei Seiten in Form von Anbietenden und Nachfragenden existieren. Dabei konkurrieren die Akteure auf beiden Seiten um das jeweils beste Geschäft: Sie versuchen entweder, die Ware oder Dienstleistung zu einem möglichst hohen Preis zu verkaufen oder zu einem möglichst geringen Preis zu erwerben. Ob der Tausch mit Naturalien oder bereits im Rahmen einer Geldwirtschaft erfolgt, ist zwar für die damit verbundene Art des Wirtschaftens von nicht zu unterschätzender Bedeutung, für das Zustandekommen von Märkten aber nicht entscheidend. Auch heute existieren sogenannte komplementärökonomische Formen des Waren- und Dienstleitungsaustauschs (sogenannte Kooperations- und Tauschringe meist auf lokaler

Ebene, Huber, 2004), welche ohne abstrakte Zahlungsmittel wie das Geld auskommen. Es handelt sich hier ebenfalls um Märkte im beschriebenen Sinn.

Wenn man beispielsweise die *agora* einer antiken griechischen *polis* wie Athen, den Marktplatz in einer mittelalterlichen Stadt, einen Souk in einer arabischen Stadt, ein modernes Einkaufszentrum und Onlineverkaufsplattformen im Internet untereinander vergleicht, so erhält man ein vielfältiges Bild äußerst verschiedener Marktkulturen, die teils intern, teils extern sehr unterschiedlich reguliert sind und damit überaus vielgestaltige Grenzen und Möglichkeiten des Handelns und Erlebens in diesen Märkten schaffen. Man denke nur an die Möglichkeit des Feilschens, welche nur in bestimmten Märkten in unterschiedlichen Formen vorgesehen ist. So etwa beim Souk, aber auch auf einigen modernen Internetplattformen für Gebrauchtwaren.

Dass Verkäufer und Käufer hier vor allem rein zweckrationalen Interessen folgen, ist eine Unterstellung, die aus ökonomischer Perspektive häufig getroffen wird, aber der Vielfalt der Märkte und der Motive der dort auftretenden wirtschaftlichen Akteure nicht gerecht wird. Wirtschaftliches Handeln kann als Paradebeispiel für soziales Handeln nach Max Weber verstanden werden. Es ist seinem Sinn nach wechselseitig auf das Handeln anderer bezogen und orientiert sich in seinem Verlauf daran (Weber, 1980, S. 1). Für Weber war in erster Linie das zweckrationale Handeln typisch für wirtschaftliche Interaktionen, vor allem in modernen Gesellschaften (Mikl-Horke, 2009, S. 135). Beide Seiten des Geschehens in Märkten suchen den besten Preis für die angebotene oder erworbene Ware zu erzielen. Betrachtet man jedoch die anderen von Weber (1980, S. 12) genannten Handlungstypen, dann ist leicht ersichtlich, dass Menschen als wirtschaftlich Handelnde nicht nur zweckrational, sondern ebenso *wertrational* (Glauben an den beispielsweise religiös vermittelten Eigenwert eines Handelns), *traditional* (aufgrund von individuellen Gewohnheiten oder kulturell vermittelten Bräuchen und Sitten) oder *emotional* agieren. Dies betrifft alle Aspekte des Wirtschaftens, also sowohl die Herstellung bzw. den Verkauf von Produkten und das Angebot von Dienstleistungen als auch den Konsum. Gerade aus kulturpsychologischer Sicht stellt dies einen gewichtigen Umstand dar. So können Menschen vor allem auch deshalb arbeiten, weil sie eine bestimmte berufliche Tätigkeit für intrinsisch wertvoll erachten. Oder sie kaufen ein Produkt aus Gewohnheit oder einer alten Tradition folgend, obwohl es rein zweckrational betrachtet möglicherweise nicht vernünftig erscheint. Würden Kaufentscheidungen tatsächlich rein zweckrational getroffen werden, würde die Werbung zu Produkten und Dienstleistungen nicht Emotionen, sondern die Vernunft ansprechen. Meist ist aber genau das Gegenteil der Fall.

2.3   Arbeit

Arbeit gehört zur *conditio humana,* sie stellt ein wesentliches Element im Leben der Menschen dar. Dabei geht es gerade in der heutigen Zeit nicht nur um die Sicherung der eigenen oder familiären Existenz, Menschen suchen (und finden teilweise auch)

Befriedigung und Verwirklichung in der Arbeit (Sichler 2018a). Sie ist zu einem zentralen Moment des eigenen Lebens- und Selbstverständnisses geworden. Das war historisch betrachtet nicht immer so (Füllsack 2009). Noch bis ins Mittelalter hatte die Arbeit mit einem Tätigkeitsspektrum, das in erster Linie der Existenzsicherung zugeordnet werden kann, einen geringen Stellenwert, was sich zuletzt auch daran zeigt, dass man sie in der Antike den Sklaven als gewissermaßen „gebildete Werkzeuge" (Aristoteles) überließ.

Das heute vorherrschende bejahende Verständnis von Arbeit geht auf die Neuzeit zurück. Arbeit wurde zur Hauptquelle von individuellem und nationalem Wohlstand und löste den in der Aristokratie höher bewerteten Grundbesitz ab. Für das heutige Verständnis von Arbeit legte Karl Marx einen wichtigen Grundstein (Joas 1996). Im Austausch mit der Natur gestaltet der Mensch nicht nur die Welt, in der er lebt, um, er verändert im Zuge der schöpferischen Auseinandersetzung mit der (äußeren) Natur auch sich selbst und seine eigene, innere Natur. Durch Arbeit erwirbt der Mensch überlebenswichtige Fähigkeiten und Fertigkeiten und verwirklicht sich als Mensch. Im Rahmen der kulturhistorischen Schule (s. Kap. Die kulturhistorische Perspektive) (Kölbl 2006) wurde so auf die besondere Bedeutung des Gebrauchs von Werkzeugen für die menschliche Naturbearbeitung hingewiesen. Arbeit dient nicht nur der Befriedigung von Bedürfnissen des Menschen, sie wird dem Menschen selbst zu einem elementaren Bedürfnis (Sichler 2006a).

Als auf andere ausgerichtete, arbeitsteilig ausgeführte Tätigkeit und als essenzieller Teil des Leistungsaustauschs zwischen den Mitgliedern der Gesellschaft ist Arbeit als politisch-ökonomischer Begriff strikt von privaten Tätigkeiten und der Selbstversorgung zu trennen (Krebs 2002). Arbeit weist einen genuin sozialen Charakter auf, da das durch Arbeit erzielte Ergebnis ein Produkt oder eine Dienstleistung für andere darstellt. Im Rahmen dieser Bestimmung treten Aspekte wie Autonomie, Sinn, Anerkennung, berufliche Identität oder soziale Verantwortung ins Zentrum kulturpsychologischer Thematisierungen von Arbeit (Sichler 2006b). Betrachtet man im Rahmen einer sozial-philosophischen Analyse die modernen Formen sozialer Anerkennung, so zeigt sich, dass sich die durch Arbeit erfahrene Anerkennung nicht durch die emotionale Anerkennung in Primär- und Liebesbeziehungen sowie die rechtliche Anerkennung des Menschen als Staatsbürger:in substituieren lässt (Honneth 1992; Sichler 2006b).

Einen kulturprägenden Teil des modernen Arbeitsverständnisses stellen verschiedene Formen der Rationalisierung von Arbeit dar (Mikl-Horke 2009, S. 193). Waren es zunächst in erster Linie *technische* (Automatisierung) und *organisatorische* (Taylorismus) Veränderungen der betrieblichen Arbeitsvollzüge, welche der Steigerung von Produktivität und Effizienz dienten, greifen heutige Mechanismen der Rationalisierung auf die arbeitenden Subjekte selbst zu. Im Zuge *sozialer* Rationalisierung werden die Arbeitsbeziehungen in Teams und zwischen Führungskraft und Geführten betriebswirtschaftlichen, nutzenmaximierenden Kalkülen unterworfen. Aktuell im Management favorisierte Führungsstile und damit verbundene Programme zur Veränderung der Persönlichkeit von Führungskräften und Beschäftigten führen schließlich zu *emotionalen* Formen der Rationalisierung von Arbeit (Illouz 2006). Dabei wird in zunehmendem

Ausmaß der Mensch als Ganzes Ziel von Maßnahmen der Steigerung von Innovation, Produktivität und Kundenorientierung. Es geht – zumindest auf dem Papier – modernen Führungsideologien um Empathie und Emotionsmanagement (emotionale Intelligenz), um affektives *commitment* und um den Wohlfühlfaktor bei der Arbeit. Die Gefühle der Beschäftigten sind in den modernen Unternehmen keine Privatangelegenheit mehr, sondern wesentlicher Teil einer „offenen" betrieblichen Kommunikation nach innen und nach außen (Emotionsarbeit, Hochschild 1983).

Auf der anderen Seite bekommt das private Leben immer mehr den Charakter von Arbeit. Die Lebensführung erfährt in immer höheren Ausmaß eine „Verbetrieblichung" (Pongratz und Voß 2003), das heißt, das Leben wird mehr und mehr wie ein Unternehmen geführt. Im Zuge steigender Entgrenzung von Berufs- und Privatleben sowie des Zuwachses des Risikopotenzials insbesondere bei atypischen Beschäftigungsformen wird seit einiger Zeit ein neuer Leittypus von Arbeitskraft diskutiert: der *Arbeitskraft-unternehmer*, der mit seiner Ware Arbeitskraft wie ein Unternehmer im Arbeitsmarkt agiert (ebd.). In Anlehnung an die von Michel Foucault (1993) entwickelten *Techno-logien des Selbst* führt dies zu einer *Subjektivierung* von Arbeit (Minssen 2012, S. 117ff.). Dies bedeutet, dass sich das Arbeitssubjekt unserer Zeit zur Steuerung seiner Arbeitstätigkeiten (auch im Verhältnis zu seiner Lebensführung) die Formen der Unter-werfung unter die Auflagen des Marktes selbst auferlegt. Dies geht unter Umständen mit Tendenzen *freiwilliger Selbstausbeutung* (Moosbrugger 2008) einher. Konkret bedeutet dies: Im Unterschied zum Typus des für die Erwerbsarbeit im 20. Jahrhundert kennzeichnenden verberuflichten Arbeitnehmers ist der Arbeitskraftunternehmer durch verstärkte Selbstkontrolle, erweiterte Selbstökonomisierung und erhöhte Selbst-rationalisierung charakterisiert. Aus stabilen Anerkennungsverhältnissen entlassen und ohne Orientierungsangebote etwa durch betriebliche Karriereverläufe bleibt dem Arbeits-kraftunternehmer im Kern nur der riskante Weg, den wechselnden Konjunkturen und Trends in der Wirtschaft zu folgen und sich als unternehmerisch handelndes Subjekt auf dem Arbeitsmarkt zu behaupten (Bröckling 2007; Sichler 2006a, 2018b).

Arbeit wird gewöhnlich in sozial organisierter Form ausgeführt. Davon ausgehend wird spätestens seit den 1980er Jahren die Kultur auch in Organisationen thematisiert. Edgar Schein (1985) bestimmt den Begriff der Organisationskultur als Muster gemeinsamer Grundprämissen, das eine Gruppe bei der Bewältigung ihrer Probleme externer Anpassung und interner Integration erlernt hat. Er unterscheidet in seinem Modell drei Ebenen der Organisationskultur. Auf der sichtbaren Oberfläche befinden sich menschliche Verhaltensweisen und Artefakte in einer Organisation. Die nächste Ebene beinhaltet bekundete kollektive Werte sowie Einstellungen der Organisations-mitglieder. Auf der tiefsten, grundlegenden Ebene liegen die für selbstverständ-lich befundenen, nicht hinterfragten Grundannahmen. Sie sind tief im Denken und Fühlen der Organisationsmitglieder verankert und werden meist auch nicht bewusst wahrgenommen. Dieses Muster an Grundannahmen (dazu gehört beispielsweise das Menschenbild) bildet den eigentlichen Kern der Organisationskultur.

Scheins Definition befindet sich im Einklang mit anderen anerkannten Bestimmungen des Kulturbegriffs (Straub und Chakkarath 2010). Kulturen in Organisationen stehen für kollektiv geteilte Ziele, Normen und Werte und geben so dem sozialen Arbeitshandeln Orientierung. In seit den 1960er Jahren durchgeführten Vergleichsstudien zur Organisationskultur an IBM-Standorten in mehr als 90 Ländern wurden fünf Kulturdimensionen ermittelt (Hofstede 1980), die heute gerne oft etwas plakativ als allgemeingültige Vergleichsmaßstäbe für weltweite Kulturunterschiede ausgegeben werden. Kulturbedingte Unterschiede zwischen den Führungsstilen in Organisationen verschiedener Regionen der Erde sind im Rahmen der weltweit durchgeführten GLOBE-Studie untersucht worden (House et al. 2004). An der Kommunikation zwischen Führungskräften und Geführten sowie in Teams und Organisationen kann schließlich gut beobachtet werden, dass Kulturen sich verändern können. Kulturen entstehen, etwa bei Neugründungen, sie wandeln sich oder werden von anderen kulturellen Orientierungssystemen abgelöst, etwa durch eine Organisationsentwicklung.

2.4 Konsum

Mehr noch als bei der Arbeit gibt es beim Konsum eine psychologisch vermittelte Verbindung zur Bedürfnisnatur des Menschen. Der Markt bietet Waren und Dienstleistungen an, die der Mensch erwirbt, um damit bestimmte Bedürfnisse zu befriedigen. Dieser Zusammenhang ist so offenkundig und für die moderne Kultur derart bestimmend, dass insbesondere mit Blick auf die entwickelten Industriegesellschaften von einer *Konsumgesellschaft* gesprochen wird. Dabei wird unterstellt, dass es für nahezu alle menschlichen Bedürfnisse entsprechende Angebote auf dem Markt gibt, die Befriedigung von Bedürfnissen somit über den Kauf von passenden Produkten oder Dienstleistungen sichergestellt werden kann. Darüber hinaus impliziert der Begriff aber zusätzlich, dass das Überangebot an Waren und deren medial vermittelte Präsenz in der Werbung auch bestimmte Bedürfnisse des Menschen weckt, stimuliert oder sogar neu schafft.

Dieser enge marktförmige Zusammenhang zwischen einem wachsenden, sich immer mehr ausdifferenzierenden Konsumangebot und der Bedürfnisnatur des Menschen wurde schon bald, nachdem sich die kapitalistische Wirtschaftsordnung in den führenden Nationen in Europa und Nordamerika durchzusetzen begann, eingehend beschrieben und analysiert (Simmel 1989). Es wurde deutlich, dass der ausgedehnte Konsum von wirtschaftlichen Gütern die Lebensweisen der Menschen nachhaltig prägt und in der Regel zu bestimmten Lebensstilen führt. Dabei tritt der eigentliche Gebrauchsnutzen der Dinge immer mehr in den Hintergrund. „Die Dinge werden zu Symbolen für Zeitgeist, Lebensstil und Kultur" (Mikl-Horke 2009, S. 208). Heutzutage geht es beim Konsumieren von Waren und Dienstleistungen um Verortung und Zugehörigkeit, um Status oder auch um Abgrenzung von anderen Lebensstilen. Die Konsumpraktiken moderner Gesellschaften repräsentieren deren Pluralität und stellen die Möglichkeit der Konstitution von unverwechselbarer Individualität in Aussicht. Für jeden Lebensstil bietet der Markt entsprechende Produkte (Fahrrad, Sportwagen) und Dienstleistungen (Yoga-Seminar, Luxuskreuzfahrt).

Entsprechend der sozialen Ausdifferenzierung der Gesellschaft durch die Teilung von Arbeit stratifiziert sich auch die Kultur der Konsumgesellschaft. Es bilden sich durch den Erwerb und die soziale Darbietung von jeweils besonderen, ausgesuchten Konsum- und Kulturgütern sogenannte *feine Unterschiede* (Bourdieu 1982). Zusammen mit dem Lebensstil differenzieren sich Geschmack und Habitus der Konsument:innen in bestimmte Milieus. Die soziale Herkunft (Klasse) und der ökonomische Status (ökonomisches Kapital) sind nicht mehr allein ausschlaggebend für die soziokulturell bedingte Positionierung des Individuums in der Gesellschaft. Hinzu treten andere sogenannte Kapitalformen (Bourdieu 1983), so das *soziale* Kapital (soziale Ressourcen aufgrund von Beziehungen zu Mitgliedern vor allem des eigenen, aber auch benachbarten Milieus), das *kulturelle* Kapital (manchmal auch Bildungskapital genannt, umfasst Güter in Form von Bildern, Büchern, Wissen etc.) und das manchmal noch eigens ausgewiesene *symbolische* Kapital (Titel, Bildungsabschlüsse, repräsentiert etwa im Kleidungsstil). Neben der konsumorientierten Zuordnung des Individuums zu einem bestimmten kulturellen Milieu sind die genannten Kapitalformen auch für die Chancen und Positionierung im modernen Arbeitsmarkt ausschlaggebend.

2.5   Geld

Das unumgängliche Zahlungsmittel moderner Wirtschaftssysteme ist Geld. So selbstverständlich Geld als universales Tauschmittel alltäglicher Begleiter aller wirtschaftlichen Transaktionen geworden ist, so sehr fällt es schwer, dessen Bedeutung und Funktion aus kulturpsychologischer Sicht darzulegen. Durch Geld wird jedenfalls dem Wert von Gegenständen ein quantitatives Relativ zugeordnet. Damit werden nahezu alle Dinge, ja alle Aspekte des Lebens einer objektiven Werteskala unterworfen und untereinander vergleichbar (Simmel 1989). Prinzipiell kann so alles in Geldwerten zum Ausdruck gebracht werden, etwa auch der Wert eines Menschenlebens aus versicherungswirtschaftlicher Sicht.

Dass es überhaupt zur Verwendung von Geld bei wirtschaftlichen Transaktionen kommt, ist alles andere als selbstverständlich. Der Kauf einer Ware oder Dienstleistung durch eine Geldzahlung beruht auf Vertrauen der beteiligten Handelspartner gegenüber einem Dritten, und zwar gegenüber jener Instanz, die das Geld ausgegeben hat. Wirtschaftliche Transaktionen, die mit Geld abgewickelt werden, sind *triadische* Beziehungen (Simon 2009, S. 48). Mit im Spiel ist immer ein Gläubiger, der das Geld in der ursprünglichen Form eines Schuldscheins für eine in Aussicht gestellte Gegenleistung über den Schuldner in den Markt gibt. Diejenigen, die mit diesen „Scheinen" wirtschaftliche Güter kaufen oder die „Scheine" gegen wirtschaftliche Leistungen annehmen, vertrauen letztendlich darauf, dass im Zweifel die Gläubigerperson den wie auch immer beschaffenen Gegenwert des Geldes wieder verfügbar machen kann.

Geld fungiert auf diese Weise als das abstrakteste Kommunikationsmittel, das Gesellschaften kennen. Seine Funktionsweise beruht auf dem sozialpsychologischen Prinzip des Vertrauens, wobei beim modernen Geldverkehr der haftende Gläubiger und dessen Vertrauenswürdigkeit oft kaum ausgemacht werden können. In letzter Konsequenz ist es das durch die tägliche Praxis immer wieder neu erbrachte *Systemvertrauen* in das gesamte funktionale Prinzip der Weltfinanzwirtschaft, das dieses System auch trägt. Darüber hinaus erfüllt das Geld auch andere wichtige psychologische Funktionen, welche das Orientierungssystem moderner Kulturen nachhaltig beeinflussen. Während das Individuum in vormodernen Gesellschaften noch eng an die lokale Gemeinschaft, die Verwandtschaft und Familie gebunden war, erlauben ihm geldwirtschaftlich geprägte Verhältnisse, je nach Interessenlage mit jedem anderen beliebigen Menschen in Kontakt zu treten, um mit diesem ein Geschäft zu machen. Persönliche Bindungen werden so in anonyme und zugleich austauschbare, marktförmige Abhängigkeiten verwandelt. Geld weist so gesehen eine beträchtliche emanzipatorische Bedeutung auf, mit dem Geld erwirbt der oder die Einzelne jene Freiheit, die das Handeln in der modernen, eben liberalen Wirtschaftsgesellschaft kennzeichnet. Als abstraktestes Mittel für jegliche nur denkbare menschliche Zwecksetzung wird es oft selbst zum letzten oder eigentlichen Zweck menschlichen Handelns. So werden nicht nur wirtschaftliche Erfolge und Misserfolge in Geldgrößen gemessen, man strebt vor allem selbst nach Geld und nicht nach Wohlergehen oder Selbstverwirklichung (Mikl-Horke 2009, S. 213). Durch die mit der globalen Wirtschaft einhergehende permanente Steigerung von Wachstum und Konsumoptionen und mit der Einsicht, dass Geld im Prinzip alles möglich macht, erlangt die moderne Geldwirtschaft geradezu religiöse Züge. Auf dem Dollarschein ist „*In God we trust*" zu lesen, doch mit Blick auf den modernen Kapitalismus entsteht der Eindruck, dass es der Mensch selbst ist, der sich an die Stelle des Schöpfers gesetzt hat. Er hat sich, so der Anschein, die Welt, in der er lebt, selbst geschaffen. So werden Narzissmus und Waren- bzw. Geldfetisch zu festen Begleiterscheinungen einer bis in alle Winkel der modernen Kultur waltenden Weltwirtschaft.

3   Die Ware Gefühl: Beispiel einer kulturpsychologischen Analyse der modernen Wirtschaft

Charakterisiert man die moderne Wirtschaft als eine durch universal eingesetzte Rationalisierungsmechanismen fortwährend optimierte, von kapitalistischen Prinzipien regierte Weltordnung, verbleibt nach Max Weber als bürgerliche Lebenswelt eine säkulare, *entzauberte* Welt, bei der alle Gesellschaftsmitglieder sich einem *stahlharten Gehäuse der Hörigkeit* unterwerfen. Das zweckrationale Kalkül des Handelns bestimmt insbesondere alle wirtschaftlichen Transaktionen, für romantische Stimmungslagen und tief empfundene Emotionen bleibt offenbar kein Platz. Bei genauerer Betrachtung der Entwicklung des Kapitalismus im 20. und 21. Jahrhundert stellt man allerdings fest, dass beim herrschenden breiten Angebot von Waren und Dienstleistungen keineswegs auf Gefühle verzichtet wird, eher im Gegenteil: Bei nicht wenigen Industrieprodukten und Serviceleistungen geht es sogar ganz zentral um Emotionen, so wie in Brechts Dreigroschenoper, wo das Geschäft von Peachum laut eigener Auskunft genau darin besteht, „das menschliche Mitleid zu erwecken" (Brecht, Die Dreigroschenoper).

Mit Gefühlen lassen sich demnach auch Einnahmen und Erträge erzielen und es ist oft die Aussicht auf emotionale Erlebnisse selbst, die als Ware auf dem Markt angepriesen wird. Eva Illouz (2006, 2018) hat diese Phänomene unter dem Begriff des „emotionalen Kapitalismus" als Kultur, in der sich emotionale und ökonomische Diskurse gegenseitig formen und beeinflussen (Illouz 2006, S. 13), untersucht. Es wurde bereits mit Blick auf die moderne Arbeitswelt deutlich, dass im Lauf des 20. Jahrhunderts Gefühle immer stärker ökonomischen Dispositiven unterworfen wurden. Gleichzeitig sind auch andere Bereiche des modernen Wirtschaftslebens immer mehr emotionalisiert worden. Man denke beispielsweise an die Tourismusbranche oder an die Automobilindustrie. Die Formierung des modernen Kapitalismus geht Hand in Hand mit einer Ausbildung einer bestimmten emotionalen Kultur. Wer heute ein Auto kauft, legt sich damit nicht nur ein bestimmtes Fortbewegungsmittel zu, es geht dabei auch um Fahr- und Statusgefühle sowie um Trends des Lebensstils. Emotionen werden so zu einem wesentlichen Bestandteil ökonomischen Handelns, dies betrifft sowohl die Produktions- bzw. Angebots- als auch die Konsumseite. Damit einhergehend werden Gefühle oft auch der Logik ökonomischer Austauschprozesse angepasst (Illouz 2006, S. 13), wie man am Beispiel von virtuellen Singletreffs und Partnerbörsen deutlich machen kann (ebd., S. 113ff.).

Die wachsende Instrumentalisierung von Emotionen im modernen Wirtschaftsleben, beispielsweise beim Emotionsmanagement, aber ebenso beim Emotionsmarketing, ist aber nur eine Seite des emotionalen Kapitalismus. Wie Eva Illouz und andere (2018) in neueren Studien zeigen können, geht auch das Vokabular unserer Gefühle selbst mit der Ware Emotion Hand in Hand. Das, was wir erleben und fühlen, besitzt heute sehr häufig einen Warencharakter. Emotionen werden zu Waren gemacht, was oft sogar mit einer Intensivierung von Gefühlen einhergeht. Die Ware Emotion erzeugt aber auch erst bestimmte Gefühle, was das authentische Erleben von Gefühlszuständen fragwürdig werden lässt. Die zunehmend kapitalistischen Mechanismen folgende Instrumentalisierung von Emotionen als Ware führt damit zu einer zunehmenden Entfremdung des Menschen von seiner Gefühlswelt.

Das hat enorme Auswirkungen auf das Lebensgefühl von Individuen in der modernen Wirtschaftskultur und Lebenswelt insgesamt. Die multioptionale Konsumwelt ist tief in die sogenannte *Erlebnisgesellschaft* (Schulze 1992) eingeschrieben. Die Ware Gefühl steht in engem Zusammenhang mit den Lebenszielen des modernen Individuums, die auf Genuss, Selbstverwirklichung und authentisches Erleben gerichtet sind. Der spätmoderne Kapitalismus schafft mit seinen Freiräumen zum Konsum auch neue Möglichkeiten der individuellen Verwirklichung des eigenen Selbst und der authentischen emotionalen Selbsterfahrung. Betrachtet man dazu etwa ein Beispiel aus der Musikindustrie des 20. Jahrhunderts: Im Zuge des in der Mitte des vergangenen Jahrhunderts auf den Markt gekommenen Trägermediums der Vinyl-Single mit ihrer typischen Dauer von wenigen Minuten und einem für breite Schichten erschwinglichen Preis wurde ein neuer Typus eines oft mit starken Gefühlen aufgeladenen Hörgenusses geschaffen, der auch mit anderen emotionalen Aktivitäten (Tanz, Flirt etc.) verbunden werden konnte. Es entstand dadurch eine neue Kultur der Begegnung und Selbstinszenierung von vor allem jungen Menschen. Das Erleben der Gefühle war nicht nur an die Ware Single gekoppelt, es entstand auch eine neue emotionale Kultur der Aufnahme und Pflege von Paarbeziehungen, und es gibt keinen Grund, trotz der durch die ökonomischen Rahmenbedingungen mit vermittelten Hervorbringung neuer Formen emotionaler Erfahrung die Authentizität dieser Erlebnisse von vorneherein infrage zu stellen.

Die skizzierte Ambivalenz macht den Kern des gegenwärtigen emotionalen Kapitalismus aus. Ware und Gefühl sind in vielen Fällen derart eng miteinander verschmolzen, dass es eigentlich nicht möglich ist, das eine vom anderen zu trennen. „Akte des Konsums und Gefühlsleben sind so eng und untrennbar miteinander verbunden, dass sie einander wechselseitig definieren und ermöglichen; Waren bieten eine Gelegenheit zum Ausdrücken und Erleben von Gefühlen, Gefühle werden in Waren verwandelt" (Illouz 2018, S. 23). Illouz nennt diesen Prozess *Koproduktion von Gefühlen und Waren, commodities* werden zu *emodities*. Dabei ist es nicht möglich, aus dieser Symbiose ein wahres, *authentisches* Gefühl als dessen Kern heraus zu destillieren und der Ware als Verpackung gewissermaßen gegenüberzustellen. Ein von einem Reiseanbieter verkaufter Abenteuerurlaub kann in der Tat mit intensiven, *echten* Abenteuererlebnissen für die Konsumierenden verbunden sein, mit neuen emotionalen Erfahrungen der Natur etwa oder des eigenen Selbst. Gefühl und Ware gibt es nur im Doppelpack, der emotionale Kapitalismus ist längst Teil unserer Erlebnisse und Gefühle, unserer Individualität und unseres Lebensstils geworden.

4   Fazit

Aus der Darstellung des gesellschaftlichen Teilsystems ‚Wirtschaft' geht hervor, dass kulturpsychologische Forschung wirtschaftliche Interaktionen in ihre Analysen und Studien integrieren sollte, um zu verstehen, wie einerseits soziale Lebensformen, andererseits aber vor allem individuelle Lebensstile und die emotionale Verankerung der Individualität durch Kultur und Wirtschaft konstituiert werden. Dort, wo Akteure in ihrem Handeln und Erleben durch symbolische und praktische Formen einer Kultur Orientierung in ihrem Handeln erfahren und sich die Konstitution von Subjektivität vollzieht, ist wirtschaftliches Handeln fast immer essenzieller Teil der dabei vollzogenen psychosozialen Prozesse. Modernes Wirtschaften ist fast durchgängig an Geldzahlungen gebunden. Die Funktion dieser Form des Waren- und Leistungsaustausches beruht auf einem systemstützenden transindividuellen Vertrauen der Wirtschaftsakteure. Immer dann, wenn dieses Vertrauen erschüttert wird, führt dies zu einem massiven Vertrauensverlust, der sich nicht nur wirtschaftlich, sondern auch soziokulturell und psychisch (in Gestalt von Wirtschafts- und Gesellschafts-krisen) bemerkbar macht. Im kulturbedingten, aber ebenso kulturfortschreibenden und kulturerzeugenden, produktiven und kreativen Handeln von Menschen offenbart sich nicht nur die Art und Weise der Herstellung von Waren und Dienstleistungen. Mit eingebunden ist auch die Produktion und Konstitution der Individuen selbst, als Arbeitssubjekte und Arrangeure ihrer Arbeit und Privatleben regulierenden Lebens-führung. Ebensolches gilt für den Konsum, der nicht nur dem Erwerb von Gütern zur Befriedigung von vermeintlich basalen Bedürfnissen dient. Vor allem werden durch das überreiche Angebot an Konsumgütern in der modernen Wirtschaftswelt neue Sehn-süchte und Neigungen geschaffen und am Leben erhalten. Es handelt sich dabei um Bedürfnisse, die tief mit der Emotionalität und Individualität der konsumierenden Akteure verschmolzen sind.

Literatur

Bourdieu, P. (1982). *Die feinen Unterschiede. Kritik der gesellschaftlichen Urteilskraft*. Frankfurt/ Main: Suhrkamp.

Bourdieu, P. (1983). Ökonomisches Kapital, kulturelles Kapital, soziales Kapital. In R. Kreckel (Hrsg.), *Soziale Ungleichheiten* (Sonderband 2, Zeitschrift Soziale Welt, S. 183–198). Göttingen: Schwartz & Co.

Bröckling, U. (2007). *Das unternehmerische Selbst. Soziologie einer Subjektivierungsform*. Frankfurt/Main: Suhrkamp.

Cassirer, E. (1961). *Zur Logik der Kulturwissenschaften. Fünf Studien*. Darmstadt: Wissenschaft-liche Buchgesellschaft.

Foucault, M. (1993). Technologien des Selbst In M. Foucault et al. (Hrsg.), *Technologien des Selbst* (S. 24–62). Frankfurt/Main: Fischer.

Füllsack, M. (2009). *Arbeit*. Wien: Facultas.

Hochschild, A. R. (1983). *The managed heart. Commercialization of human feeling*. Berkeley, CA: University of California Press.

Hofstede, G. (1980). *Culture's consequences – International differences in work related values*. Newbury Park, CA: Sage.

House, R. J. et al. (Hrsg.). (2004). *Culture, leadership and organizations: The GLOBE study of 62 societies*. Thousand Oaks, CA: Sage.

Huber, E.-M. (2004). *Tauschringe und Marktwirtschaft. Eine ökonomische Analyse lokaler Komplementärökonomien*. Berlin: Duncker & Humblot.

Illouz, E. (2006). *Gefühle in Zeiten des Kapitalismus*. Frankfurt/Main: Suhrkamp.

Illouz, E. (Hrsg.). (2018). *Wa(h)re Gefühle. Authentizität im Konsumkapitalismus*. Berlin: Suhrkamp.

Joas, H. (1996). *Die Kreativität des Handelns*. Frankfurt/Main: Suhrkamp.

Kölbl, C. (2006). *Die Psychologie der kulturhistorischen Schule. Vygotskij, Lurija, Leont'ev*. Göttingen: Vandenhoeck & Ruprecht.

Krebs, A. (2002). *Arbeit und Liebe. Die philosophischen Grundlagen sozialer Gerechtigkeit*. Frankfurt/Main: Suhrkamp.

Mikl-Horke, G. (2009). Wirtschaft und Gesellschaft. In J. A. Schülein, G. Mikl-Horke & R. Simsa (Hrsg.), *Soziologie für das Wirtschaftsstudium* (S. 115–236). Wien: Facultas.

Minssen, H. (2012). *Arbeit in der modernen Gesellschaft*. Wiesbaden: Springer VS.

Moosbrugger, J. (2008). *Subjektivierung von Arbeit: Freiwillige Selbstausbeutung*. Wiesbaden: Springer VS.

Pongratz, H. J., & Voß, G. G. (2003). *Arbeitskraftunternehmer – Erwerbsorientierungen in entgrenzten Arbeitsformen*. Berlin: edition sigma.

Schein, E. H. (1985). *Organizational culture and leadership. A dynamic view*. San Francisco, CA: Jossey-Bass.

Schulze, G. (1992). *Die Erlebnisgesellschaft: Kultursoziologie der Gegenwart*. Frankfurt/Main: Campus.

Sichler, R. (2006a). *Autonomie in der Arbeitswelt*. Göttingen: Vandenhoeck & Ruprecht.

Sichler, R. (2006b). Arbeit als soziale Interaktion – Zur gesellschaftlichen Dimension von Tätigkeiten in der handlungstheoretisch orientierten Arbeitspsychologie. In P. Sachse & W. G. Weber (Hrsg.), *Zur Psychologie der Tätigkeit* (S. 183–202). Bern: Huber.

Sichler, R. (2018a). Arbeit. In C. Kölbl & A. Sieben (Hrsg.), *Stichwörter zur Kulturpsychologie* (S. 29–34). Gießen: Psychosozial.

Sichler R. (2018b). Riskante Arbeitswelt. In G. Gödde & J. Zirfas (Hrsg.), *Kritische Lebenskunst* (S. 209–216). Stuttgart: Metzler.

Simmel, G. (1989). *Philosophie des Geldes*. Frankfurt/Main: Suhrkamp.

Simon, F. B. (2009). *Einführung in die systemische Wirtschaftstheorie*. Heidelberg: Auer.

Straub, J., & Chakkarath, P. (2010). Kulturpsychologie. In G. Mey & K. Mruck (Hrsg.), *Handbuch Qualitative Methoden in der Psychologie* (S. 195–209). Wiesbaden: Springer VS.

Weber, M. (1980). *Wirtschaft und Gesellschaft* (5., revidierte Auflage). Tübingen: Mohr.

Ausblick: Konturen einer Kulturpsychologie im 21. Jahrhundert

Uwe Wolfradt, Lars Allolio-Näcke und Paul Sebastian Ruppel

Zusammenfassung

Die Psychologie ist Anfang des 20. Jahrhunderts mit dem Anspruch angetreten, die Welt der Menschen besser zu machen, ihnen eine Grundlage für ethisches Handeln und Zuversicht bei grundlegenden menschlichen Problemen zu vermitteln. Zum Teil konnten die Ziele realisiert werden. Nur eine interdisziplinär ausgerichtete Kulturpsychologie, die ihre Menschenbilder reflektiert, ist imstande mit einer Ethik auf die Herausforderungen des 21. Jahrhunderts – wie etwa die Bewahrung des Menschen, der Mitlebewesen und der Umwelt vor den negativen Folgen des Klimawandels, der verantwortungsvolle Umgang mit den Bedrohungen des Menschen durch technische Eingriffe (Transhumanismus) sowie durch Digitalisierung mit ihren Auswirkungen auf das menschliche Zusammenleben und die Abmilderung der Gefahren einer ökonomisch ungleichen Lebensweise für die Identität und den sozialen Zusammenhalt – angemessen zu reagieren. Die Kulturpsychologie muss als eine Weltpsychologie zwischen kulturellem Relativismus und Universalismus Formen der menschlichen Verständigung in ihren kulturellen Kontexten erforschen, entwickeln und präsentieren.

U. Wolfradt (✉)
Martin-Luther-Universität Halle-Wittenberg, Halle, Deutschland
E-Mail: uwe.wolfradt@psych.uni-halle.de

L. Allolio-Näcke
Friedrich-Alexander-Universität Erlangen-Nürnberg, Erlangen, Deutschland
E-Mail: lars.allolio-naecke@fau.de

P. S. Ruppel
Ruhr-Universität Bochum, Bochum, Deutschland
E-Mail: paul-sebastian.ruppel@rub.de

Schlüsselwörter

Geschichte · Ethik · Digitalisierung · Umwelt · Kulturelle Identität

1   Psychologie als moderne Heilsbringerin? Von Gründungsimpulsen, Errungenschaften und Verfehlungen

Wenn man sich Gedanken zur zukünftigen Bedeutung der Kulturpsychologie für das 21. Jahrhundert machen möchte, lohnt sich ein Blick zurück in die Geschichte der Psychologie. Als die Psychologie sich als eigenständige akademische Disziplin um 1900 etablierte, verbanden sich Hoffnungen mit dem Entstehen der neuen Wissenschaft für das 20. Jahrhundert. Der niederländische Psychologe Gerard Heymans (1857–1930) hielt am 20. September 1909 seine Rektoratsrede mit dem Thema *Das künftige Jahrhundert der Psychologie* an der Universität Groningen. Er sagte:

> Ich beabsichtige, dem hinter uns liegenden Jahrhundert der Naturwissenschaft *das künftige Jahrhundert der Psychologie* gegenüberzustellen; zu fragen, was wir für unsere Kultur von dieser Psychologie erwarten dürfen, wenn sie sich einmal zu gleicher Höhe entwickelt haben und in gleichem Maße ins Volksbewusstsein durchgedrungen sein wird, wie das jetzt mit der Naturwissenschaft der Fall ist (1927, S. 265).

Aus der Eigenperspektive wurde die Psychologie zu dieser Zeit als Königin der Wissenschaft und Heilsbringerin für ein besseres Leben begriffen. Drei Bedingungen der Psychologie verhießen nach Heymans eine Lösung der großen Menschheitsprobleme: 1) eine empirische Vorgehensweise, die basierend auf wissenschaftlicher Grundlage den Menschen mit Rat und Tat zur Seite steht, 2) eine in der Psychologie fundierte Ethik, indem die guten Neigungen des Menschen befördert werden, wenn er die ungünstigen Beschränkungen seines Temperaments mittels psychologischer Hilfe erkennt, und 3) das psychologische Postulat einer metaphysischen Verbundenheit des Menschen mit einem allumfassenden Weltbewusstsein (*psychischer Monismus*) quasi als Ersatzreligion, die ihm Trost und Geborgenheit gibt. Die Psychologie sollte so höheren humanistischen Zielen dienen, d. h. die soziale Welt, in der der Mensch lebt, verbessern. Wenn wir uns diese Ziele von Heymans in Erinnerung rufen, müssen wir uns fragen, ob sie zu idealistisch oder gar naiv waren, um umgesetzt werden zu können. Diese Ziele spiegeln eine historische Zeitenstimmung wider, die wenige Jahre vor dem 1. Weltkrieg in Europa vorherrschend war und für einen unbedingten Wissenschaftsoptimismus stand (Strien 2002). Einige Ziele konnten tatsächlich im Laufe der Zeit erreicht werden. Die Psychologie half bspw. mit der Etablierung der Psychotechnik die Arbeitsbedingungen von Menschen in der Industrie zu verbessern und mit der Entwicklung der Psychotherapien wurde das psychische Leiden gemindert. Dennoch konnte die Psychologie nicht den zeithistorisch-politischen Umständen trotzen; ihre Techniken und Methoden wurden für totalitäre Herrschaftsstrukturen nutzbar gemacht. Die psychologischen Untersuchungen von indigenen Völkern zur wirtschaftlichen Ausbeutung und Beherrschung in den Kolonialgebieten gehört ebenso dazu (Wolfradt 2021a) wie die psychologisch-diagnostischen Methoden zur Selektion von Soldaten für den Kriegsdienst (Wehrmachtspsychologie, Geuter 1984) oder die Entwicklung von psychologisch fundierten Herrschaftstechniken, um Bürger:innen gefügig zu machen und vollständig kontrollieren zu können (Zersetzungsmaßnahmen der DDR-Staatsicherheit, Maercker und Gieseke 2021).

2 Kulturpsychologie und die Bedeutung von Menschenbildern

Der *cultural turn* Ende des 20. Jahrhunderts, den andere Sozialwissenschaften wahrnahmen und in ihrer fachlichen Konzeption berücksichtigen, fand in der naturwissenschaftlich ausgerichteten Psychologie wenig Resonanz. Es war die Kulturpsychologie, die sich basierend auf einer kritischen Selbstreflexion der Bedeutung des Prozesscharakters psychischer Phänomene in Abhängigkeit von kulturellen und zeithistorischen Kontexten bewusst wurde. Eine potenzielle, wenn nicht prinzipielle, Stärke kulturpsychologischer Forschung liegt darin, psychologische Fragestellungen zu bearbeiten und dabei der historischen, sozialen, biografischen und nicht zuletzt kulturellen Gewordenheit, Einbettung und etwaigen Spezifik des Forschungsgegenstands Rechnung zu tragen. Diese Art und Weise zu Forschen setzt – im Sinne eines wohl nie abschließbaren Ringens um (Selbst-)Reflexivität – gleichsam voraus, der kulturellen Voraussetzungen des Forschens selbst gewahr zu werden.

Als Beispiel hierfür mag die Reflexion, Explikation und Rekonstruktion zugrunde liegender Menschenbilder gelten – Menschenbilder, die in den theoretischen Perspektiven der Kulturpsychologie angelegt und hinsichtlich ihrer Angemessenheit hinterfragt werden (siehe etwa Straub 2021), und solche, die sich in der empirischen Forschung zeigen – wobei eine derartige Unterscheidung aufgrund des ko-konstruierten Charakters kulturpsychologischer Erkenntnisse, die in Form von Interpretationen und Interpretationsangeboten formuliert werden, wohl eher als eine analytische aufgefasst werden mag. Beispielhaft sei der Transhumanismus genannt, der das Verhältnis von Technik und Natur im menschlichen Leben zum Zentrum hat. Mit dem Optimierungs-Mythos der Unsterblichkeit wird durch biotechnologische Eingriffe in den menschlichen Körper (z. B. Prothesen, Gehirn-Computer-Schnittstellen) das grundlegende Menschenbild (technisch versus menschlich) infrage gestellt.

3 Kulturpsychologie als ethische Wissenschaft

Neben Menschenbildern sei die theoretische und empirische Erkundung ethischmoralischer Orientierungen und nicht zuletzt kultureller Ausdrucksformen der Moral und Moralisierung (s. hierzu etwa die Beiträge in Ruppel und Sieben 2020) sowie Verantwortung als ein exemplarisches Forschungsfeld genannt, das mittels kulturpsychologischer Zugänge weiter erschlossen werden kann. Moralische und verantwortungsethische Reflexionen variieren stark zwischen (und auch innerhalb von) Kulturen, Subkulturen, Milieus oder auch verschiedensten Gruppen, die aufgrund unterschiedlichster Gemeinsamkeiten von Forschenden als solche aufgefasst werden und/oder sich als solche auffassen. Interpretative Zugänge der Kulturpsychologie, welche die Analyse von Sinn und Bedeutung, mithin divergierender Konnotationen (Boesch 2006) suchen, ermöglichen diese sowohl in ihrer (kulturellen) Spezifik als auch hinsichtlich möglicher übergreifender Charakteristika herauszuarbeiten. Aber nicht nur komplexe Denkprozesse, die genannten Reflexionen, sind hier von Interesse. Auch das mit moralischem Verantwortungsbewusstsein einhergehende Fühlen, Wollen, Tun und Lassen kann Gegenstand der Bedeutungsanalyse sein. Diese Reflexionen, Empfindungen, Absichten und Handlungsweisen können sich nicht nur interindividuell stark unterscheiden, sondern unterliegen auch historischen und biografischen Veränderungsprozessen sowie kulturellem Wandel. Moralische und (verantwortungs-)ethische Fragen gewinnen hierbei zunehmend eine zentrale Bedeutung. Kulturpsychologische Theoriebildung setzt nicht nur (Selbst-)Reflexivität voraus, sondern fordert und fördert auch die Fähigkeit zur Distanzeinnahme. Dies hilft dabei, ethisch-moralische Dispute und damit eine vorschnelle Verantwortungsübernahme zu vermeiden. Aktuelle (Forschungs-) Themen sind nicht selten begleitet von ,Skandal und Empörung' (Dietrich et al. 2020) – eine exemplarische thematische Herausstellung erübrigt sich angesichts der unzähligen Beispiele, die sich rasch einen Weg ins Bewusstsein bahnen. Solche Themen lassen sich jedoch bearbeiten, wenn die sie betreffenden Wertungen und Werte ernst genommen und sie gleichsam historisch und im Wissen um zum Teil sehr differente in den unterschiedlichen (Sub-)Kulturen und Gruppen parallel existierende Perspektiven eingeordnet werden. So erweist sich vieles dann auch als nicht ganz so neu und einzigartig – und vielleicht auch nicht ganz so skandalträchtig, empörend und moralisierungsbedürftig (siehe etwa Sichler 2017, der frühe Formen der *Lebensführung am Leitfaden der Natur* herausarbeitet; als Beispiel für eine indigene Form der Sakralisierung von Umwelt, siehe Kap. Umwelt). Hierunter muss das eigentliche Forschungsinteresse nicht leiden – der Forschungsprozess jedoch als eine Annäherung an den Forschungsgegenstand gestaltet werden.

Der Mensch mag hinsichtlich moralischer und verantwortungsethischer Kognitionen, Emotionen und Handlungsweisen im Zentrum stehen, den einzigen bedeutsamen Bezugspunkt nimmt er aber keineswegs ein. Sei es der aufgrund des Diskurses um ökologische Krisen und insbesondere den Klimawandel mitunter schon fast selbstverständlich gewordene Einbezug der natürlichen Umwelt (genauer: ihr Schutz und ihre Bewahrung) ins Universum des Ethisch-Moralischen oder sei es, dass anthropozentrische Perspektiven durch die Umgangsweisen mit Mitlebewesen, wie Tiere, herausgefordert werden (s. mit Bezug auf Veganismus etwa Thrun 2017). Die Thematisierung und Neujustierung des Mensch-Tier-Umwelt-Verhältnisses und gleichsam die (De- und Re-) Konstruktionsarbeit an Menschenbildannahmen bspw. vollzieht sich auch entlang von Überlegungen des kritischen Posthumanismus (s. zu Gemeinsamkeiten und Differenzen zwischen Humanismus und Posthumanismus etwa das Gespräch zwischen Loh und Sichler 2022).

Die französische Philosophin Corine Pelluchon (2021) fordert ein ethisches Handeln basierend auf einem neuen Humanismus, der neben den Tierinteressen für ein Recht auf eine gesunde Umwelt und die Bewahrung von Gemeingütern, wie Luft und Wasser sowie den Zugang zu lebenswichtigen Ressourcen, als Möglichkeitsbedingungen für Menschenrechte eintreten soll. Die Auswirkungen des Klimawandels wie der Verlust der Artenvielfalt, die Verschlechterung von Böden und die Verschmutzung der Meere stellen Pelluchon zufolge Gefährdungen von Leib und Seele der Menschen dar und beschränken universelle Rechte von Menschen, Tieren und der Umwelt (S. 114). Sie stellt bezogen auf die klimaschädlichen Handlungsweisen der Industriestaaten fest:

> Die vier Hauptprinzipien (Verantwortung, Würde, Kontinuität und Nichtdiskriminierung) beruhen nicht auf einer abstrakten Idee von Menschheit und sind nicht Ausdruck einer mitfühlenden oder humanitären Moral, sondern erwachsen aus dem Wissen um die Konsequenzen, die unser Entwicklungsmodell für andere Menschen und Kulturen sowie für zukünftige Generationen und andere Spezies hat (S. 115).

Sie plädiert für ein sozial-ethisches Handeln, das Freiheit mit Verantwortung verbindet: „Wenn man die individualistische Grundlage der Menschenrechte durch eine leibliche, relationale Konzeption des Subjekts ersetzt, ist es möglich, die mit der Aufklärung verknüpften Versprechen der Gleichheit, Gerechtigkeit und Billigkeit einzulösen", so Pelluchon (S. 117). Eine ethisch-ausgerichtete Kulturpsychologie könnte kenntlich machen, wie eine in der modernen Gesellschaft aufgekommene instrumentelle Rationalität die moralischen Grundlagen des Erlebens und Handelns nachhaltig schwächte. Hierdurch wurden Mythologien etabliert, die sich in den Seelen der Menschen festgesetzt haben und noch immer negativ wirken (z. B. Konsum als Ersatz für nicht-materielle Bedürfnisse). Eine derartige Kulturpsychologie würde dem aufklärerischen Anspruch Gerard Heymans gerecht werden, den Menschen neue Erkenntnisse zu vermitteln, die sie zu einem besseren mitmenschlicheren Handeln anhalten bzw. befähigen. Damit ist die von Heymans proklamierte Verbindung der Menschen mit einem Weltbewusstsein angesprochen, die in den Überlegungen von Pelluchon zeitgemäß ihren Ausdruck findet:

> Die Versöhnung des Subjekts mit seiner Körperlichkeit und Endlichkeit sowie das Erleben seiner Zugehörigkeit zu und Teilhabe an der gemeinsamen Welt – die zugleich natürlich und kulturell, menschlich und nichtmenschlich, biologisch und technisch, Gegenwart, Vergangenheit und Zukunft ist – erscheint dann als notwendige Bedingung, um das Entwicklungsmodell zu wechseln und den ökologischen Wandel einzuleiten (2021, S. 292).

4 Kulturpsychologie und universalistische Grundlagen des Zusammenlebens

Die Grundlage eines universellen ethischen Bewusstseins, das dem Lebendigen in der Welt verpflichtet ist, muss von einer psychischen Einheit der Menschheit ausgehen, der Tatsache, dass Menschen über alle Kulturen im Inneren mehr verbindet als trennt. Diese Erkenntnis, die ihren Ausdruck bereits in der Ethnologie des 19. Jahrhunderts durch Adolf Bastian (1826–1905) fand, ist zunehmend in den Hintergrund getreten (siehe Kap. Die kulturanthropologische Perspektive). Clifford Geertz (1926–2006) weist in diesem Zusammenhang auf ein grundlegendes Paradoxon hin: „Die wachsende Globalisierung geht einher mit einer Zunahme neuer Differenzierungen, es gibt immer weitgreifendere Verbindungen bei immer verwickelteren Teilungen. Kosmopolitismus und Provinzgeist sind keine Gegensätze mehr, sie sind miteinander verbunden und verstärken sich wechselseitig" (1996, S. 63). Die Fragmentierungen in der heutigen Welt schaffen allerdings Optionen, Kultur und kulturelle Identität neu zu verstehen und sozial auszuhandeln. So eröffnet ein Kulturrelativismus die Möglichkeit, kulturelle Unterschiede wertzuschätzen, jedoch mit der Gefahr eines übersteigerten Kulturalismus, also einer Essentialisierung von Kultur durch die Betonung von Differenzen, der wiederum die gemeinsamen ethischen Grundlagen der Menschheit untergraben kann (Jullien 2017). Ein Kulturuniversalismus hingegen kann, wenn er zur Erkenntnis eines grundlegenden intersubjektiven Verständnisses beiträgt, eine Bedingung für ein gemeinsames ethisches Handeln der Menschheit sein (Wolfradt 2021b). Es darf hierbei nicht Gemeinsamkeit mit Gleichheit verwechselt werden, d. h. ein „universalism without the uniformity" (Shweder und Sullivan 1993, S. 514) muss das Ziel einer ethisch-orientierten Kulturpsychologie sein. Ansonsten besteht die Gefahr des Aufkommens eines kollektiven Ethnozentrismus.

Durch Globalisierung und Internationalisierung wird die eurozentrische Perspektive auf die Geschichte der Menschheit infrage gestellt. Die Narrative, wie sich die menschliche Zivilisation historisch entwickelte, werden durch die indigene Perspektive nichtwestlicher Kulturen nachvollziehbar kritisiert (siehe Kap. Die indigen-psychologische Perspektive). Das Festhalten an einem kulturellen Evolutionismus, der indigenen Völkern den Status von ‚Primitivität‘ zuweist, entstammt einem (post-)kolonialen Denken, das auch in der Psychologie noch nicht überwunden ist (Wolfradt 2021a). David Graeber und David Wengrow (2021) haben in ihrem jüngst erschienen Werk *Anfänge. Eine neue Geschichte der Menschheit* basierend auf Erkenntnissen der Kulturanthropologie und der Archäologie überzeugend zeigen können, dass auf der Welt zu allen Zeiten, Menschen bezüglich ihrer Lebensweise experimentierten, in dem sie Projekte des Zusammenlebens entwickelten und gestalteten. In der eurozentrischen Perspektive auf die Weltgeschichte wurden die Kulturen außerhalb Europas als ahistorisch aufgefasst und als von unerbittlichen sozialen Kräften bestimmt gesehen, die in Götter, Ahnen oder übernatürliche Kräfte projiziert wurden (S. 528). Dass es auch andere Beispiele der bewussten Gestaltung von Gesellschaftsordnungen gab, verdeutlichen die Autoren: Die Osage und die Irokesen in Nordamerika haben selbst Formen des sozialen Ausgleich praktiziert, indem sie die Macht von religiösen Führungspersönlichkeiten wie Zauberern kontrollierten. Diese indigenen Gesellschaftsordnungen zeichneten sich durch selbst gestaltete demokratische Strukturen aus, in einer Zeit (17. und 18. Jahrhundert), in der Europa, die Heimat der französischen und britischen Kolonialherren, noch vom Feudalismus geprägt war.

5 Perspektiven auf eine Weltpsychologie

Mit Jovanovic (2018, S. 428) kann festgehalten werden, dass das Potenzial der Kulturpsychologie in der Rückbesinnung auf die ursprüngliche Idee von Kultur als Kultivierung, als Pflege des Bodens *(agricultura),* der Menschen und sich selbst, liegt. Kultur steht damit im Gegensatz zu Vernachlässigung, Ignoranz, Zerstörung, Gewalt und Krieg, die den Menschen bis ins 21. Jahrhundert begleiten. Daher wäre das erste Ziel der Kulturpsychologie, eine fürsorgliche, reflexive Haltung gegenüber sich selbst, anderen, der Gesellschaft als Ganzes und der natürlichen Umwelt zu fördern. Damit sind mehrere Herausforderungen angesprochen, ohne deren Bewältigung die Kulturpsychologie wie die Menschheit keine Überlebenschance haben.

Die Pluralität der Ansätze in der Kulturpsychologie kann und darf nicht dazu führen, dass sich einzelne Perspektiven gegenüber anderen als privilegiert betrachten und damit hegemoniale Ansprüche entstehen. Die Vielfalt der Kulturpsychologie ist gerade ihre Stärke, denn mit einem mehrdimensionalen Blick auf die Phänomene ist sie in der Lage, deren Verfasstheit besser zu beschreiben, zu verstehen und zu erklären. Die Bedeutung einer nicht in dieser Form multiperspektivisch aufgestellten klassischen Psychologie kann abnehmen, wie Schönpflug (2022) prognostiziert, wenn ihre Rolle durch die Psychotherapiewissenschaften ersetzt wird und Psychologie als universitäres Fach an Attraktivität verliert. Demgegenüber wird die Kulturpsychologie aufgrund ihrer interdisziplinären Ausrichtung in Theorie und Forschung ihren praxisnahen Bezug unter Beweis stellen können (siehe Kap. Psychotherapie). Hier wird sich zeigen, inwieweit ein komplementäres Verhältnis zwischen Kulturpsychologie und vorherrschender Psychologie besteht oder epistemologische Unterschiede eine Kooperation verunmöglichen.

Eine weitere angesprochene Herausforderung der Kulturpsychologie ist die Gesellschaft, die durch neue digitale Technologien mit den Folgen der Vereinzelung, des Hasses und der Ungehemmtheit, *fake news* zu verbreiten, in ihrem Zusammenhalt gefährdet ist. Was jemand nicht sehen möchte, kann sie oder er innerhalb einer medialen Blase ausblenden. Das leistet der Ignoranz gegenüber gesellschaftlichen Themen wie Armut (siehe Kap. Armut) und Gewalt (siehe Kap. Gewalt) Vorschub. Die Kulturpsychologie kann mit ihrem aufklärerischen Anspruch verdeutlichen, wie globale Konzerne mit ihren digitalen Instrumenten Menschen steuern und nach ihrer Logik zu Nutzer:innen und Datenlieferant:innen degradieren. Es gilt weiter diese Prozesse kritisch zu begleiten und auf verdrängte Phänomene aufmerksam zu machen. Letztlich gilt, sie auch in ihrem kulturellen und zeithistorischen Kontext zu verstehen und damit einer Öffentlichkeit zur Kenntnis zu geben. Hierzu gehört schließlich auch die Erkenntnis, dass es nicht unbedingt eine teleologische Entwicklung der Menschheit zum Guten und Besseren geben muss, wenn trotz der erfüllten Bedingungen zur Aufklärung und reichlich vorhandenem Wissen das konkrete Handeln nicht umgesetzt wird. Ignoranz, Dummheit und der Unwille zur Einsicht und zur Tat sind bekanntlich auch weiterhin zentrale Eigenschaften des menschlichen Lebens.

Eine Kulturpsychologie sollte eine systemische Wissenschaft sein, welche die Ungleichzeitigkeit der wirtschaftlichen wie sozialen Prozesse in den verschiedenen Ländern der Erde berücksichtigt. Das menschliche Handeln muss zunächst für jede Region, Kultur bzw. Subkultur selbst verstanden werden, um dann in einem globalen zusammenschauenden Blick analysiert zu werden. Das heißt, die in der Kulturpsychologie verwendeten Konzepte müssen jedes Phänomen als Teil eines Ganzen betrachten, das sowohl durch die anderen Teilbereiche des Systems als auch durch die Austauschbeziehungen mit seiner Umwelt beeinflusst und verändert wird (Tateo 2018).

Eine Kulturpsychologie im 21. Jahrhundert sollte deshalb ein globales Zusammenwirken unter der Perspektive der kulturellen und sozialen Vielfalt erreichen, um die alle Menschen bedrohenden Probleme anzugehen und möglichst eine gangbare Lösung zu finden, wie dies Heymans 1909 bereits forderte. Eine Kulturpsychologie als eine Weltpsychologie müsste die grundlegenden Menschheitsprobleme mit ihrem theoretischen und methodischen Repertoire angehen. Dazu gehört – um ein aktuelles Phänomen aufzugreifen – mit psychologischen Methoden der Kommunikation kriegerische Konflikte präventiv zu verhindern und die Wunden und Traumatisierungen der durch Kriege betroffenen Menschen zu heilen (siehe Kap. Gesundheit und Krankheit). Denn, so Jovanovic (2018, S. 428), wenn der Krieg eine Zukunft hat, wird wenig anderes, wenn überhaupt, eine Zukunft haben.

Es wird sich zeigen, welche Bedeutung künftige Forschung und Theoriebildung in der Kulturpsychologie verschiedenen Existenzformen, Umwelten und Objekten zukommen lassen wird. In historischer und globaler Perspektive scheint ihre Berücksichtigung unausweichlich – sowohl empirisch als auch ethisch-moralisch.

Literatur

Boesch, E. E. (2006). Konnotationsanalyse – Zur Verwendung der freien Ideen-Assoziation in Diagnostik und Therapie. In P. Hahn & E. Herdieckerhoff (Hrsg.), *Materialien zur Psychoanalyse und analytisch orientierten Psychotherapie, Heft 4* (S. 3–102). Göttingen: Vandenhoeck & Ruprecht (Original: 1977).

Dietrich, M., Mey, G., & Seeliger, M. (Hrsg.). (2020). Skandal und Empörung: Analysen zu Popkultur, Politik und Journalismus (Schwerpunktthema). *Berliner Debatte Initial, 31*(2), 3–122.

Geuter, U. (1984). *Die Professionalisierung der deutschen Psychologie im Nationalsozialismus.* Frankfurt/Main: Suhrkamp.

Geertz, C. (1996). *Welt in Stücken. Kultur und Politik am Ende des 20. Jahrhunderts.* Wien: Passagen.

Graeber, D., & Wengrow, D. (2021). *Anfänge. Eine neue Geschichte der Menschheit.* Stuttgart: Klett-Cotta.

Heymans, G. (1927). Das künftige Jahrhundert der Psychologie (1909). In ders, *Gesammelte Kleinere Schriften zur Philosophie und Psychologie (2. Teil: Allgemeine Psychologie, Ethik und Aesthetik)* (S. 263–290). Haag: Nijhoff.

Jovanovic, G. (2018). Thinking with cultural psychology about the future. In dies., L. Allolio-Näcke & C. Ratner (Hrsg.), *The challenges of cultural psychology. Historical legacies and future responsibilities* (S. 427–428). New York, NY, und London: Routledge.

Jullien, F. (2017). *Es gibt keine kulturelle Identität*. Berlin: Suhrkamp.

Loh, J., & Sichler, R. (2022). Das Humane oder Posthumane in der Psychologie? Janina Loh und Ralph Sichler im Gespräch. *Journal für Psychologie*, *30*(1), 69–87. https://doi.org/10.30820/0942-2285-2022-1-69

Maercker, A., & Gieseke, J. (Hrsg.). (2021). *Psychologie als Instrument der SED-Diktatur. Theorien – Praktiken – Akteure – Opfer*. Bern: Hogrefe.

Pelluchon, C. (2021). *Das Zeitalter des Lebendigen. Eine neue Philosophie der Aufklärung*. Darmstadt: WBG.

Ruppel, P. S., & Sieben, A. (Hrsg.). (2020). Moralisieren im Alltag. *Journal für Psychologie*, *28*(2), 3–11.

Schönpflug, W. (2022). *Kurze Geschichte der Psychologie und Psychotherapie (1783–2020). Paradigmen und Institutionen*. Frankfurt/Main: Lang.

Sichler, R. (2017). Lebensführung am Leitfaden der Natur: Das Beispiel Seneca. *Psychosozial*, *40*(2), 33–47.

Straub, J. (2021). *Psychologie als interpretative Wissenschaft. Menschenbild, Wissenschaftsverständnis, Programmatik. Schriften zu einer handlungstheoretischen Kulturpsychologie*. (2 Bde.). Gießen: Psychosozial.

Strien, P. J. van (2002). Das Selbstbild des Psychologen als Heilsbringer. Illustriert an der Gedankenwelt des niederländischen Philosophen und Psychologen Gerard Heymans (1857–1930). *Psychologie und Geschichte*, *10*(3/4), 296–308.

Tateo, L. (2018). Thinking with cultural psychology about the future. In dies., L. Allolio-Näcke & C. Ratner (Hrsg.), *The challenges of cultural psychology. Historical legacies and future responsibilities* (S. 421–423). New York, NY, und London: Routledge.

Thrun, R. (2017). Jugendliche Identitäten im Veganismus. Zugänge zu einem erweiterten Selbstkonzept? *Psychosozial, 40*(4), 115–135.

Wolfradt, U. (2021a). Die Kulturpsychologie und ihr Verhältnis zum Kolonialismus. In S. Knauss, L. Wolfradt, T. Hofmann & J. Eberhard (Hrsg.), *Auf den Spuren von Anton Wilhelm Amo. Philosophie und der Ruf nach Interkulturalität* (S. 223–236). Bielefeld: transcript.

Wolfradt, U. (2021b). Psyche im kulturellen Spannungsfeld zwischen Universalismus und Relativismus. *Psychosozial*, *44*(3), 10–23.

The manufacturer's authorised representative in the EU is Springer
Nature Customer Service Centre GmbH, Europaplatz 3, 69115 Heidelberg,
Germany. If you have any concerns regarding our products, please
contact ProductSafety@springernature.com

Printed and bound by CPI Group (UK) Ltd, Croydon, CR0 4YY

28/04/2026

02098513-0010